憲法の尊厳

奥平憲法学の継承と展開

The Dignity of Constitutionalism
Themes from the Constitutional Philosophy of Yasuhiro Okudaira

樋口陽一・中島 徹・長谷部恭男［編］

日本評論社

憲法の尊厳

奥平憲法学の継承と展開

目　次

はしがき
　　　──奥平康弘さんとの想像上の会話三つ
　　　　　……………………………………………………樋 口 陽 一　1

I　原理論

日本国憲法における天皇制の姿
　　　　　……………………………………………………長谷部恭男　11

制度の時代
　　　── 1981 〜 2005
　　　　　……………………………………………………石 川 健 治　27

立憲民主主義と共和主義
　　　──奥平康弘の憲法思想における一側面
　　　　　……………………………………………………成 澤 孝 人　49

憲法文化の規範性
　　　──いま、奥平康弘『法ってなんだ』を読み直す
　　　　　……………………………………………………渡 辺　　洋　73

民主憲政のはざまで
　　　　　……………………………………………………松 平 德 仁　95

人権／権利／人間像
　　　──「一人前の人間」論を契機として
　　　　　……………………………………………………押久保倫夫　115

II　基本権論

奥平康弘の表現の自由理論の一考察
　　――原理論における奥平とチェイフィーの距離
　　………………………………………………………阪口正二郎　139

小さな個人の集まりへの信頼
　　――奥平康弘の「表現の自由」論
　　………………………………………………………蟻川恒正　165

インターネット上の匿名表現の要保護性について
　　――表現者特定を認める要件についてのアメリカの裁判例の分析
　　………………………………………………………毛利透　187

「ろくでなし子」事件とわいせつ表現規制
　　………………………………………………………曽我部真裕　215

表現の自由の原理と個人の尊厳
　　――実名犯罪報道と「忘れられる権利」
　　………………………………………………………長峯信彦　237

国家秘密と自己統治の相克・再訪
　　………………………………………………………横大道聡　257

宗教の「公共性」を考えなおす
　　――「宗教の自由の系譜」からの宿題
　　………………………………………………………斉藤小百合　275

政治的自由と財産私有型民主制
　　——奥平康弘の「個人主義」
　　　　　　　　　　　　　　　　　　　　　　　中　島　　　徹　293

奥平先生の選挙権論
　　——「選挙権論争」再訪
　　　　　　　　　　　　　　　　　　　　　　　糠　塚　康　江　319

選挙の自由と公正
　　　　　　　　　　　　　　　　　　　　　　　只　野　雅　人　337

自由と平等の相乗効果
　　——Obergefell 判決が開く憲法理論の新たなる地平
　　　　　　　　　　　　　　　　　　　　　　　巻　　美矢紀　359

III　憲法と裁判

奥平憲法学とコモン・ロー立憲主義
　　——「生ける憲法」という思想と方法
　　　　　　　　　　　　　　　　　　　　　　　愛　敬　浩　二　383

リベラル・デモクラシーと裁判所
　　——違憲審査の活性化に向けて
　　　　　　　　　　　　　　　　　　　　　　　川　岸　令　和　401

憲法訴訟における違憲・合法
　　——国賠訴訟における立法内容の合憲性と立法行為の合法性の区分
　　　　　　　　　　　　　　　　　　　　　　　大　林　啓　吾　425

裁判所による適用から統治機構による実現
　　──多層的人権保障システムの視点から
　　　　　……………………………………………………江島晶子　445

最高裁に舞い降りた「国際民主主義」者
　　──横田喜三郎の法思考の形成と展開
　　　　　……………………………………………………山元　一　463

最高裁判所判事としての団藤重光
　　──「リベラルなタカ」の挫折と価値
　　　　　……………………………………………………渡辺康行　493

奥平康弘先生略歴　521

奥平康弘先生主要著作目録　522

あとがき　561

はしがき
　――奥平康弘さんとの想像上の会話三つ

　　　　　　　　　　　　　　　　　　　　　　　　　　樋　口　陽　一

I

　奥平さんをとつぜん失った動揺の中で書いた私の文章[※]の中に、ひとつの言葉づかいがあった。そのことについては前に書いたことがあるが、重複をあえて厭わずもう一度それに触れることから始めたい。
　「畏敬する仲間……」という言葉づかいのことである。"仲間のことを「畏敬」とは表現としておかしいか"と迷いながら原稿を送ったところ折返して記者が「"畏敬"という言葉が象徴的です。他の言葉ではくくれない、より深く硬質な共感がにじんでいるように感じられます」と感想を寄せてくれ、「深く硬質な共感」を読みとってもらえたことに、自得の思いを強くしたのだった。
　もとよりそれは、中世僧院の修業者にも似た、毅然とした奥平さんのたたずまい、といった次元のことではない。それは第一に、「人権」を安易に論ずることを戒しめ「憲法学者のけじめ」を説き、人権論の主著の標題『憲法が保障する権利』(1993年)に、議論の「範囲を禁欲的に抑制する」ことで法律家としての主張の「パンチ力」を強化する意図を託した奥平さんの学風に関わる。しかもそれと同時に、裁判官を説得しようとする法律論を超え、司法に限らぬ「政治社会文化」の変革を促す法の原理論の営みを追求した、その姿勢に関わる。
　第二に、研究活動・学会活動――とりわけ国際的な場を含めて――の中で、

また、彼自身が「連戦連敗」だったと一度ならず言いながらもその意義を信じてかかわってきた訴訟の場で、そして草の根の市民活動への参加を通して、「個」であり続けながら——いや、「個」の誠実を貫くことによってこそ——連帯と信頼を紡ぐ生き方を、身をもって示してきたことへの、「深く硬質な共感」だったのである。

II

憲法学者・奥平康弘の業績そのものについては、本書でその『憲法学の継承と展開』をそれぞれに論ずる後続世代の論考にゆだねよう。ここでは、奥平さんにとってとりわけ〈「日本」という課題〉の核心として受けとめられていたに違いない三つの論点について、現時点の内外の状況を念頭に置きながら、想像上の会話を試みてみたい。

第一は、渾身の大著『「萬世一系」の研究』(2005年)の主題に対応する憲法第一章の問題。戦後憲法学が帝国憲法と「新憲法」の本質的相違をどう受けとめたか。一方で憲法規定そのものの自然な読解として、数の上でも条文上限定された国事行為をおこなう天皇は「ロボット」として「めくら判」を押す役割に限定される(宮澤俊義・コンメンタール『日本国憲法』76頁)。

「ロボット」は外から入力されなければ機能をはたすことができない。帝国憲法下の藩閥政権や軍事政権ではなく、新憲法の国民主権にもとづいて成立する内閣の助言と承認ならば、入力は適切になされるはずだ、という想定があった。その入力がもし不適切であっても天皇に課された憲法尊重擁護義務の内容は、「ロボット」として行動することになる、というほかない。国民もまた、例えば法的・政治的に問題のある衆議院解散がなされても、そこに天皇の判断が入っているとは受けとらないだろう(但し憲法7条10号については別)。

他方で、憲法審議の前後、議場のうちそとでくり返し人びとによって発語されたのが、天皇の神格性を否定する文脈で語られた「人間天皇」という天皇像だった。それは、現人神から象徴への転換のために、「人間天皇」という新たな像が求められたからであった。そして、「人間天皇」が憲法論とかかわるのはそのような転換の論理としてであり、それだけなのだ、と受けとるのは自然

な理解であったろう。

　しかし、それで問題が終わるわけではない。憲法正文に「人間」という言葉は出てこない。だが、旗とか花のようなモノではなく、「人間」を「日本国」と「日本国民」の「統合の象徴」としたことによって、憲法自身が、天皇という「人間」がおこなう事実行為をその中に潜在させたのである。憲法所定の国事行為の中で法的効果を伴う一連の行為については「ロボット」のたとえによって割り切ることができるのに反し、天皇という「人間」がおこなう事実行為（留保していた先述の「儀式」もこれに入る）については、それとは別の憲法論上の手当てが必要となる。

　もとより、「日本国民」の「統合」は国民みずからが己れの手で形成してゆくほかないのであって、形成途上のその状態を「象徴」する「地位」にあるのが天皇なのである。そうであればこそ、この場面では、天皇という存在を「ロボット」化しようとする政治の誘惑を封じこめることを、主眼とすべきであろう。そのためには、国民主権→選挙→内閣→宮内庁の線による「民主的コントロール」を強調するのではなくて、その逆に、政治からの宮内庁の相対的自立を重要と考える発想が必要と私は考えている。そしてそれは、権力への制限を核心とする立憲主義の観点からすれば、多元的な制度諸機構の存在が致命的に重要な要素となることの、ひとつの表現にほかならない。こう考えることを、奥平さんはどう批判してくれるだろうか。

　奥平さんは、皇室関係法領域を憲法上の権利保障体系という「磁場」の「域外」と考える思考枠組を提示していた。その点は私も同じ考えであり、実際、基本権の享有主体とした上で権利制限に服するものとして天皇の地位を説明することは、一般前提としての原則を無意味にするほどの例外設定と言わざるをえない。その意味で権利体系の〈飛び地〉での事柄だということを前提にした上でなお、「身分離脱の自由」を、「ふつうの人間」になる自由として語る奥平さんは、そのような文脈で、憲法上の国家機関としての天皇が、「人間」という――あえて言えば――素材の上に成立していることの意味に、注意を促していたことになる。憲法規定の下に潜在している「人間」としての天皇の存在そのことが、国政場面でのカウンター・バランスを意味することになっているのは、現天皇在位29年を経た現在、ひとつの客観的事実である。そのような状

況を受益者として受け容れているだけの国民のありようを前にして、どう規範
論理を組み立てるべきか。

Ⅲ

　第二に、もとより9条が問題となる。もっとも奥平さんは、「ぼくは長い間、
九条についてはほとんど発言してきませんでした」と語っている（以下、この項
の引用は『憲法を生きる』〔2007年〕による）。「研究者の間での解釈論はすでに固
まって（いた）」からだと言う通りであり、それは私自身についても当てはま
る。その私たち二人の間で、ある議論のやりとりをしたことがある。奥平さん
は、「日本国憲法の下で自衛隊の存在が許されないという点は同じだと思いま
す」（＝①）とした上で、「「立憲主義」という概念の用い方が少し違う」（＝
②）という形で問題を出してくれた。
　①については、「私の9条解釈を正確に受けとってくれている」と答えたこ
とを確認しておけばよいだろう。法律家にとっては言うまでもないことだが、
自分の解釈より規範性を低める他者の解釈すらもが否定されようとするときに、
そのような他者の解釈を擁護する立場に立つことがありうる、ということを含
めて、であるが。
　②についても私自身既に述べたことがあるが、問答当時（2007年）以後の国
内外の状況の推移を念頭に置いて、ごく簡単に私の論旨をくり返しておこう。
奥平さんは、「実定憲法を守るということが立憲主義」であり、「9条を守れと
いうことも立憲主義」だと言う。それはひとつの、言葉の使い方であろう。
　それに対し私からすれば、9条（第2項を含めたそれ）が、「価値観を共有す
る」と権力担当者が好んで引き合いに出す「普通の国」の「立憲主義」共通の
了解とされていない、ということ自体がまずもって問題なのであり、その論点
をはっきりさせる「立憲主義」の用語法が大切だ、と考えるのである。そして
また、そのような言葉の使い方をすることによってこそ、これまで共通に了解
されてきた立憲主義の要求すらもが軽視・無視される日本の現状を批判する拠
点を確保することを、眼目としたのである。
　9条、とりわけその第2項ぬきでも「立憲主義」憲法の中に算え入れる用語

法は、たしかに、「清濁併せ呑む議論」と評されることを否定できない。それだけにこそそれは、法律家としての議論の約束事をなぎ倒しつつ9条からの逸脱を急ごうとする政治に対し、歯どめを課そうとする役割を引き受けることができるのではないだろうか。実際「9条の会」と「96条の会」それぞれの初心は、"別に並んで共に"動くことだった。

IV

そして第三に——文字通り last, but not least ——「憲法が保障する権利」論、とりわけ表現の自由論がある。奥平憲法学の骨格を形づくるこの領域の仕事にとって、研究生活初期以来の、アメリカ社会そのものの機能の中に位置づけられた判例学説についての知見のつみ重ねが、重要な意味を持っていた。そしてより重要なことは、外国法研究では「拾えない」「もっとドロドロした」問題を「泥まみれになってもいいからやろうと思った」(別の書名を示さない限り、この項の引用は前出『憲法を生きる』)ところにある。

「壊さなくちゃならない日本的なもの」を相手どることが、奥平さんにとって一貫した課題だった。その追求は、例えば『治安維持法小史』(1977年)という形で続けられるのであるが、法運用の現場に即して次々と、戸別訪問、マスメディアと国家秘密、知る権利、情報公開など、奥平さんは先駆的に論点を切り出し、訴訟にも直接・間接にかかわっていった。そうしながらもなお、みずからが切り出した論点が無概念的に拡散され平凡化されてゆくのに対し、それを疑ってみせる緊張を学界・論壇に向って示し続けた。

「何でもかんでも表現の自由として正当化しようとする日本の議論」を相手どって『なぜ「表現の自由」か』(1988年)が書かれたのは、研究と法実践のそのような軌跡の結節点に他ならなかった。

「人権」概念の汎用と通俗化への批判(「"ヒューマン・ライツ"考」〔1988年〕)は、30年後の今日のわれわれにとってますますアクチュアルな示唆となっている。「人権」概念の拡張的特性に無反省に依存することは、一方で「権利」性を実定化してゆこうとする法律家の営みの足をひっぱることになろうし、他方で、思想としての「人」権が担ってきた意味の重さを相対的に薄めること

にもなろうからである。

　奥平さんの「人権」概念吟味から示唆を受けること多かった私は、基本的な論点についての考え方に通底するものがあると——自分では、であるが——認識している（『国法学——人権原論』、2004 年、補訂版 2007 年、15-17 頁、22-23 頁）。無造作に「人権宣言」と呼ばれてきた1789 年宣言は、標題からして権利主体としての「人」と「市民」を区別しているが、そのことの重要さへの私の執着にしても、そのひとつであった。

　現在の西欧で、本来あるべき筈だったデモクラシー、すなわち人民意思による公共社会の運用が「人権」によって代位されつつあるのではないかという疑念、遡って、人権主体としての「個人」の「人民」に対する優位を問題視する思考傾向がある（例えば最近全5巻完結の Marcel Gauchet, L' Avènement de la démocratie）。身分制中間集団を排除し「個人」を力づくで折出するところから「近代」を出発させたフランスで、「個人主義」が今やしばしば消極的含意で論じられるという逆説的な新状況は、他ならぬ日本ではそのまま自然に、「家庭」や「郷土」や「和」（2012 年「自由民主党憲法改正草案」前文）への回帰のすすめとして受けとめられる可能性がある。

　そうであってみれば一層、権利主体としての「個人」が「人」と「市民」の密接不可分関係の上に成り立っていることを、何度でも改めて確かめる必要がある。「個人」の過剰への憂慮は、一方で「人」としての個人の権利の中に含まれている人欲の解放（libertaire ＝放縦）の肥大、他方で「市民」としての個人の権利が意味してきたはずの公共（res publica）形成の衰弱につながることを、批判しているのであろう。そうであるなら、「個人」をまるごとのまま標的としたのでは、問題の所在は迷路に引き込まれるばかりである。そしてここでも、表現の自由に即して奥平さんが「なぜ」を問いつつ、「民主主義＝表現の自由」論と「個人の自己充足＝表現の自由」の緊張を描いていたことが、響き合う。

　　V

　「深く硬質な共感」に戻ろう。奥平さんの殁後、「奥平さん自身のことばで」

「人間臭い本」を「編んでみよう」という・故人に近かった編集者の尽力で、『「憲法物語」を紡ぎ続けて』(2015年)が世に出された。読者は、「憲法物語」だけでなく、人と人とを結ぶ糸、そこでおのずと織り出される文化という場を紡ぎ続けてきた「奥平康弘」と出会うだろう。

「9条の会」をその中心で共に担いつつ奥平さんに先立って世を去った加藤周一さんは、晩年の珠玉のエッセー集『高原好日』をこうしめくくっていた。

——「思うに憲法第九条はまもらなければならぬ。そして人生の愉しみは、可能なかぎり愉しまなければならない……。」

専門人として原則をつらぬく姿勢を少しも崩すことなく、しかし同時に「人生の愉しみ」を人と人との間で紡ぎ続けてきた奥平さんだからこそ、あり余るほどの困難を眼の前にしてなお、希望のメッセージを私たちに残すことができたのではなかったか。

　日本がここまで来たのは、みんなが日本という国に誇りを持ち、いい社会をつくっていかなければならない、いい文化をつくらねばならないとやってきたからです。いい文化の中には平和文化というのが重要な要素としてあり続けてきた。それは今もあるはずだし、あらねばならない。そこに日本人としての誇りを持てるはずなんです。(『信濃毎日新聞』2014・8・14)

※　「奥平康弘さんを悼む」(共同通信配信、『京都新聞』他掲載)。そのことについて書いた小文とは、奥平さん自身の文章を集めて歿後に出版された『「憲法物語」を紡ぎ続けて』(かもがわ出版、2015年——本文前出)の巻末に寄せた「「連戦連敗」、それでも奥平さんには「夢がある」」のことである。本稿の文中、その記述と重なるところがあることを、おことわりしておく。

I　原理論

日本国憲法における天皇制の姿

長谷部恭男

I　問題の設定──「脱出の権利」

　本稿の目的は、奥平康弘教授の著作『「萬世一系」の研究──「皇室典範的なるもの」への視座』に示された天皇制に関する憲法解釈論を延長したとき、いかなる天皇制像が浮かび上がるかを描くことにある。

　同書の「序章　本書の意図と構成」で、奥平教授は、執筆の意図を次のように述べる（3-4頁）。

> 私が照射しようと試みるのは、憲法および皇室関係法によって形成されている制度のうちで、天皇の地位の受け継ぎ（皇位の継承）に関わる部分である。それも、皇位継承の体系を究めるといった課題を担うつもりはない。皇位継承（「世継ぎ」）のありようを、それも「"女帝"の可能性」、「"庶出の天皇"の認否」および「天皇の退位」という三つの要素に特化して考察してみようというのである。

　そして、この3つの論点に関連して、同書は、現在の皇室制度が形成された歴史的経緯──女帝の否認は庶出の天皇の容認と裏腹の関係にあったこと、天皇の退位を表向き認めていないことと、昭和天皇戦争責任論との絡み合い等──を描き、その上で、終章において今後の天皇制のあるべき方向性を示して

---

1)　『「萬世一系」の研究──「皇室典範的なるもの」への視座』（岩波書店、2005年）。

いる。しかし、それだけであろうか。

　女帝を認めないことが違憲であるという主張に対する奥平教授の、人権原理論および制度論からの論駁（368-78 頁）、さらには、天皇および皇族の人権を否定する現憲法下の皇室制度からの「脱出の権利」を認めるべきだとする主張（378-81 頁）——これらの指摘は、樋口陽一教授の近代国家論や石川健治教授の制度保障論に基づく天皇制分析と、少なくとも部分的に共鳴している[2]——の背後には、単なる歴史研究および現行憲法の解釈論にとどまらないものがあると思われる。

　奥平教授は、本書を知音に贈呈するにあたって、次のような文章を含む「添え状」を附した。同状は、ワープロ印刷で宛名が万年筆で認められたもので、同一の文章がすべての受贈者に届いているはずである。

　　ぼくのつもりでは、〈日本国憲法体系からすれば、天皇制というものはどうにも異質な制度なのであって、本来憲法体系とは両立し得ないはず［の］ものである。別言すれば、この制度は constitutional democracy の観点からする public reason の討議に耐えられる実質を持ち得ていない。したがって、制度のあれやこれやの個別的な欠陥の手直しをしても、所詮、一時しのぎ、あるいは単なる気休めというだけのことである。この制度は、現在の政治状況においては、残念ながら、おいそれと廃止できないであろう。しかしながら、憲法原理に照らしていえば、可能的に早い時期に無くしてしまうべき運命にある〉という主張を本書の背後に秘めています。

　つまり、日本国憲法体系に含まれた異質な要素である天皇制を可及的すみやかに廃止すべきだというのが、本書の背後に隠された奥平教授の主張である。

　大日本帝国憲法の根幹にあるとされる天皇主権原理は、同憲法制定時にドイツから輸入された。ドイツで君主制原理と呼ばれていたものである。この原理は、全国家権力を本来的に君主が保有することを出発点としつつ、君主が国家権力を行使するにあたっては、君主自身の定めた憲法により規律されるとするものである。「天皇ハ国ノ元首ニシテ統治権ヲ総攬シ此ノ憲法ノ条規ニ依リ之ヲ行フ」とする大日本帝国憲法第 4 条の規定は、君主制原理を典型的に示して

2）　たとえば、石川健治『自由と特権の距離』（日本評論社、1999 年）236 頁参照。筆者自身の見解については、長谷部恭男『憲法』〔第 6 版〕（新世社、2014 年）121-22 頁参照。

いる。この原理は、全能の主権者である君主は、果たして自身の権能を拘束することが論理的に可能か、というパラドックスをひき起こす。国民主権原理と両立し得ないだけでなく、そもそも筋の通った法学的国家論として成立し得るか否かも定かでない。美濃部達吉が天皇主権原理を法律学の領域から駆逐し、国家法人理論に基づく整合的な憲法解釈論を構築したことは、理に適っていたと考えることができる。

奥平教授の議論は、これとは異なるレベルのものである。天皇主権原理の当否を問題としているのではない。皇室のメンバーの人権――つまり人としての生来の権利――を深刻に侵害する天皇制は廃止されるべきだという主張である。額面通りに受け取れば、現行憲法を改正して天皇制を廃止すべきだという主張である。しかし、それだけなのか。むしろ、「添え状」の文面から明らかとなる本書の「隠された主張」ではなく、現行憲法の解釈論として提示されている「脱出の権利」に潜むラディカルさに着目すべきではないかというのが、本稿の問題意識である。解釈論として主張されている以上、天皇および皇族の「脱出の権利」が、現行憲法の文面および構造と整合するという主張として受け取られる必要がある。しかし、整合するであろうか。

この疑問は、筆者が本書をはじめて読んだおりに感じた違和感と関連する。つまり、天皇および皇族の憲法上の権利は、すべての市民に平等な権利を保障する日本国憲法の体系と両立し得ない程に侵害されてはいるが、それは天皇制という身分制度の「飛び地」を意図的に残存させた日本国憲法による制度保障の所以である。憲法自体がそうした決定を下した以上、制度として保障された天皇制は維持せざるを得ないのではないか。しかし、奥平教授の解釈論が示唆

---

3) 長谷部恭男「大日本帝国憲法の制定――君主制原理の生成と展開」論究ジュリスト17号（2016年春号）4頁以下参照。
4) 奥平教授によると、天皇・皇族に認められるべき「脱出の権利」は、「かれらが『普通の人間』に立ち戻るための、あるいは『ふつうの人間が享有する、ふつうの人権』を自らも享有するための『切り札としての"人権"』に他ならない」（前掲『萬世一系』の研究』325頁）。
5) 日本の憲法学においては、アメリカ合衆国と異なり、憲法起草者または制定者の意図に忠実であることが有効で説得的な解釈論であることの条件であるとは、必ずしもされていない。また、天皇制に関する判例はきわめて乏しく（最高裁判例としては、天皇と不敬罪に関する最大判昭23・5・26刑集2巻6号529頁、および天皇と民事裁判権に関する最判平元・11・20民集43巻10号1160頁がある）、判例との整合性を考慮する必要も大きくはない。

するように、皇室典範を改正して、天皇の退位だけでなく全皇族に対して「脱出の権利」を認めたとき、天皇制は制度として生き残ることができるであろうか。

　天皇に「脱出する権利」、つまり自身の意思に基づいて退位する自由を認めたとき、その結果として、譲位した前天皇が実質的権限を振るうリスクや、天皇が自身の意思に反して譲位を迫られるリスクがもたらされると言われることがあるが、天皇に政治的権能がない以上（憲法4条1項）、前者のリスクは懸念するには及ばないであろうし、後者のリスクは、退位の前提として皇室会議の決議を要件とすること等で極小化することが可能である[6]。そもそも、自由意思による退位を認めない根拠として、自由意思に基づかない退位を迫られるリスクを持ち出すことが議論として一貫しているのかという疑念もある。むしろ、最大で、かつ、致命的なリスクは、天皇制が持続不能となること、または持続不能となるのではないかとの懸念を世間一般に与えることである。エドワードⅧ世の退位に関連してビーヴァーブルック卿が指摘したように、君主制の要点は王位の安定性にある[7]。

　直感的には、「皇位は、世襲のもの」（憲法2条）という与件、およびその背後にある万世一系の皇位継承というイデオロギーと、天皇を含めた全皇族の「脱出の権利」を認めることとは、実際問題として、両立不可能であるかに見える。全皇族が文字通り脱出したら、天皇制が生き残ることは不可能ではないだろうか[8]。

　この疑問に対しては、皇位継承に対する皇族メンバーの真摯なコミットメン

---

6)　より慎重を期するのであれば、個別の退位の事案ごとに、国会でのコンセンサス方式の議決を求めることも考えられよう。

7)　Cited in Vernon Bogdanor, *The Monarchy and the Constitution* (Clarendon Press, 1995), p. 136. エドワードⅧ世の退位は、シンプソン夫人との婚姻を望む彼の自由な意思決定に基づくもので、大臣の助言によるものではなかった。とはいえ、退位を承認する国会制定法の審議において、ボールドウィン首相は、『ハムレット』第1幕第3場で、レアティーズが妹のオフィーリアに与える忠告の一部を引用している（ibid., p. 137）。

　ハムレットさまの意思は、ご自身の意思ではない、

　あの方も生まれには従わねばならぬ、

　身分卑しき者のような身勝手はかなわぬのだ。

　あの方のご決断に、この国全体の安寧と繁栄がかかっている。

8)　この問題は、前掲『「萬世一系」の研究』104-05頁において明示的に指摘され、検討されている。

トに賭けることができるという回答が一応は、可能である[9]。そもそも天皇制および皇室制度を支えようとするこうしたエスプリ・ドゥ・コールが失われれば、退位や自由を含めた「脱出の権利」を否定したとしても、少なくとも現在の姿のままの天皇制および皇室制度は維持していくことができなくなるであろう。つまり「脱出」の途を閉ざしたからといって、天皇制の存続が当然に保障されるわけではない。天皇が自発的に公務を放棄したら、摂政とされた皇族も次々に公務を放棄したら、また皇族が世間から当然に期待される行動や態度を示すことをやめたら、どうなるであろうか。つまり、すべての皇族がエドワードⅧ世と同様に、自由を平等に保障された一般市民であるかのように振る舞いはじめたらどうなるか、という問題である。

　逆に言えば、皇族特有のエスプリ・ドゥ・コールが存続する以上は、「脱出の権利」をたとえ認めたとしても、皇族が次々と脱出することはあり得ない。言い換えれば、皇族が一般市民に戻るための「脱出の権利」が現在、否定されているかに見えるのは、一般市民が抱くことのあり得ない、こうしたエスプリ・ドゥ・コールの存在が当然の前提とされているからである。天皇に退位の自由を認めると、天皇制が立ち行かなくなるリスクがあるという議論もあるが、それは、天皇制を支えるエートスの意義を見失った議論のように思われる。

　だとすると、問題は「脱出の権利」を認めるか否かよりは、むしろ、天皇制を支えるエスプリ・ドゥ・コールが失われるリスクに、現行憲法の枠内でいかに対処すべきかであろう。それが失われれば、天皇制は枯死するしかないのではないか。

　しかし、少なくとも純理論的には、このリスクに対する解決策もある。たとえば皇室典範を改正して、継承順位がにわかには判別し得ない程度まで皇位継承権者を大幅に拡大することで、天皇制の存続を図る途が考えられる[10]。さらには、天皇および皇族について養子縁組を認めることも考えられる。現在は、皇

---

9) 官僚制にせよ、大学の自治にせよ、典型的な制度保障は、当の制度を担い、支えるメンバーに共有されるエスプリ・ドゥ・コールなしには存立し得ない。

10) ソフィア選帝公妃にイングランド国籍を付与する1705年の法律は、その予期せぬ効果として、ヨーロッパ諸王家の数百名にものぼる非カトリックのメンバー（その中には現在のノルウェイ、スウェーデン、デンマーク各国の国王が含まれる）をイギリス臣民とした。Cf. Ann Lyon, 'For he is an Englishman', *Statute Law Review*, Vol. 20, No. 2, pp. 174-84 (1999).

室典範第9条によって、天皇および皇族は「養子をすることができない」とされているが、憲法第2条の定める皇位の「世襲」と天皇または皇族が養親子縁組をすることとが、当然に抵触するわけではない[11]。

とはいえ、こうした途を辿ったとき、その到達点にあるのは結局「任期付きの選挙天皇制」となるのではないだろうか。皇位継承権者を大幅に拡大する、あるいは、養親子縁組を認めるとすると、血筋に基づくカリスマは希薄化する。国の象徴として、それに替わるカリスマを調達する必要があるだろう。直ちに想起されるのは、民意によるカリスマである。つまり、国民投票で選出された者が（あるいは国会によって選任された者が）前任の天皇の養子となって天皇に即位し、同時に前任の天皇は退位する[12]。退位後の天皇は皇室からの離脱が可能である。世襲の天皇制と天皇および皇族の「脱出の自由」は両立する。しかも、天皇の地位が「国民の総意に基づく」とする憲法第1条の文言により忠実な天皇制が成立する。そうなれば、天皇制を備えた日本は、半大統領制の下で儀礼的・名目的な国家元首たる大統領を直接公選する国家に限りなく接近する[13]。そのとき、皇室典範は、天皇の選挙手続を定める法律へと姿を大きく変えることになるであろう。

半大統領制の下では、国家元首たる大統領は有権者によって直接公選されるが、他方、議会の信任に支えられる政府も存在する。この制度を採用する国の

---

11) 両者は抵触するという立場もないわけではない。世襲であることは、皇位が血統に基づいて自動的に継承されることを含意するという立場を貫けば (cf. Bogdanor, op. cit., p. 135)、両者は抵触する。しかし、歴史を遡ったとき、皇位の継承はどこまで「自動的」であったであろうか。前掲『「萬世一系」の研究』268頁は、古来、天皇家には、天皇の非嫡出子（庶子）を皇后の養子とすることで皇位継承権者に組み入れる慣行があったことを指摘している。

12) ノルウェイ憲法第7条は、国王に後継者がないとき、国王は議会に後継者を提案するものとされる。国王の提案が受け入れられないときは、議会が後継者を選任すると定められている。なお、同憲法48条をも参照。

13) フランス第五共和政憲法は、直接公選で選ばれる大統領と議会に対して政治責任を負う内閣を備え、しかも大統領が首相をはじめとする閣僚の任免権等、固有の権限を有していることから、それが大統領制か議院内閣制かが議論されてきた。モーリス・デュヴェルジェは、こうした政治体制は、かつてのワイマール共和国や現在のオーストリア、アイルランド、アイスランド、フィンランド等、他にも見られることを指摘し、それを半大統領制 (régime semi-présidentiel) と呼んでいる（デュヴェルジェ『フランス憲法史』時本義昭訳（みすず書房、1995年）163頁以下）。現在の韓国、台湾や、ポーランド、ルーマニア、クロアチア、ロシア等もこの類型に属する。

中には、フランスのように、強力な政治権力を振るい、国政をリードする大統領を持つ国もあるが、アイルランドを典型とするような、大統領が政治の実権を把握せず、儀礼的な意義のみを有する国もある。任期付きの選挙天皇制は、後者に限りなく近い。

それも日本国憲法の許容範囲内だというのが、奥平教授の意図であろうか。だとすると、奥平教授の主張は、単なる憲法律上の制度保障にとどまる天皇制を、憲法改正を通じて廃止し得るというにはとどまらず、現実の運用上、任期付き選挙天皇制への変容も現行憲法上、許容されているという主張につながる。つまり、現行憲法の基礎にある国民主権原理に立脚する天皇制の本質は、任期付きの選挙君主制と通底しているという認識が前提とされていることになる。

まことに奇妙奇天烈な主張のようだが、同種の発想の根源は、古典的な立憲主義思想へと遡ることができる。具体的には、トマス・ホッブズの『市民論』、そして、ジャン-ジャック・ルソーの『社会契約論』である。

II　ホッブズ『市民論』——原初的統治形態としての民主政

ホッブズが『市民論』で描いているのは、『リヴァイアサン』と同様、社会契約に基づく国家の生成の物語である。[14] 自然状態で暮らす人々は、結集して国家（commonwealth）を創設する。しかし、『リヴァイアサン』と異なり、『市民論』のホッブズは、原初形態としての国家はすべて民主政であるとする。つまり当初においては、会議体としての人民が主権者であり、かつ、統治者である。

『リヴァイアサン』と異なる点は、もう一つある。『リヴァイアサン』13章以下の記述によると、自然状態を脱して平和と安全を獲得しようとする人々は、自らの自然権をすべて単一の人または会議体、つまり主権者に委譲することで、国家を設立する。そこでは、主権者と統治者とは同一であり、かつ、同時に成立する。他方、『市民論』第VII章でのホッブズは、「主権 sovereignty」と「統

---

14) Thomas Hobbes, *On the Citizen*, eds. Richard Tuck and Michael Silverthorne (Cambridge University Press, 1998). 本節および次節での記述にあたっては、Richard Tuck, *The Sleeping Sovereign: The Invention of Modern Democracy* (Cambridge University Press, 2016) に大きく依拠している。

治 government」とを区別する。

　もっとも、前述したように、『市民論』においても、国家の設立当初においては、会議体として人民が主権者であると同時に統治者でもあり、両者は一体化している。しかし、『市民論』でのホッブズは、この民主政が貴族政または君主政へと移行し得ることを指摘する。ここでは、民主政の君主政への移行に関する彼の記述を見ていくこととしよう。

　ホッブズによると、民主政の君主政への移行は、他に抜きんでた個人が人民により多数決で君主に選任されることによって発生する。しかし、統治者たる君主の選任によって、ただちに、主権そのものが君主へ移行するわけではない。君主が選任された際に起こりうるケースをホッブズは、次の4類型に分類する。

　第一のケースでは、会議体としての人民は、君主を選任した後、再び集会を約束することなく、散会する。この場合、主権は君主へ移行する。

　第二のケースでは、選任された君主の死後、集会することを会議体としての人民が予め決定する。この場合、主権は移行しない。会議体としての人民が主権者であり続けている。君主は、その存命中、人民から委託された統治権を行使するにすぎない。

　第三のケースでは、君主の在任中であるにもかかわらず、集会することを人民が決定する。この場合も主権は移行しない。君主の在任中に集会した人民は、統治者としての君主を罷免することもできる。つまり、この場合、君主の実質は「首相 primo ministro」にすぎない。

　第四のケースでは、人民は、君主に召集されて、はじめて集会すると決定する。つまり、人民が自発的に集会することは、もはやない。この場合も、主権は君主へ移行するとホッブズは言う。含意されているのは、君主はもはや集会を促すことはないはずだという想定である。

　第二と第三のケースでは、人民は引き続き主権者であり続ける。統治権能のみが任期付きで君主へ委ねられる。主権者たる人民は集会と集会の間は（どれだけ長期であっても）眠っているだけである。第四のケースでは、人民は君主に

---

15)　『市民論』第Ⅶ章とほぼ同内容の記述は、ホッブズの別の著作『法の原理』第2部第2章にも見られる（『法の原理――人間の本性と政治体』田中浩＝重森臣広＝新井明訳（岩波文庫、2016年）226頁以下）。

起こされるまで眠り続ける。つまり、永遠に眠り続けることになり、主権は君主に移る。

Ⅲ　ルソー『社会契約論』——統治しない人民

『市民論』における主権と統治の区別は、ルソーの『社会契約論』でも維持されている。主権の行使（一般意思の表明）は法（loi）の定立である。統治（つまり、政府の行為）は特殊意思にもとづく法の執行であって、せいぜい政令（décret）にとどまる。主権は不可分である。しかし、統治機能は可分である。

ルソーは、『社会契約論』第2篇第2章で、権力分立論を日本の奇術師にたとえて批判しているが、そこで批判の対象となっているのは、主権自体を分割する分立論であることに留意が必要である。統治活動の分立が批判の対象となっているわけではない。また、一般意思の表明である loi は、後述するように、現代で言うところの「法律」と正確には対応しない（それよりもはるかに対象が狭い）。たとえば、法は、君主制と世襲制を定めることはできるが、君主の選任や王家の指定はできない（第2篇第6章）。対象が特殊だからである。

そうなると、君主等の為政者は、いかにして選任され、その地位に就くことができるのかとの疑問が生ずる。主権者たる人民は、為政者の選任はなし得ないはずである。

ルソーの（苦し紛れの）回答は、人民の制定する loi によってまず統治形態（政体）が定まり、ついで、人民は原初的統治者として君主を選任するというものである（第3篇第17章）。為政者を選任する人民は、主権者ではない。臨時の統治者である。

ルソーは、人民は間歇的にしか集会しないと想定していることにも、留意が必要である。ルソーは、人民が間断なく集合して公共の事項に時間を捧げることを想定してはいない（第3篇第4章）。

　　人民が集会して一連の法（loix）を承認し、憲法を定めた（fixé la constitution de l'État）だけでは十分でない。継続的な政府を設営し、政府構成員の選任についての定めを置いただけでは十分でない。予期せぬ状況に応ずるための非常の集会に加えて、廃止したり延会したりすることのできない定期の集会、人民が形

式的な招集の必要なく法に基づいて定められた日に適式に参集し得る集会が予定されるべきである（第3篇第13章）。

　この文章から分かることは、ルソーの言う「法 loi」は、真に一般的な法、つまり憲法のみを意味することである。現代国家で言うところの法律を指しているわけではない。「loix を有する国民はごく少数だ」というルソーの述懐は、このことを裏付ける（第3篇第15章）。現代社会で言う「立法」を人民が日常的に行う政体は、人民自身が統治にあたる民主政である。

　人民に憲法構想を提供し、宗教の力を借りて人民にそれを飲み込ませる天才的な存在がなぜ「立法者 Législateur」と呼ばれるのかも（第2篇第7章）、これで判明する。

　ルソーは人民が日常政治（統治）に携わるという意味での民主政は実現不可能だと考えていた。人民に可能なのは、憲法を制定し為政者を選任することだけである。そのことは、『社会契約論』第3篇第4章の次の文章からも分かる。

> ［民主政という］このことばを厳密に理解するならば、真の民主政はこれまで決して存在しなかったし、今後も存在しないことになる。大多数の者が統治し、少数者が統治されることは、自然の秩序に反する。人民が間断なく集会して公共の事項に時間を捧げることは想定しがたいし、委員会を設営するならば、統治の形態は変更されることになる。

　ここでルソーが非現実的なものとして描く「民主政」とは、会議体としての人民が立法のみではなく、統治にも直接あたる政体のことである。民主政が近代以降の社会において不可能であることには、理由がある。

> 古代の人民は、もはや現代の人民にとってのモデルとはならない。前者は後者とはあらゆる点で異なっている。……あなた方ジュネーヴ市民は、ローマ人でもなければスパルタ人でもない。アテネ人でさえない。……あなた方は商人、職人、ブルジョワで、私的な利益、仕事、取引や稼ぎで頭が一杯だ。自由でさえ、あなた方にとっては、障害なく安全に物を獲得し所有するための手段にすぎない。……古代の人民のように余暇を持ち合わせないあなた方は、統治に間断なく関わるわけにはいかない。だからこそ、政府による策謀を監視し権限濫用に備えるよう政府を設定する必要がある。あなた方のためである公的な務めは、あなた方にとって負担となり、あなた方がやりたがらないものであるから、それだけ簡便に遂行できるようにする必要がある（『山からの手紙』第9書簡）。

ギリシャの都市国家は奴隷労働が支えていた。人民集会で討議されたのは戦争と平和の問題であり、熱心な討議が行われたのは、一旦敗戦すれば自らが奴隷となり、自由と財産のすべてを失うからである。奴隷が退場し、市民が分業して経済を支える近代社会で、古代ギリシャと同様の直接民主政治はあり得ない。民主政は、神々のごとき人民にとってのみ可能だとルソーが主張するのも、そのためである。

　しかし、これがルソーの描くあるべき国家の姿だと言われても、腑に落ちない人は多いであろう。まず思い浮かぶ疑問は、『社会契約論』第3篇第15章におけるイギリスの国制に対する批判をどう説明するのか、というものである。

　　主権は不可譲であるが、その同じ理由によって主権は代表され得ない。主権は本質的に一般意思に存するが、意思は代表され得ない。……だから人民の代議員は、人民の代表ではあり得ない。彼らは使者でしかなく、何一つ決定し得ない。人民が自ら承認しない法のすべては無効であり、法ではない。イギリス人民は、自由だと信じているが、彼らは自らを欺いている。彼らが自由なのは議員の選挙期間中だけで、選挙が終われば人民は奴隷であり、何者でもない。

　この有名な一節は、ルソーが国会議員に対する命令委任を要求した根拠としてしばしば援用される。しかし、ルソーが代表され得ないとしているのはあくまで主権であり、統治権の行使ではない。ルソーが主権の行使とする「立法」が、統治形態の決定等の国制の基本事項に関わる真に一般的なものに限られるのであれば、ルソーが国会議員への命令委任を要求するか否かは、明瞭とは言えない。

　むしろ、制定憲法の存在しないイギリスでは、議会は通常の立法権のみならず、憲法制定権力をも行使し得たことに注意が必要である。イギリスの統治形態に対するルソーの否定的評価は、それが主権と統治とを画然と区別せず、本来の主権者たる人民による明示の意思決定抜きで、議会が主権を簒奪して行使し、統治形態をも変更してしまう点にあったのではないか。統治形態が人民の意思表示なしには変更し得ないという保障の下で、具体の統治作用を人民が政府に委託することについて、ルソーは異議を唱えてはいない。

　ルソーが「立法権において人民は代表され得ない」と言うとき、彼が否定しているのは、人民以外の者による憲法制定権力の行使であった。彼が続いて

「物事をよく検討してみれば、法（loix）を有する国民はごく少数だ」と述べていることもこうした理解に符合する。当時、統治者によって変更され得ない憲法を持つ国民は、稀であった。

　つまるところ、ルソーとホッブズの距離はきわめて近い。『市民論』のホッブズとルソーの違いは、前者が人民が主権を行使する民主政こそが原初的統治形態であるとしながら、主権が人民から貴族または君主へと決定的に移行する可能性を認めていた点にある。[16] 他方、『社会契約論』によれば、主権は不可譲である（第2篇第1章）。主権者が自己の主権に基づいて、それを他者に移譲することができるという議論は、解決不能のパラドックスをもたらす[17]。この点では、ルソーの方が論理的に筋が通っていると言うべきであろう。

　主権移譲の可能性が閉ざされたとき、ホッブズの議論は、人民会議の憲法制定権力を基礎付け、憲法制定以外の事項に関わる統治を人民の選任した政府に委ねるという、現代民主国家においても十分に実現可能なルソーの構想へと変容する。そこでは、主権者たる人民が間隔をおいて集会することを予め決定し、その度に憲法を見直し、統治者を任免する。集会と集会の間は、統治は政府構成員に委ねられる。為政者は君主（単独者）かもしれない。他方、民主政――人民による直接統治――は非現実的である。

IV　選挙君主制としての天皇制？

　ホッブズとルソーの議論から分かることは、単一人の為政者たる君主が人民によって選任されることは、君主であることの本質に反するどころか、むしろ君主制が最初に誕生する際には、必ず発生するということ――少なくとも彼ら

16）　主権が合議体たる人民から君主へと完全に移行し、人民が消滅したとき、君主の統治する国家（群衆から構成されるはずの団体）は、いかにして構成員の変動にもかかわらず永続し得るかという難問に逢着するはずである。それは君主の主権が君主の交代にもかかわらず、いかにして継承され得るのかという問題と直結している。『リヴァイアサン』でホッブズは、人々が契約によって構成する国家は構成員の変動にもかかわらず継続する人格であり、君主はその代表であるという理論を構築することで、これらの問題を解決した。法学的構成としては、『リヴァイアサン』は『市民論』に優っている。

17）　たとえば、長谷部恭男『権力への懐疑』（日本評論社、1991年）160-61頁参照。

の社会契約論からすると、そうなる——ということである。しかも、ホッブズによれば、そうして選任される君主は、主権者であるとは限らない。さらにルソーによれば、為政者として統治を担当する君主が主権者となることはあり得ない。主権はつねに人民にとどまる。そうだとすると、人民が主権者である統治体制の下で、天皇が任期付きで人民によって選任されることも当然可能となるであろう。

　もっとも、こうした議論の方向性に対しては、日本国憲法第2条は、皇位を世襲としているのではないかとの疑問が寄せられるであろう。立法論（憲法改正論）としてはともかく、現行憲法の解釈論として、任期付きの選挙天皇制は無理があるのではないか。それどころか、天皇が世襲であることは、先に見たホッブズの類型論からすると、日本国憲法下における天皇制は、むしろ主権が君主に移行した君主政として理解されるべきことになるのではないか、という疑問である。しかし、これは論理必然の結論ではない。

　まず憲法第1条は、主権は国民に存すると言う。しかも、天皇に政治的権能はない（第4条）。統治は、他の為政者に——法律の制定は国会議員に、行政は内閣以下の行政各部に——委ねられている。主権者たる国民は、公務員の選定・罷免権を通じて、定期または臨時に為政者を任免する（憲法15条1項）。もちろん、ルソーが想定するように定期的に憲法を見直すというわけではないが。天皇が主権者でないこと、また、統治担当者（の一人）でさえないことは、憲法の文面および構造から明らかである。

　次の問題は、天皇が世襲であることと天皇が選挙で選任されることは両立し得ないのかである。天皇が主権者ではなく、統治担当者でもないのであれば、憲法第2条の言う「世襲」とは、主権を家系に沿って後継者に継承させることを意味しているわけではない。むしろ、象徴的意義のみを備える皇位に就くべき者を特定する技術的意味しかない。しかも、世襲であることと養親子縁組とが本質的に不両立の関係にあるわけではないのであれば、典範の改正を通じて継承権者を劇的に拡大させること、さらには任期付き選挙君主制へと限りなく接近させることも、国民主権原理に立脚する現憲法下の天皇制と矛盾・衝突するものではないとの理解も、理論的には可能である。

　これが、奥平教授が指摘しようとしたことなのであろうか。それは分からな

い。しかし議論として筋は通っているし、『市民論』におけるホッブズ、『社会契約論』におけるルソーの構想とも整合する。奥平教授が任期付きの選挙天皇制を日本国憲法の解釈論の帰結として想定していた可能性はある。

それだけではなく、任期付きで選挙される天皇像は、帝国憲法下の正統学派、上杉愼吉の行論とも、奇妙なことに合致する。上杉によれば、西洋諸国と旧憲法下の日本とは、およそその国体を異にする。

> 西洋諸國は本來民主共和を以て國を建てたるものである。中世に至て封建制度行はれ、豪族の廣大なる土地を占領し、人民を私有の奴隷と爲す者所在に簇生し、互いに攻掠して、漸く強大を成せる者、遂に國王となった、これ現代西洋諸大國の前身であって、國王は極度なる専制政治を行ひ、民は塗炭に苦しんだのである。されば、西洋國王なる者は、一時假のものであり、國家と終始するものではなく、彼らの建国の趣旨と相反するものである。國土人民を私有物とするに起源し、一人の私に非ず、民に身を捧げて、國をしろしめす我が天皇とは根本的に相異れる者であった。近世に至て、文化復興し、人心覺醒し、遂に國王を倒すべしとするに至れるは、彼に在りては、その本に返れるものである。[18]

したがって、19世紀以降の西洋諸国があるいは王制を廃止し、王制を維持する場合も「ただ國王の名義を存して、その實民主共和の政治を行ふ仕組を立てた」のは、当然の解決であり、そうした西洋の国王は、「大統領と區別すべからざる」ものである。[19] 日本の国体は、「天皇定まりて日本國家あり」というものであり、[20] 天皇が定めた憲法により、天皇による統治権の行使は制限されるにとどまる。国王も憲法の定める一機関にすぎない西洋諸国とは、国体を全く異にしており、「縦令文字相同じきものあるも」、漫然西洋憲法と同様にこれを解釈し運用すれば、「一歩の差は千里の誤を生じ、遂に我が立憲の主義を敵ぶり、動もすれは累を國體に及ぼすことあらん」[21]とされる。[22]

しかし、この上杉の議論は、前提を鏡のように反転させれば、まさに選挙天

---

18) 上杉愼吉『憲法讀本』〔第15版〕（日本評論社、1940年）38-39頁。
19) 上杉『憲法讀本』34頁。なお、上杉愼吉『新稿憲法述義〔第10版〕』（有斐閣、1929年）99-104頁参照。上杉の視点からすれば、西欧の君主は人民主権の下に人民の機関としての地位を有するに過ぎず、これら諸国は君主国体ではない。
20) 上杉『憲法讀本』33頁。なお、上杉『新稿憲法述義』86頁は、「天皇ノ統治権者タルハ、建國ト共ニ定マリ、天壤ト與ニ永遠無窮ナリ、天皇ハ大日本帝國ト共ニ始終ス、天皇アリテ大日本帝國アリ……天皇ト大日本帝國ト國體法トハ、同時ニ成立シ、共ニ永遠無窮ナリ」とする。

皇制を認める議論と結論を同じくすることになる。帝国憲法と異なり、憲法によって政治的権能を有しない国の象徴とされた現在の天皇は、上杉の描く、本来民主共和の国家における大統領と区別しがたい国家の一機関となるはずである。

　そもそも制度保障として見ても、現憲法下の天皇制には、ずれがある。それは必ずしも日本の伝統的制度ではない。鎌倉時代以降の幕府による統治を例に挙げるまでもなく、天皇が直接に統治を（一部でも）担当することは、長期にわたって例外的であったし、天皇が元来、全国家権力を掌握するという想定は、ドイツ諸邦から輸入された君主制原理に由来するものであって、日本固有の伝統的理解ではない。国家理論としての整合性に疑念があることは、すでに述べた通りである。その君主制原理の輸入と同時に採用されたのが、制度としての天皇制であった。そうした、淵源についても論理についても正当性の明らかでない制度を国民主権原理に基づく現行憲法の下でもなお維持・保障するために、天皇・皇族の基本権を根本的に否定することが許されるのか——その疑念を延長したところにあるのが、奥平教授の提唱する天皇・皇族の「脱出の権利」である。

　　　　　　　　　　　　　　　　　　（はせべ・やすお　早稲田大学教授）

---

21)　上杉『憲法讀本』40 頁。この上杉の行論は、『新稿憲法述義』111-113 頁における天皇機関説批判に連なっている。
22)　王を求めるイスラエルの民に、王による統治がいかなるものであるかを警告する（「あなたがたは彼の奴隷となる」）『サムエル記』上 8:10-18 のように、原初的な共和政体が君主政体へと移行し、後者の下で民が塗炭に苦しんだとする上杉の議論に対応する典拠もないわけではない。しかしながら、上杉による西欧と日本の君主制の対比は、控え目に言っても単純に過ぎる。西欧においても、君主は私心なく国を統べるとの思想は珍しくない。たとえば、国事に関する限り君主は常に法と衡平に従うため、彼に意思なるものはあり得ないとする、John of Salisbury, *Policraticus*, ed. Cary Nederman (Cambridge University Press, 1990), Book IV, Chapter 2、あるいは、人民が奴隷として扱われる専制政治と君主が人定法によって拘束されることのない絶対政治とを区別する Bossuet, *Politics drawn from the Very Words of Holy Scripture*, ed. Patrick Riley (Cambridge University Press, 1990), p. 263 [Book 8, Article II] 参照。また、君主が本来すべての統治権を掌握しており、欽定憲法によってその行使を自己制限するという思想自体、西欧伝来のものであることについては、長谷部・前掲注3)「大日本帝国憲法の制定」参照。

制度の時代
—— 1981〜2005

石 川 健 治

0 制度に憑かれたピエロ

　パブロ・ピカソに「青の時代」があったように、憲法学者・奥平康弘には「制度の時代」があった。彼は、アルノルト・シェーンベルクの歌曲「月に憑かれたピエロ」に自らをなぞらえて、「制度に憑かれたピエロ」と自嘲したこともある。[1]

　制度的なるものに関心を抱いたのは、「制度論的視角」から近代日本の思想史に切り込んだ、中村雄二郎の1960年代の述作に接したのがきっかけだというから、問題意識そのものは早くから抱かれていたようである。[2] けれども、「コンセプトとしての『制度』」について、[3] 自覚的な言及がなされたのは、『憲法Ⅲ』(1993年) を頂点とする、[4] 前後12年ずつの時期に限られている。

　教育法学説を正面から批判して物議を醸した「教育権」論では、「憲法上の

---

1) 参照、奥平康弘「制度に憑かれたピエロ」社会科学ジャーナル32号（国際基督教大学社会科学研究所、1994年）23頁以下（同『憲法の眼』[悠々社、1998年] 第4章「『制度』コンセプトの不在はどこから来たか」に改題）。
2) 参照、中村雄二郎『近代日本における制度と思想——明治法思想史研究序説』（未来社、1967年）。また、そうした関心が、奥平康弘『治安維持法小史』（筑摩書房、1977年）にみられるような、制度とその運用に関する歴史研究につながっているのは事実であろう。
3) Cf. J. B. White, Justice as translation, 1989, p. 28ff.
4) 参照、奥平康弘『憲法Ⅲ——憲法が保障する権利』（有斐閣、1993年）。

権利と制度との緊張関係」を主題化し、「選挙権」論では、「国民が国家を国家たらしめる権利」としての選挙権を、「国民主権の原則を個人のレベルとして制度化」した「憲法上の権限」として位置づけたのが、1981年。『「萬世一系」の研究——「皇室典範的なるもの」への視座』(岩波書店)で、憲法制度としての天皇制からの「脱出の権利」を定式化したのが、2005年。その間の四半世紀にわたる時期が、本稿のいう「制度の時代」である。

『憲法Ⅲ』以前の12年間において、重要な転機となったのは、『なぜ「表現の自由」か』(1988年)のために書き下ろされた序説(第1章)である。「『個人的なるもの』としての『権利』(主観的な法)を超えた、あるいはその外にあってこれと密接にかかわるところの、客観的な諸制度の構造的な理解がどうしても要請されることになる」(傍点・奥平)という、93年の『憲法Ⅲ』で繰り返し現れる基本テーゼが、ここに登場するのである。

同論文は、その導入部において、「実定法規、あるいは実定法規から織りなされて作られた人為的な制度のわく組みのなかで、あらゆる社会的な争点の解決がはかられるという立場」を、実定法中心主義あるいは「制度論的アプローチ」と呼んで、これを批判していた。ところが、論文後半では、現実の民主的な政治過程に着目して「反対政党とプレスという二つの制度」を表現の自由の舞台に乗せるような見方を「制度的理解」と呼んで、これを肯定している。「表現の自由における『消極的自由』(主観的なるもの)と『積極的な自由』(客観的なるもの)の、構造的・体系的な理論」の必要性を強調するなかで、「制度論的アプローチ」から「制度的理解」へ——「人為的」なるものから「構造的・体系的」なるものへ——、「『制度』コンセプト」の位置価が激変したのであり、それが如上の基本テーゼにつながっている。

それによれば、「表現の自由は確かに主観的・個人的な性質の顕著な権利である」けれども、「この権利は——少なくともある種の行使において——他の基本的な諸自由を確保し、よき民主主義的秩序を維持するという、客観的な制度的な目的に仕えるものでもあるという面」に「敬意を表することは不可避で

---

5) 参照、芦部信喜編『憲法Ⅲ(人権(2))』(有斐閣大学双書、1981年)361頁以下、特に390頁。
6) 参照、奥平康弘『憲法——学習と実践のために』(弘文堂、1981年)152頁以下。
7) 参照、奥平康弘『なぜ「表現の自由」か』(東京大学出版会、1988年)45頁。

ある」という（傍点・奥平）。そして、かかる表現の自由論の着想が、人権一般論にまで成長することになったのが、『憲法Ⅲ』に至りつくまでの6年という時間であった。

この、奥平憲法学における制度論的転回は、本稿筆者の修業時代と重なっている。それは、本郷三丁目駅前や東京大学赤門近辺での立ち話も含めて、最も親しく教えを乞うた時期にあたるが、在外研究中にサッコ・ヴァンゼッティ事件について調べ直した話など、どちらかというとプレ制度論的な話題ばかりであったと記憶している。その後の展開は、筆者の制度的保障研究の進展とも並行していたのであるが、やはり奥平制度論の実相については存じ上げなかった。それだけに、『憲法Ⅲ』が公刊されて間もない頃、カトリックの法哲学やモーリス・オーリウの制度理論に対する奥平の一方ならぬ関心の強さを──故・角替晃教授を介してではあるが──知らされ、本稿筆者は意外の感にうたれた経験がある。

当時の筆者は、オーリウの各エディションを揃えた京都大学法学部図書室に出張を繰り返して、原典研究に取り組んでいた。その感覚からすれば、「オーリウの弟子筋にあたるジュルジュ・ルナールが怪しい、小林珍雄訳の『制度の哲学』（栗田書店、1941年）を先生は読んでおられるのではないか」、と思われた。ご本人に直撃してみたこともあるが、「いやいやいや」といなされてしまった。皮肉なことに、直接お答えいただけなかった疑問を解く鍵は、先生の没後に与えられることになった。

多くの人々の努力により、奥平旧蔵書の一部が、国際基督教大学（ICU）と信州大学の図書館に収められたのであったが、後者の奥平康弘コレクションのなかに、ルナールを精読する奥平の姿が発見されたのである（成澤孝人教授のご助力に心より感謝申し上げる）。80年代後半になると、現代における代表的な制度主義的法理論として知られるマコーミック＝ヴァインベルガーを、継続的に研究しておられたことも、確認できた。何より、還暦を越えてなお新刊の法理

---

8) 参照、奥平・前掲注7) 59頁。
9) Cf. N. MacCormick/ O. Weinberger, An institutional theory of law—new approaches to legal positivism, 1986; Law, institution, and legal politics—fundamental problems of legal theory and social philosophy, 1991.

論書に取り組み、「わかること」「わからんこと」を区別して線引きしながら読み進む、恩師の姿勢に接して万感胸に迫る想いであった。

　もっとも、こうして発見されたのは、いずれも、奥平によって明示的に引用されるには至らなかった文献ばかりである。他方で、「制度に憑かれたピエロ」論文では、「不幸にして、折角集めた材料の在る場所から離れた、万事に不如意な田舎の地」（信州黒姫の別荘か）で書かれたにもかかわらず、ICU や信大のコレクションとは全く別系統の文献をふんだんに引用している。そのほか、「制度としてのプレス」などを念頭に、濱田純一らが紹介しつつあったドイツの制度的自由論や、ニクラス・ルーマンの制度的基本権論なども、当然視野に入っていたであろう。こうした事実からして、「『制度』コンセプトに取り憑かれたおもむきのあるぼく」の読書は、文字通り手当たり次第の広汎なものであったと推定され、その範囲を容易に特定することを許さない。外側からは窺い知れない仕方での「制度」へのアプローチを、奥平は試みていたようなのである。

　そうした与件を踏まえて、ここでは、かつて奥平と並行して制度論を探究した同時代人という資格において、あくまで90年代半ばに彼が何を成し遂げようとしたかを再確認する、という作業に集中することとし、奥平理論が孕む豊饒な可能性の探究については、多くを将来の課題にしておくことにする。ただ、新発見の資料によって問題関心をあらためて喚起された筆者が、奥平自身による既存のテクストを読み直すならば、ひょっとすると従前とは違う感触が得られるかもしれない。そうした微かな期待に導かれながら、本稿は執筆されている。

---

10)　See, D.W.P. Ruiter, Institutional legal facts―legal powers and their effects, 1993.
11)　T・パーソンズの社会的制度論や、W・リップマンの評伝についての英文書評、L・A・コーザー（荒川幾男訳）『亡命知識人とアメリカ』（岩波書店、1988年）、筒井康隆『断筆宣言』など。
12)　参照、濱田純一「制度概念における主観性と客観性――制度と基本権の構造分析序説」現代憲法学研究会編『現代国家と憲法の原理――小林直樹先生還暦記念』（有斐閣、1983年）。
13)　参照、N・ルーマン（今井弘道＝大野達司訳）『制度としての基本権』（木鐸社、1989年）。

I　制度と奥平康弘と私

1　「1985」

　奥平康弘という知性に本稿筆者が接したのは、1985年6月12日の出来事であった。樋口陽一教授の助手として憲法を専攻することになったその春に、大学院で開講されていた奥平・渡辺（治）ゼミに加えていただいたのであったが、奥平教授は未だアメリカにおられたため、帰国後に途中から参加されるという形になっていた。おそらくは、この在外研究中に制度的転回の契機があったはずであるが、不敏な筆者には全くそれが感じられなかった。また、筆者が制度的保障論に着手するきっかけは、同じ85年に京都で行われた日本公法学会のシンポジウムにおける——正確にはそのテープ起こし中における——笹川紀勝教授の応答に対して抱いた疑問であり、ゼミにおける奥平教授とのやりとりのなかに制度論の種子を見出すことはできなかった。

　いまから振り返ると、渡辺色が強めに反映したテーマ設定であった可能性があるが、同ゼミは「戦後10年間の最高裁判例の研究」を主題としていた。1947年から1957年までの三淵・田中コートを、たとえば元思想検事の池田克が入った裁判官構成の暗部や、管理法令の合憲判断／平野事件をめぐる急展開／ポツダム勅令の合憲判断などにみられるGHQの影や、吉田内閣期から50年代改憲論へ向かう「逆コース」といった、戦後史の文脈から当時の最高裁そのものを研究しようとするところに特色があった。奥平のいうところの「特殊日本型憲法訴訟」は、公共の福祉論の形成が、戦後解放された民衆エネルギーを抑圧してゆく、戦後10年の判例を通じて造型されたはずだからである。

　同じ東京大学とはいえ、学部学生にとって社会科学研究所の憲法学は遠い存在であり、学部時代の芦部信喜教授のゼミにおける、いわゆる違憲審査基準に着目した判例読解とは、アプローチの仕方があまりにも違うのに驚かされた。ゼミの冒頭、「公安条例に関する判例研究（自治研究34巻8号（1958年）87頁以下）が、奥平さんにとっては大きかったと思っている」、と渡辺治助教授が指摘されたのを承けて、筆者は新潟県公安条例事件判決を扱うことに決めた。せっかく教えを乞うのであれば、本丸を攻めてみようと考えたのである。

かくして、リベラル派の旗印だった「明白かつ現在の危険」の基準を逸早く採用したことで知られる同判決が、筆者にとっては最初の研究らしい研究の対象になった。この際、地元紙の報道から「事件」を掘り起こしてみようと思いつき、学内の新聞研究所（当時）に日参して新潟日報を読破することにした。たとえば、「当局」——直接にはGHQ管下の地方軍政部——の意向による、唐突な公安条例の成立過程については、

　　　中川氏「従来の実績からも特にこの条例制定の必要は認められないのに他県に先がけて提案する理由はいかん」
　　　野々山警察隊長「公開の席上答えられぬ」
　　　大瀬氏「本条例は従来軍政部命令で届出制により行われていたものを自主化し準拠となる国内法を設定したものと解釈して良いか」
　　　野々山隊長「さように了解願いたい」
　　　揖斐氏「治安確保のためこの条例が提案されたというが、むしろ反対ではないか。その意味から撤回すべきである」

などという、県会の特別調査委員会における生々しいやりとりを採取した。また、「事件」については、在日朝鮮人による大規模などぶろく密造を、「主食確保」を理由に警察が摘発したのに対して、不当な脅威弾圧即時停止・即時釈放・最低生活権保障を要求する「朝鮮人生活防衛闘争」が、公安条例事件としてフレームアップされてゆく過程を炙り出した。新刑訴法下で初めて請求された勾留理由開示では、説明を求められた検事が「憤然退廷」したり、被告人が「自分は一切手出しをしなかったのに、不法にも殴ったりした挙句、公務執行妨害だとして逮捕し、その後デモ条例だと逮捕状を変えられた」と主張したりする、不自然な経過を渡辺助教授が面白がり、「奥平さんにきかせたかった」という最大の賛辞をくださったのは記憶に新しい。

翌週に、無事帰国された奥平教授は、戦後初期の司法研究報告書を片手に登場された。しかし、1985年6月12日における第2回の報告内容は、すでに判決それ自体の研究に移っており、話題の中心は、裁判用紙に書かれた論文「言論の自由とその限界」で東大から博士号を授与された、「河原畯一郎調査官」であった。5年後に伊藤正己『言論・出版の自由』（岩波書店、1959年）が刊行されるまで、日本における表現の自由論の第一人者だった河原が、担当調査官ではなかったにもかかわらず、判決テクストの形成に与えた影響を、慎重に論

じたつもりであった。

　その折に河原を知っているかと尋ねたところ、奥平教授が「ゴツい英語を話す人だった。鵜飼先生なら、よくご存知かもしれない」とおっしゃったのがきっかけで、筆者には運命的だった鵜飼信成との邂逅が実現することになった。旬日の後、青山一丁目のツインビルから奥に入ったところにあるご自宅マンションまで、連れて行ってくださったのである。ル・コントのお菓子を持参して、奥平・渡辺そしてゼミ生一同でお訪ねした光景については、別の機会に触れたことがある。[14] 残念ながら河原調査官関連の情報は得られなかったものの、この日の出来事は筆者の研究者人生に大きな影響を残すことになった。

　後日談としては、奥平教授を囲む「憲法問題研究会」の席上で「石川君があのとき何を論じようとしたのか、いまも気になっている」とのご発言があり、2010年11月6日に、四半世紀ぶりに第1回目の報告を聴いていただく機会に恵まれた、ということがある（「新潟県公安条例事件の研究：1985年」）。ゼミの最終回に、「いつか本にすることがあるかもしれないので、資料をリザーブしておくように」、との指示があり、手書きの読み上げ原稿が、そのまま保存されていたのである。特にポジティヴな反応はなく、期待はずれの報告であったには相違ないが、報告者としては、人生の忘れ物を取り戻した想いであった。

2　奥平制度論批判とその後の仕掛け

　奥平制度論に対して筆者が批判的な論評を開始したのは、日本評論社の法律時報誌を舞台にした「国家と自由」研究会においてである。2000年1月29日に行われた報告「オーリウ・カウフマン・奥平康弘――『自由と特権の距離』補遺」がそれであり、「制度伝説――『自由と特権の距離』補遺」と改題されて、法律時報72巻9号（2000年8月）68頁以下に掲載された。

　さらに、その4年後、註を大規模に増補した上で『国家と自由――憲法学の可能性』289頁以下（日本評論社、2004年）に収められたヴァージョンには、教育権論に立ち入った長大な註が含まれている。それは、1981年の奥平前掲論文に対して兼子仁をはじめ教育法学者が激しく反発した、曰くつきの論点であ

---

14)　参照、石川健治「コスモス拾遺」法学教室314号（有斐閣、2007年）1頁。

るが、筆者は、遅くとも 1993 年以降の段階での奥平制度論が、むしろ兼子学説に接近せざるを得ないことを指摘している。

そうしたなか、2003 年 3 月 12 日から 14 日まで、当時奉職していた東京都立大学大学院社会科学研究科の集中演習に奥平教授をお呼びし（宍戸常寿・金井光生・二本柳高信らが参加）、最後の最後に勇を鼓して制度論に話題をもっていこうとしたところ、「いやいやいや」と逃げられてしまった。制度主義の立場は、どこか我田引水で、論者ごとに内容が少しずつ違うため、読者としては、どこまで勉強しても、足場が固まった気がしないものである。先生はまだ充分に議論を煮詰めきれていないのだな、と直感して深追いはしなかった。

むしろ、筆者自身もまだ腰が座らないまま、ぶつかり稽古を挑んだにすぎなかったのであって、そんな状態の論文「制度伝説」がひょっとしたら先生に水をかけてしまったのではないか、と惧れた。実際、演習では、神奈川大学の紀要に発表される直前の「庶出ノ天皇」・「女帝否認」論が主たる題材になっていて、制度理論的問題意識は後退しているようにみえたのである。思えばわれわれは予習をさせていただいていたのであり、2 年後に『萬世一系の研究』が届けられたとき、特別な感慨をもってこれを読了するとともに、問題意識の一貫性を理解することができた。

その後も、筆者は、憲法問題研究会で「制度三題――郵便・学校・文化」と題する報告を行い（2007 年 2 月 3 日）、拙著に「制度伝説」を増補するとともに長文の「増補版によせて」を執筆するなど（『自由と特権の距離〔増補版〕――カール・シュミット「制度体保障」論・再考』［日本評論社、2007 年］）、奥平教授に問題を提起し続けたが、とっておきの仕掛けとして、2012 年 10 月 8 日の全国憲法研究会・秋季研究集会を以下のように企画した。

駒村圭吾・竹内俊子両教授とともに学会企画の策定を委嘱された際、われわれはふたつのアイディアを提出したのであった。ひとつは、「オートノミー――自律・自治・自立」であり、いまひとつは、「コントロール――菅政権の半年間」であった。運営委員会では、多数決で前者が採用された（後者については、それが採用されなかったのを惜しんだ中島徹教授が奔走してくださり、奥平康弘＝樋口陽一編『危機の憲法学』［弘文堂、2013 年］へと、形を変えて結実している）。

オートノミーについて筆者が主張したのは、制度論を経由した奥平教授に是

非ともご登壇願い、あらためて過去のご自身の教育権論を再検討していただくこと、であった。いうまでもなく、「制度伝説」に加筆された長い註への答えを、聴きたかったからである。幸いにしてご快諾いただき、学会報告は実現した。『憲法問題24』(2013年) に当日の実況中継さながらの叙述がある。残念ながら、筆者の企図が伝わらなかったことは明らかだが、そこは流石の奥平康弘、恐るべきテクストが残された。何が問題であるのかが、これでかなりはっきりしたといえる。兼子学説との対立は、以下に述べるように、制度論どうしの対立だったのである。「だから衝突し、いつまでも衝突した。会っても話しても。」[15]

以下では、そうした論点の所在を明らかにすることで、奥平が「制度」と呼んで格闘しようとした何ものかに、少しでも肉薄できればと考える。

II 制度の領分

1 コンセプトによる把握とアナロジーによる把握

「制度という言葉は、概念の内容が非常に漠然としている。したがって、制度とは何かということを見定めることは、きわめて困難である。しかし、そうであるために、制度という言葉はきわめて便利であり、さまざまな現象をそれにあてはめて用いることができる」——そう指摘したのは、法哲学者・尾高朝雄である[16]。

尾高が制度理論に着手するにあたっては、公法学者モーリス・オーリウの弟子筋で、新トマス主義の法理論家としても知られる、ジョルジュ・ルナールの『制度の理論』第1巻を精読したのが大きかったようである[17]。自身のテクストに明示的に引用されるには至らなかったが、東京大学教養学部にある尾高朝雄文庫には、彼の読書の痕跡が残されている。そのルナールもまた、『制度の理

---

15) 参照、奥平康弘「教育における自由と自律」憲法問題24 (三省堂、2013年) 99頁以下、106頁。
16) 参照、尾高朝雄『法思想史序説』(弘文堂、1950年) 65頁。同書にみられる如く、その早すぎる晩年に、尾高は、独特の制度理論を展開しつつあった。奥平康弘の修業時代と重なっているが、筆者が2006年にうかがったところでは、尾高が奥平青年に影響を残したということはなかったようである。
17) Cf. G. Renard, La théorie de l'Institution — Essai d'ontologie juridique, 1930.

『論』に対する批判への応答の意味を込めた小著『制度の哲学』において、まさに同様のことを述べていた。

「制度論の提唱者に対しては、之を定義しないとか、この定義について定説がないとか、その定義も時によって違うとか、色々な非難が加えられている。既にこの定義の異同表がつくられ又第二の表もつくられるであろう。そしてこの暗中模索の状態が、その未熟の証拠であると強調する。しかし、之はむしろ豊饒と生命とのこもっている徴しではあるまいか。社会学や法学のような具体的な学問を、定義から出発して建てるものではない。定義は研究の末にくるものである。それは一種の議定書であり、議事録へのその記載を段々に更新して行くのがよいのである。最終議定書はたしかに定義しかも終局的な定義となるであろうが、しかしその時には鉱脈も掘り尽くされてしまうのである。制度はたしかにまだ掘り尽くされてはいず、又やがて掘り尽くされてしまいそうでもないのである。」[18]

注目すべきは、「概念的把握」（種や類による分類）との対比において、「類比的把握」の復権が説かれていることである[19]。これは、モーリス・オーリウの仕事を理解するにも重要な論点であって、イギリス法学に特有の心性（マンタリテ）として彼が注目した後者の方法は、実に自国のコンセイユ・デタ判例のなかにも見出されたのであったが[20]、それぞれフランス法学における概念的方法によって阻止されていた。オーリウにおける制度は、法の概念的把握が取り落とした問題群を索出するための、アナロジーの所産である。

ルナールの読者である奥平の制度理論も、このアナロジーによる方法を地で行っており、それが彼のアングロ・サクソン的な資質に適合していた、ということであろうか。もっとも、教育法学者との論争において「けじめ」を説いた頃には[21]、むしろドイツ的といってよい「概念的把握」を武器にしていたのであ

---

18) 参照、G・ルナール（小林珍雄訳）『制度の哲学』（栗田書店、1941年）37頁。なお、ルナール制度論の全体像については、参照、水波朗『トマス主義の法哲学』（九州大学出版会、1987年）107頁以下、特に162頁以下。
19) 参照、ルナール・前掲注18) 33頁。類比（ratio）は、それ自体理性（ratio）の作用である。
20) 小林訳で内閣となっているのは（21頁）、コンセイユ・デタの誤りである。Vgl. G. Renard, La philosophie de l'institution, 1939, p. 53.
21) 参照、奥平康弘「試論・憲法研究者のけじめ——とくに教育法学者に教えをこう」法学セミナー369号（日本評論社、1985年）8頁以下。

るから、それとの辻褄が全くあっていないようにみえる。また、ルナールの場合は、概念的把握が科学の方法であるのに対して、アナロジーによる把握は、本来、形而上学の方法であって、それが「神秘的なるもの」への道程であることを指摘している。トマス主義者のルナールにとっては当然のことであっても、奥平の合理的精神が、この制度理論の形而上学性に堪えられたかどうか。彼の神的なるものへの最終的な態度決定と相俟って、より深い論点の所在を示唆していよう。

2　制度の存在領域

　他者を想定した、社会的行為を意味づける定型として「制度」が成立するためには、多数人の事実行為と「主観的に思念された意味」（マックス・ウェーバー）が集積しているだけでは足りない。制度の本体が「多数の人々をそれぞれ或るきまった立場に配置し、それらの人々の間の組織や関係を規定するところの、客観的な意味の複合体」であるとすれば[22]、それらを意味づける構成的規則 (constitutive rule, konstitutive Regel) が論理的に先行している必要がある。

　かくして、事実と規範にまたがる存在として、「制度」はある。そして、意味づけられた「制度」的事実（J・R・サール）には、必ず「矩」が先行しているはずである。エドムント・フッサールの構成分析によって客観的・制度的世界を解明しようとした尾高朝雄が、「政治の矩」を説くに至ったのには充分な理由があるわけである。ヴァインベルガーらの制度主義に傾斜していた読書傾向からいって、奥平が「制度の時代」の後半に追究していたのも、そうした論題であった蓋然性がある。

　もっとも、目的との関係で意味づけられた手段という点では、人間によって加工された「道具」の世界も同様である。これについても客観的な意味構造が論じられるのがフッサール流であり、尾高もまた「道具の世界」を解明する[23]。しかし、その際にも、人と物の関係としての「道具」が、他者の観念をもたない主体（いわば独我論的主体）にとっても対象たり得るのに対して、人と人との

---

22)　参照、尾高・前掲注16) 67頁。
23)　参照、尾高朝雄『自由論』（勁草書房、1952年）72頁以下。この本も、果たしてどこまで影響を残したかはさておき、信州大学の奥平コレクションに含まれている。

関係を本体とする「制度」は、他者の観念をもつ主体（いわば間主観的主体）にのみ成立し得る対象である点に、固有の特色が認められているといってよい。

　奥平は、そうした「制度の世界」を、「よき統治（good governance）」と結びつけて論ずる。[24]憲法上の権利は、「憲法全体の構造」のなかで「客観的な目的＝制度的な目的」とつながっており、「民主主義という制度」の本質的構成要素である。しかも、それは、制度のなかの制度である国家に限った話ではない。「よき統治」のためには、いかなる水準であれ「よき制度」が構築されていなければならず、「憲法学が考えなければならない制度」としては、天皇制、家族制度、法人、マス・メディア、大学など各種「部分社会」、学校教育制度、病院、監獄、宿泊制度、外国人登録制度、私有財産制度、刑事手続、選挙制度、リコール制度、環境保護制度など、目白押しである。

　こうした奥平の発想は、ルナールがそして尾高が、制度の存立目的は「公共の利益（bien commune）」にあると強調したこととも、平仄があっている。たとえば、師オーリウの制度理論を継承したルナールの場合は、公共的な理念・利益を軸にして形成されたミリュー（milieu、媒質・環境）が、法的に組織化されたものが「制度」と呼ばれるのである。[25]そうした「制度」を維持するためには、しばしば、本来の事業理念を可視化するための「象徴」と、それを実現するための「権威」とが必要とされる。[26]

　尾高の場合も、「公共の福祉」のための配分秩序（＝ノモス）の観点から、言葉を媒介として定型化された行為の筋道（＝矩）が、成文・不文の規範意味によって組織化され、法の生産・実行・再生産を繰り返すトライアル・アンド・エラー――戦後の尾高による民主主義正当化論の核心はこれである――の枠組として、「制度」が構想されている。そして、「制度として見た場合の国家」は、「法規範意味の大規模な複合体であり、法の組織を通じて法を作りつつある、

---

24)　参照、奥平・前掲注4) 91頁以下。
25)　奥平が精読しているのは、『制度の哲学』の原書第1章に代えて、訳者小林が訳出した「制度理論概説」という別の論文である。Cf. G. Renard, Vue d'ensemble sur la théorie de l'institution, in : G. Renard (et. al.), Anticipations corporatives, 1937, p. 3ff.
26)　Vgl. E. Voegelin, Der autoritäre Staat—ein Versuch über das österreichische Staatsproblem, 1936, S. 7ff. なお、参照、尾高朝雄『実定法秩序論』（岩波書店、1942年）554頁以下。

巨大な法の生産工場」である[27]。ここでいう法の生産とは、ハンス・ケルゼンらが法の動態を記述するために用いる基本概念である Rechtserzeugung ──尾高や清宮四郎ら京城学派が編み出した定訳によれば「法の創設」──について、宮沢俊義が好んで与えた訳語をあえて採用したものである。

3 制度と／で戦う〈私〉

　旧世代の自由論は、具体的な支配者や支配権力を、脱人称化された国家とその権限と捉えることで、法治国家を実現する一方、私人の領域を国家的関心の外におき、国家の権力や法の及ばない真空地帯として私人の「自由」を論じてきた。つまり、非人称の国家法人として概念的に把握された国家を、陰画像（ネガ）として描いた場合に現れる、国家にとって indifferent/irrelevant（無関心／無関係）な空間が、「自由」の概念なのであった。その空間の内部でのみ、ひとは実存的決断を下すことができる[28]。

　そうした「ネガとしての自由」（消極的自由）は、公共の利益の観点から、あえて法的真空として与えられたものに過ぎない。近代人は、抽象的な法人格を有することを、抽象的な国家によって承認されるが、実際に権利主体として権利を主張する裏付けは乏しかった。これを理念で充填しようとする場合にも、抽象的な国家を対手とする法関係にある以上、抽象的な「人間一般」という、のっぺらぼうな存在の権利、すなわち人権（human rights）で対抗するほかはなかった。

　しかし、「制度依存型の現代社会」においては、「客観的・制度的なるもの」による自由の抑圧こそが問題であって、従来の抽象的な国家論も自由論もさして役に立ちそうにない、というのが、奥平の現状認識である[29]。国家から家族まで、レヴェルを異にする多元的な制度に依存して生きている現代人にとって、制度と「無関心／無関係」な領域は存在しないからである。多様な水準の制度のなかに生きる個人が、多様な水準の「制度管理権力」による自由の侵害に対

---

27)　参照、尾高・前掲注16）75頁
28)　参照、石川健治「インディフェレンツ──〈私〉の憲法学」早稲田大学比較法研究所編『比較法と法律学──新世紀を展望して』（成文堂、2010年）339頁以下。
29)　参照、奥平・前掲注4）94頁以下および100頁。

して、制度「ユーザー」の身分に基づき多様な水準の制度に依存して対抗する——そうした「制度的自由」こそが現代の「自由」論の構図である。

　既に 1988 年の表現の自由論において、基本構想は以下のように示されていた。「個人の権利が権利であるためには、しかし、少なくとも権利として保障され、それとして貫徹するための制度がなければならない」として、〈よき統治〉論を論ずる場合に、第 1 に念頭にあるのは、国家による「制度的な保障、例えば適切に機能する司法審査制度」である。しかし、同時に、「表現の自由は、たんに個人の権利というに尽きない、もう 1 つ別の道徳的、哲学的価値を踏まえているのではないかという考えを、私は払拭することができない。その価値たるや、主観的であるよりは客観的なものなのであって、その実現のためには、それに適合的な制度が備わっていなければならない」と述べて、奥平はジョン・ロールズに端を発する権利基底的な道徳の研究に向かう。この作業は、「かかる制度がいかにあるべきかは、まさにほかならぬ、個人の権利の問題であるのだろう」、という予感に基づいている。制度の基礎づけのための「"ヒューマン・ライツ"考」である。制度と戦うための制度的環境は、これで随分と改善されるはずである。

　この「主観的法と客観的法との相互交流」は、「主観的なるもの（権利）と客観的なるもの（権力のありよう、民主主義）の両方に跨る憲法規範の体系性」の反映であるだけではない。「国家権力に対して、『邪魔するな、手を引け』と請求」するだけでは済まない状況において、「国家権力機構の整備（権力の分立、司法権の独立）とその運用（適正な手続）、すなわち民主主義的な制度の存在」が、「市民の権利の成立の前提」であると同時に、「国家権力の側の制度の成熟度」こそが、「市民の側の権利の内容」の「充実」のバロメーターであることを強調して、「イギリスなど先進諸国の制度的な経験」の重要性に言及する[31]。

　しかし、いうは易く、行うは難し。「『部分社会』論や『私人間の法律関係』論のあいだにはさまって、直截に憲法解釈論だけで、こうした制度内の自由を確立することはむずかしい」と、奥平は告白する[32]。たしかに、「制度に依存し

---

30)　参照、奥平・前掲注 7) 57 頁、59 頁。
31)　参照、奥平・前掲注 4) 92 頁、303 頁以下。
32)　参照、奥平・前掲注 4) 114 頁、

制度に囲まれ制度のなかで生きるほかない現代」にあって、「『制度内の自由』(innere Freiheit) のコンセプト」を抱え続けなければ、「憲法的秩序は、内側からの侵食に無防備」になってしまう。にもかかわらず、制度的自由論の紹介者である濱田自身が、「法概念としての成熟度の低さ」を嘆き、そこに運動論的意味以上のものを探しあぐねているのは皮肉だというほかない。[33]

非人称的な国家を想定する法治国家論こそが、本来は非対称的な〈国家──国民〉関係において、辛うじて「権利」論を成立させてきたことを忘れてはならない。この枠組を壊してなお、制度の客観法的考察を超えて、権利（主観法）論を実効あらしめることができるかは、疑問である。他方で、水準の異なる「制度」やそのもとでの「制度的自由」それ自体について、抽象的に叙述することは可能であるが、制度的法理論自体の歴史の浅さと、多様な諸制度の概念的把握の困難さの故に、もっぱら「類推（アナロジー）」の方法に訴えた「類比的把握」にとどまるのが実際である。アナロジーこそは持ち前の構想力の豊かさが活かされる局面ではあったものの、「制度の時代」の奥平が、自身の「憲法研究者のけじめ」論に苦しめられることも、少なくなかったものと想像される。

特に、方法としての「類比」が制度論において陥りやすい陥穽として、容易に共同体論へと横滑りし易いことが挙げられる。[34]たとえば、アメリカの代表的な社会学者の１人フィリップ・セルズニックの制度理論（theory of institutions）は、組織（organization）→制度（institution）→共同体（community）の発展段階図式を、学校・大学・病院・教会・専門家集団・弁護士団体・政党・政府部局に類比的に適用して、そのままリベラル共同体主義へとなだれ込んでいる。[35]ルナールの「制度は一つの有機体であり」という一節（10 頁）に傍線を引く奥平は、際どい綱渡りを続けていたはずなのである。[36]

とはいえ、奥平制度論に固有の特徴が、一貫して──非人称もしくは三人称

---

33) 参照、濱田純一「Innere Freiheit と自己規制──「法でないこと」の法的効用」ジュリスト 1037 号（有斐閣、1994 年）156 頁以下。

34) 参照、石川健治「制度伝説」『自由と特権の距離〔増補版〕──カール・シュミット「制度体保障」論・再考』（日本評論社、2007 年）252 頁以下。

35) Cf. Ph. Selznick, The moral commonwealth, 1992, S. 231ff.

36) 参照、ルナール・前掲注 18) 10 頁。

の「人間」ではなく——一人称の「私（ぼく）」に依拠した語りにあった、という点を見逃すべきではない。「制度と／で戦う〈私〉」という切り口は、「概念的把握」・対・「類比的把握」の二分法を打ち破る、微かな可能性を秘めている。〈戦う一人称〉が析出する〈制度的なるもの〉〈間主観的なるもの〉は、単なるアナロジーの所産ではあり得ないであろうからである。このことは、奥平がその最期の瞬間まで〈戦う個人〉であり続けた、という事実とも関係しているだろう。

III 〈権利論の「けじめ」〉と〈制度論の「昏迷」〉のあいだ

1 制度的なるものの原型

制度論がアナロジーに傾きがちなのだとすると、奥平制度論にとって「原型」となるものが何であるか、という問いが格別の重要性を有することになる。本稿のみるところ、それが「学校教育制度」論であったことは間違いない。

当初、「憲法上の権利と制度との緊張関係」は、教育法学における制度論を批判する文脈から論じられた[37]。「『学習権』の観点から、学校教育制度その他の教育制度にかかわる諸問題を論ずる傾向」がみられる教育法学界に対して、「どこまでが憲法論であって、どこまでが憲法の理念をふまえた政策提言であり、どこまでが教育実定法の解釈論であるのか、その範囲確定といおうか、レベルのちがいといおうか、境界線がはっきりしない」という、まさしく「概念的把握」を前面に押し出した非難を浴びせかけた。

「憲法上の権利としての『教育を受ける権利』」と、「その権利を実定法上具体化するために政策的に制度化した、その制度の範囲内で認められる、あるいは構築される、実定法上の権利」と、「実定法上の権利とはいえないような、制度保障の単なる反射にすぎないもの」とが区別されなければならないと、奥平は強調する。これが有名な憲法解釈論の「けじめ」論につながる。概念法学的発想の公法学者が快哉を叫び、教育法学者たちを激怒させた議論であった。

とはいえ、「けじめ」論的な概念把握によっては捉えられないのが、制度現

---

37) 参照、奥平・前掲注5) 390頁。

象としての公教育である。そこに肉薄しようとしたのが兼子仁教育法学であって、ひとしく「国民の教育権」論の名のもとに世間で脚光を浴びていたにせよ、それは、「日教組のためになる『教育権』論を書くのが日本の現在の教育法学者の使命である」というタイプの教育法学とは、一線を画している。つまり、それ自体が、一個の〈「制度的」な「自由」〉論なのであって、奥平があたりをつけていた文献の鉱脈は、皮肉にも兼子教育法学と直結しているのである。

その際、鍵となる概念は「事物の本性（事柄の性質）」である。特色のある社会関係には、その存立目的をなす事柄（Sache）に即して（条理）、「固有法則」あるいは「矩」が発生するのが自然であり（特殊法）、固有法則の自主的な定立（Autonomie）の必要性や（自治・自律）、その「軌道」を外れないための特殊な修練という「専門（Sache）」性が（専門家）、そこから発生する。こうして、存立目的あるいは事業理念のもとに、しかも事実と規範とにまたがる存在としての、「制度」的なるものが発生するのである。そして、多元的に簇生する諸制度のなかから、もっぱら公共の利益（bien commune）を存立目的とした、「諸制度の制度」が成立する。これが国家だということになる。

教育関係にも、これに特有の固有法則が発生し、そこに制度が定立されることは、奥平自身も認めている。「多かれ少なかれ自生的な、下からの制度化・社会化が積み重ねられ、その実績が法律上の承認を得て、学校教育制度が作られ」るイギリス型の教育がそれである。兼子は、この、制度に固有の条理に法源性を認める「特殊法」論によって、教育の国家独占に対抗しているのであって、その文脈において発展したフランスの「教育の自由」を重視し、これに親和的なドイツの「教育の自律性」論を参照する。

この点、兼子のいう「教育関係」とは、ディルタイ派の哲学者・教育学者であるヘルマン・ノールが、教師と生徒が――支配・服従の垂直的な関係ではなく――「我と汝」の関係で格闘する水平的な関係を、教育の本質として取り出したものにほかならない。ノールは終生、同じディルタイ門下の筧克彦と親し

---

38) 参照、兼子仁『国民の教育権』（岩波新書、1971年）。
39) 参照、石川・前掲注34) 267頁・註(34)。
40) 参照、奥平・前掲注4) 253頁。
41) 参照、兼子仁『教育法〔新版〕』（有斐閣、1978年）。

くしており、彼の考え方が系譜的には筧の孫弟子にあたる兼子に受け継がれたのは、奇縁というほかない[42]。「我と汝」の関係を——自然科学ではなく——精神科学に固有の自律的世界だと捉える哲学者テオドール・リットは、この「教育関係」論を基軸にした教育の相対的自律性とそれが故に発生する「専門」職能に精神科学的基礎を与える、「精神科学的教育学」を高唱し、専門職能の自律性としての「教師の教育の自由（pädagogische Freiheit）」を主題化する[43]。教育の場を支配する抜き難い歴史の力を意識しつつも、それにもかかわらず被教育者との関係において発生する教育者の自覚的責任を語り、教育という「我と汝」の社会的交差の場の、相対的な自律性を確保したのである。

　ノール、リットにエルンスト・シュプランガーらを加えた第一世代の精神科学的教育学は、E・ヴェニガー、W・フリトナーら第二世代に受け継がれて、ドイツ教育学の主流を形成した[44]。とりわけリットは、ライプツィヒ大学を根城に、ナチスにも果敢に抵抗して、戦後まで生き抜いた。敗戦後も、ソ連占領下のライプツィヒに留まり、政治教育により「民主的」市民を造型しようとする党派的な教育界を前にして、露骨な妨害をものともせずに「教育の自律性」を説いている[45][46]。結局は、抵抗むなしく西ドイツのボン大学へと去るが、物議を醸した彼の主張を、ワイマール期の旧著にそのまま採録することにより、自身の思想的一貫性を示した[47]。

　このように、教育の自律性とは、本来、ナチズムであれコミュニズムであれ、一切の党派性から教師が自覚的に独立性を保つ努力に拠って担保される、文化

---

42) 参照、石川健治「権力とグラフィクス」長谷部恭男＝中島徹編『憲法の理論を求めて——奥平憲法学の継承と展開』（日本評論社、2009 年）251 頁以下。

43) Vgl. Th. Litt, Möglichkeiten und Grenzen der Pädagogik, 1926.; ders., "Führen" oder "Wachsenlassen", 1927.

44) Vgl. vor allem, H. Nohl, Die Autonomie der Pädagogik, in: ders., Die pädagogische Bewegung in Deutschland und ihre Theorie, 2. Aufl., 1935, S. 156ff; E. Weniger, Die Autonomie der Pädagogik, in: ders., Die Eigenständigkeit der Erziehung in Theorie und Praxis, 1953, S. 71ff.

45) Vgl. M. G. Lange, Die "Autonomie der Pädagogik", Pädagogik 1 (1946), S. 279ff.

46) Vgl. Th. Litt, Die Bedeutung der pädagogischen Theorie für die Ausbildung des Lehrers, Pädagogik 1 (1946), H. 4., S. 22ff.

47) Vgl. Th. Litt, "Führen" oder "Wachsenlassen", 4. Aufl., 1949.（リット自身の政治教育論の、とりわけ戦後の西側民主政への傾斜とコミュニズム批判については、Vgl. W. Klafki, Die Pädagogik Theodor Litts, 1982, S. 356ff.）

的領域の自律のことであった。こうした議論を下敷きにするドイツ教育法学を念頭に、兼子教育法学は、文化領域としての教育は、政治的な平和教育や主権者教育の要請からも自律的であるべきだ、と説いて批判を浴びたのであった。そうした教育の制度理論は、制度論的転回以降の奥平法学にとって、むしろ親和的であるようにも思われる。かくして本稿筆者は、奥平旧説が維持されるのかどうかに、注目してきた。

2 「制度の時代」を経由して

それにもかかわらず、「制度の時代」を経由した奥平・教育権論は、微動だにしなかった。それは何故か。

第1に、学問的嗅覚の鋭い奥平にしては珍しいことであるが、「事物の本性」と「条理」法論と「制度」現象の連関を見逃す、という感度の悪さが挙げられる。

法現象における非制定法の重要性を力説した「元」法制史家・美濃部達吉を引き合いに出して、兼子が「事物の本性」が「条理」の別名であることを繰り返し指摘し、制度内在的な条理法を拠点に国家制定法を相対化しようと企てていたにもかかわらず、奥平はこの問題意識を素通りしてしまった。

同様に、精読したルナールの「制度理論概説」においても、人類共同体が、他のすべての共同体に必要な枠をなしながらも、現状では「組織されざる共同体」でありミリューであって、「制度」とはいえない、という指摘につづく文章を、次のように読んでいる。

> 「それは、人間の社会性から生ずる事実状態にすぎず、ものの本性から来る1つの所与であり、魚の泳ぎまわる大海のような1つの環境であり、要するに1つの事実状態であり、環境であって制度ではないのである」(傍線・奥平)。

制度の原基としてのミリューを成立させる「ものの本性 (la nature des choses)」の所在を、それこそ、ものの見事に読み飛ばしているが、いうまでもなく、これは「条理」の別名としての「事物の本性」にほかならない。

---

48) 参照、兼子・前掲注41) 197頁、特に注5)。
49) 参照、兼子仁・前掲注41) 21頁以下、40頁以下、同『行政法と特殊法の理論』(有斐閣、1989年)。
50) 参照、ルナール・前掲注18) 5頁。

その結果、彼は、学校教育制度の職務——有機体としての制度の「分肢」として、条理適合的な機能分担を引き受けること——という制度論的イディオムや、「概念構成等々とは別にして」親が子どもの親権を司るという「非常に自然な関係を制度が反映し、それを法律が作っていっているという風に僕には思える」という制度主義的発想にもかかわらず、奥平旧説の「概念的把握」に固執しているのである。

第２に、兼子・奥平の対立の実体は、制度論・対・非制度論の対立ではなく、「憲法制度としての家」と「制度としての教師集団」のどちらを優先させるか、の制度間対立であるらしいことである[51]。

兼子の「教育の自由」論は、(革命期当初に目指された) 教育の国家独占に対抗するスローガンとして説かれた、というフランス的文脈を意識しつつ、専門家集団としての教師共同体を、制度的自由の担い手に指名した。教師共同体そのものに法人格はないが、「教師の教育権」定式に寄せて、その文化的な自律性を保障しようとした。その反面で、支配や抑圧の温床だった旧〈家〉制度のエートスをまだ引きずる、「制度としての家」からの解放の契機が重視され、「親の権利」は後景に退く傾向があった。

これに対して、奥平の場合は、「国民の教育権」の美名の下に、日教組の既得権が温存されることへの反感と、義務教育を強制せずアーミッシュの〈家〉の信仰と教育を優先するようなアメリカ最高裁判例への共感とから、「教育権限」定式によって教師集団の制度的自律性を事実上否定する一方で、「親の教育の自由」に強いシンパシーを表明した。

「制度の時代」を経由した奥平が、それにもかかわらず、職能集団としての教師共同体の制度的自由に重心を移動する素振りもみせなかったのは、不思議というほかはないが、より重視されるべき「もう１つの制度」があって、そちらに軸足を据えていたからだと考えるべきだろう。その原型は、最期の瞬間までせい子夫人とともに営んだ、憲法上の制度としての婚姻であり近代家族であったに相違ない (東京新聞 2015 年 4 月 3 日朝刊一面)。

第３に、実際にも奥平は、「専門家としての教師集団の権限の独立性を確保

---

51) 参照、奥平・前掲注 15) 103 頁以下。

することが、教育の自由な展開（また、子供の「教育を受ける権利」の充足）にとって、決定的に大事である」ことを、旧説の段階から力説しており、「報道・言論機関の労働者たちの『内部的な自由』（innere Freiheit）と、かなり近似」した「教育過程における教育（専門）関係者たちの『内部的な自由』」として、捉え直すことを提唱していた。つまり、憲法21条によって保障された制度体──「出版」の自由によって保障された「企業としてのプリントメディア」──それ自体よりも、経営陣が指揮する制度体に埋没しかねない「労働者」としての「報道人・言論人」の自由を確保することに、奥平制度論の初志があった。[52]

そして、「個人に保障された憲法上の権利とはいい難い」が「現代的な自由を構成する不可欠の構成要素であることは疑いなく、憲法学がこの『制度的』な『自由』をどう把握し体系化するか、もっとも重要な課題の1つであるように思う」という指摘によって、「制度の時代」を除幕した以上、教職員組合よりは組合員個人の精神的自由に思いを寄せつづけたのは、首尾一貫していたといえるのかもしれない。

かくて奥平は、「日本語では新聞界・報道界あるいは報道機関ということばで表現されるところのザ・プレス」を「制度としてのプレス」と言い換えた上で（傍点・奥平）[53]、プレスの「制度としての保障」に強い意欲を示していたにもかかわらず、教師集団に対しては、プレスなみの制度的自律を最期まで認めようとしなかった。抽象度の高い制度理論からすれば、昏迷としかいいようのない展開であるが、〈戦う一人称〉ならではの首尾一貫性がそこにはある。各種制度理論をめぐって右往左往したことはあったにせよ、奥平がオリエンテーションを見失うことがなかったのは、知性としての強靭さを証ししているといえるだろう。

こうした〈制度と／で戦う私〉の憲法学は、2005年に展開された「天皇の退位」論における、制度からの「脱出の自由」論によって締めくくられた。[54]

---

52) 参照、奥平・前掲注5）419頁。
53) 参照、奥平・前掲注7）51頁。
54) 参照、奥平康弘『「萬世一系」の研究──「皇室典範的なるもの」への視座』（岩波書店、2005年）8頁以下、378頁以下。

『憲法Ⅲ』の6年後に上梓された『自由と特権の距離』において、奥平「天皇の人権」論（いわゆる「飛び地」論）を制度体保障論として肯定的に位置づけ、天皇家に「第3章　国民の権利と義務」が及ばない理由を説明した筆者からすれば、さらにその6年後に飛び出した、奥平「脱出」論に当惑させられたのは事実である。また、エイミー・ガットマンによって、文化的な集団アイデンティティーからの脱出、という別の文脈で説かれた「脱出の権利（right to exit）」論を、「制度的自由」論に転用する試みにはやはりどうしても「齟齬感」（蓮實重彥）が残る。けれども、ここまで奥平制度論を辿ってきた地点から省みれば、それは〈戦う一人称〉にいかにも似つかわしい、事柄の本質を穿った読み方であると、感嘆せざるを得ない。

　2015年1月26日、三菱樹脂事件で意見書を書いた頃のお話をうかがい、その後の「制度的自由」論との異動について議論するために、再び筆者の演習においていただくべく日程調整のFAXを心待ちにしていた夜が、永訣の時となった。だが、それによって奥平の実在感が、筆者のなかで失われることは一刻もなく、今日に至っている。本稿に示されたのは、これからも続く、奥平康弘との内的対話のほんの一齣である。

（いしかわ・けんじ　東京大学教授）

---

55) Cf. A. Gutmann, Identity in democracy, 2003, p. 60ff.

立憲民主主義と共和主義
―― 奥平康弘の憲法思想における一側面

成 澤 孝 人

はじめに

　わたしが「共和主義」なる言葉を知ったのは、今から 20 年以上も前、早稲田大学大学院で開講されていた奥平康弘先生のゼミにおいてであった。当時、注目されていた、アメリカの共和主義憲法学の論文を読んだのだが、その時以来、先生の憲法論とどこかで通ずるものがあるように（ただし、決定的なところで違いがあるように）感じていた。

　その後、わたしは、フィリップ・ペティットの『共和主義』に出会い、それを憲法論に取り込むべしという内容の論文を書いた。その論文を書いたのち、先生から、「コミュニタリアン・デモクラシー」の本格的な研究をして、早く世に問うようにと叱咤激励のお言葉を何度かいただいていた。残念ながら、先生がご存命のうちに、ご期待に応えることはできなかった。自分の能力のなさを恥じ入るばかりである。

　本稿もまた先生のご期待に応えられるものではない。先生からいただいた宿題は、今後の課題にせざるを得ない。その宿題を果たす前段の作業の一環として、本稿では、共和主義という研究対象にわたしを導いてくださった奥平康弘先生その人が、共和主義の発想をもっていたことを論じたいと思う。（以下では、

1）　成澤孝人「共和主義の憲法論・序説」三重法経 129 号（2007 年）。

通常の論文の形式に従い、敬称を略する)。

I　憲法学と政治哲学

1　リベラリズムと憲法学

　1990年代以降、日本憲法学の中心は、リベラリズムをその規範論の前提においた学説である[2]。しかし、わたしは、リベラリズムに基づく憲法理論は、以下の点において、現代社会が抱えている問題に適切に対処することができないと考えている。まず、リベラリズムに基づく憲法理論の代表的論者は、民主主義を単純多数決と考え、民主主義よりも立憲主義を優先すべきだと主張する[3]。しかし、民主主義と切り離された立憲主義の担い手は、裁判所ということにならざるをえないが、果たして、裁判所は、民主主義と全く切り離されたところで、市民の権利を適切に保障できるものなのだろうか。また、ここで保障される市民の権利は民主主義と全く無関係と考えざるを得ないが、本当にそれでよいのだろうか。言い換えるならば、民主主義を単純多数決としてとらえることに問題があるのではないか、という疑問である。

　次に、リベラリズムは、新自由主義に対する抵抗力が弱い。それは、リベラリズムが、経済的自由主義と親和性があるからである。確かに、ロールズの格差原理がそうであるように、リベラリズムは、経済的自由主義に対する制約を理論の中に組み込むことができる。しかし、リベラリズムが前提とする消極的自由は、経済的自由の制約を積極的におこなうインセンティブをもたない。なぜなら、それを行うか否かは民主的な決定に委ねられているにもかかわらず、消極的自由からは、民主政への参加は直接導かれないからである。むしろ、通常人にとって、そのような面倒な活動からは逃避することが合理的な選択である。それゆえ、リベラリズムは、福祉国家解体後の新自由主義の流れに対して、有効に対処することができないのである[4]。

　最後に、新自由主義が経済的不平等をもたらす結果、議論と社会連帯で成り

---

2)　小沢隆一「民主主義と公共圏」森英樹編『市民的公共圏形成の可能性——比較憲法的研究をふまえて』(日本評論社、2003年) 45頁。

3)　阪口正二郎『立憲主義と民主主義』(日本評論社、2001年) 12頁、286-287頁。

立っていた民主政の基盤が失われ、刹那的なポピュリストが権力を握る現象が起きているが、この極めて現代的な現象に、リベラリズムは有効に対処できない。なぜなら、現今、われわれが目撃しているのは、リベラリズムの中心的な概念である消極的自由が競争社会の跋扈を許した結果、競争に疲れ不満を募らせた人々がおこした反乱だからである。

冒頭に示したように、わたしは、そのような認識に基づいて、憲法論の基礎づけとして、リベラリズムに代わる政治哲学が必要だと考え、共和主義に注目した試論を提示したことがある。奥平説を検討する前に、まずは、わたしの共和主義の理解を示しておきたい。

2 オルタナティブとしての共和主義
(1) 共和主義とは何か

共和主義とは何かという問いに簡単に答えるのは難しい。共和主義者の中にも様々な立場があるし、また、現在構築中の思想であることは否めないからである。しかしながら、特に 21 世紀に入ってからの研究成果は、共和主義について一定の理解を形成しつつあるように思う。それをわたしなりに要約して述べれば、共和主義とは、「市民が国家の運営に積極的に関与することによって自由を確保する政治思想」だといってよいだろう。

共和主義は、人間を「政治的動物」であると定義したアリストテレスの思想が、17 世紀のイギリス革命を経て、18 世紀のアメリカ独立革命に結晶したというポーコックの歴史研究にはじまる。ここで、自由は、政治に参加する積極的自由ととらえられた。また、政治参加の自由は、共同体にとっての真の利益になるような決定（共通善）の導出のために必要なのであるが、それが、衆愚

---

4) 中島徹は、「L（リバタリアニズム～引用者）も憲法学も、…結論として市場の自由放任化を推進するという現在の経済運営を正当化する点で変わりはない」と的確に指摘する。中島徹「リバタリアニズムと憲法学」大石眞＝石川健治編『憲法の争点（ジュリスト増刊　新・法律学の争点シリーズ 3)』（有斐閣、2008 年）35 頁。
5) マイケル・J・サンデル著／小林正弥監訳『民主政の不満　公共哲学を求めるアメリカ(下)』（勁草書房、2011 年）252 頁。
6) Iseult Honohan and Jeremy Jennings, "Introduction", in Honohan and Jennings (eds.), *Republicanism in Theory and Practice* (Routledge, 2006), p.7.
7) 成澤孝人「共和主義とイギリス憲法」信州大学法学論集第 19 号（2012 年）109-112 頁。

政治に陥ることなく適切な結果を出すためには、私的な利益ではなく共同体全体にとっての利益を考える精神的訓練が必要になる。

ポーコックの立場を、共和主義の強いバージョンと呼ぼう。バーリンが「二つの自由論」で批判したように、このような積極的自由の強調は、消極的自由の意義を失わせ、多元的な社会が犠牲になる危険性がある[9]。それに対して、共和主義の弱いバージョンがある。これが20世紀末に、フィリップ・ペティットによって主張された共和主義である。

「新ローマ主義」と呼ばれるこちらのバージョンは、「への自由」ではなく、あくまでも「からの自由」を重視する。この点で、強いバージョンと決定的に異なる。しかし、リベラリズムが「干渉からの自由」を想定するのに対し、共和主義のこのバージョンが想定するのは、「従属からの自由」である。「従属からの自由」は、単なる「干渉からの自由」ではなく、「恣意的干渉からの自由」である。ペティットは、自由な選択を与えられた奴隷を例に、この概念を説明する。従属した地位におかれた奴隷は、選択の自由を与えられても、主人の意思に反する選択をすることはできないだろう。このような自由は自由ではない、というのがペティットの主張である[10]。

新ローマ主義は、国家からの恣意的干渉を自由の侵害と考える。すなわち、市民を従属的地位におくような国家干渉は、自由の侵害である。したがって、プライバシー権、思想良心の自由、信教の自由、表現の自由などの市民的自由は、公的に承認されなければならない。

恣意的干渉は、国家だけでなく、社会的な権力と個人の間でもおこなわれる。その場合、国家が干渉することによって、個人を社会的権力から解放することは、恣意的干渉ではなく、望ましい干渉ということになる[11]。すなわち、そのような国家干渉は、法による自由の創造であり、自由の侵害ではないのである。

---

8) J.G.A.Pocock, *The Machiavellian Moment :Florentine Political Thought and the Atlantic Republican Tradition* (Princeton, 1975). 邦訳／田中秀夫・奥田敬・森岡邦泰訳『マキァヴェリアン・モーメント——フィレンツェの政治思想と大西洋圏の共和主義の伝統』(名古屋大学出版会、2008年)。
9) アイザィア・バーリン著／小川晃一ほか訳『自由論』(みすず書房、1979年) 296-390頁。
10) Philip Pettit, *Republicanism* (Oxford University Press, 1999), pp. 21-23.
11) *Ibid.*, pp. 35-37.

問題は、何が望ましい干渉か、である。それは、第一義的には、法律で決定することとなる。その法律は、後述する挑戦民主主義によって、常に公衆の議論の対象となり精査される。また、裁判所が違憲審査権をもつ社会においては、その法律は、裁判所によって審査される。[12]

　従属からの自由から、自由の共同行使ともいうべき特徴が導かれる。なぜなら、新ローマ主義において、誰かが国家に従属した地位におかれるならば、それは、国民すべてが同じ地位におかれる可能性があることを意味するからである。したがって、自由を害される当事者だけではなく、同じ状況にあるすべての人が、自由の侵害に対して抵抗することが要請されるのである。つまり、従属からの自由は、法による平等な市民としての地位の保障であり、誰かが従属状況に貶められるときには、同じ状況にあるすべての人の自由が害されるのである。[13]

　最後に、新ローマ主義における民主主義について指摘しておく。従属からの自由が、法による自由という契機を重視していることは述べた。その法の内容は、民主的に決定される。しかし、ここで重要なのは、その民主的決定は、終局的なものではなく、常に異論にさらされることによって洗練されなければならないということである。ペティットは、この民主主義を「挑戦民主主義」と呼んでいる。ここで、異論の提示は、公共的決定をチェックし、より洗練された決定にしていくという役割を有するのである。[14]

(2) 共和主義とリベラリズム

　ペティットの共和主義は、従属から解放された市民が、権力の行使を絶えずチェックすることによって、恣意的な権力行使を抑制し、共通の善を実現していくという思想である。この共和主義は、国家への自由を標榜する積極的自由と国家からの自由を堅持する消極的自由のどちらでもない「第三の道」として提示された。しかし、この弱いヴァージョンにおいても、「からの自由」を得

---

12) Philip Pettit, "Democracy, Electoral and Contestatory", in I.Shapiro and S.Macedo (eds.), *Designing Democractic Institutions* (New York University Press, 2000), pp. 132-133.
13) Pettit, *supra* note 10, pp. 120-126.
14) *Ibid.*, pp. 185, 200-202.

るためには、市民は政治に対して関与していかなければならないし、そのための能力も必要である。したがって、弱い共和主義が積極的自由と無関係だとは決していえない。

　強い共和主義が、まさしく「自治」の思想であるのに対し、弱い共和主義における市民は、政治に直接参加するというよりも、権力を監視し、恣意的な権力行使を抑制する役割に限定される。この違いは、決して無視されるべきではない。しかし、結局のところ、自己統治によって自由を実現しようとする思想である点においては二つの立場は同じである。したがって、この「第三の道」は、リベラリズムではなく、やはり「共和主義」なのである。

　共和主義における市民は、他者も自分と同じく配慮と尊重に値する市民であり、すべての市民が効果的な基本的政治的平等を享受すべきだと信じる態度をもっていることが前提となっている。このような共和主義の社会において市民に要請される態度が、「徳（virtue）」である。このような「徳」を備えた市民が、政治過程によって、自由、平等、徳、自治といった共通善を達成しようとする。これが、共和主義の想定である。共和主義においては、徳を備え、善き生き方と善き社会を追求する自律的な人間が前提とされている。

　リベラリズムを支持する人たちが、共和主義を受け容れられないのは、この特殊な人間像を受け容れられないからである。この点、確かに、強い共和主義は、民主主義への参加そのものを自由として措定し、そのような徳をもつ市民のみを自由の担い手と想定している点に問題がある。しかし、弱いバージョンにおいては、消極的自由が想定されているのであるから、全員が自由の担い手である。自由を守るために政治に関与することが市民に期待されてはいるが、それは自由を享受するための資格ではない。あくまでも、自由を保障するため

---

15) Samantha Besson and José Luis Martí, "Law and Republicanism: Mapping the Issues", in Samantha Besson and José Luis Martí (eds.), *Legal Republicanism : National and International Perspectives* (Oxford University Press, 2009), p. 16.
16) Philip Pettit, *A Theory of Freedom* (Polity, 2001), pp.162-167.
17) Besson and Marti, *supra* note 15, pp. 17-18.
18) *Ibid.*, pp. 23-24.
19) 長谷部恭男は、「国家は人としての善い生き方がいかにあるべきかを教えない」と主張する。長谷部恭男『憲法学のフロンティア』（岩波書店、1999 年）7 頁。

には人々による権力監視が必要であり、そのような批判的な市民の創出を国家や社会が促進しようとするところに主眼がある。

　共和主義の弱いバージョンは、国家権力を使って、実質的な自由、平等を促進し、市民に対して、そのような共通の価値を支持するよう促そうとする。リベラリズムからすると、国家がそのような干渉をすることは、越権だということになろう。しかしながら、このようなコミットメントは、リベラリズムにおいても市民に要求されうるのである[20]。そうでなければ、自由民主主義はうまく機能しないからである。

　確かに、リベラリズムにおける自由な民主体制へのコミットメントは、あくまでも必要悪である点において共和主義とは異なる。しかし、わたしは、そこにリベラリズムの限界を感じる。自由な民主制を維持するためには、多くの市民による、その体制に対する政治的なコミットメントが不可欠である。リベラリズムの問題は、それを積極的に位置づけられないことにある。共和主義には、たしかに、国家権力が個人の内面に向かって働きかけることの問題はある。この点、現代の共和主義においては、強制的な手段が取られるべきではなく、あくまでも説得や働きかけなどの穏健な手段でおこなわれなければ効果が得られないと考えられていることに注目すべきである[21]。

(3)　共和主義における「立憲主義と民主主義」

　ここまで述べてきたとおり、共和主義の強いバージョンは、政治参加への自由を自由として想定する点に問題があり、憲法理論としては支持できない。以下では、特に断りがない限り、弱いバージョンを共和主義と表記する。

　共和主義は、民主的な決定を重んじる。しかし、共和主義は、ポピュリズムを多数の専制とみなし、警戒する[22]。この特徴からわかるように、共和主義は直接民主主義に対して否定的である。多数者による恣意的権力行使の危険性があるからである[23]。

---

20)　井上達夫『他者への自由』（創文社、1999 年）115-116 頁、139-140 頁。
21)　Besson and Marti, *supra* note 15, pp. 25-26.
22)　*Ibid.*, p. 22.
23)　Pettit, *supra* note 12, p. 134 ; Pettit, *supra* note 10, p. 8.

こうして、共和主義は、多数者に支持された権力の決定をチェックする制度的仕組みを要求する。これが憲法である。権力分立および法の支配が、ここから要請される[24]。

　重要なことは、共和主義は、最終的には多数決で決せざるをえないことは承認しているということである。ただ、その決定を、権力同士のチェック（これは、いわゆる三権分立にとどまらない）および自由な市民によるチェックによって、洗練させることを要求しているのである。要するに、共和主義における憲法は、民主的な決定をより善いものにするために必要とされるのである[25]。

　さて、多数の専制をチェックする機関として共和主義が重視するのが、国民代表機関である国会である[26]。特に現代国家においては、行政府が有権者多数の支持をうけて強力化・肥大化しており、行政府による専制を抑制する国会の役割は重要であろう。国会が、肥大化する行政権に対するチェック機関として位置づけられるのは、共和主義が民主主義と接合関係にあることの表れである。

　それに対して、共和主義における裁判所の位置づけはアンビバレントなものである。民主的な代表機関が専制をチェックできるのであれば、そのほうが望ましいのであって、民主的な基盤を有しない裁判所ができるのは最低限のことしかない。共和主義者はそのように考えているように思われる[27]（だからといって、司法が重要でないわけではない。市民の平等な地位を法の支配の原理によって最終的に保障する司法は、この仕組みがうまく回っていくための要としての役割を担う）。

　かように、共和主義は、従属を除去するためのさまざまな制度的工夫を法によって用意し、それらのハードルをクリアした上での民主的決定を重んじる。この説明からわかるように、共和主義は、立憲民主主義を要求する。また、憲法上の権力抑制の仕組みは、善き民主的決定のためである。そのような善き統

---

24) *Ibid.*, pp. 174-180.
25) *Ibid.*, pp. 200-202.
26) *Ibid.*, pp. 232-237.
27) ペティットの共和主義の理論的帰結として裁判所による違憲立法審査制を否定しようとする論者にベラミーがいる。Richard Bellamy, *Political Constitutionalism* (Cambridge University Press, 2007). 成澤・前掲注7) 132-146頁。ペティット自身は、裁判所の違憲審査が失敗する危険性を認識しながらも、それが政府の恣意的な権力行使を抑制する可能性をもつことを認める。Pettit, *supra* note 12, p. 133.

治のもとでは、人権も十分に保障されているはずである。共和主義においては、人権規定と統治機構とは対立するものではなく論理的につながっているのである。

(4) 小括

以上の検討を踏まえ、共和主義の特徴を、①積極的自由による消極的自由の保障、②議会による政府の統制、③裁判所に対するアンビバレントな評価、④社会的権力に対する法による抑制、⑤立憲民主主義の構想、⑥徳の促進、と整理しておこう。

次節では、奥平憲法学に、これらの各論点を発見していこうと思う。

II 奥平憲法学と共和主義

1 奥平憲法学における共和主義的要素
(1) 奥平憲法学と積極的自由

奥平の表現の自由論において特徴的なのは、表現の自由を積極的自由としてとらえる視点である。『表現の自由Ⅲ』から引用しよう。「表現の自由一般は、決して単に国家からの自由という消極的な性質のものなのではなくて、国家活動や社会活動に積極的に参加するところの人間活動の権利」[28]である。

重要なことは、なぜ積極的自由なのかである。奥平は、1979年の『知る権利』において、積極的自由を国民主権原理と結びつける考え方を前面に出している。

> 「主権者たることは、数年に一度おとずれる選挙の機会に投票権を行使することにつきるのでないのは、いうまでもない。日常ふだんに、国政を監視し、さまざまな手段をつうじて、国政につき発言し、その方向づけや内容に一定の影響を与えるべく努めることも、主権者たるものの権限であり責務である。そのさい、国政を認識し、これにたいして意見を表明する前提として、国民には情報が与えられていなければならない。」[29]

---

28) 奥平康弘『表現の自由Ⅲ——政治的自由』(有斐閣、1984年) 76頁。

問題は、国民主権原理の内容である。彼は、国民主権原理を直接民主主義ととらえる。しかしながら、その「直接民主主義」は、国民が直接法律を制定するというものではない。「むしろ、現にまったく形骸化してしまい、たんに多数派横暴の支配するところとなってしまっている代議制民主主義……にたいして、正当な議会制民主主義を確立させようとするもの」である[30]。すなわち、肥大化した現代行政国家は、個人の自律を脅かす存在になっており、既存の権力分立でそれを抑制することは難しい。だからこそ、国民自身が国家活動の統制に関与しなければならず、そのための武器が「知る権利」であり、デモなどの集団行動の自由なのである[31]。
　以上のように、彼の積極的自由は、民主過程によって個人の自律を保持するための権利である。現代福祉国家が、巨大な管理国家になりつつある中で、市民の自律を確保するためには、市民が積極的に政治過程を観察し、批判していくしかない、という認識が背後にはある[32]。奥平の積極的自由は、民衆が民主過程に直接参加し、権力を獲得するためのものではなく、国家権力を監視し、適切に行使せしめるためのものである。
　ペティットの考え方もまた、消極的自由を守るための政治への参加である。そして、その参加の形態も、権力を批判的に監視することである。二人の考え方は、驚くほど近いと評してよいだろう。

(2) 議会の位置づけ

　さて、奥平の積極的自由論が、立法、行政、司法という伝統的な権力分立を前提として、特に現代行政国家における行政権の肥大化が個人の自律を脅かすがゆえに市民が政治を監視しなければならないというものであることをみた。ここにおいて、「正当な議会制民主主義」を確立させるための国民主権であり表現の自由であるととらえられていることに注目すべきである。すなわち、「単に多数派横暴の支配するところ」の議会は正当ではなく、多数派によって

---

29)　奥平康弘『知る権利』（岩波書店、1979 年）29 頁。
30)　奥平・前掲注 28) 32 頁。
31)　同上 70-71 頁。奥平康弘『表現の自由 II——現代における展開』（有斐閣、1984 年）313 頁。
32)　この認識は随所で表明されている。たとえば、同上 323 頁。

形成される政府に対して、少数派が市民のために説明責任を求めていくような議会が理想とされているのである。議会に対するこの位置づけが、「知る権利のための国政調査権」という奥平説を生み出していくのである[33]。

この議会の位置づけも、非常に共和主義的である。共和主義は、多数者の専制を生み出してしまう危険があるから直接民主主義には警戒的である。とはいえ、共和主義は、やはり自治の思想である。多数者の専制を避けながら、民主的手続によって善き決定をしていかなければならないとすれば、議会制民主主義の再生という道が選択されるべきだろう。この点、イギリスの共和主義者が、議会による行政府の統制を強調する憲法論を立てており、そこにおいて、省庁別特別委員会による行政府に対する説明責任の追及（日本でいえば国政調査権）が高く評価されていることが注目される[34]。

奥平は、人権論と統治機構という二分論に批判的であった[35]。善き民主的決定のための権利という発想をもつ共和主義においては、人権論と統治機構論は相互に関連している。奥平が、早くから国会による知る権利の保障を主唱していたことは、人権論と統治機構論とを相互作用的に考える奥平憲法学の共和主義的側面を示すものだといえよう。

(3) 裁判所の位置づけ

奥平は、1981年に出版した初学者向けの入門書（『憲法——学習と実践のために』）において、日本国憲法の人権規定の中で一番大事な権利は参政権的権利（参政権および表現の自由をはじめとする精神的自由権）だという。すなわち、人権の具体的な内容は人によって理解が異なるのであるから、結局のところ人権は、「政治なり裁判なりの統治の過程で、基本的な価値とみなされるものが実現してゆくほかない」のである[36]。ここでは、政治過程による人権保障が、人権の実現にとって本質的なものとして語られている。この考え方は、共和主義と親和

---

33) 奥平・前掲注29）第9章。また、奥平康弘『現代の視点——反・大勢からの発想』（日本評論社、1982年）117-131頁。
34) Adam Tomkins, *Public Law* (Oxford University Press, 2003), pp. 162-165.
35) 奥平康弘「『人権総論』について」公法研究59号（1997年）68-70頁。
36) 奥平康弘『憲法——学習と実践のために』（弘文堂、1981年）52頁。

的である。

　民主過程に不可欠なこれらの参政権的権利は、裁判所の違憲審査権によって保障されることが期待されている。ただし、奥平は無条件に違憲審査権が発動されることには批判的である。奥平は、事件性や原告適格といった訴訟の要件について、「だれでもがではなくて、こういう要件をそなえた市民が、憲法問題をつきつけることによって、裁判所は具体的な事件に足をつけて、しかし否応なく憲法判断をするように仕向けられるようになると思う」と述べ、裁判官の違憲審査権の発動に限定をつける。そして、「だれでもがてっとり早く裁判所の憲法判断をもらえるということになると、…多くの国民が全然気がつかないうちに、だれかがさっさと最高裁判所から合憲のお墨付きをもらってしまうという事態になりかねない。私はそのほうが心配である」と述べる。ここで、奥平は、多くの共和主義者と同様に、裁判所に対し、アンビバレントな評価をしているのである。

　そして、わたしのみるところ、この裁判所に対するアンビバレントな評価が、奥平が日本の憲法学会に与えた貢献の一つである「人権のインフレ化」論および「憲法研究者のけじめ」論の背景にある。すなわち、アメリカの裁判所ですら、表現の自由の展開は一直線ではなく、その当時の政治的な動きと微妙に絡み合いながら、それを求める市民の必死の努力と裁判官の憲法理論の精緻化の中で、少しずつ獲得されていったことを、奥平は十分すぎるほど理解していた。アメリカですらそうなのである。ましてや、日本の裁判所に至っては、後の奥平が指摘したように「日本国憲法の過少な配分」がその特徴である。そのような状況において、日本の裁判官に対し、日本国憲法を適正に配分させようと思えば、理論的に研ぎ澄まされ、説得力をもった憲法理論を立てなければならない。なんでも人権だと主張し、人権の価値を水増ししても、「運動論」としては意味があるのかもしれないが、「憲法理論」としては説得力を失い、逆効果である。憲法研究者の憲法解釈論は、裁判官を説得しうるだけのパンチ力のあ

---

37)　同上 213-214 頁。
38)　奥平康弘「人権体系及び内容の変容」ジュリスト 638 号（1977 年）。同「試論・憲法研究者のけじめ——とくに教育法学者に教えをこう」法学セミナー 369 号（1985 年）。
39)　奥平康弘『憲法裁判の可能性』（岩波書店、1995 年）155-210 頁。

る議論をしなければならない。これが奥平の主張である。

このように、奥平は、憲法論と政治論を明確に区別し、憲法研究者が政治的な目標を達成するために違憲論を主張することを戒めた。わたしは、奥平のこの主張は、彼の民主主義観から導かれると考える。すなわち、政治的な目標は、民主的な議論によって市民が達成しなければならないのであって、憲法研究者が憲法の意味を無理に拡張することによって実現しようとすべきではない（し、実現できない）。それにもかかわらず、そのような民主主義が展開していく前提として、司法が保障しなければならない憲法上の権利が存在しているはずであり、憲法研究者の憲法解釈論は、その権利の権利たるところを明らかにし、裁判官めがけてそれを主張しなければならないという確信である。

以上のわたしの推論が的外れでなければ、ここには、逆説的ではあるが、司法に過度な負担をかけるべきでないという共和主義的な発想が根底にあるのではないだろうか。

(4) 社会的権力の抑制

奥平は、マス・メディアを、市民的自由を行使して国家権力に対峙し、国民に真実を伝えることによって、国民の知る権利に奉仕する公共的存在と位置づけた。同時に、メディアによって名誉を害されたと主張する人に対し、反論権を積極的に認める。その理由は、マス・メディアが巨大化し、権力化した場合、情報は画一化し、国民の知る権利に奉仕することができなくなるからである。反論権は、「公共的なことがらについて、多面的な物のみかたを提供するという、客観的な公益」をもっているのである[40]。すなわち、大企業メディアが、「大衆向け表現媒体の大量生産・大量分配」をおこない、また、「資本の論理だけで、意見・情報を取捨選択し、それを商品として販売する状況」がある。「受け手の側からのみ、この問題状況に批判的なメスをふるうことができる」のであり、したがって、知る権利の主張は、「意見・情報の多元性の復権要求」なのである[41]。

すでにみたように、奥平の知る権利論は、国民主権と結びついて、議会をし

---

40) 奥平康弘『表現の自由Ｉ——理論と歴史』（有斐閣、1983 年）107 頁。
41) 奥平・前掲注 31) 299 頁。

て政府の情報を市民に提供させようとした。反論権の承認は、同様の論理を社会的権力たるメディア企業に対しても及ぼそうとするものである。ここで重要なのは、本来の公共的な役割を忘れ、経済的利益を追求しようとするメディアが自由な情報の流れを阻害しているのであって、反論権を認めることによって、自由で多元的な情報の流れが確保されると奥平が考えていることである。このような見方に立つことによって、奥平は、意見広告に対する反論権の要求を当該メディアが拒否することは、報道の自由ではなく、企業の経済的利益追求の自由の主張にほかならないと喝破したのである[42]。

さらに注目したいのは、メディアの報道の自由を国民の知る権利に奉仕させるために、ジャーナリストの役割を重視することである。奥平は、「かれらが経営権に吸収つくされている編集権を、なんらかの形でみずからのものとする運動を展開するとき、送り手と受け手とのあいだの結節点に立つものとして重要な役割を果たす」と述べる[43]。ここにおいて、専門家としてのジャーナリストたちに憲法上、特殊な役割が配分されているのである。

この考え方、すなわち私的な権力を法によって分散させることによって、私的な関係においても適正な権限行使を確保しようという発想は、ペティットの従属からの自由に類似している。すなわち、現代の問題は、巨大な資本を背景とした社会的権力たるマス・メディアが、商品としての情報を一方的に大量に供給することによって、市民が従属状況におかれていることである。それに対して、市民は、自らの自律を確保するために、知る権利を主張して情報を獲得するとともに、その情報を使って、政治に対して批判的に関与していく。同様に、メディアに対して、適切に情報を提供するよう積極的に働きかけるべきことになる。批判的な市民とメディアをつなぐのが、ジャーナリストという職業専門家であり、彼らの職業倫理に基づく活動によって、市民はメディア企業による情報統制から解放されるのである[44]。

(5) 立憲民主主義の構想

すでに述べたように、奥平憲法学には、民主政治に対する明確なコミットメ

---

42) 同上 216 頁。
43) 同上 155 頁。

ントがある。表現の自由は、まさに、民主主義のための権利であり、特に知る権利は、国民主権と結びついて、国民一人一人が適正な政治的判断をするための権利である。

　重要なことは、奥平にとって、民主主義のための権利としての表現の自由は、単に政治に参加するという意味合いなのではなく、権力（または社会の多数派）に対して異論を提示し、批判をおこなう自由として想定されていることである。奥平は、『憲法の想像力』において、シフリンを引用しながら、「反体制的・革新的・創造的であって、少数派的であるがゆえに、政府や社会によって抑圧される……こうした思潮こそが、社会に活力を与え、人びとを生き生きとさせ、民主主義を推し進めるものなのであって、そうだから、こういった傾向の意見表明を自由闊達におこなわせるためにこそ、表現の自由の憲法保障はあるのだ」と述べている。ペティットの挑戦民主主義は、異論の存在が、権力の恣意性を除去し、民主的決定が洗練されていくことを強調するが、奥平の表現の自由論もその言わんとしているところは同じ趣旨だとみてよいだろう。

　このような意味での表現の自由を、民主主義のための積極的権利として位置づける奥平が、「立憲主義対民主主義」という構図を拒否するのは当然の論理的帰結だろう。奥平にとって、民主主義とは決して単純多数決ではないのである。むしろ、少数者の異論を述べる自由、権力に対して情報を求める自由、権力を批判する自由が十分に展開し、情報の豊かな流れが確保されている状態こそが、民主主義なのだと思われる。

　奥平は、『憲法の想像力』において、「『デモクラシー』というものは、『権利保障』という法的なるものと結びついてのみ語られうるコンセプトなのではあるまいか」と述べ、より直截に民主主義と立憲主義とを結びつける見解を示している。

---

44) 奥平は、学校の教師にもジャーナリストと同様の役割を配分する。奥平康弘「教育を受ける権利」芦部信喜編『憲法Ⅲ人権(2)』（有斐閣、1981年）419頁。また、奥平の私人間適用論も、社会的権力からの解放という共和主義の視点をもっていると考えられる。この点、奥平による間接適用説批判に対して、共和主義的自由によってこたえようとする山元一「憲法理論における自由の構造転換の可能性（2・完）——共和主義憲法理論のためのひとつの覚書」（慶應法学13号、2009年）92-93頁も参照。

45) 奥平康弘『憲法の想像力』（日本評論社、2003年）23頁。

「すなわち、個人の自由を確保するという目的と結びついて『デモクラシー』は観念される。そのゆえに、『デモクラシー』にもとづく政治構想は、必然的に、なんらかの意味内容の『制限つき統治権力』(limited government)というコンセプトを包含せざるをえぬ。そして、さらに『制限つき統治権力』は第一に、統治権力の分散(権力分立、地方自治を内包する権力の分配)と権力機構内部の相互抑制(チェックス・アンド・バランスィズ)を内包しないわけにはゆかない。すなわち、権力構造のありようについて、あれこれと限定をつける諸原則を、それ自身のうちに含む。そればかりではない。第二に、それは、『権力によっても奪われないものとしての基本的諸権利』を確認して、これらの権利をなんらかの形で『囲い込む』(entrench)ことによって侵害から保護するという、権利保障体系を派生せざるをえないのでもある。」

「『制限つき統治権力』は、もうひとつ重要な派生要素を抱えている。それは、一口でいえば権力の濫用・逸脱を防止するための手続的保障、別言すれば権力の公正な運用をはかるためのしくみ、すなわち『法の支配』(rule of law)の観点からくる要請である。たまたま権力行使の機会を与えられた者の恣意が支配する(rule of man)のではなく、予め設定されたものとして在る『法』による支配があるべきだという考えである。[47]」

奥平において、デモクラシーは自由のために存在し、そうである以上、権力分立による相互抑制をうけ、憲法上の権利の保障を前提とし、法の支配に服する。ペティットもまた、国家が専制を行わないため、法の支配、権力分立、反多数決主義が必要であると述べ、挑戦民主主義の議論につなげていく[48]。両者は、ほぼ同じことを述べていると考えてよいだろう。

(6) 奥平憲法学における「徳」

共和主義は、市民に対し、自由と平等と自治の尊重という「徳」を要求する。この点、奥平の想定する人間も共和主義的徳をもっていることを指摘しなけれ

---

46) 同上72頁。
47) 同上78頁。
48) Pettit, *supra* note 10, ch. 6.

ばならない。

　奥平は、若いころのある論稿において、表現の自由を「国家活動や社会活動に積極的に参加するところの人間活動の権利」と積極的に位置づけた後、「第二に」として、次のように述べる。

　　「市井の市民にあっても何が正しいかということを見きわめようという内心の欲求を、持っているはずであると見なければならない。まさにその意味で人間の尊厳というものを私たちは前提とすることになろうかと思います。そのような個人における内心の欲求…決して真理だけではございませんで、おそらく善・美等のような人間の最終価値を探求しようとする欲求と置きかえてもよろしゅうございますが、要するに真・善・美を探求しようとする欲求をもちながら、各個人はみずからの意見を主張し、また他の異説との出会いの中で、みずからの意見を検証し、ないしは誤謬を正していくという…プラグマティックなプロセスが重要な意味をもちます。」[49]

つまり、人間の尊厳とかかわる表現の自由の価値は、「真・善・美を探求」しながら、自らの意見を主張していくところに見出されるのである。

　また、奥平は、「ある種の領域で、不合理な制限・制約を容認しておくことは、おなじ程度に不合理な制限・制約を、他の領域においても容認することにつながる。ことがらは、万人にとって『明日はわが身』となる可能性を秘めている」と述べ[50]、ペティットと同様、自由の共同行使という着想を示す。すなわち、憲法上の重要な権利の侵害は、権利が侵害されているその人だけでなく、すべての人にとって同様に権利侵害の危険をもたらすものであるから、すべての人がそれに対して批判的に対峙しなければならないのである。

　以上のように、奥平が想定しているのは、真理、善、美を追求しようとする自律的な精神をもち、恣意的な権力の行使に対して批判的に対峙する人間である。これは、共和主義者のいう「徳」とほぼ同一のものであろう。

　もちろん、彼は国家権力を使って、徳を涵養しようなどという主張はしていない。彼にとって、国家権力が正しい価値を注入しようとすることは、絶対的に警戒すべきことである[51]。この点において、彼は、決して共和主義者ではない。

---

49)　奥平・前掲注28) 76-77頁。
50)　同上34頁。

しかし、奥平は、日本社会の「集団的凡庸」を指摘し、厳しく批判する。

「ノーマルな民主主義というのは、個々人が持っている権利や自由を保障するということを前提にしているけれども、いざ政治的な判断をするときには、多数決になります。…ところが、ぼくが語っているのは、『個々人が権利なんて持ってない』という考え方がいま存在しているのではないか、という問題です。いまは、確固とした市民の権利があって、政府と対峙しながら政治判断が問われるという状況だとはとても言えません。つまり民主主義の副産物として、情緒的なレベルでからめ取られてしまう多数者＝『大衆』というものが存在しているのです。[52]」

奥平は、ここで、政治的な無関心に基づく「集団的凡庸」がポピュリズムを生み出し、民主主義の前提たる市民的自由を押し流しつつある状況に警鐘を鳴らしているのである。共和主義は、民主的決定を重んじるが、多数の専制に陥るポピュリズムを最大限警戒する。ここでの奥平の懸念は、共和主義者のそれだといってよいと思われる。

(7) 小括

以上、奥平憲法学とペティットの共和主義との類似点について指摘してきた。①積極的自由による消極的自由の維持、②議会による政府の統制、③裁判所に対するアンビバレントな評価、④社会的権力に対する法による抑制、⑤立憲民主主義の構想という諸点において、彼の憲法思想には、共和主義思想との類似点が明らかにみられる。確かに、奥平の思想に国家による徳の促進という側面は存在しない。しかしながら、この点については、彼の憲法思想が共和主義でいうところの徳をもっている人間を前提としていることに注目すべきであると考える。

わたしのみるところ、彼の憲法思想における共和主義的要素は、後期の仕事

---

51) 奥平は、授業料無償説をとる理由として、「各人は可能なかぎりにおいて各人の努力と責任で生きてゆこう、国家権力の介入は――規制であれ援助であれ――必要不可欠なものにかぎるべし、とする自由主義・個人主義の前提がある」と述べる。奥平康弘『ヒラヒラ文化批判』(有斐閣、1986年) 235頁。
52) 奥平・前掲注45) 106頁。

である「世代を超えた共同作業としての憲法」という思想に結実した。次にそれをみていこう。

2 憲法へのコミットメント

(1) 世代を超えた共同作業としての憲法

奥平は、若いころ（1969年）の文章において、「憲法を他者として、あたかも食堂のメニューのように規定づけられたものとみるのは、いかにも主体性のない者の物の見方」であり、「それは、われわれによって内容を充足され、われわれのものとして活用されるべき抵抗の文書」だと述べている[53]。ここにおいてすでに、市民が主体的に憲法を活用しながら権力に抵抗していく過程で、憲法の規範内容が充足されていくという理解がなされている。

また、奥平は、「憲法というものには、つねに進歩し切れていない部分、十分に活かし切れていない部分がついて廻わる」と述べる[54]。憲法の原理と現実社会にはズレがあるのが普通なのである。重要なのは、憲法には現実社会をその原理に向かって変容させていく力が備わっているということである。奥平は次のように述べる。「遅速はあれ、ともかくもそれは発展するものなのである。なぜなら、それは人間性に根ざした諸原理だからであり、人間性は不合理な拘束・束縛に停滞しつづけるのに満足しないものだからである[55]」。要するに、人間とは自由で平等な存在であり、そのような性質を持つ人間存在は、社会の中の不自由で不平等な現実を、憲法を手掛かりに、少しずつ変えていくはずである、という見通しを立てているのである。奥平の「世代を超えた共同作業としての憲法」という発想の原型が、ここに示されている。

年齢を重ねてからの奥平は、日本国憲法が日本社会にそれなりに定着したという認識を示すようになる[56]。しかし、憲法が定着するのとほぼ同時期に、9条の改正論が主張されるようになっていた。奥平は、この動きに対して猛然と抵抗する意思を社会に示すようになる。その過程で導入されたのが、よき物語論

---

53) 奥平康弘『同時代への発言(上)――一憲法学徒として』（東京大学出版会、1979年）262頁。
54) 奥平康弘『日本人の憲法感覚』（筑摩書房、1985年）238頁。
55) 奥平・前掲注28) 238頁。
56) たとえば、奥平康弘「日本国憲法の軌跡とその総合評価」ジュリスト1192号（2001年）。

であり、「世代を超えた共同作業としての憲法」という発想であった[57]。

奥平は、日本国憲法の「選びなおし」を主張する加藤典洋の「敗戦後論」とそれを支持する一部知識人を「したり顔に憲法を冷笑し、自ら汗して憲法的な諸価値の認識と実現にコミットすることなく、これを丸ごと『他者』と見做しつづけてきた怠け者たち」と評する[58]。そして、「日本国憲法は、単に明文諸規定においてのみでなく、われわれ市民がこれにはたらきかけ、これを発展させることで構築しえた規範内容とともに、誇りに足るある種の価値を漸くにして具有しつつある。どうしてむざむざと改編され変容されるのを、指をくわえて見ているだけで済ませることができようか。」と述べている[59]。

ここにみられるのは、憲法とは、市民がコミットすることによって規範内容が充足されていくという若いころの問題関心が一貫して維持されているとともに、まさに、自身もまた、憲法研究者として、また市民として、その過程に参加してきたという自負であろう。だからこそ、加藤による「選びなおし」の提案に対して、憲法規範とは、市民の主体的なコミットメントによって豊かな内実を備えていくものであり、「選びなおし」によって得られるような簡単なものではない、という根本的な違和感を表明せざるをえなかったのだろうと思われる。

(2) 物語論と共和主義

奥平の「世代を超えた共同作業としての憲法」という構想は、市民が積極的に憲法解釈にコミットしていくことによって、憲法が生かされ、より善き社会になっていくという「夢」を語ったものである[60]。もちろん、その「夢」は、決して現実と無関係ではない。奥平はジョン・レノンの「イマジン」を引きながら、想像力が「解放的創造的な転換」を導く、その可能性をわたしたちに示す[61]。

奥平の言わんとしていることは、こういうことだろうと思う。日本国憲法と

---

57) 奥平康弘『いかそう日本国憲法——第九条を中心に』（岩波書店、1994年）。
58) 奥平・前掲注45) 42頁。
59) 同上 44頁。
60) 樋口陽一「『連戦連敗』、それでも奥平さんには『夢がある』」奥平康弘『「憲法物語」を紡ぎ続けて』（かもがわ出版、2015年）。
61) 奥平・前掲注45) 21頁。

いう人間性に根差した原理を体現するテクストがまずあって、それを解釈し現実社会に適用する人々の行為がある。人々によるそのような解釈行為によって、現実社会は憲法原理の方向へと導かれていく。このとき、現実社会が憲法規範に拘束されるという現象が、みられるようになる。こうして生み出された憲法規範が、次の世代へと継承されるのである。

このように人々の憲法解釈行為によって憲法規範が生み出され、それが次の世代に継承されるプロセスは、物語としての性質をもつ。現実社会が憲法原理の方へと近づくということは、人々が善き物語を共同で語ることに成功したということにほかならない。

以上のように、善き社会を展望する憲法があり、人々がそれにコミットすることによって善き物語を紡ぎだし、構成員に自由が保障され、社会はより善くなる。奥平の思想をこう要約できるとすれば、この考え方は、極めて共和主義的だといってよいだろう。

(3) 奥平憲法思想における共同体主義？

本稿が明らかにしてきたように、奥平は、若いころから一貫して共和主義的傾向をもっていた。わたしのみるところ、彼の晩年の主張である「世代を超えた共同作業としての憲法」という発想は、その延長線上にある。ただ、「世代を超えた共同作業としての憲法」、および、それとほぼ同時期に主張された「制度論」によって、彼の憲法思想がリベラリズムと一定の緊張関係にあることが明らかとなった。それに対して、複数の研究者からある種のとまどいが示されたのもうなずける。石川健治は、奥平の制度論を批判したうえで、奥平学説を「日本におけるリベラル・コミュニタリアニズム」と評す[62]。また、西原博史は、石川の指摘を受けて「奥平と共同体主義の具体的な距離」を問題にするのである[63]。

すでにみたように、奥平は、憲法改正の動きに対して、憲法解釈を通じた市

---

62) 石川健治『自由と特権の距離——カール・シュミット「制度体保障」論・再考〔増補版〕』(日本評論社、2007年) 259-260頁。
63) 西原博史「憲法上の権利と制度との関係をめぐって」長谷部恭男＝中島徹編『憲法の理論を求めて——奥平憲法学の継承と展開』(日本評論社、2009年) 214頁。

民の共同体が生み出す文化的な力によって対抗しようとする。そのような思想は決してリベラリズムではない。奥平をコミュニタリアンと評価する石川と西原の認識は正しい。

　ただし、共和主義者は、コミュニタリアンと自己とを区別している。確かに、両者は、リベラリズムに対する批判において、重なっている部分が多い。しかし、共同体主義が伝統的なコミュニティを無条件に肯定する後ろ向きの思想であるのに対し、共和主義が依拠しようとするのは、単なる伝統社会ではない。共和主義は、国家という政治共同体の構成員が、市民としての平等な地位に基づき、自由、平等、自律、自治という価値を共同で実現するのを促進しようとする政治理論である。これは、未来のより善き社会を展望する未来志向の思想である[64]。この区別を受け入れるならば、奥平は共和主義者であったとしても、共同体主義者ではないと考えられる[65]。

おわりに

　奥平は、憲法調査会が動き出した次の年の 2000 年 5 月 2 日、朝日新聞紙上にて次のように述べた。

> 「個として真に自立した人格を持ち、他人もおなじ人格を持つことを承認しつつも、決して不合理な大勢(たいせい)に巻き込まれることなく、孤たることを恐れず、しかも連帯を忘れないで、自己を貫ける存在で在るよう努めること、これである。きびしいが、憲法の担い手はそういう人間存在であらねばならないだろう[66]。」

　この文書に、彼の憲法思想が典型的に現れている。つまり、憲法上の権利を使って権力に対し批判的に対峙していく人間存在が憲法を支え、より善き社会へと未来を切り開いていくのである。

---

[64] Besson and Martí, *supra* note 15, pp. 11-12; Iseult Honohan, *Civic Republicanism* (Routledge, 2002), p. 8.
[65] ただし、奥平自身が、わたしの旧稿を「コミュニタリアン・デモクラシー」と評しており、共和主義と共同体主義を区別していない可能性がある。
[66] 奥平・前掲注 45）30 頁。

本稿は、奥平康弘が共和主義者だったかどうかを問うものではない。本稿が明らかにしたことは、奥平憲法学の核心に共和主義的な発想があることである。そして、わたしは、「立憲主義の危機」たる現在、奥平憲法学のその側面こそ継承されるべきものだと考えている。

（なりさわ・たかと　信州大学教授）

憲法文化の規範性
―― いま、奥平康弘『法ってなんだ』を読み直す

渡 辺 　 洋

I 本稿の課題

　奥平康弘は、日本の最高裁判所における憲法の「抽象的、表面的な程度」に留まる規範性を――「日本国憲法の過小な配分」と表現して――批判した。論者や文脈によって多義的となりうる「規範性」という難概念を、彼は、そこではひとまず「国家機関とりわけ立法者を拘束する力、裁判所が事後審査する範囲」と、極めて簡潔に注釈した[1]。素朴に、と言ってもよい。しかし、日本国憲法が当面する今般の政治状況において、その素朴さがまさに問われ、挑戦されている。奥平なら、いま、どう考え、どう発言したか…。本稿で考えたいのは、そのような事柄、そのような意味での、奥平における憲法の捉え方である。

II 重畳する既視感

　奥平が2015年9月19日のいわゆる安保関連法の可決成立まで見届けることはなかったが、今般の政治状況に対する彼の認識は、実に最期の日の前日まで続けられた数々の発言の中に、なお生き生きと認めることができる[2]。もっとも彼は、今から四半世紀以上も前に、今般の政治状況がはらむ問題性にそのまま

---

1) 奥平康弘『憲法裁判の可能性』（岩波書店、1995年）190-191頁。
2) 同『「憲法物語」を紡ぎ続けて』（かもがわ出版、2015年）236頁以下。

通じうる記述を残していた。自衛隊法100条の5第1項に基づいて自衛隊機がペルシャ湾岸地域の難民を輸送することの可否につき、「この問題の最終決着は裁判所によってつけられるべきではあるが、第一次判断権は政令制定権者たる内閣にある」として事を進めた当時の政府に対し、彼は、「たぶん、この言明は、それ自体としては批判する余地のないものだろうと思う」と述べた。「しかもこれは、最終的には「裁判所」によって処理されることを、当然の前提にしてもいるのである」としてである。

　これには確かに既視感がある。現政権（本稿執筆時）の下で成立した安保関連法の違憲性を主張した憲法研究者の立論に疑義を呈した藤田宙靖もまた、次のように述べていた。「国家機関が法を適用するに当たっては、先ずは、自らが適用する法の内容の（当該機関なりの）確定が必要であって、これは裁判機関のみならず、行政機関も含め、およそ法を適用する国家機関一般に妥当する法理である。その意味において、あらゆる国家機関は、自らが適用する法の内容についての第一次的判断権を持つ」。であるからこそ、「明確な最高裁判例が〔…〕無い場合には、〔…〕「内閣がどのような法解釈を採るかについての最終的な責任者は内閣総理大臣である私である」という趣旨の安倍首相の発言も、（真に謙虚さと節度を欠いた発言ではあるが）法理論的に背理である訳ではない」とされる。

　その際、藤田が「議論の出発点」に置いた三つの「公理」（⑴誤った法解釈を正しいものに改めるのは当然である。⑵内閣法制局は内閣の補助機関に過ぎず、その解釈に内閣が法的に拘束されることはない。⑶憲法について最終的な判断権を持つのは最高裁判所である。）には、逆に重大な疑義が呈されているが、今は立ち入らない。ここでは、このような「法解釈における「政府の支配」の現実」を前に、これを「拘束する」憲法の力を、奥平はどこにどのようにして見出そうとしていたのかを問題としたい。「政治の〔…〕押さえ込みに、もし使いものになるものがあるとしたら、それは「法」であり、「法」しかない」との信念をもつ者に

---

3) 同『法ってなんだ』（大蔵省印刷局、1995年）51-52頁。
4) 藤田宙靖「覚え書き——集団的自衛権の行使容認を巡る違憲論議について」自治研究92巻2号（2016年）6頁。
5) 長谷部恭男『憲法の理性〔増補新装版〕』（東京大学出版会、2016年）補章Ⅱ。

とって、それは死活に関わる問題に違いない。

　藤田の言わば、"憲法について最終的な判断権を持つのは最高裁判所であって、他の国家機関による憲法解釈は、最高裁の判断が示されるまでの暫定的なものである"という認識、裏を返せば、"最高裁の判断が示されるまでは、当該法の適用に責任を負う機関の憲法解釈が第一次的とならざるをえない"という認識は、一見疑う余地のないものに見える。そしてそれだけに、やはり既視感がある。もっともそれは、"最高裁の判断が示されるまでは、当該法の適用に責任を負う機関の憲法解釈が合憲的なものとして妥当し続ける"ということでもあるはずである。その意味で、「政府の法解釈の支配」はいかなる非有権的解釈の攻撃にさらされようとも揺るぎない。それは「有権的」には——したがって法的には——無である。とすれば、そこに"違憲の憲法解釈"は存在しないことになる。このことから、憲法が政治を「拘束する」には、"憲法について最終的な判断権を持つ最高裁の判断"が欠かせないことになる…。

　このような、既視感が転じて「常識とは相当に異なる結論」は、（憲法による、法解釈の第一次的判断権者への）「裏からの授権」とも表現された。奥平がまさかこのように説いた論者に依拠していたとも思えない。しかし、それにしても、「「法」って一体なんだ」と真正面から問うた彼の著作には、この論者、H. ケルゼンの所説を表見上ほうふつとさせる記述も散見される。曰く、「ところで、国家というものは、そこに住んでいるすべての人間のために存在する。そして、かかるものとして、すべての人間のために機能すべく期待されてる。このゆえに国家は——大袈裟にいえば——頭から尻尾まで法によって規定された存在である。国家は、まず、それが持つことの許される権力の内容とそれを行使する手続において、法により規定されている。国家はまた、その組織と構造およびそれらの諸関係においても、法によって定められている」。このことから、また曰く、「「政治」あるいは国家との脈略で問題になる「行政」というのは、法

---

6)　奥平前掲注3) 10頁。
7)　長谷部恭男『法とは何か——法思想史入門〔増補新版〕』（河出書房新社、2015年）127頁における表現。
8)　長尾龍一『ケルゼン研究I』（信山社、1999年）212頁。
9)　奥平前掲注3) 11-12頁（ケルゼンにおける法と国家の同視を想起）。

にもとづき法の実現としておこなわれる国家活動といって、大過ないように思う。「行政」は法によって許容されるかぎりにおいて、「法から自由な余地」（＝裁量）を有するが、それを「行政」は本来的自生的なものとして持つわけではないし、「自由な余地」（＝裁量）には、あくまで限界があり、「行政」がそうした限界にとどまっているかどうかの判定は、それ自体「法律問題」に属する。そして、限界を逸脱し、目的を濫用した「行政」、つまり「違法な行政」は、もはや「行政」として存在し得ないのであって消滅しなければならない¹⁰⁾」。しかし、このような理解を前提とすると、「内在論理的には殆ど論駁不可能」¹¹⁾とまで評されたケルゼンと同様の法理解に至らざるをえなくなりはしないか。そう言えばケルゼンも、結論的には奥平と同様、ドイツの伝統的公法理論に特有の公私法二分論の仮借なき批判者であった。¹²⁾

Ⅲ　制度化への抵抗

「在る法」ではなく「在るべき法」を語ろうとした奥平に、このような見方はそもそも的外れであることは、筆者も承知している¹³⁾。先の「掃海艇派遣の法律問題」で言えば、それは「裁判所のチェックがはたらかないことによって、政府部門の解釈・決定が最終的であるのと同じ効果を事実上かち得ることになる」にすぎないのであって、「たまたま政府が掃海艇を——どのみち——掌握しており、その使い様を左右し得る権力的な立場にあるので、自らの法解釈を直截〔…〕に実行に移すことができた、そして、その実行行為を法的にだれも阻止することができなかった、という事実」をもって、「政府の法解釈が正しいとか正しくないとかいう」ことはできない¹⁴⁾。こう述べる奥平は、なるほど、

---

10)　同書 12-13 頁（ケルゼンにおける法解釈の枠という発想を想起）。
11)　三島淑臣『法思想史〔新版〕』（青林書院、1993 年）335 頁。
12)　奥平憲法学の基調は、ドイツの伝統的公法理論に根ざし続けた日本の公法学に対する徹底した"アンチ"にもあると思われるが、本稿ではこれを正面から取り上げることができない。彼の公私法二元論批判について、『憲法Ⅲ 憲法が保障する権利』（有斐閣、1993 年）85-86 頁、前掲注 1) 181 頁以下など、また前掲注 3) 17-18 頁も参照。これに対し、ケルゼンの所説全般については、Hans Kelsen, Reine Rechtslehre, 2.Aufl., 1960（長尾龍一訳〔岩波書店、2014 年〕）を参照。
13)　奥平前掲注 3)「まえがき」2 頁を参照。
14)　同書 61-62 頁。

憲法文化の規範性　77

「政府の法解釈の支配」を「事実」——それは、法的に厳密にはやはり「無」であるはずである——のレベルで語り、これに「在るべき」「正しい」法解釈を留保している。

　しかし、奥平は主観の「言いっ放し」を嫌った。主観的な権利主張には客観的なもの——制度——が対応しているし、していなければならない。彼の制度論には有力な異論が提起されているが、ここで「規範性」にもこの思考を適用するなら、「国家機関とりわけ立法者」に対する「在るべき」憲法の拘束力の主張は、制度的なものに裏づけられていなければならないはずである。実際それは、「規範性」に対する先の簡潔な注釈にも織り込み済みであった。裁判所である。彼は、「憲法とは、裁判官が、これが憲法だというものにほかならない」（C.E.ヒューズ）という周知の命題に「ある種の普遍妥当性」を認めつつ、「法」と「裁判所」の関係を説示してこう述べる。「「これが憲法（あるいは法）だ」とひとがいうところのものは、テクスト（法文）に込められているメッセージ（意味）の解釈にほかならないのだから、これはどうしても万人共通の認識を迫る客観的な存在ではない。勢い、「これが憲法だ」というものをめぐって、複数の、いや無数の解釈が出てくる余地がある。しかしそれでは、憲法（法）を作り、それによって社会のまとまりをつけるという、そもそもの目的は達成できないことになる。そこで、解釈の統合をはかり、特定的に選択された解釈を、断固として現実に適用させる制度がなければならない。かくして法があるところ、その意味内容を有権的に確定させる仕事（裁断、裁判）をおこなう機関が随伴せざるを得ない。この機関が、裁判所であるのは、もはやいうまでもなかろう」。

　このような認識にもさして違和感はない。しかし奥平は、この「「一見」どころではない、本質的に単純」な命題に「ゆさぶり」をかける。「ここでの問

15）もっとも、「法的にだれも阻止することができなかった」ということは、文字通り法的に「無」ではないはずであるが、この疑念自体、法理解の本質的相違に起因するのであろう。
16）奥平前掲注12）のとりわけ91頁以下など、また、同『憲法の眼』（悠々社、1998年）29頁以下も参照。
17）石川健治『自由と特権の距離〔増補版〕』（日本評論社、2007年）252頁以下。同氏の本書所収論文も参照。
18）奥平前掲注3）16-17頁。

題性は、私の理解するところでは結局、「裁判所」というヒェラルヒー的（上下階層的）な制度にかぎり、その一点に集約して「法」（＝正義）を処理することが正当か否かという点にある。英語の"Justice"は、「法」の内容としての「正義」を意味すると同時に、「裁判」をも意味し、また最高位の「裁判官」のタイトルでもあるという具合に、〔…〕「裁判」は「法」の本質的属性であるとしても、「裁判所」も同じように「法」の本質的属性とはかならずしもいえない〔…〕。なるほど「裁判所」は「裁判」の制度化ではある。しかし、前者は後者のあらゆる側面を洩れなく制度化し尽くしたとは、かならずしもいえない（「法」、「正義」、「裁判」といった理念を過不足なく全面的に制度化するということが、果たして人間にできるものだろうか？）。そうであるにもかかわらず、「法（あるいは憲法）とは、裁判所（あるいは裁判官）が、これが憲法だというものにほかならない」という命題が正当なものとして貫徹することが許されるのだとすれば、そこには〔…〕「制度的なるもの」への服従、「制度的なるもの」への屈服（あるいは尊敬）が〔…〕あるのである」[19]。

　ここで奥平は、「制度的なるもの」を「差し当たり」、「人間がある理念や目標の意味するところを「解釈」し、かく「解釈」（選別）した理念や目標を達成するために作り上げた仕組み、手続、あるいは時代を経て形成された慣行」と定義する。そしてそのようなものなどに「割り切って」法を捉える「単純明快論」を、「よほど無理し〔…〕てのみ成立する常識論でしかあるまい」と切り捨てる[20]。彼にかかれば、法を専ら強制と捉えた論者（ケルゼンを念頭に置いている）はもとより、それを「歪曲」と批判して法の慣行的理解を対置した論者も、まとめて「単純明快論者」として退けられそうである。確かに奥平は、そのような立場とは異なり、「「在る法」（といわれるもの）を冷たく「認識」する」ことなど「本当は〔…〕できるはずがない」と、冷淡であった[21]。その様は、彼がその一方で強く共鳴した「連鎖小説」モデルの論者もまた、やはり後者の「単純明快論者」、H.L.A.ハートに真っ向から論争をしかけたことを想起させも

---

19) 同書70-72頁。
20) 同書71-73頁。
21) 同書「まえがき」2頁。筆者には、奥平が生前研究会で、ロールズやドゥオーキンなどに比べ、ハートに言及した記憶がほとんどない。

する。しかし、この点は今は措こう。ここでは、とりわけ日本における「制度媒介的な思考の欠如」を折に触れ説いてきた奥平には、いわば「在るべき法」をもれなく裁判所に制度化されることを拒否する一面もあったことを確認するにとどめたい。

　もちろんそれは、司法消極主義で名高い日本の裁判所であるからということもあろう。ここで言う「消極主義」とは、きっと「歴史的なるもの、あるいは通俗主義（「社会通念」という大義名分によって維持されてきているコンヴェンショナリズム）に支配されがち」な姿勢に当たるのであって、であるから、裁判所がそのような姿勢のまま単に積極的に憲法判断を示せばよいということにはなりえない。実際、奥平は「一般の市民が国家行為の適法性を争うばあいの間口〔…〕を広げ」、「個人の権利とか法的利益とかいったレベルを超えて、公共的・公益的見地から提起した問題に、裁判所が迅速効果的に反応してくれる」ことを諸手で肯定する向きに疑問を呈した。「「制度」が土壌とするさまざまな要素――あいまいに「文化」と呼んできている社会的・歴史的な背景もここに入る〔…〕――を捨象」した「憲法裁判所憧憬論」を、彼が「思想の怠惰」「短絡」「幻想」と切り捨てたのも、この文脈でのことである。

　とは言え、奥平における法の全面的制度化の拒否は、特殊日本的な文脈を超えた射程をもちうる（またそうでなければ、R. ドゥオーキンら海外の論者に言及する彼の行論上つじつまも合わない）はずである。それが法とその「規範性」のあり方の一般的「認識」にも通ずるのであれば、奥平においては、裁判所という制度的保障から洩れ落ちた法の「規範性」はどこでどのように回収されることになるのか。政府の法解釈に「事実」のレッテルを張るだけでは、それが「有効なものと見做され現実に通用し支配し」、「どこからも効果的なチェックがはたらかないことによって、〔…〕一方的に貫徹し、かつ貫徹した結果についてたぶん、事後的にもいかなる責任も問われることなしに終わるだろう」状況に変

---

22) 言うまでもなくR. ドゥオーキンのことである。宇佐美誠訳『裁判の正義』（木鐸社、2009年）の特に209頁などを参照。彼への奥平の傾倒については、前掲注1) 174-175頁、前掲注16) 278-279頁、348頁以下などに顕著である。
23) 奥平前掲注16) 286頁を参照。
24) 同前掲注3) 57-58頁。
25) 同前掲注1) 3頁以下。

わりはない。いわば「裏からの授権」の呪縛は、かくも執拗である。

Ⅳ　制度の実効性

　奥平が一蹴した憲法裁判所という一般的憲法保障制度は、その代表的提唱者によれば、このような事態を——根絶しえないまでも——僅少化する試みであったはずである。その論者、ケルゼンもまた、憲法が「違憲な行為」に「完全に法的拘束力を及ぼす性格」——すなわち「規範性」——を具えるためには、技術的——すなわち制度的——に当該行為を「取消すことができるという保証」が欠かせないと考えた[27]。そしてそれは、やはり「ある法律が合憲かどうかを審査し、もし——この機関の見解で——それが「違憲」ならばそれを無効化する任務が立法部以外のある機関に委ねられている場合に限って、効果的に保障されうる」であろう[28]。もちろんそれは、英米の法文化圏には馴染みの薄い、憲法判断に特化した裁判機関である必然性はない。ケルゼン自身、「誰が法律の合憲性を審査すべきかについて憲法に定めがない」場合でも、「憲法が法律の適用を授権した機関、特に裁判所が、この法律を適用する権限とともに、法律の合憲性を審査する権限を与えられている」と述べている[29]。とは言え、平素法の適用に勤しみ、その一環で（のみ）憲法判断に関わる機関（特に通常裁判所）よりも、専ら合憲性の判断に携わる中立的第三者機関を特別に設ける方が、「裏からの授権」という状況をより少なくし、憲法をより一般的に保障しうるように見える。

　もっとも、これは見かけにすぎない可能性がある。ケルゼンの議論は、一見、違憲審査権の担い手に関する憲法上の規定の有無にかかっている。縷言になるが、憲法が担い手を明示していない場合でも、裁判所などの法適用機関が担い手となるが、それもやはり、それを禁じる規定が憲法にない限りにおいてであ

---

26)　同前掲注3) 59-61頁を参照。
27)　Vgl. *Hans Kelsen*, Wesen und Entwicklung der Staatsgerichtsbarkeit, in: VVDStRL, Heft 5, 1929, S.78.
28)　Hans Kelsen, *General Theory of Law and State*, 1945, p.157（訳文は尾吹善人訳〔木鐸社、1991年〕に概ね従った）。
29)　*Kelsen*, a.a.O. (Fn.12), S.275f.（訳文は前掲訳書から多大な示唆を得た）。

る。ともあれ、既存の憲法にそのような規定が見当たらなければ、「裏からの授権」状況を僅少化すべく、憲法を改正して然るべき規定を新設するといった政策判断もありえよう。しかし、日本国憲法には違憲審査権を「最高裁判所」に委ねる明文規定がある（81条）。先述の藤田が掲げた「公理(3)」も、この一見明白な事実をそのまま指摘するにすぎない。しかし、長谷部恭男はその「公理」性を次のような理解のもとに否定する。「裁判官を中心とする公務員や法律家から構成される法律家共同体が、最高裁をそうした役割を果たす機関として承認し、現に最高裁もそうした役割を果たしてきたために、そしてその限りで、最高裁は最終的有権解釈機関であり続けることができた」[31]。

　この理解は、最高裁を憲法裁判所に置き換えてもそのまま妥当する。そして、実はケルゼン自身もこのような事態を承知していた節がある。曰く、「規範の制定と称して現れる行為〔…〕が高次の規範に適合しているか否か〔…〕について、有効な規範から授権された機関が決定しうるとすれば、実際にその決定を下した個人は〔…本当に〕その決定について有効な規範から授権された機関なのかという問題も生じうる。この問題は、やはりその点について高次〔上級〕の機関と見なされる別の機関が判断しうる。しかし、この上級機関への遡行はどこかで終わりにならなければならない。〔すなわち〕もはやその権限についてはさらに上位の機関によって決定されえない、その性格が最高の立法・政府（行政）・裁判機関として不問に付されうるような、最上位の機関が存在するはずである。この機関は、自身が定めた規範が概して実効的であることによって、自身の最高性を実証する」[32]。

　これはつまり、「憲法自体にそう書いてあるから」（あるいはそう書いてないから）といった論拠は必ずしも当てにはならないということである[33]。無論それは、

---

30) 憲法が裁判所に違憲審査権を認めない場合、その担い手はつまるところ立法機関自身をおいてありえないが、それでは「裏からの授権」状況に「どこからも効果的なチェックがはたらかない」ことになる。Vgl. *Kelsen*, a.a.O. (Fn.12), S.276f.
31) 長谷部前掲注5) 240頁。
32) *Kelsen*, a.a.O. (Fn.12), S.280. その場合でも、ケルゼンによれば、「その機関にこれらの規範を定める権限を与える」ものは、あくまで法規範、「現行憲法（gültige Verfassung）」であると説明されなければならない。しかしそれは、「前提される」のみ——つまり建前——である。
33) 長谷部前掲注5) 240頁を参照。

憲法を明文改正して「拙速に別の「制度」の導入」を図ることにも当てはまる。そう、重要なのはまさに、違憲審査権の担い手が誰であれ、憲法の「規範性」において期待通りに「うまくはたらく」かどうかである。それには確かに、「現状としての司法審査のありようを、それを成り立たしめている土壌分析とともに、もっと真面目に、もっと個別具体的に点検する作業がなければならない」。奥平の批判は、こうして図らずも追認された格好である。とは言え、件の「裏からの授権」問題は依然残されたままである。「制度」に「憑りつかれ」ながら「制度」への服従を拒否もした奥平に、対案はあったであろうか。奥平における「制度」理解の視野をもっと広げてみる必要があるかもしれない。

V　慣行を担う者

　先の引用文でケルゼンが吐露していた「実効性」は、やはり先の引用文で長谷部が示した理解と重なり合うと考えられる。それは、「裁判官を中心とする公務員や法律家から構成される法律家共同体」の実務慣行と言うことができよう。こうした考え方にもどこか見覚えがある。人々に義務を課し、権限を付与することで行動を方向づける一次ルールと、この一次ルールを同定し、変更し、執行するための二次ルールからなるより発展した法秩序では、「ルールの秩序に妥当性の標識を与える究極の認定のルール」の存在自体は「一定の標識に照らして法を同定する裁判所、公務員、私人の、通常は合致する複雑な慣行としてのみ成り立つ」。周知のように、法のあり方をこのように観念したハートは、しかし、この「より発展した法秩序」では、法を自身の行動の「一定の標識」とする——つまり「内的観点」をもつ——者が、「極端な場合〔…〕公務員の世界に限定されるかも知れない」とも述べた。そのような社会は、「嘆かわしくも」屠畜場に引かれる羊の群れに例えられる。「しかし、そのような社会はありえないとか、それが法秩序の名に値しないとか考えるべき理由はほとんどない」。いわゆるルールの慣行理論を唱えた彼は、法を専ら「制裁を定める一

---

34)　奥平前掲注1) 4頁。
35)　Herbert Lionel Adolphus Hart, *The Concept of Law*, 3rd ed., 2012, p.110（訳文は長谷部恭男訳〔筑摩書房、2014年〕に概ね従った).

次規範」と捉え、「殺人を禁止する法は存在しない。存在するのは、一定の状況において殺人を犯した者に制裁を科すよう公務員に指令する法のみである」と割り切ったケルゼンを批判したが[37]、このように、法が——専ら、あるいは究極において——向けられた者を「公務員」と見る傾向において、ケルゼンと似通っているように見える。

　しかし、このような発想を、奥平は受けつけないであろう。彼は、「僕の考え方は長谷部さんたちのそれとはちょっと違う」と述べた。「長谷部さんたちのそれ」とは、端的に長谷部の表現で言えば、「憲法制定権力の消去可能性」に当たるであろう[38]。それは、対談でこの発言を引き出した木村草太の表現を用いれば、「憲法を誰が作ろうと構わない。外国軍だろうと宇宙人だろうと構わない。問題は中身と運用だ」という考え方に敷衍できるであろう。「そこから、「そもそも民主主義とは何か？」という話」に展開する木村に対し、奥平は——憲法学界の「少数意見」として——立憲主義が民主主義と「一体不二」であることを力説した。ここで言う「民主主義」が、上述の——通常——一回限りの「憲法制定」やそう頻繁にはない「憲法改正」にのみ妥当するものではないことは、言うまでもない。日本国憲法の本質と特徴を「私たち国民に主権が所在すること、そして、主権者である私たちが私たちの名において、この憲法を確定したという点にこそ」あるとした彼は、確かに、この「私たち」は「日々、憲法をいかす営みにみずから参加することによって、主権者であ〔り…〕、憲法をいかす営みに参加することによって、じつは〔…〕日々「この憲法を確定する」作業にかかわっている」と説いた[39]。いわば、「権力分立と人権保障」という立憲主義の「中身」が日々の民主主義的な「運用」に基づくものでなければならないということである[40]。

　このような発想は、奥平の発言の随所に現れ、その基調を成すものである。例えば彼は、「憲法訴訟の活性化」に必要な職業裁判官の「市民化」を主張す

---

36) *Ibid.* p.117.
37) See, *ibid.* pp.35-36.
38) 長谷部恭男『憲法の境界』（羽鳥書店、2009 年）第 1 章を参照。
39) 奥平康弘『いかそう日本国憲法 第九条を中心に』（岩波書店、1994 年）2 頁。
40) 以上、奥平康弘×木村草太『未完の憲法』（潮出版社、2014 年）24 頁以下。

る文脈で、彼らが「自律的な法」の観念から脱出を図るべきであると説いた。ここで「自律的な法」とは、"あたかも自足的に完結したものであって、それに何ひとつ新しいものをつけ加えることなく自律的に運用されるべきもの"と観念された法である[41]。そして、「「自律的な法」の世界における「法」の運用機関およびそこにおける「法」コンセプトに対し、「市民化」をもたらすはたらきをする」ものとして、「「適正手続」コンセプト」を主張した。長くなるが、その「市民化」の論理を以下にたどりたい。「「自律的な法」というものは、放っておけばかぎりなく拡大する。拡大しないまでも、法の運用を司る機関の側の恣意、能力上の限界その他いろいろな理由により、正義に適わないものが出てくる可能性があるのに、まさに「自律的な法」であるがゆえに、外部からそれを指摘し匡正をもとめることができない。法は、現実適合性を欠くことになるが、「自律的な法」はまさに「自律的」にうごくべきなのだから、現実と適合するか否かは知ったことではないのである〔…。〕このような「自律的な法」の欠陥の「被害者」は、こうした「法」を強制される市民である。市民は、被害を最小限に食い止めるべく、通告（＝理由開示）を受け自己の立場を弁明し防御したいと思う。こうして出てきたのが、「適正手続」の要求である。「適正手続」というのは、相手方にも、法の解釈と運用につき、一言、二言言わせるチャンスを与えること、つまり法の運用に参加させることを意味するから、「法」はそのかぎりにおいて「自律的な法」であることを止めることになる。「適正手続」要件は、「自律的な法」の解体をもたらす[42]〔…〕」。こうして、「確固とした存在でわれわれの上に聳立〔…〕してある」[43]法の運用は漸次「市民化」へ、すなわち「私たちが参加し、私たちがその方向づけをするのに貢献」[44]しうるものへと向かうであろう。

---

41) 奥平前掲注1）7-8頁。
42) 同書11-12頁。
43) 同前掲注3）「まえがき」2頁に見られる表現。
44) 同前掲注1）7頁で用いられた表現。

VI 包括化する「制度」

　ハートやケルゼン、あるいは彼らを援用する論者が常に非民主的であるというわけではない。ケルゼンについて言えば、ヴァイマール期のドイツでなお民主制を擁護したことを指摘するのは、もはや贅言であろう[45]。彼の民主制論は、実践上は、その法理論と表裏の補完関係にあったと見られる[46]。問題は、そのレベルの議論を法学／憲法論として論ずるのか、果たしてそれは法学／憲法論の領分なのかという——この文脈では——方法論上の問題にすぎない[47]。奥平の場合、そのレベルの議論、いわば法の観念の「市民化」、民主的「解体」を、憲法研究者としてまさしく正々堂々と論じた。その法の観念は、それゆえに、法を「制度的なるもの」に「割り切って」捉える論者のそれと比べ、「単純明快」にはなりえない。いわば裾野に相当な広がりをもった、開放的な、しかし、つまるところ「制度」の定型性を当てにできないだけに流動的で、動態的なものにならざるをえないであろう。見方を変えれば、奥平が主観に尽くされえない客観、すなわち「制度」をもって見渡していたのは——実は、先述にもかかわらず、一方で——このような社会の動態的プロセスを全部引っくるめてであったのかもしれない。例えば、彼が現代社会における精神活動の自由の制度依存性を説く辺り、このような感を抱かせる。「われわれの日常生活の細部が、じつにさまざまな制度に取り囲まれ、われわれはそれらに規定され、それらに依存して生きている」との——いささか——包括的な現代社会認識のもと、そこで挙げられる「制度」は、「学校、公民館、図書館、美術館、その他の"公共の広場"」から、マスメディアと、その「受け手たる市民との関係」にまで及ぶ、いわば「文化的、教育的な制度の繰り出し」の総体である[48]。また、

---

45) Vgl. z.B. *Hans Kelsen*, Verteidigung der Demokratie, 1932, in: *ders.* (hrsg. v. Matthias Jestaedt u. Oliver Lepsius), Verteidigung der Demokratie: Abhandlungen zur Demokratiethorie, 2006, S.229ff.
46) これに関連して、拙稿「ハンス・ケルゼンにおける「反立憲主義的傾向」(1)～(5)完——ケルゼンにおける「立憲主義的傾向」の救済に向けた一試論」早大大学院法研論集 68、70、72、74、77 号（1994-1996）がある。
47) 「この文脈では」であって、方法論上の問題がそもそも irrelevant であるという趣旨では全然ない。

"institution"の語義を探求して「W.リップマンの「制度」化」を次のような「過程」と解釈して見せた辺りも、この感を補強しよう。「〔…〕リップマン自身の能力あるいははたらきによって、報道界その他社会一般の注目を集め、その過程が反復されるにつれ、だんだん、彼はジャーナリストの鑑＝範型＝パターンと見做されるようになった。彼そのものは、いかなる意味でも、鑑でも模範でもなく、その意味では「制度」ではありえないのだが、人々が彼をそのようなものとして受け止めることが恒例となることによって、そうしたイメージがいわば独り歩き＝客観化するようになる」[49]。

「憲法が保障する権利」を考察する一環としてそれが悪いと言うのではない。ただ、「制度」の射程がそこまで広がると、いきおいそのそれぞれの担い手の運用のあり方をトータルに視野に入れる必要が生じよう。そのようなあり方は日々の運用実践、いわば慣行によって形づくられる。ハートも法の慣行的理解を説いたが、奥平の場合、その運用実践に「公務員」ならざる「市民」「われわれ」の参与が不可欠であるという点で決定的に異なると言うべきである。

Ⅶ　動態化する規範性

奥平が超克の対象とした伝統的公法理論の母国でも、戦後、一見これと重なり合う議論を展開した論者がいた。当時のドイツにおいて「最もドラスティッシュな形で」[50] 動的な憲法観を展開したP. ヘーベルレは、憲法を国家のみならず社会をも整序する「公的プロセス」として把握した。それは、「開かれた共同体」では、選挙、議会を経て「終審」の憲法裁判所に至る所定のルートにおいてのみならず、「日々の政治と実践の多元的な公共圏のプロセスの「よりきめ細やかな」〔…〕諸形式においても展開される」[51]。その意味で、これまでの

---

48) 奥平前掲注12)のとりわけ95-96頁。
49) 同前掲16) 99-100頁。
50) 藤田宙靖『行政法の基礎理論 上巻』(有斐閣、2005年) 85頁で採られた表現。なお、このように藤田もまた、R.スメントとその系譜に連なる動態的憲法観の検討を通じて、行政法学の立場からドイツ伝統の公法理論と対峙していたことが分かる。
51) *Peter Häberle*, Verfassung als öffentlicher Prozeß: Materialien zu einer Verfassungstheorie der offenen Gesellschaft, 2. erw. Aufl., 1996, S.169.

憲法解釈理論は「法学的な憲法解釈者の『閉じた社会』」に囚われるあまり、「まずもって憲法裁判官の解釈と形式化された手続に注意を向けた結果、その観点をいっそう狭めていた」。しかし、「およそ解釈理論が民主制論的に守られねばならず、逆もまた然り」だとすれば、「規範によって規制された実態のなかで、かつこの実態によって生きる者はみな、間接的には規範解釈者であり、場合によっては直接的な規範解釈者でもある」。すなわち、「憲法解釈のプロセスには、すべての国家機関が、公共圏を担う能力をもった者のすべてが、すべての市民とグループが潜在的に介在している」のである。

このような「憲法解釈者の開かれた社会」は、しかし、「『協奏』、『休止符』や『フェルマータ』はほとんど存在せず、指揮者も存在しない、また存在してはならない『協奏』を通じて、展開される」などとも形容され、その極度の流動性、動態性から、規範としての憲法をほぼ完全に解体させるに至るとの批判が向けられた。この批判が一面奥平の所説にも妥当しないか、懸念される。

そのヘーベルレは、奇しくも——やはりと言うべきか——制度についても考究していた。基本権における客観的制度の側面を指摘した、制度的基本権論である。その制度論を、「予断」と「早計」に誘われ、「元来安定的だった法学的制度論〔…〕の文脈」を「まったく理解できなかった」がゆえの「昏迷」「漂流」などと手厳しく批判した石川健治は、奥平の制度論にも「剣呑」との評を向ける。およそ同じ論者が同じ語を用いるとき、場所は違えど当該用語には基本的に同じ意味内容がもたされていると解するべきであろう（断りなく場当たり的に使い分けられていると見なしたら、その論者に失礼である）。この点、上述は奥平における「制度」の用語の広がりを指摘した。これに対し石川は、奥平の

---

52) Ebd. S.156f.
53) Ebd. S.169.
54) *Ernst-Wolfgang Böckenförde*, Recht, Staat, Freiheit, 1991, S.66. なお、ヘーベルレについては拙稿「ドイツ憲法学における「たたかう民主制」の理論的位相(1)(2)——ペーター・ヘーベルレの民主制論から考える」早大大学院法研論集86、90号（1998-1999年）がある。本稿の叙述もそれを下敷きにしている。
55) Vgl. *Peter Häberle*, Die Wesensgehaltgarantie des Artikel 19 Abs.2 Grundgesetz: Zugleich ein Beitrag zum institutionellen Verständnis der Grundrechte und zur Lehre vom Gesetzesvorbehalt, 3.Aufl., 1983.
56) 石川前掲注17)の特に254頁以下。

「定義は概念化とは程遠」く「最大限の振幅を見せる」と、はるかに直截的である。すなわち、「オーリウに倣った教授のテンタティヴな定義に拠れば、制度であるためには、その中心には理念が存し、且つ、構成員による継続的行為があることを要する。其処で、議論は何時しか法人論となり、制度の具体例としては、学校その他の営造物が想定される。と同時に、法規も、客観的に定立されているが故に、制度であり、斯かる法規に裏付けられた権利も、個々人の欲望の主観性を超えているが故に、制度である」[57]…。

　問題はむしろその先である。「制度」を「奥平学説」の「議論の行方を占う鍵」と見定める石川もまた、その上で、奥平の制度論における「制度」の「「ユーザー」による異議申立の積極的な位置付け」に着目する。そしてそこに、慧眼にも、「奥平学説」と「共同体主義」の近さを見抜く。曰く「其処に教授ならでは制度論的な含意を込めるならば、恐らくそれは、共同体形成に於けるcritical morality の積極的な位置付けに帰着する。他方、運用参加機会（内部的自由）の強調は、善き生（well-being）が、社会的参加の質に因って規定されると説く、或種の共同体主義を手招いている」[58]と。

　そう言えば、ヘーベルレの所説も「共同体主義者たちの共和主義的法思考」との関連が云々されたことがあった[59]。これを度重なる奇遇ではなく、「奥平学説」が「基本的にヘーベルレと同型であって、そこにおけるコメントがそのままあてはまる」とまで見切ったら[60]、上述した一抹の懸念はもはや杞憂ではなくなる。「規範としての憲法のほぼ完全な解体」…しかし、それでは本稿は困るのである。

Ⅷ　規範性を支えるもの

　しかし、当の奥平は一向に困らなかったのではないか。彼は「在るべき法」

---

57)　同書259頁。
58)　同書同頁。この点、本書所収の成澤論文も参照。
59)　Vgl. *Jürgen Habermas*, Faktizität und Geltung: Beiträge zur Diskurstheorie des Rechts und des demokratischen Rechtsstaats, 4.Aufl., 1994, S.340 Anm.70.
60)　石川前掲注17) 239頁。

の「規範性」を語っていたはずだからである。

　ちなみに、ヘーベルレにおいて憲法の「規範性」(「規範形成力」)を支えるものは、「日々の政治と実践の多元的な公共圏のプロセス」そのものであったと考えられる。「日々の〔…〕実践の〔…〕プロセス」とは、「慣行」に近しい。慣行は、「日々の〔…〕実践の〔…〕プロセス」であるから、いわば定義上一朝一夕の人為的変更にはなじまず、その安定性は存外強固に違いない。とすれば、「国家機関とりわけ立法者」の慣行違反は指摘しうる。しかし慣行は、やはり「日々の〔…〕実践の〔…〕プロセス」であるがゆえに、変遷もしうる。事実ヘーベルレも、「憲法変遷は憲法と矛盾しない」と述べていた。それゆえそれは、一般論として、憲法秩序の相対的な安定性には寄与しうるかもしれない――そして、今生私たちが「規範性」にも望みうるものはせいぜいその程度のものかもしれない――が、現に「規範性」を、すなわち「国家機関とりわけ立法者を拘束する力」を発揮してくれる保証はない。そのような代物が「政治の〔…〕押さえ込みに、もし使いものになる〔…〕としたら」、それが「国家機関とりわけ立法者」に対して批判的な構えとなっている必要があろう。動態と流動に任せてあらぬ方向に行きかねないこのプロセスがそうなりうるか否かは、おそらく、それを支える「公共圏を担う能力をもった者」にかかっている。はたしてヘーベルレも、「結局は制度よりも人々の誠実さ次第だ」などと達観めいて「教育」の重要性を強調していた。

　もちろん奥平は、この種の横しまな「教育」には誰より警戒的であったはずである。この点に対応するのは、彼の場合、教育ではなく運動による働きかけ

---

61) Peter Häberle, Grundrechte im Leisturigsstaat, in: VVDStRL Heft 30, 1972, S.70.
62) この点、ヘーベルレがその理論系譜に属した動態的憲法観と「共通の志向性を有している」D. ルソーの所説を精力的に紹介してきた山元一が、後述する奥平の「未完のプロジェクトとしての憲法」という標語を用いながら、奥平とは逆に、今般の安保関連法に反対する多数の憲法研究者における「立憲主義」観に重大な疑義を呈しているのは、極めて示唆的である。山元一『現代フランス憲法理論』(信山社、2014 年)の特に 155 頁、同「集団的自衛権容認は立憲主義の崩壊か？」シノドス 2015 年 8 月 20 日 (http://synodos.jp/politics/14844) を参照。
63) Vgl. Peter Häberle, Wahrheitsprobleme im Verfassungsstaat, 1995, S.81; ders., Rechtsvergleichung im Kraftfeld des Verfassungsstaates: Methoden und Inhalte, Kleinstaaten und Eritwicklungsländer, 1992, S.331ff.
64) さしあたり、奥平前掲注 12) 254-255 頁を参照。

であったろう。これに係って、奥平も極めて印象的な主体論を語っていた。周知のあの発言である。「〔…〕憲法的価値を生かすべく〔…〕私たちが個人としてなすべき大事なことがある。それは、個として真に自立した人格を持ち、他人もおなじ人格を持つことを承認しつつも、決して不合理な大勢に巻き込まれることなく、孤たるを恐れず、しかも連帯を忘れないで、自己を貫ける存在で在るよう努めること、これである。きびしいが、憲法の担い手はそういう人間存在であらねばならないだろう」。実に厳しい、厳しすぎる要求である。しかし、奥平が憲法論の準拠モデルとしたアメリカなどはいざ知らず、少なくとも「私たちは、まだそれに適合的な文化をつくりえていない」。であるから、彼は読者（ないし聴衆）こう働きかけた、「憲法改正を阻止する運動のなかで、そうした文化をつくってゆこうではないか」と。なお、言うまでもなく、これは義務でも強制でもない（非有権的な一憲法研究者にそのような資格があるべくもない）。文字通り受け取れば参加の呼びかけである。

　この働きかけにはこれで終わりというところがない。上述の批判的公共圏を担うであろうこの「憲法文化」は、「在るべき法」、憲法の「原理原則・理念」ないし「魂」に根差したものでなければならない。それは「つねに「達成されるべき何物か」」であって、「「未完」の部分を将来の課題としてのこしながら」発展し、「次の世代に引き継がれる」べきものである。奥平において、憲法が——かくも壮大な——「世代を超えた「共同作業」」であり「未完のプロジェクト」とされた周知のゆえんである。

　事柄の性質上、奥平の言う「憲法文化」とはこのようなものであったから、これが一時「規範性」を発揮できなかったからといって、それが憲法ないしこれを支える「憲法文化」の敗退を意味することにはなりえない。その意味で、「憲法文化」は負けを知らない（あるいは、一時勝利しても、やはりそれで終わりということにはならないから、勝ちも知らないとも言えるかもしれない）。もちろん、それへの「私たち」の働きかけが根絶しない限り（ただし、「未完のプロジェクト」の「つっかえ棒」＝憲法明文に変更が加えられていないことがそもそもの前提となる）。

　とは言え、働きかけには相応のマナーが求められよう。何しろそれによって

---

65)　同『憲法の想像力』（日本評論社、2003 年）30 頁。
66)　同前掲注 2) 15 頁。同前掲注 65) 40 頁以下も参照。

目指される「憲法文化」には、一時の勝敗はともかく、「規範性」を発揮してもらわなければならない。上述の「憲法解釈者の開かれた社会」という言い方をすれば、それには「私たち」も等しく参与するとされる以上、その「私たち」の解釈の説得性、「正しさ」も等しく問われよう。この点、「唯一の、正しい解釈」をめぐる奥平の考察は、「私たち」の解釈にも妥当すると考えられる。それによれば、「「唯一の、正しい解釈」が本当に〔…〕在るのかどうか（存在・不存在）別にして、在るべきだ（当為、要請）という議論は成り立つ」としても、自分の解釈が「社会的に認められず、あるいは最高裁判所からもそっぽを向かれたとき、それにもかかわらず、この「解釈」こそ「正しい」のだと主張しつづけうるなにものかが具わっていなければなるまい」。その「なにものか」とは何か。この「意外にむずかしい」問題を解決する「糸口」を、彼は「正しい解答」の存在を肯定したドゥオーキンの「連鎖小説」モデルに見出した。すなわち、「法」は首尾一貫性を生命とし、そういうものとして欠けるところの無い統一性を保つ自己完結的なものでなければならない（インテグリティとしての法）。「法」は措定されたものとして在る以上「過去」（判例、学説などが織りなす教義的なもの）をもつが、同時に「将来」に向けて活用（適用）されるべく期待されるものである。この両要素をうまく調合することによって、「法」はインテグリティを具えたものになる。して見れば、裁判官の仕事は「連鎖小説」の執筆に参加するのに似ている。この物語の執筆に携わる者は、「できるだけ最善で単一のまとまった小説を共同して創作することに可能なかぎり努力するものと想定されている」。そして、このモデルは「裁判官ならずともあらゆる法解釈に従事する者」に当てはまる。[68]

またそれゆえもあって、この「憲法物語」の「創作」には「未来への想像力」が欠かせない。これを奥平は、加藤周一が遺した言葉、「しかし、それだけではない」を引きつつ、「いまそこに、誰にも変えられないように見える重

---

[67] 同前掲注65) 40頁を参照。彼は「憲法文化」に対する「「テクストの修正」ということのもつ独自性を重視」した（同46頁）。同前掲注2) 25頁以下も参照。

[68] 奥平前掲注16) 337頁以下。本稿の行論上、ドゥオーキンの所説は奥平の記述からの重引となった。奥平憲法学の考究にとってより重要というべきドゥオーキン、そしてJ.ロールズについての検討は、所与の紙幅と時間と筆者の能力上、もはや他日を期するしかない。

苦しい現実が壁となってそびえていたとしても、〔…〕未来には別の現実、別の選択肢もあり得るのだと、希望を語る」姿勢として敷衍した。[69]

なるほど、「希望」は「在る」ものではありえない。どこまでも「在るべき」ものである。それに、一時「負け」ても「どっこい、生きている」[70]と開き直れるだけの強靭さには、相応の支えが欠かせない。いわば、「「連戦連敗」、それでも奥平さんには「夢がある」」[71]。樋口陽一によるこの簡潔な表現は、奥平憲法学の本質を見事に言い当てていると考える（そしてそれだけに、根本的な批判でもありうると解する）。どこまでも「在るべき」を展望し、「連戦連敗」しても「夢」を失わない、それゆえに敗れ退くことを知らない論者に、「規範性」を問い続けた本稿筆者は、もはや言うべき言葉をもたない。

IX　憲法学の領分

もっとも、「私たち」は「公務員」ではない。非有権的な「私たち」には、したがって、この「プロジェクト」に参加して働きかけをする法的権限も、また法的義務もない。そこにあるのは、法的にはどこまでも権利であるはずである（「表現の自由」！）。権利である以上行使しない自由もある。その意味では、「憲法文化」の「規範性」は、法的には、したがって法律家、法学者には本質的に請け合えないと考えられる[72]。繰り返すが、奥平はそれに、憲法研究者とし

---

69) 奥平・木村前掲注40) 37頁（奥平発言）。
70) 奥平前掲注39) 201-202頁などに見られる表現。
71) 奥平前掲注2) 245頁。
72) ちなみに、日本国憲法12条（「不断の努力」）の法的意味は一般に否定され、また同99条に「国民」が登場しないことの意義を積極に解する見解が有力である。拙稿「慣行と制裁——「法哲学の基本文献」を読み直す」戸波江二先生古稀記念『憲法学の創造的展開（仮）』（信山社、近刊予定）注13も参照（本稿の着想および叙述はこの拙稿にも依拠している）。これに対し、蟻川恒正の12条論は、この次元の問題を憲法論に位置づける試みと解される。それは法を専ら強制秩序と捉える——「単純明快」な——立場では汲み取り難い主張であろう。奥平の言う「共同作業」は、本文如上にもかかわらず、むしろ義務的なものであったかもしれない。それを蟻川にかこつけて言えば、"主観的な権利は、それ自体客観的なもの——「社会・公共」、あるいは「制度」——に対する義務である"。蟻川恒正・宍戸常寿・高橋純子・中野晃一（座談会）「日本の立憲主義はいま」論究ジュリスト17号（2016年）115頁以下（蟻川発言）、蟻川恒正「「憲法の番人」に関する考察」法律時報88巻5号（2016年）15頁などを参照。

て、真正面から取り組んだ。[73]

　それが法／法学の領分の内であれ外であれ、あるいはそれに憲法研究者の立場から取り組むか否かはともかく、日本国憲法の「魂」に共鳴する者がやるべきことは、決まっている。

（わたなべ・ひろし　神戸学院大学教授）

---

73)　私的伝聞によれば、晩年の奥平は、高齢を慮って活動の自制を勧めた周囲に対し、"それではだめなんだよ！"と語気を荒げたという。

民主憲政のはざまで

松 平 徳 仁

「「市民的な権利保障を欠いたデモクラシー」などというものは、一体全体、「デモクラシー」と呼ぶに値するのか、「デモクラシー」というものは、「権利保障」という法的なものと結びついてのみ語られうるコンセプトなのではあるまいか。」

奥平康弘「憲法とデモクラシー」神奈川大学評論35号70頁（2000年）

I 序——憲法学のある種の傾向について

日本の憲法学は、①人権の保障・権力の抑制という近代立憲主義の物語に対する信仰、②身近にある「市井の人びと」のエスニック共同体＝「世間」への奇妙な無関心、③民主主義と立憲主義の対立関係の強調、という３つの傾向があるように思われる。①②については、日本以外でも見うけられる現象であるが、③については日本特有のものといっていい。

本稿筆者はこれまで、③について疑問と批判を提起してきた。[1] (1)レヴェルを異にする民主主義と立憲主義は比較不能であり、理念型の立憲主義と現実の民主主義を対比させるのは、ミスリーディングといわなければならない。(2)民主主義の弊害とされている多数決、代表制と熟議をはばむ決断主義的主権は、歴

---

[1] 代表的なものとしては、東京大学UTCP主催シンポジウム「戦後日本と民主主義・立憲主義——その緊張関係を巡って」（2016年6月2日）における筆者と樋口陽一教授のやりとりを参照。記録は集英社新書ウェブで参照可能（http://shinsho.shueisha.co.jp/event/utcp/index.html）。

史的にも論理的にもむしろ、反＝民主主義から派生したものである。(3)統治機構内部における政治部門と司法審査の緊張関係で前者が援用する民主的正統性は民主主義とはそもそも別物である。(4)戦後民主主義批判のコンテクストで、日本的「総意」をＪ・Ｓ・ミルのいう「多数者の暴政」にいいかえ、それを民主主義と同定する見解もあるが、世間・空気が伝える総意は、主体性と責任の引き受けをしない個々人人や集団がみずからの恣意的な個別意思を一般意思にすりかえるものであり、そもそも民主主義に反する。

　そういえば、世間・空気に順応するための儀礼的所作を滑稽なまで反復しながらずらしてゆく人間のドラマを映画化した名監督に、小津安二郎がいた。その小津は最晩年、日本映画のヌーヴェルヴァーグの１人として嘱望され、のちに『エロス＋虐殺』でその名を日本の憲法判例にとどめることになる吉田喜重に、「映画はドラマだ、アクシデントではない」と語った。民主主義の理論家で、映画批評家としても知られるフランスの哲学者ジャック・ランシエールなら、この神託のようなテーゼを民主主義論のコンテクストに移しかえ、「民主主義はアクシデントだ、物語ではない」とつぶやくであろう。彼にとって民主主義は、古代ギリシアのとあるポリスを不意撃ちした１回限りの出来事だからである。その民主主義は、統治（government）にかかわる資格要件である余暇・財産・言葉などを所有しない、つまり無資格者という意味の民衆（demos）による統治を認めた時点で、すでに無秩序＝アナーキーであり、まやかしである。したがってそれは、物語を生みだす仕掛けとはそもそもなりえない。これに対して立憲民主政は、寡頭制的決定・決断の牽制に、民主主義の論理的帰結である複数対立的、したがって争訟的（litigious）当事者性から導かれる、傾聴・対話・承認の要求を利用する混合政体であるから、人間集団のドラマを織りなす装置となりうる。

---

2) Michael J. Klarman, *Majoritarian Judicial Review: The Entrenchment Problem*, 85 GEO. L. J. 491, 497 (1997).
3) 参照、互盛央『日本国民であるために』（新潮社、2016 年）150 頁。
4) 吉田喜重『小津安二郎の反映画』（岩波書店、2011 年）322 頁以下。
5) ジャック・ランシエール（松葉祥一訳）『民主主義への憎悪』（インスクリプト、2008 年）61 頁。Jacques RANCIÈRE, *La haine de la democratie*, p. 46 (2005).
6) JACQUES RANCIÈRE, DIS-AGREEMENT (Julie Rose trans. 1999).

近年の憲法政治の動きは、「立憲主義 vs 民主主義」という意味づけ図式の陳腐さをあらためて浮き彫りにした。一方では、ハンガリーやポーランドなどでみられるように、立憲民主政の代表制的統治構造を利用して政権を握り、ナショナリズムを動力源とする権威主義体制にすげかえる極右ポピュリスト政党の進出があり[7]、これを比較政治・比較憲法学は的確に、民主主義の不況（democratic depression）または立憲主義の濫用（abusive constitutionalism）として理解している[8]。2016 年のアメリカ大統領選挙が、はからずもこの現象をもっとも劇的に表現する事例となった。一般投票では対立候補に数百万票もの大差をつけて勝利したことになるはずのヒラリー・クリントンではなく、有権者の命令的委任に厳格に拘束されているわけではない、各州選挙人団の多数票が割り当てられたドナルド・トランプを大統領にしたのは、民主主義を警戒した合衆国憲法の制度設計である。そしていまトランプ政権が強権的に推進している諸政策は、メディアと市民社会を威圧することで公共圏を解体し、民主的政治過程の競争を除去し、選挙制度そのものを歪めることを目的としている。それは立憲民主政の権威主義体制への退行（retrogression）を意図するものであり、したがって反民主主義である[9]。

　他方では、2011 年以降、オキュパイ・ウォールストリート運動によって典型的に表象されるように、ツイッター、フェイスブック、ユーチューブなどのソーシャル・メディアを媒介に世界各地の広場や路上でくり広げられてきた民主主義運動の大規模化とクラウド化があり[10]、「グローバルな寡頭支配」のエリート専断的傾向に抵抗して立ち上がった一般市民と学生は、統治エリートが主

---

[7] Kim Lane Scheppele, *Constitutional Coups and Judicial Review: How Transnational Institutions can Strengthen Peak Courts at Times of Crisis (With Special Reference to Hungary)*, 23 TRANSNAT'L L. & CONTEMP. PROBS. 51 (2014). 小森田秋夫「議会多数派が立憲主義を踏みにじるとき——ブダペシュト・ワルシャワ・東京」神奈川大学評論 83 号（2016 年）207 頁も参照。

[8] 松平徳仁「立憲民主政の心・技・体と防災設計——比較憲法工学の可能性」論究ジュリスト 9 号（2014 年）77 頁。

[9] Tom Ginsburg & Aziz Huq, *The U.S. Constitution and the Risk of Democratic Backsliding*, JUST SECURITY, Jan. 23, 2017, https://www.justsecurity.org/36621/u-s-constitution-risk-democratic-backsliding/?utm_content=buffer98b46&utm_medium=social&utm_source=facebook.com&utm_campaign=buffer.

[10] 五野井郁夫『「デモ」とは何か』（NHK 出版、2012 年）。

張する形式的適法性への反論として、むしろ立憲主義にもとづく理由づけを積極的に活用している。この特徴はとりわけ、2014年3月台湾で起きたヒマワリ運動（中台自由貿易協定の議会審議）、同年10月香港で起きた雨傘運動（政府首長の公選制）、2015年6月以降日本で起きた安保法制反対運動（法案の違憲・「非立憲」性）において顕著である。このように、立憲主義と民主主義を無理やり因数分解して対立させることは、事態の理解と解決に役だつどころか、妨げとすらなっている。そこで本稿は、「立憲主義 vs 民主主義」に関する代表的な紋切型を批判的に解析し、そのうえで、グローバルな寡頭支配によって破壊された立憲民主政のプロジェクトを引き継ぐ、新しい民主主義的政治と文化に対応する憲法論のあり方について考えていきたい。

II 民主主義の紋切型辞典

1 推定不和の民主主義

民主主義に関する紋切型といえば、まず、民主政＝多数決の政治過程によるマイノリティの抑圧という場面を想定し、その場面における立憲主義の権利保障機能を強調するというものがある。たしかに、古代のアテネで行われていた制度としてのデモクラシーの実態は、女性・奴隷・異邦人を政治の当事者から排除する寡頭支配であった。そして政体論における民主主義は、臣民全体を奴隷同然に支配するオリエント専制政という想像上の他者を仮託した対抗言説として意味をもっていたが、近代までそれは肯定的に評価されたためしがなかった。こんにちの立憲民主政は、近代国民国家に対応した、代表制・官僚制と民主主義を結婚させた一国民主主義の憲法体制であるが、「統治者と被治者の一致」や「一国の主権を有する人民＝国民の政治的単一性」を過度に強調するルソー＝シュミット的理解のために、エスニック・ナショナリズムや権威主義に

---

11) 中野晃一「グローバルな寡頭支配 vs 立憲デモクラシー」朝日新聞 WEBRONZA 2016年3月22日（http://webronza.asahi.com/politics/articles/2016032200004.html）。
12) The Law and Politics of the Taiwan Sunflower and Hong Kong Umbrella Movements (Jones Brian Christopher ed. 2017).
13) 政治権力の組織は古くから、不平等と道徳を必要としてきた。See Robert N. Bellah, Religion in Human Revolution 209-11 (2011).

利用されやすいという弱点をもっていることは否めない。[14]

　しかし、以下の理由から、この紋切型は自己欺瞞であると考える。第一に、宗教・地縁・血縁・年功序列による共同体（ethnos）の秩序だてだけでなく、知力・財力などの実力による秩序だてをも否定した帰結として、民主主義は論理的には、抽選という自然に反する偶然性の秩序＝無秩序によってのみ成立しうる。まさにこの、寡頭的な貴族政・君主政や僭主支配の正当性をすべて無効にしてしまう人為的性格が、政治を可能にしている。ランシエールのいうように、「多数者の暴政や、巨大な野獣の愚かさ、消費者としての主権者の軽薄さを糾弾するところで、この権力を厄介払いすることはできない。というのもその場合、政治自体を厄介払いしなければならないからである」[15]。

　第二に、第一の論理的帰結として、民主主義における「民」とは、集結した住民でも、多数者でも、労働階級でもない。そして民主政の政治過程とは、政治の当事者たる資格要件を満たないとして統治から排除されている無資格の人びとが、〈demos〉の解釈権を独占する対立当事者に対し、彼ら自身の声で、みずからも配分的正義にもとづく民主政の当事者であることの承認──ランシエール的には、「感性的なもの」の共有（partage）──を求める異議申立てをし、それに対立当事者が応答するプロセスである[16]。したがって、ロバート・ポストが指摘するように、民主主義的政治では合意ではなく、不和が推定されることになる[17]。

　第三に、民主主義を名乗る制度・理念と民主主義の論理との間のずれ、つまり「民」と「主」の間のずれが、民主主義を、ジャック・デリダが考えたように永遠に「来るべきもの」であり続けるというアポリアにしているかもしれないし、あるいはランシエールが考えたように、寡頭支配との結合によってのみ民主主義の論理的重力がはたらくというパラドックスにしているかもしれない。前者の場合、民主主義は、動物もふくめてだれもが排除されない絶対的他者の声に傾聴しなければならない倫理的要請を意味する[18]。後者の場合、それは「能

---

14)　樋口陽一『近代国民国家の憲法構造』（東京大学出版会、1994年）。
15)　RANCIÈRE, supra note 5, p. 49, 54
16)　RANCIÈRE, supra note 6, at 95. 小島慎司『制度と自由』（岩波書店、2013年）264-265頁も参照。
17)　Robert Post, *Theorizing Disagreement*, 98 CAL. L. REV. 1319, 1337 (2010).

力を有する人びとの権力を基礎づけると同時に否定する無能力の人びとの権力なしには、また不平等を組織するのに必要な平等なしには機能しえない」代補（supplement）、つまり寡頭支配には危険だが、その存続に必要不可欠な代替的補完であることを意味する。[19]

よって、多数決的「民意」を援用する権力は、その民意から排除された人びとに対して不利益な扱いをしてはならないという立憲主義にもとづく義務だけでなく、彼らを対等な当事者もしくは絶対的他者として認め、彼らの声に傾聴し、彼らが納得するまで説明しなければならないという意味の応答責任（アカウンタビリティ）を負っていることになる。[20] 代表制的政治過程であっても、多数者による民主的正当性の独占は許されず、少数者による民主的正当性の援用は妨げられないはずである。

2　国民主権と立憲主義

つぎに問題となるのは、国民主権と立憲主義の緊張関係を強調する紋切型的言説である。特定された国民の意思＝決断によって討議を打ちきり、異質者を排除する権力を民主主義と呼ぶのは、そもそも形容矛盾である。そしてそのような「国民主権」は、立憲主義と衝突することはいうまでもない。だがじつは、モンスター化の危険性を秘める国民主権の概念じたいを、民主主義に対するいわば防波堤・緩衝材として憲法に導入したのが、ほかならぬ立憲主義者である。

18世紀末に北アメリカとフランスで出現した革命的事態は、なによりもまず憲法の革命を意味していた。革命家たちは、旧社会――アメリカではイギリスの君主制、フランスでは王国の社団的構造――を解体し、個人の自由・所有を保障する市民法秩序と代表制に根拠をおく新しい共和政の社会をつくろうとした。しかし革命の過激さは、そうした理念・価値に固着した成文憲法によって社会をリセットできるという考え方にあった。1788年の合衆国憲法4条4

---

18) 鵜飼哲『ジャッキー・デリダの墓』（みすず書房、2014年）167頁以下。
19) 松葉祥一「デリダ／ランシエール」『岩波講座・政治哲学(5)　政治の両義性』（岩波書店、2014年）127頁、142頁。
20) 三浦まり「私たちの声を議会へ」山口二郎ほか編『憲法と民主主義を学びなおす』（岩波書店、2016年）70頁以下。

節の共和政体条項や1789年のフランス人権宣言16条は、そのことを確認している[21]。そして古代の国家像や近代の啓蒙思想を理念型として成型された、一国の主権者たる人民による憲法制定という物語は、新しい政治社会についてのローカルな人びとの共通理解を常識として再生産する必要から消去法的に選ばれたにすぎない。したがって、憲法制定権者に革命の成果である憲法を破棄する自由を与えるような主権論も、教養と財産を所有しない無資格者による統治を認めるような民主主義も、革命の手段によって革命の目的を没却するようなものであり、当然拒否される[22]。ランシエールのいうように、「エリートは人民が主権を有することを認めざるをえないが、人民はこの統治原理そのものを破壊することなしにこの権力を行使できない」[23]。こうして人民が統治権力の源泉に「敬遠」された結果、社会を構成する権力は憲法制定会議（convention）が、そして社会の構成を支える権力は議会などの統治機構が掌握することになり、要するに行使可能な権力はあいかわらず寡頭的エリートに帰属するのである。その意味で、2つの憲法典に民主主義という語彙が使われていないことは、決して偶然ではない。統治を権力の源泉と権力に分解する国民主権は、代表制・立憲主義に親和的な概念と考えられていたからである[24]。

戦後憲法学では、日本国憲法の前文と1条における国民主権の言及、そして前文の、かのリンカーンの名言「人民の、人民による、人民のための政治」をパラフレーズした文言の存在から、国民主権を民主主義の憲法的表現として理解するのが定石である[25]。近年ではむしろ、国民主権の概念がもつ政治的磁場による立憲主義の土崩瓦解を警戒する見地から、憲法の解釈論としては民主主義で十分との認識が学説の主流を占めつつある[26]。戦後憲法学が、現実を隠蔽する

---

21) フランスについては参照、フランソワ・フュレ＝モナ・オズーフ『フランス革命事典(2)』（河野健治ほか監訳）（みすず書房、1995年）1034頁〔フュレ〕。アメリカについては、The Federalist No. 10, at 62 (Madison).
22) 浦田一郎『シエースの憲法思想』（勁草書房、1987年）102頁、工藤庸子『評伝　スタール夫人と近代ヨーロッパ』（東大出版会、2016年）110頁。「純粋な民主主義とは専制である」と明言したアメリカの古い判例については、United State ex Rel. Goodrich v. Guthrie, 58 U.S. 284, 297 (1854).
23) Rancière, supra note 5, p.60.
24) Rancière, supra note 6, at 76-78.
25) 宮沢俊義（芦部信喜補訂）『全訂日本国憲法』（日本評論社、1978年）34-38頁。
26) 長谷部恭男『憲法〔第6版〕』（新世社、2014年）13頁以下。

イデオロギーとマジック・ワードからの解放を志向している以上、この変化は論理必然的であるが、国民主権の概念史に敏感なら、いささか奇妙とも思える。

3　権威主義・平和主義と民主主義

　もっとも厄介な紋切型は、民主主義の原意を問題にせず、戦前の民本主義・大正デモクラシーがファシズムの反動を招き、戦後民主主義が社会的権威主義体制と結びついた歴史を強調し、つまり日本における民主主義の病理に対する批判から立憲主義の優越を導く、というものである。しかし、ある制度について語るとき、その建前と実態を混同しないというのが、社会科学の基本的なマナーである。憲法学の通説が、戦前の帝国ドイツと帝国日本における競争的権威主義の憲法体制＝「外見的」立憲主義を真の立憲主義とは考えないように、議会制、競争的政党政治と普通選挙制を許容した政治体制はそれだけで民主主義体制となるわけではない。ましてや民主主義はそもそも理念・制度ではない。[27] また、指摘された民主主義の「病理」は日本で政治的・社会的権威主義が跋扈した原因ではなく、その結果である。

　近代国家は冷徹にみれば、対物支配（dominium）と対人支配（imperium）を、限定される空間と限定されない時間の内部で行う秩序である。それは、①対人・対物支配と公共財の提供を行う統治機構、②内外に産業・商業・金融活動を展開する地域および全国規模の市場、③国家と市場に税金・役務と労働力を提供しその反対給付として生活を保障される均質的人口、によって構成される社会である。この新種の国家は、被支配者の統合を最大の関心事とし、国家の物的基盤構築＝ステート・ビルディングとナショナルな文化・心性の育成＝ネイション・ビルディングによる統合エネルギーの獲得・維持、そして政治的理念・制度を統合のために利用することが特徴である。たとえば資本主義は国富を、選挙は被支配者の共感を生みだす、といった具合に。その意味で立憲民主政は、近代国家に対応する「一国民主主義」であり、ステート・ビルディングの次元では資本主義と、ネイション・ビルディングの次元ではナショナリズムと緊張関係をもち、そして国家像全体の次元では権威主義と競合するという、

27）　通説への異論は参照、杉原泰雄『日本国憲法と共に生きる』（勁草書房、2016年）103頁。

ハーバーマスの言葉を借りれば「法的解釈における概念の裂け目」を抱えこんでいる体制である。[28]

ひるがえって、東アジアにおける「日本の衝撃」の意味を考える。それは、欧米とほぼ同時期に発生した近代国家建設運動でありながら、近代以前のローカルな共同体の状況認識と集団的心性を反映した「天下草創」であった側面をもちあわせている。後者との関連で、明治国家の父たちは権威主義を選んだのだ。立憲民政は、権威を生みだす華・雅・「ご威光」に欠けると彼らが考えたからである。[29] そしてネイション・ビルディングの次元で国家神道・天皇制の儀礼・教学・物語による日本人の育成を、ステート・ビルディングの次元で外見的立憲主義と資本主義による文明開化・富国強兵をおしすすめることで、早期の列強入りをはかった。ところでカイザーライヒのドイツにおける「外見的立憲主義」は、市民的法律国（Rechtsstaat）と特権保障の諸制度を併存させ、それを盾に権威主義体制に対する忠誠と反抗を同時に可能にすることで、寡頭制による民主主義の保存機能をもっていた。[30] これに対して明治憲法体制下の日本では、奥平康弘が見抜いたように、国家神道＝神権天皇制のもとで論理としての民主主義がドイツ以上に圧殺されてしまったがゆえに、外見的立憲主義もそのライバル言説にあたる民本主義も、民主主義の触媒ではなくその代替として機能していた。したがってボトムアップの政治運動は、体制の言説で体制の矛盾をつくかたちで、つまり統治が「国体」から乖離していることへの批判を通してしか、有効に展開できなかった。[31] その最たるものが、天皇機関説事件をきっかけに「上からのファシズム」と結合した、神がかり的国体論を掲げる草の根右翼の運動であった。[32] それは、総動員戦争における「最終兵器人間」の正当化に利用され、敗戦による明治憲法体制の崩壊をもたらしたことは、周知のとおりである。

---

28) セイラ・ベンハビブ（向山恭一訳）『他者の権利〔新装版〕』（法政大学出版局、2014 年）15 頁以下を参照。
29) 渡辺浩『日本政治思想史』（東京大学出版会、2010 年）51 頁以下。
30) 熊谷英人『フランス革命という鏡──十九世紀ドイツ歴史主義の時代』（白水社、2015 年）98 頁以下。
31) 奥平康弘『憲法の想像力』（日本評論社、2003 年）69 頁、71-72 頁。
32) 片山杜秀＝島薗進『近代天皇論』（集英社、2017 年）147 頁以下。

そして戦後。戦後民主主義の担い手となった「悔恨の共同体」は、戦時中の過酷な「日本人」体験から、欲望解放の自由、平和的共生、経済的復興への約束として新しい憲法を受けとり、そうした現状の憲法による償還（constitutional redemption）をまもる運動を民主主義として位置づけたのであって[33]、権威主義に対抗的な民主主義をすなおに受容したわけではなかった[34]。けっきょく、戦後もしぶとく生き残った共同体権威主義への批判は、人権論をとりこんだ戦後の立憲主義が引き受けることになった。たとえば樋口陽一は、戦後民主主義の個人抑圧的性格を批判し、そうした社会的専制への抵抗可能性を「主権―人権」の緊張関係としてとらえなおし、語弊をおそれずにいえば、ランシエール的民主主義論を人権論に翻訳したような立憲主義憲法学を展開した。この系譜をつよく意識している石川健治はさらに、憲法1・9・13・14・20条の有機的相互連関を読み解くことによって、護憲平和運動の民主主義的性格に疑問を突きつけた[35]。石川によれば、立憲民主政とは「猜疑の政治」であるが、ナショナルな共同体的民主主義は、仲間でない他者を排除する「信頼の政治」＝ファシズムに変質する危険性をはらんでいる[36]。戦前の日本では、まさしく議会と世論を基盤にもった「信頼の政治」が、天皇と日本人の一体性を説く神がかり的な国体論＝「信仰の政治」をふりかざして、最終兵器人間として国民の生命を公用収用するにいたった軍部の暴走を助長してしまった。この教訓を真摯に受けとめた憲法は、国民主権・象徴天皇制（1条）、戦争放棄＝国際法上の自衛権の制限（9条1項）、国家作用としての軍政の否定＝防衛作用の法律事項・一般行政化（9条2項）を通じて「猜疑の政治」を徹底させ、宗教的自由と政教分離に関する規定（20条）とあいまって、個人は国家的・共同体的価値を超越した、かけがえのない個性の持ち主であることを認め、その存在の対等な他者性＝尊厳を、「わが国」に対しても主張する権利（13条前段・14条）を与えている、と。そう説明することで、石川は立憲主義と民主主義の緊張関係を

---

33) 「憲法による償還」については、Jack M. Balkin, Constitutional Redemption (2011).
34) 小熊英二『〈民主〉と〈愛国〉――戦後日本のナショナリズムと公共性』（新曜社、2002年）。
35) 石川健治「「いやな感じ」の正体」朝日新聞朝刊 2014年6月28日。
36) 南原繁は、ファシズムとも、リベラル・デモクラシーとも区別される国民共同体的民主主義の意義と価値を評価したが、石川説はこれにも懐疑的であろう。参照、三谷太一郎「解説―南原繁百歳」丸山真男＝福田歓一編『聞き書　南原繁回顧録』（東京大学出版会、1989年）491頁、514頁。

維持しつつ、平和主義と立憲主義を統一する理論に成功したかにみえる。

だが、それにしても、である。集団的死への欲動に対しても自粛と付和雷同を止めない「おとなしい人びと」の病理とその処方箋、そして強いられた欲動の断念が良心をよびおこすという本能と制度の齟齬＝共振は、立憲主義で説明しきらなければならない必然性があるだろうか。民主主義の不足に起因する病気は民主主義の過剰によってしか改善できない、という教訓を、戦後民主主義と平和主義の結合というカント的「自然の狡知」が教えてくれているのではなかろうか。[37]

Ⅲ　政治的民主主義

1　権威主義のルネサンス──市場国家と安保国家

一国民主主義は一国資本主義の憲法体制でもある。ファシズムと共産主義体制との競争を通じて社会経済の分野まで拡大された立憲民主政は、戦後復興にともなう人口増と景気拡大の波に乗り、資本主義を国家の安定化に利用することができた。しかし、資本主義にとって一国民主主義との共生は論理必然的ではない。1980年代、高度経済成長をなしとげたアジアの小さなドラゴンたち──台湾、韓国、香港、シンガポール──は、いずれも立憲民主政ではなく、香港を除けばすべてストロングマン支配の権威主義体制であった。そして20年後、こんどは一党支配の中国が、IT革命の成果であるグローバリゼーションの波に乗り驚異的な経済成長を達成した。「中国の奇跡」は、それに立ちあい、助言を与えていたシカゴ学派の重鎮であったロナルド・コースが指摘したように、立憲民主政と対立する体制のもとでも、規制緩和としての自由さえあれば資本主義は繁栄することをより明確にした。[38]

「権威主義のルネサンス」とは対照的に、国益の見地からグローバル資本主義を受容した立憲民主政諸国の多くは、その標準装備である、「市場国家」(market state)と「安保国家」(national security state)の相互作用がもたらす民主主義の不況にあえいでいる。[39] ステート・ビルディングを市場にアウトソーシ

---

37)　柄谷行人『憲法の無意識』（岩波書店、2015年）131頁。
38)　RONALD COASE & NING WANG, HOW CHINA BECAME CAPITALIST (2012).

ングした国家は、そのことで個々人を、健康で文化的な最低限度の生活と幸福追求権の剥奪という実存的不安へと追いこんでおきながら、問題を国家安全保障のコンテクストでしかとらえられないために、有権者に排外主義的な安心感を売りこむポピュリズムの台頭をみずから招いてしまうハメになった。すなわち、グローバル経済によって、拠りどころであった仕事と生活環境、他者と結びあうローカルな関係性の世界を壊された人びとは、SNS上の蜃気楼である想像の共同体——国民的、人種的、宗教的仲間団体——という代わりの商品を売りつけられ、それにしがみついて溺れることを強いられる。そして社会経済的不安定性の進行が、想像上の「自分たち」に対する帰属感と、想像上の「ヤツら」に対する恐怖心・嫌悪感を同時に増幅させることになる。しかし、かつてこうした感情を受けとめていた社会的民主主義が衰退し、立憲民主政の価値に依拠する安保国家の施策——「テロ対策」としての監視・通信傍受から「人道的介入」としての軍事行動まで——も傷ついた民心を癒すことができない。そこでニッチを埋めるべく登場したのが、欧米における極右主導のポピュリズムである[40]。

政治学者のミュラーが正当に指摘したように、「本物の」人民による支配を標榜するポピュリズムは、〈demos〉の複数性と、多元的な政治の審議と参加を否定する点で、反民主主義である[41]。

　市場国家＝安保国家は立憲主義のエリート寡頭制的要素と呼応しつつ、立憲主義を内部から食いつぶすトロイの木馬といえる。双方とも、理由づけ、科学技術と理性にもとづく専門家支配を肯定しているからである[42]。とりわけアメリカの場合、市場国家＝安保国家の現実を隠蔽するイデオロギーである新自由主義(ネオリベラリズム)は、政治過程と市場に独占禁止の公序を設定したニューディール期の経済憲法を換骨奪胎し、私的自治の自由に対する規制の緩和・撤廃を求めるものであるが、社会権規定をもたない合衆国憲法の個人主義・自由主義的論理

---

39) 森政稔『迷走する民主主義』(筑摩書房、2016年) 61頁以下。
40) Thomas B. Edsall, *The Peculiar Populism of Donald Trump*, N.Y. TIMES, Feb. 2, 2017, https://www.nytimes.com/2017/02/02/opinion/the-peculiar-populism-of-donald-trump.html.
41) Jan-Werner Muller, *Real Citizens*, BOSTON REVIEW, Oct. 26, 2016, http://bostonreview.net/politics/jan-werner-muller-populism.
42) MICHAEL J. GLENNON, NATIONAL SECURITY AND DOUBLE GOVERNMENT 117 (2015).

構造に親和的な側面をもっている。たとえば、多様な文化的属性・出自をもつ個性的な個人の尊重という憲法論は、能力の自由競争による技術革新を重視する人的資本論と両立するのである。アマゾン、グーグルなど、「上位の1％」に属するグローバル寡頭制的経済権力が、社会経済的格差の拡大と社会権の形骸化を推進するいっぽう、レイシズムに抵抗し、女性、LGBT やムスリムといった政治的少数者の平等・同権を要求する「アイデンティティの政治」を支援しているのは、そのためである。

たしかに、このねじれた結合の評価についてはリベラル派の内部でも意見の対立が激しく、これを左派の知識人のように「進歩的ネオリベラリズム」と決めつけるのは早計であるように思われる[43]。しかし、グローバル・スタンダード化した立憲主義に、市場国家＝安保国家の論理が混ざりこんでいることは確かである。そしてこのことに、リベラル派をもって自任するメディア論客も専門家集団も、さしたる批判をしなかった。事実、2016年のアメリカ大統領選挙では、彼らはバーニー・サンダースの民主主義運動を黙殺し、市場国家＝安保国家とリベラルな憲法価値の結合を象徴するヒラリー・クリントンを支持した。のちに彼らは、みずからの誤った判断から生じた結果の重大さを、政権を掌握した極右のポピュリズムの、想像を絶する無法ぶりで思い知らされることになるであろう。

2　政治的民主主義の再興

現行の立憲民主政は、古典的自由主義にもとづく理性を基盤とするエリート寡頭制が、論理としての民主主義に妥協したかたちで成立した。しかし、富と知的能力の「所有を迫害する奇怪な社会」＝民主主義への恐怖や憎悪は忘れがたく、「猜疑の政治」は、選挙で選ばれる為政者および選挙民自身に対する不信と、中立的な統治作用を担う行政・司法官僚などの専門家集団に対する信頼という二重構造をもっている。すなわち、為政者が専門家集団の良識をふまえ適法・適式に行った行為は、それでも政治上の争いの対象になるかもしれないが、いちおう合憲性の推定を享受する。そうでない行為については、違憲・違

---

43) Nancy Fraser, *The End of Progressive Neoliberalism*, DISSENT, Jan. 2, 2017, https://www.dissentmagazine.org/online_articles/progressive-neoliberalism-reactionary-populism-nancy-fraser.

法の疑い＝紛争性が推定されるが、この場合でも、サンフォード・レヴィンソンが「会話の憲法」(constitution of conversation) と呼ぶ政治的・司法的過程——議会審議における専門家の意見陳述、メディアの報道・論評、メディア世論・デモ・訴訟を通じて表出される一般市民の主張。そして不可欠ではないが、最終的には、違憲審査を通じて示される裁判所の判断[44]——による、修正・破棄をふくめた政府行為の可逆性＝是正可能性が示されていれば、有権者団として相対化された国民も、選挙権の行使を通じて政治部門の行為に対する同意・不同意を表明することで、統治の寡頭制的性格を受忍するであろう[45]。このように、立憲民主政は政治過程の「争訟的」な現状維持によって民主主義の周囲を回転している。したがってその安定は、現状維持を民主主義的にみせかける統治エリートの能力と意欲に依存している。砂川事件最高裁判決の法廷意見が示した「政治部門の自由裁量」と「主権を有する国民の政治的批判」という二段構えは、如上の文脈で理解すべきである[46]。

　ところが、市場国家＝安保国家は不可逆の権力 (power of irreversibility) である[47]。この権力を入手した新しい統治者は、「会話の憲法」の作法をふまえて民主主義を演出する能力・意欲に欠けているか、そうする余裕をなくしている。トランプ政権による最初の「ムスリム入国禁止令」が例示するように、彼らの一部は適法・適式の外観をとりつくろう必要すら感じないのである[48]。こうして寡頭的統治を受忍する前提となる、適法・合憲性と政治的合意の推定が失われつつある以上、個々の国民はその政治的能動性を回復させ、憲法上の権利行使をテコに「憲法をもつ社会」の当事者＝主権者として行動するということは、

---

44)　SANFORD LEVINSON, AN ARGUMENT OPEN TO ALL 116, 122 (2015).
45)　長谷部恭男＝杉田敦『憲法と民主主義の論じ方』(朝日新聞出版、2016年) 30-31頁。
46)　最大判昭和34 (1959) 年12月16日刑集13巻13号3225頁。なお、法廷意見がデモを「政治的批判」と考えたどうかは不明であるが、補足意見を執筆した入江俊郎裁判官は、ボトムアップの民主主義運動を想定していたようである。参照、嘉多山宗「「理想」の追求とその行方——入江俊郎」法律時報87巻8号 (2016年) 82頁。
47)　GLENNON, supra note 42, at 118.
48)　第一次「入国禁止令」差止め訴訟では政権側は、敬譲 (deference) の法理よりも、権力分立を理由に、移民・入管・安保政策に関する大統領の決定は、憲法上の権利を侵害したとしても、そもそも司法審査の対象外である、という素人の主張に頼っていた。Washington v. Trump, 847 F.3d 1151,1161 (9th Cir.2017).

例外的ではあっても法外の事態ではけっしてない。むしろそれは、立憲民主政の破壊過程で、民主主義＝政治がたまたま再発見された事態とみるべきである。この場合、行動に出た人びとの「代表性」を問題にするのは無意味である。なぜなら公共空間で行われる抗議デモに集まる人びととは、彼ら自身の資格——あるいはランシエール的いいまわしを借りれば、無資格——で主権者国民として自己を構成しているといえるからである。[49] そして、まさにこの当事者性から、政治的民主主義における集会の権利の本質的重要性が導きだされる。一方で集会の権利は、前近代的起源をもつ請願・結社の自由を民主的に脱構築し制度化する根拠として、表現の自由とは別個に存在する主権者の基本権である。[50] 他方では、2015年の日本における民主主義的政治・文化を体現した学生団体SEALDsの実践が示したように、SNSの普及でクラウド化する集会の自由は、その「パブリック・フォーラム」（public forum）性を選挙活動から写真展・コンサートまで、いわゆる公私二分論にとらわれない、さまざまな表現形式に同時多発的に変換することで、表現の自由一般と院内・院外政治の回路をつなぐ、いわばハブを担う制度的権利として機能する。[51]

ところで、政治的民主主義は偶然に起ったローカルな出来事の連鎖として再興したが、グローバルな寡頭支配に対する抵抗である点、代表制的政治過程の外に基盤をもつ政治運動である点で、グローバルな共通性をもっている。なかには、SNSでの相互意識・交流を通じて運動の進め方や、法的・政治的主張を共有するにいたった例もある。日本では、3・11をきっかけに、政権と専門家集団の両方をふくむ統治機構に対する「猜疑の政治」が生まれた。そしてそれは、原発、特定秘密保護法、沖縄の植民地主義的状況、社会経済的格差、ヘイトスピーチ、安保法制と結集のテーマと相貌を変容させながら、政治的民主主義として結実していったのである。もっとも日本の場合、法律家集団は政治

---

49) ジュディス・バトラー「われわれ人民——集会の自由についての考察」アラン・バディウほか（市川崇訳）『人民とはなにか』（以文社、2015年）53頁、56頁以下。

50) JOHN D. INAZU, LIBERTY'S REFUGEE: THE FORGOTTEN FREEDOM OF ASSEMBLY (2012).

51) *See e.g.*, Robin O'Day, *Differentiating SEALDs from Freeters, and Precariats: the politics of youth movements in contemporary Japan*, 13 ASIA-PACIFIC J. 1 (2015), http://apjjf.org/-Robin-O-Day/4376/article.pdf (last visited); Ashutosh Bhagwat, *Associational Speech*, 120 YALE L. J. 978 (2011).

的民主主義の受容に積極的とはいえない。立憲主義へのこだわりや、スイミーの一匹になることへの違和感が、その主な原因であるように思われる。現時点、憲法12条前段の「不断の努力」を基礎に、共通理解の形成にむけた対話と連携がすすめられているが、裁判所を担い手とする司法的立憲主義と緊張関係にある12条前段が、それゆえに判例・通説によって無視されてきたことにかんがみれば、前途多難といわざるをえない[52]。この点、民主主義によってのみ、アメリカの立憲民主政を極右ポピュリズムの攻撃から救出することができると説く、トム・ギンズバーグとアジズ・ハクの議論は傾聴に値すると考える。「立憲民主政が生き残れるか否かは、憲法の定める形式的・制度的防御より、個々の政治エリートの決意・判断と、民主的生活様式を可能にする法規範の周囲に結集する民衆とエリートの偶発的な、そしてつかみどころのない活動力にかかっている[53]」。

3　立憲主義の限界が開いた、文化的民主主義の可能性

憲法研究者については、自分自身が属するローカルな社会の歴史と構造に無関心であるか、批判的な態度で接する傾向が指摘されている。それは、合理的理由がないことではない。1つは、比較憲法学が立憲民主政にもとづく普遍的価値、一般理論と規範的解釈論の3点セットで社会科学の一部門として独立していった過程で、それまでの比較憲法論＝政体論が対象にしていた風土や民情といった「非科学的」な要素を消去したこと。もう1つは、「欧米先進国」に対するみずからの後進性をつよく意識する諸国家・地域の憲法学では、準拠モデルとなる「先進国」の憲法学説・判例が設定した問題認識と論証を自国の憲法状況にあてはめる作法が定着したこと。そして、こうした普遍的価値・学問方法への志向と相互意識が進展したからこそ、風土・民情の違いをこえた憲法学同士の対話は可能となったのである。

しかし、ローカルな状況を問題にすることがそもそも困難な一般理論はもち

---

52)　法学協会『註解日本国憲法(上)』(有斐閣、1953年) 333-334頁。立憲主義の視座から2015年の運動と9条・12条前段・13条の連関に焦点をあてた議論として、蟻川恒正「日本国憲法における「個人」と国家──「個人の尊厳」と9条」法律時報87巻9号 (2015年) 5頁を参照。

53)　Ginsburg & Huq, supra note 9.

ろん、あてはめの素材となるローカルな事件を争訟的な政治・司法過程でくみとる実定法解釈論も、ローカルな社会のコスモポリタン的表層をさまよっているにすぎず、普遍的な価値と、ローカルな社会の成り立ちに関する共通理解をつなぐ回路として機能していないおそれがある。たとえば、集会・デモの一般的許可制は憲法 21 条に反するという憲法解釈論は、国会前デモのような大規模抗議活動についても許可制が届出制的に運用されている現状をつくったのは訴訟ではなく、イラク戦争反対を掲げるサウンドデモや、ポスト 3・11 のデモなどといった先行者たちの民主主義的力であったという事実に応答していない。そしてアメリカの「パブリック・フォーラム」論の参照によって、室外における集会の自由の保護範囲を制限的に解釈する最高裁判例の鳥かごを大型化しようと試みる憲法学のリアリズムは、国会前デモで典型的にみられるように、国民の代表者たる議会の前で抗議を行う国民の集団を多くの鉄柵で分断し、議会に近づくのを阻止している現実にマッチしているとはいいがたい。また、天皇制の政治的磁場を隔離するために天皇の象徴的行為を否定する学説は、天皇の能動的人間性を回復させなければ、「日本人」の純度をはかる物差しとして通俗化した天皇制がもたらされている、差別による被差別感情の抑圧を循環的に再生産し続ける政治的磁場そのものをなくすことができない、という現実に無頓着であるといわざるをえない。

　さらにいえば、来歴をいったん遮断し、憲法という言説によって日本社会の成り立ちを語りつくそうとする立憲主義憲法学の試みじたいに無理があったかもしれない。戦後の日本映画では恋愛・婚姻・職業の自由＝平等として定着し

---

54) 笠井潔＝野間易通『3・11 後の叛乱』（集英社、2016 年）89 頁。

55) 小熊英二『原発を止める人々』（文芸春秋、2013 年）。また比較憲法的にも、許可制という問題設定ではすでに SNS 時代の集会・デモを把握できなくなっている。ヒマワリ運動の最中に出された、台湾の憲法裁判所にあたる司法院大法官の憲法解釈がそのことを認めている。*Judicial Yuan Interpretation No.* 718 (March 21, 2014), http://www.judicial.gov.tw/CONSTITUTIONALCOURT/EN/p03_01.asp?expno=718.

56) 参照、山本龍彦「鳥籠の中の「言論」？」法セ 697 号 52 頁（2013）。そもそも政治部門から独立している裁判所を除き、政府庁舎周辺の公共空間で行われる集会・デモをより制限的に規制する合理的理由はないというべきである。*See e.g.*, U.S. v. Grace, 461 U.S. 171, 185 (1983) (Marshall, J., concurring); Jeannette Rankin Brigade v. Chief of Capitol Police, 342 F.Supp. 575 (1972), *aff'd*, 409 U.S. 972 (1972).

た「戦後民主主義」の場合、教科書の解釈としてではなく、それを社交圏で茶化して語らい、実践することによってさらに広く流布させる通俗化の活動が、民主主義とローカルな世界の相互連関についての人びとの共通理解を形づくった。だが立憲主義を物語る憲法学者の多くが行ってきたのは、同僚でも教え子でもない市井の人びとに文明世界の作法を説くという、啓蒙的な説教・説法である。けっきょくそれは、法制史学者の新田一郎が指摘したように、「社会の成り立ちを語る正統な了解として結実することなく、多くの人びとの身の回りのローカルな世界の成り立ちは根本から問い直されずそのままにきた感」は否めない。これは、日本に限ったことがらではない。2016年のアメリカ大統領選挙でも、リベラル派の専門家エリートのほとんどが、選挙結果を予見できなかっただけでなく、宗教右派と反知性主義の温床となっている社会経済的格差と貧困よりも、「ガラスの天井を破る」女性・LGBT・移民や、シリア内戦への人道的介入に焦点をアジェンダとして設定する大手メディアのイメージ・ポリティクスに同調していたのである。専門分野以外では法律家も、「バカで人間でない者」になりうるのである。

それでも、2011年以降世界的に生起しつつある新しい民主主義社会が、立憲主義と齟齬をきたしながら共闘する現状はつづく。一方では、推定合意の立憲主義が強いる妥協と共生を耐えがたいものと感じている対立当事者の存在を認め、彼らの声に傾聴しながら、相手との不和をおそれないこと（政治的民主主義）。他方では、ローカルな共同体と共同体超越的な価値をつなぐ共通の感性的な基盤の創造に参加すること（文化的民主主義）。とりわけ後者については、法律家集団の謙虚さと賢明さが求められている。

---

57) 新田一郎『太平記の時代』（講談社、2009年）313-15頁。
58) 君塚正臣「立憲主義と司法審査――記憶されていない近現代史も含めて」判時2309号（2016年）3頁、8頁、10頁における注81参照。
59) Martha Minow & Robert Post, *Standing Up for "So-Called" Law*, BALKINIZATION, Feb. 10, 2017, https://balkin.blogspot.jp/#2539303019548612210.
60) Jack M. Balkin, *Digital Speech and Democratic Culture*, 79 N.Y.U. L. REV. 1, 32-45 (2004).

Ⅳ　結びにかえて——当事者責任

「民主主義 vs. 立憲主義」の図式は、立憲主義者にとってのみ意味をもつものである。〈demos〉の権力の置換可能性・平等性・集合性は、ありとあらゆる理念的・制度的整序に対してたえず齟齬・不調和をもちこむことで、政治を作動させている。これに対して、近代立憲主義は法によって政治の暴走を制御するプロジェクトであるが、制御から無力化までの距離は近い。かつての「市民的法律国」は中立的行政作用による政治の止揚を試みたが、21 世紀の「法の支配」は政治の司法化（judicialization of politics）を求めている。その背景には、準拠モデルである欧米先進国における、グローバル・スタンダードとしての立憲主義——普遍的な価値を所与とする憲法解釈論と、その担い手となる法律家集団のグローバル化——の動きがある。しかし、近年の政治的構造変動で立憲主義の準拠モデルがほぼ総崩れになったいま、欧米以外で立憲民主政を支えるローカルな論証を、当事者自身が考えなければならない。

2015 年 9 月 15 日、SEALDs の創設者の 1 人であった奥田愛基は、安保法案を審議していた参議院の中央公聴会で参考人として意見陳述を行った。そのとき彼が述べたつぎの言葉は、おそらく戦後民主主義をめぐって展開されてきた国会の憲法論議のなかでもっとも注目すべきものの 1 つに数えられるであろう。

　「政治のことは選挙で選ばれた政治家に任せておけばいい、この国にはどこかそのような空気感があったように思います。それに対し、私たちこそがこの国の当事者、つまり主権者であること、私たちが政治について考え、声を上げることは当たり前なのだということ、そう考えています。その当たり前のことを当たり前にするために、これまでも声を上げてきました。

　そして、二〇一五年九月現在、今やデモなんてものは珍しいものではありません。路上に出た人々がこの社会の空気を変えていったのです。デモや至る所で行われた集会こそが不断の努力です。そうした行動の積み重ねが、基本的な人権の尊重、平和主義、国民主権といった、この国の憲法の理念を体現するものだと私は信じています。私は、私たち一人一人が思考し、何が正しいのかを判断し、声を上げることは間違っていないと確信しています。また、それこそが民主主義だと考えています。」[61]

たしかに 2015 年の運動は挫折した。しかし、上述の意見を表明した奥田はいかなる意味で「少数者」であったのか。それは、民主的政治過程の制度的担い手である議会の多数派は、立憲民主政について奥田とはちがう考え方をもっているという意味なのか。それとも、世間の常識に市民社会の倫理を盾にした反抗＝市民的不服従（civil disobedience）で挑んだことをメディア世論は是認しなかった、という意味なのか。また、じつは表現の自由の尊重を説くヴォルテールの名言と同じくらい不確かな権利の脱政治化と中立化にこだわる人びとは、政権による情報封鎖からもネット上の激しいバッシングからも「少数者」の表現の自由を擁護したのであろうか。[62]

　個々の運動はそのつど雲散霧消するかもしれないが、政治的・文化的民主主義は止まらない。国会で奥田が投げかけた、「義を見てせざるは勇無きなり」（論語・為政）という通俗化した古典の言葉は、政治家だけを名宛人にしているのではない。いまもそれは、立憲主義うんぬん以前に、適応行動よりも優先すべき言行一致の正しさとはなにかを、法律家集団に問いなおしているはずである。[63]

（まつだいら・とくじん　神奈川大学准教授）

---

61) 第 189 回国会参議院我が国及び国際社会の平和安全法制に関する特別委員会公聴会会議録 1 号 10 頁（2015 年 9 月 15 日）。傍点は本稿筆者による。
62) 自分が賛同しない他人の意見でもその意見表明の自由を擁護する、という趣旨の言葉をヴォルテールが語ったとされるが、それを裏づける確たる証拠はない。この「伝説」は、第二次世界大戦に参戦する直前のアメリカで展開された民主主義の教育キャンペインを通じて広められた可能性が高い。たとえばかのオーソン・ウェルズが 1941 年に制作したラジオ劇「市長閣下」(His Honor, the Mayor) では、悩んだすえ白人至上主義者の集会を許可した市長は、「民主主義は、どんなに下劣なやつらにも集会の自由を無条件に保障している」と述べ、「ヴォルテールの名言」を引用している。参照、奥平・前掲注 31）302 頁以下。See also INAZU, supra note 50, at 57-58.
63) 松沢弘陽ほか編『定本　丸山眞男回顧談[下]』（岩波書店、2016 年）37-51 頁。See also, BELLAH, supra note 12, at 478-479.

人権／権利／人間像
―― 「一人前の人間」論を契機として

押久保倫夫

I はじめに

　奥平康弘氏[1]は、憲法学等において膨大な業績を残されたが、そのうち例えば「人権のインフレ」[2]、人権とは区別される「憲法が保障する権利」[3]等、氏の理論が一つのフレーズに凝縮され、学界の共有財産になっているものも少なくない。しかし論文「"ヒューマン・ライツ"考」[4]で展開された、人権論の前提としての「一人前の人間」[5]という概念は、ときに強い批判を浴びてきた[6]。本稿はこの議論の位置を確認した上で、筆者にとって肯定できる面を取り出し、展開しようとするものである。

　「一人前の人間」論は、「ヒューマン・ライツ」[7]即ち哲学上の人権を、欧米の

---

[1] その学問的業績に対する畏敬の念からも、主に研究会（「読もう会」）で真摯にコミュニケーションを取って下さった感謝の思いからしても、「先生」と記したいところだが、論文において筆者は氏名に価値中立的と思われる「氏」を付してきたので、今回もこれで通させて頂くことにする。
[2] その最初の警告は、奥平康弘「人権体系及び内容の変容」ジュリスト臨増638号（1977年）251頁であろう。
[3] 同『憲法Ⅲ 憲法が保障する権利』（1993年）20-21頁。
[4] 同「"ヒューマン・ライツ"考」和田古稀『戦後憲法学の展開』（1988年）117頁以下。
[5] 奥平氏はこの論文の後にも、「一人前」ないし「一人前」という表現を使い続けている。奥平・前掲注3）255頁、同「教育における自由と自律」憲法問題24（2013年）104頁。
[6] このフレーズに対する否定的意識が書名にまで現れたものとして、小畑清剛『「一人前」でない者の人権』（2010年）を挙げることができるだろう。

哲学者・思想家、とりわけアラン・ゲワースの議論を考察する中で提示されたものである。そこでは、ヒューマン・ライツ論で前提とする主体は「一人前の人間」、即ち「最小限の程度において理性的な判断能力を具えている者」とされており、こどもやある種の老人はそれにあてはまらないとして、「こどもの人権」「老人の人権」と言われるものは、こどもに特別な、老人に固有の「権利」が語られているとする。そして「『人権』はある意味で平均的な権利でしかない」として、こどもや老人は「『人権』以外の、あるいはそれ以上の権利を必要としているはず（強調原文）」であり、「平均人の『人権』をではなくて、立法によって特別な権利を付与し、制度の適切な運用をはかることが、より大事である」としている[8]。

本稿では以上の議論を、こどもや老人について「人権」ではなく彼らに固有の「権利」を主張する側面と、その前提として「一人前の人間」ないし「平均人」を人権主体として提示する部分に分けて、それぞれ論じていくことにする。

II 「一人前の人間」像

人権論の前提としての「一人前の人間」というフレーズは、一定の立場からこれまで強い批難を浴びてきた。例えば石埼学氏は、この議論を人間の共通性をダイレクトに把握しようとする人権理論と捉え、樋口陽一氏の「規範創造的自由」の担い手であることを求める自己規律論と共に「強い個人」の範疇に位置づけ、これを人間像によるノルム化の典型として、「均質化への強力なベクトルのゆえに、差別化や排除をも引き起こす」とする[9]。さらに笹沼弘志氏は奥平氏に対して「『一人前』でない人々（子どもや老人）などには人権ではなく、むしろ特別な権利を保障すべきだと断言した」と批難し、この議論を含む人権を自律能力によって基礎づける論理を「強い人権」論と呼び、これと対立する

---

7) ここで日本語の「人権」という表現が用いられていないのは、日本ではこれが「実定憲法上のものとして市民権を獲得して（強調原文）」おり、哲学上の human rights と同一ではないからである（奥平・前掲注 4) 120 頁）。
8) 同 137-139 頁、144 頁。
9) 石埼学『人権の変遷』(2007 年) 27-29 頁、35-36 頁。

ものとして「弱い人権」論を提示する。また小畑清剛氏は、奥平氏をロールズと共に「一方で『社会契約の主体として「一人前」の人々』＝『われわれ』が暴力的に同一化されており、他方で『われわれから隔った「一人前」でない人々』＝『かれら』が恣意的に契約主体から排除されてしまっている」と批判する。

　この様な批判を受けて、「一人前の人間」像論は、どの様に位置づけられ、評価されるべきか。まずその前提として留意しなければならないのは、この理論がしばしば「強い個人」を主張するものとして捉えられるが、奥平氏自身は「強い個人」「弱い個人」という概念対立による議論はしておらず、樋口氏の人権主体論（およびその深化・発展形態としての蟻川恒正氏による「個人の尊厳」論）とは様相を異にすることである。樋口氏の人権主体論には「強者であろうとする弱者、という擬制」の中に「現実の弱い個人」が「想定としての強い個人」へ陶冶されていくことへの指向が強く存在するのに対して、奥平氏の場合、その「一人前の人間」像は最低限の判断能力を具えている者であり、また人権の主体を「平均人」と言っていることからも、その様な規範的意図は感じられない。むしろそこでの主眼は後に見る様に、人権の正当化および概念の厳密化にあると見られ、その意味では次節で検討する、子ども等について人権ではなく彼ら固有の「権利」を主張する方に重点があると思われる。

　もう一つ銘記すべきは、奥平氏が「人権」と「憲法が保障する権利」の区別の、他ならぬ主唱者であることである。「一人前の人間」論が展開されたのは哲学上の「人権」であり、その議論が「憲法が保障する権利」に直ちにあてはまるわけではない。それゆえ例えば「一人前の人間」像が、日本国憲法の解釈において「憲法が保障する権利」の主体の制限に直結することは決してない。

---

10) 笹沼弘志「権力と人権」憲法理論研究会編『人権論の新展開』（1994年）34頁、36頁。
11) 小畑・前掲注6) 192-193頁。
12) 蟻川恒正「尊厳と身分」石川健治編『学問／政治／憲法』（2014年）219頁以下。後に同『尊厳と身分』（2016年）3頁以下に収録。
13) 樋口陽一『一語の辞典　人権』（1996年）64頁。
14) この峻別を明確に打ち出した『憲法Ⅲ』より5年前に「"ヒューマン・ライツ"考」は書かれたが、前掲注7) で引用した箇所からも、この区別は既に明瞭に意識されていたと言える。
15) 実際奥平氏は後に「憲法が保障する権利」の主体について、法人との対比で、こどもは「完全な意味で人間」であることを強調している。奥平・前掲注3) 44頁。

この峻別は次節で考察する、人権か固有の権利かという問題でも重要になってくる。

しかしながらもちろん、「人権」と「憲法が保障する権利」は、密接な関係を有する。「『人権』論は、実定法と一種独特の緊張関係を保ちつつ、これに対してある種の影響を与えるところに、意味がある[16]」。それゆえ、哲学上の人権論の前提とされる「一人前の人間」像の位相は、さらに検討する必要がある。

この次元の議論でまず銘記すべきなのは、奥平氏が「ともかく、『人権』である以上はそれは、『人間という資格要件以外には、一切の要件なしに、万人に普遍的に平等に保障された権利』といえるものでなければなるまい[17]」ということを、くり返し強調していることである。この定義を維持する限り哲学上の人権論においても、子どもや老人が人権主体から排除されることはありえないことになる。

それでは「一人前の人間」像はなぜ提示され、それは上記の人権の定義とは如何なる関係にあるのか。奥平氏はこの定義を述べた直後に「憲法研究者は……すべからくかかる権利の法律的な根拠を明らかにする責務がある」と述べている。そして自然権論、人間の尊厳論、ハートやゲワース等の議論を、主として人権の正当化の側面から検討している。それらからすれば、「一人前の人間」像は、人権の哲学的正当化論――とりわけゲワースのそれ――に必要であると見られたからこそ、その前提として示されたと言えよう。

筆者はかつて、ドイツにおける『人間像』論を考察し、それが統一的人間像として基本法の解釈において提示される場合、現実の人間に対して評価的に機能し、究極的には基本権享有主体の限定の理論的基礎となりうることを指摘した[18]。ドイツでは実定法上「人間の尊厳」が「人権」「基本権」を基礎づけ正当化する位置にあるが、さらにその根拠を求めるとすれば、「人間」を他の存在から区別しなければならず、特定の宗教に依拠しないとすると「理性」等を前提としなければならない。しかしながら「実践的な憲法解釈においては、この

---

16) 同20頁。
17) 奥平・前掲注4）136頁。同135頁や、奥平・前掲注3）22頁も、同様の定義を掲げている。
18) 拙稿「『個人の尊重』の意義――ドイツにおける『人間像』論を検討して」時岡古稀『人権と憲法裁判』（1992年）53頁、63頁、68頁等。

様な議論をいったん『凍結』する必要がある場面が存在する」[19]と主張したことがある。

　筆者の場合「理性」で想定されているのはもちろん、「理性者は道徳律を自律的に受容する故に、道徳律の神聖性にあずかり、尊厳性を有することになる」という、[20]カントが『実践理性批判』で展開した哲学である。奥平氏の「一人前の人間」で念頭にあるのは、ゲワースの「ヒューマン・ライツ」正当化の出発点である「あらゆる主体は、自らの行為の目的は、この目的を想起させた何らかの基準（それは必ずしも道徳的なものである必要はない）からすれば善であると考える」という想定、および「目的に即した行為をするだろう主体」は自由と福祉への権利を主張し、またすべてのその様な主体に当該権利を承認しなければならないことになる、という議論だろう。[21]これが「関連情報が与えられることにより、自分の行為の目的を自主的に選択し、目的適合的であるためにはなにが必要かということを自主的に判断して、自己の責任において行為する主体」[22]という「一人前」の人間像を想起させ、人権一般の正当化の出発点として最低限必要な、いわば「公理」として提示されたと言えよう。そうすると、氏の人権の定義と矛盾するかに見える「一人前の人間」像を「"ヒューマン・ライツ"考」で提示したのは、人権の根拠づけ、正当化が直接の目的であり、既述の様な筆者の立場からは、その限りで必要な議論である、と位置づけるべきことになるように思われる。

　しかし本稿ではここでさらに、「一人前の人間」そして「平均人」といった人間像が、哲学的人権論において人権一般の正当化のほかに果たす役割の如何を検討していきたい。これらの人間像は、実定憲法上のものと区別された人権論において提示されたのであるが、後に氏は「『人権』論は、実定法の足らざ

---

19)　拙稿「『個人の尊重』か『人間の尊厳』か——ヨンパルト氏の論文に応えて」法の理論 19（2000年）205 頁。

20)　Immanuel Kant, Kritik der praktischen Vernunft, 1788, hrsg., Ernst Cassier, Immanuel Kants Werke, Bd. V, 1992, S.36, 81, 96, 143. 波田野精一他訳『実践理性批判』（1979 年）74 頁、155 頁、181 頁、263 頁。

21)　Alan Gewirth, Human Rights　Essays on Justification and Application, (1982), at 20, 199-200. 奥平・前掲注 4) 131 頁参照。

22)　奥平・前掲注 4) 137 頁。

る部分を衝き、実定法を豊富にし活性化する効果をもつのである」として、その実践的意義を定式化している。そして「人間が人間である以上、当然に具わっている」という人権の観念は、拡がり・奥行きを持ち、このことは人権主張を「実定法の盲点を衝くのに有効な武器」とするものであるが、他方ではこの「意味内容拡張性」ゆえに「『人権』論の本来的なパンチ力に若干のかげりが出てくるうらみがある」としている。そのパンチ力を維持できるのは、「『人間が人間として当然に具わっている』なにものかを、厳密に精査し、篩に掛け、万人に迫れるようなもの、少なくともたいていのひとが異論をさしはさむ余地のないものを選り抜きかぎられたもののみを『人権』として打ち出す場合（強調原文）」である。[23]

　この「人間が人間として当然に具わっているなにものか」に基づいた哲学上の人権主張の際、「一人前の人間」あるいは「平均人」といった人間像は一定の役割を果たすことも考えられる。ここで「一人前の人間」の方は「最小限の程度において理性的な判断能力を具えている者」とされているが、「平均人」の方は曖昧である。[24] これについては奥平氏は、子どもや老人の「特殊利益」「特別な権利」に対立するものとして「平均人の『人権』」という表現をしている。[25] そうするとこれは特定の属性を捨象した人間像であろうが、それだけではあまりに漠然としている。「平均人」といった場合、様々な意味合いがあるようだが、ここでは言葉の素朴な意味から、「特に優れても劣ってもいない平凡な人間」、普通人、通常人、一般人、と互換的な意味で議論を進めていくことにする。[26] 以下、奥平氏の議論の意図を離れてしまうかもしれないが、[27]「野性味

---

23) 奥平・前掲注3) 20-24頁。
24) 「平均人」と言えば、ケトレーの統計学的平均人が有名であるが、小林直樹「法における平均人の考察」『法・道徳・抵抗権』(1988年) 71頁は、「法的平均人」はこれと必ずしも合致するものではないとする。
25) 奥平・前掲注4) 144頁。
26) 小林・前掲注24) 47頁参照。なおこういった「平均人」は、「一人前の人間」より感情的には反発を受けにくいものであろう。「一人前」の否定形はマイナスの評価を表し、それゆえ「一人前でない」とされた者にスティグマを負わせる危険がある（小畑・前掲注6) 200頁、233頁参照）。それに対して「平均人ではない」ことは、積極消極両方の可能性がある。
27) 奥平氏自身は、哲学的人権論の実践的意義の定式化においては、「平均人」等の概念は使用していない。

ゆたかで生きのいいじゃじゃ馬」として、「実定法の足らざる部分を衝き、実定法を豊富にし活性化する」哲学的・倫理的・道徳的人権論において、現実の分析として提示される人間像の果たしうる役割を考察していきたい。

「実定法を豊富にし活性化する」形式はいくつかあろうが、「新しい人権」の主張はその典型の一つと言っていいだろう。それらの主張のうち、学説のみならず判例においても正面から認められている唯一の例と言っても良い「プライヴァシー権」について、奥平氏自身がその根拠を次の様に述べている。人間は自己の尊厳・完結性を確保しながら他者と共生し続けるが「そのさい自己を他者に対してどう表出するかという点に関し、自己が判断し決定するのでなければ、自己の尊厳を確保し自己を完結すること（自己を自己たらしめること）はできない」。

この人権としての根拠づけに強い説得力が感じられる理由の一つは、この言明がほとんどの人――通常人、普通人、さらには平均人と言いうるかもしれない――にあてはまるからであろう。ただし厳密には、例えば生まれて間もない乳児は「他者に対して自己をどう表出するか」という意識すらほとんどないだろうから、他者に対する自己表出を自ら決定することを欲する人間像は、最小

---

[28] 人間像が現実の分析としてなされているか、規範的なものかは画然と分けられるわけではない（拙稿・前掲注18）51頁参照）。既述の様に石埼氏は、こういった人間像にもノルム化の危険を指摘している。

[29] 奥平・前掲注3）107頁。さらにこの正当化根拠は、プライヴァシー権の権利内容に直結していく（同108頁以下）。

[30] 新しい人権を認める際は、それが正に奥平氏の警告する「人権のインフレ」とならない様に、限定を図っていかなければならない。その要件としては、権利内容が特定できるものであること、それを人権として認める社会的意識の存在（戸波江二「幸福追求権の構造」公法研究58号（1996年）12-13頁）、多数の国民が行使でき、他人の基本権を侵害するおそれが少ないこと（芦部信喜『憲法学Ⅱ 人権総論』（1994年）348頁）などが挙げられている。「ほとんどの人にあてはまる」ことは、これらのうち社会的意識、多数の国民の行使可能性に結びつくものだろう。

筆者は新しい人権を憲法13条後段の「幸福追求権」によって認める際は、その前段の、人権の中核規定である「個人の尊重」との結びつきが重要であると主張してきた（拙稿「『人間の尊厳』の規範結合」兵庫教育大学研究紀要23巻第2分冊（2003年）52頁、同「第13条 個人の尊重と、幸福追求権・公共の福祉」芹沢斉ほか編『新基本法コンメンタール 憲法』（2011年）105頁）。この点でもプライヴァシー権は「人間が一個の個性をもつ存在であるために、他者に対して自己を開いたり閉じたりする能力を確保するために保障されてしかるべきもの」（奥平・前掲注3）108頁）であり、「新しい人権」としてふさわしいものと言える。

限の判断能力を有するほとんどの人に適合するものということになろう。そしてこのことが人権としての説得力を生んでいるとしたら、正に「一人前の人間」「平均人」は、人権主張の形成に役立つ人間像と言える様にも思える。

このことは、既に日本国憲法において実定化された人権条項にもあてはまるものがあると思われる。個々の人権はその確立までにそれぞれ固有の歴史を有し、一般化することはできない。その中で例えば「移転の自由」の保障は、歴史的には商品交換の拡大による経済発展によって資本主義社会が確立する為に、所有の自由等と共に不可欠であったからと言える[31]。しかしながら「人が自己の欲する所に移動し活動したいという欲求は……自由の最も本質的要素[32]」であり、このことは大多数の人にとっての基本的要請として、この様な歴史的過程を推し進める思想的な力になったことも否定できないだろう[33]。そこでは、生まれた土地に一生縛りつけられても、格別痛痒を感じない人も存在しただろう。しかしそれでも「移転の自由」は、多くの人々によって希求されるものであったからこそ、「人権」として説得力あるものとして主張され、確立されていったと言えよう[34]。

以上の様に、「人権」が実定法化へ向けて主張され確立されていく過程では、たとえそれが「人間がただ人間であることのみによって有する権利」であっても、その具体的内実を彫塑する為に、多数の人にあてはまる人間論を展開する

---

31) 参照、高柳信一「近代国家における基本的人権」東京大学社会科学研究所編『基本的人権 1 総論』(1968 年) 48-59 頁。
32) 伊藤正己『憲法〔第 3 版〕』(1995 年) 355 頁。同書では居住移転の自由を、経済的自由でありなおかつ身の自由、精神的自由と結びつき、さらには個人の尊厳、幸福追求権、平等原則とも関わるもので、「人間が享受すべき基本的自由の性格」を有するとしている (356-358 頁)。
33) 理念はしばしば歴史の「転轍手」となる。マックス・ウェーバー (大塚=生松訳)『宗教社会学論選』(1972 年) 58 頁参照。
34) 移転の自由が多くの人々によって希求されるものであると同時に、資本主義経済にとって不可欠な様に、日本国憲法において実定化された「人権」には、社会全体に役立つことも保障の理由となっていると見られるものも少なくない。これについては奥平氏自身が最も心血を注いだ「表現の自由」について、「個人的な性質の顕著な権利」であるとしながらも「よき民主主義的秩序を維持するという、客観的な制度的な目的に仕えるものでもある (強調原文)」ことを明らかにしている (奥平康弘『なぜ「表現の自由」か』(1988 年) 59 頁)。長谷部恭男氏は前者を「個人の自律を根拠とする人権」、後者を「社会全体の利益を理由として保障されるべき権利」としている (長谷部恭男『憲法〔第 6 版〕』(2014 年) 199-202 頁)。

ことが有効であり、そこでは意識的あるいは無意識に、それに基づく人間像が想定されていると言える。それではさらに、こういった各々の人権論における共通した人間像として、「平均人」といったものを認めて良いのだろうか。実は簡単にその様に言うことはできない。

既述の様に人権の中には、多数の人がその保護を欲するものが多くある。しかしながらそうは言い難いにもかかわらず、社会全体あるいは公共の為に、あるいは少数の人しか関心がなくても、彼らにとって不可欠であるがゆえに、保障されていると見られるものもある。例えば前者としては「政治活動の自由」、後者としては「信教の自由」が挙げられる様に思う。

政治活動の自由が民主主義にとって不可欠なことは論を俟たない。しかしながら、それは「通常の人々の損得勘定からは出てこないような活動」であり、大多数の国民は自ら政治活動を行うわけではない。しかし「判例でも、政治活動については個人の権利を重視する傾向」が強いとすれば、それは「開かれた民主政過程」に不可欠であるからにほかならない。[35]

「信教の自由」については、日本においては神仏混淆の宗教形態を無批判に受け入れている人の方が多く、宗教に強い関心がある人は少数者であろう。もちろんこれは日本特有の現象で、ヨーロッパにおいて宗教改革に始まり、凄惨な宗教戦争や迫害を経て獲得された「信教の自由」は、大多数の人の希求するところであったろう。しかし日本でもそれが人権の中心的地位を占める理由の一つは、たとえそれを求める人が少数者でも、その要求は彼らの生死を超えた存在意義そのものに関わる真剣なものであるゆえに、保障される必要があるからだと言えよう。

個々の人権で提示される人間論およびその背景にある人間像は様々なものがあり、その中にはこの様に、多くの人にあてはまるとは言えないものもある。「平均人」が普通人、一般人と互換的に使われ、少なくとも多くの人がその人間像にあてはまることを想定しているとすると、これを人権論における共通した人間像とすることはできないだろう。

それでは、最小限の理性的な判断能力を具えた「一人前の人間」の方はどう

---

[35] 毛利透『表現の自由』(2008 年) 324-328 頁。35-45 頁も参照。

であろうか。こちらの方は、「平均人」よりは人権一般に使えそうである。しかしながら次節で述べる様に、子どももおとなより制限されてはいるが人権の主体であり、「子どもの人権」を認める限り「一人前の人間」像は不適切であろう。名称にこだわらず最小限の判断能力の基準をとことんまで下げれば、広範な人権に使えるようになるかもしれないが、今度はその人間像としての有効性が問題となろう。この様に「実定法を豊富にし活性化する」哲学的人権論において、人権全体に有効な統一的人間像を維持するのは難しく、個々の人権主張の際の人間論に伴う人間像に留めるべきであると思われる。

そしてさらにここで注意すべきなのは、個々の人権の人間像には、それにあてはまらない人達がいるということである。人権が普遍的価値を持つとすれば、その様な人々も当該人権を行使する潜在的主体と考え、それを促していかなければならないだろう。この意味でも、一定の人間像に基づいて新たな人権主張が実定化されたならば、再び人権とは人間すべてを対象とするという古典的定義に立ち返ることが重要である。既述の例で言えば、「移転の自由」の保障によって、土地に縛りつけられることに疑問を感じなかった者の意識を変え、「政治活動の自由」によってそれに全く興味がなかった者にその活動への参加を促すエンパワーメントの側面である。哲学的人権の主張が実定化された後も「生きのいいじゃじゃ馬」であり続ける為には、今度は人権の古典的定義に立ち戻り、「すべての人」に開かれたものであることを強調して、その行使を促すことが重要であると思われる。

以上の哲学的人権の実践的議論における人間像に関する考察をまとめると、次の様になろう。人権の実定化に向けた新たな人権主張がなされる次元では、その具体的内容を組み立て正当性を提示する為に、何らかの人間論を展開する必要がある。そこでは意識するとしないとにかかわらず一定の人間像が想定とされていると言えるが、人権全体についての統一的人間像を維持するのは難しく、それは個々の人権の人間像に留めるべきである。そして哲学的人権の主張が「憲法が保障する権利」として実定化されたならば、人間像論で視野の外に置かれた人も法的にのみならず実質的にも人権主体とすべく、人間像論は後景に退くべきことになる[36]。この様に、哲学的人権論においては、一定の人間像を想定する必要がある場面が存在する。しかしその場合も常に、「人権とは人間[37]

36) ドイツではとりわけホルスト・ドライアーが、「基本法の人間像」論が1条1項の「人間の尊厳」を通じて、各々の論者の特定の価値観を恣意的に混入することとなる危険に対して、警告を発し続けている。Horst Dreier, Bedeutung und systematische Stellung der Menschenwürde im deutschen Grundgesetz, 2004, S.44f.; H. Dreier, in: ders. (Hrsg.), Grundgesetz-Kommentar, Bd.Ⅰ, 3.Aufl. 2013, Art.1Ⅰ Rn.167f.

37) 蟻川恒正氏はとりわけ近年、樋口氏の「自律した強い個人」を継承して、憲法学において「個人」像を積極的に提示している。そこでは「必ずしも規範的であるということを強調しない形で個人像が言われる中で」規範的個人像を前面に押し出し、例えば政教分離を文化的多数派が精神的母体から自らを引き離す試みと捉え、「『自らの文化的アイデンティティを公共空間のなかで主張し貫徹する』ことを自ら抑制することができる個人」を「自律した個人」の突き詰めた像として提示する（蟻川恒正「憲法学に『個人』像は必要か」憲法問題23（2012年）76-78頁、79頁注⒀、「秋季研究総会シンポジウムのまとめ」同111頁（蟻川発言））。またいわゆる不起立訴訟を「徹頭徹尾『公的』位相の問題として争われるべき事案」であり、公的主張を私的世界観から切り離すべきだとして、その根拠を憲法12条に求めている（蟻川恒正「不起立訴訟と憲法12条」公法研究77号（2015年）97頁、102-103頁）。これは訴訟の場において憲法12条の鎧を、それによって「鎧の重さで自分を支えることすらできなくなってしまう危険」（同103頁）を自覚しながら、敢えてそれを纏（まと）い立つ、規範的個人像の主張とも言えよう。

　そしてさらに「尊厳」の観念について、アメリカのウォルドロン等の著作を検討し、また「走れメロス」を友情ではなく「制度からの信頼に応える意思と能力」である「名誉」の物語と捉えることを通じて、「個人の尊厳」を「元来高い身分に属する者のみに担われた名誉とそれを守ろうとする生き方としての『尊厳』を全ての『個人』に担わせること」とし、これを近代立憲主義の中核として描き出した（蟻川・前掲注12）（2014年）221-238頁、250-262頁）。そしてそれは「中世的価値観（尊厳）」による「近代的価値観（「個人」）」の掣肘であり、「『平等』思想や普遍的な『人権』理論と容易には接合しない可能性を持つ」ことになる（同220頁、261頁）。これは正に規範的個人像論の一つの窮みと言うべきであろう。

　この様な立論を、どの様に捉えるべきであろうか。これまで「尊厳」についての議論が日本にも紹介されてきたドイツの憲法学においては、この概念が例えばギリシア・ローマの古典古代においては「公の生活における地位と声望」を意味するものであり、また「尊厳」を基礎づけるカントの「道徳的な自律性」は自己立法能力をであると捉えられているが、その様な理念史的・哲学的根拠づけよりも、端的に20世紀の全体主義の体験、即ち「国家権力の潜在的全能性」に対する個人の保護の必要性から、「人間の尊厳」を憲法の基準点として宣言したのであった（Vgl. Dreier, a.a.O. (Anm.36), 2013, Art.1Ⅰ Rn. 1-18, 22, 23）。それゆえそこでは、その人の性質や能力等とは関係なく、人間存在であることを唯一の条件とすることになる（Ebenda, Art. 1 Ⅰ Rn. 66. Vgl. Christian Starck, in: v. Mangoldt/ Klein/ Starck, Kommentar zum Grundgesetz, BdⅠ, 6.Aufl., 2010, Art.1 Rn. 18; Philip Kunig, in: von Münch/ Kunig, Grundgesetz-Kommentar, 5.Aufl., 2000, Art.1 Rn. 11f. mwN.）。

　この二つを比較する場合注意すべきは、蟻川氏は「人間の尊厳」「人間像」という言葉は自らの主張においては使っておらず、「個人の尊厳」「個人像」という表現で通していることである。それゆえ尊厳は「ひとりひとりがそれぞれに」発見し、追求すべきものとなる（蟻川・前掲（2014年）260頁）。またそれは「個人像」として提示されているがゆえに、これを人間像の一つと捉えたとしても、それは必然的に「開かれた」ものとなろう（参照、拙稿・前掲注18）58-64頁）。

　この様に両者は必ずしも対立するものではないと見られるが、その背景的相違としては、仮借なき独裁制の経験を経てその克服から出発したドイツの憲法学と、前世紀にその様な体験をしていな

がただ人間であることのみによって有する権利」であるという定義を意識し、そしてとりわけその人権論が実定化されたら、この古典的定義にいったん立ち戻ることが重要である。

Ⅲ 「人権」か固有の「権利」か

次に「一人前の人間」論のもう一つの側面、即ち子どもや老人について「人権」ではなく彼らに固有の「権利」の付与を主張していることについてである。その考察にあたって最初に注意すべきは、「子ども」と「老人」は共に年齢による区分を基本とするが、実はこの二つの範疇の性質自体が異なっており[38]、その「人権」あるいは「権利」については別個に検討しなければならないことである。ここでは奥平氏自身がより具体的に論じている「子ども」の方を主として検討していくこととする。

いアメリカの学者の学説を基にした議論ということが挙げられる様に思う。さらにドイツの議論は最終的には基本法1条1項1文という、最も重要な憲法条文の解釈の為のものである。それに対して蟻川氏の議論は、例えば不起立訴訟のあり方を提示している様に実定法につながっていくものではあるが、奥平氏の区分で言えば「憲法が保障する権利」より、哲学上・道徳上の「人権」に関係するものと言えよう。

ただ蟻川氏の議論は、奥平氏の哲学上の人権に関する議論ともその次元を異にするものと言える。奥平氏の「一人前の人間」「平均人」は、人権を正当化しその範囲を厳選する為に分析的に提示された道具概念であると捉えられている。それに対して蟻川氏の場合は、それが規範的なものであることが明確に意識されており、それは例えば根拠条文として憲法12条が挙げられていることにも現れている。同条は人権主体としての国民のあるべき姿を示したものである（拙稿「第12条　自由・権利の保持責任とその濫用の禁止」芹沢ほか編・前掲注30）96頁）。即ち97条によれば、基本的人権は「侵すことのできない永久の権利として」国民に信託されたものであり（この「信託」の意味について、小泉良幸『リベラルな共同体』（2002年）159頁参照）、それゆえ「現在及び将来の国民」はこれを真に永久の権利とする為に、12条の規定により「不断の努力によって、これを保持しなければ」ならず、また同条後段の濫用禁止および公共の為の利用責任によって、その行使にあたって自己や社会のあり方について熟考した上で、自らが定める規範に則り行動することが求められる。この要請は12条が法的拘束力を持たないがゆえに国民各自に委ねられるが、基本的人権が11条および97条に言う「永久の権利」である為には、この様な内省的国民が一定割合以上存在することが必要である（拙稿・前掲、芹沢ほか編・前掲注30）96-97頁）。

蟻川氏の個人像論ないし個人の尊厳論は、以上の様な国民各自のあるべき姿とも重なるように思われる。その意味で、人権主体についてより長期的視野に立った議論であると言えよう。

38)　奥平氏もこのことには気づいていると見られ、老人の方を「ある種の老人」と言い換え、精神障害者等と並べているところがある（奥平・前掲注4）137頁）。

まず確認すべきなのは、奥平氏が子どもの権利として何を想定しているかである。氏は子どもや老人が平均的人権以外の権利を必要としている理由として、子どもにとって適切なものは必ずしも一人前の人間にとってもそうであるとは言えないことを指摘し、その例として、青少年に不適切な出版物の禁止によって、普通の人の読む自由を青少年並に切り下げることは、おとなの読む自由の違憲的制限であることを挙げる。また「憲法が保障する権利」の主体を論じる中で、「こどもは完全な意味で人間であり（強調原文）」、それゆえこの主体であるとしながら、「こどもは発展途上にあるのだから」その権利を「誰かが代わって配慮する仕組みが必要」であり、居住・移転の自由、婚姻の自由、職業選択の自由が完全でないのは、市民生活上の権利をすべて認めて責任効果を子どもに帰するのは酷であるからで、「おとなと違った扱いをすること、保護を与えることが、正義にかなう」とする。

　これらにおいては子どもの権利は、平均人あるいはおとなの享有する権利より制限されたものを指していると思われる。しかしそこで扱われている「読む自由」および居住・移転の自由などは、子どもに固有な権利ではなく、おとなを含めたすべての人のものであり、哲学上の「人権」でもありうるものである。

　子どもは不完全ながらも自律した意思主体であり、とりわけ年齢が高くなっていけば広範にその意思の尊重が必要になってくる。この意味での「子どもの人権」を保障すべきことは、否定できないだろう。しかしその「発展途上性」ゆえに、その人権はおとな以上に制約されることになる。

　そうすると、もしもこの意味での子どもの特別な人権保障の状態を、子どもに特有な権利と観念しているとすれば、その必要はないと思われる。子どもも発展途上ながら基本的に自律した意思主体として扱われるべきことを強調する

---

39) 同148頁注(24)。
40) 奥平・前掲注3) 44-45頁。
41) 拙稿「『教育を受ける』側と『教育を行う』側の個人――憲法26条における『個人の尊重』」東海法学36号（2006年）62頁。
42) 大津浩氏は「その子ども自身の『発達権』保障に必要な限りで」人権制限が認められるとする。大津浩「憲法論としての『こどもの人権』論の現状」法政理論（新潟大学）21巻4号（1989年）56頁。佐藤幸治氏はこの「未成年者の自由への直接的介入」を「限定されたパターナリスティックな制約」と捉える。佐藤幸治『日本国憲法論』（2011年）137頁。

為にも、おとなより制限されてはいるが、それらはあくまで「子どもの人権」と表象すべきだろう。

　奥平氏は「こどもの人権」「老人の人権」と、「囚人の人権」「外国人の人権」には無視しえない違いがあるとし、後者では「これらの者に配分されるふつうの『人権』が意味されている（強調原文）」が、前者では「こどもに特別な、あるいは老人に固有の、『権利』がそれぞれ『人権』として語られている」と述べている[43]。囚人ないし在監者の人権は、在監関係を維持する為に特別にその制限が正当化される場合があり、外国人については権利の性質上、保障が及ばないものがあるとされるもので、いずれも一般の国民が享受する人権の、彼ら固有の制限が問題になるものである。それに対してこどもの人権、老人の人権といった場合は、一般の国民の人権と並んで、保護を受ける権利ないし法的地位をも、その様に称することがある。

　しかし子どもの場合それは現在では通常、「子どもの権利」として語られるものである。歴史的にはこちらの方が先行し、それは自由の拘束を伴うにもかかわらず、「子どもの利益」の為になされるがゆえに「権利」と観念された。「子どもの人権」はむしろこの様なパターナリスティックな枠組みに疑問を呈する所から、新しく唱えられたものである[44]。

　憲法27条3項の「児童は、これを酷使してはならない」という規定は、こういった「権利」、子どもの保護の規定と言えよう[45]。「児童の権利に関する条約」では、子どもの「人権」と言える規定も多く含むが、子どもの搾取の禁止や家族による保護など、古典的な子どもの保護規定も揃えている。ここで注意したいのは、こういった保護の要請は子どもに限られたものではないが、とりわけ子どもにとって重要であるがゆえに「子どもの権利」として規定されていることである。

　それでは憲法26条1項の「教育を受ける権利」は、どの様に位置づけられ

---

43)　奥平・前掲注4) 138頁。
44)　森田明『未成年者保護法と現代社会〔第2版〕』(2008年) 4-8頁。なお、権利概念についてその問題点を列挙した、大屋雄裕「権利は存在するか」法律時報89巻2号 (2017年) においても、「利益説」に対して、パターナリスティックな干渉を許容する危険が指摘されている (27頁)。
45)　よって奥平氏の用語で言えば、これは「憲法が保障する権利」と呼ぶことは可能でも、「人権」ではないことになろう。

るべきだろうか。日本ではこれを「発達権」「学習権」の名の下に、子どもの主体的権利を基底に展開する学説が存在する一方で、子どもの自律と自己決定という意味での「子どもの人権」に対して、「保護・教育を受ける権利・法的地位」を一括して類型化する捉え方がある。

　ここではこの権利もまた、決して子どもだけのものでないことが重要になってくる。条文上それは「すべての国民」が主体であることが明記されており、奥平氏もこれを重視して「成人たるわれわれみんなが権利主体なのである」と述べている。

　それゆえまず「教育を受ける権利」一般の特徴を述べれば、それはこれを受ける側が権利主体とされているにもかかわらず、「教育」という性質上、「教育を行う」側が「教育を受ける」個人に対して権力関係に立つことである。教育とはその本質上、教育を受ける側が具体的内容を（少なくともその隅々まで）決定することができない。即ち権利主体の側がその権利の内実を特定することができないのであり、それは教える側に委ねられることになる。このことは教育を受ける側がおとなであっても変わりはない。それゆえ「教育を行う側」は「教育を受ける側」に対して、一般的に権力性を有する。

　しかしこのことは、教育を受ける側が子どもの場合、おとなよりずっと強くあてはまると言える。子どもは未熟性ゆえに、その教育内容に介入することはおとなよりはるかに限定されたものとなる。権利主体がその具体的内容を決めることができないのは、他の「憲法が保障する権利」と比較した場合、最も大きな特質である。

　子どもの場合、これに加えてさらに「公教育」の要請が加わる。憲法26条

---

46) 大江洋氏は「学習権・発達権」を日本に独特な権利論とし、その包括性を「『権利というひとつの合切袋』に重要と思われるものをすべて入れ込む発想」であるとして、その源泉を考察している。大江洋『関係的権利論』(2004年) 91頁、94頁、182頁注(9)。
47) 堀尾輝久『現代教育の思想と構造』(1971年) 189-193頁、199-202頁、339-341頁等参照。発達権・学習権を「子どもの人権」と捉えるものとして、小林直樹「教育と子どもの人権」ジュリ増刊43号『教育と子どもの人権』(1986年) 59頁、63頁。
48) 森田・前掲注44) 3頁。
49) 奥平・前掲注3) 255頁。さらに「国民」にのみ主体を限定することにも疑問を呈している。奥平康弘「教育を受ける権利」芦部信喜編『憲法Ⅲ 人権(2)』(1981年) 370頁、380頁注(1)。
50) 拙稿・前掲注41) 53頁、56頁参照。

2項は、保護者の「普通教育を受けさせる義務」を定めており、これは子どもの意思に反しても（さらに親の意思に反しても）なされるという側面、即ち強制の契機が存在する。そしてこの「公教育」においては、民主政治や近代立憲主義を担う市民を育てるといった「当該個人にも、また子どもの親にも帰属しない」利益の為にその強制を正面から認める見解[51]が、憲法学では有力である[52]。

　もちろん以上のことは、子どもの発達段階に応じて彼らの意思を尊重していくことによって、緩和されなければならない。ここで正に子どもの「人権」論が主張されることになる[53]。また子どもの教育を受ける法的地位を「権利」と呼ぶ理由が「子どもの利益」の為であることにあるならば、その教育は第一義的に「子どもの為に」なされなければならず、この観点を基本として「教育を行う側」、即ち公権力、学校、教師そして親の教育内容決定権限を法的に限定していかなければならない[54]。しかしそれでもなお、これ程強制の契機の強い法的地位を「人権」の名で呼ぶことは不適当であろう。それは自律を軸に主張されてきた「子どもの人権」論の意義をも曖昧にする。

　この様に「教育を受ける権利」の主体が子どもの場合、その強制の契機は格段に大きくなる。それゆえ子どもの「教育を受ける権利」は「人権」ではなく、保護を受ける法的地位と共に、子どもの「権利」と称するに留めるべきである。なおここでとりわけ注意すべきは、「人権」と呼んでも固有の「権利」と捉え

---

51) 長谷部・前掲注34) 283-284頁。
52) 参照、阪口正二郎「リベラルな立憲主義における公教育と多様性の尊重」一橋法学2巻2号（2003年）、長谷部恭男「私事としての教育と教育の公共性」『憲法の理性』（2006年）。
53) この様な権力性を有する関係の中での限定された人権主張は、「『関係』の決められ方……に異議を申し立て、もうひとつの関係性のありようを主張する」ものとしても捉えられよう（大江・前掲注46) 122頁。氏はこれを「関係性への権利」と位置づける）。そしてこれは、他者の援助・保護を受けながら、それを通じた恣意的支配に抵抗する自己決定への可能性を与えるという笹沼氏の「弱い人権」論（笹沼弘志・前掲注10) 36頁。参照、同『ホームレスと自立／排除』（2008年）12頁）にも適合するものだろう。
54) これは「教育権」と呼ばれているものである。そしてそれは教育する側が公権力であれ教師であれ親であれ、自分ではなく子ども達の為に行使される「権限」である（奥平氏も教師の教育活動について「職責の特殊性にともなう職務権限の裁量性の脈絡でとらえるべきだ」としている。奥平康弘「教育の自由」法学教室35号（1983年）10頁）。しかし「教育権」という言葉は一人歩きしてあたかも「権利」であるかの様に使われてしまうことが少なくなかったと思われ、それゆえ筆者は「教育内容決定権限」、少なくとも「教育権限」と表記すべきことを、従来から主張している（拙稿・前掲注41) 69頁）。

ても、その保護の程度を直ちに左右するものではないことである。

　ところで奥平氏は、こどもや老人は「『人権』以外の、あるいはそれ以上の権利を必要としている（強調原文）」と述べている。上述の保護や教育を受ける権利は、「人権」と区別されるべきものとして「人権以外の」ものではある。しかし既述の様に、子どももその発達段階に応じて人権を有する主体的存在である。「人権以外の」という表現は、氏の意図とは別に、このことを等閑視させる危険がある。それゆえ子ども特有の権利は「人権以上の」ものと位置づける方が、より適切であると思う。

　そしてこの表現は、保護や教育を受ける権利と子どもの人権の関係をもよく表している。それは発達段階にある彼らが、未熟ながらも自律の主体として自らの人権を行使する前提であり、また将来、限定されない形で人権を行使する主体となる為のものである。それゆえ子どもの「人権以上の権利」は、現在および将来の人権行使の基礎と位置づけられる。

　以上、「子ども」の人権・権利について検討してきたが、もう一つ、奥平氏が人権ではなく固有の権利を主張している「老人」の方はどうなるのだろうか。両者は年齢をメルクマールとする点では共通しているが、本節の最初で述べた様に、人権・権利との関係ではこの二つの範疇は、その性質自体が異なったものと見なければならない。

　実は奥平氏もこの違いには気づいていると見られ、老人の方を「ある種の老人」と言い換え、精神障害者等と並べている記述があり、また老人と対立するものとして「心身健常な」熟・壮・青年者を挙げている。即ち「老人」の場合、年齢を重ねることによって一律に「最小限の程度において理性的な判断能力」が失われるわけではなく、個人差があり、そしてその差は子どもの場合よりずっと大きいのである。

　判断能力が充分でない者に対する制度として「成年後見制度」があり、なる

55）　奥平氏の図式では、哲学上「人権」であっても「権利」であっても、「憲法が保障する権利」あるいは法律上の権利として実定化されなければ、現実の効力を持つものではない。後者は主として立法によって実現し、前者はそれと共に憲法上の権利となることを目指すだろうが、「子どもの酷使の禁止」という保護規定が日本国憲法上存在する様に、固有の権利であってもそれが「憲法が保障する権利」となることもありうる。

ほど後見の対象者は認知症等の高齢者が多いという実態はある。しかしこの制度の適用を受けない高齢者の方がはるかに多いし、終生最小限の判断能力を保持したままの人もいる。そしてこの判断能力は、子どもの場合は年齢によってある程度一般化できるが、老人は個人差が激しく、それが困難である。

そうすると、高齢者の保護は心身の衰弱に伴う障害によるものであるから、障害者保護と重なる部分が大きいことになる。逆に言えば、障害のない高齢者

---

56) この「人権」行使を支える「人権以上の」固有の権利という位置づけは、いわゆる「女性の人権・権利」「障害者の人権・権利」などにも適用できるかに見える。生理休暇取得の権利は女性の職業選択の自由を支えるもの、車椅子利用者が段差の是正を求める権利を有するとすれば、それは移動の自由を支えるもの、という具合に。

しかしながら、本文で「子ども」と「老人」の性質の違いを述べるように、「女性」「障害者」も属性自体の性質が異なるため、一律にそう言える訳ではない。近年、「障害のあるアメリカ人に関する法律」やイギリスの「障害差別禁止法」についての検討を通じて、「障害差別禁止法理」の日本への導入の試みが盛んである（植木淳『障害のある人の権利と法』（2011年）、杉山有紗『障害差別禁止の法理』（2016年））。そこでは障害を理由とする別異取扱いを差別とするのみならず、障害のある人に不利益な効果をもたらす法令、さらには彼らの社会参加の為に「合理的配慮」をしないことを、いずれも「差別」となりうるとして、これを憲法14条に由来するものとする（植木・前掲3頁、180頁）。そして車椅子利用者は道路や建築物に段差を設ける作為によって障害に直面するのであり、その作為は「差別」と位置づけられることになる（同193頁）。実務においても2013年に「障害を理由とする差別の解消の推進に関する法律」が制定され、その7条2項で障害者に対する「合理的配慮義務」が定められている。

植木氏はその著書で障害のある人の「権利」で通している。しかしこれを憲法14条に由来する平等の問題という構成を採っており、「障害差別禁止法理」は人権の新たな内実として主張されていることになろう。

「障害」という言葉は、障害は個人の問題ではなく社会が作るものだ、という理解が近年強調されている（植木・前掲4頁、杉山・前掲ii頁参照）が、やはりまだ一般社会においては、スティグマやレッテル貼りの危険がある（杉山・前掲276頁は、障害者について「カテゴリー化された者は、個人そのものではなく、カテゴリー化された人物として生きる事が社会に求められることになる」とする）。また、障害者であるか否かの線引きは明確ではなく、正に社会の側の状況によって流動的である。以上の二点からして、「子ども」や「老人」よりも、障害者の場合その法的地位を「人権」の次元で論じる必要性が高い様に思われる。

57) 奥平・前掲注4) 137-138頁。

58) もちろん、保護を受けるべきなのに受けられない高齢者が多く存在するのは大きな問題である。成年後見制度の問題状況については、新井＝赤沼＝大貫編『成年後見制度〔第2版〕』（2014年）1-19頁等参照。

59) 上野雅和「高齢者のための民事的保護制度」河野正輝＝菊池高志編『高齢者の法』（1997年）170頁参照。高井裕之「自己決定能力と人権主体」公法研究61号（1999年）70頁以下、および同「ハンディキャップによる差別からの自由」『岩波講座 現代の法14』（1998年）203頁以下は、高齢者と障害者を重ねて論じている。

は、その保護もそれによる人権の制約も受けない。それゆえ成年後見制度等による保護は「高齢者の権利」とは言い難く、少なくとも「老人固有の権利」とは言えないだろう。

　高齢者は基本的には亡くなるまで、完全な人権主体と考えなければならない。たしかに、心身の衰弱等で、これを行使できる範囲は実質的には狭まっていくだろう。しかし法的には、成年後見制度等の保護を受けない限りは、十全の人権を享有する主体と位置づけなければならないのである。

　ただ社会保障制度の中には、一定以上の高齢であることが給付の要件とされているものがあり、それらを「高齢者の権利」と呼ぶ余地はあろう。その場合それは立法による「人権以上の」権利として、高齢者の人権を支える、という関係にあると捉えることができる。ただし子どもの場合と異なるのは、この人権が一般国民のそれと変わらないことである。それゆえこの図式は例えば、困窮者の生活保護受給権が、受給者の人権行使を実質的に可能とする、という構図と同様のものということになろう。

Ⅳ　おわりに

　以上、奥平氏の「一人前の人間」論について、子どもや老人について「人権」ではなく彼らに固有の「権利」を主張する側面と、その前提として「一人前の人間」ないし「平均人」を人権主体として提示する部分に分けて、その位置を確認し、考察を行い、それを基に筆者独自の若干の展開も行った。その結論を簡単にまとめると、以下の通りである。

　「一人前の人間」像は、人権の哲学的基礎づけ、正当化に最低限必要な議論として提示されたものである。しかしそこでは「人権は人間がただ人間であることのみによって有する権利」であるという定義がくり返し強調されており、また奥平氏は既に哲学上の人権と実定憲法上の人権を区別していて、この人間像が「憲法が保障する権利」の主体の限定等の帰結につながることはない。哲学的人権の実定化に向けた実践的主張においては、具体的内実を形成し正当性を打ち出す為に、人間論を展開する必要があり、そこでは意識するとしないとにかかわらず一定の人間像が想定されていると言えるが、人権全体についての

統一的人間像を維持するのは難しく、それは個々の人権の人間像に留めるべきである。またそれが憲法上の権利となったら、その人間像にあてはまらなかった人々を法的にも実質的にもその主体とすべく、「人間であることのみによって有する権利」という人権の古典的定義に立ち戻ることが重要である。

　子どもや老人について固有の「権利」を主張していることについては、まず子どもの場合、その人権はおとなより制限されているが、発展途上ながら基本的に自律した意思主体として扱われるべきことを強調する為にも、それは「子どもの人権」と表象すべきである。「教育を受ける権利」については、教育の本質上、「教育を行う側」が「教育を受ける側」に対して権力関係に立つこと、そしてそれを受ける主体が子どもの場合、その未熟性ゆえにおとなよりずっと強くそれがあてはまること、さらに「公教育」の要請から強制の契機が加わることから、これは「人権」ではなく、保護を受ける法的地位と共に「子どもの権利」と称すべきである。そして奥平氏の図式で言えば、この「子ども特有の権利」は、「人権以上の」ものと捉えるべきで、それは子どもの現在および将来の人権行使の基礎と位置づけられうる。

　老人の場合は子どもと異なり、心身の能力に個人差が大きく、それを年齢によって一般化することが困難であり、成年後見制度等の対象とならない限りは、法的には十全の人権を享受する主体と位置づけなければならない。また高齢者の保護は心身の衰弱に伴う障害によるものであるから、障害者保護と重なる部分が大きく、その保護を老人「固有の」権利とは言い難いが、社会保障法制のうち一定以上の高齢であることを給付の要件とするものを「高齢者の権利」と捉えることは可能であり、その場合やはり「人権以上の」権利として、老人ないし高齢者の人権を支えるものと位置づけられる。

　以上、奥平氏の議論の考察を通じて、筆者なりの見解を述べてきたが、その際氏の議論について感じるのは、人権等の理念を声高に叫ぶのではなく、それぞれ固有の問題領域について、その事柄に見合った実効的解決を図る理論を提供しようとする姿勢である。氏は「人権擁護推進審議会」が「人権救済制度の在り方に関する中間取りまとめ」を公表した際、人権の根本的理解に関わる批判をしたが、その中で「『差別』と『虐待』は『人権侵害』であるというので、ひとっところに囲ってしまい括って扱うのが正当なのか」という疑問を投げか

けている。即ち、職務における不平等扱い等の差別は、特定の専門機関が処理するという現行制度を再編し、学校のいじめの問題等はこれに特化して扱える機関に任せるべきで、「人権救済機関」の様な「一般医」ではなく、それぞれの「専門医」が問題の解決に当たるべきだとする。そして「このばあい、『人権侵害』かどうかのカテゴリーは二の次、三の次でいいのである。『人権侵害』というメルクマールは、敢えて事挙げ(ママ)するほどに大事でないかもしれないのである」と述べている[61]。

ここで重視されているのは、「ことの性質に応じて」の解決である。職場特有の、あるいは学校固有の問題を、「人権侵害」という側面だけで対処機関を一元化することは、それを困難にする。そこではこれらを「人権違反」とする言葉の上でのインパクトの強さよりも、それらを実効的に解決する制度のあり方を重視しているのである[62]。子どもや老人に特有の権利を「人権」と呼ぶことに反対し、立法と制度の適切な運用の方を重視するのも、人権の厳密化を図るとともに、それぞれの主体に固有の問題を十把一絡げにせず、それぞれの性質に合わせた解決を図るのにより適合的であるという考えがあると見られる。「『人権』に万歳ばかりでなく、冷やかに眺める目[63]」を持って、現実の人権や権利状況を真に改善していくことを目指したのが奥平憲法学であり、本稿で検討した人権理論にも、その一端が現れている様に思われる。

(おしくぼ・みちお　東海大学教授)

---

60) 例えば人権侵害の主体（私人、公権力、マスメディア）が整理されず統一的に捉えられていること、同和問題をはじめとする「反差別」が最も重視されているが、その手法では救済されないだろう人権侵害の事例がいくつも存在することである。奥平康弘「『人権』ということばを問う」法律時報73巻2号（2001年）5-8頁。

61) 同8頁。

62) 井上ひさし氏は、『藪原検校』において「盲(めくら)」という差別用語が連発されていると批判されたのに対して、「差別用語」の放逐は「もっとも金のかからない方法で彼らを慰めようとした」ものであり、「実体はそのままでレッテルだけを貼りかえられた」にすぎず、盲人の為の舗道、図書館、働き口、年金といったものだけが、「彼等もすこしは仕合わせになれる」唯一の方法であると反論した（井上ひさし「いわゆる差別用語について」西武劇場/五月舎提携公演（1974年）パンフレット『藪原検校』6頁。こまつ座による2012年公演に際しての同名のパンフレット4頁にも「前口上」として収録）。芸術と法学の違いがあり、扱っている問題も次元を異にするが、響きの良い言葉による上すべりの対処より、実効的問題解決を重視することでは、通底していると思われる。

63) 奥平・前掲注60) 10頁。

II 基本権論

奥平康弘の表現の自由理論の一考察
―― 原理論における奥平とチェイフィーの距離

阪 口 正 二 郎

I　はじめに――奥平とチェイフィー

　2015年1月26日の早朝、奥平康弘は彼岸に旅立った。戦後日本の表現の自由法理や理論の構築において、奥平康弘は、伊藤正己、芦部信喜と並んで大きな役割を果たしてきた。戦後日本の表現の自由法理や理論はこの3人を「導師」として構築されたと言っても、過言ではないだろう。
　もちろん、憲法論の分野での奥平の仕事は、表現の自由に尽きるものではなく、広範な領域に及んでいる。1929年生まれの奥平にとって、戦前の日本の自由のありようは生きた現実であった。奥平にとって、戦前の日本の国家権力の威力は、「ぼくの知っているおじさんたちが赤紙一本でとられ」ていき、「戦死して遺骨になって帰ってくる」ほど、「ものすごく強烈」なものであった。[1]
　1945年、16歳の奥平康弘は敗戦を迎え、旧制弘前高等学校の1年生の時に現在の日本国憲法が施行されることになる。奥平の憲法論は、憲法解釈や判例評釈にとどまるものではなく、憲法裁判における多くの意見書の執筆や、エスプリあふれるエッセイや講演、学習会等を通じた市民向けの言説にまで及ぶ。その意味で、奥平康弘は、紛れもなく日本国憲法の「伝道者」であったと言えるのではないか。奥平のオーラル・ヒストリーのタイトルに示されているよう

---

1)　奥平康弘『憲法を生きる』（日本評論社、2007年）16頁。

に、奥平にとって人生とは『憲法を生きる²⁾』ことであったように思われる。

　それでもなお、奥平憲法学の中心に表現の自由があったことは間違いない。奥平にとって表現の自由は、奥平の別の著書のタイトルに示されているように、一生をかけて「求め」るものであり³⁾、表現の自由は奥平康弘にとってライフ・ワークであった。

　戦後日本の表現の自由法理や理論を導いてきた、奥平、伊藤、芦部の３人には、一方で共通点がある。それは３人ともアメリカにおける表現の自由の法理や理論を手掛かりにして自分たちの理論を構築してきたことである。他方で、伊藤、芦部と奥平とではアメリカにおける表現の自由法理や理論の受容の仕方に違いがあったように思われる。

　奥平自身は、オーラル・ヒストリーの中で、そのことを次のように語っている。1965年に奥平は、宮沢俊義の還暦記念論集である『日本国憲法体系』の第７巻に「表現の自由⁴⁾」を執筆している。当時を振り返って、奥平は「あの頃は、表現の自由の研究としては、一方では伊藤正己さんのものが、他方では芦部信喜さんのものが前後してあったわけで、発表するのは向こうのほうが先だった⁵⁾」としつつ、「でもぼくからみれば、お二人とも日本国憲法に存在する問題をどのように議論するかということをあまりやってない気がした。アメリカの研究を紹介し、これはモデルであり、これはいいんだよっていうものだけがあった気がする。たとえば、わいせつといった日本国憲法が関わっている問題をどのように解決するかといえば最後まで書いていない。そういう問題にあまりタッチしていない。でもぼくには気になるわけです。今も最後の最後まで気になり続けて生きている。そういうごく少数者の一人だと思う⁶⁾」と。

　奥平がアメリカの表現の自由を学ぶ際に主として参照したのは、ゼカリア・チェイフィーの表現の自由論であった。奥平がアメリカの表現の自由論を学び始めた大きなきっかけの一つは、ゼカリア・チェイフィーの著作"Free

---

2) 　同。
3) 　奥平康弘『「表現の自由」を求めて』（岩波書店、1999年）。
4) 　奥平康弘『表現の自由Ⅰ』（有斐閣、1983年）２頁。初出は、『宮沢俊義先生還暦記念・日本国憲法体系〔第７巻〕』（有斐閣、1965年）。
5) 　奥平・前掲注1) 56頁。
6) 　同56-57頁。

Speech in the United States"[7]との運命的な出会いにあった。奥平は1953年3月に東京大学法学部を卒業し、同年4月から東京大学社会科学研究所の助手として鵜飼信成の下で公法学の研究に着手する。当時を回想して奥平は、「憲法を勉強するという意識はあまりなかった。公法を勉強する。つまり、行政法も併せて勉強するという感じだった。ですから、イェリネックにしろ、ケルゼンにしろ、国法学の本を読んだりしながら、研究テーマを探していました。そんなある日、社会科学研究所の書庫の中を歩いていたら、ゼッカリア・チェイフィーという人の"Free Speech in the United States"という本を見つけて、それを読み始めたら、出てくるわけですよ、法律によっても奪われない権利の意味が。これは新鮮だったねぇ。本当に新鮮でした。チェイフィーのあの本はぼくにとって、導きの星でした」[8]と述べている。

奥平にとって、チェイフィーはどのような意味で「導きの星」であったのだろうか。これを問うことが本稿の主たる目的である。結論を先に言えば、奥平の表現の自由論とチェイフィーの表現の自由論の間には大きな隔たりがあり、むしろ奥平はチェイフィーの表現の自由論を批判的に受容したように思われる。本稿では詳しく扱えないが、この隔たりが、奥平の表現の自由論をチェイフィーのそれから区別するだけでなく、伊藤や芦部のそれからも異なったものにしている可能性があるように思われる。

II 『聖書』としてのチェイフィーの著作

本稿が、チェイフィーの表現の自由論を手掛かりにして奥平の表現の自由論を考察しようとすることには理由がある。

2009年にイェール大学出版会から出版された"The Yale Biographical Dictionary of American Law"[9]は、簡単な伝記を伴うアメリカ法の非常に便利な人名事典であるが、チェイフィーも取り上げられている。チェイフィーの項目を執筆した、表現の自由の著名な研究者であるロドニィ・スモーラは、チェ

---

[7] ZECHARIAH CHAFEE JR., FREE SPEECH IN THE UNITED STATES (Harvard U. Pr., 1941).
[8] 奥平・前掲注1) 25-26頁。
[9] ROGER K. NEWMAN (ED.), THE YALE BIOGRAPHICAL DICTIONARY OF AMERICAN LAW (Yale U. Pr., 2009).

イフィーについて「言論・出版の自由、学問の自由に関するアメリカの考え方の進展において枢要な役割を果たした」としている。そうした評価は、定まっていると言っていい。マーク・グレイバーも同様に、チェイフィーを「修正1条の現代的な解釈の展開について最も責任を負った20世紀初頭の法律家」と評価している。

奥平が社会科学研究所の書庫で出会った"Free Speech in the United States"（以下、「1941年本」とする）は、チェイフィーが第二次世界大戦中の1941年に出版した書物だが、そもそも同書はチェイフィーが第一次世界大戦直後の1920年に出版した"Freedom of Speech"を（以下、「1920年本」とする）基にして、それに加筆したものである。筆者が見るところ、2冊の書物の間で、チェイフィーの表現の自由論に微妙な違いはあるものの、基本的なところでは一貫した議論が展開されている。この2冊のチェイフィーの書物は、共にアメリカの表現の自由研究において「聖書（bible）」と形容されるほどの地位を確保している。たとえば、ドナルド・スミスは、「1920年本」を対象に「この書物は出版されるや否や法律家の聖書となった」としている。ジョナサン・プルードも、「1920年本」について、「アメリカの市民的自由に関する文献の指標（landmark）」との評価を与えると同時に、「1941年本」を対象に「問題に関心を有する法律家にとって紛れもない聖書と見なされてきた」としている。

アメリカの表現の自由史研究の第一人者であるデイヴィッド・ラバンは、チェイフィーが1919年に執筆した論文"Freedom of Speech in War Time"（以下「1919年論文」とする）と「1920年本」は、「それに続く全ての言論の自由の法的分析の出発点となった」との評価を示しているが、スミスやプルードの先の

---

10) *Id.* at 100 (written by Rodney A. Smolla).
11) MARK A. GRABER, TRANSFORMING FREE SPEECH: THE AMBIGUOUS LEGACY OF CIVIL LIBERTARIANISM (U. of California Pr., 1991), at 2.
12) ZECHARIAH CHAFEE JR., FREEDOM OF SPEECH (Harcourt, Brace and Company, 1920).
13) DONALD L. SMITH, ZECHARIAH CHAFEE, JR.: DEFENDER OF LIBERTY AND LAW (Harvard U. Pr., 1986), at 13.
14) Jonathan Prude, *Portrait of Civil Libertarian: The Faith and Fear of Zechariah Chafee, Jr.*, 60 J. AM. LEGAL HIST., 633, 638-39 (1973).
15) Zechariah Chafee, Jr., *Freedom of Speech in War Time*, 32 HARV. L. REV. 932 (1919).
16) DAVID M. RABBAN, FREE SPEECH IN ITS FORGOTTEN YEARS (Cambridge U. Pr., 1997), at 317.

指摘に示されているように、この評価はチェイフィーの個々の論文や著書についてよりも、それらに示されたチェイフィーの表現の自由論により適切に当てはまるように思われる。アメリカにおいて表現の自由を研究しようとする場合、チェイフィーの理論は「出発点」となっているといって良いだろう。

以上はアメリカにおける話だが、こうした事情は伊藤や芦部にも当てはまるはずである。1970年代にアメリカの表現の自由を学び始めれば、ハリー・カルヴェンや日本でもなじみ深いトマス・エマーソンの理論から出発したかもしれない。しかし、奥平が表現の自由の研究に着手した1950年代初頭にアメリカの表現の自由を学ぼうとすれば、信頼できる手掛かりは、チェイフィーの「1941年本」とアレクサンダー・ミクルジョンの"Free Speech and Its Relation to Self-Government"の2冊であったはずである。奥平は、「丁度その頃、ご承知のように、時期的にいえばマッカーシズムの時代なもんですから、表現の自由に関して、人々は主権者として、国家権力との関係では絶対的自由を持っているとの立場を表明したミクルジョンの本もあってね。その二つを読む中で、国法学の本をドイツ語で読むことからシフトして、ひたすらチェイフィーの世界に入り込んでいった。本当に、彼に導かれつつ、少しずつ少しずつそっちへ行くという感じです」と後に回想している。

Ⅲ 出発点としての「公共の福祉」論

奥平が、チェイフィーに導かれてアメリカの表現の自由に注目した動機を確認しておこう。この点に関しては、奥平、伊藤、芦部の間に共通点が見られるように思われる。荒っぽく言えば、その動機とは、当時の憲法判例だけでなく憲法学をも支配していた「公共の福祉」論と対決する、ということであったと思われる。ただし、彼らが対決した「公共の福祉」論がいかなるものであったのか、ということについてはいささか注意を要する。

日本国憲法における権利の保障のレヴェルは、大日本帝国憲法における権利の保障のレヴェルを「革命」的に変更するものであった。第一に、大日本帝国

---

17) ALEXANDER MEIKLEJOHN, FREE SPEECH AND ITS RELATION TO SELF-GOVERNMENT (Harper, 1948).
18) 奥平・前掲注1) 26頁。

憲法において保障された権利は、あくまで「臣民」の権利であった。第二に、悪名高い「法律の留保」論に示されるように、大日本帝国憲法における権利は、「法律の範囲内」において保障された権利であり、立法府が制定した法律に対抗しうる権利ではなかった。この二つの間には矛盾があることも忘れるべきではない。「法律の留保」論は、現在では極めて評判が悪いものの、それ自体として見れば、当時のヨーロッパにおける権利の保障のレヴェルと論理的には大差がないものであった。国民の代表による議会の制定した法律によって権利を保障するというのが、当時のヨーロッパにおける権利の保障のありようであったからである。これに対して、前者の「臣民の権利」論は——「国民」の代表である議会が制定した法律であっても、それが「臣民」の「分限」を超えるものであれば認められないという意味で——「法律の留保」論をも蹴散らすことができる論理であった。

戦後の日本国憲法は、憲法上の権利を「臣民の権利」ではないもの——その呼び名は「基本的人権」、「憲法上保障された権利」、「基本権」と多様である——として語ることを可能にした。その結果、戦後の憲法判例や憲法学が、憲法上の権利を「臣民」の権利として語ることは、そもそも正統性を剥奪された。憲法上の権利の位置づけをめぐる出発点は、憲法において権利を保障することには、どのような意味があるのかということにあった。

しかし、この点において、戦後の憲法判例・憲法学説はいいスタートを切ったわけではない。当時の憲法判例・憲法学説を支配した「公共の福祉」論は——表現の自由を含めて——憲法上保障された権利といえども、「公共の福祉」による制約に服するものであり、「公共の福祉」というキーワードを持ち出せば、容易に制約可能となるというものであった[19]。こうした動向と対決することが、伊藤、芦部、奥平3人の表現の自由論の出発点であった。3人の中で最も早く表現の自由に注目した伊藤正己の言説によって、そのことを確認しておこう。1919年生まれの伊藤は、アメリカ留学を経て、1959年に上梓した『言論・出版の自由』[20]によって、翌60年に博士号を取得すると同時に栄えある

---

19) この点についての優れた分析として、渡辺治「政治的表現の自由法理の形成——戦後憲法理論史のための序章」社会科学研究33巻3号（1981年）265頁がある。
20) 伊藤正己『言論・出版の自由』（岩波書店、1959年）。

学士院賞を受賞している。伊藤は、『言論・出版の自由』の序論において、自己の問題意識を明確に示している。伊藤は、一方で「『公共の福祉』という不明確な概念を大前提として、一切の権利自由を制約する根拠となりうるとするならば、たとえ立法に対する司法審査の存在を認めるとしても、いちじるしく憲法の精神に背馳すると思われる。その意味で、この立論をとる以上憲法が法律の留保を認めない意義の大半は失われるとする批判は正当[21]」なものだとする。しかし他方で、「判例のいう『新憲法の下における言論の自由といえども、国民の無制約のままに許されるのではなく、常に公共の福祉によって調整されなければならぬ[22]』ことは承認できる[23]」とする。この二つの間で、「そのような調整の結果、いかなる態様で、いかなる権利自由を、どの程度制約することが憲法上許されているか」が、伊藤が設定した「問題[24]」であった。伊藤は、これを考察するためにアメリカの表現の自由法理に注目した。

　伊藤より10年遅く生まれた奥平の問題関心も、実は一見するとそれほど変わらないように見える。1950年に東京大学法学部に入学した奥平は、宮沢俊義によって憲法学の洗礼を受けるが、憲法学者としての奥平の出発点は、「ぼくにとって不思議なことやわからないことが、その先生の憲法の授業の最中に生じてしまった。そこから僕の興味が惹かれるということになります[25]」ということにあった。奥平が感じた疑問は、「『基本的人権が憲法で保障されたのだから、法律によっても奪われない権利が保障された』ということの意味[26]」であった。奥平にとって、これは「事件」であったと思われる。奥平にとって、表現の自由は、日本国憲法においては「法律によっても奪われない権利」のはずであった。ところが、奥平が東大法学部に入学した1950年に、『チャタレイ夫人の恋人』事件が起きる。D.H. ロレンスの『チャタレイ夫人の恋人』を翻訳した伊藤整と同書を出版した小山書店の社長が、刑法175条のわいせつ文書の頒布・販売の禁止に違反するとして起訴された。「文学青年」であった大学1年

---

21) 同9頁。
22) 最大判昭和24年5月18日刑集3巻6号839頁。
23) 伊藤・前掲注20) 9頁。
24) 同。
25) 奥平康弘『「憲法物語」を紡ぎ続けて』(かもがわ出版、2015年) 101頁。
26) 奥平・前掲注1) 15頁。

生の奥平にとって、これは「ショック[27]」な出来事であった。奥平によれば「宮沢先生は、『チャタレイ夫人の恋人』の問題は、憲法 21 条の問題、すなわち、表現の自由の問題ではなくて、刑法 175 条の『わいせつ』に当たるか否かという構成要件の問題であり、『チャタレイ夫人の恋人』はわいせつに当たると解釈していいんだということで収め[28]」てしまった。奥平はこのことに「落ち着かない[29]」、「どうしても理解できない[30]」思いを抱き、「法律によっても奪われない権利なんだ、ということが意味するところの具体的内容が何かを、残念ながらぼくは本郷の法学部の講義では知ることができなかった[31]」。ところが、前述したように、奥平は社研図書室の書庫で出会ったチェイフィーの「1941 年本」の中に「法律によっても奪われない権利の意味」を見出し、「新鮮[32]」さを感じた。

Ⅳ　奥平とチェイフィーの表現の自由原理論における出発点の共通性

いかなる表現の自由論の「出発点」と同時にその「根幹」に、程度は別にして、なぜ表現の自由は憲法上の権利の中で「優越的地位（preferred position）」と呼ばれるほど、特に手厚く保障されるべきなのかを問う、「表現の自由の原理論」と呼ばれる——「曲者」である——領域が存在する[33]。この領域において、奥平は、蟻川恒正によれば、「主唱者であり今日までほぼ一人の専攻者である[34]」地位を占めてきた。チェイフィーの表現の自由論にとっても、「表現の自由の原理論」は中核的位置を占めている。

---

27)　奥平・前掲注 25）103 頁。
28)　奥平・前掲注 1）15 頁。
29)　同 16 頁。
30)　同 18 頁。
31)　同 16 頁。
32)　同 26 頁。
33)　表現の自由の「優越的地位」論と、その「曲者」性ついては、阪口正二郎「表現の自由の『優越的地位』と厳格審査の行方」駒村圭吾・鈴木秀美編『表現の自由Ⅰ——状況へ』（尚学社、2011 年）558 頁以下、阪口正二郎「表現の自由はなぜ大切か——表現の自由の『優越的地位』を考える」愛敬浩二＝阪口正二郎＝毛利透編『「表現の自由」の現在（仮題）』（法律文化社、近刊予定）を参照されたい。
34)　蟻川恒正「会社の言論」長谷部恭男＝中島徹編『憲法の理論を求めて——奥平憲法学の継承と展開 1』（日本評論社、2009 年）121 頁。

奥平が生まれたのは 1929 年であるが、チェイフィーが生まれたのは 1885 年であり、そこには半世紀近い隔たりがある。また奥平が表現の自由に関心を持ったのは、1950 年代前半であるのに対して、チェイフィーが関心を持ったのは、1910 年代後半であり、そこには 40 年近い時代の隔たりがある。さらに、アメリカにおいて表現の自由が憲法典において保障されたのは 1791 年の修正 1 条であるのに対して、日本において「法律によっても奪われない権利」として表現の自由が保障されたのは現在の日本国憲法 21 条においてのことであり、そこには 150 年以上の隔たりがある。

　こうした違いにも関わらず、奥平とチェイフィーの表現の自由論の出発点は実は異ならない。チェイフィーが「言論の自由」と題する、表現の自由に関する最初の論稿を発表したのは、"New Republic" の 1918 年 11 月 16 日号（以下「1918 年論文」とする）である[35]。そもそもチェイフィーが表現の自由に関心を持ったのは「全くの偶然[36]」であった。チェイフィーは、1952 年 5 月 12 日にコロンビア大学でそれまでの自らと表現の自由の関わりについて振り返る講演を行っているが[37]、「二つの偶然[38]」が自身を表現の自由と関わらせたと述べている。

　第一の「偶然」は、1916 年にハーヴァード・ロー・スクール卒業から 3 年後、31 歳の若さで母校に戻り[39]、ロスコー・パウンドの後任としてエクィティの講義を担当することになったことである。チェイフィー自身、「1916 年秋に法を教えるようになる以前には、私は、世論調査の結果に示されるように、大半のアメリカ人と同様に、言論の自由の重要性に熱意はおろか関心すら抱いてはいなかった[40]」ことを認めている。前任者のパウンドは、エクィティの講義で

---

35) Zechariah Chafee Jr., *Freedom of Speech*, NEW REPUBLIC, Nov. 16, 1918, at 66.
36) Felix Frankfurter, *A Legal Triptych*, 74 HARV. L. REV. 433, 442 (1961) (quoting, 53 HARVARD UNIV. GAZETTE, 49, 50 (1957) written by Mark Howe & Archibald MacLeish).
37) ZECHARIAH CHAFEE JR., THIRTY-FIVE YEARS WITH FREEDOM OF SPEECH (Roger N. Baldwin Civil Liberties Foundation, 1952). この講演は、1 KAN. L. REV. 1 1952) にもそのまま収録されているし、ZECHARIAH CHAFEE JR., THE BLESSINGS OF LIBERTY (J.B. Lippincott, 1956) には第 3 章としてもう 5 年分の回想を増補した形で収録されている。以下の引用は、最初のものから行う。
38) *Id.* at 1.
39) チェイフィーは、1913 年にハーヴァード・ロー・スクールを首席で卒業した後、故郷のロード・アイランド州 Providence で 3 年間弁護士業務に従事している。
40) CHAFEE, *supra* note 37, at 1.

名誉毀損に関する差止命令という項目を取り上げており、そのためにチェイフィーもこの「新しい項目」を取り上げることにし、その過程で「出版の自由」の意味を考えるようになった。そこで判例を調べてみたものの、「判例を読み終わっても、読み始めた時点と同様に何も分からなかった[41]」と述べている。

チェイフィーによれば、第二の「偶然」は、当時ハーヴァードに滞在していたハロルド・ラスキが、チェイフィーが防諜法の事例を検討していることを知り、有名な革新主義者のハーバート・クロリィが編集し、デューイやラスキといった革新主義知識人が寄稿し、革新主義の理論的拠点となっていた『ニュー・リパブリック』誌に論稿を執筆するよう勧めたことであった[42]。

こうした事情でチェイフィーは、自己の表現の自由に関する初めての論稿を1918年秋に『ニュー・リパブリック』誌に掲載する。

この「1918年論文」を皮切りにチェイフィーは1957年に没するまでの40年間、精力的に表現の自由に関する論文や書物を発表しているが、チェイフィーの表現の自由論の骨格は首尾一貫している。

「1918年論文」におけるチェイフィーの主たる関心は、「言論の自由が保障されたことの真の意味[43]」を明らかにすることにあった。それが何を意味するのかは、「1919年論文」で敷衍されている。「1919年論文」の冒頭で、チェイフィーは、「わが国の歴史において1798年の外国人及び煽動規制法以降、言論の自由の意味が今日ほど激しい論争の対象になったことはなかった[44]」としている。アメリカは1917年に第一次世界大戦に参戦するが、1917年6月に防諜法が制定され、防諜法の下で多くの表現行為が規制されることになり、チェイフィーはこの問題に直面することになる[45]。同論文でチェイフィーは、「話し手や書き手がどの程度のことを言っていいのか、これに対して政府が表現行為を弾圧することがどの程度なら合法で賢明なのかを明らかにするために表現の自由の真の限界を決定することがますます重要になりつつある[46]」としている。

---

41) *Id.* at 2.
42) *Id.* at 3.
43) Chafee, *supra* note 35, at 67.
44) Chafee, *supra* note 15, at 932.
45) この事情については、奥平・前掲注3) 129-171頁が詳しい。
46) Chafee, *supra* note 15, at 933.

この問題関心は、「1920年本[47]」から「1941年本[48]」まで一貫して引き継がれている。このことの意味は重要である。
　前述したように、奥平を始めとする戦後日本の表現の自由論の出発点とこのチェイフィーの問題関心は、理論レヴェルでは全く同じであるからである。このことについて少し説明しておこう。
　1917年にアメリカで防諜法が制定された当時、修正1条が成立してからすでに1世紀以上を経ていたし、その間にさまざまな克服の試みがなされてきたにもかかわらず、依然として有力な表現の自由条項の理解はブラックストーンのそれであった[49]。すなわち、憲法の保障する表現の自由の保障は、表現行為の事前規制からの自由にとどまり、表現行為の事後規制については、表現行為が何らか公共の福祉を害する傾向を有してさえいれば——たとえその発生可能性が時間的に差し迫ったものでなくとも——規制可能であるとする「危険な傾向(bad tendency)」論が支配していた[50]。「1919年論文」において、チェイフィーは「すべての言論の自由に関する論争における真の問題は、以下のことである。すなわち、州政府は、いかにその可能性が時間的に遠いものであろうと、法に違背する行為を引き起こす何らかの可能性のある言葉を処罰できるか、それともそうではなくて、法に違背する行為を直接煽動する言葉しか処罰できないのか、ということである[51]」としている。当時のチェイフィーにとって「言論の自由の最も基本的な要素は、人の発言が刑事的に処罰されるテストとして危険な傾向のテストを拒否すること[52]」にあった。
　この「危険な傾向」のテストは、表現の違いはあるものの、何らか公共の利益を害するような可能性がある表現行為は、それだけで規制可能とする点で、日本の最高裁が1950年代に表現の自由の規制を正当化する際に用いていた「公共の福祉」論と本質的に異なるものではない。当時のアメリカの表現の自

---

47) CHAFEE, *supra* note 12, at 1.
48) CHAFEE, *supra* note 7, at 3.
49) この間の事情については、阪口正二郎「第一次大戦前の合衆国における表現の自由と憲法学 (一) (二完)」社会科学研究43巻4号（1991年）1頁、43巻5号（1992年）109頁参照のこと。
50) *See*, RABBAN, *supra* note 16, at 132
51) Chafee, *supra* note 15, at 948.
52) *Id.* at 953.

由理論の水準は1950年代の日本のそれと大差はなかったのである。だからこそ、奥平はチェイフィーの著作に憲法によって保障され、したがって法律によっても奪われないはずの表現の自由という権利の意味を見つけることができたのである。時代や背景の違いはあるにせよ、チェイフィーは「危険な傾向」論を克服すべく、奥平は「公共の福祉」論を克服すべく、ともに本来法律によっても奪われないはずのものとして保障された表現の自由の意味を考えようとした点で驚くほど同じ出発点を共有している。

V　チェイフィーの表現の自由原理論

しかしながら、以上のような問題関心の驚くべき程の同一性にもかかわらず、チェイフィーと奥平とでは表現の自由の原理論が異なっていると考えられる。

チェイフィーの原理論は、時代によって多少のニュアンスの違いを見せるものの、その中心に位置しているのは民主主義にとって表現の自由は不可欠なものだという議論である[53]。「1918年論文」において、チェイフィーは、「言論の自由の真の意味は、以下の事であるように思われる。すなわち、社会や政府の最も重要な目的の一つは、一般的な関心に関わる事項に関する真理の発見と普及である[54]」としている。この言明は「1919年論文」、「1920年本」から「1941年本」まで、一字一句変更されることなく、一貫して維持されている[55]。

ただし、チェイフィーの原理論を理解するためにはいくつかのことに注意しておく必要がある。

第一は、チェイフィーの原理論とホームズ判事の原理論の違いである。チェイフィーの原理論は、表現の自由を保障すべき根拠として「真理の発見と普及」ということを語る。このチェイフィーの原理論は、その点で「思想の自由市場」論を想起させる。周知のように、ホームズ判事が —— Abrams v.

---

53) もちろん、チェイフィーの原理論にはそれ以外のものもある。たとえば、チェイフィーは、表現の自由を規制して不満を地下に潜らせるよりは、自由を認めた方が社会が安定するとの、いわゆる「安全弁」としての表現の自由論も展開している。See, CHAFEE, supra note 12, at 176, 189.
54) Chafee, supra note 35, at 67
55) Chafee, supra note 15 at 956 ; CHAFEE, supra note 12, at 34 ; CHAFEE, supra note 7, at 31.

United States 事件における反対意見において——展開した原理論は思想の自由市場論であった。しかも、チェイフィーは、1920 年に『ハーヴァード・ロー・レビュー』誌に同判決の多数意見を厳しく批判し、ホームズ反対意見を擁護する論稿を発表している。この論稿には認識の誤りがあるということを表向きの——実際にはそこに示されたチェイフィーの思想傾向を——理由としてハーヴァード大学の同窓会から、ロー・スクールの教授としての適性を欠くとの批判を受け、1921 年 5 月に「査問委員会」——俗に「ハーヴァード同窓会による裁判」と形容される——が開催され、チェイフィーは、ロー・スクールの教授の地位を脅かされる事態に至る。こうした事情からチェイフィーの原理論を、ホームズの「思想の自由市場」論と変わらないものとする理解が生まれても不思議ではない。

　しかしながら、チェイフィーの原理論とホームズの原理論は、質が異なる。チェイフィーはたしかに表現の自由を特に手厚く保障すべき根拠として「真理の発見と普及」ということを語るものの、注意深く見れば、そこには常に「一般的関心に関わる事項に関する」という限定が付されていることに気付く。チェイフィーにとって問題だったのは、限定を付さない、あらゆる事項に関する「真理の発見と普及」ではなく、「一般的な関心に関わる事項」に関する「真理の発見と普及」であった。チェイフィーのいう「一般的な関心に関わる事項」とは、「公共的な関心に関わる事項」と言い替えることができる。

　このように考えると、チェイフィーの議論は、やはりすぐれて「公共的な関心に関わる事項」に関する「真理の発見と普及」にあったと考えるべきである。しかし、そのように限定的に考えたとしても、今度は第二に、チェイフィーの考える「公共的な関心に関わる事項」の範囲が問題になる。この点を考えるに当たっては、チェイフィーの原理論とミクルジョンの議論の違いに注目する必要が生じる。ミクルジョンの原理論は、一定の表現の自由を、①自己統治を可

---

56)　Abrams v. United States, 250 U.S. 616, 624-631 (Holmes, J., dissenting).

57)　Zechariah Chafee, Jr., *A Cotemporary State Trial*—The United States versus Jacob Abrams et al., 33 HARV. L. REV. 747 (1920).

58)　*See*, Peter H. Irons, *"Fighting Fair": Zechariah Chafee, Jr., the Department of Justice, and the "Trial at Harvard Club,"* 94 HARV. L. REV. 1205 (1981); SMITH, *supra* note 13, at 36-57.

能にするものとして、②絶対的に保障しようとするものである[59]。しかし、チェイフィーの原理論とミクルジョンの原理論とでは二つの違いがある。

　第一に、チェイフィーとミクルジョンとでは「公共的な関心に関わる事項」の範囲が異なっている[60]。ミクルジョンは、当初、「公共的な関心に関わる事項」を非常に狭く解釈していた。ミクルジョンによれば、「修正１条によって与えられる保障は……あらゆる発言行為（speaking）に及ぶわけではない。選挙において一票を投じる人々が取り扱わなければならない問題に、直接もしくは間接的に関係する言論にのみ、すなわち公共的な関心事の考察にしか及ばない。他方で、私的な言論、すなわち言論における私益は何ら修正１条の保障を要求する資格を有さない」[61]。チェイフィーは1948年のミクルジョンの書物に対する書評において「ミクルジョン氏の議論の最も深刻な弱点は、彼の議論が公的な言論と私的な言論の間には区別があると考えている点にある」[62]と嚙みついた。チェイフィーによれば「実際上あらゆる事項について公的な側面があるというのが真実である。自己統治を首尾よく機能させるためには、個人が他者に関する公正さ、同情、理解を持ち、経済的な力や人生における基本的な目的について理解を有している必要がある。個人は詩や演劇や小説から助力を得る」[63]。後にミクルジョンは、「文芸作品や芸術も『社会的重要性』を有すること」[64]を理由に修正１条の保障の対象となる公共的な言論の範囲に含まれることを認める。

　それでもなおチェイフィーの原理論とミクルジョンの原理論には大きなもう一つの違いがある。ミクルジョンの場合、自己統治に関係しない私的な言論は、修正５条のデュー・プロセス条項における保障――「不適切な規制からの自由」――を受けるにすぎないが、自己統治に関係する公的な言論は絶対的な保障――「規制からの自由」――を受ける[65]。表現の自由であっても、前者の自由

---

59) Meiklejohn, *supra* note 17. この書物の増補版が Alexander Meikejohn, Political Freedom: The Constitutional Powers of the People (Harper, 1960) である。
60) この点については、奥平康弘『なぜ「表現の自由」か』（東京大学出版会、1988年）21-22頁。
61) Meiklejohn, *supra* note 17, at 94 ; Meiklejohn, *supra* note 59, at 79.
62) Zechariah Chafee, Jr., *Book Review*, 62 Harv. L. Rev. 891, 899(1949).
63) *Id*. at 900.
64) Alexander Meiklejohn, *The First Amendment is an Absolute*, 1961 Sup. Ct. Rev. 245, 262.

は"liberty of speech"であるのに対し、後者の自由は"freedom of speech"であるとして、両者は区別される[66]。

では、自己統治に関わる公的な言論が絶対的な保障を受ける、とはどういうことか。ミクルジョンのいう「絶対主義」の意味が問題となる。ミクルジョンにとって、「絶対主義」とは、自己統治に不可欠な公的言論は、対立する政府の利益との間での衡量に服されてはならないということを意味していた[67]。これに対してチェイフィーは絶対主義の立場をとらない。チェイフィーの立場は、一貫して、「無制約な議論は、こうした目的（秩序維持、青少年の育成、外敵の侵攻からの防御——引用者）を阻害することがあり、言論の自由はこれらの目的との間で衡量されねばならない。しかし、この天秤において言論の自由は非常に重たいものとして衡量されねばならない[68]」というものであった。チェイフィーにとっては民主主義にとって不可欠な表現行為ですら、対立する政府の利益との衡量において重く評価されるべきでものではあっても、衡量を免れるものではない。この点こそがミクルジョンをして、「チェイフィー氏は道を誤った[69]」と言わしめたものである。ミクルジョンからすれば、「憲法典によって定められた自己統治という計画の論理は、チェイフィー氏が提唱する『利益衡量（balancing）』を決定的に拒否する[70]」からである。

このように、チェイフィーの表現の自由原理論は、ミクルジョンのそれとは異なって、あくまで利益衡量論の枠組みの中に位置づけられている。一見すると、チェイフィーの議論の枠組みの方が、ミクルジョンのそれよりも日本の憲法学にとっては馴染みやすい。日本においても、憲法21条第2項の「検閲」の禁止についてはこれを絶対的な禁止とする一部の学説はあるものの、公共的な意味を有する表現行為の内容に基づく規制ですら、せいぜい裁判所による「厳格審査基準」を用いた審査に服するという立場が支配的であるように思わ

---

65) MEIKLEJOHN, *supra* note 17, at 1-3, 37-39 ; MEIKLEJOHN, *supra* note 59, at 8-9, 36-37.
66) MEIKLEJOHN, *supra* note 17, at 37-38 ; MEIKLEJOHN, *supra* note 59, at 36.
67) *See*, MEIKLEJOHN, *supra* note 17, at 64-65 ; MEIKLEJOHN, *supra* note 59, at 56-57.
68) Chafee, *supra* note 35, at 67; Chafee, *supra* note 15, at 957 ; CHAFEE, *supra* note 12, at 34; CHAFEE, *supra* note 7, at 31.
69) MEIKLEJOHN, *supra* note 17, at 64 ; MEIKLEJOHN, *supra* note 59, at 56.
70) MEIKLEJOHN, *supra* note 17, at 64 ; MEIKLEJOHN, *supra* note 59, at 56.

れる。しかし、チェイフィーの原理論を理解するためには、もう一つ、第三のことに注意を払っておく必要がある。それは、チェイフィーが原理論を立てた時代のアメリカ憲法学の理論状況と、それがチェイフィーの原理論に刻印した影響である。

アメリカの表現の自由理論史を検討したスティーブン・フェルドマンは、チェイフィーが原理論を立てた当時の状況について次のように語っている。「市民的自由を擁護しようとする新たな基幹要員たちは、困難な知的・政治的難問に直面していた。多くの市民的自由擁護論者たちは長い間、反対者たちによって経済的自由を侵害すると主張されていた革新主義期の立法を擁護してきた。新たな市民的自由擁護論者たちは、過去には、最高裁は立法府に敬譲を払うべきだと主張してきた。大半の場合、これらの新たな市民的自由擁護論者たちは、彼・彼女たちからみて言論や著作の自由を侵害すると考えられる立法を問題だと考えながらも、経済立法についてはこうした立場を保持していた。彼・彼女たちは、裁判所は、立法府や執行権の行為に敬譲を払うのではなく、表現の自由を擁護すべきだと主張していた。したがって、新たな市民的自由擁護論者たちにとっての試練は、どのようにして、経済的な領域における政府の規制を正当化する一方で、表現の領域における政府の規制に反対することを正当化しうるのか、ということであった[71]」と。

日本の憲法学においては、今日「二重の基準」論はしばしば「当然のこと」として受容されるが、チェイフィーが表現の自由の原理論を展開した時代のアメリカにおいて「二重の基準」論は「当然のこと」ではなかった。チェイフィーやミクルジョンが表現の自由原理論を構築した時代は、「二重の基準」論は正当化が明示的に求められた時代であった。別稿で示したように、同じリベラル派であってもエドワード・コーウィン等は、経済的自由の規制だけでなく表現の自由の規制についても司法の自己抑制を主張して、チェイフィーと対立した[72]。こうした中でチェイフィーは、表現の自由と経済的自由を区別したうえで、表現の自由を特に手厚く保護する議論を構築しようとしたのである。チェイフィーが手掛かりにしたのは、彼の「師 (mentor)[73]」であったロスコー・パウン

---

71) STEPHEN M. FELDMAN, FREE EXPRESSION AND DEMOCRACY IN AMERICA: A HISTORY (U. of Chicago Pr., 2008), at 268-269.

ドの利益衡量論であった。別稿で詳しく検討したように、パウンドの利益衡量論は、経済的自由を自然権として強く保護しようとする Lochner 期の理論を解体しようとするものであった。チェイフィーもパウンドと同様、表現の自由について「権利」を語ることには批判的であった。チェイフィーによれば、「権利を語ることで言論の自由を定義しようとしても役には立たない。アジ演説をなす人は自分たちには憲法上話す権利があると主張するだろうが、政府もまた戦争を遂行する憲法上の権利があると主張するだけのことである。その結果、議論は袋小路に陥る」。チェイフィーは、表現の自由の限界を考えるためには、権利ではなくその背後にあって権利を支えている利益に目を向けるべきであるとする。チェイフィーによれば、表現の自由は個人的利益と社会的利益という二種類の利益を保護している。表現の自由が保護する「個人的利益」とは、「多くの人々がその人生が彼・彼女たちにとって生きるに値するものであれば決定的に重要な事項について意見を表明する必要がある」ということであり、これに対して表現の自由が保護する「社会的利益」とは「国が最も賢明な行き方を採用するだけでなく、その行き方を最も賢明な形で実行することを可能にするよう、真理に到達すること」である。ここまでチェイフィーはほぼ忠実にパウンドの利益衡量論を「継承」している。チェイフィーの利益衡量論とパウンドの利益衡量論の間に「断絶」があるとすれば、それはチェイフィーが表現の自由における「社会的利益」の存在を強調し、対立する政府利益との衡量において表現の自由に重きをおいて衡量すべきだとする議論を展開したこと

---

72) See. e.g., Edward S. Corwin, *Freedom of Speech and Press under the First Amendment: A Resumé*, 30 YALE L. J. 48 (1920); Herbert F. Goodrich, *Does the Constitution Protect Fee Speech ?*, 19 MICH. L. REV. 487 (1921). 彼らの議論については、阪口・前掲注49)「第一次大戦前の合衆国における表現の自由と憲法学㈡」社会科学研究 43 巻 5 号 188-196 頁参照のこと。

73) SMITH, *supra* note 13 at 6. チェイフィーにパウンドが与えた影響力の大きさについては、DAVID WIGDOR, ROSCOE POUND: PHILOSOPHER OF LAW (Greenwood, 1974), at 201 が詳しい。

74) 阪口正二郎「Lochner と利益衡量論── Post Lochner の法理論」早稲田大学グローバル COE《企業法制と法創造》総合研究所編『企業と法創造』9 巻 3 号(2013 年) 79 頁以下。

75) Chafee, *supra* note 15, at 957; CHAFEE, *supra* note 12, at 34; CHAFEE, *supra* note 7, at 31.

76) Chafee, *supra* note 15, at 958; CHAFEE, *supra* note 12, at 36; CHAFEE, *supra* note 7, at 33.

77) パウンドの表現の自由に関する利益衡量論については、阪口・前掲注74) 88-90 頁、阪口正二郎「ロスコー・パウンドと表現の自由」『(時岡弘先生古稀記念論集) 人権と憲法裁判』(成文堂、1992年) 183 頁以下参照のこと。

にある。

VI 奥平の表現の自由原理論

ここで奥平の原理論に目を移そう。筆者の見るところ、奥平の原理論は、一貫して表現の自由の個人主義的な意義と民主主義的な意義を2本の主たる柱にして構成されているが、奥平の原理論には、この2本の柱の間で、時代によって重点の置き方に変化が見られるように思われる。

奥平がはじめて表現の自由の原理論を論じたのは、1965年、宮沢俊義の還暦記念論集である『日本国憲法体系』の第7巻に寄せた「表現の自由[78]」においてのことである。しかし、そこでは奥平の原理論が示されているものの、それほど詳しく検討されているわけではない。そこにおける奥平の原理論は、「民主的国家権力の下では、われわれ国民の政治参加・政治決定が根幹をなすことは疑いがなく、したがってこれを完全に保障するための表現・討論の自由が重要である[79]」という形で、表現の自由の民主主義的な意義——その時点での奥平の言葉を用いれば、表現の自由の「政治的意味の重要性[80]」、「政治的有用性[81]」——が語られる一方で、すぐに「しかし、表現・討論の自由は、このような団体……の効用性のためにのみあるのではない。それは本質的には個人主義的な要請にもとづいているものでもある、と考えるべきである。個人の精神活動の所産——きわめて多元的でありうる——を、言語その他の手段で外部に発表するということ……は、個人にとってその全人格的な発展のために不可欠である。人間活動のかかる側面を、団体的観点からの価値判断・類型化とは独立に、それをそれとして保障することが、国家権力に対して要求されていると考えるべきであろう[82]」と——奥平の言葉を用いれば——表現の自由の「個人主義的とらえ方[83]」が語られている。後に奥平は、この論文における原理論は、エマーソン

---

78) 奥平・前掲注4)。
79) 同3頁。
80) 同2頁。
81) 同4頁。
82) 同3-4頁。
83) 同4頁。

の論文を参考にしたものであることを認めている[84][85]。

次に奥平がまとまった形で表現の自由の原理論を論じたのは、1970年に市民向けに出版された新書『表現の自由とはなにか[86]』においてであった。そこでは、表現の自由の意義として、①個人主義的な意義、②社会効用的な意義、③国民主権の原理に基づく意義が語られている[87]。②の社会的効用の意義として語られているのは「思想の自由市場」論である。しかし、この時点で奥平が力点を置いていたのは、③の国民主権に基づく意義であった。奥平は、「個人主義的な意義づけによるばあいにしろ、また、社会効用的な意義づけによるばあいにしろ、『表現の自由』は、社会過程における その他の市民的諸自由と基本的には異ならないものであった。市民的諸自由のひとつとして、『表現の自由』はとりあつかわれたにすぎない。それは、市民的諸自由のひとつではあるが、かならずしも特別なもの、特殊に保護されるべきものとは、つかまえられていなかった[88]」。よくてもせいぜい「『表現の自由』は、他の市民的な自由のあいだにあって、相対的に優位を占め、したがって、比較的に幅広い保障がなければならないことになる」。これに対して、奥平によれば、表現の自由を「統治過程上の権利であると考える」ならば、「他の市民的諸自由とある意味で範疇的に区別された特殊な権利……ということになる[89]」。実際、奥平は、その書物において、表現の自由の意義を論じた「Ⅱ　われわれにとって『表現の自由』とはなにか」という章に続いて「Ⅲ　政治的権利としての『表現の自由』」という章を設けて、選挙運動の規制を表現の自由の問題として論じている。

ところで奥平は、1981年に学生・市民向けの入門書として『憲法——学習と実践のために[90]』を出版している。この書物は憲法の入門書ではあるが、奥平の原理論を考えるうえでは逸することができない書物である。同書の第4章は、

---

84) Thomas I. Emerson, *Toward A General Theory of the First Amendment*, 72 YALE L.J. 877 (1963).
85) 奥平・前掲注(60) 18頁。
86) 奥平康弘『表現の自由とはなにか』(中央公論社、1970年)。
87) 同 21-42頁。
88) 同 40頁。
89) 同 40-41頁。
90) 奥平康弘『憲法——学習と実践のために』(弘文堂、1981年)。

「なにが一番大事な権利か」をタイトルに掲げた極めてユニークな一章である。そこで奥平は、「人間にとってなにがいちばん基本的な権利であるか」を問うことは、「面白い」ものの、それはしょせん「神々の争い」になるだけで決着がつかず、「憲法論として意味のある」ことではないとしている。

しかし、奥平によれば、「憲法のわく組」を前提に、「日本国憲法にとって、なにがいちばん基本的な権利と考えられているかという問い」を立てて論じることには意味がある。この問いに対して、奥平は「私は、憲法内在的にいっていちばん基本的な権利は、民主過程を成り立たしめ、かつ、これをはたらかしめる権利である、と思う。ひと口でいえば、参政権および参政権的な諸権利……がこれにあたる」と明言している。もちろん同書において表現の自由はしっかりと「参政権的な権利」と位置付けられている。

このように、少なくとも、『表現の自由とはなにか』が執筆された1970年から『憲法——学習と実践のために』が執筆された1981年に及ぶ期間、奥平の原理論は表現の自由の民主主義的意義に重きを置いたものであったように思われる。奥平は晩年に宮沢還暦論集に「表現の自由」を執筆した1965年当時を振り返って、「当時はミクルジョンの影響もあって絶対主義的要素を強調してがんばって書きました」、「ぼくはあの時、今とは違ってミクルジョンらの影響を受けて絶対主義者だった」と回想している。この奥平の「ぼくはあの時絶対主義者だった」言明は、奥平の表現の自由理論を解き明かす鍵となる言明であるように筆者には思える。もちろん、この言明は、直接的には「明白かつ現在の危険」テストへの奥平の極めて批判的な——それ自体、チェイフィーや芦部の表現の自由論から奥平のそれを明確に区別するものである——応答を説明する文脈でなされたものである。しかし、奥平は一貫して「明白かつ現在の危険」テストには批判的だったのであり、この言明を「明白かつ現在の危険」テ

---

91) 同47-49頁。
92) 同50頁。
93) 同。
94) 同55-57頁。
95) 奥平・前掲注1) 56頁。
96) 同58頁。
97) 奥平・前掲注4) 64-70頁、118-127頁。

ストに関する奥平の対応との関係でのみ理解することには無理がある。むしろ、この奥平の言明は、ある時期、表現の自由の原理論のレヴェルでミクルジョンの理論に共鳴して、表現の自由の民主主義的な意義を際立って強調したこととの関係でこそよりよく理解できる可能性があるのではないだろうか。

　それが証拠に、1980年代後半以降の奥平の原理論においては、表現の自由の民主主義的な意義が語られ続けはするものの、それは70年代における議論ほどの力点を有していないように見受けられる。むしろ民主主義的な意義を強調する原理論とは、一定の距離を置き始めたように思われる。奥平が、表現の自由の原理論にまとまった形で3度目——そしてまとまった形としては最後に——に向き合ったのは、1988年の『なぜ「表現の自由」か』においてである。そこにおいて、奥平は、「ひたすらに『政治的なるもの』に根拠をおいて、表現の自由を専ら民主主義のための手段・道具として割切るのは、もしボークのように狭い『民主主義』論で自由の領域を極端に限定してしまうのではないとしても、なお、大いに問題である、と見ないわけにはゆかない。表現の自由は、他のなにものかの目的のための手段ではなく、本質的に、人間の価値を追求する個人の権利という側面を固持すべきだからである」と述べている。1993年に刊行された、奥平人権論の体系書である『憲法Ⅲ——憲法が保障する権利』においては、表現の自由の「優越的地位」について論じているが、そこで奥平は、「他の契機、とりわけ個人に具わった『切り札としての権利』の契機を軽視して、ただひたすら民主主義という制度上の価値に即してのみ、精神活動の自由の『優越的な地位』を説明する立場——最高裁判例もふくめ多かれ少なかれ日本社会に支配する物の見方——には、私は反対であるが、さればと言って、民主主義との契機を軽視することもまた、正しくないと思う」と述べている。奥平は「民主主義的な契機」を軽視しているわけではないが、ここには、1970年代よりは個人主義的な契機を重視する奥平の立場が示されているのではないだろうか。

---

98) 奥平・前掲注60)。
99) 同43頁。
100) 奥平康弘『憲法Ⅲ——憲法が保障する権利』(有斐閣、1993年)。
101) 同164頁。

見てきたように、奥平の原理論は、一貫して表現の自由の個人主義的な意義と民主主義的な意義を2本の主たる柱にして構成されているが、奥平の原理論は、この2本の柱の間で、時代によって重点の置き方に変化が見られる。それでもなお、奥平の原理論においてはチェイフィーの原理論以上に、表現の自由の個人主義的な意義が重視されているように思われる。奥平とチェイフィーは、ともに憲法によって、法律によっても侵しえない権利として保障された表現の自由の意味を明らかにすることを生涯の課題としていた。しかし、チェイフィーの場合、彼がこの問題に関心をもった直接の具体的な契機が防諜法による政治的表現の規制の問題であったのに対して、奥平の場合、それは『チャタレイ夫人の恋人』というわいせつ文書の規制の問題であった。この出発点を形成した具体的な問題の違いが両者の原理論の違いを帰結している可能性を否定することはできない。

Ⅶ　いわゆる「二段階」説をめぐって

このことに関わって、いわゆる表現の自由の「二段階 (two-tier)」説に対するチェイフィーと奥平の違いに言及しておく必要があろう。

伝統的に、アメリカには表現の自由の「二段階」説がある。何を「二段階」説と見るかについては、昔と現在とでは少し議論の様相が異なっている。

古典的には、「二段階」説とは、憲法上の表現の自由の保障を受ける言論とそうでない言論を区別する立場を意味する。アメリカにおいて、表現の自由の保障があらゆる表現行為に及ぶわけではないことを示した有名な最高裁判決として 1942 年の Chaplinsky v. New Hampshire がある[102]。これは、エホバの証人である被告人が公道上で他の宗教を信じるものは「ペテン師」であるなどと罵ったことを理由に起訴された事例であり、いわゆる「けんか言葉 (fighting words)」の規制の合憲性が問題となった事例である。マーフィ裁判官の法廷意見は、「当該言論の阻止と処罰が何ら憲法問題を生ぜしめるものではないと考えられてきた、厳密に定義され狭く限定された言論の種類が存在する。これら

---

102)　315 U.S. 568 (1942).

は――発言自体が他者を侵害するか、直ちに治安紊乱を引き起こす――みだらでわいせつな言論、神を冒瀆する言論、名誉毀損的な言論、侮辱的な言論、もしくは『けんか言葉』を含むものである」とした。ここに示されているのは、仮に表現の自由が「優越的地位」にあるにしても、表現行為の中には、それとは別に表現の自由の保障をそもそも受けない表現行為も存在するとの考え方である。

しかしながら、最近では、憲法上の表現の自由の保障を受けはするものの、「優越的地位」にふさわしい保障を受ける「高い価値を有する言論（high-value speech）」と、そうではない「低い価値しか有さない言論（low-value speech）」を区別する意味で、「二段階」説なるものが語られることがある。

議論の構造としては、後者の新しい「二段階」説は、前者の古典的な「二段階」説と必ずしも矛盾するわけではない。後者の新しい「二段階」説においても、古典的な「二段階」説と同様に表現の自由の保障を全く受けない表現行為があることは前提とされている。後者の「二段階」説は、そのことを前提にしたうえで、表現の自由の保障を受ける表現行為の中にも表現の価値によって保障されるべき程度に違いがあるのではないかを問うものである。

また、最近では、いくつかのアメリカの最高裁判例において再び前者の問題が注目を集めつつある。そこで問題にされているのは、Chaplinsky判決が示した五つのカテゴリー以外に新たに憲法上保護されない言論のカテゴリーは存在するのかどうか、またある表現行為が憲法上保護されないとされるのは、歴史が理由なのか、それとも当該表現行為の価値と弊害との利益衡量によるのかといったことである。

本稿が、対象とするのは古典的な「二段階」説である。Chaplisnsky判決に

---

103) *Id.* at 571-72.
104) 典型的なものとして、*see*, Cass R. Sunstein, Democracy and the Problem of Free Speech (Free Press, 1993); Cass R.Sunstein, *Pornography and the First Amendment*, 1986 Duke L. J. 589.
105) *See, e.g.*, United States v. Stevens, 559 U.S. 460 (2010); Snyder v. Phelps, 562 U.S. 443 (2011); United States v. Alvarez, 567 U.S. ___ (2012).
106) *See, e.g.*, Ronald K. L. Collins, *Exceptional Freedom――The Roberts Court, the First Amendment, and the New Absolutism*, 76 Alb. L. Rev. 409 (2012/2013); Genevieve Lakier, *The Invention of Low-Value Speech*, 128 Harv. L. Rev. 2166 (2015).

おいてマーフィ裁判官は「二段階」説を正当化するのに、実はチェイフィーの「1941年本」の記述を引用し、それを一つの根拠としている[107]。チェイフィーは「二段階」説の創始者の一人と目されている。マーフィ裁判官が引用したのは、煽動的表現と、わいせつ表現、冒瀆的表現、名誉毀損の区別に関するチェイフィーの記述である。チェイフィーによれば、「わいせつ表現、冒瀆的表現、個人に対する重大な名誉毀損」は、「適切に限定される」ならばそもそも「言論の自由条項の保障の範囲外」にある[108]。実は、こうしたチェイフィーの立場はかなり早くに示されている。チェイフィーは「1919年論文」においても「1920年本」においても、「もちろん、われわれは、ある種の発言は、常にコモン・ロー上の犯罪もしくは不法行為とされ、言論の自由条項の射程の外側にあるとするのは間違いないことだと考える」とし、その例として「文書または口頭による名誉毀損」、「下品な書籍」を挙げている[109]。このように、チェイフィーが古典的な「二段階」説をとっていたことは疑いがない。

これに対して奥平の立場は相当異なる。奥平は、「現代日本では、表現内容そのものに着目してなされる公権力規制は少なくなった」と認めつつも、なお残る問題として、わいせつ文書販売の規制、名誉毀損の禁止、犯罪の煽動罪などを挙げ、「これらは、内容規制なのだから……当然『二重の基準』がかぶってくる領域にある」にもかかわらず、「しかし、ありていに言って、学説・判例とも、それらの合憲性基礎論にはあまり真剣にエネルギーを注いではいない。この種の言論は、むかしからずっと一定の限定されたカテゴリーにおさまっているかぎり、社会的に許されないものとして、憲法保障のらち外に置かれてきている、と見做す傾向がある」としたうえで、「私は、この通常の雰囲気に馴染まないものを感ずる」と述べている[110]。

奥平にとって「二段階」説を前提とする、いわゆる「定義づけ衡量」論は「居心地」の悪さを感じる議論だったように思われる。ここにも原理論レヴェルでの奥平とチェイフィーの議論の違いを見い出すことができる。

---

107) 315 U.S. at 309-10.
108) CHAFEE, *supra* note 7, at 149.
109) Chafee, *supra* note 15, at 943; CHAFEE, *supra* note 12, at 15.
110) 奥平・前掲注100) 187-88頁。奥平・前掲注1) 57頁にも同様の趣旨の事が述べられている。

VIII 結びに代えて

　本稿は、戦後日本の表現の自由論を開拓するにあたって奥平がチェイフィーを「導きの星」としたことは確かでも、奥平とチェイフィーの間には表現の自由の原理論のレヴェルで違いがあり、そのことは戦後日本の憲法学におけるアメリカ憲法理論の参照が直輸入ではなかったことを示すと同時に、奥平の表現の自由理論には、少なからず奥平康弘という一人の憲法研究者の個性や彼の生きた時代が刻印されていることを明らかにした。

　もっとも本稿が検討できなかった課題も少なくない。一つは、奥平とチェイフィーの議論を比較するには、両者の間での「明白かつ現在の危険」テストの評価が180度と言えるほど異っているが、その点については深く立ち入ることができなかった。周知のように奥平は一貫して「明白かつ現在の危険」テストには批判的な姿勢をとっていた。これとは対照的に、チェイフィーは「強引」ともいえるほど「明白かつ現在の危険」テストを擁護した。チェイフィーの「強引」さは二つの点に見出すことができる、第一に、そもそもチェイフィーは、ホームズの「明白かつ現在の危険」テストよりラーネッド・ハンドの提唱した「直接的煽動」テストの方が、表現の自由を保護する適用違憲の基準、ないしは表現の自由適合的な制定法解釈の基準としては優れていることを自覚していた。それにもかかわらず、チェイフィーは「明白かつ現在の危険」テストがSchenck v. United States事件の最高裁判決のホームズ法廷意見によって採用されていることを理由に「明白かつ現在の危険」テストを擁護する選択をなしたことである。第二に、Schenck判決においてホームズによって示された「明白かつ現在の危険」テストは、Abrams事件におけるホームズ反対意見に示されたそれとも、またホームズも同意したWhitney v. California事件判決におけるブランダイス結果同意意見に示されたそれとも異なるものであり、むしろ「危険な傾向」テストと異なるものではなかったにもかかわらず、これをあ

---

111) 249 U.S. 47 (1919).
112) 250 U.S. at 624-631 (Holems, J., dissenting).
113) 274 U.S. 357, 372-380 (Brandeis, J., concurring).

えて表現保護的なテストに読み替えて擁護してみせたことである。チェイフィーはプラグマティストであり、良かれ悪しかれ第一級の「戦略家」であった。

　もう一つ、戦争の時代にどのようにして表現の自由を擁護するのかという点に関するチェイフィーと奥平の比較をなす必要があるが、これも残された課題である。チェイフィーは、第一次世界大戦、第二次世界大戦、そして冷戦という三つの世界戦争の渦中において自らの表現の自由論を展開した。アメリカは、戦争の中で、常にファシズムや共産主義と異なる自らのありようを「民主主義」を軸に定義し、そのことはアメリカにおける「自由」観にも反映される[114]。たとえばチェイフィーは、冷戦について「共産主義との闘いは大部分が思想戦である[115]」としており、自覚的に寛容の伝統こそがアメリカの民主主義の伝統であり、政治的な表現行為の規制は「アメリカ的ではないやり方」であるとして、人々の説得を試みた。そこにもアメリカは伝統的に寛容な国であるとの「強引」なアメリカ史の読み替えが見られるほどである。これに対して奥平が「冷戦」を自らの表現の自由論との関係でどのように位置づけていたか検討することは後日の課題とせざるを得ない。

　【付記】　2016年2月12日に信州大学で奥平康弘の蔵書を寄贈する式典が行われ、その際に蔵書の整理を手伝った筆者は、式典において「奥平康弘先生の学問と戦後日本社会——信州大学奥平康弘コレクションに寄せて」と題する講演を行う栄誉に浴した。講演を終えて宿に向かう際に、奥平の愛弟子である恵泉女学園大学教授の斉藤小百合さんと会話する機会があり、その際に斉藤さんが「先生の原理論って時代によってニュアンスに変化がありませんか」という疑問を発せられた。この斉藤さんとの「おしゃべり」において斉藤さんが発した疑問が、本稿を執筆する筆者の動機となった。この場を借りて斉藤さんに感謝申し上げたい。もちろん、本稿の内容については筆者が一切の責任を負う。

（さかぐち・しょうじろう　一橋大学教授）

---

114)　*See*, Benjamin L. Alpers, Dictators, Democracy & American Public Culture: Envisioning the Totalitarian Enemy, 1920s-1950s (U. of North Carolina Pr., 2003).
115)　*See*, Richard A. Primus, The American Language of Rights (Cambridge U. Pr., 1999).
116)　Chafee, The Blessings of Liberty, *supra* note 37, at 62.

小さな個人の集まりへの信頼
―― 奥平康弘の「表現の自由」論

蟻　川　恒　正

　私が今日お話するのは、奥平先生の「表現の自由」という側面についてです。奥平先生は、憲法学の分野全体にわたり重厚な業績を残された方です。とりわけ「表現の自由」において、傑出した仕事を残されました。

　奥平先生が亡くなったのは、昨年（2015年）1月26日でした[1]。2月はじめ、朝日新聞に憲法学者の木村草太さんによる追悼文が載りました[2]。そこには、「奥平先生の業績では、『表現の自由Ⅰ～Ⅲ』『なぜ「表現の自由」か』『「表現の自由」を求めて』『知る権利』といった表現の自由に関する作品群が、特に著名である。ある憲法学者が奥平先生を評して、表現の自由の原理論に関する「本邦唯一の専攻者」といったほどだ」ということなどが書かれていました。

　表現の自由のなかでも、原理論は、奥平先生の真骨頂の一つです。原理論とは何かというのはこの後お話しますが、必ずしもそういう分野があったわけではないのです。「表現の自由の原理論に関するわが国唯一の専攻者」と或る憲法学者が言ったという文章を読み、なかなかうまいことを言うなと私は思いました。その後、木村さんに会う機会がありましたので、「そういう言い方があ

---

1) 『法律時報』2015年5月号の特集「裁判所によって創られる統治行為」には、沖縄「密約」訴訟の原告のひとりとして奥平先生が2010年12月26日に東京高裁に提出した陳述書と同陳述書についての本稿筆者による解題が掲載されている。私が解題を付すことについては、2014年の晩夏に奥平先生の許諾をいただいたが、同解題（蟻川恒正「『奥平陳述書』解題」『法律時報』87巻5号（2015年）20頁）を奥平先生にご高覧いただくことは永遠にできなくなった。先生のご逝去を悼み、同解題を奥平先生に献ずる。
2) 朝日新聞2015年2月4日26面。

ったのだ」と言ったところ、「それは蟻川先生から聞いた言葉です」と言われて……（笑）。私はそう言ったことを忘れていて、まさか自分だとは思わずに、何となくうまい言い方だと思ったので……（笑）。こんな話から始めてしまい、申し訳ないですが、奥平先生が表現の自由の原理論の第一人者であることは間違いありません。[3)]

I なぜ「表現の自由」か

　表現の自由の原理論とは何か。レジュメの一のタイトルは「なぜ「表現の自由」か」です。表現の自由がなぜ高い価値があるとされなければいけないのか。そのことを考えるのが、表現の自由の原理論といわれるものです。それを奥平先生は一貫して追究してこられました。1965 年に宮沢還暦で書かれ、[4)] 70 年に新書で書かれ、[5)] 88 年に、まさに『なぜ「表現の自由」か』というタイトルのご著書で書かれ、[6)] 一貫してこのテーマを、時に応じて、さまざまな仕方で紡ぎ続けてこられました。

　そこで、表現の自由の原理論ですが、「なぜ「表現の自由」か」という言葉は、パンチの効いた言葉です。そういう言葉遣いを奥平先生は得意とされました。なぜ表現の自由には高い価値があるのかを考えるのが原理論だと普通は言うのですが、私はあえて違うところから捉えてみたいと思います。そもそも「表現の自由」という言い方を、奥平先生以前の日本の憲法学では、あまりしてこなかったのです。今日では、「表現の自由」というのは、当たり前の言葉です。しかし、奥平先生が表現の自由を精力的に研究されるまで、日本の憲法学は、「表現の自由」という言い方をあまりしてこなくて、「言論の自由」とか、「言論・出版の自由」という言い方をしていました。それは、奥平先生ご自身にもいえることです。

---

3)　表現の自由についての私なりの原理論の試みとして、蟻川恒正「会社の言論」長谷部恭男＝中島徹編『憲法の理論を求めて――奥平憲法学の継承と展開』（日本評論社、2009 年）121 頁。
4)　奥平康弘「表現の自由」田中二郎編集代表『日本国憲法体系［宮沢俊義先生還暦記念］第 7 巻 基本的人権（Ｉ）』（有斐閣、1965 年）53 頁。
5)　奥平康弘『表現の自由とはなにか』（中央公論社、1970 年）22 頁。
6)　奥平康弘「なぜ『表現の自由』か」同『なぜ「表現の自由」か』（東京大学出版会、1988 年）3 頁。

奥平先生は、1959年に、奥平先生が指導を受けられた憲法学、公法学の大家である鵜飼信成先生と共編の本を出版しています。高文社という出版社から出された『憲法』という小さな教科書です。そのなかで、奥平先生は、「言論の自由」という項目を書かれています。奥平先生は1929年のお生まれですから、先生が30歳ぐらいのときに書かれたものだろうと思われます。この本のなかでの単元のタイトルが「言論の自由」でした。つまり、奥平先生も、当初は、「表現の自由」という言い方をされていなかったのです。

　1959年9月の日付のある「はしがき」で、鵜飼先生は、「本書の大部分は、奥平康弘君の筆になるものである」と書いています。「言論の自由」の単元を含め、この本の少なからぬ部分を奥平先生が書かれたのだと思われます。「はしがき」では、また、「同君は、これを書いたまま海外留学の旅に出られた」（圏点引用者）とも書かれています。「まま」というのは面白い言い方だと思いますが、これを書いてすぐ、ペンシルヴェニア大学のロースクールに留学されたのでしょう。その留学前、憲法研究者として一歩を踏み出した奥平先生は、「言論の自由」という言葉を使われていたわけです。

　当時は、そういう消息だったのです。この分野の当時の代表的な著作というと、まず指を屈するべきは、1954年に刊行された、河原畯一郎という人の本です。この人は、最高裁判所の調査官を務めた人です。特異な経歴を持った方で、戦前は外交官でした。外交官が最高裁判事になる例はいくらもありますが、戦前にプロの外交官だった人が、戦後、最高裁調査官に転じたという例は、ほかにはありません。河原畯一郎の本は、当時の憲法学における表現の自由論の水準を示した作品といってよいものですが、そのタイトルは、『言論及び出版の自由』です。それに5年後れて、1959年に伊藤正己先生が出された、学士院賞を受賞された本も、『言論・出版の自由』というタイトルで、いずれも、「表現の自由」ではないのです。そうしたなかで、奥平先生ご自身も、「言論の自由」という文章を書き、この分野に残すこととなる巨大な足跡の、一歩を印されたのでした。

　さて、「表現の自由」ですが、なぜ「表現の自由」というのかというと、日

7）　鵜飼信成＝奥平康弘編『憲法［法律学ハンドブック］』（高文社、1959年）。

本国憲法の条文がそう書いているからです。憲法21条1項には、「言論、出版その他一切の表現の自由は、これを保障する」と書かれています。保護の対象とされる主だったところは、言論・出版ですが、「その他一切の」というかたちで、主だったものではない、マイナーなものも集め、ひっくるめて、「表現の自由」という言い方を日本国憲法はしました。そこを、奥平先生はとらえられたのだと思います。つまり、なぜ「表現の自由」か、「表現の自由」という言葉をなぜ使ったのかというと、言論・出版でないもののなかに、これから表現の自由の問題として真剣に考えるに値する媒体がたくさんある、それらをこそ正面から受け止めていかなければいけないということを、奥平先生は考えられたのではないか。[8]

実際、奥平先生の処女論文は、アメリカにおける映画検閲の研究です。[9]奥平先生は、ご自身の最初の専門的論攷の題材に映画という媒体を選ばれました。むろん、奥平先生の研究は、蓮實重彦のような映画それ自体の批評ではなく、映画に関する表現の自由の研究です。とはいえ、奥平先生は、映画通でもあられました。反対に、蓮實重彦にも、スクリューボール・コメディなど、映画をめぐる表現の自由にかかわって論じたものもありますが、それはここでは措きます。いま蓮實重彦の名前を出したのは、もちろん、三島由紀夫賞を受賞したことに対する私からの祝意です。[10]

奥平先生はなぜ映画検閲をご自身の表現の自由の研究の出発点に選ばれたのか。推し量れないものがたくさんあると思いますが、ひとつ関係するなと思うのは、奥平先生が、映画は、相対的に簡単に表現の自由の制限を認めている、

---

8) 奥平は、前掲注7)の共著書での論述において、「『法律ノ範囲内ニ於テ言論著作印行……ノ自由ヲ有ス』と規定していたにすぎない」大日本帝国憲法に反し、『現行憲法21条は、……「言論、出版その他一切の表現の自由」と規定することによってラジオ・テレビ・映画などのいわゆるマス・メディアはもちろん、絵画・彫刻・音楽・演劇など一切の思想表現の手段の自由を保障した』」(57頁)と記している。

9) 奥平康弘「アメリカにおける映画検閲制」(初出1959年)『表現の自由Ⅰ——理論と歴史』(有斐閣、1983年) 226-335頁。なお、初出は、「アメリカにおける映画検閲制——現代における表現の自由の一考察」(『社会科学研究』10巻5号15-75頁、10巻6号10-55頁)であり、副題には早くも「表現の自由」が現われている。

10) 蓮實重彦「スクリューボールまたは禁止と奨励——ハリウッド30年代のロマンチック・コメディ」『季刊ルプレゼンタシオン』1号138-150頁。

と書かれていることです。今でもそうですが、映画には、年齢によって観られる映画、観られない映画があったり、自主規制のための民間の権威ある組織があったりします。なぜか映画には、一般の表現媒体と違って、制限されてもましょうがないかと、はじめから皆が思っているところがある、そこが問題だ、と奥平先生は考えられたのだと思います。

　映画をほかのものよりも制限していいと皆が思っているというのは、考えてみると、たしかにどうしてだろうと思うところもありますけれども、何となくわかるところもあります。そのように、物分かりがよくなり、世の中が映画に関してはそういうものだと思っているのが危ない、そういうメディア、そういう表現媒体がひとつあると、そこから表現規制が拡がっていく可能性がある、と奥平先生は考えられたのでしょう。

　奥平先生が、はじめからこのような明確な問題意識で、映画における表現の自由の研究に着手されたのかはわかりません。ともあれ表現には、さまざまなメディア、媒体があります。テレビ放送もあれば、ラジオもある。このシンポジウムのように、口頭の発表もありますし、雑誌もあれば、新聞もある。いろいろなものがある。そういうごったなもの一切が自由であるとして、憲法は表現の自由を保障したはずが、そのなかに、映画のように、表現規制への警戒心において人々の意識の隙間に落ちるようなものがあると、権力はそういうところにつけ込んでくる可能性がある、だから、表現の自由を考えるときに、映画というのは実は大事なのだと考えられたのではないかと思います。

　なぜ表現の自由か、なぜ表現の自由は価値が高いのかを、奥平先生は生涯に

---

11)「アメリカでは1952年にいたるまでは、映画フィルムの検閲が当然のこととして支配してきた」（圏点引用者）。奥平・前掲注4）54頁。「50年代初期に入ってようやく、映画フィルムもまた、表現の自由の保障を与えられる可能性が開けた。可能性は開けたけれども、この媒体は、他の媒体と異なり、事前検閲から全面解放されたわけでない。……いまにいたるまで一度も映画検閲そのものを違憲と判示してはいない」（圏点引用者）。奥平康弘『表現の自由を求めて――アメリカにおける権利獲得の軌跡』（岩波書店、1999年）230頁。

12)「なんらかの害悪が強調されて映画検閲制が合憲であるということであるならば、次にはテレヴィジョンの検閲制が合憲であるということにもなりかねないし、紙表紙本という低廉にして広範な流布をみている書籍の青少年に対する害悪ということの故に、ついには出版物に対する検閲制も復活するという途にも通ずる。そうなった場合、歴史的に確立した表現の自由の内容が、現代においてはいちじるしく絶対主義的な不自由に近づくことになるであろう」。奥平・前掲注9）329-330頁。

わたって追究されたわけですが、今日はあえて、なぜ表現の自由かを、なぜ「言論」と言わずに「表現」と言ったのか、という問いに置き換えて、──「表現の自由」という言葉自体は、媒体の違いを超えて単一の保障をするかのような言葉遣いになっていて、そのこと自体に意味があるわけですが、問題を具体的に捉えるときには──多様なジャンルの表現媒体は、単一の自由としてではなく、ひとつひとつの表現媒体ごとに考察してこそ、豊かな自由の保障のされ方があるということ、場面に応じて必要やむを得ざる制限に服することはあるけれども、そうしたことをも含めて、レジュメの言葉でいえば、「諸自由」が並び立つことを、奥平先生は「表現の自由」として擁護されようとしたのではないか、という形で受け止めてみました。これが、「1　なぜ「表現の自由」か」です。

　その多様な表現媒体のなかのひとつに、新聞があります。ここからは、少し新聞の話に集中してお話していこうと思います。一般的には報道の自由と呼ばれる問題にほぼ重なるところですが、ここではあえて、新聞の自由という言葉を使います。奥平先生の書かれた論文に、「なぜ、新聞は自由なのか？」というタイトルの論文があります。[13]「なぜ何々なのか」というのがお好きなのだなということが窺われます（笑）。

　「なぜ、新聞は自由なのか？」という論文のなかで、奥平先生は、新聞の自由は「一種の特権」なのだということを述べています。自由と特権の距離は実はそんなに大きくないという名高い憲法学上の命題がありますが、奥平先生は、新聞の自由というのは「一種の特権」ではないか、例えば、取材源の秘匿、取材源はどこかと官憲から問い質されても答えなくてよいという形での自由の保障は、「通常の市民の享有しえないもの」であり、それが新聞記者については認められている、これは「一種の特権」ではないか、と問いかけます。こうした特権の如きものが認められるためには、「民衆的な支持がなければならない」、民衆あるいは国民の「クレディビリティ」（credibility）、信頼というものが大切で、それが欠如していては新聞の自由は成立し難い、と書かれています。

　では、民衆のcredibility、信頼は如何にすれば得られるのか。

---

13)　奥平康弘「なぜ、新聞は自由なのか？」同『ヒラヒラ文化批判』（有斐閣、1986年）209-230頁。

奥平先生は、新聞には大きくふたつの役割があると述べています。ひとつは、統治過程における権力行使の監視という役割です。もうひとつは、政治的でない、非政治的な情報提供です。

新聞の役割として、ひとつは政治的なもの、もうひとつは政治的ではないものを挙げて、この両方にかかわることが新聞の重要な仕事であると言われています。特に第一の役割に関して、新聞は、「民主過程において特別に重要な役割をになわされている」のであって、権力の監視の役割を果たすのでなければ、報道機関は「どんな特権も剝奪されねばならないはずのものである」と厳しく書かれています。

そして、例として犯罪報道について挙げています。お若い方でなければ皆さんご承知と思いますが、1980年代半ば頃、"ロス疑惑"というものが大きく話題になりました。疑惑の中身について私は触れませんが、"ロス疑惑"といわれるものがありました。今と同じで（笑）、『週刊文春』です。「疑惑の銃弾」という耳目を集めるタイトルでした。それまで妻を失って悲しみにくれているとされていた人が、この記事を境に、一転して、犯人ではないかという世間の声を浴びるようになったのです。

そうした事態を念頭に置いて、奥平先生は、次のように述べています。「犯罪……を暴き裁く」ことは、「国家権力装置」の仕事である。裏を返せば、マスコミの仕事ではないはずだ、と。ところが、"ロス疑惑"に関して、マスコミは実際に何をしたのか。「マスコミ自体が容疑者とにらんだ人間の、明らかに犯罪行為とはなんの関係もないと断定しうる私事のあれこれをあばき立て」ることでした。これは、もはや権力ではないか。「"Publicity"（あることがらを「公表」するということ）は「権力」である」。「報道機関がおこなう"独自の不正行為摘発"なるものは、……きわめてしばしば、「権力」に匹敵する力（不利益効果）をもつ」。犯人を訴追し、処罰することは、国家権力が独占する仕事でなければならないはずが、マスコミは、その権力行使を肩代わりしようとしているのではないか。奥平先生は、そう難じています。

そうして、次のように述べるのです。

権力の行使は「手続的な拘束をうける」。憲法は、31条で、適正手続の保障を定めていますが、およそ公権力が行使されるときには、何でも勝手にしてい

いわけではない。手続的に手を縛られている。権力は、その縛られたなかでのみ行使されることを許される。これは、近代憲法の一番肝腎なことのひとつです。「近代憲法は、「権力」ということにたいへん神経質に意を用いてきている」。ところが、「報道機関は、その「権力」を行使するにあたって、どんな基準を設定し、いかなる手続を——取材対象者その他の利害関係人とのあいだで——ふんでいるだろうか」。しかるべき手続を踏まないで、すなわち、自ら「責任を負う準備なしに「権力」行使にふけるばあいには、報道機関は、憲法秩序を」「掘り崩」すだろう。

これが、「なぜ、新聞は自由なのか？」というタイトルのもとで語られている内容です。新聞の自由を主題とする文章において、むしろ新聞は自由に振舞ってはいけないと書いているのです。なぜかというと、新聞は「権力」だからです。事実上の権力だから、手を縛られなければいけないのに、随分自由にやっているではないか、それでいいのか、ということを問題とされているのです。タイトルの「なぜ、新聞は自由なのか？」ということとは逆のようにも見えますが、奥平先生は、次のように書いています。

「犯罪者はそのおかした罪のゆえに処罰されるべきである。近代法は、国家権力がこの仕事を遂行するにあたり守らねばならぬある種のわきまえを設定している」（圏点引用者）。すなわち、「犯罪行為と無関係な情報のあれやこれやは、起訴状に現われてもいけないし、裁判官もそれを考慮してはならないというわくがはめられている」（圏点原文）。ところが、マスコミの犯罪報道は、それと引き比べても、「限界を知らないがごとくである」。このように奥平先生は述べられ、進んで、「ジャーナリズムに比べて国家権力のほうがはるかによくdecency（わきまえ）を保っているという世のなかになってしまうのではなかろうか」（圏点引用者）、とまで書かれています。

これは、新聞あるいはマスメディアに対する痛烈な批判です。「なぜ、新聞は自由なのか？」というタイトルのもとに、自由であってはいけないということを書いているのです。これはタイトルと逆ではないかという話ではありません。新聞は、やはり決定的な点で自由でなければならない。しかし、自由であるためにはわきまえを知っていなければいけない。新聞が自由であってよいのは、そのわきまえを知っている限りにおいてである。そのような意味で、「な

ぜ、新聞は自由なのか？」ということなのです。

　権力を行使するわきまえを知っていると国民が信頼するからこそ、新聞は自由なのであり、そこができていないのならば、その自由は、あるいは、その特権は、剥奪されなければならない、と奥平先生は書かれているのです。奥平先生というと、言わずと知れた表現の自由の第一人者です。表現の自由にはいかに価値があるかということを、あらゆるかたちで語ってこられた方です。その奥平先生が、同時にこのようなことを書いておられるということは、強く意識しておかなければいけないだろうと思います。

II　文化の形成核としての表現の自由

　次は、レジュメの「2　文化の形成核としての表現の自由」です。ここでは何をお話するか。

　例えば、憲法9条というものがあります。戦争放棄、戦力不保持を定めた9条です。これを死守すべきだという立場もあれば、これを変えなければ日本の防衛は不可能だという立場もあります。どちらも、この条文を狙い撃ちにして、残すべきだ、いや廃止すべきだ、ということを議論しています。これまでの憲法改正論議の中心は、基本的に、そういう議論でした。

　奥平先生は、そういう議論に対して、9条ならば9条という条文とは離れて、「文化」というものを考えようとされていたと思います。戦後日本は、よい「文化」をつくることを目指してきたはずだ、という奥平先生の言葉があります[14]。「文化」とは何か。例えば、非核三原則というものがあります。一見すると「文化」とはいえないと思うかもしれません。あるいは、今日ではズタズタにされているけれども、武器輸出の禁止にかかわる原則というものもあります。これらは、条文としての憲法そのものではなく、また、そもそも法ですらない

---

14)「日本がここまで来たのは、みんなが日本という国に誇りを持ち、いい社会をつくっていかなければならない、いい文化をつくらねばならないとやってきたからです。いい文化の中には平和文化というのが重要な要素としてあり続けてきた。それは今日もあるはずだし、あらねばならない。そこに日本人としての誇りを持てるはずなんです」（圏点引用者）。奥平康弘『「憲法物語」を紡ぎ続けて』（かもがわ出版、2015年）10頁。

ものですが、法の周囲に張りめぐらされた防護壁のようなもので、国家の進むべき道を指し示すものとして、広い意味での「文化」といえるのではないかと思います。そういうものが9条を下支えしているはずだということを、奥平先生は考えていたのではないかと推測します。

たしかに、非核三原則その他の諸原則それ自体は、法未満の、政府のstatement、言明にすぎないものかもしれません。しかし、言明であるだけに、それは言葉です。言葉は、「文化」の基盤です。約束といってもいいものかもしれません。そうした機微を、奥平先生は、事柄の根幹にかかわる問題として、ずっと考えてこられたのではないか。奥平先生は、1981年に、『憲法──学習と実践のために』と題した教科書を出されています。そこで奥平先生は、次のような一章を設けています。「なにが一番大事な権利か」[15]という章です。憲法では、第3章で「国民の権利及び義務」を定めていますが、「なにが一番大事な権利か」という問いを奥平先生は発しています。奥平先生は、その問いに、どのように答えているのか。

「一番基本的な権利」は「参政権および参政権的な諸権利」である、「参政権」の典型は、「国民代表者の選挙権・被選挙権」である、そして、「集会・結社の自由をふくむ表現の自由を中核」とする精神的自由が、「参政権的な諸権利に属し、民主主義の魂そのもの」である、と述べられています。ちなみに、奥平先生が一番手厳しく向かっている権利は、この本だけではなく、『憲法Ⅲ──憲法が保障する権利』[16]という教科書でもそうですが、「財産権一般」[17]です。憲法29条1項を制度的保障と捉える「通説」が前提とする財産権保障に対して、奥平先生は非常に厳しいです。

「一番基本的な権利」は「参政権」ないし「参政権的な諸権利」である、なぜかというと、これらの権利が保障されることによって、他の人権が保障される道も開けるからだ、と奥平先生は書いています。例えば、生存権なら生存権が一番大事だと本当は思っていても、参政権がなければ、国政の場で生存権が大事だということを訴えられない。表現をもって主張することなしには、生存

---

15) 奥平康弘『憲法──学習と実践のために』（弘文堂、1981年）47-58頁。
16) 奥平康弘『憲法Ⅲ──憲法が保障する権利』（有斐閣、1993年）228-235頁。
17) 奥平・前掲注15）135頁。

権のための訴えを、そもそも政治的討論の場に持ち出すこと自体ができない。そのような意味です。

　このような言い方もされています。「各人がそれぞれ『これこそは大事なものだ』と思うなにか実体的な価値を政治の土俵のうえにのせる可能性」を保障する権利が、参政権的な諸権利であり、表現の自由であるのだ、と。だから、表現の自由が「一番基本的」だというわけです。ほかの権利と対等に、例えば、財産権と表現の自由は、どちらが重要なのだろうかという話ではなく、財産権も、表現の自由も、その重要性を主張し表現することなしには、政治の場で保障を獲得することはできない、だから、どんな権利にとっても、表現するということは普遍的に必要なはずだ、そういう意味でこそ、参政権的な諸権利、表現の自由が大事だ、と奥平先生は言います。

　これは、「文化」の問題です。例えば、生存権が大事だ、あるいは、財産権が大事だ、というとして、しかし、財産権が大事かどうか、生存権が大事かどうかは、機械的に０か１かの二値的判断で決着がつくものではない。財産権はこういうものとして考えて価値がある、あるいは、生存権は、ここで生存権が認められないとこんな事態が起こってしまう、だから、こういう制度によって生存権保障を充実させなければいけない、といった議論をする必要がある。そうした議論が世の中に生まれ、その議論がさらに別の議論を生んで、というかたちで、議論が蓄積する。そういう言葉の、厚みをもった、連鎖のなかではじめて、生存権であれ、財産権であれ、むろん表現の自由であれ、これは大事なのだ、高い価値が認められなければならないのだということが、その内実を充塡され、皆の理解にもたらされる。このように、大切なのは、それぞれ個々の権利が単体として重要かどうかではなく、それが重要だという議論も含めて、そうした議論をたたかわせることができる議論風土、つまり「文化」をつくることが大事になるということではないかと奥平先生は考えます。

　レジュメでは、「文化という被膜」と書きました。９条も、９条単体で考えるのではなく、さまざまな言葉がその周囲に積み重なることによって、９条の保護膜とでもいうべきものが、条文としての９条を包むようにして、形成されてくる、その全体が日本国憲法の進もうとする道を指し示している、と考えるのです。だから、条文だけを見ているのでは駄目で、「文化」というところにま

で視野を拡げて、思考の足場を緩やかに踏み固める必要がある。そういう構えの必要性を、奥平先生は、その時々の議論の素材に応じて、いろいろな形で、われわれに示そうとしてくださったのではないかと思います。

そして、このようにも述べられています。「豊かで自由な情報の流れ」が「欠けていれば第一に憲法というものは成り立たないばかりでなく、作った憲法は実行し得ない」[18]。憲法を形式上実行するのは、統治権力を筆頭とする公務員でしょう。国家権力でしょう。しかし、情報の自由な流れにより、権力や公務員が守るべき、実行すべき憲法の中身がさらに豊かになっていく。だから、憲法は、憲法典で終わるものではなく、人々がつくっていくものなのだ、そのつくっていくときの一番の基盤は、言葉なのだ、豊かで自由な情報の流れなのだ、だから、表現の自由は大事なのだ、と言われています[19]。

レジュメでは、続けて、「言葉によってなされる憲法の終わりなき実践」と書きました。奥平先生は、さまざまな機会をとらえて、日本国憲法は未完のプロジェクトであるということを言われています。常に未完である。常に未完ということは、常にまだ先へ進める、前へ進めるということです。それは、言葉により、「文化」という裾野の拡がりにおいて、憲法の内実を不断に豊かにしていく、そういう運動として、憲法というものを捉える姿勢のあらわれだろうと思います。

そこで、表現の自由の中身についてです。表現の自由の抑圧は、ふた通りある、と奥平先生は述べています[20]。ひとつは、禁止や取締まりで、もうひとつは、プロパガンダです。禁止というのは、消極的な権力の発動です。消極的といっても、弱いという意味ではなく、やっては駄目だという方向での権力の発動という意味です。それに対して、プロパガンダというのは、国家が自分で喋ると

---

18) 奥平康弘「図書館を利用する権利の法的位置づけ——図書館所蔵資料の閲覧請求を中心に」『現代の図書館』41巻2号（2003年）101頁、102頁。
19) 「「自由な情報の流れ」というのは、憲法の条文には出てこないけれども、憲法を生かすものだし、そもそも憲法が前提にしているものだ。だから、それをポジティブに憲法の問題として受け止めて、ぼくは理論構成をする。そういう情報の流れを豊かにしながら、そのことによって人々の参加を促すこと。……未完のプロジェクトとして憲法という糸を紡ぎ続けるには、このやり方しかないと思う」。奥平康弘『憲法を生きる』（日本評論社、2007年）217頁。
20) 奥平・前掲注5) 209-220頁。

いうことですから、これは、その意味で、積極的な権力の発動というわけです。この両方が表現の自由の抑圧にはあるということを、奥平先生は早くから指摘されています。奥平先生は、それを、特に戦争とのかかわりで問題にされています。戦争あるいは緊急事態です。今日問題になりつつあるかにも見える緊急事態という問題を、奥平先生は、ほかならぬこの脈絡で強く意識されていました。

「戦前のわが国において、表現の自由が体系的に欠如していた理由の根幹には、……国家非常事態が慢性化し……ていたことがある」、「戦争・国家非常事態は、表現の自由のもっとも強力な敵対物である」、という奥平先生の言葉は、今日においてこそ玩味すべき言葉であると思います。逆に、戦後日本が曲がりなりにも「表現の自由を享有するにいたったのは、軍国主義からの解放にゆらいする面が多い」とも述べています。戦争や緊急事態は表現の自由を押しつぶすものであるという歴史的であると同時に構造的な理解をされています。

日本の近代史は、ずっとそういうものでした。ずっと、いろいろなかたちで禁止も行われてきたし、積極的なほうの権力の発動も行われてきました。例えば大正デモクラシーの時代であっても、デモクラシーとはいっても、国民の思想を権力にとって「善い」方向に導くということが強調されて、「思想善導」というスローガンがありました。むろん昭和に入ると、とりわけファシズム期に、権力の発動はいよいよ強まりました。内閣直属の情報局というものが1940年に設置され、力をふるうようになります。禁止という消極的な権力の発動とプロパガンダという積極的な権力の発動とが、同時に、この情報局の主導のもとに遂行されるようになっていきました。

ところで、積極的な権力発動としてのプロパガンダというものは、現代国家に普遍的に見られる現象であるということがよく言われます。たしかに、そういう面がありそうですし、私も、迂闊にもそういう側面があると思ってしまいます。しかし、奥平先生は必ずしもそうは考えられないのです。奥平先生は、次のように述べています。

「表現の自由が支配すべき」言論の場に「政府が情報提供者として現われること」、これが積極的な権力発動ですが、そのようなことが政府に「許されるのは」、「私人による活動ではカバーしきれない」領域の言論に限られる。とこ

ろで、今日の高度情報化社会のなかで、「私人による情報提供能力が不十分である」が故に「国民の『知る権利』が充足されていない」といった領域は見当たらない。だとすれば、現代日本において政府のPR活動を是認する根拠はない。私人の言論だけでは不十分なところをカヴァーする必要自体がない以上、そういう必要のもとにのみ認められる言論市場への政府の積極的な介入、積極的啓蒙活動を是認する余地はない。奥平先生は、このように言って、言論の場への政府の積極的介入を現代国家に普遍的だという形で曖昧に認めてしまうことを厳しく戒めています。

そして、言論領域における「国家のサービスは、表現の自由の名において……ねがいさげにしてもらわねばならない」と言われています。非常に強い、力のある言葉です。多くの人が情報提供という形での国家のサービスが現代社会であればあるほど必要だと思ってしまいがちなときに、「ねがいさげにしてもらわねばならない」と奥平先生はきっぱり言われる。この辺りが、やはり奥平先生だと感じるところです。

現在も、情報・言論とのかかわりでの権力の発動には、やはり積極的と消極的の両方があり、それぞれが問題を投げかけています。奥平先生は、その問題について、次のように書かれています。今日の日本では、「かつてのように取締まりとプロパガンダを一手に集中する政府機関はもはや再現しえない」だろう。しかし、だからといって警戒の手を緩めてはいけない。「現代社会では……国家の手によるさまざまなサービス提供にわたくしたちは馴れている。わたくしたちが国家の手による情報サービスを、これとおなじレベルで馴れ親しみはじめたら、気がついたとき飼い馴らされた小羊になりさがっているにちがいない」。まさにその通りです。

かつての情報局のように、消極も積極も、その両方の権力行使をひとつの政府機関で系統だててするようなことは、今日の日本では考えにくいでしょう。しかし、今や政府は、メディアを、あれやこれやの飴と鞭をちらつかせて、ある程度好きなように使えるようになっているように見えます。メディアでは、政府の主張は、「国の立場」という客観的事実の如き資格を与えられて、積極的に「報道」の対象とされるのに対し、市民による反政府的主張は、単なる主観的意見であり「中立」ではないからという暗黙の申し合わせの故に、「報

道」さえされない。これは、残念ながら、今日、見慣れた光景になってしまっています。そして、メディア自身が、そうした過度の、あるいは、誤った「政治的中立性」の要請が自らに課せられていると感じてしまっているようにすら見受けられます。しかも、あろうことか、そのような独特の「政治的中立性」の要請が、多少とも公的な、あるいは、社会的な性格を帯びたさまざまな組織、施設に対しても、広く求められているかのような空気までが、いつの間にか作り出されている。かつての情報局が強力な権力の発動を通じてはじめてなしえたことが、直截には権力を発動させるまでもなく、可能になってしまうかの如き状況が、今日の日本にはあります。

今日一部で議論されているような緊急事態条項が憲法改正で憲法典に組み入れられることは全く不合理なことだと思いますが、組み入れられないまでも、社会の意識は、緊急事態条項の導入を現実的課題として選択肢に入れることを暗黙に強いられるところまでは来ているのではないでしょうか。これもまた、ここまでに述べてきたことと無関係ではないように思われます。「文化」として表現の自由を考えるときに、戦争あるいは緊急事態は、あらゆる思考の惰性を許す引き鉄として、表現の自由の死命を制するものです。現代国家では積極的な政府の情報提供も仕方がないだろう、映画が自由でありえないのは止むを得ないことだろうと、われわれが簡単に思わされてしまうことは、緊急事態あるいは戦争がもたらすのと同じ思考の惰性であるのかもしれません。そうした思考の惰性となりうるものの兆候を、自らの内面を抉るようにして、ひとつひとつ厳しく摘出していくのが、奥平先生の表現の自由論だったと思います。

Ⅲ 小さな個人の集まりへの愛着

最後に「3 小さな個人の集まりへの愛着」です。

本日の企画の母体となっているのは、憲法問題研究会という憲法研究者の集まりです。これは、1990年代末に結成された或る研究会の後身です。その研究会は、「現状を憂える憲法研究者の小さな集まり」という名前で始まりました。奥平先生ご自身が何人かの憲法研究者に、こういう研究会を起こしたい、協力してもらえないだろうか、という手紙を書かれて、私を含め、それに賛同

した憲法研究者が集まり、「現状を憂える憲法研究者の小さな集まり」は始まりました[21]。奥平先生は、こういうものを大事にされます。こういうものとは何かというと、個人による小さな集まりです。

レジュメに、柳美里の「石に泳ぐ魚」事件を書きました。すべて端折ってお話すると、柳美里という作家が、ある大学院生をモデルにして小説を書きました。その大学院生は、女性の大学院生で、顔に目立った腫瘍のある人だったのですが、その腫瘍を苛烈に描いた作品です。モデルとなった女性は、それにより、いたく傷ついたのでした。柳美里とは知り合いで、話もしていて、いろいろなことを信頼して打ち明けたところ、腫瘍のことなどが、断りのないまま、小説として書かれてしまったという事件です。訴訟は最高裁まで争われ、プライヴァシー侵害、名誉毀損で、出版の差し止めが認められました。最高裁は、出版の差し止めを認めるという極めて異例の判断を下しました。これに対し、多くの憲法学者は、表現の自由の侵害であると批判しましたが、表現の自由の第一人者である奥平先生は、そのようには議論されませんでした。奥平先生はどう考えられたのか[22]。

表現の自由には強い保障、優越的地位が与えられるべきであると多くの憲法学者は言うけれども、それは公権力との関係でのことであり、本件において、はたして「『小説家として小説を書くことは表現の自由だから、それは優越的地位にあるのだから、相手方に泣いてもらう』と言える[だろ]うか」。表現の自由に強い保障を与えて、その大学院生に泣いてもらっていいといえるだろうか。「あの書物を作る諸過程」やさまざまな前後関係からすると、この小説を出すことには「手続き違反」があるというべきである。奥平先生は、そう考えられた。もとより手続違反といっても、作家は公権力ではないですから、適正手続違反をいえるわけではないのですけれども。

それにもかかわらず、奥平先生が、手続違反を以て、作家側を批判できると

---

21)「奥平康弘・東大名誉教授は最近、若手・中堅を中心に……憲法学者に手紙を出した。来年一月の通常国会から衆参両院に憲法調査会が置かれ、国会議員による「改憲論議」が本格化する」のを受けて、「学者同士の憲法議論の場を設けようと考えた。七十歳。『多少とも戦前・戦中の日本を知っている人間にとって、重大な政治状況に直面し、これを座視するのは、市民として大変恥ずべきことだと思う』との文面も添えた」。朝日新聞1999年11月7日4面。

22) 奥平・前掲注18) 101-118頁。

考えられたということは、作家が小説を書くことは、それ自身「権力」である、と奥平先生は考えられていたのだと思います。

　作家側は、自由に話されたことを小説に書いてなぜ悪いのかと言う。あるいは、出版社は、「たくさん売れた方がいい」、だから、あたかも原告は我慢しなければいけないかのように言う。しかし、そんなことがあっていいのだろうか。読む人が読んだら、原告が傷つくことになる、そして、「読む人が読んだら傷つけることになるということを分かっていて出版した」はずだ、だとしたら、出版差し止めで仕方がない、と奥平先生は言います。そういう理由で、多くの憲法学者が表現の自由の侵害だと批判した判決を、奥平先生は擁護されます。

　奥平先生は、同時に、次のような議論もされています。その後、結局差し止めになったので、この小説は新刊の書物としては読めなくなりました。そこで、この小説を読もうとする人たちは、それぞれ図書館に向かったわけです。その謂わばクライマックスとして、国立国会図書館が、この小説を読みたいというたくさんのリクエストが来るなかで、ついに閲覧制限をかけました。これに対し奥平先生がどう反応されたのかというと、そのような閲覧制限は認められない、表現の自由の侵害だ、と述べられたのです。

　これは、矛盾であるかのようにも見えます。差し止めを許しながら、なぜ閲覧制限は批判するのか。一見矛盾するように思われますが、奥平先生にはしっかりした一貫性があります。それはどういうことか。先の最高裁判決の勘どころは何かというと、柳美里は、大学院生が、柳美里との間の親密な関係性のなかで、あなただから打ち明けたという話だったのに、それを公表してしまうという手続違反のようなことをした、そのような振舞いをした作家と出版社を最高裁は批判した、しかし、その判決はあくまでも民事裁判の判決であるから、その当事者に対しては意味を持つけれども、一般的にこの本が悪い、この本を読んだら原告が傷つく、と判決が述べたわけではない、ということです。一般的にこの本が悪い、この本を読んだら原告が傷つく、と判決が述べたわけではない。それにもかかわらず、この判決が確定したことを理由として、図書館が一般的に閲覧制限をかけることは表現の自由に対する侵害である。奥平先生は、こう判断されたのです。

　はたして、その判断が本当に妥当なものなのかどうかは、人によって考えが

分かれるところでしょう。しかし、奥平先生のなかには、しっかりした一貫性があります。つまるところ、それは、個人というものに対する考え方だと思います。原告の女性、その個人に対する関係で、作家・柳美里という個人がつつしみを欠いていた、自分とのintimateな関係のなかで、だからこそ話してくれた内容を、しかるべき手続を履むことなく、publicにしてしまった、それを、作家の表現の自由だ、作家には書く自由があるのだ、として正当化しようとするのは、権力の傲慢である、と奥平先生は考えられたのです。それから、出版社についても、文字どおり権力だと考えられたのではないかと思います。それに対し、国立国会図書館の閲覧制限は、公衆一般が読む自由をなくしてしまうものである、だとすれば、これは全く別問題であり、そこにはむしろ表現の自由の保障が手厚く及ぼされなければいけない、と奥平先生は考えられたのだと思います。

　奥平先生は、つつしみある個人ということを考えられたのだと思います。このようなことを言うと、憲法学者らしからぬ、権利を強く主張して、多少つつしみを欠いていようとも、ぐんぐん突き進み、自己表現する人の自由を保障するのが憲法学ではないか、と思われる方もいらっしゃるでしょう。そして、そういう憲法学者もたしかにいるでしょうし、いていけないとも全く思いません。しかし、奥平先生はそういう憲法学者ではありませんでした。奥平先生は、先ほどから別の文脈でも出てきた言葉を、折に触れて、使っています。decentな社会をつくることが大事だ。このように言われています。

　私は、これこそが、奥平先生の表現の自由の原理論の中核ではないかと感じています。decentな社会をつくること。decentとは何かというと、上品な、とか、きちんとした、という意味です。先ほど、奥平先生自身の言葉で訳語も使われていました。decency（わきまえ）という名詞形ですが、個人に対してわきまえる、個人に対する関係でわきまえということを知っている個人から成る社会。そうした社会をしっかりつくっていくためには、表現の自由が必要だ、それにより、「文化」を成熟させていくことが必要だ、と考えられたのだと思います。

　そのときに、「小さな個人の集まり」は、奥平先生にとっては、決定的に重要だったと思います。「九条の会」をやられていたとき、奥平先生は、全国の

地域や職場での小さな「九条の会」の集まりに、積極的に足を運ばれ、お身体の不調を押しても、話をされてこられました。会合が小さな集まりであればあるほど、大事にされました。そういうところでこそ、ひとりひとりの個人が真剣に思考し、言葉を発し合うことが、大きな集会よりも可能となる、だから、そういう場を大事にしたい、そういう場に自分も足を運び、そういう人々と言葉を交わすことで「文化」を築いていきたい、奥平先生はそのように考えられたのではないかと思います。だからこそ、小さな会を大事にされたのだと思います。

憲法21条1項には、「表現の自由」のほかに、「集会の自由」とともに「結社の自由」が規定されています。今日のアメリカ憲法学の正統的な理解によれば、association、「結社」の自由には、ふたつがあります。ひとつは、expressive な association（結社）の自由、もうひとつは、intimate な association（協同）の自由です。このふたつを、表現的（表現目的の）結社の自由と親密な結社（結びつきないし協同）の自由という風に訳し分けることがありますが、小さな個人の集まりは、あえて「集会」という概念で捉えるのでなければ、普通は、たぶん intimate な association のほうに入ると思います。もちろん、本当に intimate な結びつきは、またもっと別の意味を持ってしまいますから、それでないことは確かです。

それぞれの地域や職場を単位とした小さな集まりは、一定の intimacy を持った人々の集まりであるといえるでしょう。それらの集会は、アメリカ憲法学の正統な理解からすれば、expressive な結社とは違うとされるわけですが、奥平先生にとっては、そういう intimate な空間、intimate な人と人との小さな結びつきにおいてこそ、個人は声を発することができ、そうであるが故に、本当の声を聞くことができる、その意味で、親密な、intimate な association もまた、表現的な、expressive な結社でありうると考えられていたのではないかと思います。

奥平先生はアメリカ憲法研究の大家でもあり、一番好きなアメリカ連邦最高裁判事はウィリアム・O・ダグラスという裁判官だったと思います。そのダグ

---

23) 参照、ウィリアム・O・ダグラス（奥平康弘訳）『基本的人権』（学陽書房、1985年）。

ラスは、1965 年のある判決のなかで、次のように書いています。結婚とは、結社（association）である、結婚とは、何か大義（cause）を推し進めようとするものではない、大義を推し進めるものではなく、way of life、生き方を推し進める結社ないし協同であると書いています。

亡くなられた夜に、奥平先生は、奥様のせい子さんに、「君はこのごろ平和についてどう考えてる」と声をかけられました。これが、奥平先生の最後の言葉になったと伝えられています[25]。まさしく intimate であると同時に expressive でもある association が、そこにあったのです。「君はこのごろ平和についてどう考えてる」 大事な言葉は「このごろ」です。「このごろ」という言葉から窺い知ることができるのは、時を置いて、同じような議論が夫婦の間で交わされていたということです。以前はたしか君はこういうことを言っていたように思うけれども、最近はどう考えているの？ 「このごろ君はどう考えてる」というのは、そういう継続的な intimacy の空間のなかで知的な言葉が交わされていたという消息です。そういう「結社」であった。そういう夫婦関係が奥平先生にはあったのではないかということです。

「小さな個人の集まりへの愛着」というタイトルでレジュメの三を書きましたが、全体のタイトルは「小さな個人の集まりへの信頼」と書きました。これはどういうことか。奥平先生の奥平先生たるところは、単にそういう小さな集まりを愛好されたというところにはないのです。そういう小さな空間で自分が言葉を発し、相手がそれを聞く。その相手の言葉をまた自分が聞き、そうして対話が、時を置いて、継続する。この関係性に信頼するというのは、どういうことか。信頼というのは、私は、怖い言葉だと思います。

信頼は、裏切られることがあります。信頼するということは、その信頼が裏切られることもあり、実際裏切られるかもしれないけれども、それでも信頼する、ということだと思うのです。信頼する、賭ける、コミットする、というのは、愛情であるとともに、人の生き方の内奥の部分でもあると思います。奥平

---

24) Griswold v. Connecticut, 381 U.S. 479 (1965).
25) 東京新聞 2015 年 4 月 3 日 1 面。なお、この問いかけに対し、せい子さんは、「『平和は積極的に構築する努力が必要だと思う』と答えるなどして約 1 時間を過ごした」。東京新聞 2015 年 6 月 21 日 1 面。

先生は、小さな個人の association を、そこまで込みで、大事にされたのではないか。人と人とが本当に信頼して、その信頼が裏切られるかもしれないと思いながらも信頼して、言葉を交わし合う。そういう小さな営みを、奥平先生は、たぶん「表現の自由」の一番大事なところだと感じられた。

　まさにその境地を象徴する言葉をもって、人生を見事に全うされたということではないかと思いました。

　長くなりましたが、以上です。

＊この文章は、2016年5月21日に早稲田大学で行われた「奥平康弘記念講演会」での同名の講演を当日の録音をもとに書き起こし、出典を中心に最低限の注を付したものである。当該講演会の記録を残すことに意義があると考え、このような形で掲載することにした。

小さな個人の集まりへの信頼
——奥平康弘の「表現の自由」論——

2016年5月21日　奥平康弘記念講演会　　　蟻川恒正

1　なぜ「表現の自由」か
　　表現の自由の原理論の唯一の専攻者
　　憲法21条1項
　　　　「集会、結社及び言論、出版その他一切の表現の自由は、これを保障する。」
　　アメリカの映画検閲の研究
　　さまざまな媒体から成る表現の諸自由が並び立つことの擁護

2　文化の形成核としての表現の自由
　　文化という被膜
　　言葉によってなされる憲法の終わりなき実践
　　メディアで市民に主張を語らせない／メディアに政府の主張を語らせる

3　小さな個人の集まりへの愛着
　　柳美里「石に泳ぐ魚」
　　個人に対してつつしみのある個人
　　decent な社会
　　具象的個人への信頼

（ありかわ・つねまさ　日本大学教授）

インターネット上の匿名表現の要保護性について
―― 表現者特定を認める要件についてのアメリカの裁判例の分析

毛 利　透

I　日本の発信者情報開示制度

1　プロバイダ責任制限法の規定について

　インターネット上では、多くの表現活動が匿名や仮名で行われている。これにより、多数の人々が、自己の名を表に出すことなく自らの主張を広く訴えることが可能になった。特にネット上での電子掲示板への書き込みなどの表現は匿名で行われることが多く、その活発さは匿名性によって支えられているところが大きい。他方、自己の名を出さない表現活動は、責任意識の欠如を導きがちであり、他者の権利を違法に侵害するものとなる危険が大きい。

　このような事態に対処するためには、まず匿名表現の場を提供しているプロバイダの責任を問えないかが問題となりうる。しかし、多くのプロバイダは書き込まれる内容を事前に審査しているわけではないから、あらゆる違法表現の責任を負わせることは不適切といわざるを得ない。そこで、各国でプロバイダの責任を限定する法的対処がなされており、日本でも「特定電気通信役務提供者の損害賠償責任の制限及び発信者情報の開示に関する法律」（以下、「プロバイダ責任制限法」と呼ぶ）3条および3条の2が、そのための規定を置いている。私自身、ドイツとアメリカにおけるプロバイダ責任を限定する法律およびその

＊　アメリカの民事訴訟制度について、山田文教授のご教示を得た。この場を借りてお礼申し上げる。むろん、本論文の内容についての責任は、すべて私にある。

運用実態につき、研究を公にしている[1]。

　匿名表現の被害者としては、もう一つ、表現者が誰であるかを法的手段を使って突き止めた上で、その者の責任を追及するという手段が可能である。インターネット上の通信には履歴が残されているから、表面的には匿名で行われている表現であっても、プロバイダから通信履歴の開示が得られれば、それを使って表現者を特定できる可能性が高い。匿名ビラの作成者が誰であるかを見つけ出すための決まった方法は存在しないが、ネット上で名前を明かさずに書き込みを行った者を探し出すための手段は技術的には明確であり、むしろ匿名性を崩すことはより簡単だともいえる[2]。

　しかし、そのような開示請求を簡単に認めてよいかどうかは、法的に慎重な配慮を必要とする。インターネット上の表現のための通信についても、公開されない通信履歴などについては通信の秘密の保障が及ぶと考えるべきではないか。また、表現者は、自己の名が明かされないと考えたからこそその内容を書き込んだはずであり、そのような表現者の信頼は保護に値するのではないか。日本で、この点について立法的解決を示したのが、プロバイダ責任制限法4条である。

　同条1項は、プロバイダに対する発信者情報開示を、以下の条件を2つとも満たす場合にのみ認める。

「1　侵害情報の流通によって当該開示の請求をする者の権利が侵害されたことが明らかであるとき。

2　当該発信者情報が当該開示の請求をする者の損害賠償請求権の行使のために必要である場合その他発信者情報の開示を受けるべき正当な理由がある

---

[1] 毛利透「ドイツにおけるプロバイダ責任法理の展開」新世代法政策研究15号（2012年）31頁、同「インターネットにおける他者の言論の引用者の法的責任」『現代立憲主義の諸相(下) 高橋和之先生古稀記念』（2013年）453頁、459頁以下。

[2] もちろん、高度な技術をもった発信者が発信元を隠す操作を行った場合など、発信者にたどり着くことが困難な場合もあろうが、決められた手順に従えば発信者にたどり着く場合の方がずっと多いだろう。なお、掲示板への書き込みなど多くの場合、サイトの運営者は書き込みを行う者に実名の登録を求めていないため、発信者情報開示は2段階必要になる。まず、掲示板の運営者（ホスト・プロバイダ）に対し、特定の書き込みを行った者のIPアドレスと接続時刻（タイムスタンプ）などを請求する。次に、アクセス（経由）・プロバイダに対して、この時刻にこのIPアドレスを割りあてた相手の開示を求めることになる。東京地方裁判所プラクティス委員会第一小委員会「名誉毀損訴訟解説・発信者情報開示請求訴訟解説」判例タイムズ1360号（2012年）4頁、29-30頁参照。

き。」

　同条2項は、プロバイダはこの開示請求を受けたときには、発信者と連絡することができないなど「特別の事情」がある場合を除き、開示するかどうかについて発信者の意見を聴かなければならないと定める。3項は、開示を受けた者は、発信者情報をみだりに用いて不当に発信者の名誉や生活の平穏を害する行為をしてはならないと定める。4項は、プロバイダは、開示請求を拒否したことから開示請求者に生じた損害については、故意または重過失のある場合でなければ賠償責任を負わないと定めている。

　このプロバイダ責任制限法4条につき、最高裁判所は、「発信者情報が、発信者のプライバシー、表現の自由、通信の秘密にかかわる情報であり、正当な理由がない限り第三者に開示されるべきものではなく、また、これがいったん開示されると開示前の状態への回復は不可能となることから、発信者情報の開示請求につき、侵害情報の流通による開示請求者の権利侵害が明白であることなどの厳格な要件を定めた上で……上記のような発信者の利益の保護のために、発信者からの意見聴取を義務付け」るものだと判示している[3]。このように、発信者情報開示に「厳格な要件」が課され、かつ同条4項が開示請求に応じなかった場合の責任を限定していることからも、開示請求があった場合、プロバイダは基本的にはそれに裁判外で応じることはせず、開示を求める者の提訴を待つということになろう[4]。

　多くの場合、わざわざ裁判で開示を請求する者には、発信者への損害賠償請求のための必要などの開示の正当な理由は認められるであろう。したがって、開示請求訴訟での実体的審理の焦点は、請求者の「権利が侵害されたことが明らか」であるかどうか、つまり権利侵害の明白性が認められるかどうかだということになる。なお、本稿で扱う権利侵害は、基本的に名誉毀損に限定することにする。

---

[3]　最判平22・4・13民集64巻3号758頁。
[4]　総務省総合通信基盤局消費者行政課『改訂増補版　プロバイダ責任制限法』(2014年) 61頁注2参照。

2 権利侵害の明白性要件の解釈実務

プロバイダ責任制限法4条1項1号の権利侵害の明白性要件につき、総務省による同法の解説書は、「権利の侵害がなされたことが明白であるという趣旨であり、不法行為等の成立を阻却する事由の存在をうかがわせるような事情が存在しないことまでを意味する」と述べている[5]。しかし、この説明自体は明確とはいいがたい。特に、前段と後段の内容の関係が不明確である。前段は、権利侵害の程度を意味していると理解することも可能であるが、後段は、違法性や責任を阻却する事由につき、通常であればその立証責任を負う側の負担を軽減する趣旨（その存在をうかがわせる事情があれば、権利侵害が明白とはいえない）、さらには、その事情の不存在の立証責任を原告に課す趣旨にも読める。

初めて裁判所の解釈を示した判決として注目されたのが、2003年の東京地裁判決である[6]。電子掲示板への名誉毀損的書き込みがこの要件を満たすかが問題となったが、判決は、この要件は「発信者の有するプライバシー及び表現の自由と被害者の権利回復の必要性との調和を図るため」のものだとしたうえで、「原告（被害者）は、……当該侵害情報によりその社会的評価が低下した等の権利の侵害に係る客観的事実はもとより、その侵害行為の違法性を阻却する事由が存在しないことについても主張、立証する必要がある」とする。

ただし、同判決は、民法709条とは異なり同号には「『故意又は過失により』との不法行為の主観的要件が定められていない」し、「このような主観的要件に係る阻却事由についてまでも、原告（被害者）に、その不存在についての主張、立証の負担を負わせることは相当ではない」とする。したがって、名誉毀損が問題となる表現の発信者情報開示のためには、違法性阻却事由（公共の利害に関する事実に係ること、公益目的、主張された事実の真実性）のいずれかが欠けていて違法性阻却の主張が成り立たないことを原告が主張、立証する必要がある一方、真実と信じるについて相当の理由があったという責任阻却事由については、原告が主張、立証する必要はないとの解釈を示した。そして判決は、書き込みが公共の利害に関する事実ではあるものの、公益目的ではなく、真実でもないと認定し、権利侵害の明白性を認めた。

---

[5] 総務省前掲注4) 65-66頁。この部分の叙述内容は、初版（2002年）以来同じである。
[6] 東京地判平15・3・31判時1817号84頁。

確かに、発信者情報開示請求において立証責任が転換されると解することには、理由がある。被告となるプロバイダは発信者自身ではないから、表現内容の真実性について立証するための証拠をもっているとは期待できず、また、敗訴しても発信者情報を開示すればよいだけであるので、立証活動を真剣に行うインセンティブにも欠ける。そのため、表現内容が違法でないことの立証が十分行われない危険がある。この点を考慮して、総務省のプロバイダ責任制限法解説書は、発信者情報開示請求においては、裁判所が「プライバシーや表現の自由といった価値の重要性に配慮した適切な訴訟指揮を行うことが期待される[7]」と特に指摘している。違法性阻却事由についての立証責任を原告側に転換することは、このような、被告の訴訟当事者としての特徴に由来する問題性への対処として、ありうる方策といえるだろう。とはいえ、発信者に責任阻却事由がなかったことまで原告に主張・立証を求めるのは、確かに責任の転換が行き過ぎていると感じられる。原告がそのための証拠を有しているとは、通常期待できない。

平成15年判決後、発信者情報開示請求については多くの判決例が積み重なっているが、本稿ではそれらの詳細な紹介・分析は省略せざるを得ない。私自身の調査をふまえても、基本的に壇俊光ほかの論文による検討に同意することができよう[8]。まず、権利侵害の明白性要件を、通常の不法行為上の名誉毀損と同様の枠組みで判断している例が散見される[9]。次に、同要件を何らかの範囲での主張・立証責任の転換と解釈する裁判例は多いが、ただし、その転換の範囲は「多種多様」であって、必ずしも上記平成15年判決の立場が一般的というわけではない。ただ、私が見たところ、実質的に責任阻却事由についてまで主張・立証責任の転換を求める判決であっても、実際に、未特定の発信者が真実と信じるについて相当の理由を有していなかったことの立証が原告に求められているわけではない。投稿内容が真実でない以上、裁判所としては、それでも

---

7) 総務省前掲注4) 66頁。
8) 壇俊光ほか「発信者情報開示請求訴訟における『対抗言論の法理』と『権利侵害の明白性』の要件事実的な問題について」情報ネットワーク・ローレビュー12巻 (2013年) 21頁、28-29頁。
9) 東京地判平24・11・30 2012WLJPCA11308015、東京地判平27・9・29 2015WLJPCA09298049など。

相当の理由はあったということが積極的に示されない限り、相当の理由はないという事実認定を行うだけの心証を抱けるのであろう。[10]

3　権利侵害の明白性要件への批判について

ところが、近年はむしろ、発信者情報開示請求に不法行為による損害償請求の場合よりも厳しい要件を課すこと自体の合理性を疑問視する指摘が多いように思われる。日本弁護士連合会は 2011 年に、権利侵害の明白性要件を批判する意見書を公表した。その中では、この要件ゆえにプロバイダは発信者情報について任意の開示をほとんど拒否しており、被害者は裁判所への請求の負担を強いられるとされている。さらに、そもそも発信者情報開示請求は違法行為を行った者を特定するための手続であるのに、その後の損害賠償請求よりも重い要件を課すのは「被害救済の途を閉ざすもの」である、という。そして、裁判上の請求においては「『明白性』という要件を課する必要はない。」と法改正を求めている。[11]

壇俊光ほかによる論文も、権利侵害の明白性要件を立証責任の転換と解釈する諸判決において、原告に課される主張立証の内容が不明確であるとの指摘に加え、「そもそも、発信者情報開示請求は、損害賠償請求訴訟等の前段階であるところ、損害賠償請求訴訟ですら求められないような主張立証を、裁判上の発信者情報開示請求訴訟で求めることは、被害救済の観点から妥当ではない。」とする。そして、「『明白性』は、裁判上の請求では、特段意味のある規定ではないと解するべき」だと主張する。[12] 高田寛も、被害者が発信者を知る要件が、損害賠償が認められる要件よりも厳しいことは、被害者の裁判を受ける権利を奪うものと考えることもできるとし、しかも、被害者が権利救済を得る

---

10) 東京地判平 25・10・9 2013WLJPCA10098015、東京地判平 26・7・30 2014WLJPCA07308014 など。
11) 日本弁護士連合会「『プロバイダ責任制限法検証に関する提言（案）』に対する意見書」（2011 年 6 月 30 日）（http://www.nichibenren.or.jp/library/ja/opinion/report/data/110630.pdf）。日弁連は、2013 年にも同旨の内容を含む要望書を公表している。日本弁護士連合会「プロバイダ責任制限法改正についての要望書」（2013 年 11 月 6 日）（http://www.nichibenren.or.jp/library/ja/opinion/report/data/2013/request_131106.pdf）。
12) 壇ほか前掲注 8) 36-37 頁。

までに事実上複数回の訴訟を強いられる現在の仕組みは、匿名性の「隠れ蓑を着る」ことを許された発信者に対して、被害者を不当に不利に扱うものだと主張する[13]。

　プロバイダ責任制限法が発信者情報開示に権利侵害の明白性を求めたのは、それがまさに表現による被害者から発信者への訴訟の準備段階であって、表現内容の違法性について確定的な判断が困難だということを考慮してのことであろう。その段階で発信者の権利が不当に害されないよう、開示には「厳格な要件」が求められた。しかし、被害者の立場からすれば、準備段階で本来の訴訟での勝訴よりも厳しい要件が課され、被告を特定することができず、可能かもしれない権利救済の断念に追い込まれるのでは、本末転倒だという評価がなされるのも、うなずけなくはない。

　上記のとおり、日本の判決例の多くは、権利侵害の明白性要件に意味を認めている。このような判断手法を実質的に正当化するためには、発信者情報開示自体によって発信者のどのような利益が害されるのかについて、より詳細に議論する必要があると思われる。最高裁は発信者情報を「発信者のプライバシー、表現の自由、通信の秘密にかかわる情報」だとするが、しかし、発信者情報開示によりそれらの利益がどのような意味において問題となるのか、必ずしも明らかではない。権利侵害の明白性要件を実質的に無視する裁判例も散見され、また意味を認める場合にもその内容がまちまちである背景には、「なぜ発信者情報の秘密を守るべきなのか」という根底的問題について十分な考察が加えられていないという事情があるのではないか。

　日本では、確かに憲法21条2項も電気通信事業法4条も通信の秘密を保護しており、発信者情報開示はこの通信の秘密に対する制約となるから、それだけでも慎重に考えるべき理由にはなる。しかし、通信の秘密は、元来1対1の情報交換の秘密を念頭におく概念であり、内容が公表されるインターネット上の表現活動のための通信の履歴が、どの程度この観点からの保護に値するのかには、疑問を呈することが可能であろう。通信を通じた表現という、かつて想定されていなかった事態によって被害を受けた者の救済の可能性を、通信の秘

---

13) 高田寛「特定電気通信役務提供者に対する発信者情報開示請求権についての考察」富大経済論集 61巻2号（2015年）133頁。

密を理由にして限定することには、違和感が生じても当然である。[14]

　発信者情報開示の問題性は、むしろ表現の自由との関係で正面から発生すると考えるべきではないか。それは、匿名でなされた表現内容の作者を強制的に暴くという手続である。匿名で表現するという選択が、表現の自由の行使として保護されると考えれば、この顕名化は憲法上の権利の制約ということになろう。だが、日本では、匿名表現の匿名性を暴くことが、表現の自由に対する制約であるという問題意識が低い。確かに、匿名性を暴くこと自体は、その表現内容を禁止しているわけではない。発信者情報開示においても、開示されて発信者が分かってから、その者を相手に改めて対象となる表現の違法性が争われることになるのであって、開示だけで表現に制裁が課されるわけではない。しかしながら、もし匿名性が保障されていなければ、これらの合法かもしれない言論はなされなかったのではないだろうか。匿名性が表現活動への敷居を低めているとしたら、そのこと自体が、表現の自由保障の観点から意義をもっているのではないか。

　発信者情報開示に厳格な要件を要求するためには、表現の匿名性そのものに保護に値する価値があると考える必要があるように思われる。とはいえ、さらに、この表現の匿名性は、インターネット技術の特性上可能になっているにすぎず、厚い保護に値しないという考え方もありうるかもしれない。確かに、インターネットが普及する前には、このような匿名表現の可能性は存在しなかったのであり、当然ながら、それでも一般市民に匿名表現の機会が乏しいことが表現の自由との関係で問題だとは感じられていなかった。そうだとすれば、技術の進化によってたまたま可能となった匿名表現の機会を保護することが、存在する発信者情報をわざわざ隠してまで、被害者の権利救済の可能性を限定することを正当化できる利益なのか、という疑問が生じてもおかしくない。逆にいえば、インターネット上の匿名表現の権利が保護に値すると評価するためには、一般市民に広く匿名表現の機会を与えるに至った技術の進化が、表現の自由保障の観点から積極的な評価に値するといえる必要があると思われる。そう

---

[14]　高橋和之「インターネット上の名誉毀損と表現の自由」高橋ほか『インターネットと法〔第4版〕』（2010年）55頁、82-84頁は、インターネット上の表現のための通信につき、通信内容が公開される以上、その他の情報の秘密を保護する必要はないという解釈が成り立ちうると述べる。

言えるとしたら、技術的に可能となったインターネット上の匿名表現の権利は、もはや奪われてはならず、それ自体として憲法上の保護に値すると主張することが可能になろう。

以下では、このような問題意識をもちつつ、アメリカにおける裁判実務・学説の動向を検討することにする[15]。

Ⅱ アメリカにおける匿名表現者特定のための要件

1 匿名表現者特定の手続

アメリカでは、バージニア州を除き、私人が裁判でインターネット上の匿名表現者を特定するための手続は、法定されていない[16]。ところが、アメリカでは特に、匿名表現者の特定が被害者からの権利救済のために不可欠なのである。それは、通信品位法（Communications Decency Act）230条が、実務において広く、プロバイダを完全免責するよう解釈されているからである。つまり、掲示板の運営者は、書き込み内容について、全く責任を負わない[17]。だとすれば、被害者は、発信者を訴えるしか取りうる法的手段がない[18]。

だが、発信者は不明である。このような場合、アメリカでは通常、被告匿名のまま訴訟を提起し（いわゆる John Doe 訴訟）、訴訟遂行のために必要なディスカバリーとして、裁判所からプロバイダに対し被告を特定するための文書提出命令（subpoena duces tecum、以下、本稿で「サピーナ」と呼ぶのはこの文書提出命令

---

[15] ちなみに、ドイツでは、知的財産権侵害の場合以外には、私人からの発信者情報開示請求は認められていない。人格権侵害については、法政策的に、被害者が訴訟のために表現者を特定する利益よりも、表現者のプライバシー保護を優先させているのである。毛利前掲注1)「ドイツにおける……」75-77頁。法解釈を通じて表現者特定を裁判所に認めさせようという試みは、2014年の連邦通常裁判所判決によって拒否され（BGHZ 201, 380）、実務上もこの解釈が確定した。人格権侵害の場合、プロバイダを訴えるべきか表現者を特定して訴えるべきかにつき、アメリカとドイツは対照的な選択をしていることになる。

[16] See Ethan B. Siler, Yelping the Way to a National Statutory Standard for Unmasking Internet Anonymity, 51 Wake Forest L.Rev. 189, 199f. (2016).

[17] 毛利前掲注1)「インターネットにおける……」462-63頁参照。

[18] このことは、プロバイダの完全免責を認めた Zeran v. America Online Inc., 129 F.3d 327 (4th Cir. 1997) の直後から意識されていた。See Lyrissa Barnett Lidsky, Silencing John Doe, 49 Duke L.J. 855, 868-72 (2000).

のことである）を出してもらうという手続がとられる。この文書提出命令をどのような要件で認めるかが問題となるが、その際、アメリカでは、特に強く匿名表現の権利との緊張関係が意識されているのが特徴である。表現者が特定されれば、匿名で表現する権利は当然否定されることになるが、この権利制約が憲法上重大な問題を発生させるという意識が強く存在するのである。背景には、連邦最高裁が匿名表現に対する保護を厚く認める判例を積み重ねてきたという事情がある。

　したがって、本稿も、まず匿名表現の権利についての連邦最高裁判所の判例を振り返っておく必要がある。その後、匿名表現者の特定のための命令を発出できる要件についての裁判例の展開を追い、学説の対応も検討しておく。

2　匿名表現の権利を認める連邦最高裁判例

　アメリカで、表現の匿名性が合衆国憲法修正1条で保障されると認めた判例として、まず名前が挙がるのが、匿名のビラ配布を禁じる市条例を違憲とした1960年の Talley v. California[19]である。本判決は、匿名の冊子や書籍などが「人類の進歩において重要な役割を果たしてきた」という。多くの圧政に対する批判は匿名でなければできなかったであろうし、フェデラリスト・ペーパーズも仮名で出版されている。判決は、結社に対し構成員を開示させるよう求めることが、構成員らに対し「報復への恐れ」から公的討論を抑止する効果をもちうるとして違憲とされた先例を参照し、当該市条例も同じ欠陥を有すると判示した。

　さらに、インターネット上での匿名表現の権利についての判決で必ずといっていいほど引用されるのが、選挙についての匿名文書の頒布を禁じる州法が違憲とされた1995年の McIntyre v. Ohio Elections Commission[20]である。本判決は、Talley 判決を引きつつ、匿名表現には「経済的あるいは公的な報復の恐れ、社会的迫害への懸念、あるいは単にできるだけプライバシーを守りたいという願い」などいろいろな動機があるだろうが、いずれにせよ「著者の匿名を

---

19)　Talley v. California, 362 U.S. 60 (1960). 毛利透『表現の自由』（2008年）121頁参照。
20)　McIntyre v. Ohio Elections Commission, 514 U.S. 334 (1995). 川岸令和「匿名の政治文書配布禁止が第一修正に違反するとされた事例」ジュリスト1099号107頁（1996）参照。

維持するという決断」は修正1条で保護される自由の1側面であると確認する。政治的言論においては、特に人気のない主張をしようとする者にとって、匿名性が必要とされてきた「尊敬される伝統」である[21]。結論部において判決は、「我々の憲法の下では、匿名の文書発行は、破壊的でいかがわしい行為ではなく、主張や異論提起の誇りある伝統である。」、「匿名を維持する権利は、いかがわしい行為を保護するように濫用されうる。しかし、政治的言論はその本性上、ときとして不快な帰結を生むものであり、我々の社会は一般に、自由な言論の価値に、その濫用の危険よりも重要性を認めている。」と述べる[22]。これらの箇所は、下記の諸判決で頻繁に引用されている[23]。

その後、州民投票への提案のための署名活動において、運動員に自己の名前を記載したバッジをつけるよう求める州法の条項などを違憲とした Buckley v. American Constitutional Law Foundation, Inc.[24]、私有地に立ち入る戸別訪問を事前の許可制とする条例を違憲とした Watchtower Bible and Tract Society of New York, Inc. v. Village of Stratton[25] なども、匿名表現の権利を認めた判例としてしばしば引用される。前者の判決は、運動員に自己の名前を示すよう求めることは、嫌がらせ、報復などへの懸念から署名活動への参加を抑制する効果を有すると認定した。同判決は、1対1の説得が求められる署名活動で名前を出すよう求められることは、McIntyre 判決の事例よりも表現活動への抑制効果が大きいと述べている。

後者の判決は、当該条例を違憲とする理由の一つとして、表現活動の強制的

---

21) McIntyre, 514 U.S. at 341-43.
22) Id. at 357.
23) Jasmine Mcnealy, A Textual Analysis of the Influence of McIntyre v. Ohio Elections Commission in Cases Involving Anonymous Online Commenters, 11 First Amend.L.Rev. 149 (2012) なる論文まであるほどである。同論文は、インターネット上の匿名表現者を特定するための要件についての判決例において、McIntyre 判決は確かに多く引かれているが、それは参照判例としての引用にとどまり、拘束的な先例と考えられているわけではないと指摘する (at 170)。しかし、これは事案の違いからして当然のことであろう。匿名表現一般の法的評価において、McIntyre 判決は明らかに後の判決に大きな影響力を及ぼしている。
24) Buckley v. American Constitutional Law Foundation, Inc., 525 U.S. 182 (1999). 毛利透『民主政の規範理論』(2002年) 253-56頁参照。
25) Watchtower Bible and Tract Society of New York, Inc. v. Village of Stratton, 536 U.S. 150 (2002). 毛利前掲注19) 340-41頁 (注13) 参照。

な顕名化の問題性を指摘した。戸別訪問の許可を得るためには、自己の名前と訪問目的などを自治体に伝えなければならない。つまり、匿名で戸別訪問し自分の意見を伝えることが禁じられる。同判決は、上記3判決を引きつつ、当該条例が「住民の知らない人々が人気のない主張を説いて回ることを妨げかねない」との懸念を示すのである[26]。

このように、連邦最高裁の判例は、表現者が匿名でしか安心して発言できない内容が、顕名を強制することで発信されなくなるおそれを重視し、匿名で表現するという選択は憲法上の保護に値すると評価している。表現内容に自信があるなら名前を出して発言せよと迫ることは、実際には、発言の自己への悪影響を危惧する人々を黙らせてしまう危険が大きい。最高裁判例は、この萎縮効果により社会的に有益な発言がなされなくなる危険を重視し、そのためには、匿名表現が「濫用」されるある程度の危険は甘受するしかないという姿勢を示している。表現そのものを禁止する規制ではなくても、それが表現者の環境に与える影響が法的にレレバントなものだと評価されることにより、表現の匿名性が法的に保護されるべき独自の利益として肯定されているのである。

3　初期の判決例——Seescandy.com, In re Subpoena Duces Tecum to AOL 判決

すでに述べたとおり、アメリカでは一般に、インターネットの匿名表現者に対して、被告匿名のまま訴訟を提起し（John Doe 訴訟）、ディスカバリーとしてプロバイダに情報を開示する命令を出すという手続がとられる[27]。連邦民事訴訟規則（Federal Rules of Civil Procedure）10条(a)は、訴状に「全当事者の名前」の記載を求めており、被告匿名のままの提訴を認めていないようにも見えるが、実際にはこのような訴訟も認められてきた[28]。被告匿名の提訴を法の明文で認め

---

26) Watchtower, 536 U.S. at 166f.
27) 平野晋「二つの責任制限法と解釈動向」『プロバイダ責任制限法　実務と理論』（堀部政男監修、2012年）171頁、大島義則「匿名表現の自由と発信者情報開示制度」情報ネットワーク・ローレビュー14巻（2016年）22頁参照。なお、インターネット上での著作権侵害者を特定するための命令については、デジタルミレニアム著作権法（17 U.S.C. §512(h)）に基づく特別の手続（DMCA Subpoena と呼ばれる）が用意されている。本稿では扱わないこのサピーナについても、両文献を参照のこと。

る州もある。たとえば、カリフォルニア州民事訴訟法（Code of Civil Procedure）474条は、被告の名前が分からない場合にも、原告に被告を任意の名前で呼ぶ提訴を認め、被告を特定できた段階で名前を訂正することを認めている。

ただし、このように匿名の被告を相手に訴訟を提起したうえで、ディスカバリーとして裁判所からプロバイダに情報開示命令を出させるという手続には、匿名表現者の権利との関係で大きな問題がある。ディスカバリーにおける情報開示は、当事者の要求に応じて非常に広く認められるのが原則だからである。[29] この原則をそのまま適用して、原告の求めるとおりプロバイダに対して文書提出命令を出してよいということになると、インターネット上の表現の匿名性は簡単に破られることになる。しかし他方、原告としては、いくら提訴が認められても、被告が匿名のままでは訴訟を遂行する意味がない。また、プロバイダに情報開示を求めるのが、被告を特定するためには事実上唯一の手段である。こうして「裁判所は、訴訟のまさに開始時において、被告のアイデンティティのディスカバリーを許すかどうかという、重大な、多くの場合結論を決めてしまうような決定をするよう求められる」ことになる。[30]

この問題についての初期の判決例として知られるのが、1999年のColumbia Insurance Co. v. Seescandy.comである。[31] ただし、本件で問題となったのは名誉毀損ではなく商標権侵害であった。[32] 原告は、侵害行為の差止めや損害賠償を求めて、被告を特定できないまま、侵害行為者のドメイン・ネームであるSeescandy.comらを被告として提訴した。連邦地裁は、原告の権利救済の必要性の観点から被告不明のままでの提訴を認める一方、「この必要性は、匿名もしくは仮名でオンライン・フォーラムに参加するという正当で価値ある権利と

---

28) *See* Carol M. Rice, Meet John Doe, 57 U.Pitt.L.Rev. 883 (1996).
29) 浅香吉幹『アメリカ民事手続法〔第3版〕』（2016年）87頁参照。秘匿特権は限定的にしか認められず、連邦法上は記者の取材源秘匿も認められない。同90頁。
30) Michael S. Vogel, Unmasking "John Doe" Defendants, 83 Or.L.Rev. 795, 799 (2004).
31) Columbia Insurance Co. v. Seescandy.com, 185 F.R.D. 573 (N.D.Cal. 1999).
32) Seescandy.com判決は商標権侵害の事例ではあるが、匿名表現者を特定するための命令の要件についての判例展開の出発点とみなされているので、本稿でも取り上げる。その後も、知的財産権侵害が問題となった裁判例はもちろんあるが、それらは本稿では扱わない。

衡量されなければならない。」とする。素性を知られることなく表現できる可能性は、「自由なコミュニケーションや荒々しい討論を促進しうる」。「間違いを犯していない人々は、嫌がらせをしたり困らせようとする者が取るに足らない訴訟を提起し、裁判所命令の力を得て自分たちのアイデンティティを開示しようとするという恐れを抱かずに、オンラインに参加できるべきである[33]」。そこで裁判所は、被告を特定するためのディスカバリーには限定が必要であるとし、具体的には４つの要件を示した。

　①原告は、被告が実在し、その者を連邦裁判所で訴えられることを、十分な特定性をもって示さなければならない。②原告は、被告を特定するためにディスカバリー以外の手段を尽くさねばならない。③原告は、自らの訴えが却下申立て（motion to dismiss）に耐えうることを示さなければならない。④原告は、開示命令の相手が被告を特定できる情報を有している蓋然性があることなどを示して、ディスカバリーを求めなければならない[34]。

　この中では、③が、日本の権利侵害の明白性要件に対応する、訴訟対象の違法性そのものに関する要件だといえる。却下申立てとは、訴答（pleading）手続の段階で被告から訴訟を終結させるよう求めてなされる申立てである（連邦民事訴訟規則12条(b)[35]）。判決はこの点を、被告への告知なしでのディスカバリーは、刑事の捜査手続における令状に類似しているとし、その場合と同様の「相当な理由（probable cause）」（合衆国憲法修正４条の文言）を求めるのが適切だと理由づけている[36]。

　このように、Seescandy.com 判決は、インターネット上の匿名表現者を被告として特定するための命令を、通常のディスカバリーよりも限定する姿勢を示した[37]。その中で、すでに匿名表現の要保護性が考慮されている。本判決は、この判示部分で連邦最高裁の判例を引用していないが、他者からの嫌がらせを受

---

33)　Seescandy.com, 185 F.R.D. at 578.
34)　Id. at 578-80.
35)　浅香前掲注29) 78頁参照。「却下」といっても、日本法でいう却下とは意味が異なる。
36)　Seescandy.com, 185 F.R.D. at 579f.
37)　Seescandy.com 判決の要件ですでに、ディスカバリーのための原告への要求としては「通常ではない証明の負担」を課していることになる。Matthew Mazzotta, Balancing Act, 51 B.C.L.Rev. 833, 850 (2010).

ける恐れなく活発な表現活動ができる状況の確保を重視する箇所には、容易に判例の影響を見出すことができよう。

ただし、同判決が示した「却下申立て基準」は、その後緩すぎるとの批判を招くことになる。判決は、この基準が刑事捜査における令状発行を認める要件に相当するというのであるが、連邦民事訴訟規則上、被告からの却下申立てが認められるのは限定的で、訴えの対象については「救済が与えられうる請求が記載されていない」場合とされている（12条(b)(6)）。これは、たとえ原告の主張どおりの事実が認定されたとしても、その請求は認められないということを意味する。このような判断がなされる場合は少ないであろうし、原告がこの却下申立てを乗り越えることも、さして困難ではない。実際、当該事案でも、原告はこの要件を満たしたとされている。

もう一つ、初期の判決例として、2000 年の In re Subpoena Duces Tecum to America Online. Inc. がある。これは、AOL が運営するページへの匿名投稿で名誉毀損や秘密漏示がなされたとして、原告が投稿者を匿名の被告として訴えを起こし、訴外 AOL に対して投稿者の情報を開示するよう求める文書提出命令が出されたところ、AOL がこれを取り消すよう申立てを行った事案である。州の第一審裁判所は、AOL に投稿者の匿名表現の自由を主張する適格を認めた。そして、インターネット上の匿名表現者は「できるだけプライバシーを守りたいという願い」（McIntyre 判決からの引用）からそうしているのであるから、連邦最高裁が認めてきた匿名表現の権利はインターネットにおいても保障されるべきだとしたうえで、その権利と違法表現で権利を侵害された者の救済の必要性との衡量が必要になるとする。そして、「サピーナを求めている当事者が、自分は提訴された管轄区域で訴訟の対象となる行為の犠牲者であるだろうということを、正当で誠実な根拠 (legitimate, good faith basis) をもって主張できる」ことが必要だとする。裁判所がそのように認定でき、かつ求めら

---

38) Geoffery C. Hazard, Jr. et al., Civil Procedure 202f. (6th ed. 2011). 日本でいえば、請求が主張自体失当とされる場合に該当するといえる。

39) ただし、訴答で原告に求められる事実主張内容の詳細さは、法域によって異なる。連邦では、簡素化された告知訴答が採用されているが、より詳細な主張を求める事実訴答を採用している州も多い。後者の州では、前者よりは却下申立てが認められやすい。浅香前掲注29) 70-73 頁参照。

40) In re Subpoena Duces Tecum to America Online. Inc., 52 Va. Cir. 26 (2000).

れる情報が請求にとって中核的に必要だといえる場合には、匿名表現者を特定するための文書提出命令も許される。裁判所は、本事案ではこれらの要件は満たされていると判断した。

　本判決は、連邦最高裁McIntyre判決に依拠しつつ、表現者の匿名性維持への願望が憲法上の保護に値するとした。ただし、本判決の「誠実な根拠基準」も、後には緩すぎるとの批判を受けることになる。

4　匿名表現の権利をより配慮した判決例── Dendrite, Cahill 判決

　これらの判決を受けて、匿名表現者を特定するための文書提出命令の要件について詳細な判示をなし、今日まで大きな影響を与えている判決の一つが、2001年のDendrite International, Inc. v. Doe, No.3である[41]。原告は、インターネット上の投稿により名誉毀損の被害を受けたと主張し、被告不明のまま州の裁判所に提訴し、被告特定のためのディスカバリーを求めたところ、裁判所はそれを一部拒否した。本判決で、原告からの上訴を受けた州の控訴審裁判所も、原審判断を維持したのである。

　判決はまず、インターネット上の匿名表現者を特定するための文書提出命令の要件として、結論的に4つの要件を挙げる。①匿名の投稿者に事前に反論の機会を与えるため、原告は、その投稿があったのと同じ掲示板上で知らせるなどして、命令についての告知がなされるよう努力すること。②対象となる言明を特定すること。③原告が匿名被告に対する「一応の訴訟原因の存在 (a prima facie cause of action)」を示すこと。これは、原告の訴えが却下申立てに耐えるというだけでなく、「訴訟原因の各要素を支持する十分な証拠を、一応の基礎で (on a prima facie basis) 提供しないといけない」ことを意味する。④さらに、裁判所は、被告の匿名表現の憲法上の権利と、原告の上記「一応有利な主張の強さ (the strength of the prima facie case)」および被告特定のための開示の必要性との衡量を行う必要がある[42]。③は、「一応の証明基準」と呼ぶことができよう。

　本判決は、Seescandy.com判決よりも匿名表現の権利を保護する姿勢を鮮明

---

41)　Dendrite International, Inc. v. Doe, No.3, 775 A.2d 756 (N.J.Super.A.D. 2001).
42)　Id. at 760f.

にした。その理由として本判決は、まず、連邦最高裁判例を引きつつ、表現に際し自分の名を出さないという選択をすることも表現の自由の一内容として保護されると確認している[43]。そして、Seescandy.com 判決が却下申立基準を刑事捜査における令状発行のために必要な「相当な理由」と同程度のものと考えていたことへの批判を示唆しつつ、重要なのは、「原告が、インターネットで提供されるパブリック・フォーラムの機会を使う批判者に嫌がらせを加えたり、その者らを脅したり、黙らせたりするために、不明の被告を特定しようとしてディスカバリー手続を使うのではない、ということを確認すること」だとする。そのために、裁判所は、原告の主張が証拠に支えられているかどうかにつき、慎重な判断を行うべきだとの姿勢を示したのである。具体的な事例においても、判決は、問題となった投稿によって原告には損害が生じていないと判断し、当該表現者を特定するためのディスカバリーを認めなかった[44]。

さらに、この Dendrite 判決と同様の配慮を示した判決として、Doe v. Cahill がある[45]。原告 Cahill は市議会議員であるが、市政についての掲示板への匿名の投稿によって名誉を侵害されたと主張し、この匿名表現者を被告として州裁判所に提訴した後、その特定のため、プロバイダへの開示命令を求めた。プロバイダから告知を受けた被告は、自らの情報を開示しないよう申し立てたが、原審はそれを認めなかったため、被告は州最高裁に上訴した。

州最高裁は、インターネットが「ユニークな民主化メディア」であり、「より多く、多様な人々が公共の討論に参加することを可能にした」と、その表現の自由にとっての価値を認めた上で、ネット上の発言の匿名性は議論をより公平なものにする効果があるとも指摘する。さらに、連邦最高裁判例を引いて、匿名表現の権利が憲法上保護されることを確認する。匿名表現は濫用される危険もあるが、「政治的言論はその本性上、ときとして不快な帰結を生むものであり、我々の社会は一般に、自由な言論の価値に、その濫用の危険よりも重要性を認めている」（McIntyre 判決より引用）[46]。しかし、もちろん名誉権保護との

---

43) Id. at 765.
44) Id. at 770-72.
45) Doe v. Cahill, 884 A.2d 451 (Del. 2005).
46) Id. at 455f.

調整は必要である。その調整の基準について、判決は本事案が公人による匿名表現者に対する開示請求である点を特に指摘する。「低すぎる基準は、潜在的な投稿者が匿名で表現する修正1条の権利を行使することを萎縮させるであろう」。特に公人によって何者であるかを容易に特定されるとなると、仮にその後の訴訟で勝てたとしても、訴訟外での各種の報復を恐れざるをえない[47]。

　本判決は、このような観点から「誠実な根拠基準」や「却下申立て基準」を退けた後、Dendrite判決を参考にしつつ、「サマリージャッジメント基準」を示した。これは、ディスカバリーで匿名被告を特定するためには、名誉毀損訴訟の原告はその主張を「サマリージャッジメントの申立てを拒絶するに十分な事実で支持する」必要がある、とするものである。判決はさらに、手続要件として、Dendrite判決の被告への告知努力義務を受け入れる。ただ、判決はDendrite判決の第4要件である利益衡量は不要とした。「サマリージャッジメント基準」自体が衡量の結果であり、さらに衡量の機会を認めることは、「分析を不必要に複雑にする」だけだとしたのである[48]。

　サマリージャッジメントは、裁判所が、当該事案に重要な事実に関する真正の争いがないと判断した場合に、トライアルに入ることなく事実認定を行い、それに基づき法的判断を下して終局判決を行うものである（連邦民事訴訟規則56条(c)(2)）[49]。ここでいう「サマリージャッジメント基準」は、原告が、被告からの自己に有利なサマリージャッジメントの申立てを拒めるだけの証拠を示すことを求める。判決はこのことを、名誉毀損事例について、「原告は、トライアルで立証責任を負う当事者として、名誉毀損主張の自己のコントロール内にあるすべての要素につき、重要な事実に関する真正の争点を生み出す証拠を提出しなければならない」と言い換え、またこれを「一応の証拠（prima facie proof）」の提出とも呼んでいる。「自己のコントロール内にある」という限定は、被告不明の段階で原告に提出困難な証拠を求めることを避けるための配慮であり、公人の名誉毀損について具体的には、原告は被告の現実の悪意について証拠を提出する必要はないとされた（主張された事実が虚偽であることの証拠は示さ

---

47) Id. at 457.
48) Id. at 458-61.
49) 浅香前掲注29) 107頁参照。

なければならない[50])。判決は具体的事例について、原告は問題となった投稿が事実を摘示していると示せていないとして、サマリージャッジメント基準を満たしていないとし、被告特定のための開示を認めた原審を破棄した[51]。

この Cahill 判決は、匿名表現者特定のためのディスカバリーについて、Dendrite 判決と同様の慎重な姿勢を示したといえる。この段階ですでに自らの主張の全要素を支える一応の証拠を提出するよう求めるというのは、ディスカバリーとしては非常に例外的扱いである。ただ、Cahill 判決は、事例が公人に対する名誉毀損であったことを重視しており、「サマリージャッジメント基準」が匿名表現者特定のための要件として常に妥当すると考えているわけではない。また、この基準が Dendrite 判決の第 3 要件である「一応の訴訟原因の存在」要求と同一といえるのかも、異論のありうるところである。Dendrite 判決第 4 要件である利益衡量を不要としたことの是非も問題となりうる。しかしいずれにせよ、Cahill 判決は、特に政治的言論について、インターネット上で匿名で表現すること自体に、多くの人々が権力者からの様々の圧力による萎縮を避けて自由に発言できるために重要な価値を認めているといえよう。顕名化が表現者に圧力をかける手段として使われることへの警戒という点は、Dendrite 判決などとも共通してみられる関心事である。

5　その後の判決例

その後の判決の多くは、Dendrite, Cahill 両判決を先例として参照している。Krinsky v. Doe 6 では[52]、経済関連の掲示板でのある会社の役員への匿名の批判が名誉毀損だとして州裁判所に訴えられ、被告を特定するための文書提出命令が求められた。原審は命令を出したが、控訴裁判所はそれを破棄したのである。同裁判所は、被告特定のための命令を出すための基準について、先例を検討した後、まず、却下申立てやサマリージャッジメントといった民事訴訟上の手続の要件を流用するのは、混乱を招くとして否定する。判決は、被告への告知努力に加えて、「名誉毀損の諸要素の存在を一応示す」ことを求める。「少なくと

---

50) Cahill, 884 A.2d at 463f.
51) Id. at 466f.
52) Krinsky v. Doe 6, 72 Cal.Rptr.3d 231 (Cal.App.6 Dist. 2008).

もこれだけを求めれば、原告が、話者を嫌がらせたり困らせたりする、あるいは正当な批判を窒息させることだけを求めているということはない、ということを保証できる」。この基準は Dendrite 判決と同様であるが、ただし本判決は、Cahill 判決同様、原告がアクセスできる範囲の事実の証拠でよい、という限定を認めている。また、Dendrite 判決の第4要件である独立の衡量は、やはり必要ないとしている。そして、問題となった投稿は事実の摘示とは解せないとして、被告特定のための命令を認めなかった。

　また、ロースクール関連の掲示板に、イェール・ロースクールの女子学生の名誉を毀損し、また脅迫するような投稿が多数なされ、広く話題ともなった事案についての Doe I v. Individuals では、被告特定のためにディスカバリーに求められる立証の程度として、やはり先例の諸基準が検討された末、原告は「被告に対して一応有利な事件とできるすべての要素に関して具体的に示す」ことを求められるという基準が適切だと判示し、具体的事案でその点を肯定して命令を認めた。Dendrite, Krinsky 両判決と同等の基準である。

　被告が不明の場合に、その者に対する提訴前に、その特定のための開示命令を、情報を有する者を相手にして裁判所に請求する手続を定める州もある。たとえばニューヨーク州では、このような提訴前ディスカバリー（pre-action discovery）と呼ばれる制度（CPLR §3102(c)）を使って、匿名表現者の特定を求めることができる。ただし、この条文はインターネット上の表現に限らず訴訟提起のために必要な情報一般についての開示を認めるものであり、条文上特に要件が定められているわけではない。この制度によってプロバイダに匿名表現者を特定する情報の開示が求められた事件 Cohen v. Google, Inc. で、ニューヨ

---

53) Id. at 244-46.
54) *See* Nathaniel Gleicher, John Doe Subpoenas, 118 Yale L.J. 320, 364ff. (2008); Lyrissa Barnett Lidsky, Anonymity in Cyberspace, 50 B.C.L.Rev. 1373, 1386f. (2009); Jessica L. Chilson, Unmasking John Doe, 95 Va.L.Rev. 389, 391f. (2009).
55) Doe I v. Individuals, 561 F.Supp.2d 249 (D.Conn. 2008).
56) Id. at 256.
57) Dendrite 判決と同様の基準を採用する判決としてほかに、Independent Newspapers, Inc. v. Brodie, 966 A.2d 432 (Md. 2009) など。サマリージャッジメントというラベルは誤解を招くとしつつ、実質的には原告に Cahill 判決と同等の要求を行う判決として、Solers, Inc. v. Doe, 977 A.2d 941 (D.C. 2009).

ーク州最高裁は、同制度で開示を受けるためには、判例上原告に「訴訟原因が存在することを強く示す」ことが求められているとする。判決は、これは「実体的訴訟原因の一応の立証」を意味し、Dendrite 判決で示された表現の自由への配慮がすでに含まれているといえるものだとして、この制度によりインターネット上の匿名表現者を特定するための命令を出すことを認めた。そして、原告はこの要件を満たしたと判断されている[59]。

これに対し、近年になっても、より緩やかな基準で十分だとする判決もある。In re Anonymous Online Speakers[60] は、匿名でなされた会社に対する名誉毀損の表現者を特定するための手続中で、証言を求められた者がそれを拒否することの許容性が問題となった事件である。連邦地裁が Cahill 判決同様の基準を用いて一部の者らについてのみ証言を強制したところ、双方が上訴した。連邦控訴裁判所は、やはり連邦最高裁の匿名表現の権利についての判例を引用しつつも、同時に、判例は表現内容によって保護の程度に差があることも認めているとする。その上で、匿名表現者を特定するための命令を認める要件についての諸裁判所の先例を検討しつつも、控訴裁判所は当該事案で問題となっている投稿を営利的表現であると分類し、そうである以上保護の程度は政治的表現より低くてかまわないという。まさに政治的表現が問題となっていた Cahill 判決の基準を用いるのは、本来要件として高すぎるということになる。しかし、控訴裁判所は、ディスカバリーについては地裁が広い裁量を有しており、その判断を覆せるのは「明白な誤り」がある場合に限られるが、本件はそこまでの誤りとはいえないとして、原審の判断を維持したのである。

会社の事業に対する批判的言論を営利的表現に分類することの妥当性は、非常に疑わしい[61]。それでも、典型的な政治的表現以外には、Cahill 判決のような

---

58) Cohen v. Google, Inc., 887 N.Y.S.2d 424 (2009).
59) 同様の制度をもつイリノイ州でも、原告に「訴訟原因を確立するために十分な事実を示す」ことを求める運用で、憲法上の懸念には対応できているという判断が示されている。Maxon v. Ottawa Publishing Co., 929 N.E.2d 666 (Ill.App.3 Dist. 2010). 同判決は、この要件は Dendrite, Cahill 両判決と同程度の要件だとしている。ただし、反対意見は、イリノイ州の実務は Dendrite, Cahill 両判決の要件よりも低い証明度で提訴前ディスカバリーを認めていると評価している。
60) In re Anonymous Online Speakers, 661 F.3d 1168 (9th Cir. 2011).
61) *See* Paul Alan Levy, Developments in Dendrite, 14 Fla. Coastal L.Rev. 1, 20 (2012).

厳しい基準を使う必要はないという主張は、同判決自体の論旨からしてもありうるものであろう。Dendrite, Cahill 両判決の基準を一般化しようとする傾向に対しては、このように留保をつける判決も存在する。

　さらに、バージニア州では、インターネット上で匿名で行われたコミュニケーションの違法性が問題となった場合に、発言者を特定するためのサピーナにつき、特別の条文を置いている。同条は原告に、匿名で「違法である、あるいはそうであろう（are or may be tortious or illegal）」コミュニケーションが行われたこと、あるいは「自分は提訴された管轄区域で訴訟の対象となる行為の犠牲者であるということを、正当で誠実な根拠（legitimate, good faith basis）をもって主張できる」ことを、「支持する資料」をもって示すことなどを求めている（Va. Code §8.01-407.1）。同条は 2002 年に成立したものであり、原告に課される立証の実体的要件は、同州の裁判所による In re Subpoena Duces Tecum to AOL 判決の影響を受けていると思われる。同判決自体が、匿名表現の権利と被害者救済の必要性のバランスを考慮したものであることは既述のとおりだが、その後の諸判決が匿名表現の権利をより保護する姿勢を示してきたため、この制定法の要件の合憲性が問題となった。これが争われたのが 2014 年の Yelp, Inc. v. Hadeed Carpet Cleaning, Inc. である[62]。製品・サービス評価の投稿を受け付けている Yelp のページへの匿名投稿により名誉を毀損されたと主張する会社が、同法に基づき投稿者を特定するための命令を求め、それが出された。ところが、Yelp はこれに従わず、裁判所侮辱の制裁を受けた。Yelp が控訴したところ、控訴裁判所も命令は合法だと認め、原審を維持したのである[63]。

　控訴審判決は、連邦最高裁の匿名表現の権利についての判例を引きつつも、表現内容が違法であれば表現者が特定されても仕方がないとする。そのバランスをとるために、Yelp 側は Dendrite, Cahill 両判決の基準を用いる必要があると主張したのだが、控訴裁判所は州法の合憲性を認め、そうである以上この法律に従うとした。しかし、同判決は合憲性の理由として、法律には合憲性の推

---

62)　Yelp, Inc. v. Hadeed Carpet Cleaning, Inc., 752 S.E.2d 554 (Va.App. 2014).
63)　その後、州最高裁が、州裁判所は問題となった命令を出す管轄権を有さないと判断し、控訴裁判所の判決は破棄された。州最高裁はその際、州法の合憲性問題については判断を留保する旨を明示している。Yelp, Inc. v. Hadeed Carpet Cleaning, Inc., 770 S.E.2d 440 (Va. 2015).

定が働くという程度のことしか言っていない。同判決は、法律が上記要件に加え「サピーナ要求に対し衡量テストを適用するいくらかの余地」を認めていると解釈しており、この点が合憲判断に意味をもったのかもしれない[64]。

最近の連邦地裁判決は、インターネット上の匿名表現者を特定するための命令の要件について、これまでの諸判例が以下のような「基本的コンセンサス」を形成してきているとしている[65]。①原告は、反論の機会を与えるため、表現者に告知を行う「合理的努力」をしなければならない。②「原告は、自己の主張の、自分のコントロール内にあるすべての要素につき、一応の支持（prima facie support）を示さなければならない」。③裁判所は、原告が対象言明を特定しているか、必要な情報を得る他の手段はないかも考慮する。④もしこれらの要素から明確な判断ができない場合には、裁判所は、情報開示が表現の自由にもたらす抑止効果を正当化するに十分な利益に値することを原告が示したかどうかを、判断しなければならない。

むろん、先例が常にこれらの要件を審査基準として採用してきたということはない。特に④の利益衡量を独立の考慮事項として立てるかどうかについては、既述のように、判決例の中でも意見の相違がある。原告がディスカバリー段階で立証すべき程度に関する②についても、判決例において様々な定式化がなされてきたところである。が、確かに多くの判決は、被告を特定するためには、原告がいったん自らの主張を支える証拠を提示する必要があると考えてきたといえるであろう。これにより、原告が単に顕名化に伴う様々な圧力によって表現活動を萎縮させるために表現者の特定を求めているのではない、ということを確認することが必要だと考えられているのである。

6　学説の反応

このような判例の傾向に対し、批判的な見解もむろん存在する。2004 年の

---

64) Yelp, 752 S.E.2d at 565. 表現の自由保障の観点から、同法は他州の判決例と同様に、原告に証拠による主張の根拠づけを求める趣旨だと解釈すべきであると控訴審判決を批判する論稿として、Jesse Lively, Can a One Star Review Get You Sued ?, 48 J.Marshall L.Rev. 693, 714-25 (2015). 同論文も、原告が証拠をそろえない段階で匿名表現者の特定を認めると、批判対象となる会社などが「批判者を脅して黙らせる」ためにサピーナを使うことが許されてしまうことを懸念する。
65) East Coast Test Prep LLC v. Allnurses.com, Inc., 167 F.Supp.3d 1018 (D.Minn. 2016).

段階でDendrite判決の基準が厳しすぎるとするある論文は、インターネットの匿名表現者を特定するための命令について、ディスカバリー一般とは異なる特別の要件を定立することに反対する。確かに匿名表現の権利は憲法上保障されているが、連邦最高裁が扱った事例は、いずれも一定の表現活動を行う場合には顕名を求めるという内容の法令の合憲性が争われたものであり、違法な表現を公表した者が責任追及から逃れるために匿名を守りたいという主張が、認められるわけではない。問題は、保護されるはずの表現活動に対する萎縮効果であるが、違法表現の被害者の救済を受ける権利の観点からして、ある程度の萎縮効果が生じるのは仕方ない。この論文の著者は、既存の手続ルールでも、特に被告が不明の段階ではディスカバリーに一定の要件を課すことは可能であり、また原告による表現者に対する訴訟外の私的な制裁的行為を防止する措置をとることもできるという。バランスとしてはこれで十分であり、Dendrite判決の要件は、むしろ原告の提訴を「抑止し過ぎる」であろう。[66]

その後も、Dendrit, Cahill両判決の立場に対しては、被害者救済の観点からの異論は示されている。[67]最高裁判例は、匿名表現者を公私の権力に対抗する言論を可能にするための「誇りある」活動だと見てその要保護性を強調しているが、匿名性には責任意識を欠如させ、根拠のない誹謗中傷といった違法な表現を誘うという「ダークサイド」があるのも確かである。インターネットの現実において、後者の言論の方が前者よりもずっと多いのだとしたら、判例の匿名表現保護の論理をインターネットに持ち込んで、被害者が救済を求める前提として被告を特定することすら困難にすることには、反論があってもおかしくない。[68]

しかし、文献上も、判決例の大勢を支持する論調が支配的であるといえよう。

---

[66] Vogel, supra note 30. *See also* Caroline E. Strickland, Applying McIntyre v. Ohio Elections Commission to Anonymous Speech on the Internet and the Discovery of John Doe's Identity, 58 Wash.&Lee L.Rev. 1537 (2001). ただ、これらの論文は、従来の最高裁判例が扱った事例は「事前抑制」であったとし、これを特定の表現がなされた後に表現者を特定するための命令と対置するが、ある範疇の行為を匿名で行うことを禁止しているだけで、制裁としては事後の刑罰しか付されていない規制まで「事前抑制」に含めるような概念の用い方には、賛同しかねる。

[67] *See* S. Elizabeth Malloy, Anonymous Bloggers and Defamation, 84 Wash.U.L.Rev. 1187 (2006); Benjamin Conery, Maintaining the Mask of the First Amendment, 47 Suffork U.L.Rev. 823 (2014).

[68] Lidsky, supra note 54, at 1385f., 1388.

しばしば参照されるイェール・ロー・ジャーナルの論文は、基本的にDendrite, Krinsky両判決の「一応の証明基準」を肯定しつつ、被告が特定できない段階で原告に証明を求めるのが困難な要素については、原告が公人か私人かで基準を分け、公人には表現者の現実の悪意について「強い推論（strong inference）」を示す事実の提出を求めるべきだとする。これに対し、私人はそのような負担からは解放すべきである。同論文は、公人については、Cahill, Krinsky両判決が証明対象から除外したような、被告の主観にかかわる事実についても一定の証明を求めるべきだという厳しい立場を示したのだが、その背景には、匿名表現の権利と被害者救済の必要性との衡量において、公共の討論に貢献する言論は顕名化によって生じうる萎縮から強く保護されるべきであるとの判断がある。一方、同論文は、「オンライン・モブ」ともいえる匿名表現によるハラスメントの被害も深刻であり、そのような言論はむしろ攻撃対象を黙らせる力をもつものであって、被害者救済の必要性が高い、という考慮も示している。だがそれでも、私人が原告となる場合にも、被告特定のためのディスカバリーを得る要件として、自己のコントロール内の要素については一応の証拠を示すよう求めるのであり、むしろかなり表現の匿名性を保護しようとしているともいえるであろう。また、同論文は、Dendrite判決が示した独自の衡量要件については、他の要件では明確な判断ができない場合にのみ使用することを肯定している。

　原告が自己の主張について「一応の証拠」を示すべきだとする基本的な要請については、賛同する文献が多い。そこでは、被告特定のための文書提出命令が、批判者への嫌がらせ、脅しのために濫用されることへの懸念が大きな役割を果たしている。また、上で見たイェール・ロー・ジャーナルの論文と同様に、

---

69) Gleicher, supra note 54, at 353-57.
70) Id. at 330f. 匿名表現によるハラスメントへの危惧には、むろん、イェール・ロースクールでの事件（前掲注54）参照）が反映している。
71) Id. at 360-62. その他、表現者への告知の合理的努力と訴訟遂行のための必要性が、要件として挙げられている。Id. at 363.
72) Mazzotta, supra note 37, at 844f., 860-62（証明対象は自己のコントロール内の要素に限定）; Levy, supra note 61, at 47-50; Susanne Moore, The Challenge of Internet Anonymity, 26 J.Marshall J. Computer & Info.L. 469, 483-85.

政治的言論についてはより厳しい基準を設けるべきだという主張も散見される[73]。これは、政治的言論については、特に匿名での表現活動が顕名化の恐れによって萎縮させられないことが重要だと考えられているからであろう。

III　むすびにかえて

既述のとおり、日本でも、発信者情報開示には「表現の自由」の観点からも「厳格な要件」が必要だといわれている。しかし、そこで「表現の自由」がいかなる意味で問題となっているのかはあいまいなままであるように思われる。アメリカの判例・学説において、匿名表現の権利の要保護性は、なによりも顕名化がもたらしうる表現者への圧力に対する警戒に支えられている。国家の行為と社会的な圧力とが結びついて発生する萎縮効果に対する警戒は、ウォーレン・コート期以来アメリカの表現の自由判例を支える発想である[74]。確かに、顕名化自体は、表現者に法的制裁を課すものではないともいえる。しかし、顕名化によって表現者に対し必然的に生じる有形無形の圧力は、公共の討論の活発さを損なう萎縮効果として、避けるべき自由への制約と考えられているのである。そして、インターネットが広く匿名表現の可能性を開いた以上、そのフォーラムを匿名で利用する機会を保障することまで憲法上の表現の自由保障に含まれるべきだということになる。インターネットによって多くの人々が議論に参加できるようになったことは、表現の自由保障の観点から積極的に評価されるべきことであり、そこで技術的に可能とされた表現手法を人々ができるだけ臆することなく使用できることが、憲法上保障されるべき権利だと考えられて

---

73) Ryan M. Martin, Freezing the Net, 75 U.Cin.L.Rev. 1217, 1240-43 (2007); Siler, supra note 16, at 206-08. Michael R. Baumrind, Protecting Online Anonymity and Preserving Reputation through Due Process, 27 Ga.St.U.L.Rev. 757, 788-95, 800 (2011) は、政治的表現についてはサマリージャッジメント基準が適切としつつ、それ以外の表現の場合には原則として特別の要件を課す必要はないとして、両者により明確な差異を設けようとする。
74) 毛利前掲注19) 第4・5章参照。
75) インターネットにおける表現規制についての初の連邦最高裁判決である Reno v. American Civil Liverties Union, 521 U.S. 844 (1997) が、その人々に開かれた表現媒体としての有効性を強調し、インターネットに修正1条の保障が限定されずに及ぶと判示した (at 870) ことも、上記の多くの判決で参照されている。

いるのだといえよう。

このような匿名表現の権利についての評価は、日本の発信者情報開示要件を考えるうえでも参考になると思われる。確かに、匿名性の有する「ダークサイド」からすれば、表現者特定の要件を全般的にあまり厳しくしすぎることにも問題はあろう。しかし、匿名性自体に保護されるべき価値を認めないような考え方は、それが一般の人々の表現活動への敷居を低めていることが有する積極的意義を認めていない点において、批判されるべきである。権利侵害の明白性要件により、発信者情報開示がプロバイダの判断だけで行われず、裁判所の判断を経ることが一般的になっていることは、この観点からむしろ積極的に評価すべきであろう。これにより、発信者情報を求める者にとって時間・労力のコストが増大するのは確かだが、表現者にとっていったん開示されれば回復できない匿名性への利益がかかっている以上、私的業者の判断に委ねるのは適切ではない。[76]

アメリカの裁判例では、表現者特定の要件として、原告に対しまず手続的に、文書提出命令が求められている旨を匿名表現者に告知する努力が求められるのが一般的である。これにより、表現者にできるだけ反論の機会を与えることが意図されている。ただし、一般的にいって、表現者に対しては、原告よりもプロバイダの方が連絡をとりやすい立場にいるといえよう。表現者を匿名被告とする訴訟形式においては、プロバイダは訴外の第三者にとどまるが、事情によっては告知義務をプロバイダに課すことも許されるとの判決例もある。[77]日本では、プロバイダ責任制限法4条2項がプロバイダに発信者の意見聴取義務を課しているが、これは手続の適正さの確保策として、原告に告知努力義務を課すよりも妥当な手法であろうと思われる。ただ、発信者が直接裁判所に対し弁明を行う機会が保障されていないことには問題もあり、発信者に原告に対しては身元を隠したまま意見提出を認める制度を導入するなどの改善策は考えうる。[78]

---

76) この表現者の利益を考えれば、刑事事件の捜査においても、プロバイダが任意捜査に応じて発信者情報を開示することには問題が大きいといえよう。
77) Solers, 977 A.2d at 954f. Krinsky, 72 Cal.Rptr.3d at 244 も、プロバイダから匿名表現者に告知がなされれば、それ以上原告に告知を求める必要はないとする。
78) 大島前掲注27) 33-34頁参照。

実体的要件については、日米の訴訟制度や名誉毀損の成立要件の相違を考えれば、アメリカの判決例の具体的な基準が取り入れられる価値を有するというわけではなく[79]、その考え方が参考に値するという程度であろう。ただ、原告に、自己のコントロール内にある限りで、自己の主張を根拠づける一応の証拠を示すよう求めるという、アメリカの判決例の「基本的コンセンサス」とも言われている要件は、上記した日本の平成15年判決の立場と類似しているとはいえる。平成15年判決には、十分な理由が付されていたとはいえない。アメリカでは、この要件は、原告が十分な根拠もないのに表現者を特定し、その者に嫌がらせや脅しといった圧力を加えようとすることを避けるために、求められている。さらに、このような考え方から、名誉毀損の相手が公人か私人かで表現者特定の要件を変えてよいという主張も、有力になされている。これらの理解は、日本の権利侵害の明白性要件解釈においても参考となろう。

　　　　　　　　　　　　　　　　　　　　　（もうり・とおる　京都大学教授）

---

[79]　同 32-34 頁参照。

「ろくでなし子」事件とわいせつ表現規制

曽我部真裕

I はじめに

　1962年、奥平康弘は、「『憲法が滅んでも、わいせつ文書頒布販売罪は存続する』のだろうか。」と述べた。これは、一方では、日本国憲法下においても刑法175条が存置されたことを、他方では、チャタレイ事件最高裁判決における憲法論の不在を批判するものである。『チャタレイ夫人の恋人』の訳書が捜査機関によって立件されたのは、日本国憲法制定から4年ほどしか経っていない1950年のことであり、この事件において憲法問題が「発見」され、この事件と並行して表現の自由に関する憲法論が手探りで構築され始めたといってよい。

　それから50年余り、表現の自由をめぐる憲法学説は精緻化を見せているが、わいせつ表現規制に関する裁判所の判断に対して十分な影響を及ぼすことはできておらず、冒頭に引いた奥平の指摘は、今日でも相当程度妥当しているものと言わざるをえない。

---

1) 奥平康弘「『わいせつ文書頒布販売罪』（刑法175条）について」『表現の自由II』2頁（初出1962年）。
2) 最大判昭和32年3月13日刑集11巻3号997頁。
3) この辺りの消息を論じるものとして、駒村圭吾「ロレンスからサドへ——あるいは、文学裁判から憲法裁判へ」松井茂記ほか（編）『自由の法理（阪本昌成先生古稀記念論文集）』（成文堂、2015年）763頁。

本稿は、芸術的表現の自由とわいせつ規制との相克が本格的に争われた「ろくでなし子」事件を素材に、筆者が弁護人の依頼に応じて執筆した意見書において述べた内容を中心に、今日におけるわいせつ表現規制の問題点の一端について考察するものである。もっとも、この事件は現在進行形のものであり、本稿脱稿後、本書が刊行される頃には控訴審判決が出されているはずである。これについては今後必要に応じて検討の機会をもちたい。

II 事案

被告人は、「ろくでなし子」というペンネームで漫画家として活動していたが、自らの女性器を型取りし、それをモチーフにアート作品を制作するようになり、ワークショップや個展を開催していた。

2013年10月および翌年3月、被告人は、3Dスキャナと3Dプリンタとを利用して自身の女性器を基に一人乗りボート(「マンボート」)を制作する計画を発案し、そのための資金を、インターネットを利用した募金(クラウドファンディング)によって調達しようと考えた。その際、資金の寄付に応じた者に自身の女性器の3Dスキャンデータを謝礼として提供した。その具体的な方法は、データファイルをサーバーコンピュータに保存した上、寄付者に対してクラウドファンディングサイトのメール送信機能や電子メールによって当該ファイルの保存先のURL情報等を送信するというものであった。これが、本件においてわいせつ電磁的記録頒布罪に問われたものである。

また、関連して、2014年5月に、このデータが記録されたCD-R(とマンボートのミニチュア)を販売した行為についてもわいせつ物販売罪に問われている。

さらに、これとは別に、2014年7月、被告人が自己の女性器を石膏で型取りし、塗装や装飾を施して制作したオブジェ(「デコまん」)3点を、女性向けアダルトショップにおいて展示した行為が、わいせつ物公然陳列罪に問われた。

後述するように、東京地裁は、デコまんの展示については、デコまんがわいせつ性を欠くとして無罪としたが、3Dデータにはわいせつ性が認められると

---

4) 意見書は2通作成されている。1通は一審段階で提出されたもの、もう1通は控訴審において提出され、一審判決の問題点を指摘したものであるが、本稿では前者についてのみ言及する。

して、その頒布行為（インターネット経由のもの及び CD-R の販売によるものの双方を指す。以下、この両者は特に必要のない限り区別せずに論じる）については有罪とした（罰金 40 万円）。

Ⅲ 一審意見書での指摘

1 はじめに
本節では、筆者が一審段階で提出した意見書（一審意見書）を紹介する[5]。

結論としては、本件に関しては、わいせつ性を欠きあるいは違法性が阻却されることから、全体として無罪判決がなされるべきであると考えるというものである。すなわち、デコまんはわいせつ物に該当せず、また、女性器の 3D データの頒布は、仮にわいせつ性が認められたとしても、被告人の芸術的・政治的な活動の一環として、憲法 21 条に鑑み違法性が阻却されるべきであると主張している。

2 被告人の活動が芸術的・政治的な活動として憲法上厚く保障されるべきこと
(1) 芸術的表現としての意義

被告人が自身の性器をかたどったり 3D スキャンをすることによって様々な作品を制作していることは、芸術活動であると理解することができる。このことは、例えば展覧会やワークショップを画廊という通常芸術表現がなされる場で行ったこと、クラウドファンディングサイトでの計画の説明内容に鑑みれば、本人の主観のみならず、一般的・客観的に見ても、そのように理解できることは明白である。また、美術専門家からも、フェミニズム芸術など、女性器をモチーフにした芸術活動のジャンルが存在していることが示されている。なお、女性向けのアダルトショップでワークショップを開催したこともあったが、これについても、性的好奇心の充足を目的としたものではないことは明らかである。

---

[5] 以下、本節の叙述は、一審意見書を基礎として、一部省略及び加筆修正を行ったものである。

ところで、表現の自由の保障根拠としては、自己実現の価値及び自己統治の価値ということが言われる⁶⁾。この観点からは、芸術的表現は自己統治の価値を欠き、表現の自由のせいぜい周辺的な保障にしか値しないのでないかという疑問もあるかもしれない。しかし、芸術的表現は、しばしば人間や社会の根源的なあり方を問うものであり、表現の自由に単に含まれるというだけではなく、その主要な要素として位置づけられるべきである。

また、芸術はしばしば一般人には理解しがたい表現方法をとるものであり、そのこと自体は芸術の特徴として一般に承認されている。そこで、一般人に理解しがたい表現方法についても広く許容し、萎縮効果への配慮を特に示す必要があり、その意味からも表現の自由の主要な要素として厚い保障が求められる。なお、萎縮効果の概念は判例上、正面からは採用されていないようにも見えるが、同様の考え方は採用されている[7]。

さて、芸術的表現の自由に関しては、その芸術的価値の裁判所による審査のあり方が、裁判所の審査能力等との関係で問題となる。この点については、個々の作品の具体的評価に立ち入ることはやはり適切ではなく、評論家を始めとする一般的な評価を前提にすべきだろう。最高裁もメイプルソープ第2事件[8]等において、同様の立場に立っていると思われる。もっとも、芸術的な評価の高低が重要ではなく、芸術的な評価の対象となっていること自体が、芸術的表現の自由として厚く保障されるかどうかにとっては鍵となる。

そうだとすれば、被告人のデコまん作品は、国内外の美術評論家から芸術的評価の対象となっていることから、芸術的表現の自由の範疇に含まれることは明らかである。

これに対して、被告人の女性器の3Dデータは、それ自体には被告人の創作

---

6) 芦部信喜（高橋和之〔補訂〕）『憲法〔第6版〕』（岩波書店、2015年）175頁。
7) サンケイ新聞事件（最二小判昭和63年4月24日民集41巻3号490頁）では、反論権の承認が「批判的記事、ことに公的事項に関する批判的記事の掲載をちゅうちょさせ、憲法の保障する表現の自由を間接的に犯す危険につながるおそれ」が指摘されている。また、最近の判決では、堀越事件における千葉裁判官の補足意見が、原審のとった適用違憲の手法は法的安定性の点で問題があり、表現の自由に対する「威嚇効果」が残ることを指摘している。これは、適用違憲という学説上は確立し、下級審でも採用例のある手法に対して根底的な批判を行うものであるが、逆に言えば「威嚇効果」のおそれを非常に重視する点で表現の自由を尊重する考え方である。
8) 最三小判平成20年2月19日民集62巻2号445頁。

の要素が含まれていないことから、芸術作品であると評価し難いとも考えられる。しかしながら、被告人がこのデータを作成し頒布したことは、人々の創作活動の素材とする目的によるものであり、この点も被告人の著作等で明らかにされており受け手には了解されていた点に留意が必要である。受け手が創作活動に参加するいわゆるアートプロジェクトは、近年芸術活動の1つの分野として確立しているということであり、このデータについてはこうした文脈で理解されなければならない。

(2) 政治的表現としての意義

また、被告人の活動は、芸術的意義を有するにとどまらず、政治的表現としての側面を有することにも留意しなければならない（詳細については後述する）。また、この点は、被告人が様々な場面で明示的に述べていることであり、一般的・客観的にもそのように言えることは明らかである。

なお、政治的表現は、国政の決定に関するものとして狭く理解されてはならない。この点、表現の自由の意義を説いた北方ジャーナル事件判決[9]は「主権が国民に属する民主制国家は、その構成員である国民がおよそ一切の主義主張等を表明するとともにこれらの情報を相互に受領することができ、その中から自由な意思をもって自己が正当と信ずるものを採用することにより多数意見が形成され、かかる過程を通じて国政が決定されることをその存立の基礎としているのであるから、表現の自由、とりわけ、公共的事項に関する表現の自由は、特に重要な憲法上の権利として尊重されなければならないものであ」るとして、国政の決定との関連性を求めるようにも見える。

しかし、被告人の活動は、社会における女性の性的な抑圧の問題に一石を投じるものであり、社会の基本的なあり方に関する問題提起であって、こうしたものが政治的表現の範疇に含められるべきことは言うまでもない。「個人的なことは政治的なこと（The Personal is Political）」というあまりにも有名なフェミニズムの言葉を想起すべきである。また、一般論としては、こうした問題提起が各種の政策に活かされる可能性もありえ、その意味からも政治的な表現とし

---

[9] 最大判昭和61年6月11日民集40巻4号872頁。

て憲法上、厚い保障が求められる。

3Dデータの頒布行為については、後述のとおり、人々の参加を促す形で自己の思想を広めようという考えに基づいたものであり、やはり政治的表現の一環と捉えられるべきである。

3 デコまん及び3Dデータがわいせつに当たらないこと
(1) 判例

わいせつ性の判断方法を確立した四畳半襖の下張事件判決は、次のように述べている。[10]「文書のわいせつ性の判断にあたっては、当該文書の性に関する露骨で詳細な描写叙述の程度とその手法、右描写叙述の文書全体に占める比重、文書に表現された思想等と右描写叙述との関連性、文書の構成や展開、さらには芸術性・思想性等による性的刺激の緩和の程度、これらの観点から該文書を全体としてみたときに、主として、読者の好色的興味にうったえるものと認められるか否かなどの諸点を検討することが必要であり、これらの事情を総合し、その時代の健全な社会通念に照らして、それが『徒らに性欲を興奮又は刺激せしめ、かつ、普通人の正常な性的羞恥心を害し、善良な性的道義観念に反するもの』〔引用判例略〕といえるか否かを決すべきである」。この判決は、いわゆる全体的考察方法をとることを述べたものである。

また、国貞事件判決では、次のように判断されている。[11]「『文書の猥褻性の有無はその文書自体について客観的に判断すべきものであり、現実の購読層の状況あるいは著者や出版者としての著述、出版意図など当該文書外に存する事実関係は、文書の猥褻性の判断の基準外に置かれるべきものである。』旨の見解は正当であり、また、このように解しても憲法21条に違反するものではない」。

この判決は、いわゆる相対的わいせつ概念を否定したものであるとみられるが、近年のメイプルソープ第2事件では、若干ニュアンスの異なるように理解できる判示もされている。すなわち、「本件写真集は、写真芸術ないし現代美術に高い関心を有する者による購読、鑑賞を想定して、上記のような写真芸術家の主要な作品を一冊の本に収録し、その写真芸術の全体像を概観するという

---

10) 最二小判昭和55年11月28日刑集34巻6号433頁。
11) 最一小判昭和48年4月12日刑集27巻3号351頁。

芸術的観点から編集し、構成したものである点に意義を有する」という点は、想定される読者層や出版の意図の考慮を認める趣旨のようにも見えるが、これは相対的わいせつ概念を採用するものではなく、芸術性を強調する趣旨であると理解すべきだろう。

さて、以上は、文書のわいせつ性に関する判断であったが、「その他の物」についても基本的には同様に考えられる。

なお、わいせつ物等頒布罪については、かねて憲法学より少なくとも過度に広汎な規制であるとして違憲の疑いが指摘されてきた。ここではこの点は措くが、インターネット時代に入り、性表現をめぐる社会的状況は劇的に変化していることから、わいせつ性の判断については慎重に行われる必要があることを強調しておきたい。[12]

(2) デコまんのわいせつ性について

以上のような観点から本件を検討すれば、まずデコまんがわいせつ物に該当しないことは極めて明らかである。この点は弁護人から詳細に主張されていることから、ここでは最低限の指摘をするに留める。

すなわち、デコまんは、女性器の型取りを元にしたものであるが、各種の装飾が施され、一見して女性器を元にしたものであることさえ理解できないものもあり、いずれにしても性欲の刺激・興奮をもたらし、「好色的興味に訴える」とは無縁のものである。

また、判例は相対的わいせつ概念を否定し、陳列方法等の作品外の事情は考慮しないとしていることから、デコまんがアダルトショップで展示されていたという事実は考慮すべきではない。[13]

---

[12] なお、(元) 裁判官の執筆に係る定評ある逐条解説においても、わいせつ性の判断基準として、限定説 (端的な春本説) が妥当とされていることも付言しておきたい (大塚仁ほか〔編〕『大コンメンタール刑法第9巻〔第3版〕』(青林書院、2013年) 41頁〔新庄一郎・河原俊也〕)。

[13] もっとも、仮にこの点を考慮したとしても、女性器をモチーフにした作品が、基本的には成人女性に限って入店を認めている店舗で展示されていることが、わいせつ物公然陳列罪の保護法益を害する度合いは限りなく低い。

(3) 3Dデータのわいせつ性について

女性器をスキャンした3Dデータのわいせつ性の問題についても、弁護人の主張に委ね、詳述は避けるが、データそのものは彩色もされておらず無機質な印象を与え、性欲の刺激・興奮をもたらし、「好色的興味に訴える」とは言いがたい。また、性交等の状況を直接的に表現したものではもちろんない。メイプルソープ第2事件判決は、「本件各写真は、白黒（モノクローム）の写真であり、性交等の状況を直接的に表現したものでもない。」という点をわいせつ性の否定の一要素としているが、本件でも同様の指摘が可能である。

本件の3Dデータは、女性器をスキャンしているということで、わいせつ性は認めざるをえないという考え方も成り立ちうることは認めざるをえない。極めて古い判決であるが、男性器および女性器をかたどった物品が、非常に粗悪なものであるにもかかわらずわいせつ物であると認定された事案がある[14]。また、メイプルソープ第1事件でも、「性器そのものを強調し、性器の描写に重きが置かれているとみざるを得ない写真が含まれており」とされている（ただし、その後同様の写真集についてわいせつ性が否定されていることは前述のとおりである[15]）。

各地に存在する性器を象った秘仏等も念頭に置けば、性器を描写していることをもって直ちにわいせつ性を認めるという考え方には疑問がある。とりわけ、3Dデータに即して言えば、写真集の中の一部に性器の描写があるような場合とは異なり、全体的考察方法によっては頒布の文脈を適切に考慮できないことになる。しかし、上記のようなこれまでの判例を前提とすれば、3Dデータについては、わいせつ性が認められる可能性も否定できない。そこで、次に、芸術的・政治的な表現であることによる違法性阻却の可能性について述べる。

4　3Dデータの頒布は表現の自由の保障を受け、違法性が阻却されるべきこと

(1)　憲法上の権利保障を踏まえた違法性阻却事由の解釈の必要性

上述のように判例は、わいせつ性の判断において、作品全体を考慮する全体的考察方法をとる一方、作品外の事情を考慮する相対的わいせつ概念を否定し

---

14)　最一小決昭和34年10月29日刑集13巻11号3062頁。
15)　最三小判平成11年2月23日判時1670号3頁。

ている。こうした前提からすると、写真集の中の一部に性器の描写があるような場合とは異なり、3Dデータを単独で頒布している本件では、作品全体の考慮の中でその社会的意義に配慮することができないことになってしまう。しかし、冒頭に述べたとおり、被告人の活動の芸術的・政治的な意義に鑑みると、こうした配慮を行わないことは、憲法21条の保障する表現の自由との関係で重大な問題を生じる。

　そこで、構成要件該当性（わいせつ性）判断において対応できないとしても、違法性阻却の可能性が検討されなければならない[16]。すなわち、刑法解釈において憲法的価値を考慮する手法としては、構成要件解釈によるものと違法性阻却事由の解釈によるものとがある。法益保護と憲法上の権利保障との類型的な衡量は構成要件段階の問題、具体的な衡量は違法性阻却の問題であると考えることができる[17]。前者の例としては、国家公務員の政治的行為の規制につき、「政治的行為」の文言を限定解釈した堀越事件判決[18]のほか、比較的多数のものがある。

　これに対して、後者の例は、特に最高裁判決の中には必ずしも多くはない。しかし、違法性阻却の段階が法益保護と憲法上の権利保障との具体的な衡量という側面を有するとすれば、こうした現状には不満が残る。数少ない重要な例として、外務省秘密漏洩事件決定[19]をあげることができる。そこでは、記者の取材依頼が秘密漏示のそそのかし罪（国家公務員法111条）の構成要件に該当することを前提に、「報道機関が公務員に対し根気強く執拗に説得ないし要請を続けることは、それが真に報道の目的からでたものであり、その手段・方法が法秩序全体の精神に照らし相当なものとして社会観念上是認されるものである限りは、実質的に違法性を欠き正当な業務行為というべきである」。

　この判断は、取材の自由の憲法上の保障を踏まえ[20]、取材の自由と国家秘密の

---

16)　憲法上の権利保障を考慮する方法としては、本文で述べた刑法解釈の中で考慮する方法のほか、正面から憲法判断を行う適用違憲の方法もありうる。しかし、最高裁が適用違憲との手法に非常に消極的であることなど（堀越事件における千葉裁判官の補足意見を参照）や法分野の自律性の尊重といった見地から、刑法解釈の中で対応できるのであればその方が望ましいと考えられる。

17)　佐伯仁志「実質的違法性」法学教室202号（1997年）13頁（13頁）。

18)　最二小判平成24年12月7日刑集66巻12号1337頁。

19)　最一小決昭和53年5月31日刑集32巻3号457頁。

保護という法益とを衡量し、正当な取材については違法性が阻却される余地を認めたもので、その限りでは極めて適切なものである。また、この考え方は、2013年に制定された特定秘密保護法にも明文で取り入れられており（22条2項）、確立したものであるといえる。

　もう1件例を挙げれば、いわゆる政経タイムズ事件において最高裁は、所定の要件を充たさない新聞・雑誌が選挙に関する「報道又は評論」を行うことを処罰する公職選挙法148条3項、235条の2第2号の合憲性について、「報道又は評論」を限定解釈した上で、「右規定の構成要件に形式的に該当する場合であっても、もしその新聞紙・雑誌が真に公正な報道・評論を掲載したものであれば、その行為の違法性が阻却されるものと解すべきである」とした[21]。

　本件についても、このような形でわいせつ物等頒布罪の保護法益と表現の自由との調整がなされるべきである。ただし、管見の限り、本罪との関係でこのような形での違法性阻却が検討された事例はこれまで見当たらないが、最高裁判決の個別意見ではこうした視点が示されたことがある。例えば「悪徳の栄え」事件[22]における岩田誠裁判官の意見がその例であり、そこでは正面からの利益衡量による違法性阻却の可能性が主張された。しかし、この事件の多数意見では、こうした方法は否定され、文書の芸術性はわいせつの定義の中で考慮された。確かに、裁判所の判断能力等の関係からしても、文書の芸術性や思想性の立ち入った判断に基づく利益衡量を行うことは困難であろう。

　しかし、わいせつの定義の中で考慮できる要素には自ずから限界があり、とりわけ文書外の事情はそうである。したがって、事案に応じて、違法性阻却レベルでの対応が必要な場合がありうる。そして、このような考え方が決して異例ではないことは、国貞事件における調査官解説が次のように述べていることからも明らかである。

　　「猥褻」の意義については判例も存するところであるが、一義的に明快な概念規定は困難であって、具体的なある文書自体について猥褻性の有無を判断する

20）　ただし、判例は端的に保障されるというのではなく、「憲法21条の精神に照らし、十分尊重に値する」とするにとどまる。
21）　最一小判昭和54年12月20日刑集33巻7号1074頁。なお、この判決の引用は控訴審意見書において行ったものである。
22）　最大判昭和44年10月15日刑集23巻10号1239頁。

ことさえ、時に容易なことではない。まして著者、出版者の著述、出版の意図や、販売方法等の具体的な事件ごとの事情をも加えてその文書が猥褻かどうかを判断するというようなことは、法律解釈の技術として無理であろうし、そのようなことでは犯罪構成要件としての『猥褻』という概念の明確性が失われることになるのは明らかである。著者、出版者の意図や販売方法等の、文書外の事情は、個々の具体的ケースに即して、違法性阻却事由として考慮される余地があると解すべきではあるまいか。例えば、いわゆる艶本の複製についていえば、もっぱら国文学研究の目的のためにこれを複製し、十数名程度の特定人に対してのみ頒布するというような場合である。[23]

　この見解は極めて示唆的である。まず、この見解は、構成要件の概念的な限界（明確性）の観点から、相対的わいせつ概念を否定している。しかし、これはあくまで構成要件段階で相対的わいせつ概念を採用することを否定しているだけであって、相対的わいせつ概念の問題意識とする文書外の事情は、違法性阻却事由において考慮されるべきことを正面から認めているのである。わいせつ表現がしばしば表現の自由の行使として捉えられることからすれば、わいせつの罪の可罰性を議論するにおいては、構成要件該当性と違法性阻却との両面を常に視野に入れておかなければならない。

　この点、これまでは、一部の例外を除き[24]、すべてをわいせつ概念の問題として捉えた上で諸説が主張されてきたが、この点に関する最高裁判例が確立している今日の状況においては、構成要件該当性（わいせつ概念）と違法性阻却との両面からの考察によって、表現の自由とわいせつ罪の保護法益との適切な調整点を見出す必要性がある。

　さて、先の調査官解説からの示唆に戻ると、そこに挙げられた具体例では、目的の正当性と法益侵害の程度（相対的軽微性）が考慮要素となることも示唆されている。これは、具体的な違法性阻却の判断方法に関わる点であるが、項を改めて検討する。

(2) 具体的な判断枠組み

　ここで論じている問題は、刑法論においては実質的違法性の問題と呼ばれて

---

23) 大久保太郎「判解」『最高裁判所判例解説（昭和48年度刑事篇）』365頁（369頁）。
24) 団藤重光『刑法綱要各論〔第3版〕』（創文社、1990年）326頁。

いるようであり、リーディングケースとして、久留米駅事件判決[25]がある。もっとも、同判決は「当該行為の具体的状況その他諸般の事情を考慮に入れ、それが法秩序全体の見地から許容されるべきものであるか」と述べるのみで、基準としては抽象的である。

より具体的には、前述の外務省秘密漏洩事件決定や国貞事件の調査官解説から示唆されるとおり、目的の正当性、手段の相当性、法益侵害の程度（相対的軽微性）と言った点が考慮されることになろう。こうした判断は、先に言及した正面からの利益衡量とは異なり、作品の芸術性・思想性そのものの判断を裁判所に求めるものではないことからも、本件での判断方法として適切であると考えられる。

　(a)　目的の正当性

以上を踏まえて、本件を検討する。以下では構成要件該当性が肯定される可能性のある 3D データについて論じるが、デコまんについても、万一構成要件該当性が肯定されるのだとすれば、同様の議論が妥当すべきことを申し添える。

まず、目的であるが、起訴事実第 2 の頒布行為は、マンボート制作のためのクラウドファンディングの際に寄付者に対する謝礼（リターン）として行われたものであり、同第 3 の頒布行為はマンボートのミニチュア販売の「おまけ」としてなされたものである。

そこで、これらの行為の目的を考察するにあたっては、上記の頒布行為の目的のほか、マンボート制作を始めとする被告人の女性器に関わる創作活動全体の目的を検討する必要がある。後者については、クラウドファンディングサイトに掲載された計画趣旨に明確に語られている。

それによれば、「まん中が必要以上に隠されてきたために、逆にいやらしさが増幅し、女性にとっては単なる体の一部なのにセックスや卑猥なイメージを勝手に与えられてしまったと感じます。そこでまん中をもっと POP に、カジュアルに、日常にとけこませるよう（…）本格的に活動するようになりました。」などとされている。

これは、女性抑圧的な社会構造の一部として、女性は性的にも男性に支配さ

---

[25]　最大判昭和 48 年 4 月 25 日刑集 27 巻 3 号 418 頁。

れており、女性器についてももっぱら男性の観点からの捉え方が社会に蔓延していることを指摘するもので、典型的なフェミニズムの政治的主張であると理解できる。このようなフェミニズムの主張及びそれに基づく創作活動は、各国で例が見られ、その意味では確立した表現方法の1つであると言える。被告人は検挙される以前からインターネット上や著作においてこの種の主張を繰り返し語っており、芸術に藉口した単なる弁解ではなく真摯な主張であることは明らかである。また、提示された計画には性的好奇心を引くことが目的であることを伺わせる要素は一切存在しない。

以上より、芸術作品を通してフェミニズムの政治思想を訴えるという被告人の創作活動全体の目的が正当であることには疑いをいれない。

次に、こうした創作活動全体の目的との関係で、3Dデータの頒布行為の目的について考察する。これについては、資金集めがクラウドファンディングという広く一般に寄付を呼びかける方法によって行われた点に着目しなければならない。すなわち、クラウドファンディングは単なる資金調達のための手段ではなく、自己の思想を社会に向かって表明して支持を求めるというコミュニケーションとしての側面を強く持っている。支援者は、リターンを求めるだけではなく、その思想への共感の印として寄付を行う（あるいは、作品を購入する）のである。このことは、支援者となった者の供述からも明らかである。

ところで、被告人によれば、3Dデータを頒布した理由は、支援者がそれを利用して新しい作品を作ってもらえればと考えたことにあった。被告人は、支援に対する単なる謝礼や「おまけ」という趣旨だけではなく、自己の政治的思想を広めるための素材として3Dデータの頒布を行ったということである。なお、被告人はそれ以前にも複数回にわたってデコまんを制作するワークショップを開催していることから、人々の参加を促す形で自己の思想を広めようという考えを持っていたことが伺える。

以上からすれば、3Dデータの頒布自体の目的をとっても、自己の政治的思想を広めるという正当な目的があったと考えることができる。こうした捉え方は、前述した被告人の創作活動全体と関連させて考えた場合には、よりいっそう妥当な捉え方であろう。

(b) 手段の相当性

　本件の頒布行為が性的な秩序・性道徳の維持というわいせつ物等頒布罪の保護法益を害する程度が（法益侵害が存在するとしても）極めて僅かであることは次項で述べる。

　それ以外に、手段の相当性について問題となるのは、自己の政治的思想を広めるという目的が正当だとしても、わいせつの評価を受ける可能性のある情報の頒布という手段をとることまで正当だといえるか、ということであろう。

　確かに、デコまん、マンボート等の作品を制作したり、3Dデータを頒布したりする方法ではなく、被告人のフェミニズム思想を文章にしてインターネットや書籍等で公表するという方法も考えられる。しかし、上記のような作品制作やデータ頒布のほかに、「女性器は卑猥ではない」等の被告人の主張を同じように効果的に伝える方法は存在しない。また、被告人の女性器に対する考え方は社会的には圧倒的に少数派であり、単に文章によって主張するだけでは情報の大海に容易に埋没し、無視されてしまうだろう[26]。このことからも、被告人が上記のような作品制作やデータ頒布の方法という社会的注目を集めやすい手段をとったことは、表現の自由の観点からして、止むにやまれざる事情があったといえる[27]。

　さらに、人々の参加を促す形で自己の思想を広めようとする観点からは、女性器の3Dデータは一般的には入手が極めて困難なものであるから、支援者に参加を促すためには、データの頒布を行うことが有効な手段であった。また、3Dデータの頒布が、クラウドファンディングの支援者や作品の購入者に限られていたことも手段の相当性を裏付ける。自己の思想を広めるためであれば、広く一般に3Dデータを公開するという方法も考えられるが、その場合、性的好奇心を充たす目的でそれを取得する者が多数現れる可能性もあり、そうだと

---

26) この点はいわゆるヘイト・スピーチの規制問題と論点を共有する。一部のヘイト・スピーチがその過激さゆえに規制を求める声がある一方で、慎重派も有力であるのは、ヘイト・スピーチに訴える人々が社会的な少数派であり、それ故に表現の自由の観点から規制に慎重にならざるを得ないからである。

27) 例えば、2014年、パリ・オルセー美術館所蔵のクールベの絵画「世界の起源」が展示されている前で女性芸術家が女性器を露出するというパフォーマンスを行ったが、このような過激な例と比較した場合、被告人の行為が目的との関連で必要不可欠性があったことが理解される。

すれば手段の相当性は認められないことになろう。

これに対して、支援者らは被告人の思想を支持する印として支援や購入を行ったのであり、性的好奇心を充たす目的で 3D データを入手したのではない。それを元に新しい作品を作り、それを通じて自己の思想を広めようという被告人の意図にあった行動をとる蓋然性がある人々である（実際に作品を制作したかどうかはここでは重要ではない）。こうした人々に限って頒布を行うことは、目的との関係で相当性があるといえる。

以上のとおり、自己の主張を効果的に広めるために女性器の 3D データを頒布することが有効な手段であったこと、頒布の範囲が目的との関連で相当なものであったことからして、手段の相当性も認められる。なお、被告人がクラウドファンディングの計画の説明その他の箇所で、性的好奇心を引くような表現を一切行っていないことは、前述のとおりである。

(c) 法益侵害の程度

最後に、法益侵害の程度が極めて軽微であることを指摘する。

前述のように、3D データを頒布した範囲は、クラウドファンディングの支援者や作品の購入者に限られている。彼らは性的好奇心を充たす目的で 3D データを入手したのではない。被告人の希望通りにデータをもとに作品を制作した者はいないようであるが、性的好奇心を充たす目的でそれを利用した者もいないようである。また、性的好奇心を充たす目的で第三者に 3D データをさらに頒布した者もいないようであるし、そもそも、支援者らの目的からして、そのような危険性も考えにくい。

そうだとすると、本件の頒布行為によって性的な秩序・性道徳の維持というわいせつ物等頒布罪の保護法益が侵害されることはなく、あったとしてもその程度は極めて小さい。

なお、わいせつに関する事件では、これまでも法益侵害がない（小さい）と判断された事例がある。例えば、メイプルソープ第 2 事件での東京地裁判決は、国内で刊行されていた写真集を国外に持ち出し、帰国の際の税関検査においてわいせつ性があるとして輸入禁制品に該当するとされた事案につき、もともと国内で流通していた写真集が再び国内に持ち込まれたとしても、健全な風俗が新たに害されるとは認めがたいとした。[28] 最高裁はこのような判断方法を否定し

たが、実質的違法性の判断において法益侵害の程度を考慮することまで否定されたものではない。

(d) 小括

以上、目的の正当性、手段の相当性、法益侵害の程度の 3 点から検討し、本件頒布行為は実質的な違法性を欠き、正当行為として違法性が阻却されるべきであると考える。

5 おわりに

「主として」どころかもっぱら「好色的興味に訴える」ような表現物が氾濫している今日の日本において、被告人のような創作活動が刑事訴追をされたことについては驚きを禁じ得ない。その根底には、法文が不明確な中、わいせつ表現の取り締まりにおいて捜査機関が過度の裁量を有しているという反法治国家的なあり方がある。実際、近年、日本では芸術における性表現について恣意的とも言える捜査機関の介入の事案が見られるため[29]、本件で明確に無罪判決を行い、こうした問題状況に対して一石が投じられることを期待したい。

IV 一審判決

1 結論

一審判決（東京地判 2016 年 5 月 9 日判例集未登載〔2016WLJPCA05096006〕）は、デコまんの展示については、デコまんがわいせつ性を欠くとして無罪としたが、3D データにはわいせつ性が認められるとして、その頒布行為については有罪とし、罰金 40 万円を宣告した。

以下、本判決に特徴的な部分を中心に、判旨を簡単に紹介する。本件はわいせつ表現規制のあり方を下級審なりに見直す契機となりうる事案であったが、本判決は特に悩みを見せることもなく、規制の正当性を積極的に擁護するもので、奥平の嘆息が聞こえてきそうな判断であったと言わざるをえない。

---

28) 東京地判平成 14 年 1 月 29 日判時 1797 号 16 頁。
29) 2014 年、愛知県美術館での展示作品に対し、警察がわいせつであるとの指摘を行い、作品の一部を布で覆う措置がとられた事案がある。

2　刑法 175 条の憲法適合性（法令違憲）

　本判決は、刑法 175 条の「保護法益ないし立法目的は、価値観が多様化しつつある今日においても、十分な合理性、必要性を有している」とし、また、わいせつの定義は不明確なものではないとした。また、判決の後の箇所では、明確性の要請に欠けることのないという判断は、「弁護人が主張する社会風俗の変化を踏まえたとしても覆るものではないから、弁護人が主張する限定解釈を採用する合理的理由はない」。

　さらに、「わいせつと評価される表現は、性生活に関する秩序及び健全な性風俗を害することが明らかであって、規制の必要性が高く、その要保護性も一定程度にとどまるものであるから、刑法 175 条が表現の自由をその内容について刑罰をもって規制していることは、その手段が性生活に関する秩序及び健全な性風俗を維持するという目的に対する必要最小限の制約にとどまっているものと認められる。そうすると、同条が憲法上の保護に値する表現行為をしようとする者を萎縮させ、表現の自由を不当に制限する結果を招来するおそれもない」という。

3　刑法 175 条のわいせつ該当性

　わいせつ表現規制の合憲性が争われた主要な事件では、文書、それも、小説や写真集のような、性的な描写が含まれる部分とそうではない部分とが含まれる作品のわいせつ性が問題となっていたが、本件では 3D データにしてもデコまんにしても、単一のデータないし物である。本判決は、わいせつ該当性の判断方法については、『四畳半襖の下張』事件判決で示されたのと同様の方法をとるべきものとした。その他の点についても、物及び電磁的記録であっても、文書と同様に判断すべきであるとしている。

　さらに、本判決に特徴的な思考法は、明確性の要請を強調する点であり、その一端がまずここで現れる。すなわち、わいせつ該当性の判断においては作品外の事情を考慮すべきでないとし（このこと自体は判例である）、その理由として、「かかる趣旨は、わいせつ性の判断が恣意的になされることを避け、わいせつの概念が不明確にならないようにするため」であるという。

4　本件各造形物のわいせつ性

ここはごく簡単な紹介に留める。デコまんについては、その形状からして性的刺激の程度が限定的であること、作品そのものから芸術性や思想性、反ポルノグラフィックな効果が認められ、表現された思想と表象との関連性を見出すことができ、性的刺激が緩和されること、から、わいせつ物には該当しないとされた。

他方、3Dデータについては、その精密さから、実際の女性器を強く連想させ、性的刺激の程度が強いこと、データ自体からはプロジェクトアートないしプロセスアートとしての芸術性ないし思想性を直ちに読み取ることができないことから、わいせつ電磁的記録に該当するとされた。

5　違法性阻却について

前述のとおり、筆者は一審意見書において、デコまん及び3Dデータが芸術的表現および政治的表現に当たることを理由に、仮にわいせつ性が認められるとしても違法性が阻却されるべきであるとし、弁護人も同様の主張を行ったが、認められなかった。

すなわち、「先に述べたわいせつ概念は、憲法により保障される表現の自由を必要最小限かつ明確に規制すべく解釈したものであり、構成要件該当性の検討において表現の自由に対する考慮は十分に尽くされているのであって、構成要件該当性が充足された時点で違憲性の問題は生じないというべきであるから、正当行為による違法阻却の検討として再度表現の自由を斟酌すべき合理的理由はない。また、わいせつ性判断において作品外の事情を考慮しないことの意義は、わいせつ性の判断において恣意的な判断を極力排除し、わいせつ概念の明確化を図るためであって、正当行為の有無において作品外の事情を考慮すれば、結局その判断が主観的になり、表現の自由等に萎縮効果をもたらすおそれがあるから、作品外の事情を考慮すべきでないと解される」。

V 一審判決から明らかになった課題

1 一審判決の問題性

　一審判決の判決理由には憲法の観点から見て看過しがたい問題点が複数見受けられる。とりわけ、明確性の原則に関する独特な理解やそれに由来する表現の自由への配慮の欠如、さらには刑法175条が必要最小限の制約にとどまっていることの（論証抜きの）強調といった点には大きな問題性を感じる。筆者は控訴審に向けてこうした問題点を指摘する意見書を執筆したが、本稿で長々と紹介するまでもないと思われるので、ここでは、一審判決によって明らかになった課題を2点指摘し、本稿を閉じることにしたい。

2 わいせつ表現規制見直しの必要性

　ろくでなし子事件は、明らかに政治的、芸術的な文脈で表現活動が行われた事例であるなど、刑法175条で処罰するにおよそふさわしくない事案であって、処罰は違憲ではないかと思われる。しかし、こうした事案においても罰金刑とはいえ有罪判決がなされた意味は小さくない。すなわち、メイプルソープ第2事件によって現代社会に適合した処罰範囲の限定が図られたように見えたが、同判決だけでは下級審に対する十分な指針を示したことにはなっていないことが判明したことになる。刑法175条の問題性が改めて明らかになった形である。本件については最低限、上級審において適切な判断がなされ、処罰範囲の限定傾向が定着することがまずは強く期待される。

　しかし、刑法175条に関しては、別の理由からも改正の必要性が非常に高いと考えるので、この機会に指摘しておきたい。それは、いわゆるアダルトビデオとの関係である。日本ではそれが産業として確立しており、その市場規模は約700億円とも言われる[30]。アダルトビデオは一般に、（モザイクがあるとはいえ）性行為を露骨に描写するものであり、視聴者の「好色的興味にうったえ

30）矢野経済研究所「アダルト向け市場に関する調査結果2016」(https://www.yano.co.jp/press/pdf/1498.pdf#search=%27%E3%82%A2%E3%83%80%E3%83%AB%E3%83%88%E3%83%93%E3%83%87%E3%82%AA+%E7%94%A3%E6%A5%AD%E8%A6%8F%E6%A8%A1%27)

る」もの以外の何物でもないから、これらにわいせつ性が認められることは極めて明らかだろう。

　しかし、これらの制作者等が刑法175条で処罰された例をほとんど聞かないのは、ひとえに起訴がなされていないという理由による。アダルトビデオメーカーが警察の事実上の監督のもと、一定の自主規制を行っている限りは摘発が行われないということである[31]。つまり、刑法175条のもとで、警察の事実上の監督体制が確立しているのであり、わいせつに当たるかどうかの基準も、判例による定義とは別に、事実上、警察によって決定されていることになる。

　こうした不透明な状況は、一方では、青少年や、こうしたコンテンツの閲覧を望まない成人に対する配慮などの上であれば、成人向け映像を提供することは認められるという社会通念が成立していることの反映であり、他方では、刑法175条の想定とは乖離のある状況であって、その間隙を縫って成立している事実上の監督体制は、法治主義からして大きな問題である。

　2016年には、女性にアダルトビデオ出演を強要する事例が明らかになり[32]、女優の権利に関する議論が大きな注目を集めているが、女優の権利保護を正面から論じるのであれば、刑法175条の見直しは不可避なはずである。

3　裁判所の憲法論について

　一審判決は、①判例のとるわいせつ概念が明確であることを殊更に強調する一方で、②明確性を確保するためだとして、作品外の事情を考慮しないこととしている。これは明らかに本末転倒の議論であるが、近年の裁判所の判断には、ここまでのものは少ないにしても、この種の論法が散見される。奥平は判例における憲法論の不在を批判したが、今日では憲法論の換骨奪胎が問題となる。

　もっとも、最高裁判例に限ってみても、このような傾向は新しいものではない。古くは、いわゆる香城理論の影響を受けた猿払事件判決があり、近年では

31）　例外的な事件として、日本ビデオ倫理協会の元審査員らがわいせつ図画販売幇助で有罪が確定した事例が知られている（最三小判平成26年10月7日集刑315号1頁）。
32）　国際人権NGOヒューマンライツ・ナウが2016年3月に調査報告書を公表したことを契機に論議が始まった。「日本：強要されるアダルトビデオ撮影　ポルノ・アダルトビデオ産業が生み出す、女性・少女に対する人権侵害　調査報告書」（http://hrn.or.jp/wpHN/wp-content/uploads/2016/03/c5389134140c669e3ff6ec9004e4933a.pdf）

いわゆる千葉理論がある。また、最近の夫婦同氏制合憲判決においても、基本権の制約と内容形成とを区別して論じる近年の憲法学の議論が巧みに、しかし審査密度を下げる方向で織り込まれている[33]。いずれも、憲法学の提示した概念を、本来の趣旨とは多少とも異なった形で用いるものである。

なぜこのような現象が生じるのだろうか。憲法学はこうした傾向にどのように対応すべきだろうか。この問いに答えることは容易ではないが、1つ言えそうなことは、従来のような判例批評を通じて学説の影響を及ぼすことを期待するというアプローチには限界があるということである。近年の判例批評は、かつてと比べて裁判所に寄り添ったものになってきているように思われるが、それが裁判所に十分伝わっていないようにも思われる。こうしたアプローチに加え、裁判官の研修や研究会の場で憲法に関するテーマをとりあげるなど、より直接的な意見交換、前提理解の共有のための取り組みが求められるのではないか。今後、こうした方向での努力が期待される。

付記

校正の最終段階で控訴審判決（東京高判 2017 年 4 月 13 日）に接した。判決は、一審判決とは異なり、一般論としては違法性阻却の余地を認めたが、結論としては一審判決を維持した。

（そがべ・まさひろ　京都大学教授）

---

33)　最大判平成 27 年 12 月 16 日民集 69 巻 8 号 2586 頁。

表現の自由の原理と個人の尊厳
―― 実名犯罪報道と「忘れられる権利」

長 峯 信 彦

I 基本的な問題意識――「表現の自由」は本来何のために存在すべきか

　果たして「表現の自由」は、何のために保障されなければならないのだろうか。この原理的問いはアメリカ憲法学においてなされて久しいが[1]、日本では奥平康弘によって本格的に考究されて以来[2]、その議論の基本的な骨格は周知したと思われる。そもそも表現の自由は、「個人の尊厳」を窮極の価値原理とする憲法体系[3]の中で保障されるべきものだが、他者の尊厳を傷つけることを専ら意図したかのような表現が（昔から存在はするものの）近時はインターネット上に多々存在し、永続的に記録・記憶され続けることが問題視されている。これらが憲法上"表現の自由"を僭称するかの如き事態を、果たしてどう考えるべきだろうか。

　誹謗中傷表現の本質的な理非曲直は論ずるまでもないが、むしろ本稿は、それら情報の主要な源泉が個人の過去（逮捕歴・有罪歴といった"犯罪"歴等）に関する報道が大きく影響しているという実態に着目したい。たとえば有罪が確定

---

[1] Thomas I. Emerson, *Toward a General Theory of the First Amendment*, 72 YALE LAW JOURNAL 877, 878-886 (1963).「表現の自由」原理論の概説書としても、アメリカ憲法理論の通史としても、奥平康弘の宿願的労作『「表現の自由」を求めて――アメリカにおける権利獲得の軌跡』（岩波書店、1999 年）は大変有益である。
[2] 奥平康弘『なぜ「表現の自由」か』（東大出版会、1988 年）第 1 章。
[3] *See, generally*, 樋口陽一『憲法〔第 3 版〕』（創文社、2007 年）11 頁、50 頁、73 頁、参照。

してもいない逮捕段階の情報が、その後も永くネット空間等で記録・記憶され続けるべきだろうか。情報機器類が著しく進化し国境や階層（階級）を超えてほぼ全世界に普及した今、ネット上に蓄積される情報は、ただ単に"表現（報道）の自由"として黙視・看過できる状況にはもはやないのではなかろうか。表現の自由との衝突が常に問題視される「忘れられる（忘れてもらう）権利」の是非が論じられるゆえんである。

こういったすぐれて現代的な問題を、表現の自由論の大家(たいか)奥平康弘ならばどう考えたであろうか。本稿では奥平憲法学を一つの拠り所として顧みながら、実名での犯罪報道と「忘れられる権利」の問題を、「表現の自由」は本来なぜ保障されなければならないのかという原理的観点から考察してみようと思う。

II　奥平憲法学における表現の自由とプライヴァシー権

奥平康弘の口述を筆記した『憲法を生きる』（2007年）[4]において、彼は表現の自由とプライヴァシー権の関係についてこう語っている。「メディアが取材し、その過程で個人を傷つけても、自分たちには表現の自由がある以上、ある程度までは個人に我慢しろと主張してもいいのだ、という気配がありました。……芸能リポーターは何でもかんでも『知る権利』を盾にして暴露する。それは、おかしいと思った」（83頁）。

そして柳美里の小説『石に泳ぐ魚』における名誉毀損裁判では、柳敗訴の最高裁判決（2002年）の際、彼女は「表現の自由の優越的地位」を語り判決への不服を表明した。が奥平は「このコメントには違和感がありました」という。柳側を支持する人が多かった中で、奥平はこれと逆の立場をとった。「ぼくは原告のショックが良く分かる。〔原告は柳美里と〕intimacyだと思っていたら、そうじゃなかった。こういう状況で柳美里さんの『表現の自由は「優越的地位」にあるじゃないか』とか、これでは『私小説が書けない』というのは、その限りで、ぼくはすごく傲慢だと思います。……もともと『プライバシー』っていうものは……自分が閉じたり開いたりすること……を前提にしている」。

---

4)　奥平康弘『憲法を生きる』（日本評論社、2007年）。

「傷つけられた方の側からみるとね、そういう intimacy を無視することは手続違背だという印象を持つはずです。……表現の自由ということで蹴散らしてしまうわけにはいかんだろうと思います」(84-87頁／傍点長峯)。

ここで奥平が語るのは、「傲慢」な表現が個人の尊厳を「蹴散らしてしまう」ことへの強い疑問である。彼は著書『憲法Ⅲ』(1993年)[5]において、より精緻にこう述べている。「人間は、自己の尊厳・自己完結性(インテグリティ)を確保しながら、他者と共生し続けるのであるが、そのさい自己を他者に対してどう表出するかという点に関し、自分が判断し決定するのでなければ、自己の尊厳を確保し自己を完結すること(自己を自己たらしめること)はできない。ひとは、向き合う他者それぞれのコンテクストの次第によって、自己を開いたり閉じたりする」(107頁)。

奥平が強調しているのは、「自己の尊厳を確保し自己を主張する」ために保障されるべき「自己を開いたり閉じたりする自由」のことである。一方「忘れられる権利」の本質は、一般に、秘匿すべき情報を世間の人々から「閉じる」ことを「自分で判断し決定する」ことにある。その意味で、奥平がプライヴァシィー権の基礎に置く価値概念——「自己の尊厳・自己完結性(インテグリティ)」——と、「忘れられる権利」の基礎にある価値概念とは基本的に通底するものがあると考えられる。

Ⅲ 実名での犯罪報道——何が本質的に重要な情報か

1 ネット時代における犯罪情報の"公共性"?

さて現在、犯罪報道は実名で行なわれているが(少年や精神障害者等は除く)、これらは表現・報道の自由の一環とみなされ、それに慣れきった日本社会ではその問題性を指摘する声は小さい。しかし一口に"犯罪"と言っても、逮捕段階の報道か有罪確定後の報道かでは大きな違いがある。逮捕はされたが誤認逮捕だった場合、起訴はされたが無罪判決が確定した場合、ひいては一度は有罪判決が確定したが再審裁判にて無罪が確定した場合など、いったん実名報道さ

---

[5] 奥平康弘『憲法Ⅲ 憲法が保障する権利』(有斐閣、1993年)。

れてしまった"犯人"は、果たしてその後きちんと尊厳と名誉を回復し、さらにはまともに社会復帰できたのだろうか。

いったん警察から発表された"犯罪者"情報（通常は逮捕段階）は、マスコミを通じて世間に発表され、同時にネット上に載せられてしまう。そしてひとたび膨大なネット情報が駆けめぐってしまうと、罪の軽重にかかわらず、その情報は「本人の過去」として漆黒の影のように執拗に付いて回ることになる。もとより真犯人は、司法によって厳正に裁かれるべきではあろう。しかし法的・社会的な制裁はそこで終わるべきなのであって、それ以上の非法的な社会的制裁を、ネットなどの情報空間で他人がリンチのように決して下すべきではない。

奥平はかつて著書『知る権利』（1979年）の第7章「知る権利とプライヴァシィーの権利」において、（犯罪報道とは異なるが）似たような問題意識を表明していた。その際登場するのが、個人の「知られたくない権利」である。奥平は言う。「現代においては、マスコミのみならず、いろいろさまざまな技術開発の結果、かつてない規模で個人のプライバシーが侵害され個人の尊厳が失われつつある。人間らしさの恢復を求めて、プライバシーの権利が再認識されはじめている」（277頁）と。

2 個人特定可能情報

法曹関係者やメディア関係者の間では、被疑者の氏名等は基本的に「公共の利害に関する事実」の情報だとする認識が一般的と思われる。刑法230条の2第1項も、報道の「目的が専ら公益を図る」場合には名誉毀損は成立しないと規定する。既存の裁判でも、不当な過熱報道等に対し、報道"事実"が真実と証明できるか否かは争点として争われても、実名での犯罪報道に公共性が存するか否かは問われてこなかった。

しかし、果たして私たち主権者は、「表現の自由／知る権利」の名の下に、犯罪をおかしたとされる被疑者の氏名等の情報を詳細に知らなければならないだろうか。奥平は『知る権利』においてこう述べている。「国民の知る権利は、もともと主権者たる国民が国政にかんする情報を入手し利用し、こうして国政

---

6) 奥平康弘『知る権利』（岩波書店、1979年）。

に参加するためのものである。この点に、知る権利の憲法上の本質がある。……だが他方、なんでもかんでも国政にかかわる事柄であり、主権者として知る必要がある、というほどには広いものではない。……早い話、〔ある〕特定個人を識別したうえで、〔当該個人〕は、今どうしているか知らなければ主権者たる国民としてはこまる、とはいえない。別言すれば、人間の好奇心・興味を満足させることが、すなわち憲法上の知る権利の本質でも、目的でもあるわけではないのである」(278 頁以下／傍点原著)。

　私たちが主権者として、物事を考え・判断し・行動してゆくにあたり、つまり公共社会の一構成員として生を全うしてゆくプロセスにおいて、何を書いたり知ったりせねばならないのだろうか。私がここで特に問題にしたいのは、≪氏名・年齢・住所・帰属（勤務先・在籍学校名等）・過去（出身学校・前職・前科その他）・趣味・性的指向性、等≫に関わる情報のうち、単独で又は複数を併合することにより本人を特定することが容易に可能になってしまう≪個人特定可能情報≫である。公権力者でもない市民が被疑者・刑事被告人である場合、そのような情報を他の市民が把握し、ひいてはネット上などで永く記録・記憶し続けて晒し者にすべき原理的・規範的な必要性は、少なくとも憲法の「個人の尊厳」原理に照らした時、およそ考えられないのではないだろうか。市民が主権者として必ず「知る」必要があるのは、税金の使途、年金、法律案 (*e.g.*, 特定秘密保護法、共謀罪)、軍事行動 (*e.g.*, 集団的自衛権、戦争行為)、その他諸々の公権力行使など、総じて私たちの生命・自由（幸福追求）・平和・将来に関わる≪政治（立法・行政）・司法・社会公共についての重要情報≫である。当然それらに関わる内容を発言・表現したり報道したりする自由は完全に保障されていなければならない。しかしそこに、一般市民に関する個人特定可能情報は含まれないはずである。

　実名報道されることで、無実・有実を問わず、公正な法的・社会的制裁を受ける以上に晒し者にされ尊厳を侵されてしまう。本人のみならず家族・親族等までをも傷つけているのが実態だろう。まして無実ならばその被害は計り知れない。名誉回復のための訂正報道はきちんとなされておらず（あっても小さな記事）、実質的な回復にはなっていないのである。この問題は「主権者個人に憲法上保障された自由と権利は本来何のために存在するのか」というすぐれて原

理的・規範的な問題に他ならず、「憲法の窮極的な価値原理たる≪個人の尊厳≫は如何にして守られるべきか」という根本問題に他ならない。

3　匿名報道と「忘れられる権利」

　執拗に他人の過去を暴き出すネット社会の悪弊は全面禁止にでもしないかぎり矯正不能だが、他方でネットは、独裁国家や権力者の専横・不正を暴くといった（本来の）「権力監視機能」も現にあり、表現の自由はこういった情報発信を守るためにも、当然きちんと憲法上保障されていなければならない。問題は弊害にどう対処するかである。冤罪の直接的原因は警察による誤認逮捕であり、誤った重大な公権力行使の責任者こそ本来は実名報道すべきである。ただ、無実の者を苦しめ続ける隠れた元凶は、実は「メディアによる実名報道」なのである。ここをきちんと認識しなければならない。ゆえに、この実名報道さえ食い止めることができれば、その被害もかなり和らげることができるはずである。そもそも「忘れられる権利」で削除対象となる「検索機能との接続」も、元を正せば、メディアによる最初の実名報道記事（およびその後の膨大な派生的情報）との接続が検索機能によって可能になってしまうからであり、両者はひじょうに重要な関連性を有している。

　実名での犯罪報道を止めて匿名報道に切り換えることは、大元の水栓を完全に止めるが如きである。他方、水栓を止められず洗濯機のホースの多数の損傷箇所から水が漏れて床が水浸しになってしまった場合（匿名報道が実現できず膨大な情報が世に溢れ出てしまった場合）、損傷箇所を全て一気に塞ぐことはできないが（膨大な情報をこの世から全て削除するのは不可能）、ホースをとりあえず風呂場のようなところに運べば被害は最小限に食い止めることができる。つまり検索機能との接続が遮断できず実名報道記事に辿り着けてしまっている状況でも、「忘れられる権利」によって検索機能との接続を遮断すれば（ホースを風呂場へ

---

7)　飯島滋明編『憲法から考える実名犯罪報道』（現代人文社、2013年）第1部参照。編者自身の体験はじめ、冤罪と報道被害の実例が詳しく紹介されている。後掲注12)も参照。また奥平自身も（実名報道批判ではないものの）「有象無象のマスメディア」が「人間の劣悪な好奇心を満足させる目的だけのメッセージを巻き散らしている現状への憲法学者としての苛立ち」を事実上表明している。同・前掲注2)『なぜ「表現の自由」か』48頁。

移動)、実名報道記事にすぐには辿り着けず、被害は最小限に食い止めることができよう。少なくとも日本では匿名報道が導入される機運は熟していないので、「忘れられる権利」の確立が急務であろう。[8]

4 匿名報道原則

メディアによる実名犯罪報道を止め、匿名報道[9]を成功させている国としてスウェーデン[10]がある。1766年に「プレス自由法」(The Freedom of the Press Act)が制定され、世界で初めて「プレスの自由」を明記した歴史を持ち、知る権利や報道の自由をひじょうに大切にしている国である。しかし同時に匿名報道原則が採られている理由は、司法の手で裁きを科される者を実名報道によってさらに社会的制裁を加え続けるべきではないからであり、もし実名報道によって無実の者を報道してしまったら酷い冤罪になってしまうからである。社会もそれを自然に受け容れている。ただし、全ての報道が匿名ではなく、匿名か実名かの判断はメディア自身が責任を以て行うという点が重要である。警察権力が一方的に情報を遮断してマスコミに発表しないのでは決してない。メディアの在るべき姿をメディア自身が問い続ける姿勢が強い。[11]

メディアの主体的な姿勢に加え、匿名報道の徹底を客観的に「制度」たらしめているのは、国内の全メディアを対象にした「報道倫理綱領」(Code of Ethics for the Press, Radio and TV)の存在である。その一節に「市民一般にとって氏名を知ることに明白な権利利益(obvious public interest)がない限り、氏名

---

8) 日本では、児童買春法違反で罰金刑を受けた原告がグーグル相手に出訴し、2014年12月12日さいたま地裁は「忘れられる権利」を認め、検索結果表示を削除するよう命令を出し、大きな話題になった。が、2016年7月12日東京高裁では、原告の主張は名誉権・プライヴァシー権と同旨であり忘れられる権利として独立して判断する必要なしとして、グーグルの主張を認めた。地裁決定を取り消された原告は最高裁に抗告したが、2017年1月31日最高裁第3小法廷(岡部喜代子裁判長/5人全員一致)は、「逮捕歴は公共の利害に関わる」として削除を認めない決定をした。これは有実の者の事案だったが、無実の者ならば検索結果削除が認められたのかどうか、判断が待たれる。いずれにせよ「忘れられる権利」の導入は急務であろう。
9) 匿名報道全般につき、浅野健一&山口正紀『匿名報道 メディア責任制度の確立を』(学陽書房、1995年)は優れた先駆的業績である(絶版は残念)。浅野健一『新版 犯罪報道の犯罪』(新風舎、2004年)370頁以下も有益である。
10) スウェーデンの憲法と体制につき *See, generally*, JOAKIM NERGELIUS, CONSTITUTIONAL LAW IN SWEDEN 2nd.ed. (Wolters Kluwer 2015).

の公表が人権侵害になるような報道は止めなければならない。とりわけこのことは、被疑者・被告人・囚人に当てはまる」とある。同綱領は全メディアが対象だが、注目したいのは「被疑者・被告人・囚人」である。逮捕段階で全て実名報道してしまう日本と大きく異なり、スウェーデンでは被疑者・被告人のみならず、判決後の囚人でさえ、氏名の報道には公益性はないとされている。後の社会復帰も視野に入れてのこの措置は、大いに傾聴すべきであろう。[12]

Ⅳ 「忘れられる権利(忘れてもらう権利)」(the Right to be Forgotten)

1 自己情報コントロール権とEU

憲法上「個人の尊厳」原理からプライヴァシー権や自己決定権が導かれ、そして「個人の情報を自らがコントロールすることがプライバシーの重要な面である」[13]という考えから、自己の情報は自らがコントロールする権利があるという「自己情報コントロール権」の考え方が今や確立している。[14] もとより表現

---

11) 本来ならメディアの在るべき姿もきちんと論じなければならないが、今は紙幅の余裕がない。奥平康弘『ジャーナリズムと法』(新世社、1997年)が有益。また、憲法学者ブラジの「チェッキング価値 (checking value)」論も参照。Vincent Blasi, *The Checking Value in First Amendment Theory*, 1977 Am.B.Found.Research J. 521 (1977). 前掲注2)「なぜ「表現の自由」か」46頁参照。奥平とブラジの交流につき、後掲注40)『憲法物語』を紡ぎ続けて』145頁。メディアの在るべき姿についての私見は、拙稿「「権力化」したメディアと表現の自由──≪権力による メディアからの市民の自由≫と≪メディアによる 市民からの権力の自由≫」『法律時報』2007年7月号(特集「日本国憲法施行60周年」) 参照。

12) 拙稿「表現の自由の原理と実名犯罪報道──憲法とマスメディアをめぐる原点と現点」、前掲注7)『憲法から考える実名犯罪報道』160頁所収、参照。本稿の記述はそれと重なるところがある。なお、実名報道すべきと主張される理由としてしばしば挙げられるのが、「警察権力による恣意的な情報操作 (隠蔽) をさせないためにも、きちんと実名報道して、市民の側からチェックすべき (権力を監視すべき)」という権力監視論である。私も権力監視それ自体には全く異論はない。しかし、実名報道したことによってどれほど権力監視が可能になったのか、あるいは本当に現実に可能になるのか、果たしてどこかで立証されたことがあるのだろうか。実名報道による弊害の事実との比較衡量において、これがきちんと検証されたことはないはずである。「権力的恣意という弊害を除去するためには実名報道という別の弊害を以て臨むのもやむなし」とも取れるこの論は、「家財が暴力団に損壊されそうならば、是非とも先に泥棒に盗んでもらえ」というが如き暴論であろう。やはり、少なくとも有罪が確定してもいない逮捕段階での実名報道は、原理的に観ても、不当とのそしりは免れ得ないのではなかろうか。

13) 伊藤正己『憲法 〔新版〕』(弘文堂、1990年) 234頁。

の自由の貴重さは当然の大前提だが、ネット時代の表現は、人を傷つけプライヴァシィーを不当に暴きながらネット上に永久に残ってしまう、という特殊現代的な危険性を孕んでいる。

　一般に「忘れられる権利」とは、検索機能を持つ（グーグル、ヤフーなどの）プロヴァイダ業者に対し、個人名と検索機能との遮断を要求し得る権利のことを意味する。尊厳や名誉を毀損するようなネット上の情報（記事・映像等）は多種多様だが、検索機能（検索エンジン）を利用して個人名を検索にかけその種の情報に辿り着くことを困難にすべく、検索機能との接続を遮断することが、本来の「忘れられる権利」の意義である（最近ではSNSに自ら投稿した情報の膨大な削除も論点となっているが、Ⅳ-3で言及するように問題も多い）。情報それ自体をネット上から完全に消すことは技術的に極めて困難（拡散していれば不可能）だが、検索機能との接続を遮断することで、ほとんどの場合こういった情報は世間から「忘れられる（忘れてもらう）」ことが可能となる。[15]

　この自己情報コントロール権の徹底・実定化を果たすべく、ヨーロッパ社会が大きく動き始めている。EUの行政執行機関である欧州委員会（European Commission）は、1995年制定の「データ保護指令（Directive）」を改定するため、2012年1月25日「データ保護規則（Regulation）」案を欧州議会に提出した。[16] その第17条には「忘れられる権利」（right to be forgotten）・「消去する権利」（right to erasure）が規定されている。「忘れられる権利」の条件としては、デ

14）　芦部信喜『憲法学Ⅱ　人権総論』（有斐閣、1994年）378頁以下参照。もっとも自己情報コントロール権という「定義自体、まだかなり抽象的」ゆえに「さらに詰められる必要」ありとの指摘もある。野中・中村・高橋・高見『憲法Ⅰ〔第4版〕』（有斐閣、2006年）268頁。

15）　忘れられる権利につき、奥田喜道編『ネット社会と忘れられる権利』（現代人文社、2015年）、杉谷眞「忘れてもらう権利――人間の『愚かさ』の上に築く権利」7 LAW & PRACTICE 153（2013年）、宮下紘『プライバシー権の復権――自由と尊厳の衝突』（中央大学出版部、2015年）223頁以下、今岡直子「『忘れられる権利』をめぐる動向」国立国会図書館編『調査と情報』No.854（2015年3月10日）等参照。

16）　European Commission, "Proposal for a REGULATION OF THE EUROPEAN PARLIAMENT OF THE COUNCIL on the protection of individuals with regard to the processing of personal data and on the free movement of such data (General Data Protection Regulation)". 同時期の2012年2月アメリカでは、オバマ政権が「消費者プライヴァシー権利章典」案を発表した。個人情報の安全性確保等について7つの指針を提示し、連邦取引委員会（FTC）の取締り権限強化等も併せて、プライヴァシー保護強化策を打ち出したことは想起しておきたい。

ータ主体（当該個人）から消去（削除）の請求があった場合、第三者への接続やコピーを消去するよう通知することをデータ管理者に義務づけている（違反者には罰金も）。第18条では「データを移転する権利」(right to data portability)も規定され、管理者から妨害されることなくデータ主体の意思で移転できることを権利化しようとしている。

そして2016年4月14日、欧州議会（本会議）はこの「データ保護規則」案を可決し、2018年ついにEU全域で発効することが決まった。これによりEU加盟国の国内法の制定を待たずに、加盟国を直接拘束する統一的な法規範となる。[17] 忘れられる権利の確立にとって、極めて大きな前進である。このようにEUでは、自己情報コントロール権を実定化する努力が着実に具体化してきた。これは匿名報道原則とイコールではないものの、その根底にある考え方は「個人の尊厳とプライヴァシィー権の保護」であり、大いに通底すると考えられる。

2 アメリカにおける「忘れられる権利」

一方アメリカ憲法論の現状を概観すれば、EUとは逆に、忘れられる権利を認める論調は希薄である。[18] 元々アメリカは、「忘れられる権利」による情報遮断よりも「対抗言論」によって言論空間で闘えという自力救済の思想が根強く、また憲法論上は表現の自由に傾斜しすぎた自由絶対主義的（リバタリアン）思潮が支配的となることが多かった（ヘイトスピーチのRAV判決はその典型）。[19] そのため、言論・表現の自由を大事にしているようで、実態はむしろ逆の場合すら多いかもしれない。というのも、結局は財力や社会的権力を持った強者の

---

17) EUの法規範については「規則・指令・決定・勧告・見解」の5種類があるが、「規則」は加盟国に対し一番強制力が強い。一方「指令」だと、加盟国で国内法に置き換えられた時にのみ、各国にて効力を有する。加盟国における国内法への置き換えは定められた期間内に行われなければならないものの、その方法等には一定の裁量権が与えられている。電子情報技術産業協会・情報政策委員会「EUデータ保護指令改正案に関する調査・分析報告書」（2012年3月）13頁、脚注3、参照。

18) E.g., Mieke Eoyang, Europe's "Right to be Forgotten" is All Wrong, WORLD REPORT Aug.26 2014; L. Gordon Crovitz, Forget Any "Right to Be Forgotten"; Don't count on government to censor information about you online, WALL STREET JOURNAL (Online) [New York] 14 Nov. 2010.「"忘れられる権利"なる代物は全て誤りだ」とか「"忘れられる権利"なんてものは忘れよ。自分の情報を政府に検閲してもらおう、なんてことを当てにしてはいけない」といった論調は、アメリカの言論空間では珍しくない。

"自由"を保障しているだけであって、そこで無視され続けるであろう市井の個人やマイノリティー・社会的弱者らの尊厳・名誉は捨て置かれてしまっているとも考えられるからである。ここにアメリカ憲法論の限界があり、表現の自由論のディレンマが存するとも言えよう[20]。

ただ、忘れられる権利の議論は、必ずしも「強者 vs 弱者」という対立軸で進行しているわけではない。私が指摘したいのは、従来の自由絶対主義的な論調が、忘れられる権利の議論の行く手も阻む大きな壁になっているだろうという点である。もっとも法的議論とは別に、現実のアメリカ社会がこれを全く受け容れないというわけではないのかもしれない[21]。

アメリカにおける「忘れられる権利」論者の一人リチャーズ（Neil Richards）は、著書『知性あるプライヴァシー』（2015年[22]）にて、表現の自由は大事としつつも、プライヴァシーの意義を強調する。「プライヴァシーを理由に第1修正に課される制限は絶対的なものではない。民事上の不法行為としてのプライヴァシー侵害（tort privacy）という論理は、人を傷つけるよ

---

19) 黒人に恐怖を与える象徴的行為として知られる十字架焼却（cross burning）等のヘイトスピーチを規制した自治体条例を、アメリカ連邦最高裁 RAV 判決〔*R.A.V. v. City of St.Paul*, 505 U.S. 377 (1992)〕は違憲と判示した。そのスカリア法廷意見は当時、同僚判事たちから「空理空論的解釈」（White, J.）、「新・絶対主義」（Stevens, J.）とまで扱き下ろされた。RAV 判決につき奥平も、「ひとりよがりで晦渋に充ちた判決」とし、「中立を装いながら差別反対者を小馬鹿にしたような論調」で「被差別者の苦しみも悲哀も反映されていない」と厳しく指弾、「その悪評たるや一向にやむことなく今日にまで続いている」と相当批判的に述べている。同・前掲注1)『「表現の自由」を求めて』322頁。かつて私も、同判決に内包された理論的問題点の数々を指摘したことがある。拙稿「憎悪と差別の表現——第1修正法理の新奇な展開」、大須賀明編『社会国家の憲法理論』所収（敬文堂、1995年）参照。

20) *See, generally,* 奥平・前掲注1)『「表現の自由」を求めて』339頁以下参照。私見については、拙稿「人種差別的ヘイトスピーチ——表現の自由のディレンマ(1)」『早稲田法学』72巻2号（1997年）の第一章および脚注、拙稿「アメリカにおける人種差別的ヘイトスピーチ——調節主義の提案」、憲法理論研究会編『憲法基礎理論の再検討（憲法理論叢書8）』（敬文堂、2000年）参照。

21) 2014年 YouGov Omnibus survey の世論調査によると、アメリカ人の実に55％は忘れられる権利を法制化することに賛成という。世代的には35-54歳が58％、55歳以上が57％と支持が高く、10代の49％を大きく上回る。女性50％、男性60％で、男性の方が支持が高い。*See, Americans Would Support "the right to be forgotten",* PR Newswire [New York] 03 June 2014. これでアメリカ全体を推し量れるわけではないが、一つの情報としては留意しておきたい。

22) Neil Richards, Intellectual Privacy (Oxford Univ.Pr. 2015). かのブラジィ（Vincent Blasi）の讃辞がこの本に寄せられている（背表紙）。前掲注11)参照。

うな表現 (hurtful speech) やプライヴァシー情報暴露に対しては貧弱な手段でしかない。しかし〔忘れられる権利のような〕他の法的手段ならば、より効果的である。我々はもっと創造力豊かに考えなければならない」[23]。元々アメリカでのプライヴァシー議論は、「客観的な第三者の合理的な感覚 (reasonable sensibilities)」が中心になっているのに対し、EUでは「本人の個人的感覚 (personal and individual sensibilities)」が考察の中心に置かれており、両者の隔たりは大きい[24]。

また、ネット上で執拗に他人の過去を暴き続けることは半永続的な非法的制裁だと批判するタニック (Mark Tunick)[25] は、この種の不正な制裁 (unjust punishment) を回避しなければならないとする。逮捕歴等の"犯罪"情報は秘匿しておくだけの正当な利益があり、忘れられる権利は必要だとして、こう強調する。「行為とそれへの制裁が正しく釣り合っているべきという比例原則は、事柄をこれ以上拡大させないための限定の原則 (limiting principle) でもある。この限定原則は、報復の連鎖を断ち切るのに役立つ。処罰・制裁には必ず上限つまり終息点 (endpoint) が存在しなければならない。でなければ、犯罪への処罰は終身刑にも匹敵した残酷なものになってしまう」。「もし〔過去の〕情報が一般大衆の耳目に半永久的にいつまでも晒されれば、過去の非行を悔い改めたとしても……、もう一度やり直して (reinvent) 他者と新たな絆を築き、社会に溶け込んでゆく (reintegrate) ことが極めて困難になってしまう」[26]。

このようなタニックの考え方は、忘れられる権利を支持する人々はもとより、日本でも一定の広がりを以て受け容れられる可能性があるのではないだろうか。

3　概念の変容と批判論

忘れられる権利の概念には近年変容が見られる。以前は、自分が提供した自己に関するデータはいずれ自ら消去できる権利と構成されてきた。が最近は、

---

23)　*Id.*, at 5.
24)　Muge Fazlioglu, *Forget me not; the clash of the right to be forgotten and freedom of expression*, 3-3 INTERNET DATA PRIVACY LAW 149, 156 (2013).
25)　MARK TUNICK, BALANCING PRIVACY AND FREE SPEECH, 34 (Rootledge 2015).
26)　*Id.*, at 34.

他人が提供した自己に関するデータ・画像・報道に関しても、本人がプライヴァシィー侵害と考える場合には、その情報をウェブサイト管理者に対し削除要請できる権利、という構成に変わってきた。実際に何がどの程度削除され得るかの判断は具体的事案ごとに分かれるだろうが、これを一種の「検閲」と批判する論はアメリカでは根強い。

批判論の法学者ローゼン（Jeffrey Rosen）は、グーグルのフライシャー（Peter Freisher）の整理を借りつつ、3つの状況分類をする。①自ら投稿した情報を自ら削除する（検索機能との接続を遮断も）場合、②自ら投稿した情報を他人が転載・拡散した場合に、これらを自らの手で削除する場合、③他人が投稿した自己に関する情報を自ら削除する場合。ローゼンは、①は既に「法的に執行可能な権利」（legally enforceable right）となっており、もはや象徴的な主張に過ぎないとする。アメリカでは①に関する異論はあまりないだろう。問題は②と③である。たとえば②では、若気の至りで投稿した内容を後悔して削除要請した場合、若者の異議申し立て（teenager's objection）のみが根拠となってフェイスブックに個人サイトの情報を削除させることができるのか、もしできたらその萎縮効果は大きいと彼は批判する。たしかに削除権を包括的・全面的に認めることには大きな異論もあろう。本稿としてもその種の主張を「本来の忘れられる権利」と同一視して無限定な拡大を求めることには十分慎重でありたい。

ただ、本来の忘れられる権利はそのような野放図な拡大を求めるものではな

---

27) RICHARDS, *supra* note 22, at 75.
28) Jeffrey Rosen, *the Right to Be Forgotten*, STANFORD L.REV. (February 2012). (https://www.Stanfordlawreview.org/online/privacy-paradox-the-right-to-be-forgotten/) ローゼンは「EUデータ保護規則はひじょうに大雑把（very broadly）な規定だが、適用を一層厳密（more narrow）にして活かす途はないわけではない」と述べ、今後EUが修正を加え洗練したものにすることを求めている。が、EUの責任者レディング（Viviane Reding）は逆に、将来の技術進歩に備え、規則が十分明確であることは必要だが杓子定規にガチガチに決めすぎない（imprecise enough）方がよいという。ローゼンはEUが「曖昧」を狙っているとして批判する。
29) グーグル「グローバルプライバシー法務顧問」フライシャーの単独インタヴュー（『朝日新聞』2016年6月24日の全面記事）参照。彼は「プライバシー権に基づく検索結果の削除」と「情報に対する公共のアクセス権」とのバランスが重要と強調。年間150万件もの削除要請に対し、数十人の弁護士ら専門チームで1件1件ケースバイケースで慎重に判断するという。そして慎重な物言いながら、「〔忘れられる〕権利そのものが存在すべきか、と問われればイエスと答えます」と述べている。

く、あくまでも個人の尊厳とプライヴァシィー保護という目的の範囲内での接続遮断が本旨である。上記の③に関しては認められるべき事例が一定程度は出てくると思うが、削除を認めるのは本来の趣旨に沿ったものにすべきだろう。ただ 2018 年から EU で施行される忘れられる権利は強力で、まさにローゼンらが心配する事態も出てくるかもしれない[30]。他方、アメリカの論者ヴォロッコらは、検索機能はそれ自体何ら表現内容を有するわけではないとの理由から、「他のサイトの引用抜粋（excerpts）という形での検索結果の表示自体は憲法上完全に保障されるべき」として、忘れられる権利に反対する[31]。検索エンジンは無機的なアルゴリズムに則って検索結果を表示しているだけだとする、云わば無機的無罪論である。しかし、元のソフトを入力・設定したのは人間であり、そこに一定の有機的な人為性が認められるのは当然であろう。

4　情報の公正な実践（FIP）と通信品位法（CDA）

　アメリカにおける「忘れられる権利」の確立にとって重要な基盤となるであろうと思われるのは、「情報の公正な実践（的取り組み）」（Fair Information Practices = FIP）という規範的準則である。これが憲法上確かな地位を得ることが必要だろう。

　FIP 準則とは、アメリカで 1970 年代から構築・発展してきた概念である。これは個人データを処理する上で要請される、善き規範的慣行のことである。アメリカ政府報告書が過去に掲げた 5 原則は現代的視点で観てもいずれも適切だが、その 5 番目に注目しておきたい。「⑤個人を特定可能な（identifiable）データを創出・保存・使用・拡散しようとする組織体は全て、その目的使用（intended use）におけるデータ……が誤用（悪用）されることのないよう、合理的な予防策（reasonable precautions）を採らなければならない[32]」。

---

30) RICHARDS, *supra* note 22, at 75. もしこれが是認されればウェブサイト全体が「自己ウィキペディア」の如きと化してしまう、との批判論にリチャーズは言及している。自己ウィキペディア批判論はアメリカでは根強い。

31) Eugene Volokh ＆ Donald M. Falk, *First Amendment Protection for Search Engine Search Results*, Google, White Paper, 14 (2012).

32) U.S. Department of Health, Education ＆ Welfare, *Records, Computers and the Rights of Citizens: Report of the Secretary's Advisory Comm. On Automated Personal Data Systems* (1973).

このFIP準則は、その後アメリカのプライヴァシー法（Privacy Act）などにも具体化され、全世界に広まっていった。そして前出のリチャーズは、このFIP準則が言論・表現の自由を制約するはずがないと言う。「データプライヴァシーに関する規制のほとんどは、第1修正とは関係がない。……データ処理者（data processors）に対し、人を傷つけるようなデータを暴露させないよう義務付ける準則（nondisclosure obligations）は、仮に第1修正上の価値に負担を課すことがあったとしても、ごく稀でしかない」[33]と。

　そしてアメリカにおけるデータ管理（control）・処理（process）の責任を考える上で避けて通れないのが、連邦法「通信品位法（CDA = Communications Decency Act）」230条（47 U.S.C.§230）に規定された免責条項である。これによりプロヴァイダ（以下Pvと略／ウェブサイト管理者含む）には次の免責が与えられる。ある者が創出・展開させた情報が、第三者を傷つけるような内容であったとしても、当該Pvは人を傷つけるような情報の発出者（publisher）としてみなされるべきではなく、あくまでも当該情報を伝えた経路［導管］（conduit）に過ぎないとみなされるべき、とする。つまり、たとえPv自身が当該情報を公表すべきか否かを実質的に判断していても（英語の綴りの修正を施した場合でも）230条の免責は与えられてしまう、というのがこの法律の解釈・運用の歴史であった。このようにアメリカでは一般に、情報の内容の責任をPvが負わされることはないとされてきた。

　ただ、サイト管理者は場を提供するだけでなく内容も提供しているのだから当然情報群に対して責任があるはずだとの新しい考え方を受け、アメリカの下級審判決の中には変化も観られてきた。それが2011年のピルケスキー対ガテッリ事件判決[34]である。管理者ピルケスキーの掲示板に匿名の数人が女性市議会議員への誹謗中傷を書き込んだ事件だった。ペンシルヴァニア州高等裁判所は概ね以下の4条件を付けて、サイト管理者に対し、投稿者を特定して突き止める（identify）よう判示した。その4条件とは、①一見すれば（a prima facie）名誉毀損となる事例ではあっても、実際にそれを証明するに十分な証拠

---

33) RICHARDS, *supra* note 22, at 75.
34) *Pilchesky v. Gatelli*, 12 A.3d.430 (2011). (Superior Court of Pennsylvania). 投稿者たちはbitch, whore, world's biggest assholeなどと書き込んだ。

が存在すること、②投稿者の特定が民事上の救済（relief）のために不可欠で、且つその特定が恐喝その他の目的に悪用されないこと、③匿名の投稿者たちにそのことがきちんと通知され、彼らの請願も原告による民事上の救済と同等に扱われること、④原告の利益と投稿者の利益とを裁判所が比較衡量する際「第１修正上の表現の自由の利益」もきちんと考慮に入れられるべきこと、である[35]。

　下級審ではあるが従来の表現の自由一辺倒の判断基準が緩和され、進展が見られ始めたことは注目してよいだろう[36]。このように、アメリカはEUに比べればまだまだ遅い歩みではあるが[37]、今後の展開が興味深い。

V 「表現の自由」の原理と在るべき≪制度≫──結びに代えて

　アメリカでは、戦争・軍拡への抗議表現としてしばしば「国旗焼き棄て」が行なわれてきた。が、国旗を棄損する行為は刑事犯罪として位置づけられてもきた。しかし1989年連邦最高裁は、国旗焼き棄てを政治的抗議表現つまり「表現の自由」として認め、憲法上保障した。国家権威を表象する物体の"尊厳"を傷つけた者さえ無罪にしたことは、精神的自由権の中でも「表現の自由」の原理的意義が特に「国家権力との対抗・緊張関係」という枠組みの中にこそ存することを、あらためて象徴的に再認識させた。古典的だが原理的なこの視座は、今なお普遍性を失っていないだろう[38]。

　奥平は『なぜ「表現の自由」か』（1988年）において、このような視座を踏

---

35) *Pilchesky, id*, at 442-46.
36) TUNICK, *supra* note 25, at 197.
37) 同じ英米法圏でもイギリスの裁判所は、近年Pv（プロヴァイダ）の責任を重く観ている。名誉毀損的な投稿があったことを知ったにもかかわらず削除しなかった場合、Pvは名誉毀損の責任を負うとする。*See, generally*, Godfrey v. Demon Internet Ltd. [1999] EWHC QB 244. さらにPayam Tamiz v. Google, Inc. [2013] EWCA Civ.68. では、グーグルは中傷投稿の事実を把握した時点で、名誉毀損的なデータを削除する合理的手段（reasonable measures）を採ることを義務付けられる（be obligated）とした（Pars. 27, 35, 46.）。
38) 奥平康弘「表現の自由」（初出1965年）、同『表現の自由Ⅰ』（有斐閣、1983年）第１編第１章に所収、参照。アメリカの国旗焼き棄てにつき、奥平・前掲注1)『「表現の自由」を求めて』333頁以下。国家権威を表象する物体を棄損する表現行為（国旗焼き棄て、徴兵カード焼き棄て等）の原理的意義につき、拙稿「象徴的表現（４完）」『早稲田法学』70巻４号（1994年）161頁、214頁以下参照。

まえつつ、結論的にこう述べている。「表現の自由はたしかに主観的・個人的な性質の顕著な権利〔だが〕、この権利〔は〕他の基本的な諸自由を確保し、よき民主主義的秩序を維持するという、客観的な制度的な目的に仕えるもので・も・ある」(59頁／傍点原著)と。そして彼は『憲法Ⅲ』(1993年)「いわゆる『国家からの自由』と制度とのかかわり合い」においてこう敷衍する。「人間の精神活動にかかわる権利〔は〕制度とのつき合いが相当に密接あるいは密接になりつつあることを、私はむしろ強調したい」。「憲法全体の構造から見れば、諸個人のこの権利は、社会を成り立たしめ発展させ、国家をはたらかしめ、その軌道を修正させ、憲法が掲げる国家目標の実現に向かわせるという、客観的な目的＝制度的な目的ともつながっているのである」(93-94頁)。

同時に、括弧書きながら、彼は次の一節も付加している。「この種の自由を、個人を越えた社会とか民主主義に奉仕するという、効果＝帰結主義においてのみ捉える考え方があるが、私はこれに与しない」(同94頁)。

奥平において表現の自由は、決して「傲慢」を表出したり個人の尊厳を「蹴散らしてしまう」自由でもなければ(前述Ⅱ)、効用追求のための単なる帰結主義的手段でもない。利己的放恣の否定という自制的・禁欲的な規範意識の下に、あくまでも健全な≪制度≫目的に沿った、品格ある強力な自由――「道徳的、哲学的価値を踏まえている」自由[39]――として設定されているのではないだろうか。では、奥平が云う「憲法全体の構造／憲法が掲げる国家目標の実現」にとって必要な「客観的な目的、制度的な目的」とは何であろうか。そしてそこに必要とされる≪制度≫とは何であろうか。

その実質を定めるには、時代時代で熟考し、構成し、練り直してゆくという継続的営為――まさに≪憲法物語≫を紡ぎ続ける営為[40]――が不可欠だろう。本稿は「忘れられる権利」と「匿名報道」という二兎を追う欲張りな構想ではあるが、日本において急ぐべきは「忘れられる権利」の一兎である。私は「本来の意味での忘れられる権利」の確立は必要と考える。しかし、その野放図・無限定な拡大には十分に慎重でなければならず、概念の外延画定になお考察を要するだろう。他方、将来的課題としては匿名報道も真剣に考えなければなら

---

39) 奥平・前掲注2)『なぜ「表現の自由」か』57頁。
40) 奥平康弘『「憲法物語」を紡ぎ続けて』(かもがわ出版、2015年)。

ないと考える。ネット時代特有の非理性的かつ永続的な弊害に対応するため、そして表現の自由が「本来の表現の自由」として蘇生し個人の尊厳が適正に守られるために、これらはきっと現在および未来における必要条件——必要とされる二つの≪制度≫——であるに違いない。[41]

その昔、高名な法学者にしてアメリカ連邦最高裁判事、且つプライヴァシー権を世界に先駆けて主張したブランダイス（L.D. Brandeis）[42]は、「公共的討論の過程に注がれる理性の力」への信頼と蘇生が大切と説いた[43]。悲しいかな、この言は今でも当を得ていよう。しかしこういった≪制度≫の下に、あらためて、「公共的討論の過程」にも「理性の力」が的確に注がれる日が来るのではないだろうか。

*　*　*

最後に、奥平康弘先生への追悼の謝辞を記すことを何卒お許しいただきたい。先生は、私の人生において（語の本当の意味での）数少ない「恩師」であった。1993〜98年の丸5年間、早稲田の大学院法学研究科の授業「英米公法」（非常勤）にて毎週毎週、実に御懇切な御指導をいただいた。ちょうど早大法学部助手だった3年間を含む時期に「天下の奥平康弘」の謦咳に接し得たのは、この上ない幸せであった。

---

41) 奥平が忘れられる権利と匿名報道を明確に肯定する論を公表したことはないと思われるので、ここで述べたことはあくまでも、奥平憲法学の長峯流（勝手な）継承と展開でしかない。ただ奥平は当初、『憲法から考える実名犯罪報道』〔前掲注7)〕に巻頭言などの形で参加することを内諾してくれていた（諸々の事情で叶わなかったのは残念でならない）。また「人権と報道 連絡会」（人報連）主催のシンポジウム「憲法改悪と≪知る権利≫」では奥平が力強い基調講演もした（2013年12月14日、東京水道橋・東京学院／私もパネリストとして同席）。本稿と似たような問題意識は、おそらくは一定程度共有していたのではないかと推測される。

42) S.D. Warren & L.D. Brandeis, *The Right to Privacy*, 4 HARVARD L.REV. 193 (1890). 既に19世紀末、私事の公開からの保護を「不可侵の人格の原則」と主張したこの先駆的論文は、今なお輝きを失っていないだろう。

43) *Whitney v. California*, 274 U.S. 357, 375-76 [Brandeis, J., concurring; joined by Holmes, J.] (1927). この結論同意見で展開されたブランダイスの表現の自由論を、奥平は前掲注1)『「表現の自由」を求めて』にて高く評価している。「かくも雄弁に、説得性に富み、深い洞察を含んだ、表現の自由に関する原理論が提示されたことは、かつてなかったし、これに匹敵するものをその後もみることはできない」（167頁）。奥平がブランダイスに強く心惹かれていたことは、著書・論文はもとより、授業や研究会での発言など諸々の「証拠」より明らかである。

そこではアメリカ憲法（特に表現の自由）に関わる英語論文を多数読み、1年かけて J. Rawls『正義論』を原書で読んだこともあった。これ以外に、先生主宰の「現状を憂える憲法研究者の集まり」や読書研究会、樋口陽一先生との共宰の「憲法問題研究会」などで、まさに御逝去（2015年1月26日）の直前まで御指導をいただいた。昔の膨大なノートを読み返してみると、先生から教わったのは「学問の楽しさと奥深さ」だったのだと、つくづく思う。が、私の未熟と怠慢ゆえに、それら貴重な教えを吸収できずに至っていることは、ただただ汗顔の至りでしかない。

　かつて（1997年頃）授業の帰路、先生が突然、「もし君が無人島にCDは1枚だけ、本は1冊だけ持っていくとしたら、何持っていく？」とお尋ねになったことがあった。私が「グリュミオーのバッハ無伴奏ヴァイオリンのCDと、聖書かもしれません」と申し上げると、「そうだな、君ならそうかもな」と頷かれ、「聖書ねぇ」という言葉を二度三度、深く反芻しながら口にされた。私が「先生は？」とお伺いすると、「CDは絶対バッハだな。ロ単調ミサかな」と仰った一方で、本についてはついに明言をされなかった。

　先生は昔授業中に、自らの立場を「agnostic 不可知論者」と表現されたことがあった（1995年）。それだけに、先生が「聖書」という語に強く反応されたのが大変印象的で、今でも忘れられない。奥平憲法学は権力的抑圧に立ち向かう強い反骨精神が漲る一方で、私には、品格と倫理、総じて「個人の尊厳」に対する強い意識が、通奏低音のように静かに――しかし気高く――響いているように感じられてならない。

　奥平先生は、御論稿から拝する厳しさとは裏腹に、実に情の細やかな心の温かい方であった。私ごときの就職にもお心遣いを賜り、また結婚式の主賓にもなっていただくなど、公私を越えて本当にお世話になった。ここに深い感謝の気持ちを胸に、天上の先生に謹んでこの拙い小稿を捧げさせていただきたいと思う。

（ながみね・のぶひこ　愛知大学教授）

国家秘密と自己統治の相克・再訪

横 大 道 聡

I はじめに

　表現の自由や知る権利の研究で名を馳せた奥平康弘が、国家秘密の問題に関心を示したのは必然であった。奥平は、1971年の外務省公電漏洩事件とその後の裁判、1985年の第102回国会において「国家秘密に係るスパイ行為等の防止に関する法律案」が提出された際、そして、2013年に制定された「特定秘密の保護に関する法律」が議論された際など、折に触れてこの問題に関して鋭い発言してきた。その際に奥平は、しばしば1971年のペンタゴン文書事件[1]などに代表されるアメリカの状況に言及していたが、そのアメリカでは現在、国家安全保障に関する国家秘密（以下、単に国家秘密、秘密、機密などと記す場合がある）をめぐる議論が新たな展開を見せているように思われる。
　本稿は、活況を見せている近時のアメリカの議論状況を概観・整理するものである[2]。

---

1) New York Times v. United States, 403 U.S. 713 (1971).
2) 筆者はかつてこの問題を、横大道聡「国家秘密と自己統治の相克——ウィキリークス問題を素材として」大沢秀介編『フラット化社会における自由と安全』（尚学社、2014年）142頁以下にて検討したことがある。本稿は、その続編に位置付けられる。

Ⅱ 「実践解」としての非対称アプローチ

1 非対称アプローチ

　国家安全保障に関する秘密保持の必要性と、国家秘密がもたらす国民の知る権利ないし自己統治の価値との相克を踏まえつつ、アメリカにおいてこの問題に対する「実践解」として採用されてきたのが、「政府職員による機密情報漏洩の場合」と、「プレスを中心とする一般公衆が漏洩された情報を公表する場合」を峻別し、異なった扱いをするというアプローチ——これを「非対称アプローチ」と呼ぼう——であった[3]。

　前者の場合について、裁判所は、政府職員の秘密漏洩行為が公務遂行の効率性を妨げること、職務を通じてのみ知り得た事実であるといった事情に照らし、その情報の漏洩が国家の安全を害する可能性を有する場合には、懲戒処分や刑事罰を科すことも修正1条に違反しないという立場を採用してきた[4]。そして後者の場合については、防諜法（Espionage Act）をはじめとして漏洩された国家機密を第三者が所持したり公表したりする行為を処罰する連邦法の規定は存在するものの、これに基づいてメディアに対する起訴がなされたことがいまだかつて一度もなかった。非対称アプローチは、この2つの実践によって体現されてきたアプローチである。

　このように非対称アプローチは、アメリカのアプローチを記述したものであるが、これを規範的に擁護したのがビッケル（Alexander M. Bickel）である。ペンタゴン文書事件において訴訟代理人を務めたビッケルは、過度に秘密を守ろうとする政府と、過度に情報を報道しようとするメディアとの間で生じる「手に負えない競争（unruly contest）」によって、国家安全保障に関する秘密の問題に対処するのがアメリカのアプローチであり、それは「無様な調和」ではあるものの「有効」であり、他の解決方法に比べればましであるとして、消極的

---

3) この議論については、横大道・前掲注2) 143-146頁を参照。
4) See Pickering v. Board of Education, 391 U.S. 563 (1968); Snepp v. United States, 444 U.S. 507 (1980); United States v. Morison, 844 F.2d 1057 (4th Cir. 1988); Garcetti v. Ceballos, 547 U.S. 410 (2006); Lane v. Franks, 134 S. Ct. 2369 (2014).

なかたちではあるが非対称アプローチを擁護した[5]。

ストーン（Geoffrey R. Stone）はより積極的に非対称アプローチを擁護する。ストーンによれば、一般論として国家秘密を公開することにより得られる利益がその不利益を上回るのであれば公開が容認されるべきであるが、その利益と不利益自体、情報の性質上不明確であって衡量が極めて困難であり、またその衡量を裁判所が担うことができるか疑問である。そこで、公共討論に寄与する有益な情報の公開を委縮させることなく、かつ、情報を秘匿する執行府に無制約の裁量を認める危険性を最小化するために求められるのが、裁判所によるケース・バイ・ケースの衡量ではなく、「明確かつ単純なルール」によって問題を処理することである。かかる見地からストーンは、ビッケルに賛意を示しつつ、非対称アプローチこそ、「国家秘密と説明責任という調和できない要請を調和させる」ための解決策として、「一見すると理論的に無様で、実際上、手に負えないようにみえるが、かかるバランスは時の試練に耐えてきたものなのである」として、積極的にこれを評価するのである[6]。

2　時の変遷

しかしながら、以下で見るように時代状況が大きく変わっている現在、非対称アプローチが今日においても依然として妥当な「実践解」であり続けることができるのか——時の試練に耐え続けられるか——否か再考を迫られている[7]。

第一に、情報通信技術の飛躍的な発展である。情報の複製や伝達を容易にした技術進歩なくして、マニング（事件当時は Bradley manning、のちに Chelsea Manning に改名）やスノーデン（Edward Snowden）による膨大な量の機密情報漏洩は不可能であった。これは、ペンタゴン文書事件においてエルスバーグ（Daniel Ellsberg）らが、当該文書を数か月かけてコピーしたことに比べれば明

---

5) ALEXANDER BICKEL, MORALITY AND CONSENT, 80-88 (1975).
6) GEOFFREY R. STONE, TOP SECRET: WHEN OUR GOVRENMENT KEEPS US IN THE DARK 21-22 (2006). 横大道・前掲注2) 146-147 頁も参照。なおストーンも、非対称アプローチは例外を許さない厳格なルールであるとしているわけではない。Id. at 14, 26.
7) *See generally* David McCraw & Stephan Gikow, *The End to an Unspoken Bargain?: National Security Leaks in a Post-Pentagon Papers World*, 48 HARV. C.R.-L. L. REV. 473 (2012). 成原慧『表現の自由とアーキテクチャ』（勁草書房、2016 年）320-324 頁も参照。

らかである。

　関連して第二に、従来のメディアとは異なる、ウィキリークス——マニングが情報漏洩した先である——のような「メディア」が登場していることである。漏洩された機密情報をメディアが公表する場合、従来はペンタゴン文書事件におけるニューヨーク・タイムズ紙のように、情報の内容や性質を精査して公表時期を遅らせたり一部を非公開にしたりするなどして、公開によって生じ得る危害の最小化が試みられるのが通例であり、実際に公開によって国家安全保障が深刻な被害を被ったことはなかった。そのような事情が非対称アプローチの前提に存していたのであり、情報通信技術の進展に伴い、既存メディアとは異なった行動原理を採るウィキリークスに代表される暴露メディアが出現している今日、非対称アプローチの前提条件が崩れているのではないか、というわけである。

　第三に、国家秘密の過剰産出である。国家安全保障に関する秘密保全法制の主要部分が大統領命令によって構築されるアメリカにおいて、従来から秘密指定の過剰が指摘されてきたが、「ブッシュ政権とオバマ政権下においてなされた過剰な機密指定は、唖然とするほど多い」とされる。これには、9.11以後の状況、秘密指定が派生的に別の秘密指定を産むという状況、新たな技術の登場や情報共有の強化などが秘密指定件数を加速させているという事情が関係しているが、そのなかで秘密裏に行われた数々の違法行為ないし正当性が疑われる行為——CIAの秘密収容施設、テロ容疑者に対する「尋問」、イラクのバグダットのアブ・グレイブ収容所での虐待など——が、情報漏洩によって初めて明るみに出たことを踏まえれば、非対称アプローチのもと、それを漏洩する政府職員の行為を処罰してもよいとすることは妥当なのかが問われることになる。

---

8)　主にここに焦点を当てて検討したものとして、横大道・前掲注2) 148-151頁を参照。さらに、松井茂記「ウィキリークスと表現の自由(下)」法律時報85巻3号（2013年）66頁以下も参照。

9)　ビッケルは「手に負えない競争」を擁護するに際して、メディアによる自己規律の必要性を指摘していた。BICKEL, *supra* note 5, at 87.

10)　詳細については、横大道聡「アメリカにおける国家安全保障に関する秘密保全法制について——三権の役割・機能を中心に」比較憲法学研究27号（2015年）23頁以下を参照。

11)　Alexander M. Taber, *Information Control: Making Secrets and Keeping Them Safe*, 57 ARIZ. L. REV. 581, 584 (2015).

関連して第四に、ブッシュ政権、オバマ政権による「リークとの戦争（War on Leaks）」と形容される姿勢である。ブッシュ政権下では、機密情報漏洩事件の調査が精力的に行われ、そのなかで諜報活動を行うCIA職員の身元を暴露したミラー（Judith Miller）記者に対してなされた取材源開示要求や、ロビー団体であるアメリカイスラエル公共問題委員会（American Israel Public Affairs Committee, AIPAC）のロビイストに対して機密情報を漏洩した政府職員のみならず、当該情報を受け取ったロビイスト2名を防諜法違反で起訴するなど[12]、厳しい姿勢が採られていた[13]。また、1917年の防諜法の制定以降、2009年までの間に機密情報漏洩という被疑事実により起訴された件数は3件のみに過ぎなかったが、オバマ政権下では9件を防諜法違反で起訴しており（執筆時）、やはり厳しい姿勢が採られている[14]。

このような現状認識を共有しつつ、学説では現在、非対称アプローチの再考ないし見直しを試みる議論が、両方向から、すなわち、「政府職員による機密情報漏洩の場合」にも憲法上の保護を及ぼそうという議論と、「プレスを中心とする一般公衆が漏洩された情報を公表する場合」にも刑罰等を積極的に科すべきだとしてそれを憲法上正当化しようとする議論、さらには、今日改めて非対称アプローチを擁護しようとする議論が展開されているという状況にある。

以下、節を改めて、それらの学説の議論を見ていくことにしたい。

Ⅲ 機密情報漏洩者の憲法上の保護の追求

まず、非対称アプローチにおいて保護されないことになる機密情報漏洩者に対する憲法上の保護可能性を追求する議論から見てみよう。

---

12) United States v. Rosen, 445 F. Supp. 2d 602 (E.D. Va. 2006); United States v. Rosen, 557 F. 3d 192 (4th Cir. 2009). このロビイストに対する防諜法適用は、機密情報を不法に保持した政府職員以外の第三者に対してなされた初の事例であったとされるが、結局起訴は取り下げられた。

13) 詳細は、海部一男「国家安全保障情報の漏洩と報道の自由——戦い続くブッシュ政権対メディア」放送研究と調査2007年4月号56頁以下等を参照。

14) *See e.g.*, James Risen, *If Donald Trump Targets Journalists, Thank Obama*, NY TIMES, Dec. 30, 2016. 松井茂記「ウィキリークスと表現の自由(上)」法律時報85巻2号（2013年）56-58頁も参照。

1 機密情報漏洩者の「表現の自由」論

　ここではその代表的論者と目されるキトロッサー（Heidi Kitrosser）の議論を見てみたい。キトロッサーは、大要、次のように論じている。

　①本来国民が知るべき情報が公にされないと、民主的な自己統治という民主政の基盤が掘り崩されてしまう。そうした情報はまさに修正1条が厚い保障を及ぼそうとした「表現」に他ならない。政府職員が漏洩した機密情報であってもかかる価値を有する場合もあり、過剰な機密指定とそれと連動した罰則規定の存在、そして機密情報漏洩者を起訴するか否かの裁量を執行府が専有している状況にあって、非対称アプローチのように、機密情報漏洩者を修正1条の保障の範囲外に放擲することは妥当ではない。

　②本来国民が知るべき情報が機密指定されていることを認識できるのは内部者のみである。確かに内部者は、雇用に際して機密情報を開示しない旨の同意（nondisclosure agreements）等をするのが通例であるが、修正1条が社会的価値を有する権利であることを踏まえれば、かかる同意により、修正1条の保障対象から外すことは正当化できない。むしろ、「機密情報漏洩者が、特有の情報を持つ潜在的発言者として〔政府権限の濫用や無能力から人々を守るという〕憲法上決定的な役割を有していることを踏まえれば、強固な修正1条上の保護が与えられなければならない」。

　③そこで表現の自由と秘密保持の利益との間で慎重な衡量が求められるが、問題は、誰がどのようにこの衡量を行うかである。これを、機密情報指定権限を有し、起訴裁量を専有する執行府の手に委ねることは、公権力を監視し、政府行為に対する批判的表現を保障の核心とする修正1条と相容れない。裁判所は、機密指定や漏洩者の起訴の是非を判断できる制度的能力に欠けるため、かかる判断の主体として適切ではないとしばしば指摘されているが、「機密情報刑事手続法（Classified Information Procedures Act, CIPA）」のもとで国家秘密が

---

15) Heidi Kitrosser, *Leak Prosecutions and the First Amendment: New Development and a Closer Look at the Feasibility of Protecting Leakers*, 56 WM & MARY L. REV. 1221 (2015).
16) *Id.* at 1243-1244, 1255-1259.
17) *Id.* at 1244, 1262-1263.
18) *Id.* at 1245-1246.

関係した裁判であっても適切に処理されてきた実績[20]や、執行府が機密指定権限を濫用する傾向にあることを踏まえるならば、裁判所による統制可能性を切り捨てることは妥当ではない[21]。

④そのことを踏まえたうえで、リークに関する事案を考察するにあたって、裁判所は、政府が雇用者として被用者たる職員を懲戒する場合と、刑罰や損害賠償を求める場合とを区別し、名誉毀損の場面における裁判法理を参考に、前者の場合には、漏洩者が当該情報漏洩によってもたらされる国家安全保障上想定される損害よりも公益が上回ると信じたことにつき、客観的に見て実質的根拠を欠いていることを政府が立証すべきであり、後者の場合には、客観的に見て合理的根拠を欠いていることを政府が立証すべきである。そしてその際、漏洩情報の性質や、動機、公論に与えた影響、漏洩対象などの諸事情が慎重に検討されるべきである[22]。

2 漏洩する「憲法上の義務」論

このようにキトロッサーは、表現の自由の有する社会的価値に照らして、漏洩者に対して憲法上の保障が及ぶ場面を拡張させようと試みるものであるが、学説ではさらに進めて、漏洩する「憲法上の義務」が存する場合がある旨を議論する論者もいる。

カスナー（Alexander J. Kasner）は、政府職員は政府の違法な行動を公衆に知らしめることのできる「特別な地位」にあり、機密情報漏洩行為は、場合によっては公的な説明責任を確保するために不可欠な役割を果たすとして、キトロッサーと同様の立場から出発しつつも、キトロッサーのように漏洩者を修正１条により保護しようとする議論は、従来の判例法理等に照らすと見込みが薄い[23]

---

19) Pub. L. No, 96-456, 94 Stat. 2025 (1980) (*codified at* 18 U.S.C. App. 3, §§ 1-16). 同法の全訳として、横大道聡「（翻訳）機密情報刑事手続法（Classified Information Procedure Act）（米国）」法学論集 49 巻 2 号（2015 年）283 頁以下を参照。

20) この点については、*see* Stephen Schulhofer, *Oversight of national security secrecy in the United States*, in SECRECY, NATIONAL SECURITY AND THE VINDICATION OF CONSTITUTIONAL LAW 22, 30-31 (David Cole et al. ed., 2013).

21) Kitrosser, *supra* note 15, at 1259-1262.

22) *Id.* at 1263-1276. もっともこれはあくまで試案であり、重要なことは、関連する憲法上の価値を踏まえて、情報漏洩者のインセンティブを適切に踏まえることであるとしている。*Id.* at 1264.

と述べ、別の方向からの議論を展開する。カスナーは、合衆国憲法6条3項が定める宣誓条項――「……上院議員および下院議員、州の立法部の議員、並びに合衆国および州のすべての行政官および司法官は、宣誓または確約により、この憲法を支持する義務を負う旨を誓わなければならない。」――に着目し、「この憲法」を擁護するという積極的な義務を負う政府職員は、必然的に擁護の対象たる「憲法」の解釈が許されるのであり――この義務の履行は、とりわけ司法統制が困難な国家安全保障の領域において重要になるという[25]――、それは大統領の指示に従うこととは異なる義務であると論じる[26]。カスナーは、当該義務を負う対象となる "Officer" の範囲、"Support" の方法、「憲法」の意味について、文言、歴史、原意、構造、目的から解釈を試みることで、リーク一般が容認されることがないようにその通用範囲を限定したうえで、憲法上の義務の履行として行われたリークに対して民事・刑事上の責任追及がなされた場合には、憲法1条6節に違反するという「適用違憲」の主張や「緊急避難」の主張が容認されなければならないなどと主張している[28]。

IV　メディア処罰の可能性の追求

IIIで見た議論と対極にあるのが、非対称アプローチのもとで保護されてきたメディアに対する処罰可能性を追求する議論である。

1　メディアへの萎縮効果論

この方向性をもっとも鮮明にしているのが、ショーエンフェルド（Gabriel Schoenfeld）である。ショーエンフェルドは、『欠かせない秘密――国家安全保障・メディア・法の支配』と題された著書において[29]、以下の認識を明らかにす

---

23) Alexander J. Kasner, *National Security Leaks and Constitutional Duty*, 67 STAN. L. REV. 241, 246 (2015).
24) Id. at 248-252.
25) Id. at 261-264.
26) Id. at 252-261.
27) Id. at 264-279.
28) Id. at 279-283.

る。それは、第一に、「世界大戦から始まり、大量破壊兵器と国際テロリズムの拡散で終わる 20 世紀において、機密情報のリークは、マスケット銃と帆掛け船の時代とは全く異なった結果をもたらしうるのであり、また、もたらしてきている」という認識、第二に、ブッシュ政権以降のメディアに対する厳しい姿勢というのは誇張であり――ミラー記者の収監は特別検察官（special prosecutor）によるものであることや、リークとその報道の数に比べれば起訴件数ははるかに少なく、報道は委縮などしていないこと等をその証拠に挙げる――という認識、第三に、防諜法により修正 1 条と国家秘密との調整が十分に図られており、また判例上もメディアを防諜法の対象にすることを否定していないという認識、第四に、国家安全保障局（National Security Agency, NSA）の令状なし通信傍受や、国際銀行間通信協会（Society for Worldwide Interbank Financial Telecommunication, SWIFT）からテロリストの資金情報を秘密裏に得ていた事実をメディアが報じたことより、対テロ方策が敵に知られてしまったことによる国家安全保障上の損害は莫大であったという認識、である。そしてこれらの認識に基づき、情報化時代におけるリークの脅威、そしてそれが引き起こす事態の深刻さ、漏洩者を発見することの困難さといった現代におけるリークの性質を強調して、機密情報漏洩者に対する積極的訴追を行うことは当然であるとともに、メディアを萎縮させるために、ジャーナリストの訴追も行うべきであると主張するのである。ショーエンフェルド曰く、「アメリカ国民を外敵から守るために必要不可欠な秘密をジャーナリストが暴露するとき、……ジャーナリストは公衆の代理などではなく、公衆の権限と権利の簒奪者である。リポーターや編集者は自身を公衆の代理（public servants）とみているが、しばしば彼らが忘れていることは、彼らは誰からも選出されておらず、誰を代表するわけでもない一個人に過ぎないということである」、「私が真に望むことは、

---

29) GABRIEL SCHOENFELD, NECESSARY SECRETS: NATIONAL SECURITY, THE MEDIA, AND THE RULE OF LAW (2010).
30) Id. at 82.
31) Id. at 232-244.
32) Id. at 245-254. See New York Times, 403 U.S. at 730 (Stewart, J., concurring), at 739, n. 9 (White, J., concurring), at 752 (Berger, J., dissenting), and at 759 (Blackmun, J., dissenting).
33) SCHOENFELD supra note 29, at 255-259.

これまで説明したように、我らすべてを危険にさらすプレスに『委縮効果』を及ぼすことであった[35]」。

ショーエンフェルドも、過剰に国家秘密が量産されていることを否定しないし、メディアが果たす役割も認めている。それでもショーエンフェルドは、国家秘密の保持と自己統治の価値の調和のためには、既存の法制度に基づき、「国家安全保障に真に脅威を与える秘密」を開示する漏洩者と、それを報道するメディアに対して起訴裁量を積極的に行使することが求められるのであって、メディアは自主規制をすべきであるとするのである[36]。

2　詳細な場面設定による比較衡量論

より穏当な見解として、スモラ（Rodney A. Smolla）は、非対称アプローチがアメリカの従来の立場であることを踏まえつつ、リークした政府職員であっても保護すべき場合や、公表したメディア（第三者）であっても処罰すべき場合も存するとして、非対称アプローチのように二者択一的にこの問題に対処することは困難であり、より精緻な場合分けによる対処が望ましいと論じる[37]。

スモラは、リークされた情報が国民に対して有する情報価値の高低と、当該情報が国家安全保障に与えうる脅威の高低をそれぞれ4段階に分ける。具体的には、情報価値は高い順に、犯罪行為の暴露（レベル4）、政策的、道徳的、法的問題に実質的に関わる異論の余地のある活動の暴露（レベル3）、公衆の興味関心事であるが政策的、道徳的、法的問題に実質的にかかわらない事項の暴露（レベル2）、自己統治および公共政策に寄与しない、取るに足らない事項の暴露（レベル1）、国家安全保障に対する脅威は高い順に、直接かつ範囲の限定が困難なほどの危害の場合（レベル4）、危害がもたらされることが確実であるが一般的な危害の場合（レベル3）、国家安全保障上の機能に対する障害とはならないが、それを困惑させたり威信を損なわせたりする場合（レベル2）、危害が

---

34)　*Id.* at 263.

35)　*Id.* at 265-266.

36)　*Id.* at 268-275. メディアの自主規制に関しては、*see* Robert A. Sedler, *Self-Censorship and the First Amendment*, 25 ND J.L. ETHICS & PUB. POL'Y 13 (2011).

37)　Rodney A. Smolla, *New Media in a New World: Liability for Massive Online Leaks of National Defense Information*, 48 GA L. REV. 874 (2014).

もたらせる可能性が低い場合（レベル1）に分け、各々を横軸と縦軸に置いたマトリックスを作成し、合計16通りの場面を想定して、場面ごとの考察を提唱している[38]。

スモラは、場面ごとに適用される明確なルールを設定しようとしているわけではなく、とりわけ縦軸と横軸が双方とも高いレベルで衝突するハードケースにおいては、政府の違法行為の明白性と国家安全保障に対する脅威の程度に依拠して結論が分かれると述べており、その実質は比較衡量であるといってよい。そしてスモラの議論は、「政府職員による機密情報漏洩の場合」にも保護が及ぶ場合を認めているものの、結論部分において、「今日のリーク・メディアの文化において近い将来生じ得る」上述のハードケースといえる衝突場面において、「修正1条がメディア（publisher）を保護しない、保護すべきでない」こともあり得るとしていることから[39]、その力点は非対称アプローチにおけるメディアの不処罰の見直しにあるように見受けられる。

V 「非対称アプローチ」の消極的擁護

このように、非対称アプローチの見直しを図ろうとする議論が両方向から見られるなか、ビッケルとストーンとはやや異なった仕方で非対称アプローチを擁護するセイガー（Rahul Sager）の議論に目が留まる。セイガーは、著書『秘密と漏洩——国家秘密のジレンマ[40]』において、豊富な事例を例証に用いながら、大要、次のように論じている。

①国家秘密の不可避性を前提とすれば、問題とすべきは、違法行為等の隠蔽のような執行府による権限濫用を防ぐことである。従来、議会と裁判所は、入手できる情報や能力上の限界などからその役割を十全に果たしてこなかった一方、その役割は実質的に、違法なリークとその報道によって担われてきたという現実がある。ここに、合法的な手段は有効ではなく、有効な手段は違法であるという「ジレンマ」——規制役を担うべき主体と、実際に担っている主体と

---

38) Id. at 885-891.
39) Id. at 905.
40) RAHUL SAGER, SECRETS AND LEAKS: THE DELEMMA OF STATE SECRECY (2013).

のズレ——が生じているのである。そこで、国家秘密の濫用を防ぐための方策として、議会や裁判所の監視・統制権限強化という方向性と、リークとその報道の合法化という方向性が考えられる[41]。

②まず司法による統制であるが、訴訟における消極的態度[42]と、その態度の論拠とされる、秘密の開示がもたらす国家安全保障上の損害を評価することについての司法の制度上の能力の限界、さらに当該決定権限を司法に委ねることが司法の政治的・党派的活動を促進させ得るといった理由に照らすと限界がある[43]。議会統制については、確かに統制に利用し得る手法は様々あるが、党派的構成ゆえに情報漏洩が生じやすく、また、議会やその委員会が大統領よりも信頼に値するという保証もない[44]。そして、司法統制にせよ議会統制にせよ、これまでそれが有効に機能したのは、機密情報が違法にリークされ、あらかじめその内容が判明している場合に限られている[46]。

③現行法および判例上、機密情報の漏洩や公表をした政府職員、記者、出版社に対して、民事上、刑事上の制裁を課すことは否定されていない。そこで、機密情報の漏洩が国家秘密指定権限の濫用を防ぐ現実的な方策となっていることに鑑み、機密情報の漏洩・開示を法によって容認すべきという議論が考えられる。しかし政府職員、記者、出版社はいずれも、当該秘密の開示が国家安全保障にとってどれだけの危害を与える情報であるかを判断するに足りる能力や情報を有しておらず、また、そうした判断を民主的に選出されていない者に委ねることの正統性の問題が生じる。さらに、漏洩が悪意でなされることもある。そうだとすれば、そのような法改正は国家安全保障上の見地および民主的な説明責任の見地から容認できない[47]。

④もっとも、いかなる場合であっても政府職員による機密情報の漏洩が許さ

---

41) *Id.* at 16-50.
42) この点について、横大道・前掲注10) 35-37頁にて簡単に触れたことがある。
43) SAGER, *supra* note 40, at 51-79.
44) この点については、廣瀬淳子「アメリカ連邦議会の行政監視——制度と課題」外国の立法255号（2013年）6頁以下を参照。
45) SAGER, *supra* note 40, at 80-102, and at 4, 12.
46) *Id.* at 48, 78-79, 83-86.
47) *Id.* at 103-126.

れないというわけではない。それが許されるのは、原則として、(a)漏洩・開示が犯罪行為（wrongdoing）や公権力の濫用に係るものであること、(b)明確かつ説得的証拠に基づいていること、(c)国家安全保障に過度の負担を負わせるものでないこと、(d)最も過激ではない方法で開示がなされること（必ずしも内部での公益通報や議員に対する漏洩でなければならないわけではない）、(e)身元を明らかにすること、という５つの条件を満たした場合のみである。(e)の条件は、報復等を恐れて本来であれば正当化され得る漏洩を控える方向に機能し得るが、公衆が漏洩者の動機や利害関係を審査するために、明らかな違法行為の場合を除き、必要な条件である。もっとも、公益通報者への報復禁止の貫徹は、法令を通じてであっても事実上困難であるため、場合によっては機密情報の漏洩が正当化されるものの、実際上、上記の条件を満たして情報漏洩するインセンティブが政府職員に働かない[48]。

⑤そうすると結局、匿名でのリークが国家秘密の濫用に対する実際上の歯止めとして最も効果的ということになるが、不当な目的・動機による漏洩かを判別できない。漏洩情報を受けたメディアによってその判別が行われるべきという議論もあり得るが、メディアが必ずしも公益のために行動する保証はなく、また、匿名情報に対して正当な注意（due diligence）を払うように法で義務付けることは憲法上の問題が生じるため、困難である[49]。

⑥以上の分析から、国家秘密の濫用を防ぐための方策として、議会や裁判所の監視権限強化という方向性も、リークとその報道の合法化、という方向性も期待できない。違法なリークに頼らざるを得ないという現状の欠点を和らげるために、大統領は信頼を得るよう法を尊重して活動し、我々も違法なリークを情報源として頼るメディアを批判的に見る目を養うことが必要であるが、それだけでは不十分である[50]。

⑦そこで求められるのは、ビッケルが政府とメディアとの「手に負えない競争」と呼んだ状況を保つこと、すなわち、議会と裁判所が、どちらにも肩入れせず、競争状態を継続させることである。「当該ゲームにおいてどちらか一方

---

48) *Id.* at 127-152.
49) *Id.* at 153-180.
50) *Id.* at 181-202.

が勝利すべきであるという仮定に基づき、ルールを書き換えるという罠に捕らわれてはならない。プレスと大統領との『手に負えない競争』は、歴史的、制度的、政治的要因の産物であって容易には退けることができないのであり、今現在、国家秘密の実践を規制するためのよりよい方法は存在しないということは今や明らかだろう」。[51][52]

Ⅵ 検討

　以上ⅡからⅤにおいて、非対称アプローチの再考ないし再評価を試みる近時の学説（のごく一部）を見てきた。Ⅵでは、そのような議論について若干の検討を試みたい。

1 非対称アプローチの見直しについて

　まず、非対称アプローチの見直しを試みる議論の構造から見てみよう。上述したように非対称アプローチは、「政府職員による機密情報漏洩の場合」の対処については判例法理から、「プレスを中心とする一般公衆が漏洩された情報を公表する場合」の対処については判例の不在から成るという意味でも「非対称」な、記述的なアプローチであった。そのため、前者に対する批判は判例法理の批判、具体的には、キトロッサーとカスナーの議論に見られたように、政府職員による機密情報漏洩がもたらす憲法上の価値を強調することでその見直しを図ろうというかたちで、後者に対する批判は実践の不在の批判、すなわち、ショーエンフェルドの議論に典型的に見られたように、センシティブな機密情報を報じたメディアは法的に起訴可能であり、本来であれば起訴すべきであったにもかかわらず、それがなされてこなかったという実践を批判するかたちで、あるいはスモラのように、場合によってはメディアの起訴が必要な場面もあり得ることを提示するかたちで展開されている。

　次に、対立の構図である。いずれの議論も国家秘密の過剰が執行府の違法・不法行為の隠蔽のために濫用され得ることを認めているが、誰が公開すべき情

51）　*Id.* at 202.
52）　*Id.* at 202-204.

報であるかを判断すべきなのかという点で対立しているように見受けられる。例えば、漏洩者に対する憲法上の保護を論じるキトロッサーのような議論に対して、ショーエンフェルドは、当該情報の有する修正1条上の価値の有無や高低を、民主的責任を負わず正統性を有さない漏洩者自らが判断してリークすることを正当化してしまうような仕組みを設けることを批判しており、同様の批判をセイガーも展開していた。この種の批判は、政府職員自らの判断に基づき機密情報を漏洩する義務まで論じるカスナーの議論に対してより妥当する。

　他方で、民主的な自己統治の名のもとに、大統領を頂点とする執行府によってなされた機密指定に大幅な敬譲を求めるショーエンフェルドのような議論に対しては、キトロッサーが批判しているように、機密情報を指定する権限を有し、機密情報漏洩者を起訴するかの裁量をも専有している執行府を統制しようという視点が欠けており、権限濫用の危険や国益を口実する秘密を放置する議論として批判されることになるだろう。

　そうすると、スモラのように、国家機密保持の利益とその公開がもたらす利益の衡量を、非対称アプローチほど単純にではなく、またアド・ホックな衡量でもなく、裁判所が具体的場面ごとに考察していこうという方向性に目が向くものの、具体的場面を細分化すればするほど、非対称アプローチの「単純かつ明確なルール」の設定というメリットが失われるという反比例の関係に立つうえ、ストーンが非対称アプローチを裁判所による衡量の困難性から擁護したことを想起すると、個々の場面の評価を裁判所が適切に行うことができるのかが問題となろう。

---

53) 「秘密は、その多くの濫用にかかわらず、公開と同様、自己統治にとっての必須の前提条件であり続けている」(SCHOENFELD *supra* note 29, at 21)、「選挙で選ばれていない者が公的な意思を覆すとき、民主的なルールは傷つけられる」(*Id.* at 267) などと述べているように (*see also Id.* at 187)、ショーエンフェルドの自己統治理解は、民主的に選ばれた代表による統治であり、その是非が問題となろう。

54) SAGER, *supra* note 40, at 103-126.

55) この点に関して、奥平康弘『「表現の自由」を求めて──アメリカにおける権利獲得の軌跡』(岩波書店、1999年) 284頁を参照。

2　非対称アプローチの再評価について

　このように、非対称アプローチの見直しを図ろうという議論には、なお、細部を詰めて考察する余地があるように思われる。そうしたなか、今日の状況を踏まえたうえで、なお、ビッケルに近い消極的なかたちではあるが非対称アプローチを擁護するセイガーの議論が注目される。上述したようにセイガーは、国家秘密権限濫用という問題に対処するために主張される議会統制および司法統制の強化、リークおよびその報道の合法化という議論を取り上げ、それぞれの限界を豊富な事例をもとに詳細に指摘する。そして、国家秘密の濫用を防止するためには違法なリークに頼らざるを得ないが、不当な動機に基づくリークを排除できないという「ジレンマ」に対処するためには、ビッケルが「手に負えない競争」と呼んだ状態を維持することによって国家秘密の問題に対処することが妥当であると結論付けたわけであるが、これは、非対称アプローチを「単純かつ明確なルール」設定を評価するものとして積極的に評価するストーンとは異なり、他の統制手法の限界と現状に勝る有効な手立てはないという諦念に基づく消極的擁護である。

　もっともセイガーも、現状をそのまま肯定しているわけではない。セイガーは議会や裁判所の「中立」を求めているわけではなく、「手に負えない競争」環境の維持とそのための介入を認めるからである。しかし、セイガーの議論からすれば、そもそもⅡで見た現状が「手に負えない競争」に対していかなる含意を有するか不明確であり、現状が議会や裁判所が介入するべき状況か否かも直ちには明らかではないはずである。そうすると結局、セイガーの議論は、現状をそのまま維持する機能を果たすことになりかねない。[56]

3　向かうべき方向

　セイガーは、著書の最後において、「本書の分析は、民主的改革を奨励するものではない。むしろ、そのような改革の限界、さらには無益さを示している。こうして、本書の分析は民主政——そして民主政論——に対して、より現実的なスタンスを採るように求める。それは、くだらない『透明性』の要求とか、

---

[56]　Eric A. Posner, *Before You Reboot the NSA, Think about This*, New Republic Nov. 7, 2013.

空想的に『君主を服従させる』試みを放棄させ、その代わりに、執行府およびそれを監視する者——秘密主義の我々の共和国に存する君主たち——が、自身に与えられた裁量の責任ある行使をどのようにして確保できるかという研究へと誘うのである」と述べた。

この指摘のうち、メディアや官僚組織を含む各機関に与えられた裁量権の行使が適正になされることをいかにして確保するかに関する研究が重要であることは否定できないが、透明性の要求が必ずしも非現実的なスタンスであるとは思われない。むしろ、ゴールドスミス（Jack Goldsmith）が論じるように、多元的なチャンネル——議会、裁判所やそのスタッフ、人権活動団体、ジャーナリスト、執行府内外の監視者など——を通じて絶え間なく執行府を監視すること、そしてそれが存在しているという事実を執行府に意識させること、すなわち、「シノプティコン（synopticon）」によって、執行府の適切な権限行使——さらには他の機関の適切な権限行使——を確保していくという視点が重要であるように思われる。かかる見地からは、秘密指摘の適正さを確保するための様々な取組みの評価や、多元的なチャンネルそれぞれの有効な機能条件を地道に探求していくことが求められるのであり、その際、民主的改革が必ずしも排除されるわけではないだろう。

結局、非対称アプローチの基本構造を維持したうえで、執行府の過度の秘密指定を防ぐための方策と、過度のリークとその報道に対する防御策を、複眼

---

57) Sager, *supra* note 40, at 204.
58) Jack Goldsmith, Power and Constraint: The Accountable Presidency After 9/11, 206-243 (2012).
59) この点に関するアメリカの状況については、横大道・前掲注10）を参照。
60) 例えばメディアに関して、不用意な国家秘密の公表をコントロールすべくインセンティブ・コントロールを展望するものとして、*see* Note, *Media Incentives and National Security Secrets*, 122 Harv. L. Rev. 2228 (2009). 議会による明確な法制定や取材源秘匿の承認などを求めるものとして、*see* Taber, *supra* note 11, at 604-607.
61) 例えば、「国家安全保障のシステムの活動に関わる、とりわけ重要な問題群における、違法、甚だしい無能力、または誤りが重大である場合にそれを暴露すること」と定義される「アカウンタビリティ・リーク」を安全装置（failsafe）として法制度に組み込むことで、違法行為等をした場合にはリークがなされることを前提に職務遂行させることができる旨を論じる、ベンクラー（Yochai Benkler）の議論などが参考になろう。Yochai Benkler, *A Public Accountability Defense for National Security Leakers and Whistleblowers*, 8 Harv. L. & Pol'y Rev. 281 (2014).

的・多面的に考えていくということが「現実的なスタンス」ではないかと思われる。

Ⅶ　結びにかえて

　ポーゼン（David E. Posen）は、リークを厳しく非難する一方、日常的に機密情報のリークが行われ、かつ、その処罰がほとんど行われないアメリカを、「秘密の漏れやすいリヴァイアサン（leaky leviathan）」[62]と形容した。本稿では、そのアメリカにて構築された非対称アプローチに対して近時みられる学説からの挑戦を概観し、若干の検討を試みた。アメリカを表現の自由の「準拠国」としてきた我々にとって、そして特定秘密保護法の成立によって同種の問題が生じ得ることになった日本にとって[63]、その動向は継続的な関心を向けるに値しよう。そしてその際には、国家秘密と自己統治の相克を一気に解消するような手立てはないということを踏まえつつ、相克の緩和に向けた努力を様々な方向から多角的に、時代状況の変化に合わせて継続して行っていくことが求められる[64]、というのが差し当たりの結論である。本稿は、そのような作業に向けたささやかな第一歩に過ぎない。

　〔付記〕本稿は、平成28年度科学研究費補助金・基盤研究(B)（課題番号16H03705）および2016年度公益財団法人野村財団による助成を受けた研究成果の一部である。

（よこだいどう・さとし　慶應義塾大学准教授）

---

[62]　David E. Posen, *Leaky Leviathan: Why the Government Condemns and Condones Unlawful Disclosures of Information*, 127 HARV. L. REV. 512 (2013).

[63]　特定秘密保護法上、メディアによる公表行為それ自体を禁止する規定はない。処罰対象とされているのは、取得罪（24条）と、漏洩・取得の共謀、教唆、扇動罪（25条）であり、取材行為がこれらに該当する可能性は残るが、目的や態様による限定が付されているうえ、この法律の解釈適用において、「国民の知る権利の保障に資する報道又は取材の自由に十分に配慮」（22条1項）すること等が求められており、少なくとも法文上はアメリカよりも表現の自由への配慮が見られる。もっとも、「安倍政権が急転直下成立させた秘密保護法は、運用次第で深刻な情報隠しにつながりかねない危険をはらむ。一般の国民が巻き込まれる恐れも残る」（青島顕「秘密保護法――運用にひそむ深刻な危険」中野晃一編『徹底検証安倍政治』（岩波書店、2016年）147頁。傍点は引用者）ことも否定できない。

[64]　川岸令和「情報の公開と秘匿と」法律時報83巻2号（2011年）5頁。

宗教の「公共性」を考えなおす
―― 「宗教の自由の系譜」からの宿題

斉藤小百合

はじめに

　筆者は1996年5月から『時の法令』誌にて、奥平康弘先生と「宗教の自由の系譜」と題して不定期連載を担当する機会に恵まれた。この連載の初回に、連載の趣旨について、次のように記されている。なぜ「宗教」なのか。「…現にある「宗教」（論）のなかに、現代に住むわれわれ人間（および人間社会）の特徴のすくなくも一部をみいだすことができるにちがいない[1]」。「宗教」とのかかわりにおいて、現代を生きる人間と人間社会の特徴の一端がみえるはずだ、あるいは、「宗教」を見ないことには人間の本質をみいだすことはできないのではないか、という視点である。「宗教」を論ずることは「あまりにもでっかい問題[2]」であるが、「「宗教」というものにかんして、私たちなりの接し方を模索する必要があるのではないか[3]」。なぜなら、「カントの『啓蒙とはなにか』ではないが、私たちはそもそも公共的なことがらを討論する責任があるのである。なぜなら、公共的なことがらは私たちのことがらだからである。そして今や、「宗教」は公共的なことがら以外のなにものではない。そうだとすると、私た

---

1) 奥平康弘「〈宗教の自由の系譜第1回〉「信教の自由」をめぐるある判例を出発点として」時の法令1522号（1996年5月30日）39頁。
2) 同上、40頁。
3) 同上。

ちはこのことをめぐる熟考・討論に参加する責任がある、とさえいえるのである[4]。「宗教」は「公共的なことがら」なのだという。本稿は、先生の連載開始の趣旨でもあった「宗教は公共的なことがらである」という意味をあらためて考えなおすための試みである。

連載開始時からすでに20年近くが経過した。「宗教の自由」、「信教の自由」についての私たちの理解は深まっただろうか。「国家と宗教」との関係を、立憲体制に相応しいものとなるよう、「公共的な」豊かな論が広げられてきただろうか。「宗教が公共空間から撤退」する傾向は、戦後の長期的な傾向であろうが[5]、特に指摘できるのは、1995年のオウム真理教地下鉄サリン事件以降、2011年の東日本大震災までの期間は、「撤退」する傾向は頂点に達していた[6]とも思われる。

理解が深まらないうちにも現状は進展する。2016年5月、安倍晋三首相はG7の開催地に近い伊勢神宮に参加国の首脳を連れ立って訪れた[7]。しかし、ここでも首脳らは、一般参拝より「正殿」に近い「内玉垣南御門[8]」まで進んだものの、「政教分離の観点から」「拝礼方式」には配慮したと伝えられている。また、外務省は、同じく「政教分離の観点」から、「参拝」ではなく「訪問」という表現を使っている。こうした「政教分離」上の懸念があるにもかかわらず、敢行されたのが今回の「伊勢神宮訪問」である。憲法上の疑義があるのだとす

---

4) 同上。
5) 島薗進＝石井研二編『消費される〈宗教〉』(春秋社、1996年)。
6) 島薗進「現代日本の宗教と公共性」(島薗＝磯前編『宗教と公共空間』(東京大学出版会、2014年) 267頁。島薗はオウム真理教事件がその「頂点」であったとみる。しかしその後、同様に多くのいのちを失った1995年の阪神淡路大震災では広く立ち起こらなかったが、2011年の東日本大震災後には、宗派を超えて、失われた営みへ向き合うことに宗教家が力を尽くし、「公共空間」における「宗教」の役割が問い直されている。
7) 読売新聞2016年5月27日など。なお、サミットでの各国首脳が伊勢神宮を訪問することについて、日本同盟基督教団ほか、いくつかの宗教団体が中止を求める文書や声明を発表している。(朝日新聞2016年5月25日) 開催地選定に際して、「首相の肝いり」であったことも海外メディアを中心に報道されていた。(The Guardian) そうすると、「天皇の神宮」たる伊勢神宮を際立たせることで、「天皇を中心とした国」として日本国民を「統合」するというよりは、むしろ分断するとみるべきではないか。
8) 祭神を設置する「正殿」前で礼拝するのは天皇とされ、「内玉垣」は、「正殿」を「神域」として囲む「瑞垣」の外側に配置されている。『神道辞典 (縮刷版)』(弘文堂、1999年)。

れば、本来であれば回避すべき行為だったはずである。それをあえて行ったからには特定の政治的含意があることが推察される。

　安倍首相と伊勢神宮といえば、さらにもう一つの大きな出来事を指摘しなければならない。例年年初の伊勢神宮参拝もさることながら、2013年の「式年遷宮・遷御の儀」への参列である。1929年の浜口雄幸首相につぐ史上二度目とされ、「戦後日本の歴史の、非常に大きな節目」とも指摘されている。ブリーン教授も指摘するように、「私的な信仰」を超えて、内閣総理大臣という公人であるからこその行為ではないか。首相のこのような行いも許容されるのが日本国憲法下の政教分離原則のありよう、「国家と宗教」のありようなのだろうか。

　こうした政治の動きの中にあって、「2012年自由民主党憲法改正草案」20条の改正案は重大な意義をもつ。「国家と宗教」というと、「靖國神社」との関係で、首相や閣僚、さらに天皇の公式参拝が念頭に置かれて議論される傾向があるが、「社会的儀礼」「習俗」として皇室祭祀と結びついた民間神道祭祀も許容されるということになるのだろうか。さらには、ふたたび「神道は国家の祭祀である」ということになるのだろうか。

I　神道指令と皇室祭祀

　2006年のあるインタビューで小泉純一郎首相（当時）が、次のように発言している。「新年の伊勢参拝は問題とならないのに、なぜ靖国参拝はできないの

---

9)　本稿執筆中の2017年1月の年初にも安倍晋三首相は伊勢神宮へ参拝している。石原伸晃経済再生担当相らが同行し、宇治山田駅に到着した際には、三重県知事らが出迎えた。これも「社会的儀礼」の範囲内ではあろう。しかし、「私人」として来訪する場合でも、県知事はそのような振る舞いをしなければならないのだろうか。やはり「内閣総理大臣」としての安倍晋三氏を迎えるからこそ果たされるべき「社会的儀礼」なのだろう。さらに、「年頭記者会見」を、この神宮参拝の直後に、ここでもあえて「神宮司庁」で行うのである（朝日新聞2017年1月5日）。

10)　島薗進／ジョン・ブリーン「伊勢神宮と国家儀礼」世界2016年6月号197頁。また、ジョン・ブリーン「伊勢『遷御の儀』首相参列の意味」（朝日新聞2013年10月23日）伊勢神宮は「皇室との関係が強い」とされる。たしかに伊勢神宮の祭神は、「皇祖＝天照大神」とされるが、維新後の1869年に明治天皇が遷御の儀に参拝したのが、歴代天皇で初めてであったという。1929年の遷宮は国体の根幹を示す儀式とされた。

か」[11]。筆者の疑問はむしろ、逆であった。「靖国参拝が政教分離原則違反として憲法上問題があるとすれば、なぜ伊勢神宮参拝は問題視されないのか」である。これを説明するのが、神道指令によっても皇室祭祀は許容され、その理由が、天皇の「私人としての行為」である、というものである。国家機関の担い手も、「私人としての行為」の領域においては信教の自由が保障されなければならない。つまり、「国家神道」を解体することによって政教分離原則が実現できれば、政教分離原則の目的でもあるはずの信教の自由を最大限に尊重するという、もう一つの考慮事項が強く働く。そこで、宗教としての神社を信仰の対象とするなら、先行する人権指令の眼目でもある精神的自由の回復に違背することが懸念されていた――しかし、それは、「国家神道は宗教ではない」という日本政府側の論理を逆手に取ることで回避される――こともあり、皇室祭祀は神道指令においては、皇室の「私的行為」として、許容されたのであった。つまりこの点で、当初から「政教分離原則」は曖昧で、徹底されることはなかったということもできる。

　なぜ皇室祭祀を許容したのかについては、もう少し詳しくみておこう。戦後、日本国憲法の制定に先立ち、日本国憲法第20条、89条に引き継がれることになる重要な施策がポツダム宣言の諸条項に基づきGHQ（と日本政府の合作）によってなされていく。まず1945年10月4日に「政治的、市民的、宗教的自由に対する拘束の除去」（いわゆる人権指令）を発令し、日本政府にたいして、「信教の自由の制限を負荷または維持するすべての法律、布告、勅令、政令、規則の廃止および信仰を理由として特定の個人を有利、不利に取り扱う条項またはその適用の即時停止」を命じ、これに伴って、宗教団体法や治安維持法が廃止された。しかし、宗教団体法が廃止されたものの、「国家の祭祀」たる神社はそれによってなんら影響を受けるものではなかった。

　しかし、神聖性を帯びた天皇への絶対的忠誠が神社という疑似宗教的装置を回路にして醸成され維持されてきたことこそが、国民の信教の自由を著しく侵害し、軍国主義を駆り立ててきたのである。これでは、ポツダム宣言でいうと

---

11) 「小泉総理の演説・記者会見等：小泉総理インタビュー」2006年8月15日（首相官邸ホームページ http://www.kantei.go.jp/jp/koizumispeech/2006/08/15interview.html）最終アクセス日2017年1月19日。

ころの「be controlled by those self-willed militaristic advisers」(第4項)を排し、日本社会に「the revival and strengthening of democratic tendencies」をもたらすことはできない。ポツダム宣言にあらわされた、このような連合軍の基本的認識に基づき、米国は「降伏後ニ於ケル米国ノ初期対日方針(United States Initial Post-Surrender Policy for Japan)」において、米国そして世界の脅威となった「軍国主義・超国家主義(militarism and ultra-nationalism)」を除去することが掲げられた。「対日方針」の初期の草案には神道についての言及があったが[12]、最終的な文書は神道にまったく触れていない。しかし、「人権指令」に先立つ9月29日、GHQ内で参考資料として作成された「日本の教育の監督と方向転換」においては、国家神道イデオロギーの禁止や、国家神道の儀式・式典を教育から除去することなどに言及している。その後、10月13日のいわゆる「バーンズ回答」を受けて、その後「神道指令」として知られることになる「覚書」の起草作業が開始される[13]。

果たして、GHQの天皇制改革をめぐる施策を見据えながら、1945年12月15日、覚書「国家神道・神社神道ニ対スル政府ノ保証・支援・保全・監督並ビニ弘布ノ廃止ニ関スル件」、いわゆる神道指令が発出される。その要点は、神道を歪曲し、軍国主義・超国家主義に利用することの再発防止である。そのために、「宗教ヲ国家ヨリ分離スル」(2.a.)。具体的には、神社に対する財政的援助の禁止、神社への寄付を個人に強制することを禁止、神道的な儀式の中で軍国主義的・超国家主義的宣伝を禁止、伊勢神宮の宗教的式典に関する強制動員の撤廃などを命じたのである (1.a.~m.)。さらに覚書の後半では、「政府ト特殊ノ関係ヲ持ツコト」によって「政治的目的ニ誤用」されることを懸念し、「神道ニ関連スル祭式、慣例、儀式、礼式、進行、教へ、神話、伝統、哲学、神社、物的象徴」についても、国家との分離がなされなければならないと念を押していることが注目される。

---

12) ウッダード『天皇と神道――GHQの宗教政策』(サイマル出版会、1988年) 53頁。
13) いわゆる「神道指令」の起草過程については、大原康男『神道指令の研究』(原書房、1993年) 第1章、島薗進『国家神道と日本人』(岩波書店、2010年) 第2章第3節など参照。この文書は「神道指令」と広く称され、それに伴う誤解を引き起こすことにもなるが、発出の形式としては「覚書 (memorandum)」である。

ところで、島薗進教授が強調するように、「神道指令」そのものには「皇室祭祀」への直接の言及はない。しかし、皇室祭祀が無傷だったというわけでもない。これまで皇室祭祀令という法的根拠をもって行われてきた、「国家と（天皇の）神社」の関係は断たれることとなる。12月22日の皇室祭祀令の改正（昭和20年皇室令第59号）である。この改正によって、天皇が皇族・官僚を率いて祭典を行うことを廃止し、国家の大事を伊勢神宮や宮中三殿・神武天皇陵などに報告する儀式や、官国幣社への奉幣が廃止された。つまり、それまで「国務」として行われてきた宮中祭祀から「できるだけ」国家の関与をなくし、「皇室の私事」とすることで折り合いをつけたのである。

しかし、この皇室祭祀こそが人々の日常生活にも浸潤しながら「天皇はアマテラスオオミカミを祖先とする神の末裔」というイデオロギーを維持・増幅させた装置だったのではないか。ここにこそ国家神道解体の「本丸」があったのではないか。そのことが、最も可視化された出来事が、1989年1月7日の昭和天皇の死去後、死去と現天皇への皇位継承に関連して、およそ2年にわたって行われた種々の「儀式」であった。これら「儀式」に直面することで、1945年12月から日本国憲法の制定に至る時点では、皇室祭祀の象徴天皇制下での温存と政教分離原則との間に、ほどほどに「折り合い」をつけ、本格的な「解体」を迫る論議は「先送り」されてきたことが分かったのである。この際も、

---

14) 島薗・前掲注13) 第5章。また、「神道指令」に「皇室祭祀」を直接に対象としなかったことについて、「それ自体は特に「危険」がなく、天皇から神道を分離する必要はない、と判断し」、「皇室祭祀が「脅威」の源泉となるとは（GHQは（筆者補足））毛頭考えていなかった」との見解がある（大原・前掲注13) 119-120頁）。しかし、GHQ側が「危険」とみなさなかったのは、軍部の抵抗が予想されたのに反して、天皇の命令によってスムーズに武装解除が可能だった事実に裏付けられつつ、崇敬を調達できるある種の「神聖さ」を備えた天皇を占領統治にあたって、操作し、利用することを視野に入れたからであろう。

15) その後、皇室令及附屬法令廢止ノ件（昭和22年皇室令第12号）により、1947年皇室祭祀令そのものが廃止された。

16) 天皇制に関連するもう一つの「先送り」が皇室典範である。奥平康弘『萬世一系の研究』（岩波書店、2005年）。2016年8月のビデオ・メッセージで明らかになった現天皇の「退位」の意向を発端として、「天皇の退位」について「有識者会議」が設置され議論されているところである。象徴天皇制と伝統的なありようとのあいだで、「modus vivendi」としてほどほどに「折り合い」をつけ、「万世一系イデオロギー」にとっての生命線である「皇位継承」をめぐる問題を先送りにしたわけである。

大嘗祭への国のかかわりを、もっぱら皇位が世襲であることによって、「皇室の神道」儀式であるとしても、「財政的な手だてを講ずることは当然」という論拠を示すにとどまり、象徴天皇制を抱えた憲法における政教分離原則の袋小路が浮かび上がった。[17]

「神道指令」起草に際して、GHQ が直面した天皇制国家神道において、「公私の区分」は非常になじみにくいものであった。[18] むしろ、「天皇に私はない」というように、「国家の祭祀」とのかかわりにおいては臣民にも「私」はなかった。しかしそれでもなお、あえて「区分」するならば、皇室の「私事」ということになる。そうすると、私事の領域における宗教の自由であれば、保障しなければならないということにはなる。

しかし、「私事」として振り分け、私人としての「信仰の自由」として保障されたのだとすると、では次に、その「信仰」とは、そしてその信仰上の行為とは、一個人として、自らの意志で選択した宗教であるのか、という問いが湧き上がってくる。

II 「私人」としての天皇、天皇の「信仰の自由」

天皇が、「私人」として皇室神道を信仰するということを、どう考えたらいいのであろうか。さきに言及した改正皇室祭祀令は、日本国憲法が施行される前日 1947 年 5 月 2 日に廃止されるまで運用された。さらに同日付宮内府通牒により「従前の規定が廃止となり、新しい規定ができていないものは、従前の例に準じて、事務を処理する」[19] と、皇室祭祀等のいわば根拠規定となってきた。天皇家の皇室祭祀を「私事」として切り分けつつも、国家公務員である侍従による賢所内陣での拝礼（代拝）を含め、日常的な祭祀、季節ごとの祭祀が行わ

---

17) 笹川紀勝『自由と天皇制』（弘文堂、1995 年）。
18) William K. Bunce, Religion in Japan: Buddhism, Shinto, Christianity from the Report Prepared by the Religions and Cultural Resources Division, Civil Information and Education Section, General Headquarters of the Supreme Commander for the Allied Powers., Charles E. Tuttle Company, Vermont (1955), p.170
19) 皇室令及び附属令廃止に伴い事務取扱いに関する通牒（昭和 22 年 5 月 2 日宮内府長官官房文書課発第 45 号）

れてきた。

　さて「統治権の総攬者」としての天皇を支える機関と象徴天皇を支える機関は、本質的に異なるものでなければならないだろう。そこで天皇制改革は、宮内省を変革することでもあった。ここでも祭祀を天皇の「私事」として再編する改革に向き合わなければならなかった。GHQ は「私事」として皇室祭祀を温存することを許容したが、「公私」の事務を厳密に区分することを宮内省に求めた。宮内省を組織改編する宮内府法の制定に際し、法案の段階での折衝において、GHQ 側は宮内府の所掌事務について、「皇室関係の事務」とされていたものが「皇室関係の国家事務」に限定し、行政機関が皇室の私的生活にかかわる余地を縮減した。また、侍従長の所掌事務が「常時奉仕し、内廷のことを掌る」とあったのを「側近に奉仕する」と修正された、とされる[20]。「公私」を分離することによって、皇室祭祀は「私事」として生きながらえることになった。

　天皇の行動について厳密に公私を分離しようとすれば、学説にいう「二分論」、つまり「国事行為」と「私的行為」の二種類にのみ分類し、国家が関与できるのは「国事行為」のみ、ということになろう[21]。ここで、今日に至る「象徴としての公的行為」に分類される領域への国家のかかわりの余地を確保する「妥協案」が吉田茂首相によって示される。それによれば、「皇室には、憲法上認められた公的の性格と然らざる私的の性格とがあります。従って、皇室関係の事項には、憲法上認められた公的の事項と然らざる私的の事項とがあります。前者は、国家事務として、国がお世話を申し上げるものでありますが、後者は、国がこれに関与すべきものではありません。ただし、皇室の私的事項でも、それが国及び国民統合の象徴たる天皇の御地位の保持に影響深いものである場合には、その私的事項が適切に行はれますよう、国が御世話申し上げねばならぬ

---

20)　瀬畑源「『宮中・府中の別』の解体過程──宮内省から宮内府、宮内庁へ」一橋社会科学第 5 号（2013 年 7 月）、7 頁。
21)　GHQ 側の「公私の分離」論は、政教分離原則・信教の自由の保障の枠組みにおいて本質的であったが、天皇制国家神道体制はその枠組みに収まるものではなかった。このことは、組織と併せて人的構成においても「公私」に分離し、（組織改編後の）宮内庁の人事権において独立性を保持しようと抵抗した様子にも見て取れる。この点、茶谷誠一「敗戦後の『国体』危機と宮中の対応──宮内府設置にいたる過程を中心に」（アジア太平洋研究（成蹊大学）第 36 号、2011 年 11 月）参照。

ことは当然であります[22]」、という。一連の代替わりの儀式の際にも援用された「お世話」論である[23]。

ここに、「伝統」を足掛かりにしつつ、「私事」としての皇室祭祀に国家の関与する途が確保される。宮中三殿（賢所、皇霊殿、神殿）という神道礼拝施設において、天皇家の私的宗教行為が行われ、「大祭のうちいくつかは内閣総理大臣、国務大臣、最高裁判事、宮内庁職員らに案内状が出されており、これら国政の責任者や高級官僚らは出席すると天皇とともに拝礼を行う[24]」。国家的な「公認」を与えながら行われているように見えるが、「内廷のこと」[25]、天皇家の私事として扱われるため、報道されることもないので、国民には知らされることはない。

しかし、そこには大きな歪みがないだろうか。「萬世一系イデオロギー」を国民に注入する装置として、江戸後期から復興しつつあった皇室祭祀として再編成した「創られた伝統」である皇室神道が、「国家の宗旨」としての形をほぼ踏襲しながらも「私事」とみなされる。では、「私事」「私的」に宗教的行為を行っているとされる当事者からすると、それは自身で選び取った「信仰」ということになるのだろうか[26]。

---

22) 瀬畑・前掲注 20) 7-8 頁。また、この文書は瀬畑氏が宮内庁への情報公開請求により開示された文書であるが、その経緯等も含め興味深い。「源清流清──瀬畑源ウェブサイト」http://www008.upp.so-net.ne.jp/h-sebata/koushitsu-bunsho.html（最終アクセス日 2017 年 1 月 8 日）。

23) しかし、他方、帝国議会においては、異なる説明が見受けられる。「この憲法は、起草いたしまする基礎の考え方と致しまして、はっきり天皇の公の立場と純粋の御個人の立場と云うものを区別いたしまして、そうしてこの憲法のほうには主として公の御立場をはっきり書いてきておるのであります」（金森徳次郎）との答弁。（清水編著『逐条日本国憲法審議録』第 1 巻 452 頁）。しかし、1947 年 6 月 23 日の日本国憲法下での初の国会開会式に出席し、憲法の明文上の根拠を欠く、天皇の国会開会式への出席と「お言葉」を述べることを明治憲法下と同様に行っていくようになった。つまり、「公的行為」というグレーゾーンの存在である。

24) 島薗・前掲注 13) 191 頁。

25) 1965 年 10 月 22 日、池田隼人内閣は濱地文平議員の質問主意書に対して、以下のように回答し、内閣の見解を示している。「伊勢の神宮に奉祀されている神鏡は、皇祖が皇孫にお授けになった八咫鏡であって、歴世同殿に奉祀せられたが、崇神天皇の御代に同殿なることを畏みたまい、大和笠縫邑に遷し奉り、皇女豊鍬入姫命をして斎き祀らしめられ、ついで、垂神天皇は、皇女倭姫命をして伊勢五十鈴川上に遷し奉祀せしめられた沿革を有するものであって、天皇が伊勢神宮に授けられたのではなく、奉祀せしめられたのである。この関係は、歴代を経て、現代に及ぶのである。（以下略）」（内閣衆質 36 第 2 号）と、神話に依拠しつつ、三種の神器の一つである伊勢神宮の「神鏡」を国家的な意義があるものとして公認した。

皇居賢所は、アマテラスオオミカミが孫のニニギノミコトの「降臨」に際して、自らの分身として授けた鏡を「ご神体」として据える施設である。「ご神体」が設置されているので、一般的には神社とみなしうるだろう。この鏡は垂仁天皇のときに伊勢神宮に遷されたとされ、賢所に置かれているのは「うつし」、いわばコピーであり、「うつし」のもとは伊勢神宮にある。この伊勢神宮の鏡については、1965年に池田隼人内閣が見解を示している。宇佐美毅宮内庁長官が答弁書について補足説明して、以下のように述べている。伊勢神宮の鏡は伊勢神宮にあるけれども、伊勢神宮に所有権はない、しかし、「皇室の私物」であるかというと、そういうわけでもない。「天皇の、何と申しますか、公的地位の皇位に伴うもの」なのである。さらに高辻法制局長官が補足して、皇室経済法7条にいう「皇位とともに伝わるべき」「由緒ある物」であり、「そこに公的な評価が加わっているということはいえる」としている。皇室の日常的な礼拝対象の「ほんもの」は（そしておそらくは「コピー」も）「公的」性質のものとすれば、「私人」としての天皇が私的に宗教的な行為をしているとは考えにくい。

　厳密に「公私」を分離しようとすると綻びがあらわになる。それでもなお、皇室祭祀については、「公私の分離」の枠組みで説明されていく。そうするほかあるまい。1951年5月に貞明皇后が急逝した。吉田茂内閣は、すでに廃止された皇室葬儀令をほぼ踏襲して「皇太后大喪儀挙行要綱」を作成し、「大喪儀」を執り行った。神式である。なぜ神式かといえば、「亡くなった人の信仰に従う」ということであった。現天皇の「結婚の儀」についても、同様の説明である。「その家の方式で行う、その信ずるところで行うことが、むしろ憲法の精神に沿う」。

　皇室祭祀は葬儀や結婚など、人の人生の節目の宗教的儀式だけではない。そうした大規模な儀式には多数が動員されるのはもちろんであるが、皇室祭祀は、自らの祖先と考える霊への信仰として、そこにつながる皇族の人びとだけによ

26）　山口輝臣「〈第2部〉宗教と向き合って── 19・20世紀」小倉＝山口『天皇の歴史09・天皇と宗教』（講談社、2011年）350-351頁。

27）　注25）参照。

28）　第48回国会衆議院予算委員会第一分科会会議録第1号22頁（1965年2月22日）

って担われているわけではない。皇室の日常的な祭祀に携わるのは、男性の掌典や女性の内掌典であるが、これらの人たちは皇室の「私的使用人」であって公務員ではない。人件費も内廷費から支出されることで「政教分離」がなされていると説明される。

では、掌典や内掌典は宮中三殿での神事に携わるからには、個人的に神道を信仰していないと務まらないのか。ここでも国会での答弁を参照すると、「現在はそういう（神道を信仰していないと務まらないといった）特別の制限はございません。やはり宗教の自由というものがございますが、しかし、現在の方は、いろいろな宮中三殿で神事のある際はそこへそれぞれ参拝されております」[31]（かっこ内は筆者が補足した）という。「宗教の自由」があるので、皇室の私的使用人といえども、皇室神道を押し付けることはできない、しかし、現在、当該職務にあるひとたちは偶然にも神道の神事と相いれない信仰をもっているわけではないので問題は生じていない、ということだろうか。もう一つの理解の仕方としては、やはり「国家神道」である。皇室祭祀はじつは「宗教ではない」、だから一つの職務として、信仰などとはいっさい関係なく、務めを果たすことができる性質のものなのだ、とも言えそうである。これは限りなく「神社非宗教論」に近づいていく理解となる。[32]

---

29) 貞明皇后は、皇室祭祀にきわめて熱心だったとされる（原武史『昭和天皇』『皇后考』）。他方、仏教信仰に篤かったことも指摘されている。1933年の高松宮妃喜久子へ宛てた書簡に、法華経を唱える勧めをし、自身も実践している記述があるという。貞明皇后の信仰につき、山口・前掲注26）論文277-281頁参照。明治期の宗教政策以前の日本社会一般が概ねそうであったように（神仏習合）、皇室においても皇祖神祭祀と仏教が混交していた。例えば、13世紀以降、天皇の即位儀礼に仏教行事としての「即位灌頂」（「印明」が伝授される密教儀礼）が加わり定例化したという（小倉慈司「〈第I部〉「敬神」と「信心」と――古代～近世」小倉＝山口前掲注26）書、177-121頁）。あるいは、御所内には「御黒戸」と呼ばれる仏像や歴代天皇の位牌が安置される間があった。これらも、明治初年に皇室祭祀を神道に純化するために「政策的に」廃止・廃棄された。皇室の中で生活する人たちが、自ら選んで仏教信仰を捨てていったのではない。なお現在も、京都市東山区の真言宗泉涌寺には歴代天皇・皇族の位牌が安置され、菩提寺として皇族らが訪れるという。
30) 宇佐美毅宮内庁長官は「その家の方式で行う。その信ずるところで行うことが、むしろ憲法の精神に沿うのではないか。」と答弁している。第31回国会参議院予算委員会第一分科会会議録第4号6頁（1959年3月26日）。
31) 第48回国会参議院予算委員会第一分科会会議録第1号4頁（1965年3月26日）。

Ⅲ 皇室神道は「市民宗教」たりうるか？

　こうして、「神道指令」と「天皇の人間宣言」とによって、「国家神道」は「解体」され、政教分離原則と信教の自由が日本国憲法によって確定した、という理解に反して、皇室神道が国家的に承認されている、とみることもできる状況というものに直面する。このような天皇制の復古的な側面は、ケネス・ルオフ『国民の天皇』が描き出したような、旧体制的な意識を残しつつも、日本国憲法下の象徴天皇として天皇を受け入れてきた国民の天皇観とはまた異なる[33]。皇室神道への同調を調達したうえで、聖性・宗教性を帯びた「皇室」の権威を政治的に利用する。その典型が、先述した2013年の「式年遷宮」時の安倍首相他閣僚の参列以来の動きではないだろうか。

　国民主権や民主主義と両立しながら、皇室神道・神社神道が「公共的」宗教として役割を果たすべきだ、あるいはすでに「公共宗教」としての役割や機能を果たしている、との見解が政治哲学者の小林正弥教授によって示されている[34]。ロバート・ベラーのいう「市民宗教」[35]あるいは「公共宗教」としての神社神道である。ここでいう「公共的」とは、国家と結びつける「全面的公共性回復論」ではなく、「原理主義的な全面的回復論と憲法論」の「解釈を革新するこ

---

32) 元掌典補として、皇室祭祀に携わった当事者の1人は、代替わり儀式のうちの「剣璽等承継の儀」は、国事行為として執行するために宗教色を薄めるために「践祚」の語を用いなかったことに異を唱えたうえで、「儀式にはひとつひとつ意味があり、それにふさわしい形がある。だから宗教色を薄めるといいますが、もともと皇室の儀式には、これは国のもの、これは皇室の私的なものという区別などありません」と述べる。(三木善明「儀礼担当者が語る『平成の大礼』の舞台裏」『文芸春秋SPECIAL 季刊冬号』(2017年1月) 142頁。

33) ケネス・ルオフ『国民の天皇（岩波現代新書）』(岩波書店、2009年)。比較的最近まで、歴代政府が採用してきた立場もそうだろう。今後も継続されるのか、強い疑念があることが筆者の問題意識である。例えば、紀元節復活運動が、「建国記念の日」として、運動的には一定の成果を得たものの、靖国神社公式参拝を敢行した中曽根康弘首相においても、「建国記念の日は、建国をしのび、国を愛する心を養うという趣旨により設けられた国民の祝日であるが、…特に政府が主催することは考えていない」と抑制的に回答しているのもそうだろう。(内閣衆質104第4号、1986年2月14日)

34) 小林正弥『神社と政治』(角川新書、2016年)。

35) ロバート・ベラー『心の習慣』(みすず書房、1991年)。

とによって、その間で新しい調和的な解決策」としての「部分的回復論」における「公共性」であるという。天皇の皇位類型についての3分論の「国事行為／公的行為／私的行為」は、公共哲学の概念では基本的に「公的／公共的／私的」に対応し、憲法学でいう「公的行為」は、公共哲学的には「非政治的（＝非党派的）な公共的行為」に当たるという。そして 2016 年 8 月の現天皇のメッセージに引き寄せつつ、この「公共的行為」の核心にあるのが、「まつりごと＝務め」としての祈りと巡幸であると提示している。

小林教授は「現天皇のメッセージにおける「祈り」という言葉は、神道的祭祀だけではなく、他の諸宗教における祈りをも含みうる深い含蓄を持つ」と評価している。たしかに天皇の「祈る」という行為について、国民が受容しているとすれば、それはアジア太平洋戦争の激戦地や被災地への慰霊や見舞いの姿であろう。それは皇居内での宮中祭祀や明治憲法下で「国体」の中心たる天皇が親祭する国家儀礼における祭祀ではない。しかし、それは宮内庁を中心として政府が、「公私」分離の枠組みに沿って、慎重に「宗教性」を打ち出すことを回避してきたからこその果実ではある。被災地で膝を付けて被災者を見舞う老夫婦の姿は国民の視野に入るが、伊勢神宮への参拝に際して、天皇の「神的地位」を表す剣の「うつし」と勾玉をともに移動させる「剣璽御動座」が見えてはこない。

---

36) 小林正弥「神道における公共性――改憲論対生前退位メッセージ」現代思想『総特集・新党を考える』2017 年 2 月臨時増刊号 97 頁。
37) 小林・前掲注 36) 99 頁。
38) 小林・前掲注 36) 100 頁。
39) 小林・前掲注 36) 102 頁。
40) 比較的最近の宗教学研究においては、「祈り」こそが、諸宗教の核心に「祈り」があるとの見解が有力に展開されている。例えば、宮島俊一『祈りの現象学――ハイラーの宗教理論』（ナカニシヤ出版、2014 年）。
41) 「祭祀王」としての天皇が語られる際、天皇の本質は「祈る」こととされる。それは、明治憲法下の「神権天皇制」が天皇の歴史においては「逸脱」であり、「象徴天皇制」こそが、天皇制の本来のありかたなのだ、という「歴史神学」に容易に転じてしまうことも懸念される。山口・前掲注 26) 358-359 頁。
42) 剣璽御動座は 1946 年にいったん停止されたが 1974 年に復活し、伊勢神宮参拝などに際して限定的に行われている。
43) その一方で、「見えない」ことによって「神秘性」を保持し続ける機能を果たしてもいる。

「公共性」を獲得するには、「公開の議論」の対象となることが必要だ。しかし、なぜ皇室祭祀が、そしてそれによって皇室神道が日本国憲法下で生きながらえてきたかといえば、それが、「私事として」周到に「隠されてきた」からであって、そこが問われなければならないだろう。2015年8月の「天皇メッセージ」から読み取れるのは、「象徴天皇制」下での天皇の退位とさらには、天皇の在り方そのものについて国民的な議論をしてほしい、ということなのだろうが、「宗教性」あるいは「宗教的権威」に接近すればするほど「開かれた議論」は抑圧される。いや、抑圧されてきたというべきではないだろうか。

そこに欠落しているのは「少数者」からの視点ではないか。2004年5月、ツルネン・マルテイ参議院議員（当時）の憲法調査会での質問は、その意味で貴重な視点を示している[44]。質問の趣旨を要約すれば、①皇室祭祀の中でも重要度の高い「大祭」である「春秋皇霊祭」に際して、内閣総理大臣、衆参議長、最高裁長官が参加し、費用も国費であるから、「天皇から見れば私事であるのかどうか」、②そうした儀式は神道式で行われているが、「キリスト教の式」でやったら問題になるのか、という二つの問題提起をしている[45]。①については、すでに若干触れたが、②は、2で論じた「私人としての天皇の信仰」というものを考えうるか、という点にかかわる。②について、直接に質問を受けた参考人阪本是丸教授は、歴史上、仏教信者であった天皇も存在したことを挙げ、仏教との関係では「両立」できるものと簡単に答えている。天皇の「公的役割」としての「国家の祭祀」であるのだから、「公務」として行う。いや、そもそもそのような「天皇」には、「天皇に私なし」の論理で覆われているのだろう。伝統を「身体化」した答えである。しかし、おそらくは日本社会の多数派であれば共有しているであろう、その歴史観を共有していなければ理解しがたい。

---

44) 第159回国会参議院憲法調査会会議録第8号（2004年5月26日）。また、ツルネン・マルテイ「外からの目 政治にいかす」（耕論 国籍は一つだけ？）（朝日新聞2016年10月28日）。

45) ツルネン議員の質問に対して、参考人2人（国学院大学教授阪本是丸氏、元最高裁判所判事園部逸夫氏）が答えている。戦後の「国家神道」研究の大きな展開に寄与した村上重良を批判してきた主要な論客の一人である阪本教授は、宮中祭祀は神道ではなく、明治憲法下と同様、公的なものとして行われていると答えたのに対して、園部氏は国が宗教的行為をするということは考えられないのであって、天皇が私的な行為として祭祀をやっていると釘を刺している。なお、村上重良『国家神道』（岩波書店、1970年）、阪本是丸『国家神道形成過程の研究』（岩波書店、1994年）など参照。

ツルネン議員の質問とは対照的な質疑応答がある。1965年第48国会衆議院予算委員会第一分科会でのやりとりである。戦後2回目の伊勢神宮式年遷宮を8年後に控えて、保守派からは式年遷宮への国費支出が要望されるなどした時期である。野原覺議員（社会党）が現行憲法下での「国民と伊勢神宮の関係はどのようなものか」と問う。少し長くなるが、臼井総理府総務長官の答弁を引用する。

「明治憲法下におきましては、主権が天皇のもとにございましたが、新憲法下におきましては、主権在民でございますから、したがってその間における皇室と国民との関係におきましては、いま申し上げたような差が出てきたと存じますが、しかし、新憲法下におきましても、やはり国民の象徴としての天皇であり、ご皇室でございますので、したがいまして伊勢神宮は皇室と特に深い御関係がある関係におきましては、やはり国民感情におきましても、伊勢神宮に対する信仰と申しますか、尊崇と申しますか、そういう意味においては、やはり相変わらざる国民的な感情を持っておるものと、かように考えております」。

臼井総務長官の答弁から読み取れるのは、「象徴天皇制」を受け入れるということは、「皇室と特に関係の深い伊勢神宮への尊崇」をも飲み込まなければならないということである。そこに、伊勢神宮を頂点とした国家神道の体系によって、「内地」においてはもとより、朝鮮半島や台湾をはじめ、帝国日本の統治下で多くの人びとの公私にわたる自由を剥奪してきたことへの反省をうかがい知ることはできない。現状を単に肯定する「習俗・習慣」としての「伊勢神宮への崇敬」を語ることは、社会の中で、苦難を抱え、圧迫されがちな人びとにも居場所を与え、「平等な尊重」に値する個人として包摂する「公共圏」を提供する基盤となるだろうか。

それゆえ、本来の「公共宗教論」が、個人の宗教的信条を私事に封じこめるのではなく、ともに生きる「コミュニティ」において、他者とのよりよき共存を目指して公共空間に進出すべきだと主張するならば、小さくとも複数の声を駆逐しつつ、一つのイデオロギー——「万世一系イデオロギー」に限らないが、最も強く懸念される——によって簒奪されることのないよう注視しなければならない。[46)]

おわりに

　政教分離原則をめぐって焦点となってきた国家と靖国神社との関係に比して、伊勢神宮との関係、例えば首相や閣僚が年頭に伊勢神宮への参拝をすることなどは、これまで各人の「私的行為」として説明され、憲法学においても特段、議論されてこなかった。それは、憲法学者においても、このような前提が織り込み済みであったということだろう。憲法上の制度としての象徴天皇制を受け入れるとしても、そのことがすなわち「皇室と特に関係の深い伊勢神宮への尊崇」をも包含しているとは、信教の自由や思想信条の自由の観点から受け入れがたいと思う。しかし、日本では、信教の自由や思想信条の自由もいわば「ゼロ・ベース」から構想されるものではなく、天皇制と「関係の深い」皇室神道や神社神道を含めた「日本の伝統文化」を共有することが前提とされてきたのだ、と理解すると腑に落ちる。首相や閣僚が年頭に伊勢神宮への参拝をすることは、各人の「私的行為」として正当化されるというのに先立って、象徴天皇制に付随して、伊勢神宮は日本国民が「尊崇」すべき存在だという公認があるのではないか。だとすれば、「式年遷宮」を国費で賄う日もそう遠くはないのかもしれない。

　日本国憲法下において、「政教分離原則」問題として議論されてきた多くは、「靖国神社問題群」であった。しかし、「靖国神社問題群」を「津ドクトリン」でやり過ごしながら、「津ドクトリン」の「肝」である「社会的儀礼・習俗」を、「国家神道」の線にそって着実に拡張する。そして一方では、当の靖国神社との関係では、歴史問題が絡むこともあり、隣国との外交問題化することもあって、外交上の他のカードをいかに切るかを見計らいつつ、国内的には「私的行為」として承認を得て、実績を積み重ねる。他方で、この「私的行為」と

---

46) その意味で、「神宮の真姿権限」を掲げる神社本庁が、伊勢神宮（や、その他の皇室とつながりが深いとされる神社）の本来の姿というのは、国家による承認があってこそのものだと主張する点で、政教分離原則との関係はもとより、「公共宗教論」的にも危惧される。また、磯前順一「沈黙の眼差しの前で」（島薗＝磯前編『宗教と公共空間——見直される宗教の役割』東京大学出版会、2014年）6頁参照。

して、「政教分離原則」的には注目されることが少なかった伊勢神宮とのかかわりを強めることに、この数年で舵を切ってきた。しかし、それはすでに「代替わり」の儀式においても先鞭がつけられ、皇室祭祀とのあいまいなかかわり方が公認されてきたということが可視化されてきたにすぎない。

　「要するに日本独特な宗教の伝統的なありよう——宗教と習俗とを混交させ、宗教的なものをあいまいにしたうえで、これと国家が結びつくというありよう（旧日本において、「神道は"神社"に非ず」とすることによってこれを"国教"としたのもその表れである）——をそっとしておこうとして、政教分離という憲法原則にはなるべく出番をあたえないように腐心している、社会体制の立場を写し出しているように思う[47]」。

皇室祭祀をほぼ温存させて、伝統的文化の神聖さの源泉としての天皇のありようは「護持」された。広義の「国家神道」も弱められはしたものの、大枠では遺制としての位置を確保した[48]。そのことは、自由で民主的な公共圏の担い手たる「主体」の形成に影を落としてきたのではないか。GHQによる占領期の宗教政策から、戦後日本社会における「主体性」の回復を、諸宗教集団の再生、また平和運動のかかわりの中で跡付けた論考の中で、島薗進教授は「自律的な個人の純粋な主体性こそが国民的主体性を超えることができるという想定は、批判的な知性を行使する個人の力を過大評価しているきらいがある[49]」と指摘する。たしかに、それぞれが背負った共同の歴史的経験を単に切り捨てるのでなく、伝統的な価値を保ちつつも、他者・異質性に開かれた「主体」を構想することに分がありそうではある。

　しかし、日本社会の多数派の「共同の歴史的経験」には「他者・異質性に開かれる」契機を見出すことは難しい。山口輝臣『明治国家と宗教』は明治憲法下での「国家宗教」の形成・ありかたについての戦後の比較的に広く受容された見方を覆す実証的で綿密な研究である。同書の随所で浮かび上がってくるの

---

47)　奥平康弘『憲法Ⅲ』（有斐閣、1993年）177頁。
48)　村上重良『天皇の祭祀』（岩波書店、1977年）、渡辺治『日本の大国化とネオ・ナショナリズムの形成——天皇制ナショナリズムの模索と隘路』（桜井書店、2001年）など参照。
49)　島薗進「〈総説〉宗教の戦後体制」小森陽一他編『岩波講座近代日本の文化史10　問われる歴史と主体1955年以後2』（岩波書店、2003年）44頁。

は、神社が仏教などと比べて、政策決定過程において「過剰代表」の状態にあったとしても、制度的な「政治的民主化」の進展が、政教分離的な配慮をかなぐり捨てるのではなく十分にわきまえながら、神社への特別待遇を実現していく経緯である。明治神宮の建設もまたそうであった。「民意」によって、日本の公共圏は「神社」で満たされてきたのである。

「他者・異質性に開かれた」主体形成にとって、すべての人が「平等な尊厳ある存在」として相互に尊重するという原理は基底的なものだろう。この点でも、見通しは明るくない歴史経験には事欠かない。GHQ は「神道指令」発令に際して、「その目的は国家から宗教を分離することであって、それが禁止した事柄はすべての信仰に等しくあてはまるものだった。すべての宗教——ひとたび国家から分離され、軍国主義的および超国家主義的要素が一掃されたならば神社神道も含めて——は、全て同じ基礎に立ち、全く同じ機会と保護の権利をもつようになるべき」という姿勢だった。その GHQ 担当者にとって、「宗教上の信条の間における完全な平等を理解することは日本人には容易ではなかった。政府の指導を期待するという習慣は彼らの思考に深くしみ込んでいたので、宗教法人を管理する指令の発令前に行われた宗教の指導者たちとの協議において、いくつかの団体は、「不健全で有害な」宗教に対して、政府の強制的な制裁を課して予防する……よう強く主張したほどであった[50]」といった日本の宗教団体の動きは奇妙だったに違いない。しかし、「均一性」のなかに自らを枠づけることに慣れてきた歴史経験からすると何ら不思議なところはない。「宗教の公共性」とは、そこで GHQ 担当者が目撃した、「宗教の指導者」たちがみせた「他者・異質性」を切断する「心の習慣」といったものを脱却し、その先に見えてくるものだろう。

(さいとう・さゆり　恵泉女学園大学教授)

---

50)　『GHQ 日本占領史 21 宗教』(日本図書センター、2000 年) 13 頁。この観察は、戦時下、1939 年の宗教団体法に基づき包括宗教団体となった日本基督教団統理 (富田満) が、当時「類似宗教・疑似宗教」として治安維持法違反で逮捕されるなど弾圧された少数キリスト教会派について、弾圧に異議を述べるのではなく、国策に沿う教理信条を持っていなかった彼らを非難するばかりだったことなどとも良く符合する。同志社大学人文科学研究所編『戦時下抵抗の研究』(みすず書房、1986 年)、『特高資料による戦時下キリスト教運動 3』(新教出版社、2005 年) 144 頁等参照。

政治的自由と財産私有型民主制
―― 奥平康弘の「個人主義」

中 島 　 徹

I　個人・権利・制度

1　奥平の「個人主義」

　「日本国憲法が精神的基軸とする『基本的人権』観念は、……個人はそれぞれ固有の価値をもち、そういうものとして他者から平等に配慮され尊重されるに値する存在であるという考え方とセットになっている……一三条で『すべて国民は、個人として尊重される』と宣言しているのは、『権利』と『個人』とが本質的なつながりを持つことの反映である。……諸個人の人間的存在を確保することを第一義とし、国家（およびその諸制度）をそのための手段であると考える立場を、個人の実存を中軸にして国家のありようを構想するという意味で、個人主義と呼ぶとすれば、憲法一三条はまさしく個人主義をとっている[1]」。

　これと対照的な思考を示すのが、上記規定を「全て国民は、人として尊重される。生命、自由及び幸福追求に対する国民の権利については、公益及び公の秩序に反しない限り、立法その他の国政の上で、最大の尊重を必要とする。」と改変すべきことを主張する自民党改憲案である。一見すると現行規定と大差

---
1)　奥平康弘『憲法III 憲法が保障する権利』（有斐閣、1993 年）88-89 頁。奥平は、本稿が検討対象とする主題について数多くの論考を公表しているが、本稿では原則として教科書として完結した書物での議論を対象とする。

ないようにも思えるが、「人」の前に「個」がつくかどうかは、各人の違いを権利として承認するかどうかの点で決定的に異なる。この案では、個性を捨象された「人」は平均的な存在、いわば顔のない生物として「公益及び公の秩序」に服すべき存在と把握されている。この意味において、同案における政府と個人は、日本国憲法と正反対の関係に置かれているのである。仮に、そこに権利の肥大化や公共心の欠如をもたらす自己利益への専心といった、現代社会へのいら立ちが込められていたとしても、権利主体をマスとして捉えて公益に劣後する存在と捉えることは、冒頭の一文の意味における個人主義、それを前提とする近代立憲主義を根底から否定することにほかならない。

　その結果、同条のあとに個別の人権規定案が類似の名称を用いて提案されていても、それは日本国憲法と似て非なるものである。そのことは、現行憲法21条と同様に、1項で「表現の自由はこれを保障する」と規定しながら、現2項の「検閲はこれをしてはならない」から「これを」を削除して3項に移し、その前の2項で「前項の規定にかかわらず、公益及び公の秩序を害することを目的とした活動を行い、並びにそれを目的として結社することは、認められない」との規定を新設していることをみれば、容易に看取できる。この案によれば、個人の意見の多様性は、「公益及び公の秩序を害すること」を目的とした活動——意見表明もまた「活動」である——と認定されれば、「認められない」のである。

　ちなみにこの点は、2017年1月20日開会の第193回通常国会で審議されている共謀罪（テロ等準備罪）法案が先取りしている点は、注意を要する。本稿執筆時点でその具体的内容は明らかにされていないが（その後、2月28日に公表された案には「テロ」の文言がなく、その点がメディア等から指摘・批判され、3月8日に追加された）、1月23日の代表質問に対する安倍総理答弁によれば、それが整備されなければ五輪開催が困難になるという。この答弁の論理的飛躍や真偽はともかく、五輪という大衆的支持を集めるイベント開催を「公益」論とみれば、筋立ては上記自民党改憲案の2項と同じである。いうまでもないことだが、伝えられる「テロ等準備行為」の概念は容易に拡大解釈可能であり、かつての治安維持法運用を引き合いに出すまでもなく、権力批判の自由は、公益の名の下、日本国憲法が保障する表現の自由にもかかわらず、雲散霧消する。これは、

明文改憲を先取りする事実上の改憲に他ならない。

　逆に、ここでも日本国憲法に示されている個人と権利の関係の含意が明らかとなる。表現の自由に即していえば、日本国憲法の下では個々人の意見の多様性を確保することが第一義とされ、「公益」を掲げるだけでは権利制限を正当化することはできない。この自明の理をあえて強調することには、わけがある。奥平は、冒頭の一文に続けて次のように論じていた。「個人主義と言えば、自分一個の利益を優先させようとする自分中心主義と捉え、……評価・批判する傾向もある。が、……自分中心主義といった細胞分裂型の思考はとうてい社会原理たり得ず、したがって憲法とは無縁である」。こう指摘したうえで、各人の権利の「共立」を語り、「憲法は、『自由』と『共生』とをにらみながら、『憲法が保障する権利』、つまり内容のうえで正当性を有し、……普遍的に妥当し得るものを……実定化＝制度化した」と指摘し、個人と権利、そして制度とのつながりを論じた。[2)]

2　権利と「よき統治」

　紙幅の都合でその論理を精確に再現することはできないが、統治権力・統治構造は、「憲法が保障する権利」の制度化に仕えるものであるという理解を前提に、「権利保障の条件としての『よき統治』」の存在が不可欠であること、そのためには、「第一、『権利』（保障）は（権力統御のための）民主主義と不可離の関係にあるということ、第二、『よき統治』のためには『よき制度』が構築されていなければならない」という。第一の「権利と民主主義をつなげる媒体」は、「市民の『権利行使』であるところの政治活動であり、かつ選挙権・被選挙権に結晶化された主権的な諸権利」であること、第二の「よき制度」としては、「人身の自由」、「刑事手続上の人権」など、「一定の（権力的）制度があることを前提とし、その行使手続に向けられているのであって……純然たる意味

---

2) もっとも、「自分中心主義」が社会原理たり得ないかどうかについては、哲学的には議論の余地がある。周知のように、アリストテレスは自己愛が他人の利益の源になることを説いたが、それをめぐって現代の哲学者の間では論争がある。この点もまた、本稿の隠れた論点であるが、直接に論じる余裕はない。Aristotle, Nicomachean Ethics, in J. L. Ackrill ed. A New Aristotle Reader (Princeton U.Pr., 1987), 1169a12-13. See also, Thomas Nagel, The View from Nowhere (Oxford U.Pr., 1986) p.197, Kelly Rogers, Aristotle on loving another for his own sake, 39 Phronesis. 3 (1994), pp.291-302.

で国家先行的であるわけではない」例に示されるように、権利保障は「客観的な権力システム」と決して無関係ではないと説きつつ、奥平独自の権利と制度の関係をめぐる議論が展開される。このうち、本稿で注目したいのは、制度を論じる前提であるところの、個人主義の中に公共性を読み込む視点である。

　本書は奥平康弘の業績を踏まえ、今後の議論への展望を構想することを目的としているが、本稿は、奥平の上記視点の含意を——主観的意図を超えるかもしれないが——検討対象とする。具体的には、第一の「権利と民主主義をつなげる媒体」に関わり、奥平の強調する個人主義と「選挙権・被選挙権に結晶化された主観的な諸権利」の関係についてである。奥平は、「個人主義」を、「個人に優先順位を与えるか、それとも、個人を越えたまとまりを優先的なものと考えるかなのであって、私がここで言う個人主義とは、後者を棄て前者をとることを意味する」（傍点原文）と敷衍する。つまり、前記引用からも明らかなように、一方で個人主義を自分中心主義（利己主義）から峻別し、他方で個人を公益に優先する存在と捉える点に奥平流個人主義理解の特徴がある。しかし、奥平が「個人」をいかなる存在と捉えていたのかは——奥平自身の生きざまを知る者にとっては、誰よりも奥平自身が個人主義とは何かを体現していたが——少なくとも上記引用文からは、明らかではない。「個人」を「個性ある生き方」(109頁)あるいは「尊厳的な存在」(111頁)と言い換えている箇所はあるが、それは存在の仕方ではあっても、例えば樋口陽一の「強い個人」のような「個人」に求められる（規範的な）属性を示す概念ではない。その意味で、奥平における「個人」は、あくまで「ひとりの個人」という態様に力点があるように思える。

3　選挙権の公共性と財産私有型民主制

　しかし他方で奥平は、選挙権の性格に関して、よく知られているように、それを「公共性のきわめて強いもの」と論じていた。いまここで、選挙権をめぐる公務説と権利説の対立を検討するつもりはない。その点は、奥平自身も「『公務』説と『権利』説の対立が、いまなお意味を持ちつづけるか」と指摘し

---

3)　以上の引用は、注1)書89-92頁。

つつ、「選挙権をもっとも十分に保護に値する権利と解する点は同じ」として、学説の対立に意味を見出していない。しかし、「選挙権行使の効果が、国民代表の決定という国家作用にかかわるがゆえに、公共性が強い」。その意味で、公務＝投票に行く——この点で、選挙権という「権利」は、「ただの私的・個人的権利」ではない——ことを暗に示唆する点に、奥平流「個人主義」の特徴を見出すことができる。ちなみに、奥平の権利論のうちで、これまでのところ憲法学説上議論が深められてきたとはいい難い適正手続論は、個人主義が「よき統治」と不可分の関係にあることを示す制度論として提示されていることを、忘れるべきではないだろう。

もうひとつ、奥平の「個人主義」を特徴づけているのは、実のところ、比較的に奥平の関心を引くことが少なかった権利である経済的自由権の把握にある。奥平は、財産権を「みずからの額に汗してはたらいて得た果実は、自分および自分の家族の再生産（生存）のために必要不可欠である。そればかりでなく、みずからのものをみずからが自由に処分することは道徳的に正当であり、きわめて自然なこと」と把握し、「人間の生存・人間の尊厳・人間の自由と不可分一体のもの」と位置づけた。日本の憲法学説史に即していえば、これはロックのプロパティ論を下敷きにするいわゆる「生存権的財産権論」に極めて近い。

他方、ロックのそれが労働力商品化の論理を含む点で資本主義的財産権論に転化する可能性を有している点を、「ロックらが観念したのは、人権としての財産権の保障なのであって、資本主義経済体制ではなかった……現にある資本主義経済体制……は、道徳的・哲学的に正当化することはできない」と否定する。この点で、「個人的な財産を保有し排他的に使用する権利……の一つの根拠は、個人的な独立と自尊の感覚とが両方とも道徳的能力の適切な発達と行使にとって必須であるがゆえに、それらのために十分なだけの物質的基礎を与えるということにある」と論じ、「正義の二原理によって表現される主要な政治

---

4) 本頁の引用は、注1) 書 403-407 頁および財産権に関しては 228 頁以下。
5) 本稿は当初、奥平の適正手続論を検討する予定であったが、奥平における個人主義と「よき統治」の関係を読み解く必要があるという理由から、稿を改めての検討課題としたい。
6) 「特集／財産的自由の再検討」法律時報 44 巻 2 号（1972 年）、渡辺洋三『財産権論』（一粒社、1985 年）、棟居快行「財産権保障の現代的意義」ジュリスト 884 号（1987 年）等参照。

的諸価値のすべてを実現する財産私有型民主制と、そのようなものではない資本主義的福祉国家との区別をはっきりさせる」ことを企図するロールズの「財産私有型民主制」(Property-Owning Democracy) 論とも呼応する面を持つ。この一文の限りでいえば、ロールズは財産権に関して、基本的に奥平と類似の視点を採用しているといってもよさそうにみえる。しかし、財産私有型民主制論におけるロールズの個人像は、その個人が取り結ぶ社会像が見えない——資本主義的福祉国家よりは社会主義に親和性を感じているふしがある——点で、奥平ほど財産権の自由な処分を道徳的に正当と考えていたかどうかは、実は明らかではない。この点は、のち（Ⅳの2）に検討する。

前述のように、選挙権論では奥平はあえて公共的性格を強調する。もとよりそれが選挙権の権利性を損なうものでないことは奥平自身が指摘する通りであるとしても、前述の個人主義理解からすれば、権利を行使するかしないかは個人の自由という意味において、むしろ「権利」説に行きつくほうが論理的にはわかりやすい。これとは対照的に、奥平の説く「人権としての財産権」論の論理的帰結は、のちに検討するように、基本的に個人の自由・生存・尊厳を強調する個人主義である。それにもかかわらず、なぜ選挙権の公共的性格なのか。もっとも、「財産私有型民主制」論を展開するロールズもまた、「政治的正義と公共善への関心によって相当程度動機づけられた活発で事情に通じた市民の総体による民主政治への幅広い参加がもし存在しなければ、最善に設計された政治的諸制度ですら……権力や軍事的栄光を渇望したり狭隘な階級的利益や経済的利益を追い求めたりする人々の手に落ちてしまうだろう。自由で平等な市民であり続けたければ、われわれは私的生活へ総退却するわけにはいかない」と

---

7) ジョン・ロールズ（エリン・ケリー編、田中成明＝亀本洋＝平井亮輔訳）『公正としての正義 再説』（岩波書店、2004年）201頁。

8) 同241頁。See also, Richard Krouse and Michael Mcpherson, Capitalism, Property-Owning Democracy, and the Welfare State, in Amy Gutmann ed. Democracy and the Welfare State (Princeton Univ. Pr., 1988).

9) James E. Meade, Efficiency, Equality, and the Ownership of Property (G. Allen and Unwin, 1964) ch.5.

10) 注1) 書25頁には、ロールズへの少なくない言及がみられる。また、研究会等でも奥平はしばしばロールズに言及していた。

11) 注1) 書403頁以下参照。

論じるので、ロールズ自身は選挙権の性格を論じているわけではないが、そこにも奥平と共通する視点を見出すことができる。果たして、両者の「個人主義」理解——といっても、ロールズは「個人主義」それ自体にはほとんど言及しておらず、主として個人と密接にかかわる人格について論じている——はいかなるものであったのか。本稿では、奥平が関心を寄せていたロールズの議論における「人格」理解をも併せて問うことで、奥平の個人主義理解をわずかでも読み解いてみたい。「人権としての財産権論」ないし「財産私有型民主制論」と、選挙権の公共的性格は果たしてどのように接続しうるのか。そこで想定されている個人はどのような存在なのか。この点の検討を通じて、「個人」の「権利」を保障する「制度」の三位一体を語る奥平の議論を発展的に展開していくための契機を見出すことが、本稿の主たる目的である。

II 人格・財産・政治的自由

1 選挙権と財産権

　奥平の「人権としての財産権論」は、「ロックをはじめとした近代財産権保障のイデオローグたち」[13]のプロパティ論[14]に依拠している。いまここでロックの議論それ自体を検討する余裕はないが、要約すればこうである。ロックの個人主義の基本的特質は、他人の意思からの自由にあり[15]、その源は自らの身体に対して有する固有権（プロパティ）にあると論じたこと[16]、その意味で「人格」と「身体への固有権」が一体化していること、すなわち固有権（とそのコロラリー

---

12) 注7) 書 256 頁。
13) 同 231 頁。
14) これは、ロックの「生命、自由、財産（エステート）」（同上。ここで財産にエステートとルビを振りつつ引用——原文は Two Treatises of Civil Government, ch.87, pp.158-159, Dutton, 1953. 次注邦訳では第 8 章。ちなみに、同訳書ではエステートは「資産」と訳されている——している点に留意する必要がある）の三位一体論としてのプロパティ論を念頭においての議論である。
15) 自然状態においては、「人それぞれが、他人の許可を求めたり、他人の意思に依存したりすることなく、自然法の範囲内で、自分の行動を律し、自らが適当と思うままに自分の所有物や自分の身体を処理することができる完全に自由な状態である。それはまた、平等な状態であり、そこでは、権力と支配権とは相互的であって、誰も他人以上にそれらをもつことはない」。ジョン・ロック（加藤節訳）『完訳　統治二論』（岩波書店、2010 年）電子版第 2 章。

たる所有権）の保障を個人主義——「私」の領域——と結び付けた点にある。ここでの個人主義は、個々人の人格の特性を問うものではないから、抽象的な個人を前提としての人格の平等の主張ということになる（＝自由で平等な市民）。そうであれば、この意味における平等は、所有権のみならず政治的自由にも妥当するはずである。

　しかし、日本の選挙権・被選挙権に関していえば、文字どおり平等に保障されるようになったのは、周知のように 1945 年になってからであった。そこに至る道のりの起点となったのは、とにもかくにも公選制を導入したという意味において、1889（明治 22）年に大日本帝国憲法とともに制定された衆議院議員選挙法であったが、そこには財産権と選挙権が交差するきっかけが存在した。同法 6 条は、直接国税（地租と所得税）15 円以上を納めていることを選挙人要件と定めたが、この時点では所得税を 15 円以上納める者はごくわずかで、また、地租は 1 年以上、所得税は 3 年以上納めていることが要件とされ、実質的には土地所有者を優遇する内容となっていた[17]。これにより新たに選挙権を獲得したのは約 45 万人、当時の日本の人口は 4000 万人であったから、納税要件を充足した者は 1 ％強に過ぎず、その大半は地主であったので、1872（明 5）年の地券交付とそれに続く 1873（明 6）年の地租改正による土地の分配は、実質的には選挙権者という身分の再分配——そのことを通じての国民国家の形成——という側面を有していたといえる。

　選挙権と財産権の結びつき自体は決して目新しい論点ではないが、地租との

---

16) 「たとえ、大地と、すべての下級の被造物とが万人の共有物であるとしても、人は誰でも、自分自身の身体（プロパティ）に対する固有権をもつ。これについては、本人以外の誰もいかなる権利をもたない。彼の身体の労働と手の働きとは、彼に固有のものであると言ってよい。従って、自然が供給し、自然が残しておいたものから彼が取り出すものは何であれ、彼はそれに自分の労働を混合し、それに彼自身のものである何者かを加えたのであって、そのことにより、それを彼自身の所有物とするのである」同第 5 章。

17) 伊藤博文は、税額に関し「地租のみならば 10 円にて可ならんも、直接国税とするときは 15 円くらいに高める方が適当であろう」（河村又介「明治時代における選挙法の理論及び制度の発達」国家学会雑誌 57 巻 2 号（1912（明 45）年）13 頁）と主張した。もっとも、1898（明 31）年の衆議院議員選挙法改正で要件を緩和する際には、「法の制定当時は未経験の故に慎重を期し、憲法の運用を平穏ならしめるため資格を高めた」（衆議院事務局『衆議院議員選挙法改正案ノ沿革』（民友社、1919（大 8）年）122 頁）と述懐し、「今ではかくの如くしては各種国民の意思を充分に代表するに足りない」（同上）として納税要件を 5 円にすることを主張していた。

関係においては、そもそもの前提となる土地所有権が地券交付によって認められたのかどうか、という問題があった。この点は別稿でやや詳しく検討したので、ここでは要点だけを示しておけば、地券交付と地租改正は、廃藩置県を背景に、収益税であった幕藩体制下の貢租から、土地の価値を課税標準とすることにより、明治政府の財政基盤を確立することを企図した改革である。地価に応じて租税額を決定するためには、土地を個人の財産と観念し、使用・収益・処分の自由が認められることが前提となる。これを封建的規制の撤廃とみれば、この制度改革によって近代的土地所有権が確立されたとみる余地が生まれる。しかし、明治政府は版籍奉還を天皇への領主権の返還とみて、日本の国土の土地所有権も天皇にあり（王土論）、地租は天皇に対する地代の支払いと解する立場を採用していた。地租を地代とみれば、土地所有権、場合によってはそれを包含する——土地所有権と未分化の——統治権は、地租負担者以外の何者かに属することになる。この場合、近代的土地所有権が確立されたとみることはできない。表面的に見れば、王政復古＝公地公民制の復活である。だが、ことはそう単純ではなかった。

2 　地租改正と制限選挙制

　地代の観点から地租改正の性格をとらえようとしたのが、王土論ないし国土管領大権論であった。前者は天皇の土地私有権を日本全土に認めるものであるが、後者は臣民の土地所有権の上に存在する最上権として公権と観念するもので、王土論とは異なり天皇の土地私有権を否定することを前提としていた。というのも、王土論は国土は皇室のもの、すなわち私有地であると説くが、土地所有権を統治権の根拠とすることは、ヨーロッパの絶対王政のような国王の直轄領土からの収入で政府を維持する家産国家であることを意味する。これでは、私的所有の神聖不可侵を前提に、それから独立した公共性を担う統治権力を正当化する近代国家の論理とは整合しないからである。

　これに加えて、王土論や国土管領大権論は、自由民権運動の議会開設要求に対する牽制として主張されていた点で、土地所有権を前提とする納税者主権の

---

18)　中島徹「土地と自由、選挙権」(糠塚康江編『代表制民主主義を再考する——選挙をめぐる三つの問い』ナカニシヤ出版、2017年、第8章)。

要求を拒否することを意図してもいた。地券交付・地租改正は、もっぱら政府の財政基盤確立の観点から行われたものであって、土地所有権の法認は、財産権の保障を前提としての人格の平等、そのコロラリーとしての選挙権の保障とは無関係というわけである。このような観点からすれば、制限選挙制の導入は、単に明治14年政変により10年後の国会開設要求を受け入れざるを得なかった結果にすぎないということになる。この場合、人格の形式的平等の帰結であるはずの平等選挙が導入される余地はなかったことになるが、それは逆説的に当時導入が検討されていた選挙運動規制が、一定額以上の納税者の人格の実質を問うものであった可能性があることを示唆する。以下、次節も含めてこの点を検討する。

3　制限選挙制下の戸別訪問禁止論議

　1925年、前記納税要件を撤廃し、25歳以上の男子に選挙権を認めたのが日本における「普通」選挙制度の始まりとされる。その際に導入されたのが、それに先立つ制限選挙制下では行われていなかった戸別訪問禁止である。これは、その他の公職選挙法上の選挙運動規制と共に戦後に引き継がれ、奥平が表現の自由保障の観点から違憲だと生涯にわたり批判し続けた問題のひとつである。奥平にとって、これは「よき統治」の観念に反する法制度であった。周知のように、今日では憲法学説の多くも違憲論に与するが、しかし裁判上は合憲論が支配的で、世論の動向も含めて、戸別訪問禁止が解禁される兆しはない。それはなぜなのか。[19]

　戸別訪問禁止が創設された際の立法理由は、「戸別訪問ノ如ク情実ニ基キ感情ニ依ツテ当選ヲ左右セムトスルカ如キハ之ヲ議員候補者ノ側ヨリ見ルモ其ノ**品位ヲ傷ケ**又選挙人ノ側ヨリ見ルモ**公事ヲ私情ニ依ツテ行フノ風ヲ訓致スヘク**今ニシテ之ヲ矯正スルニ非サレハ選挙ノ公正ハ遂ニ失ハルルニ至ルヘシ」[20]（傍点、筆者）というものである。地盤維持という政権党側の思惑が伏在していた

---

[19]　この点に関しては、「『選挙の公正』と憲法学」法律時報88巻5号（2016年）で論じたが、紙幅の都合で制度史の内実に言及できなかったため、本稿でその点を検討する。

[20]　内務省「衆議院議員選挙法改正理由書」（中央報徳会、警察協会、1925年）206頁。なお、『日本立法資料全集別巻845』（信山社、2014年）にも収められている。

にせよ、この一文が直接的に説いていたのは、愚民観を背景とした道徳的教化の必要性に他ならない。これを、普通選挙制と治安維持法の抱き合わせと同じく、「選挙市場」に新規参入する無産階級対策とみるのが、政治学や歴史学のみならず憲法学においても、通説的な理解であった。

　しかし、戸別訪問は不正行為の温床であるとか、情実や感情に訴える選挙といった「弊害」は、1925年を契機に突如として予測されたものではなく、すでに制限選挙制下でたびたび指摘される問題のひとつであった。1889年の衆議院議員選挙法制定時こそ、選挙運動の方法を制限する規制は設けられなかったが、それは、集会条例（のちに集会及政社法）や保安条例、新聞紙条例等々の治安法制が存在していたからともいえる。ちなみに、戸別訪問禁止が初めて提案されたのは、1908（明41）年のことであった。この間、1900（明33）年に納税要件を10円以上に引き下げ、居住要件も1年以上同一選挙区の住所を有する者と緩和する法改正がなされて、有権者は当時の人口約4400万人の約2.2％にあたる約89万人に増えた。続く1919（大8）年の改正では税額を3円以上に、また納税期間も1年とされ、居住要件も6か月に短縮された結果、有権者数約300万人（総人口約5600万人の5％超）へと増大し、1925年の普通選挙法制定と同時に戸別訪問禁止が制度化される。一見すると、無産階級対策という上記通説的理解に沿う展開である。本稿もまた、その点を否定するものではない。だが、まだ地主が主たる選挙権者であった1908年から、有権者が飛躍的に増えた——といっても人口の5％超—— 1919年の間、繰り返された議員提案にもかかわらず、なぜ戸別訪問禁止の制度化は帝国議会において阻止されたのか。そこでは、戸別訪問禁止をめぐって前記通説的理解とは異なる議論もなされていた。

---

21)　選挙取締規定の導入に積極的であったのは内務省ではなく、憲政会、革新倶楽部、立憲政友会を与党とし、憲政会総裁加藤高明を内閣総理大臣とする護憲三派内閣で、地盤維持が目的であったとの指摘がある。松尾尊兊『普通選挙制度成立史の研究』（岩波書店、1989年）308頁。
22)　同327頁以下参照。

Ⅲ　戸別訪問禁止における人格・権利・制度

1　戸別訪問禁止の立法理由

　戸別訪問禁止を制度化すべきことが初めて帝国議会に提案されたのは、衆議院議員高橋安爾が提出した選挙取締法案においてであったとされる。しかし審議中に撤回され、それとほぼ同内容の「選擧ニ關シ公會ノ演説若クハ文書以外ノ方法ヲ以テ選擧人ヲ勸誘シタルモノ」を処罰対象とする案が、1908（明41）年第24回帝国議会衆議院委員会に衆議院議員選挙法の改正案として提出された。その審議状況は、帝国議会委員会議事録で確認することができる[23]。それによれば、提案理由は「選擧界ノ腐敗防止」で、具体的には「物品贈與、或ハ用水小作人若クハ債權ナド、……投票ヲ得ルガタメ授受スルト云フコトガ誠ニ宜シクナイ」ので、法改正をしなければ「選擧場裡ノ腐敗ヲ防遏ヅルコトガ出來ナイ」という認識に基づいていた。

　これに対しては、「果シテ此公開ノ演説ト文書ノミヲ以テ、能ク法定ノ得票ヲ得ラレルコトガ出來マセウカ……餘程ノ名望家ノ御方ハ、是等ノ方法ヲ用井ヌデモ優ニ御當選ニナルノデアルケレドモ、多クハ府縣ニ於テハ、ナカ〳〵此公開演説若クハ文書ドコロデハナイ、非常ナ方法ヲ用井テ必死ノ働キヲ爲サレテモ、ナカ〳〵思フヤウナ票數ヲ得ナイ人ガ澤山アリマス、蓋シ此日本ハ憲法政治以來投票ト云フコトニ付テハ、マダ深ク精神ヲ入レナイト云フ傾ガアリマシテ、多クノ場合ニ於テ權利ノ抛棄ヲ爲スノデアル……選擧ノ方法ニ付テ制限ヲナサルト云フコトハ、畢竟無用デナイカ」「公開ノ演説若クハ文書以外ノ方法ハ出來ナイト云フコトニナルト、其取締ハ頗ル嚴重デ、候補者ハ始手モ足モ出ナイヤウナ有樣ニナッテ來ルカラ、後デ後悔スルヤウニナリハシマイカ、私ノ方デハ遣ルダケノコトハヤル、サウナッタラ是ハ困ッタト云フテモ仕方ガナイ、サウシテ犯罪ガ却テ殖エルヤウニナッテ弊害ガアリマセヌカト思フ」(4-5頁)と、政府委員で内務省警保局長の古賀簾造が反論するなど、議員からの提案に対して政府側が全面的に反対するという構図の下で、最終的には委員

---

23) Teikokugikai-i.ndl.go.jp/SENTAKU/syugiin/024/3357/main.html（最終閲覧2017年1月28日）。高橋安爾の名前もそこに登場する。なお、本文中の引用もこれによる。

会で否決されたのであった。

その次に戸別訪問禁止が帝国議会衆議院で提案されたのは、7年後の1915 (大4) 年で——この時点で選挙資格要件は緩和されていない——、しかもその内容は、第24回帝国議会衆議院委員会に提出されたものとほぼ同一であった[24]。提案者の森田小六郎によれば改正の提案理由は以前と同様、「選擧界ノ腐敗ヲ改ムル」ためだが、一般論として「現行選挙法ガ不備寛大」で「刑罰ハ寛大ニ過ギ其適用ニモ兎角粗漏ニ流レテ居ル、……其結果選擧人ヲシテ倍〻選擧違反ヲ逞シウスルト云フ傾キヲ助長シテ行ク」また、戸別訪問禁止に関しては「自由自在ニ有權者ノ各戸ヲ訪問シテ、直接ニ勸誘スルコト……ヲ自由ニ放任シテ置クト云フト、種々ノ弊害ガ生ズル……甚シキニ至ッテハ婦人——候補者ノ母親、妻（拍手起ル）若シクハ娘等ヲ使ッテ（「宜イデヤナイカ」ト呼フ者アリ）立憲的政治家トシテ甚ダ公明ヲ缺ク運動ヲ生ズル者ガ自然ニ起コル……人情ノ弱點ヲ衝キ、其人ノ感情ヲ動カシテ、一票ヲ取ル……コトヲ禁止スルニアラザレバ、選擧ノ神聖ト公平ヲ保チ得ナイ」として、警察の取締りの強化と厳罰化を強調していた。これに対しては、「斯ノ如ク峻嚴ナル制限ヲ加ヘナケレバナラヌト云フ根本ノ理由ハ分カラナイ[25]」（廣岡宇一郎）として警察権限の拡大と厳罰化が批判され、結局、同案は委員会付託となり審議未了で廃案となった。

ちなみに、森田は前（大3）年3月12日の第31回帝国議会第3回衆議院議員選挙法中改正法律案等委員会で、「從來ノ直接國税特ニ地租十五圓以上納メル者ハ有權者デアッタモノヲ拡張シテ、單ニ直接國税十圓ト現行法通リニシマシタガ、其結果ヲ見マスルト非常ニ成績ガ宜シクナイノデアリマス、急激ニ無智ナル有權者ニ向ッテ——納税者ニ向ッテ選擧權ヲ與ヘタ結果、……十分ニ政治上ノ智識ヲモッ居ラナイ者ニ對シテ急激ニ拡張シタ爲メニ、選擧權ヲ尊重スルト云フ考ガ一般ノ有權者ノ頭ニ泌込ンデ居ラナイ、……今後五十年六十年ノ後ニハ私ハ若シ國民ノ智識ガ進ンデ來タナラバ、普通選擧ヲ實施シテモ差支ナ

---

24) 85条の5「議員候補者、選擧候補者、選擧事務代理者及選擧運動者ハ公開ノ演説又ハ文書ニ依ルノ外選擧人ヲ勸誘スルコトヲ得ズ」。
25) 以上、1915（大4）年5月30日衆議院本会議（原文どおりだが、検索結果一覧では5月29日と表示されている）。「帝国議会会議録検索システム」（teikokugikai-i.ndl.go.jp）で第36回議会（No.19）の画像を表示すれば確認できるが、当該頁にURLは表示されない。

イ……現状ニ於テハ現行法ノ納税資格ヲ以テ満足スルヨリ仕方ガナイ……選挙違反ト云フ犯罪ハ非常ニ重大ナル忌ムベキ犯罪デアルト云フ観念ヲ有権者ノ頭ニ打込ム爲ニ、特ニ罰則ヲ厳重ニスル、……選挙ノ取締ニ付テハ、イロイロ候補者ニ對スル制限、運動者ニ對スル制限、選挙事務所ニ對スル制限」の必要性を説いていたが、これは人口約 4400 万人のうちの約 2.2% が有権者であった時期の主張であることに注目しておきたい。

　これと前後（1914（大 3）から 1917（大 6）年）して、政府は内務大臣下に選挙法改正調査会を設け、内務省議決定案として「選舉運動ハ戸々ニ就キ又ハ公開セサル集會ニ於テ之ヲ爲スコトヲ得ス」（85 条の 5）と戸別訪問禁止規定を提案した。前述の第 24 回帝国議会における選挙法改正案審議において警保局長の古賀が展開した反対論と比べると、内務省は立場を 180 度転換したことになる。これはなぜなのか。ちなみに、この時の提案理由は、これまでと同様、選挙界の腐敗、情実による選挙の不公正、議員の品位を汚す、というものであった。これに対し反対論の論拠としては、禁止によって予期せざる政治的社会的影響が生じる可能性があること、戸別訪問自体は非難されるべきものではないこと、戸別訪問は予想より少ないこと、取り締まりの厳しい英国でも行っていないこと、が指摘されている。その後、紆余曲折を経て、1925 年に普通選挙法と同時に戸別訪問禁止が「(1)何人ト雖投票ヲ得若ハ得シメ又ハ得シメサルノ目的ヲ

---

26) 同上第 31 回帝国議会衆議院（No.14）。
27) 衆議院議員選挙法調査会『選舉運動方法ノ取締ニ關スル調査資料』dl.ndl.go.jp/info:ndljp/pid/1906554（最終閲覧日 2017 年 1 月 29 日）38 頁。
28) 原文（一部省略）は、以下の通りである。必要論は、「一、戸別訪問ハ投票賣売ヲ容易ナラシメ從テ選擧界ヲ腐敗セシメル主要ノ原因ナリ、二、戸別訪問ハ選擧人ニ直接シテ投票ヲ勸誘スルモノナルヲ以テ情實ヲ醸成シ從テ選擧ノ自由公正ヲ害ス、三、戸別訪問ハ議員ノ品位ヲ毀損ス」、反対論は「一、戸別訪問ヲ禁止シ從テ選擧運動ヲ言論又ハ文書ニ限ルトキハ政治上社會上ニ思ハサル影響ヲ來タシ人心ヲ矯激ナラシムル惧アリ」「二、……戸別訪問自體ハ決シテ非難スヘキモノニ非ス而シテ之ニ伴フヲ生スル腐敗ニツイテハ或ハ選擧運動者ノ違法行爲ノ責任ヲ……議員候補者ニ及ボスコトニヨリテ取締リ得ヘク戸別訪問ハ現今選擧人ノ智識ノ程度等ヲ考ヘ止ムヲ得サルモノナリ之ニ伴ウテ生スル腐敗行爲ヲ惧レヲヲ禁セントスルハ所謂角ヲ矯メテ牛ヲ殺スノ類ナリ」、「三、……投票賣買ト戸別訪問ニ依リテ行ハルルコトハ多少ノ例外ヲ除キ事實上机上ニ於テ豫想スル程多キモノニアラス多クハ地方ニ於ケル有力者即チ選擧運動者ノ仲介ノ行動ニアルモノナリ從テ單ニ戸別訪問ヲ禁スル等選擧運動ノ方法ニ制限ヲ加フルモ投票賣収ハ絶滅セシムルヲ得サルモノナリ」、「四、取締ノ極メテ嚴重ナル英国ニ於テスラ運動方法ニ付キ何等制限ヲ設ケス以テ鑑戒トナスベシ」と報告書は整理している。同 84 頁。

以テ戸別訪問ヲ爲スコトヲ得ス　(2)何人ト雖前項ノ目的ヲ以テ連續シテ個々ノ選擧人ニ面接シ又ハ電話ニ依リ選擧運動ヲ爲スコトヲ得ス」（衆議院議員選挙法98条）と制度化された。

2　「選挙の公正」と立法裁量

　議事録に登場した発言をどこまで真剣に受け止めるべきかという問題はあるが、本稿は立法事実の確定を目的とするものではないので、戸別訪問禁止をめぐって、当時いかなる議論が行われていたか、そこに含まれる——意識的か無意識かはともかく——意味を歴史的文脈の下で検討してみる価値はあるだろう。まず、上記意見の特徴をランダムに整理してみる。第一に、表現の自由が「法律ノ範囲内」で保障されるにすぎなかった大日本帝国憲法下の法制であるから、そこに憲法上の権利侵害という指摘が登場しないことは当然である。第二に、戸別訪問禁止は議員提案によるもので、当初、政府（内務省）は立法化に消極的であったことである。第三に、第二の点と関わるが、成立までには1908年から1925年に至る17年の月日がかかっていることである。第一の点に関しては、では、なぜ反対論がそれなりに力をもって実際に立法化を阻止できたのか、その論拠はいかなるものであったのかを確認する必要があるだろう。第四は、なぜ議員提案であったのか、内務省はそれに対してなぜ抵抗したのか、である。最後に、内務省は、なぜ"変節"したのか。

　戸別訪問禁止の主たる理由は、「腐敗防止」であった。今日のわれわれは、「腐敗」という言葉を普通選挙制下の愚民観と暗黙のうちに結び付けて、腐敗しているのは選挙民であると通常考える。しかし、1908年はいまだ制限選挙制下で、納税要件の緩和により有権者数は若干増えていたとはいえ、前述のように依然として人口の2.2％にとどまり、納税額からしても決して無産者ではない。もちろん、有産者であっても買収等の「腐敗」と全く無縁というわけではないだろうが、想定された「腐敗」は、この時点では議員の側にもあった。その点は、前記引用の第24回帝国議会衆議院委員会での古賀発言における、名望家であればともかく、そうでない者は非常な努力をしなければ法定得票数に達しないのに、このような制限を設ければ、むしろ棄権を増加させるとの指摘に示されている。

それにもかかわらず、政府側ではなく議員側から戸別訪問禁止が提案されたのは、「法の制限なきに乗して數千の運動者を有し、數百の事務所及休憩所を設けたるの例に乏しからず、……從つて其の費用も頗る多額に上がり一人にして少きも數萬、多きは十數萬乃至數十萬の巨費を投したるか如き例も亦決してまれならず」、「所謂戸別訪問なるものは連日連夜競つて行はれ、候補者たるの品位を損傷するを意に介させるのみならす、其の最も甚しきに至りては妻妾子弟を犠牲として更に顧みる所なく、専ら情実に基く投票を哀訴嘆願するの醜態を敢てせり[29]」という議員側の事情にも原因があった。議員提案による戸別訪問禁止は、こうした苦痛と費用のかかる——この時期にすでに選挙公営論が唱えられ、結局1934年に実現する——選挙運動からの解放と同時に、古賀の指摘にみられるように結果として棄権を助長させ、議会構成の逆転を阻むという議員側の思惑が絡んでいた面がある。

これと同様の視点は、前記第31回帝国議会委員会における、国民の知識が進めば普選を実施してもよいが、それまでは現状の納税要件を維持し、戸別訪問を厳格に禁止すべきだという森田発言にも見出すことができる（注26）の本文参照）。つまり、戸別訪問禁止と国民意識の深化の因果関係は極めて疑わしいにもかかわらず、それを理由に選挙に関する事項を現議員の胸先三寸にゆだねる議論を展開していたわけである。こうした議論が、今日でも選挙のルールは広範な立法裁量にゆだねられる[30]という一見もっともらしい説明によって維持されていることは周知の通りだが、選挙に関する立法裁量論が議会の現勢力維持の論理に容易に転化することを考えれば、そうした説明が論外であることは詳説の要がないだろう。

---

29) 芳谷武雄『普選の取締と罰則』（帝國地方行政學會、1925（大14）年）4-5頁。
30) 選挙運動は「あらゆる言論が必要最小限度の制約のもとに自由に競い合う場ではなく、各候補者は選挙の公正を確保するために定められたルールに従って運動するものと考えるべきである……このルールの内容をどのようなものにするかについては立法裁量にゆだねられている範囲が広」いという伊藤正巳裁判官の補足意見（最三小判1981（昭56）・7・21刑集35巻5号568頁）参照。なお、最三小判1982（昭57）3・23刑集35巻3号339頁ならびに最三小判1984（昭59）・2・21刑集38巻3号387頁では裁量的性格がさらに強調されて、広範な立法裁量が肯定されている。この点、ゲームのルール＝広範な立法裁量論について、表現の自由の観点からの批判がすれ違いに終わる可能性があることを指摘した注19) 拙稿参照。

3　人格と選挙権

　もっとも、前記引用文中、本稿主題との関係で注目すべきは、内務省警保局長の古賀と衆議院議員森田の議論の背後に透けて見える視点である。古賀は、前記第24回帝国議会委員会において、戸別訪問に選挙人の意識を高める契機を見出し、それが禁止されれば、むしろ投票の棄権を誘発すると論じて、その意識を改革していくためには、厳格な取締と厳罰主義は適切とはいえず、また実現困難でもあると指摘していた。戸別訪問に弊害が伴う場合があることを認めつつも、なおそれを上回る啓蒙——「投票ニ……深ク精神ヲ入レ」——の可能性を説いていたのである。もちろん、これには当時の選挙人が有産階級であるという制度的・歴史的背景があった。そこには、選挙人が「深化」しても、体制が覆ることはないという自信も含まれていたはずである。このような限定的な条件の下とはいえ、とにもかくにも政府（内務省）が戸別訪問禁止に反対し、制度化は阻止されていた。

　とはいえ、前述のように有産者が常に有徳の市民であるとは限らない。そのため、選挙は「政策や指導力への支持を広げていくという形のものになりにくく、選挙民の情に訴えて、当選を嘆願する形のものになりやすかった[32]」ことも腐敗の原因であったと指摘されている。というのも、大日本国帝国憲法下の衆議院が、内閣や貴族院、枢密院、それらに対し圧倒的な影響力を持つ官僚、それを統括する天皇の統治大権との対比において権限が小さく、「民主」政治の担い手といえる存在ではなかったからである。実現の見込みが薄い政策を訴えて支持を求めるよりも「暴力的圧力、情実の起用、勧誘・依頼、買収、権力の利用等々の手段に訴える[33]」方が有効であったのである。

　森田は——古賀への応答としてではないが——1914（大3）年の第31回帝国議会衆議院委員会で、1900年の納税要件の変更（直接国税10円）により無知で情実に流される選挙人が増えたことを嘆き、こうした状況が改善されない限り、普通選挙制度は実現できないと指摘した。逆にいえば、森田が選挙人に期

---

31)　「元來煩瑣な取締規定はその励行がきはめて困難であり、容易に實効を擧げ得ぬ」。宮澤俊義『選擧法要理』（一元社、1940（昭5）年）219頁。こちらが、古賀の本音かもしれない点はさておく。
32)　杣正夫『日本選挙制度史』（九州大学出版会、1986年）53頁。
33)　同上。

待したのは、議事録に現れた限りでは、情実に流されずに政策判断ができる知性を有する者であった。しかし、それは当時の状況下では過大な要求と森田は見て、50-60年後まで普通選挙制度は実現できず、それまで戸別訪問は禁止されるべきだと論じたのである。もっとも、実際には普通選挙制の導入が目前に迫っていた。

　ひるがえって、古賀もまた有産者に——古賀が無産者をどう見ていたかは定かではない——「深ク精神ヲ入レ」る選挙人であることを期待する点では、森田にひけをとらなかった。両者が袂を分かつのは、戸別訪問の容認と禁止のいずれがこれを実現する道筋かについてである。内務省は森田とほぼ同時期に戸別訪問禁止へと立場を転じるが、それは1925年の普通選挙法施行をにらんでの無産者対策を意図したものであり、古賀とは前提が異なる。古賀が当時の社会状況の下で有産者に期待した「深化」は、その成果を見届ける間もなく、戸別訪問禁止が制度化された。それは、数のうえでは容易に多数派を形成する可能性を持つ無産者から、どのように既存の議会構成を守るかを課題とするものであったことはいうまでもない。そして、ここにこそ財産私有型民主制と、戸別訪問禁止という政治的自由の制限との接点がある。戸別訪問禁止は、皮肉にも森田の予測をはるかに超えて今年で92年目となるが、その間選挙人は「深化」し、棄権は減少したといえるか。あるいは、選挙人の知性に変化がないので、——たとえば、情実に訴える投票は今日でもしばしば目にする——禁止が継続されてきたのか。そもそもこれは、「よき統治」の名に値する制度なのか。奥平は、これを「よき統治」とはいえないと考え、表現の自由を掲げて対峙した。

IV　小括——財産私有型民主制と政治的自由

1　公務と人格

　古賀と森田が想定した理性的に投票する選挙人という像は、表現の仕方や情

---

34)　選挙過程における情実は排除されるべき悪というモラリズムが透けて見えるが、そうであるかどうかは検討の余地がある。名前を連呼するだけの今日の選挙活動も、見方によっては情実に訴えているだけであろう。

実の排除など細部に異論はあるとしても、実は、奥平とロールズ、そしておそらくは多くの日本国憲法研究者も共有するものではないだろうか。もとより、古賀と森田の議論は大日本帝国憲法下のもので、基本認識として投票は公務であるから、日本国憲法における選挙権と同列に論じることはできない。しかし、同じく公務といっても、古賀は、公務だからこそ選挙人を陶冶する必要性を感じ、戸別訪問はその一助になると考えていた。これに対し森田は、知性を欠いた投票人は公務遂行能力を欠き、腐敗堕落する存在であると捉え、戸別訪問禁止や制限選挙制の存続を唱えていたから、「公務」性からの推論は真逆である。この限りでいえば、投票＝公務という定式には、投票の公共性——たとえそれが「国民が『翼賛』の義務として参加してゆくという天皇制統治観」を背景にしているにせよ——と臣民の義務という次元の異なる側面が併存しており、後者にだけ着目して公務説を天皇制絶対主義の産物として全面否定することが適切な分析であるとは思えない。

　誤解を恐れずにいえば、選挙の公共性を強調する奥平の視点は、実のところ、古賀のそれと通じる面があるのではないか。もちろん、奥平の選挙権論は、日本国憲法のもとで権利であることを自明の前提とし、かつ有産者限定の制限選挙制を念頭においているわけでもない。その意味で、古賀との類似はあくまで表面的なものにとどまる。それに加えて、奥平の場合、選挙人を陶冶するという視点は——おそらく——存在せず、理性的に投票する選挙人の存在が前提とされている。だが、ありふれた問いであることを承知でいえば、果たしてそのような選挙人は普く存在するか。あるいは、ここで語られているのが、事実としての存在ではなく、憲法が想定するフィクションないし願望であれば、それとしては了解可能だが、その場合、これをどのように実在のものとするかの制度構想が不可欠である。本稿冒頭で紹介した奥平の「個人主義」から、いかにして「公共性」の担い手——たとえば、理性的に投票する（投票に行く）選挙人——を導き出すことができるのか。そこで想定されているのは、いかなる人格か。本稿が依拠する奥平の教科書には、書物の性格上やむをえないとはいえ、その説明はない。ここで、問いは本稿冒頭に戻る。ただし、以下の検討は紙幅

---

35)　斎藤鳩彦『選挙運動抑圧法制の思想と構造』（日本評論社、1975 年）17 頁
36)　同上 14-16 頁。

と準備の都合で、ラフ・スケッチにとどまることをお許し願いたい。

2 「人権としての財産権論」のアポリア

すでにみたように、奥平はロックらの議論を念頭におきつつ、「自らの額に汗してはたらいて得た果実」への権利＝財産権を「人間の生存・人間の尊厳・人間の自由と不可分一体のもの」と位置づけた。労働力を財産と位置づけることで、土地その他の資産を保有しない者をも「有産者」に仕立てる可能性を含むこの論理は、成人男子普通選挙制への道を開く道具立てのひとつでもあった[37]。もちろん日本国憲法の下では、男女普通平等選挙が保障されており、財産要件は選挙権と何の関係もないから、財産権は個人の生命の再生産という意味において、もっぱら個人主義的に理解すれば足りると考える余地もある。しかし、仮に奥平の財産権論をそのようなものと理解する場合には、一見共通項がありそうにも思えるロールズの財産私有型民主制ではなく、個人主義的という面でいえば、むしろノージックのそれに近づく[38]。

ロールズの財産私有型民主制論は、市民相互が自由で平等な人格であるとみなし、そうした存在であり続けることを保障するための制度——奥平のいう制度論——である点に特徴がある。少々長くなるが、以下、そのエッセンスを引用する。

> 「財産私有型民主制の背景的諸制度は、富と資本の所有を分散させ、そうすることで、社会の小さな部分が経済を支配したり、また間接的に政治生活までも支配してしまうのを防ぐように働く。対照的に、福祉国家型資本主義は、小さな階層が生産手段をほぼ独占するのを許容する。……福祉国家型資本主義においては……背景的正義（background justice—注：正義に適った基本構造の一つ）が

---

37) 成人男子普通選挙権を主張していた平等派（レベラーズ）は、使用人は当然に選挙権から除外されると論じていたが、その意味は、ロックが私の使用人の労働は私の労働である考えていたことと照らし合わせると理解できる。Arthur S. P. Woodhouse, Puritanism and liberty: being the Army debates (1647-9) from the Clarke manuscripts with the supplementary documents (I.M. Dent, 1951) p.53. ロック、注15) 書第 5 章参照。See also, C. B. Macpherson, The Political Theory of Possessive Individualism Hobbes to Locke with a New Introduction by Frank Cunningham, v & ch.3 & ch.5.

38) ロバート・ノージック（島津格訳）『アナーキー・国家・ユートピア 国家の正当性とその限界』（木鐸社、1995 年）。もとより、奥平はノージックと異なり資本主義の道徳的正当性を認めないから、トータルでは全く異なる財産権論である。

欠けており、所得や富における不平等があると、その構成員の多くが慢性的に福祉に依存するような、挫折し意気消沈した下層階級が育つかもしれない。この下層階級は、放ったらかしにされていると感じ、公共的政治文化に参加しない。他方、財産私有型民主制では、自由で平等な者とみなされた市民間の公正な協働システムとしての社会という観念を基本的諸制度において実現することが目標なのである。これを行うためには、基本的諸制度は、最初から、市民たちが平等の足場で十分に協働する社会構成員であるために十分な生産手段を広く市民たちに握らせなければならないのであり、少数の人々だけのものにしてしまってはならない」[39]。

奥平の「個人主義」的財産権論は、少なくとも表面的にはこうした視点を持たない。むしろそれは、ノージックのそれと同様、財産権を自由な個人の基礎と考え、個人の尊厳を侵害しないように保障することに主眼がおかれているように思える。実際、奥平は生存権に関する説明で、「現代においてもなお、近代初期の考え方——各人の自主決定による生活決定・自力による生活経営を中枢に置く思想傾向——及びそれにもとづく処理様式（制度づくり）は依然として有効である……（が）、現代にあっては、それがもたらした実質的具体的な不平等（配分的な平等の無視・等閑視）を是正することがひとびとによって要請され、また社会にとっても必要になった」と指摘して、ロールズのいう福祉国家的資本主義に近い説明をしている。もちろんこれは、教科書における実定憲法制度の説明であって、それはロールズのような正義の基本構造を明らかにする場ではないから、「こうした視点」を求めるのはないものねだりではあろう。

だが、ロールズは「生まれつき恵まれた立場に置かれた人々は誰であれ、運悪く力負けした人々の状況を改善するという条件に基づいてのみ、自分たちの幸運から利益を得ることが許される」[40]と説き、生来の才能や運の分布は恣意的であるから、個人の才能や努力の成果である私有財産は、財産私有型民主制のもとに管理され、再分配の対象となりうると論じる。こうした制度論、あえていえば公共性論を、奥平の個人主義は許容するだろうか。その点を検証する鍵は、ロールズの人格論にある。

---

39) 注7) 書247-249頁。
40) ジョン・ロールズ（川本隆＝福間聡＝神島裕子訳）『正義論　改訂版』（「紀伊国屋書店、2010年」137頁。

3 奥平／ロールズにおける人格と公共性

　一般論としていえば、人格は権利や義務、あるいは責任等の主体であることを意味するが、いまここでそもそも「人格」とは何か、それを問うことがなぜ重要あるいは重要でないのか[41]について論じる余裕はない。ロールズの正義構想における人格に関していえば、検討の対象となりうる人格は、①原初状態の「当事者」、②政治領域の「市民」、③背景的文化の「人々」である。周知のように、①に関してはサンデルが「負荷なき自我」として批判したが[42]、原初状態は元来が思考実験で、「当事者」もそのための抽象的存在であり、それをもって現実との接点を持たない等々と批判しても議論はすれ違いに終わる。のみならず、抽象的存在の「人格」を問うことにも意味はない。他方、③に関しては、もともと正義の基本構造を構想することを目的とするロールズにとって、各自が属する社会において善を追及する人々の人格を自らの構想の基底に据えることはあり得ない。したがって、ここでは政治的リベラリズム以降の後期ロールズにおける②の政治領域における「市民」を検討対象とすべきことになる。

　ロールズ（に限らずリベラリズム）は、時に少数者の犠牲を厭わず効用の最大化を図る功利主義を、「諸個人の間の差異を真剣に受け止めていない[43]」と批判する。彼は、「功利主義は個人主義的な思想だと考えられており、実際そうした解釈を下すには十分な理由がある。……しかしながら、功利主義は——少なくとも無理のない熟考・反照を経て……たどり着いた思想としては——決して個人主義的ではない[44]」と述べて、人格の別個性や独自性を強調した。効用という属性に着目する功利主義は、私の効用でも他人の効用でも、効用は効用であるから、人格を効用という属性に置き換えてしまい、人格の別個性を無視しているというのである。これを逆にいえば、ロールズは個人主義の観点から功利

---

41) Derek Parfit, On "the Importance of Self Identity", 66 The Journal of Philosophy (1971) pp.683-690. パーフィットは、人格の還元主義の立場から、ロールズの平等論を批判している。デレク・パーフィット（森村進訳）『理由と人格』（勁草書房、1998年）339-341頁。

42) Michael J. Sandel, The Procedural Republic and the Unencumbered Self, 12 Political Theory 1 (1984) pp.81-96.

43) 注40）書39頁。

44) 同42頁。

45) 「自尊を有していなければ、行う価値があると思われるものは何もなくなる」（傍点中島）同578頁。See also, Michael A. Mosher, Boundary Revisions 39 Political Studies (1991).

主義批判を行っているはずである。

　では、ロールズの想定する政治領域における、(個人としての)「市民」とはいかなる存在か。後期ロールズの政治的リベラリズムの主題は、いうまでもなく社会の基本構造についてであり、そこにおける人格の探求も政治的な視点に限定されている⁴⁶⁾。それを前提にロールズは、「人格の構想は、民主社会の公共的政治文化、その基本的な政治的文書(憲法や人権宣言)、並びにこれらの文書の解釈の歴史的伝統において、市民というものがどのように見なされているかということから作り上げられる⁴⁷⁾」と述べ、「われわれは社会を公正な協働システムとみなすから、平等の基礎は、われわれが社会の共同生活に十分に貢献できるようにするのに必要な最小限の道徳的そのほかの能力を持っていること」、すなわち「市民」とは、公正な協働システムに十分に貢献できる最小限の道徳的能力を持つ自由かつ平等な者ということになる。以上の要約からもわかるように、ロールズはこのような人格の実在を説いているのではなく、政治的リベラリズムの視点から「構成⁴⁸⁾」しているのである⁴⁹⁾。それゆえ、抽象的人格であるとか実在しない人格だとの批判⁵⁰⁾は、その通りであるとしても、的外れということになる。

　奥平が選挙の公共性に着目して、選挙権の「公務性」を説いたのも、ロールズと視点は同じであろう。しかしだからこそ、ロールズの財産私有型民主制のような制度的構想なしには、最小限の道徳的能力を維持することができず、結局は公共的政治文化を支えることができなくなってしまう。奥平が、戸別訪問禁止に対して表現の自由を掲げて対峙したことは、依拠する憲法条文としては全面的に正しいとしても、奥平流の(純粋?)個人主義的観点からでは、現に「最小限の道徳的能力」を有している市民の権利行使しか期待できない。それ

---

46)　John Rawls, Political Liberalism (Columbia U. Pr., 1993) ch.11.5.
47)　注7)書33頁。
48)　Mehr Dan-Cohen, Responsibility and the Boundaries of the Self, 105 Harv. L. R. (1992) p.965.
49)　Supra note 46, ch.30
50)　注2)で引用したNagel, The View from Nowhereというタイトルが示すのは、近代的思考が視点の定かでない抽象的思考をしていることを批判するもので、実際の思考は共同体や言語等々に拘束されていることを説く。ロールズは、これに対して政治的「市民」という自らの立脚点を示して、Nowhereという批判に応えた。See also, Bernard Williams, Moral Luck (Cambridge U. Pr., 1981) ch.12.4

と同様に、男女普通選挙制度の下では、「最小限の道徳的能力」を欠いていても選挙権を奪うことはできないが、公共的政治文化からの脱落＝棄権を回避することはできない[51]。92年続く戸別訪問禁止は、森田の目論見どおりに機能している。

戸別訪問禁止をめぐって違憲論を先導した奥平は、戦前から続く戸別訪問禁止について「憲法体系の転換、すなわち、一方における国民主権の原理と、他方における基本的人権の保障原則の採用により、新しく吟味再検討されるべきもの」であり、「戦前からの制限制度の生き残りの一つであるという意味で、戦後の制限諸規定の性格を照らし出す鏡でありうる[52]」と指摘していた。しかし、「憲法体系の転換」は、権利主体の側がそれを受け止め充填できなければ、外皮の転換にとどまる。財産所有と人格の（形式的）平等を前提とせざるを得ない憲法学において、実は多くの憲法研究者が必要性を感じているのは、民主主義を支える（実質的）人格ではないのか。それは、いうまでもなく表現の自由をはじめとする権利論の前提でもある。それを選挙権の（形式的）平等を掘り崩さずに、どのように理論化することができるか。公共的理性とは程遠いように思えるポピュリズムの抬頭著しい現代社会において、これは見過ごすことができない問題であるように私には思える[53]。

奥平先生とは、亡くなられる数年前から月1回、私の研究室で数人の同僚たちとともに弁当を手配して会食していた。私が勤める大学の図書館に資料を求めて来館されるついでである。ついでとはいえ、毎回3時間を超えてお付き合いくださり、文字どおり至福の時間を過ごすことができたのであった。話題も自由自在で、一つの話題から全く別の話題に移り（憲法や政治から突然、音楽や

---

51) ロールズは、教育についてしばしば言及しているが、日本では、子供の貧困と教育の格差是正という具体的な問題として論じることができるはずである。
52) 奥平康弘『表現の自由Ⅲ』（有斐閣、1984年）224-225頁（初出は1968年）。なお、奥平はこれを「戦前以来の歴史に由来する特殊日本的なもの」（奥平、『なぜ「表現の自由」か』（東京大学出版会、1988年）172頁）と性格づけるが、「戦前に……特殊」かどうかという点こそが、伊藤正巳のゲームのルール論ともかかわり、ここでの関心事のひとつであるが、この点については、注19) 拙稿参照。
53) 本稿は、2015年早稲田大学特定課題研究費（2015K-042）の成果の一部である。

絵画に、ということも少なくない)、また元に戻る。しかし、後になってみると実はすべてが通底していたことに気がつくことも少なくなかった。本稿の主題は、実現しなかった2015年2月のランチタイムに先生に伺うつもりであった話題のひとつだが、先生は、おそらく「お前は相変わらずアホだな」(そんなこと聞くまでもないだろう!──もちろん、先生は面と向かってそんなことはおっしゃらないけれど)と困った顔をされたであろう。考えてみれば、大学院でのご指導以来約40年にわたり、ずっとそうであった。先生は、私にとって、雲の上の存在でありながら、ただお一人だけ、アホな質問ができる存在であったのである。

(なかじま・とおる　早稲田大学教授)

奥平先生の選挙権論
――「選挙権論争」再訪

糠 塚 康 江

I 選挙権論争

　1980年代の選挙権論争で、奥平康弘は、はからずも論争の当事者となった。発端はこうである。参議院議員選挙の全国区を廃止し、比例代表制を導入した1982年の公職選挙法改正に際し、長谷川正安が直截に違憲論を展開した。奥平が長谷川の議論に異議を唱えたのは、同改正案の合・違憲論を論ずる論理的前提において、長谷川が「参政権とりわけ国民が立法のためにその代理人を選任する選挙権が基本的人権の一つということは、私の勉強した限りでは、憲法の歴史から見ましても、また現在の比較憲法的観点から見てもほとんど異論なく承認されている」(強調筆者) と発言した点である。選挙権の法的性格をめぐっては、かねてより争いがあった。長谷川は、選挙権権利一元説の立場から、当時通説的地位を占めていた権利・公務二元説を批判した(「選挙権の本質が公の務め、公務であるとかあるいは公の義務であるというのは、人権思想に対立する戦前の国家主義的な思想が強かった時代の法律論の名残でしかありません」。) のであった。その文脈で「選挙権(被選挙権)は基本的人権である」と断じながら、「それがどういう意味で『基本的人権』なのか」が論じきられていないと、奥平は疑問を呈したのであった。

---

1) 奥平康弘「選挙権は『基本的人権』か――選挙権をめぐって(その1)」法学セミナー339号 (1983年) 8頁。

奥平は、「人間であるということにもとづき、（人間に値する生存を確保するという目標を是認して）すべての人間に保障すべきであると考えられる権利（自由）」という「基本的人権」の定義から、憲法15条1項が「公務員を選定し、及びこれを罷免することは、国民固有の権利である」とうたっていたとしても、選挙権（被選挙権）に関しては、「基本的人権」とはいえない、とした。選挙権（被選挙権）というものは、「実定統治システムという、個人を超えた客観的な制度の組み方によって左右されざるをえない運命にあ」り、「国民代表を選び、選ばれるのは、けっして自然的な人間の行為ではない」からである[2]。日本国憲法が憲法上保障している権利がすべて「基本的人権」である、というわけではないのである。

奥平の批判に応答した、浦田一郎[3]、長谷川[4]、さらに「最も本格的に権利一元説の正当性を主張した[5]」辻村みよ子は、フランス憲法学を理論的な背景として、権利説で理解される選挙権は、1789年人権宣言でいうところの「人の権利」ではなく、「市民の権利」である、その意味で「憲法上保障された権利」、「基本的権利」であるとして、奥平の「誤解」を指摘した[6]。1993年に刊行した教科書の中で、奥平は「権利説」・「二元説」とも「選挙権は『憲法が保障する権利』であり、かつ、それは最大限に保障されるべきだという基本線では同じ[7]」と叙述するに至った。

選挙権が「基本的人権」か否かをめぐっての論点は上記のように帰着したが、奥平が権利一元説に与することはなかった。なぜなら、選挙権は、権利一元的に把握しきれない性質——①「選挙権の行使の効果が、国民代表の決定という国家作用にかかわるがゆえに、公共性が強い」という点、②この権利は「選挙制度というものの上に乗っかった、あえていえば、制度の目的、制度の構造と

---

2) 奥平・前掲注1) 9頁。
3) 浦田一郎「選挙権論をめぐって——奥平康弘氏の批判に対する反論」法学セミナー344号（1983年）74頁以下。
4) 長谷川正安「選挙権論をめぐって——奥平康弘教授の批判に応える」法学セミナー348号（1984年）22頁以下。
5) 野中俊彦『選挙法の研究』（信山社、2001年）30頁。
6) 辻村みよ子「選挙権の『権利性』と『公務性』——『選挙権論争』をめぐって」法律時報59巻7号（1987年）71頁以下。
7) 奥平康弘『憲法Ⅲ——憲法が保障する権利』（有斐閣、1993年）404頁。

働きといった制度的なるものとかかわることの多い宿命にある[8]」点——をもつからである。フランス憲法学に準拠したアウェイでの論戦で、奥平は、自らの立場を「対立説」と称して「二元説」とラベリングされることに甘んじたが、選挙権が「二元的である」というのは、奥平にあっては、選挙権が「権利」という性格づけだけでは済まないという意味においてのことである[9]。この問題提起こそ、奥平の選挙権論の憲法学への最大の寄与であり、継承すべき理論的課題であるというのが、小稿の主張である。

　選挙権は憲法上保障された権利ではあるが、それを具体的に行使するためには、立法者による選挙制度の構築が必要であるという奥平の先駆的着眼は、いわゆる「立法者による制度形成」論に通じる[10]。奥平の問題提起の今日的意義について、以下では、分節して課題への接近を試みたい。まず、選挙権が「憲法上保障された権利」であるということで、どのような法的効果が生ずるのかを考える（⇒Ⅱ）。次に、選挙権の「国民代表の決定という国家作用にかかわる」という要素は、どのような意味で理解されるのか、1票の較差問題に焦点を当てて検討する（⇒Ⅲ）。最後に、選挙権が選挙制度とかかわらざるを得ないというが、そこにいう選挙権の範囲はどこまでを想定しているのか、具体的には、選挙運動をどのように位置づけていたのかを中心に論じることにしたい（⇒Ⅳ）。

Ⅱ　選挙権の主観的要素

　奥平による二元説の解説は、こうである[11]。「国民主権原則の下で組み立てら

---

8)　奥平・前掲注7) 406頁。
9)　小澤隆一「最近の選挙権論の動向について(一)(二・完)」一橋研究13巻4号33頁以下、14巻1号1頁以下（1989年）は、奥平の「批判的な問題提起」のうち、「選挙権の特性は、…『権利』という性格づけのみによって把握されるのか」、「『権利説』による通説批判は適切なものか」という論点について、従来の「権利説」の論理構造の弱点を補い、その内容を前進させるうえで正面から受けとめるべきものであるという立場から、検討を行っている。
10)　渡辺康行「立法者による制度形成とその限界——選挙制度、国家賠償・刑事補償制度、裁判制度を例として」法政研究76巻3号（2009年）2頁で言及されている。
11)　奥平康弘「選挙権の法的性質——選挙権論をめぐって（その2）」法学セミナー341号（1983年）8-9頁。

れる統治のシステム全体からみて、国民による選挙（選挙権の行使＝投票、その結果としての代表者の選出）は、統治作用の核心的な部分を占める」。「これは、選挙権を客観的な統治システムの一環としてみたばあいの性格づけ」である。「同じ選挙権を、個人あるいは主観的な観点からとらえ」るのであれば、「政治に参加する『権利』」という性格づけになる。二元説といっても、「権利と義務、あるいは権利と公務」とを二元的に取り込んでいるのではなく、「権利行使が代表決定という国家作用につながる効果をもつということを認めているにすぎない」。二元説も権利説も、「選挙権をもっとも十分に保護に値する権利と解する点は同じ」であり、「選挙権につき実定法が課する制限は、必要最小限度のものでなければならず、その合憲性に関する司法審査は、いわゆる厳格審査であることを要するという点でも共通している[12]」。

　奥平によれば、権利一元説から二元説への批判は２点ある。奥平は、それぞれに対して反駁している。

　批判の１つは、「統治作用上の権限と個人の権利という、本来異質の要素を二元的に認めている点」（強調原著者）である[13]。「統治作用上の権限」は、「もっぱら統治目的＝公益のためになされる、多かれ少なかれ義務的な行為」であるに反し、「個人の権利」は、「それ自体として個人的な利益を充足するためにおこなわれる、私的な意思行為である」から、「選挙権の行使＝投票行為の瞬間に、個人の権利と国家機関の一員としての権限とが同時におこなわれるというのは」、「論理整合性」上「奇妙である」ということになる。これに対する奥平の反論は、こうである。「本来的に私人であり、自分の私的な利益のために意欲する自然人を、国民代表の選択という国家の統治作用のための、したがって、公の目的のための意思形成にかかわらしめるのが選挙行為だとすれば、選挙権には矛盾態というか、論理整合性だけで割り切ることのできない動態的な側面が、いわば宿命的についてまわる」。選挙権拡大の歴史の流れからすれば、「代表者の選択という公務」は、「それを人民は権利として要求した」ので、「権利としての公務執行という法形式以外に、…成立する余地がなかった」という仮説を述べている。言い換えれば、「『公』的な存在としてのcitoyenが、同時に、

---

12)　奥平・前掲注7) 404頁、407頁。
13)　奥平・前掲注11) 10頁。

そしてつねに、『私』人としてのhommeでもありつづける、ということから来るさまざまな緊張[14]」としてあらわれたものと理解できるのではないだろうか。

　いま1つの批判は、「公務執行という性格づけ」自体にむけられるものである[15]。この点については、奥平は次のように述べている。この批判は、歴史的には、「公務」だから権利ではなく「法の反射にすぎない」として、制限選挙を合理化する役割を果たしたことに起因する。これは、「公務」性を反動的イデオロギーのために利用した結果にすぎず、「『公務』だから選挙権の主体の範囲を客観法の定めによって自由になしうるとは、論理必然的にはいえない」（強調原著者）。「国政上の選挙とは、私的な意見を国家統治システムのうえで公的に承認されるべきものとして表明する行為にほかならず、そうだからこそ、個人の尊厳・平等原則の理念が貫徹すべき現代国家では、制限選挙があってはならない」ことになる。「公共性がきわめて強いという要素」は、「さればこそ選挙権にはあれこれの制限を設けてはならないという方向にもはたらくのである[16]」。こうした思考から、後年、成年被後見人選挙権剥奪訴訟（東京地判2013（平25）・3・14判時2178号3頁）において、奥平は、主権者としての意思決定能力を問うことなしに、国民の一人である限り、一定の年齢に達すれば選挙に参加する資格を有し、それを制限されることはないとする意見書を書くことができた[17]。逆に、権利説の立場からは、「年齢要件を付する理由」が「政治的意思決定能力の推定」にあることから、「一定の政治的意思決定能力を権利行使要件と解することが認められる[18]」。実際、禁治産者（「事理を弁識する能力を欠く状況にある者」民法旧7条）の除外が権利説からも正当化されていた。「選挙権の本質との関係で選挙権行使に必要な能力をどのように解するか」という権利説に向けられる問いは、「権利行使要件」を主観的に決定しなければならないという困難に権利説を直面させる。奥平の思考は、統治システムに由来する「公

---

14) 樋口陽一『憲法という作為──「人」と「市民」の連関と緊張』（岩波書店、2009年）268頁。
15) 奥平・前掲注11) 10頁。
16) 奥平・前掲注7) 406頁。
17) 奥平意見書の引用につき、有田伸広「『成年被後見人選挙権回復訴訟判決』についての若干の考察」社会福祉学部研究紀要17巻1号（2013年）6頁注18を参照。
18) 辻村みよ子『選挙権と国民主権──政治を市民の手に取り戻すために』（日本評論社、2015年）170頁。

務性」に依拠することで、この点を難なくクリアーすることができたといえるだろう。

　選挙権が「憲法上保障された権利」であるとして、それはどのような法的意味を持つのか。この問題に端的に応答したのが、在外日本国民選挙権訴訟に関する 2005 年最高裁判決（最大判 2005（平 17）・9・14 民集 59 巻 7 号 2087 頁：以下「2005 年判決」という）である。同判決は、「自ら選挙の公正を害する行為をした者等の選挙権について一定の制限をすることは別として、国民の選挙権又はその行使を制限することは原則として許されず、国民の選挙権又はその行使を制限するためには、そのような制限をすることがやむを得ないと認められる事由がなければならないというべきである。そして、そのような制限をすることなしには選挙の公正を確保しつつ選挙権の行使を認めることが事実上不能ないし著しく困難であると認められる場合でない限り、上記のやむを得ない事由があるとはいえず、このような事由なしに国民の選挙権の行使を制限することは、憲法 15 条 1 項及び 3 項、43 条 1 項並びに 44 条ただし書に違反するといわざるを得ない。また、このことは、国が国民の選挙権の行使を可能にするための所要の措置を執らないという不作為によって国民が選挙権を行使することができない場合についても、同様である」として、個人水準で選挙に参加し意思表示を行う権利＝投票権については、その行使まで権利の保障が及ぶことを明らかにした。

　1993 年に刊行した教科書の中で、奥平は「海外在住者の投票権」を検討していた。当時、海外在留の日本国民に対する制度が講ぜられていなかったために、海外在留者はどんな選挙にも投票権を行使できない状況に甘んじなければならなかった。奥平は、「選挙権を極力保護しなければならないとする憲法の精神に反すると考えるべきであろう」とするにとどまった。「海外在住者にも可能なかぎり選挙権行使の機会を実体化すべきであるにしても、その範囲、選挙区、選挙情報の与え方、投票の秘密・選挙の公正を保持し得る投票方法、さまざまなタイミングなど、制度づくりについて考慮してしかるべき諸点がある」と考えたからであった。2005 年判決は、「在外国民は、選挙人名簿の登録について国内に居住する国民と同様の被登録資格を有しないために、そのままでは選挙権を行使することができないが、憲法によって選挙権を保障されてい

ることに変わりはなく、国には、選挙の公正の確保に留意しつつ、その行使を現実的に可能にするために所要の措置を執るべき責務があるのであって、選挙の公正を確保しつつそのような措置を執ることが事実上不能ないし著しく困難であると認められる場合に限り、当該措置を執らないことについて上記のやむを得ない事由があるというべきである」として、「やむを得ない事由があったとは到底いうことができない」と判断した。

　精神的な原因により投票所に行くことが困難な者について、選挙権行使の機会を確保するための立法措置を執らなかったという立法不作為等の合憲性が争われた事件で、最高裁は、憲法上、選挙権が保障される以上、その選挙権行使が可能になるような何らかの投票制度を設ける必要があるとした（最判2006（平18)・7・13判時1946号41頁）。もっとも、そのような一般的な意味での立法措置の必要性を前提としながら、本件に係る立法不作為については、国家賠償法上の違法性を否認した。最高裁は、形式的に選挙権を行使する資格を有するにもかかわらず、事実上投票できない状態について、権利の行使が保障されていないとして権利制限にあたると認めている。これによると、国は、選挙権行使の機会を実質的に保障するために制度を整える責務があるということになるだろう。選挙に参加して意思表明を行うという個人水準の投票権については、権利を実際に行使する機会が確保されていない状態を「権利の制限」と構成することで、裁判所は審査密度を深める厳しい審査をして、違憲判断を導いた。この意味で、選挙権に対する制約に厳格な司法審査を求めた奥平の主張は、実現されたことになる。

III　選挙権の客観的要素

　奥平の選挙権論は、「選挙権の権利行使が代表決定という国家作用につながる効果をもつ」という意味で公共性が強く、それへの参加は公務性を帯びるとするところに特徴があった。権利説の立場からも、「『選挙』自体については一定の社会的職務ないし公務的性格を全面的に否認しているわけではない。それは、選挙が、選挙権者による権利行使の場であるにせよ、特定時期に特定の場所で行使することが定められている点で、権利や自由の観点だけで説明するこ

とはできない（この意味で主観的権利に内在する制約がある）からである」[19]とされている。他方、投票価値の平等をめぐって、権利説の論者が、「従来の最高裁の判例理論や多くの学説が1対1基準説をとらずに1対2基準あるいはそれ以上の較差を容認してきた根拠は、選挙制度についての広い立法裁量論であり、その根底には、選挙権の本質を純粋に権利として捉えず、公務の面があることを根拠に人口比例原則の後退・譲歩を容認し、権利を制約しうるものと解する理解があった」[20]というばあい、ここにいう「公務性」からする制約は、おそらく「主観的権利に内在する制約」とは捉えられていない。主観的権利とは逆向きに「公務性」のベクトルが作用して権利を制約しているという理解が読みとれる。

　奥平によれば、選挙権にあっては公共性がきわめて強いが、この要素は必ずしも選挙権を制限する方向に働くわけではなく、逆に「選挙権にはあれこれの制限を設けてはならないという方向にもはたらく」。選挙権は、制度的なるものとのかかわりが強いことから、「権利と制度のどっちを優先させるかという抵触問題を誘発することになる」。権利と制度との調整のつけ方が問題となるのであって、「公務」的性格とはかかわりがない。「『公務』か『権利』かといった二項対立の図式を見ても問題は解けない」というのである[21]。

　いわゆる1票の較差問題は、選挙区を設けることによって生ずる。選挙区の区切り方、各選挙区にいくつ議席を配分するかによって、ある選挙区の有権者と別の選挙区の有権者との投票価値に違いが出てくる。これは選挙区選挙という制度にかかわって生じる問題である。中選挙区制の下で実施された衆議院議員選挙について、投票価値の不平等を初めて違憲とした1976年最高裁判決（最大判1976（昭51）・4・14民集30巻3号223頁：以下「1976年判決」という）は、今日でも「1票の較差」訴訟の指導的判例でありつづけている。同判決は、投票価値の平等が憲法上の要請であるとしつつ、こう述べた。①「代表民主制の下における選挙制度は、選挙された代表者を通じて、国民の利害や意見が公正かつ効果的に国政の運営に反映されることを目標とし、他方、政治における安

19）　辻村・前掲注18）76-77頁。
20）　辻村・前掲注18）79頁。
21）　奥平・前掲注7）406-407頁。

定の要請をも考慮しながら、それぞれの国において、その国の事情に即して具体的に決定されるべきものであり、そこに論理的に要請される一定不変の形態が存在するわけのものではない」。この理由から、憲法は「両議院の議員の各選挙制度の仕組みの具体的決定を原則として国会の裁量にゆだねている」。②「具体的に、どのように選挙区を区分し、そのそれぞれに幾人の議員を配分するかを決定するについては、各選挙区の選挙人数又は人口数（厳密には選挙人数を基準とすべきものと考えられるけれども、選挙人数と人口数とはおおむね比例するとみてよいから、人口数を基準とすることも許されるというべきである。それ故、以下においては、専ら人口数を基準として論ずることとする。）と配分議員定数との比率の平等が最も重要かつ基本的な基準とされるべきことは当然であるとしても、それ以外にも、実際上考慮され、かつ、考慮されてしかるべき要素は、少なくない」。「具体的に決定された選挙区割と議員定数の配分の下における選挙人の投票価値の不平等が、国会において通常考慮しうる諸般の要素をしんしゃくしてもなお、一般的に合理性を有するものとはとうてい考えられない程度に達しているときは、もはや国会の合理的裁量の限界を超えている」ため、違憲である。③本件議員定数配分規定は、「選挙区別議員１人あたりの人口数の開きをほぼ２倍以下にとどめることを目的としたものである」が、本件衆議院議員選挙当時において「その開きは、約５対１の割合に達していた」。選挙人の投票価値の不平等は、「一般的に合理性を有するものとはとうてい考えられない程度に達しているばかりでなく、これを更に超えるに至っているものというほかはなく、これを正当化すべき特段の理由をどこにも見出すことができない」と結論づけた。

　奥平は、最高裁の判断の枠組について、「一方において、１票の較差＝『差異』の『合理性』判断は立法府の裁量に属するという原則を保持しながら、他方で、それぞれ当該の『差異』が裁量の限界を越え司法救済を必要とするほどにいちじるしいかどうかを、審査するものとなっている」[22]と述べている。投票価値の較差としてどの程度であれば、選挙権を最大限尊重したことになるのか。

---

[22] 奥平・前掲注7) 134頁。本判決が違憲判断を下したのは、周知のように「合理的期間」を徒過したという事情もあった。この点につき、奥平康弘『憲法──学習と実践のために』(弘文堂、1981年) 163-164頁も参照。

奥平は、「通説」の見解として、「選挙区割りに技術的裁量の余地を認めたうえで、しかも、"one man, one vote" の原則上、1対2以上の較差のある選挙区は、それ自体違憲と処理すべきだ」とした。逆に、1対1でないかぎりは、1対1以内に収まる較差であっても「（この較差を）正当化する特別の事由が立証されな」ければ違憲であるという権利一元説の主張について、「これを非常に厳密なレベルで要求するのであれば、この違憲論はかなり非現実的である」と批評した。根底に、「国政代表の選定ということがらについては、個人の頭数の算え方だけを問題にすることが、憲法の要求することなのだろうか」、「このことがらには考慮に値する別の価値（個人の利益の単純な集積ということによってはかならずしもきまらない価値、たとえば、コミュニティの価値、少数集団その他の集団的な価値）がある」という理解があったからである。奥平は参議院議員の選挙区選挙を例に挙げ、「格差を是正するためには、県という単位を解体してしまわなければならないことになる。憲法上そうしなければいけないのかどうか、冷静な検討を要する問題であろう」と疑問を投げかけていた。

ところで、「通説」の「"one man, one vote" の原則上、1対2以上の較差のある選挙区は、それ自体違憲と処理すべきだ」という言明は、選挙制度の設計が立法者に委ねられるとしても、投票価値の平等が立法者による制度形成を外から枠づけるという主張である。結論的には、平等原則による枠づけになるが、最高裁の判断はそれとは異なる理路をたどったとするのが渡辺康行の分析である。すなわち渡辺は、最高裁の基本的立場が「立法者の制度形成を尊重する傾向」であることを確認しつつも、1976年判決が「立法者による制度形成を枠づける論理をも含んでいた」ことを指摘する。この判決では、「人口比例主義

---

23) 奥平・前掲注7）412頁。
24) 奥平・前掲注7）413-414頁。
25) 奥平・前掲注22）164頁。もっとも、参議院議員選挙が都道府県単位を選挙区として実施されなければならないことは、憲法から一義的に導かれることではない。この意味では、都道府県という単位を解体して選挙区割りを行うことは可能だろう。2016年参議院議員選挙に際しては、鳥取県・島根県と高知県・徳島県について、合区による選挙区選挙が実施された。それ以外の選挙区については、従前の行政区単位での選挙が認められていることからすると、平等取扱いという観点からどうなのか。選挙区が単なる便宜的単位であるのかどうかを含め、なお、検討の余地はある。この点を論ずるものとして、新井誠「地域の利害（あるいは感情）と憲法学：参議院議員選挙の「合区」問題によせて」法学セミナー738号（2016年）18頁以下。

が、憲法そのものの要請としてよりも、むしろ、憲法が立法者に与えた裁量権行使の結果である中選挙区制の要請として理解されている」。換言すれば、「立法者の自己拘束」の論理によって、立法者による選挙制度形成が枠づけられたとみることができると、渡辺は評価したのである[26]。

　ここに読み取られたような首尾一貫性の要請ないし立法者の自己拘束の論理が、小選挙区の区割りの不平等審査において威力を発揮することは、渡辺によって予言されていた。このことを明らかにしたのが、2011年3月23日の最高裁大法廷判決（最大判2011（平23）・3・23民集65巻2号755頁：以下「2011年判決」という）である。衆議院議員選挙区画定審議会設置法3条1項（平成24年法律95号による改正後は3条）は、選挙区間の投票価値の較差2倍未満を基本として区割りをすることを規定している。「各都道府県への定数の配分については、投票価値の平等の確保の必要性がある一方で、過疎地域に対する配慮、具体的には人口の少ない地方における定数の急激な減少への配慮等の視点も重要である」ことから、「1人別枠方式」が採用された。「人口比例のみに基づいて各都道府県への定数の配分を行った場合には、人口の少ない県における定数が急激かつ大幅に削減されることになるため」、激変緩和措置として1人別枠方式が採用されたのである。そうであるとすると、1人別枠方式は、「おのずからその合理性に時間的な限界がある」。「新しい選挙制度が定着し、安定した運用がされるようになった段階においては、その合理性は失われる」。投票価値の較差2倍未満を基本として区割りをすることを規定していたにもかかわらず、選挙区間の較差が「最大で2.304倍に達し、較差2倍以上の選挙区の数も増加して」いる状況からすると、「1人別枠方式」および、それに基づいて定められた選挙区割りは、「憲法の投票価値の平等の要求に反する状態に至っていた」。小選挙区制の下での初めての最高裁の判断は、「1人別枠方式」を合憲としていた（最大判1999（平11）・11・10（第Ⅰ判決）民集53巻8号1441頁）[27]。2011年判決は、この判決を尊重しつつ、「時の経過」によって1人別枠方式の時間的限界が経過し、当該選挙時にまでに違憲状態になっていたと判断することができた。そういえるのは、そもそも立法者自身が、投票価値の較差2倍未満を基本

---

26) 渡辺・前掲注10) 19-20頁。
27) この判決については、渡辺康行ほか『憲法Ⅰ基本権』（日本評論社、2016年）149-150頁を参照。

として区割りをしていたことが理由になっている。ここにも立法者の自己拘束の論理が働いている。[28]

　最近の判決において、最高裁は、「憲法秩序の下における司法権と立法権との関係」を理由に、「合理的期間内における是正がされなかったといえるか否かを判断するに当たっては、単に期間の長短のみならず、是正のため採るべき措置の内容、そのために検討を要する事項、実際に必要となる手続や作業等の諸般の事情を総合考慮して」評価するとしている（最大判2015（平27）・11・25民集69巻7号2035頁）。目下のところ、「違憲状態宣言」をするにとどめて、立法者に対応を促す判決方式が定着しているといえよう。これは選挙権が立法者の制度形成によるところが大きい権利であることに加え、「具体的な選挙区を定めるに当たっては」、「国政遂行のための民意の的確な反映を実現するとともに、投票価値の平等を確保するという要請との調和を図ることが求められている」からである。立法者の制度形成を平等原則で外側から枠づけるに至ってはいないが、投票価値の較差を2倍未満に抑えつつも、「国政遂行のための民意の的確な反映」は等価的価値を有するとされる個人の頭数では決まらない、とするのが、最高裁の立場だといえるだろう。奥平の思考からすると、到達点は同じでもそこに至る理路については、立法裁量の枠づけの点で、不十分だということになるだろう。

IV　選挙権の範囲と選挙制度

　前述のように、権利一元説と二元説は、選挙権を「憲法上保障された権利」として捉え、制約を課する場合は必要最小限度でなければならないという点で一致をみた。この点で対立する「第三の説」として、奥平は「立法裁量論」の存在に言及していた。これは、憲法47条「選挙区、投票の方法その他両議院

---

[28]　2011年判決が「1人別枠方式」を含む区割基準に基づいて定められた選挙区割りを違憲状態と判断したにもかかわらず、国会は改定を行わず、衆議院解散当日の2012年11月16日にようやく「1人別枠方式」の廃止と「0増5減」を内容とする改正法が成立した。しかし新たに選挙区割りを行う余裕がなく、選挙は旧来の規定で行われた。この総選挙に対して提起された訴えについて、その間に人口較差2倍未満に抑える選挙区割りの改定が実現したことから、最高裁は、違憲状態判決をするにとどまった（最大判2013（平25）・11・20民集67巻8号1503頁）。

の議員の選挙に関する事項は、法律でこれを定める」(強調原著者)を足掛かりにして、「選挙権もふくめて選挙制度のありよう一般は、国会の広い立法裁量に属すると説く立場である[29]」。この思考を端的にみることができるのは、戸別訪問禁止規定の合憲性を認めた最高裁判決(最判 1981 (昭 56)・7・21 刑集 35 巻 5 号 568 頁)における伊藤正己裁判官補足意見である。

伊藤補足意見とは、こうである。「選挙運動においては各候補者のもつ政治的意見が選挙人に対して自由に提示されなければならないのではあるが、それは、あらゆる言論が必要最少限度の制約のもとに自由に競いあう場ではなく、各候補者は選挙の公正を確保するために定められたルールに従って運動するものと考えるべきである。法の定めたルールを各候補者が守ることによって公正な選挙が行なわれるのであり、そこでは合理的なルールの設けられることが予定されている。このルールの内容をどのようなものとするかについては立法政策に委ねられている範囲が広く、それに対しては必要最少限度の制約のみが許容されるという合憲のための厳格な基準は適用されないと考える。憲法 47 条は、国会議員の選挙に関する事項は法律で定めることとしているが、これは、選挙運動のルールについて国会の立法の裁量の余地の広いという趣旨を含んでいる。国会は、選挙区の定め方、投票の方法、わが国における選挙の実態など諸般の事情を考慮して選挙運動のルールを定めうるのであり、これが合理的とは考えられないような特段の事情のない限り、国会の定めるルールは各候補者の守るべきものとして尊重されなければならない」、というのである。選挙というゲームのルールは立法裁量事項だと論ずることで、弊害論では根拠薄弱、表現の自由の観点からほかならぬ伊藤自身によって、「一律禁止」に疑問が呈されていたはずの、戸別訪問の禁止が正当化された。「選挙の公正」という積極目的を中立的に適用することで広範な立法裁量を導くゲームのルール論が展開されている。特定の個人や表現内容等に着目することなく等しくルールを適用し、結果として権利制限が生じたとしても、それほど深刻な問題が起きないと断ずることができたのである[30]。

---

29) 奥平・前掲注 7) 407 頁。
30) 中島徹「『選挙の公正』と憲法学——もうひとつの立憲主義と民主主義」法律時報 88 巻 5 号 (2016 年) 31 頁参照。

辻村みよ子は、伊藤補足意見に代表されるような「憲法第47条を根拠に制限を導く『選挙＝ルール論』は、従来のような21条論や弊害論批判では対応できないもので、説得的な戸別訪問禁止違憲論を展開するためには選挙や選挙権の本質を問題にしなければならない」とみる。伊藤補足意見の「背景には、選挙という公務の本質に根差した理解が存在」し、「選挙とは、所定日・所定時間内に、選挙民が所定の場所で選挙権を行使することが法令で規定されており、一定のルールに従って行うべき公務であるため、事前の選挙運動も同じく公務であり、あらかじめルールが確定していなければならない」というのである。

「主権者の権利行使の一貫」として投票行動を捉える辻村は、「主権行使を十分なものにするための事前の情報収集活動もまた、主権者の権利行使の一環である」と考え、「戸別訪問を含む選挙運動については、一定のルールに従って行われなければならないとしても」、「そのルールの合憲性審査において、憲法15条1項・3項を根拠とする選挙権の制約になりうる場合には違憲の判断が導かれる」として、選挙運動への規制は「選挙権者の選挙権行使の制約」として、「選挙権の法的性格論議を抜きにしてはできない」と見立てている。

伊藤補足意見、選挙権権利説（辻村説）にあっては、選挙運動の自由を「表現の自由」の問題ではなく、「選挙」という過程から立論する点で共通している。これに対して奥平は、選挙運動の自由は端的に表現の自由の問題であると切り返した。奥平は、選挙権を「国民が国家を・国家たらしめる権利」（強調原著者）だとする。「選挙権は、他者としての国家に対するのではなくて、自分たちで国家をつくりこれをうごかす権利」である。選挙権は、「国民主権の原理を個人のレベルの権利として制度化」したものだが、奥平は、「国民主権の原

---

31) 辻村・前掲注18) 208頁。
32) 辻村・前掲注18) 208-209頁。
33) 中島によれば、「伊藤は、選挙運動の自由を表現の自由から切り離して理解し、両者を性質が異なる権利と理解していた」とすると、次に述べるような、表現の自由保障の観点から戸別訪問禁止の批判は、伊藤は何ら痛痒を感じない（中島・前掲注30) 31頁）。この議論のすれ違いをどう捉えるのか。本文にあるように、奥平は、国民主権の原理を基底に、これを個人水準に読み替えて、主権者である国民のツールとして、様々な権利・自由や制度を想定していたように思われる。一見性質の異なる権利であっても、「何のための権利か」と問うことで、つながりが見えるという指摘である。

則を、投票権を中核にふくむ選挙という制度のほかに、基本的人権の保障（とりわけ、表現の自由、集会・結社の自由などをはじめとした政治活動の自由）の制度のなかにも採り入れ」、「国民主権の原則は、選挙過程以外の日常的な政治過程において国民が主権者として振舞うことを当然に予定している」と捉える[34]。そうであれば、「表現の自由を保障している憲法21条には、選挙運動についての例外を定めていないし、許してもいない」のであるから、「選挙期間中の選挙運動も、日常的な政治活動の一環として、本質的に自由であるべきだということになる[35]」。「選挙運動の権利（＝自由）なるものは、国家とはなんのかかわりももたない私人がおこなう政治活動の自由にほかならない」。「政治活動の対象が、目前の特定選挙の候補者の利害得失に合わせた結果、特殊化された政治活動として、選挙運動と呼ばれるものになるにすぎない。つまり、選挙運動の権利は、市民的な自由（civil liberties）の特殊形態なのである[36]」。

こうした思考から、伊藤補足意見による憲法解釈に、奥平は疑義を呈する。伊藤補足意見が「金科玉条とするところの『選挙の公正』とはなにか、そのためのルールというが、なぜ候補者を中心にしてしか選挙活動をみないのか。主権者たる国民が参加する選挙過程なるものをおよそ無視することも、立法裁量の内に属するのか。立法目的が支持できないというばあい、ふつうならば立法はそもそも合理的な基礎をもたず、立法としては落第ということになるが、な

---

34) 奥平・前掲注22) 155-156頁。
35) 奥平・前掲注22) 163-164頁。
36) 奥平・前掲注7) 414-415頁。選挙運動の自由を国民主権の日常的発露と捉えつつ、「選挙権と無関係の権利」とすることで、奥平は、公選法（当時）が「満20歳未満のすべての者に、あらゆる種類の選挙運動を許さないという厳しい規制手段を正当化し得ない」と批判することができた。世界的には満18歳以上の者に選挙権が与えられているのに、「ひとり日本では、高年齢の青少年でありながら、選挙権が保障されていない…部分だけ、せめて選挙運動の自由は許されるべきである」と考えたのである。公選法137条1項は、「年齢満20年未満の者は、選挙運動をすることができない」と定め、同2項は「何人も、年齢満20年未満の者を使用して選挙運動をすることができない。但し、選挙運動のための労務に使用する場合は、この限りでない」（2015年に「年齢満18年未満」に改正）。2項ただし書は、「アルバイトとして、ロボットとしてはたらかせる分にはさしつかえないとする」ことで、1項の「自覚ある意思のもとに政治的な効果をねらって自発的におこなう選挙運動を、未成年者は、やってはいけない」（同416頁）ということを浮かび上がらせるものである。公選法239条1項1号は、以上の禁止に違反して選挙運動をおこなった者に対する罰則を定め、未成年者も処罰の対象としている。

ぜここでは、それでもなお、『立法裁量の内』といえるのか」。選挙にかかわるルールは、「民主過程にかかわる」事項であるからこそ、民主過程を確保するために厳格な司法審査があるべきだというのが、奥平の主張である。

　1994年の公選法改正によって、衆議院議員選挙について小選挙区比例代表並立制が導入されたのに伴い、選挙運動の主体、手法についても法改正が行われた。候補者に加えて候補者届出政党にも選挙運動が認められるようになったため、候補者間に選挙運動上の差異が生じた。これについて判断した1999年11月10日最高裁大法廷判決（最大判1999（平11）・11・10（第Ⅲ判決）民集53巻8号1704頁：以下「1999年③判決」という）は、「選挙制度の仕組みの具体的決定は、国会の広い裁量に委ねられている」とし、「選挙運動をいかなる者にいかなる態様で認めるかは、選挙制度の一部を成すものとして、国会がその裁量により決定することができる」とした。「選挙制度を政策本位、政党本位のもの」としたことから、「小選挙区選挙においては、候補者届出政党に所属する候補者とこれに所属しない候補者との間に、選挙運動の上で実質的な差異が生ずる結果となっている」。「憲法は、各候補者が選挙運動の上で平等に取り扱われるべきことを要求している」が、「合理的理由に基づくと認められる差異を設けることまで禁止しているものではない」。公選法150条1項は、小選挙区選挙においては候補者届出政党にのみ政見放送を認めたため、候補者届出政党所属候補者とそうでない候補者との間で、選挙運動に質的差異が生じた。このような「大きな差異を設けるに十分な合理的理由といい得るかに疑問を差し挟む余地がある」としながらも、「政見放送は選挙運動の一部を成すにすぎず、その余の選挙運動については候補者届出政党に所属しない候補者も十分に行うことができる」ので、「政見放送が認められないことの一事をもって、選挙運動に関する規定における候補者間の差異が合理性を有するとは到底考えられない程度に達しているとまでは断定し難い」として、極めて緩やかな審査しか行わなかった。

　この判決には、5裁判官の反対意見が付された。特に政見放送については、「候補者届出政党に所属する候補者とこれに所属しない候補者との間に、質量

---

37) 奥平康弘「『午前七時か八時か』の争い──『選挙に関する事項』立法裁量論・考」法学セミナー347号（1983年）11頁。

共に大きな較差を設けたというべきであ」り、「選挙運動上の較差は、合理性を有するとは到底いえない程度に達している」として、5 裁判官は、立法者による制度形成を平等原則によって外から枠づける判断を示した。同一の論点を含んでいた 2011 年判決は、1999 年③判決とほぼ同じ論理で合憲判断を下した。2011 年判決では、平等原則によって立法者の制度形成を枠づけようとする違憲論は、田原裁判官の反対意見のみであった。2013 年 11 月 20 日の最高裁大法廷判決（最大判 2013（平 25）11・20 民集 67 巻 8 号 1503 頁）では、この論点について検討されることもなく合憲と判断された。

判例は、選挙運動の自由を制度形成に依存した権利として構成し、立法者の裁量を広く認めることで、権利制限の正当化を緩やかに行っている。奥平説と判例との隔たりは大きい。

V　おわりに

選挙権年齢が 18 歳に引き下げられたことに伴い、主権者教育が喫緊の課題となっている。中島徹は、蟻川恒正が説く「『尊厳』の普遍化仮説」、すなわち「高い身分の普遍化としての個人の憲法上の権利は、新たにその権利主体となろうとする者に対し、立憲主義の『法システム』の期待する行為を行う意思と能力を有していることの一般証明を要求している」(強調原著者)との命題を引用し、1925 年の選挙権拡大時にはこの命題を充足する状況になかったし、そして「今でも『一般証明』をなしえないことを強いている[39]」(強調原著者)という。今般の 18 歳選挙権の導入に際しても、そうした「強いられた」状況が繰り返されているように思われる。主権者教育の客体であるうちは、蟻川・中島が指摘するところの、一般証明をなす機会を奪われているからである。

筆者は、奥平の選挙権論の原形は、1981 年に刊行された教科書（『憲法——学習と実践のために』（弘文堂））の記述にあるとみている。そこにおいて、奥平は、国民主権の原則が投票権の行使という制度に全面的に解消してしまう考え方をとってはならないことを、繰り返し論じている。国民主権の原則が、日常的な

---

38)　蟻川恒正『尊厳と身分——憲法的思惟と「日本」という問題』（岩波書店、2016 年）55 頁。
39)　中島・前掲注 30) 32 頁。

政治過程において国民が主権者として振舞うことを予定しているからである。奥平の選挙権論は、選挙という制度によって演出された過程に焦点を絞ることで、逆説的に日常的な政治過程において国民が主権者として鍛えられることを論じていたのではないだろうか。制度が一般証明をなす機会を奪っているのであれば、私人として、したたかにその場を見出すほかない。奥平は、それが日常であると言っている。奥平康弘とは、そのような生き方をした人でもある。

（ぬかつか・やすえ　東北大学教授）

選挙の自由と公正

只 野 雅 人

はじめに

 いまからおよそ半世紀前に公刊された論攷のむすびで、著者である奥平康弘は、次のように述べている。[1]

　　憲法上の議論を理想論であるとして安易に棚上げにし、立法政策事項へおしやることにより、文字どおり低位の、ほとんど恣意的と呼んで差しつかえないような種類の政治的考慮の壟断にまかされていること、そのことが憲法上アノマリーだと思っている。

こうした動機にもとづき、題材として取り上げられたのが、公職選挙法による選挙運動全般にわたる厳しい規制のひとつ、罰則を伴った戸別訪問の全面的禁止（公職選挙法138条・239条1項3号）であった。

　著者を強く触発したのは、戸別訪問禁止をめぐる2つの下級審判決である。一方は、戸別訪問禁止規定に厳しい限定解釈を加え、無罪の結論を導いた。[2] もう一方は、さらに踏み込み、禁止規定を違憲と断じた。[3] 著者はこの2つの判決について、戦前の男子普通選挙導入以来の法制として「わが国の政治社会に肉

---

1) 奥平康弘「言論の自由と司法審査——戸別訪問禁止規定をめぐって」東京大学社会科学研究所編『基本的人権4 各論Ⅰ』（東京大学出版会、1968年）294頁。
2) 東京地判1967（昭42）3・27高刑集21巻5号598頁判時493号72頁。
3) 妙寺簡判1968（昭43）3・12判時512号76頁。

体化し、そういうものとして戦後の憲法変革にもかかわらず、根本的な＝憲法論的な批判的検討を濾過することなく、無意識・無条件に受容してきたところの、選挙運動規制の問題性を剔抉した」ものと評している[4]。

この論攷――「言論の自由と司法審査」――は、周知のように、その後の憲法学における議論に大きな影響を与えた。今日では憲法学説の多くが、戸別訪問禁止規定の憲法適合性に強い疑問を投げかけている。しかし最高裁は、この規定が合憲であるとの立場を墨守し続けている[5]。「わが国の政治社会に肉体化」し、「憲法論的な批判的検討を濾過することなく」受容されてきた、他国にあまり類を見ない公職選挙法による厳格な選挙運動規制もまた、日本国憲法施行70年を迎える現在にあっても、なお大きくは変わっていない。そうした規制は、「選挙の公正を期する[6]」という目的から、正当化されてきた。

冒頭の一節を手がかりとして、「選挙の公正」という公職選挙法の選挙運動規制を支えてきた論拠を、あらためて批判的に検討することが、小考の主題である。まずは、上述の論攷の問題意識をいま少し詳しくたどることで、検討の視点を明確にしておきたい。

I 選挙過程と特殊なルール

1 政治活動と選挙運動――特殊なルールの正当化

前出の下級審判決が現れるまでの20年ほど、憲法学は、戸別訪問の禁止を憲法問題として主題化してこなかった。上述の論攷において、奥平は、「いかなる選挙制度を設けるか、また、いかなるルールで選挙運動を行わしめるかは、もっぱら立法政策の問題である」という意識がその前提にあったとする。そしてその結果、選挙過程では、言論の自由も通常とは異なる一定の制約を甘受せねばならないことになる。奥平は、「それはあたかも、選挙過程という一定の土俵のうえで戦われる言論戦は、土俵のうえで支配する特殊ルールに、敵も味

---

[4] 奥平康弘「あとがき」同『表現の自由Ⅲ――政治的自由』（有斐閣、1984年）331頁。
[5] 選挙運動規制をめぐる最高裁の判例につき、井上典之「選挙運動規制の再検討」論究ジュリスト5号（2013年）90頁以下などを参照。
[6] 最大判1950（昭25）9・25刑集4巻9号1799頁。

方も従属しなければならないのと同様である」と指摘する。十数年後、最高裁判事としての伊藤正己が付した補足意見で有名になる「選挙のルール論」を見越したかのような指摘である。

　もちろん、選挙過程におけるルールのすべてが、表現の自由の制約といったような憲法問題を惹起するわけではない。「選挙費用の法定制とかフェアプレイの原則とか等々、選挙制度に特有な立法政策上の判断がカヴァーする領域」に大きいものがあることは、奥平も認めている。しかし、すべてを「特殊なルール」に委ねるわけにはゆかない。奥平は、戦前以来の仕組みに慣れ親しんだ結果、日本では「選挙運動という行為を特殊な政治運動と考えがちである」ことを指摘し、選挙運動は「日常的な政治運動と区別されることのない政治活動一般」であり、「表現の自由という名の自由権の行使」であることを強調する。表現の自由の行使という側面から選挙運動全般を捉えた場合、特殊なルールの下で自明視されてきた規制の中から、数多くの憲法問題が浮かび上がってくる。一般の政治活動と選挙運動との関係をどう考えるかは、以下での検討の第一の論点である。

　「憲法論的な批判的検討を濾過することなく」受容されてきた選挙過程における日本特有の規制・制約は、もちろん戸別訪問禁止に限られない。それらのなかから、とくに戸別訪問禁止が取り上げられたことには、十分な理由があると思われる。奥平は、選挙への参加が、「立候補者自身および国家の定める資格要件に合致した法定選挙運動者のみ」に、「国家の定めた仕方においてのみ」許された戦前とは異なり、「市民はすべて選挙運動者であり、送り手である」ことを、とくに強調している。かかる視点から戸別訪問という行為を捉えるなら、どのような形であれ、他者と直接向き合い、自らの政治的考えを伝え、意見を交わす行為は、「送り手」としてごく自然な、もっとも基本的な表現行為のひとつということになろう。そこには、文書や放送など、他の手段では代替できない「フェイス・ツー・フェイス、マン・ツー・マンの対話の場」が見

---

7)　奥平・前掲注1) 267頁。
8)　同書・260頁、注3。
9)　同書・256頁。
10)　同書・287頁。

出される。そうした対話の場の重要性は、SNSをはじめウェッブを通じた対話やコミュニケーションが比重を増す今日にあっても、いささかも減じられるものではないように思われる。

2　一律平等に不自由——特殊なルールの本質

次に、選挙過程に妥当する「特殊なルール」のあり方についても、確認しておくことにしたい。一律平等に不自由——この表現は、1982年の最高裁判決に付された伊藤正己裁判官の補足意見に対し向けられたものである。伊藤はこの補足意見において、戸別訪問禁止規定の趣旨について、「選挙運動という一種の競争を公平に行わせるためのルールをすべての選挙運動者に一律に及ぼすためである」との説明を試みた。これに対し奥平は、「選挙の公正」が「選挙の自由」に優先することを正当化せんがために、「みんな、一緒に、平等に、不自由になる」という論理が持ち出されていると批判する。一般論としては、法による規制が、規制対象に対し一律平等に不利益を課すのは、当然のことではある。しかし、戸別訪問の禁止をめぐっては、「一律平等に禁止をせまるルール」が与える影響・効果は、決して「ひとしなみ」ではない。そうした規制は、十分な財政基盤をもたず、ボランティア中心の運動を行おうとする候補者、組織にとくに不利に働く可能性がある。

一律平等にして不自由という視点は、戸別訪問禁止に限らず、公職選挙法の選挙運動規制全般にわたっている。法が許容した手段の範囲内でのみ運動を行うことを認める仕組み全体が、そうした発想に根ざしているのである。事前運動の禁止を合憲とする最高裁大法廷による以下の判示は、一律平等に不自由な仕組みの本質を、よく示している。

　　　公職の選挙につき、常時選挙運動を行なうことを許容するときは、その間、

---

11)　同書・289頁。
12)　奥平康弘『なぜ「表現の自由」か』（東京大学出版会、1988年）179-180頁。ここでは、いわゆる猿払基準を援用することで戸別訪問禁止規定の正当化を図った最高裁調査官・香城敏麿の議論が、伊藤補足意見と併せて批判の対象となっている。
13)　最判1984（昭59）2・21刑集38巻3号387頁。
14)　奥平・前掲注12) 179頁。
15)　最大判1969（昭44）4・23刑集23巻4号235頁。

> 不当、無用な競争を招き、これが規制困難による不正行為の発生等により選挙の公正を害するにいたるおそれがあるのみならず、徒らに経費や労力がかさみ、経済力の差による不公平が生ずる結果となり、ひいては選挙の腐敗をも招来するおそれがある。このような弊害を防止して、選挙の公正を確保するためには、選挙運動の期間を長期に亘らない相当の期間に限定し、かつ、その始期を一定して、各候補者が能うかぎり同一の条件の下に選挙運動に従事し得ることとする必要がある。

自由よりも平等を優先した判断、ということができよう。

　もっとも、いうまでもなく、自由と平等の関係は、前者を優先すればよいというような単純なものではない。とりわけ、「経済力の差による不公平」は、それぞれの選挙人が同じように、また同じ重みの一票を行使するという普通選挙・平等選挙の原則に背馳する効果を、実質的にはもちうる。戸別訪問の禁止をめぐっては顕著に表れない自由と平等との間の緊張関係は、「経済力の差による不公平」を生じやすい運動手段の規制をめぐっては、無視できないものとして顕在化しうる。

　奥平も、たとえば文書図画の規制をめぐっては、戸別訪問禁止とは異なり「選挙費用の平等化をどうはかるかという要請」が絡んでいると指摘している。もっとも、そうした要請の実現は、自由の規制によってではなく、政治資金・選挙資金の厳格な統制によるべきだとも述べる。いずれにせよ、一律平等に不自由なルールを検討するに際しては、「レッセフェールを民主主義の観点から是正する」ことの当否あるいはその手法についても、考える必要があろう。選挙運動における自由と平等の関係の検討が、以下での第二の論点である。

II　表現の自由と選挙運動の自由

1　違憲判決と新たな規制正当化論

　まずは第一の論点、表現の自由の行使としての政治活動と選挙運動との関係について考えてみたい。この点で逸することができないのが、両者を区別し、

---

16)　奥平・前掲注 12) 203 頁。
17)　中島徹「『選挙の公正』と憲法学」法律時報 88 巻 5 号（2016 年）33 頁。

後者（選挙運動）のルール設定について広範な立法裁量が妥当すると論じた、伊藤正己による補足意見である。選挙のルール論として知られる伊藤による補足意見は、下級審によって示された違憲論を斥けるだけでなく、近時の学説が指摘するように、直前に示された最高裁第二小法廷判決がとった新たな制約論に対する応答としての性格をも、併せもつものであった。

戸別訪問禁止を違憲とした1968年3月の妙寺簡裁判決を嚆矢として、その後、下級審レベルでは6件の違憲判断が示された。そのうち1979年1月の松江地裁出雲支部判決をめぐっては、控訴審である広島高裁松江支部が、重ねて戸別訪問禁止規定を違憲とした。これに対して最高裁第二小法廷は、1981年6月、あらためて規制を正当化する論拠を提示して、合憲との判断を示した。

第一審である松江地裁出雲支部判決は、「主権者と国民代表の日常的な相互作用が、政治活動であり、選挙時に行われる候補者と国民との相互作用が、選挙運動」であるとし、選挙運動を含む政治活動では、メディアや政治家からだけでなく「他の国民からフェイス・ツー・フェイスの言論により、意見を聞くこと」が重要であるとする。そのうえで、①買収、利益誘導、威迫などの不正行為の温床となる（不正行為温床論）、②情緒、義理、人情に訴える傾向を助長し理性的公正な判断を害する（感情支配論）、③候補者に無限の競争を強い煩に堪えなくする（煩瑣論）、④選挙人の生活の平穏を害し迷惑至極である（迷惑論）、⑤候補者が競って戸別訪問をするため費用がかかる（多額経費論）、⑥次期立候補予定者が当選議員の留守中に地盤荒しをする（当選議員不利論）といった、戸別訪問の規制根拠としてあげられる弊害論に逐一検討を加え、いずれもが選挙運動の自由の制約を正当化する合理的根拠とはなり得ないとする。判決はさら

---

18) 最三小判1981（昭56）7・21刑集35巻5号568頁。
19) 松江地判1969（昭44）3・27判タ234号別冊30頁、長野地裁佐久支判1969（昭44）4・18判タ234号別冊32頁、松山地裁西條支判1978（昭53）3・30判時915号135頁、松江地裁出雲支判1979（昭54）1・24判時923号141頁、福岡地裁柳川支判1979（昭54）9・7判時944号133頁、盛岡地裁遠野支判1980（昭55）3・25判時962号130頁。これらにつき、中山研一『選挙犯罪の諸問題——戸別訪問・文書違反罪の検討』（成文堂、1985年）32頁以下などを参照。
20) 広島高裁松江支判1980（昭55）4・28判時964号134頁。
21) 最二小判1981（昭56）6・15刑集35巻4号205頁。この判決並びに背景にある猿払基準・香城理論をめぐっては、山口秀和「戸別訪問禁止規定と最高裁」岡山大学法学会雑誌33巻3号（1984年）29頁などを参照。

に、戸別訪問の禁止がかえって弊害を生じているとし、そのひとつとして、「一般国民の選挙運動を奪いさり、政治に関するフェイス・ツー・フェイス、マン・ツー・マンの日常的な対話の場を剥奪している」という点をあげる。まさに、奥平が問題とした点である。第二審の広島高裁松江支部判決も、戸別訪問の禁止は表現内容ではなくその手段方法の規制ではあるとしつつも、他の運動手段では代替できない意義があるとし、弊害論を斥け、違憲の結論を維持した。

これに対して1981年6月15日、最高裁第二小法廷は、戸別訪問禁止は、「意見表明そのもの」の制約を目的とするものではなく、「意見表明の手段方法のもたらす弊害」を防止し選挙の自由と公正を確保することを目的としているとしたうえで、「目的は正当」であり、また、弊害を総体としてみれば、戸別訪問の一律禁止と禁止目的との間にも「合理的な関連性」が認められるとする。そして、戸別訪問の「禁止によつて失われる利益」は、単に手段方法の禁止に伴う間接的・付随的制約にすぎない反面、「禁止により得られる利益」は選挙の自由と公正の確保であるから、失われる利益に比してはるかに大きいとし、規制は合憲であるとした。憲法適合性判断の枠組として、その主唱者である調査官の名を冠して香城理論とも称される、猿払事件でとられた判断枠組が用いられている。[22]

猿払基準の援用は、実は、上告趣意書において検察側から主張されたものでもあった。検察は、猿払事件最高裁大法廷判決の射程が、公務員の政治的行為のみならず、選挙運動の自由の規制を含む表現の自由の制約一般に及びうるとして、次のように述べている。

> この判決は公務員の政治的行為に関するものであるが、その禁止が言論の自由を保障する憲法二一条に違反するか否かの判断をしたものであり、かつ、合憲性判断のあり方につき一般的に妥当する基準と方式を明示したものであるから、本件についても同様の基準と方式で合憲性の吟味検討を行うのが相当である。

違憲判決とこのような規制正当化論の双方に応答を試みたのが伊藤補足意見である。

---

[22] 最大判1974（昭49）11・6刑集28巻9号393頁。

2 選挙運動の隔離

　伊藤による補足意見は、選挙運動手段としての戸別訪問の意義を認め、「憲法の保障する表現の自由にとつて重大な制約として、それが違憲となるのではないかという問題を生ずるのも当然」であるとする。そのうえで、下級審と同様に、弊害論を逐一検討し、いずれも表現の自由を制約する根拠としては不十分であるとする。さらに、直近の第二小法廷判決が前提とした間接的・付随的規制という議論についても、禁止された手段以外の方法ではその効果をあげえない場合には、その禁止は、実質的にみて表現の自由を大幅に制限することとなるとし、「双方向的な伝達方法」などの長所が認められる戸別訪問の禁止については、「ただ一つの方法の禁止にすぎないからといつて、これをたやすく合憲であるとすることは適切ではない」と論じる。

　このように極めて説得的に、表現の自由の観点から戸別訪問禁止の憲法適合性に疑義を呈した後、伊藤は一転して、まったく異なる正当化論を展開する。すなわち、選挙運動は、「あらゆる言論が必要最少限度の制約のもとに自由に競いあう場」ではなく、各候補者が「選挙の公正を確保するために定められたルールに従つて運動」する場であるから、そこでは合理的なルールの設定が予定されており、このルールの内容をどのようなものとするかについては広く立法政策に委ねられている、というのである。

　選挙のルール論をめぐっては、補足意見前半で展開される精緻な議論との落差は大きく、唐突な議論という印象は否めない。かかる議論は、阪口正二郎が指摘するように、猿払基準が「戸別訪問規制の領域を足がかりとして表現の自由の領域一般に拡大される可能性を警戒して、あえて選挙運動の規制を表現の自由の規制一般から隔離するために自覚的に展開されたもの」であったと思われる。[23]それはまた、伊藤自身がはっきりと指摘していることでもある。伊藤は、1984年の判決[24]——1981年6月の第二小法廷による破棄差戻し判決を受けての再上告審判決——にも補足意見を付し、やはり選挙のルール論を援用して、文書図画を用いた選挙運動の規制を正当化している。この補足意見について、伊

---

[23] 阪口正二郎「憲法上の権利の制約類型を考える必要性について」高橋滋＝只野雅人編『東アジアにおける公法の過去、現在、そして未来』（国際書院、2013年）270頁。
[24] 最三小判1984（昭59）2・21刑集38巻3号387頁。

藤は回想録の中で、「選挙運動のルールの考え方には、この問題が表現の自由そのものに関わると考えることを避けたいという気持ちが働いている」と述べている。

補足意見では、表現の自由の規制として戸別訪問禁止の憲法適合性を検討し、違憲の結論をとった下級審判決と同様に、綿密な弊害論の検討もなされているが、しかし伊藤は、結果的にこうした議論に与しなかった。1981 年判決の補足意見について伊藤は、「裁判官と学者の間を私がさまよった適例であろうか」と述懐している。一律平等に不自由な規制のあり方は、戸別訪問禁止だけでなく、文書図画を用いた運動の規制をはじめ、公職選挙法の選挙運動規制全般に及ぶ。一部を違憲とすれば、その影響が、公選法の制度設計全体に及ぶことは避け難いであろう。「さまよった」という一節からは、表現の自由論に通暁した学者とは異なる立場からの苦衷も垣間見える。

とはいえ、選挙運動の領域を表現の自由一般から隔離するという戦略が適切であるかどうかについては、憲法論として、別途検討が必要なことはいうまでもない。次に見るように、実際には区別は困難であり、隔離された領域に妥当するはずの特殊なルールが、表現の自由の保障の下にある一般の政治活動の領域にまで拡大される結果となっている。

III 選挙運動と政治活動

1 「選挙運動」と一律平等に不自由

公職選挙法は、「選挙運動」と「政治活動」を区別しているが、いずれについても明確な定義を与えていない。前者は、表現の自由の保障が及ぶとしても、通常の政治活動一般とは異なり、その特殊性を理由に、本来表現の自由の保障

---

25) 伊藤正己『裁判官と学者の間』(有斐閣、1993 年) 275 頁。
26) 同書・263 頁。
27) 戸別訪問禁止をめぐる補足意見には、先例が示していない新たな憲法解釈の披瀝（先行する判決の修正）という意味では、学者的思考の所産という面もある（齊藤愛「裁判官と学者の間——伊藤正己」法律時報 87 巻 12 号 (2015 年) 92 頁を参照）。
28) 阪口は、選挙のルール論がかえって表現の自由の領域に「積極規制」を持ちこむことを正当化する「応援歌」となったと評している（阪口・前掲注 23）272 頁）。

とは両立しにくいような別異のルールが妥当する領域である。ルール違反に対しては刑事罰の適用もあることから、選挙実務上、その定義は重要な意味をもたざるを得ない。「隔離」は、隔離されるべき行為についての明確な定義を必要とする。

　総務省（旧自治省）選挙部による逐条解説書（以下、「逐条解説」という）は、選挙運動について、「通説、判例」に従い、「特定の選挙について、特定の候補者の当選を目的として、…投票を得又は得させるために直接又は間接に必要かつ有利な行為」という定義を、ひとまず採用している[29]。かかる定義は戦前の大審院判例[30]以来のものである。最高裁も選挙運動を、「特定の公職の選挙につき、特定の立候補者又は立候補予定者に当選を得させるため投票を得若しくは得させる目的をもつて、直接又は間接に必要かつ有利な周旋、勧誘その他諸般の行為をすること」と定義している[31]。

　しかし、かかる定義はなお曖昧さを内包している。とくに問題となるのは、「間接に有利な行為」までが包含されている点である[32]。逐条解説も、そのままでは「立候補準備行為その他選挙に関するその他一切の行為」が該当することになりかねないとし、純然たる立候補準備行為、選挙運動準備行為は除外すべきだとする。反面、買収罪のように、金銭等不正の利益をもって選挙を左右しようとする行為全般を禁じる趣旨の規定については、選挙運動は広義に、判例のごとく解されるべきだとする[33]。「選挙運動」の概念は戦前から引き継がれたものであるが、その範囲を明確に画定することは容易ではない。

　公職選挙法は、以上のような選挙運動について、時（期間）、人（主体）、方法、それぞれに、厳格な規制を設けている。「時（期間）」をめぐっては、選挙運動期間が定められ、事前運動等が禁止される。「人（主体）」をめぐっては、選挙事務関係者や未成年者の選挙運動、公務員・教育者の地位利用による選挙運動が禁じられる。

---

29) 安田充＝荒川敦編著『逐条解説公職選挙法・下』（ぎょうせい、2009年）971頁。
30) 大判1928（昭3）1・24刑集7巻6号。
31) 最一小判1977（昭52）2・24刑集31巻1号1頁。
32) 美濃部達吉は、かかる定義は「廣きに失する嫌が有る」とし、直接的な働きかけに限定した定義をとるべきだとしていた（同『選挙法詳説』（有斐閣、1948年）194頁）。
33) 安田＝荒川・前掲注29) 973-974頁。

運動の方法については、文書図画による選挙運動、言論による選挙運動（演説会、街頭演説、連呼行為、放送など）、さらには事務所・車両等の利用、戸別訪問、署名運動、人気投票の公表、飲食物の提供、新聞・雑誌の評論・報道など、幅広い規制の網がめぐらされている。運動主体が制限された戦前とは異なり、何人（第三者）であっても選挙運動を行いうるのが「建前」であるが、方法についての厳しい規制ゆえに、第三者による運動は、ネット選挙が解禁されるまでは、電話によるものなどに限定されていた。現実は、「市民はすべて選挙運動者であり、送り手である」（奥平）という状況とはかけ離れている。

　方法による規制のうち、文書図画の頒布（公選142条）・掲示（公選143条）の規制は、とくに厳格である。1929年の内務省令改正にはじまるかかる規制は、文字どおり、「包括的禁止・限定的解除」ということができる。「特に認められる手段を明示しそれ以外は一切できない」という形がとられているために、「文書図画」を用いた新たな運動手段を認めるためには、その都度、例外規定を付加する必要が生じる。

　マニフェスト選挙が注目される中、2003年には、マニフェストの配布を可能にするための条項の付加が行われた（公選142条の2）。また従来、コンピュータ等に表示される文字等も「文書図画」にあたるとされ、その結果、インターネット等を利用した選挙運動は、文書図画の頒布（142条）、掲示（143条）、禁止を免れる行為（146条）の制限に抵触するものと解されてきた。2013年の法改正により、新たに例外規定が設けられ、ウェブサイト等及び電子メールを利用する方法による選挙運動（ただし電子メールの利用は候補者・政党等に限定）がようやく認められることとなった（142条の3〜7）。

　こうした「隔離」の論理のもとで選挙運動の厳格な規制を維持しようとすれば、選挙運動と区別しにくい政治活動にも制約の論理を拡張せざるを得なくな

---

34) 選挙制度研究会編『わかりやすい公職選挙法〔第15次改訂版〕』（ぎょうせい、2015年）187頁。
35) 杣正夫「選挙運動の文書図画制限規定と憲法原則」法政研究38巻2=4号（1972年）38頁。
36) ネット選挙研究会編『公職選挙法に基づくインターネット選挙要覧』（国政情報センター、2012年）15頁。
37) 井上・前掲注5) 88-89頁などを参照。
38) こうした規制をめぐっては、小倉一志『インターネット・「コード」・表現内容規制』（尚学社、2017年）149頁などを参照。

る。それを例証しているのが、次にみる政党等による政治活動の規制である。

2 隔離と侵食

公職選挙法14章の3は、「政党その他の政治団体等の選挙における政治活動」について定めているが、「選挙運動」の場合と同様に、「政治活動」の定義をしていない。逐条解説によれば、公職選挙法は「選挙運動」と「政治活動」を区別しているので、14章の3でいう「政治活動」とは、広範な内容をもつ政治活動一般から「選挙運動」を除いたもの、ということになる[39]。

とはいえ、「政治活動」は、いかに選挙運動中に行われるものであっても、理論上は、「あらゆる言論が必要最少限度の制約のもとに自由に競いあう場」における表現活動である。逐条解説はそれゆえ、次のように指摘している[40]。

> 公職選挙法上、選挙運動と政治活動とは理論的には明確に区別される概念であり、特定の選挙につき特定の候補者の当選を図ることを目的にして行われる選挙運動に対する規制と同様の規制を、純理論的には選挙運動と関係のない政治活動に対して加えることは問題である。

しかし、「政治活動」と「選挙運動」の区別は容易ではない。個人の政治活動であっても、選挙期間中に行われれば、それが「選挙運動」と評価される余地はあり得る。この場合、公選法の選挙運動規制が及ぶことになる。政党や政治団体による政治活動の場合には、両者の区別はさらに困難である。そもそも多くの政党にとって、議会の議席を得ることは、最も重要な関心事である。政党等による政治活動は、「常に選挙運動と紙一重というより、主観的には選挙運動そのもの」といえよう。政党等による選挙運動の比重が増すにつれ、「候補者個人中心の選挙運動に徹することにより選挙の自由と公正を確保しようとした法の意図」と現実とのギャップが顕在化することは避けがたい[41]。

そこで、1954年に新たに設けられたのが14章の3である。個人の政治活動については原則自由という建前を維持しつつ、「政党その他の政治団体等の選挙における政治活動」のうち、選挙運動との境界が不分明な一定の「政治活

---

39) 安田＝荒川・前掲注29) 1462頁。
40) 同書・1459頁。
41) 同書・1460頁。

動」について、規制の網が拡げられることとなった。本来は原則自由なはずの活動に規制を加えるわけであるから、その範囲は「規制の目的に照らして必要最小限度でなければならない」。個人の行う政治活動は、選挙運動にわたらない限り自由であるが、「政党その他の政治団体等」の政治活動についても、規制を受けるのは、選挙公示日から選挙当日までの間、しかもとくに明示された特定の方法によるものに限られることになる。これらの時間的、方法的制限の範囲外の行為は、政党等においても、選挙運動にわたらない限りは自由に行いうることになる。

しかしながら、選挙運動の期間中に、選挙運動にわたる政治活動と純然たる政治活動を区別することは容易ではない。選挙運動は、「凝縮した政治運動」にほかならないからである。両者を区分する境界線は、現実の選挙運動をにらみながら経験的に引いてゆくほかないであろうが、両者を明確に切り分ける基準が見出しにくい以上、選挙のルールをめぐる特殊な規制の論理が隔離された領域から横溢し、本来自由なはずの政治活動の領域を侵食することは、避けがたいと思われる。

14章の3の規制対象は、「政党その他の政治活動を行う団体」（公選201条の5）である。これは政治資金規正法と同義で、政治活動を行う団体すべてを含むとされ、「副次的に政治目的を有するような経済団体、労働団体、文化団体等」も該当するとされる。かかる広範な解釈は、規制の趣旨からすればやむを得ないといえるかもしれない。しかし結果として、規制の範囲が、「あらゆる言論が必要最少限度の制約のもとに自由に競いあう場」に位置するはずの政治主体の活動にまで及ぶおそれは決して小さくない。

また、選挙時に規制対象となる政治活動の方法も多岐にわたる。国会議員選

---

42) 同書・1465頁。
43) 同書・1462頁。
44) 奥平・前掲注12) 174頁。
45) 「経験」による規制基準の問題につき、杣正夫『日本選挙制度史』（九州大学出版会、1986年）263-264頁を参照。
46) 安田＝荒川・前掲注29) 1464頁。
47) たとえば、2013年の参議院議員通常選挙に際しては、札幌市内で農業団体がTPP交渉参加反対のビラを配布したところ、公職選挙法（201条の6）に抵触する恐れがあるとの警告を市選挙管理委員会から受けた（朝日新聞2013年7月19日朝刊31頁、北海道本社）。

挙、都道府県議会・指定都市議会選挙、知事・市長選挙についてみると、政談演説会・街頭政談演説会の開催、政治活動用の自動車（船舶）の利用、拡声器の使用、ポスターの掲示、立札・看板類の掲示、ビラ類の頒布、選挙関連の報道・論評を掲載した機関紙誌の頒布・掲示、連呼行為、公共の建物での文書図画の頒布、頒布・掲示する文書図画への候補者の氏名等の記載が規制される[48]。他方で、新聞紙・雑誌による広告、ラジオ、テレビ等による政治活動などは、制限規定がないので、選挙運動にわたらない限り規制対象とならない。たとえば放送設備を利用した選挙運動は禁じられているが、政策の普及・宣伝など、選挙運動にわたらない「政治活動」としてなされるのであれば、選挙運動期間中であっても許容されるとされる[49]。こうした扱いは、上述の論理と整合的ではあるが、極めてわかりにくい。

さらに、選挙時における政治活動だけでなく、選挙時以外の政治活動についても、一定の規制が及ぼされている。選挙前の時期における、立候補予定者の氏名や後援会名を記載した立札・看板等の乱立が問題となり、これらの内容を含む文書図画については、規制が行われることとなった（公選143条16項〜19項）[50]。

以上のように、公職選挙法による規制は、一貫した論理のもとに構成されている。「あらゆる言論が必要最少限度の制約のもとに自由に競いあう場」と「選挙の公正を確保するために定められたルールに従つて運動する場」との区別という伊藤補足意見の論理は、新たに創出された規制の論理というよりは、公職選挙法の構造を形作っている論理そのものであったと、みることもできよう。戦前からの選挙運動規制を引き継ぎつつも、他面においては、あくまで隔離の論理を前提にしてではあるが、表現の自由の保障との整合性がぎりぎりのところで図られているとみることもできる。複雑で精巧な仕組みからは、立法者あるいは選挙実務の苦心の跡がうかがわれる。

---

48) 選挙制度研究会・前掲注34) 269頁以下（とくに271頁）の整理を参照。船舶の規制は衆議院議員選挙のみが対象である。また、一定の要件を備えれば、確認団体として、参議院通常選挙においては一定の範囲内で政治活動を行うことができる。

49) 選挙制度研究会編『参議院選挙の手引き・平成28年』（ぎょうせい、2016年）346頁。

50) 選挙制度研究会・前掲注34) 260頁および264頁以下。

とはいえ、かかる制度設計に無理があることは否めないように思われる。選挙運動の領域に隔離したはずの規制の論理が、「あらゆる言論が必要最少限度の制約のもとに自由に競いあう場」を侵食しているのである。それはつまるところ、政治活動一般と、「凝縮した政治活動」である選挙運動とを分離しようとしたことに由来する問題である。結局問われるべきは、「わが国の政治社会に肉体化し」「憲法論的な批判的検討を濾過することなく、無意識・無条件に受容してきた」選挙観、選挙運動観そのものということになろう。

では、選挙運動を原則として「あらゆる言論が必要最少限度の制約のもとに自由に競いあう場」として位置づけるべきなのか。そう結論づける前に、いまひとつ検討しなければならないのが、選挙の領域において「レッセフェールを民主主義の観点から是正する」ことの当否（中島）という問題である。しかし、平等という観点から「経済力の差による不公平」の是正を図ろうとすれば、同時に自由の規制という問題が随伴することにもなる。以下では選挙公営を例に、この問題を考えてみたい。

Ⅳ　自由と平等——選挙運動の自由と選挙公営

1　選挙公営と選挙運動の自由

選挙公営も、選挙運動の規制と同様に、1925年の男子普通選挙導入に起源をもつ。選挙における腐敗、金のかかる選挙の是正が、当時の立法者にとって重大な関心事であり、イギリスの1918年法をモデルに、選挙運動の規制とともに、無料郵便、学校等の営造物の使用が、制度化されたのである。しかし公営は、選挙運動を枠づけるものでもあり、「候補者の自由な、私的な活動の部面に対する制限」、選挙管理の拡大をも意味しうる[51]。それゆえ公営は、選挙のルール論とも不可分、表裏の関係にある。戦後、公職選挙法のもとで公営が拡大されてゆくが、そこには「"公営部分の選挙"以外の選挙運動を禁止する効果[52]」が随伴することとなった。

選挙の種類によって利用しうる手段は異なるが、「金のかからない選挙を実

---

51)　柚・前掲注45) 92-93頁。
52)　奥平・前掲注4) 261頁。

現するとともに、候補者間の選挙運動の機会均等を図る手段」として現行の公職選挙法が提供する公営の範囲は幅広い。ポスター掲示場の設置、選挙公報の発行、演説会の公営施設使用、さらには経費負担が行われるものとして、選挙運動用自動車の使用、通常葉書の交付・作成、ビラの作成、選挙事務所・選挙運動用自動車・演説会場の立札・看板の作成、ポスターの作成、新聞公告、政見放送・経歴放送、特殊乗車券の無料交付などがある。候補者や政党等にとっては有用な援助であるが、同時にそれらのほとんどが、選挙運動手段として規制対象となっている。

公営拡大に伴う規制の拡大という問題は、選挙運動手段だけには限られない。奥平は、1975年の公職選挙法改正に際して、「公営の拡大部分が増えれば、当然に供託金額が増えるという悪循環」についても指摘している。一見すると公営とは関係が薄いように見える供託金を例に、公営に内在する自由の規制の契機について、いま少しみてゆきたい。

2 選挙公営と選挙供託金

高額の選挙供託金もまた、1925年の男子普通選挙に際し、導入されたものである。候補者の増加が見込まれることから、立候補の届出が制度化され、それに合わせて選挙供託金制度が導入されたのである。内務省作成の立法理由書は、選挙供託金について、立候補の届出を「慎重ナラシムル為」のもので、「真摯ヲ缺キ単ニ選挙ノ妨害ヲ為スニ過キサルノ虞アル議員候補者ノ輩出ヲ防止シ選挙界ノ革正ヲ図ラムトスル」措置であると述べている。「真摯を欠く」候補、あるいは泡沫候補の排除は、今日に至るまで高額の選挙供託金を設ける立法目的として援用され続けてきた。

高額の選挙供託金は、普通選挙原則を明示し、被選挙人の資格について「財産又は収入」による差別を明文で禁じる日本国憲法のもとにも、十分な検討を

---

53) 選挙制度研究会・前掲注34) 234頁。公営の仕組みについては、同書 235-236 頁を参照。
54) 奥平・前掲注 4) 261 頁。
55) 内務省編『衆議院議員選挙法改正理由書』(内務省、1925 年) 111 頁。選挙供託金制度の歴史については、縣幸雄「公職選挙法における供託金制度の合憲性について」大妻女子大学紀要・文系 25 号 (1993 年) 140 頁以下を参照。

経ることなく、引き継がれた[56]。衆議院議員選挙についてみると、供託の額は、1947年3月の衆議院議員選挙法改正に際し5000円とされ（没収点は、当該選挙区の議員定数をもって有効投票総数を除した数の5分の1）、その後、他の選挙の供託金と共に累次引き上げられた。1975年にはそれまでの約3倍の100万円に、1982年には倍増の200万円に、さらに1994年、小選挙区制度の導入に伴い、300万円とされた（没収点は有効投票総数の10分の1）。没収の可能性を伴った高額の選挙供託金をめぐり、憲法上何より問題となるのは、被選挙権・立候補の自由の制約、あるいは被選挙人の資格についての「財産又は収入」による差別という問題であるが、ここでは選挙公営との関係に絞り検討することとしたい[57]。

供託金額を現行水準まで引き上げた1994年の公職選挙法改正案の審議に際し、当時の佐藤観樹自治大臣は、選挙公営と関連づけて次のように答弁している[58]。

　　供託金の金額というのは、諸外国の例を挙げられましたけれども、確かにそのとおり〔高額〕だと私も思っております。日本ほど選挙の公営ということが進んでいるところはないのでございまして、ポスターの印刷代から、あるいは新聞の広告代から自動車の使用料から、あるいは看板代からビラの作成費まで公営にしているという国は、私の知る限り日本以外にない…〔多額の税金を支出している以上〕単なる選挙の当選は全く度外視をしてどんどんと候補者を出すということでは、これはこれでまた一人お金がかかるわけでございますから、したがってそれの一応のチェックといたしまして供託金というのがあるのでございまして、公営費の方のこともひとつ十分対比の上、御考慮をいただきたいと、こう思います。

多額の公費が支出される以上、泡沫候補あるいは真摯を欠く候補の立候補を抑止する必要があるということであろうか。公営費用の負担はたしかに無視できない問題ではある。しかし、公営制度の枠に合わせて立候補者数を抑制するという発想がとられているとすれば、主客転倒であるという誹りは免れないであろう。あくまで優先されるべきは、選挙の自由あるいは憲法上の権利であり、

---

56) 同・7頁。
57) 選挙供託金と選挙公営との関連につき、縣・前掲注55) 155頁、安野修右「選挙供託金制度の歴史的変容」日本大学大学院法学研究年報.44号（2014年）489頁などを参照。
58) 第129回国会衆議院予算委員会議録第2号40頁（1994年2月21日）。

本来は、それらの保障と両立する範囲で、選挙公営が考えられる必要があろう。

しかし、公営の範囲を縮小し運動の自由化を進めると、今度は「経済力の差による不公平」の問題が顕在化してくることにもなる。この点は、実は、公職選挙法制定の際から問題となっている。

3 自由と平等

杣正夫は、1950年に制定された公職選挙法をめぐり、公営と自由のバランスという問題が存在していたことに言及し、「運動の自由な面が出てくると、公営は候補者の行うべき選挙運動の各人に共通の最小限度という意味をもってくる」「〔そうなると〕各人が負担できる選挙資金の差異による不公正の問題が出てくる」と指摘している。ここから重要な論点として浮上してくるのが、選挙費用の法定額の上限をどうするかという問題である。

公職選挙法が審議された当時の衆議院に招かれ、公営と自由の関係について示唆に富む議論を行っているのが、海野晋吉である。人権派の弁護士として知られる海野は、当時、全国選挙管理委員会委員長を務めていた。海野は、戦後初期、選挙の自由化についての流れが生まれたものの、その後、「公営の効果をあげるという点においては、一方において自由選挙を幾分強く制約しなければならないというやむを得ない結果が出て来た」と述べる。そのうえで、選挙運動制限は「ある意味においては候補者相互の協定」であって、スポーツのルールのようなものであるとみることもできるとし、次のように述べている。[60]

> 〔選挙運動規制は〕フエア・プレーで行こうという点において各自が協定をして行くという点から考えますと、自由の制限だというふうにのみ見なくてもいい…これまた選挙という一つの部分社会における福祉の維持のために、やむを得ないのだという理論的構成も成立つのではないか。

一見すると、後の伊藤補足意見をも思わせる表現である。杣はそこに新手の選挙運動規制論を見出し、選挙競争のルールを「憲法の表現の自由の保障と切り離して、技術法と割り切って考える」ものであると評している。[61]

---

59) 松岡英夫『人権擁護六十年——弁護士海野晋吉』(中公新書、1975年) 155-157頁。
60) 第5回国会衆議院選挙法改正に関する特別委員会議録第7号5頁 (1949年7月1日)。
61) 杣・前掲注45) 288頁。

しかし海野の意図は、選挙運動規制を正当化することにあったわけではない。海野は同時に、選挙公営は、「憲法で保障された國民の言論、その他表現の自由に反するということのない限度において、行わるべき」であるとも述べ、公営と自由の「交差点」を見出す難しさについて論じている。そして、海野が示す「交差点」は次のようなものである。

　　選挙運動についてはでき得る限り自由にするとともに、他面選挙費用の増額に伴う選挙の弊害、ひいては政治の腐敗を避けるために、選挙の本質と憲法上の原則に違反せず、かつ國及び地方公共團体の財政から考えて、合理的と認められる限度において選挙公営を強化すべきである。

「選挙費用の法定制とかフェアプレイの原則」の必要性は、すでにみたように、奥平もまた指摘しているところである。海野はさらに、自由選挙の原則を徹底し、「何らの制限を設けず、ただその費用の最高額だけを法定」するという選択肢についても言及している。そのうえで、「言論、文書、図画について最小限度の制限を設けるのほかは、制限を撤廃」すること、事前運動、戸別訪問などを含め、「個人ないし政党の行つておる選挙運動の制限は、すべてこれを撤廃してしまつて、自由にするかわりに」「最も効果ある方法に集中的に公営を行う」ことを提言している。本来目指すべき方向は、当初よりすでに示されていたのである。

　もとより、平等な機会の保障ための公営と選挙運動の自由の「交差点」を見出すことは、容易ではない。とりわけ、多額の費用を要する選挙運動手段――たとえば当時はなかった電波を利用した運動――をめぐっては、「経済力の差による不公平」が顕著な形で現れやすい。一足飛びに、「ただその費用の最高額だけを法定」し、規制は買収など腐敗行為の処罰に留めるというところまで歩を進めることは難しいであろう。選挙運動の自由を前提に、どの部分で「集中的に公営を行う」かなど、自由の十全な行使を支える制度のあり方についても、考えるべきことは少なくないと思われる。

　また、制度の改正だけではなく、選挙や選挙運動をめぐる意識や土壌を変えてゆくことも欠かせないと思われる。海野は、運動の自由化について、「一般國民の人々がいわゆる民主主義政治下において、主権は國民にあるんだ、そうして自分は國民の一人であるという自覚にまつて良識の発達をとげまして、か

かる問題については進歩発達せしめるという方向に向わしむる一つの試練の機会を与えるもの」であるとも、述べている[62]。「肉体化」された制度の改正は、そうした意識や土壌——あるいは選挙をめぐる文化——の変容を促すことになろう。しかし同時に、後者の変容が前者の改正を促してゆくという面も無視できないと思われる。

むすび

「憲法上の議論を理想論であるとして安易に棚上げ」することを問題としたその著者は、2つの地裁判決に変化の端緒を見出し、「憲法の諸原理は憲法の制定とその施行によって一気に開花し自己を実現するものではない。…しかし遅速はあれ、ともかくそれは発展するものなのである」とも指摘している[63]。70年という時間は、選挙や選挙運動をめぐり「わが国の政治社会に肉体化」した構造を変えるには、なお十分ではなかった。しかし、近年、「発展」の兆しもいくつかある。

2005年9月の在外邦人選挙権訴訟大法廷判決は[64]、「選挙の公正を確保しつつそのような措置を執ることが事実上不能ないし著しく困難であると認められる」といった「やむを得ない事由がある場合」でなければ、選挙権またはその行使の制限は許されないと判示している。選挙権の保障を選挙の公正の考慮に優先させたのである。2013年のインターネット選挙運動の解禁がもつ意味も無視し得ない。制度上は、文書図画による運動の原則禁止に、あらたにひとつ例外をつけ加えただけのものではあるが、しかし長期的にみて、選挙運動におけるウェッブの比重が高まってゆくなら、原則禁止の規制に大きな風穴を開け、一律平等に不自由な選挙のあり方を変えてゆく端緒になるかもしれない。また、選挙をめぐる意識や土壌についても、変化の兆しはある。選挙運動スタイルの変化や近年確認される選挙違反事案の顕著な減少をふまえ、「おそらく現在では選挙違反の減少こそが構造的現象であり、公営化、画一化を緩和したからと

---

62) 第5回国会衆議院選挙法改正に関する特別委員会議録第7号6頁（1949年7月1日）。
63) 奥平・前掲注1）273頁。
64) 最大判2005（平17）9・14民集59巻7号2087頁。

いって、違反が目立って増加するとも考えられない〔65〕」といった指摘も、なされるようになっている。

　こうした兆しを確実な変化に結びつけるためにも、あらためて、「市民はすべて選挙運動者であり、送り手である」という視点から、特殊なルールのあり方に批判的に向き合い続けることの意義は大きい。

（ただの・まさひと　一橋大学教授）

---

65)　季武嘉也『選挙違反の歴史』（吉川弘文館、2007 年）226 頁。

自由と平等の相乗効果
—— Obergefell 判決が開く憲法理論の新たなる地平

巻　美矢紀

はじめに

　奥平康弘は自らを憲法学界の「ドン・キホーテ」と称した。憲法学で「自由」と並び称され保障される「平等」に対し奥平は、固有の意味はあるのか？との挑発的な問題提起を行ってみせたのである。奥平が果敢にも挑んだこの「巨人」は、奥平の単なる妄想で仮象問題にすぎなかったのか、それとも……。奥平の問題提起を受け、学界では平等の固有の意味の探究が行われた。問題提起から十数年後、奥平は再びこの難問に自ら取り組み、改めて、平等は自由をはじめとする実体的権利と重複し固有の意味はないとの見解を示した。

　本稿は、奥平が提起したこの難問に対する応答への導きの糸として、2015年にアメリカ連邦最高裁が示した Obergefell 判決〔Obergefell v. Hodges, 135 S. Ct. 2584 (2015)〕に注目することにしたい。この判決は、アメリカ全土で同性婚を認めたもので、結論はまさに画期的であるが、それを導いた憲法解釈、ひいては憲法理論もまた、自由と平等の「相乗効果（synergy）」を核とするもので、

---

1)　セルバンテス『ドン・キホーテ』（岩波文庫、2001年）。
2)　奥平康弘「法と人文科学⑽『人はすべて平等に創られ……』考㊥」法学セミナー543号（2000年）88頁。奥平は、「『ドン・キホーテ』コンセプトにたいへん興味があり、かつ自分自身がドン・キホーテ的に振舞い勝ちであることの意味を考えてみたいと思っている」と述べている。
3)　奥平康弘「『基本的人権』における『差別』と『基本的人権』の『制限』」名古屋大学法政論集109号（1986年）245頁、同『憲法3 ——憲法が保障する権利』（有斐閣、1993年）第6章。

自由と平等双方にとって展開可能性を有し、憲法理論の新たなる地平を開く画期的なものと考えられる[4]。

I 平等に固有の意味はあるのか？

1 平等エンプティ論とその知的背景

奥平の問題提起の背景の一つに、1982 年に公表された、ウェステンの平等エンプティ論がある[5]。平等はアリストテレス以来「等しいものは等しく扱うべきである[6]」として定式化されるが、ウェステンによれば、何が「等しいもの」であるかは、上記定式にとって外在的な基準を前提とする。この外在的な基準こそが決定的で、平等の定式自体はトートロジーであり、平等は実体的内容のない「空の器 (empty vessel)」であるとされる[7]。

近代以降、西欧諸国の人権宣言や憲法などで、自由と平等は双子のごとく扱われてきたが、その後、自由競争の進展に伴い事実上の不平等が拡大し、20世紀には道徳的多元主義に立脚する政治学者バーリンが示したように、自由は平等と衝突するもの、少なくとも緊張関係にあるととらえられるようになる[8]。

アメリカでは、1954 年に人種別学を平等保護条項違反とした画期的な Brown 判決〔Brown v. Board of Education, 347 U.S. 483 (1954)〕が出され、1960 年代に公民権運動が展開される中で、平等は実践的にきわめて重要な役割を果たす。さらに 1970 年代には、ロールズやドゥオーキンらリベラルな理論家により、平等を基底にした福祉の正当化が主張される。これを受けて、1980 年代には揺り戻しがあり、「自由か、平等か」という形で、どちらが優位するかという議論が、政治哲学の関心を集めるようになる[9]。こうした知的背景の中で平

---

4) Kenji Yoshino, A New Birth of Freedom? : Obergefell v. Hodges, 129 Harv. L. Rev. 149, 172 (2015).
5) Peter Western, The Empty Idea of Equality, 95 Harv. L. Rev. 537 (1982).
6) 井上達夫『共生の作法――会話としての正義』(創文社、1986 年) 36 頁。
7) 安西文雄「法の下の平等について」国家学会雑誌 105 巻 5・6 号 303 頁、同「『法の下の平等』の意味」大石眞＝石川健治編『憲法の争点』(有斐閣、2008 年) 102 頁。
8) Ronald Dworkin, Justice in Robes (Harvard U.P., 2006) p.105.
9) Ronald Dworkin, Sovereign Virtue : The Theory and Practice of Equality (Harvard U.P., 2002) p.171.

等エンプティ論が主張されたのであり、アメリカにおけるその衝撃の大きさは想像しうる。

2 奥平の問題提起とそれに対する応答
(1) 日本流法的平等懐疑論
　後述するように研究当初より平等の固有の意味に懐疑的であった奥平は、平等エンプティ論を受けてすぐに、日本に即した形で、平等の固有の意味を問う。
　そもそも法は全ての者に適用しない限り、要件を充たす者とそうでない者を効果において区別することから、法において異なる取り扱いは常に問題になりうる。日本では訴訟において平等権侵害が頻繁に主張されるが、奥平によれば、猿払事件〔最大判昭和49・11・6刑集28巻9号393頁〕の場合、公務員に対する政治的行為の制限は、公務員に対する差別ではなく、政治的表現の自由の侵害として議論すべきであり、堀木訴訟〔最大判昭和57・7・7民集36巻7号1235頁〕の場合も、端的に生存権の侵害として構成すべきである。要するに、基本権に関し「差別」がある場合、それは当該基本権の剥奪もしくは侵害にあたると構成すべきなのである[10]。

(2) 平等の固有の意味の探究
　奥平の問題提起に対し、同じくアメリカを準拠国として平等を研究してきた戸松秀典は、アメリカの判例理論に即して、選挙権のような基本的権利が問題になる場合と、人種などの「疑わしき分類」が問題になる場合において、平等を適用する意義を主張する[11]。
　前者は、他との比較によってはじめて問題の存在が認識される点で、確かに平等の問題領域に入るが、問題の焦点は、むしろ分配の対象たる権利・利益の重要性にある[12]。これに対し、後者の問題の焦点は、分配の不平等それ自体、あ

---

10) 奥平・前掲注3)。
11) 戸松秀典『平等原則と司法審査』(有斐閣、1990年) 306-07頁。
12) 自由と平等では対立構造が異なる。自由の侵害は国家と個人との二面関係になるのに対し、平等は比較の問題であることから、平等の侵害は国家と個人だけでなく、比較の対象となる第三者も含めた三面関係になる。石川健治「国籍法違憲判決の思考様式」法学教室346号 (2009年) 13頁。

るいは不平等に分配される際に用いられる区別指標にある。このように分析して、奥平の問題提起に対し、後者に着目して、真正面から平等の固有の意味の探究に取り組むのが、安西文雄である。安西は平等について政治哲学等をふまえ実体的内容の探究がなされてきた、本場アメリカの議論に目を向ける。

　ブレストによれば、人種にもとづく差別の場合、犠牲者は実体的利益の提供を受けられないという有形の物的な害悪だけでなく、「スティグマ（劣等の烙印）」を押しつけられるという無形の表現的な害悪を被る[13]。しかも、差別行為は広くゆきわたって行われるので、犠牲者は蓄積的な害悪を被る。さらにカーストによれば[14]、スティグマは市民的地位の前提たる「自尊（self-respect）」を害するとともに、市民的地位を格下げするとされる。

　こうした議論から、安西は平等の固有の意味を、表現的な害悪としてのスティグマの押しつけの避止、さらに市民的地位の格下げの避止に求めようとする[15]。

3　奥平の平等懐疑論の深層

　平等エンプティ論の本国アメリカではその後、新たな論者により再び平等エンプティ論が展開され、奥平も再び平等という難問に取り組む。奥平は、近代西欧および現代における平等の実践的効用については疑問の余地はないとした上で、自らの問題意識は、「ひたすら『平等の持つ独自の法規範的意味』」にあるとする[16]。奥平は日本の平等論を批判し、平等と権利との重複性について改めて論じる。

(1)　プロクルステス的平等主義批判

　奥平は憲法学の通説を、捕まえた旅人の手足をベッドに合わせて延ばしたり切り取ったりしてしまう、ギリシャ神話のプロクルステスになぞらえて、「プロクスティアン」と称する。通説は、「実体上の権利侵害主張と形式上の不平

---

13) Paul Brest, The Supreme Court 1975 Term-Forward: In Defense of the Antidiscrimination Principle, 90 Harv. L. Rev. 1 (1976).
14) Kenneth L. Karst, Belonging to America: Equal Citizenship and the Constitution (Yale U.P., 1989).
15) 安西・前掲注7)。
16) 奥平・前掲注2)。

等取扱い主張が競合することを当然のことと黙認したうえで」、どちらの主張が「効果的か、という結果予測の考慮によって決めてかかる傾向」があり、「肝心要の実体的な価値問題がぽろりと脱け落ちて」、平等を「形式主義的・便宜主義的に」使っている。平等には「固有・独自の規範的価値が不存在であることを、無自覚に自白しているみたいなもの」であると痛烈に皮肉る[17]。

奥平はプロクスティアンの例として、男子生徒への丸刈り強制事案における性差別の主張をあげ、その問題性を明らかにする。学校当局が性差別との主張に対応すべく、新たに女子学生にも丸刈りを強制した場合、「性差別」そのものは撤廃されるが、「不正義の倍増」になる[18]。奥平によれば、この事案は、権力の介入の「形式」の問題ではなく、「質」の問題なのである。

他方、プロクルスティアンとは逆に[19]、平等が様々な実体的価値判断を背負わされ、かつての「パンチ力」を喪失していると、奥平は指摘する。その一端は、アマルティア・センの議論にもみられる。センは、「『中心的』と見なされている社会的課題の平等を求めることは、中心的ではない『周辺的なもの』の不平等を受け入れることを意味する」ことに適切に注意を喚起する一方[20]、「争点は、結局、何を中心的な社会的取決めと見るかである」とする[21]。

これに対し、奥平は、「今取り組むべき中心課題はなにか、その課題にどんな仕方で迫ったらよいかという、それ自体としては等しいとか等しくないといった比較を超えた絶対的なことがらが、争点にならざるを得ない」と評する。奥平は、「人びとがそれぞれ個別の社会要求実現のために平等理念に訴え、平等が意味するものを不当にふくらましてしまって、その結果、あるいはかつて持っていたかもしれないパンチ力を失いつつあるのではないか」との疑念を明らかにする[22]。

---

17) 奥平・前掲注2) 89頁。
18) 奥平・前掲注2) 88-89頁。
19) もっとも、外見上のプロクスティアンも後述のとおり、実は実質的価値判断を前提にしていると思われる。
20) 奥平は、平等と多様性との調整に関心を抱くセンに共感している。奥平康弘「法と人文科学(9)『人はすべて平等に創られ……』考(上)」法学セミナー541号(2000年) 88頁。
21) アマルティア・セン、池本幸生ほか訳『不平等の再検討』(岩波書店、1999年)。
22) 奥平・前掲注20) 88-89頁。

(2) 平等と権利の重複性

平等の「パンチ力」を想定する奥平ではあるが、法の世界においては、平等の固有の意味に当初から疑問をもち、問い続けていた。

「法律学を学びはじめた初期のころからぼくは、そもそも『法』・『権利』というコンセプト、たぶんその上位概念としての『正義』といったコンセプトのなかには、本質的要素として『平等』という観点が、すでに含まれているのではなかろうか、という想いが漠然とあった。そしてそういった想いがある以上、法・権利・正義を語るのとは独立に、さらに加えて平等を語るのは、一体どんな（特別な）意義があるのだろうかという疑いを払拭できないでいた。別言すれば、法や権利の世界にあっては、『平等』は重複的（redundant）なのではあるまいかという、不遜な考えに悩まされていたのである[23]」。

このような奥平が、再びアメリカで展開された平等エンプティ論に関心をもつのは、至極当然であった[24]。新たな論者ピーターズによれば、平等エンプティ論に対する反論として示された、平等固有の意味をもつとされるケースは実は、他事考慮、すなわち、ことがらの処理にイレレヴァントな、したがって考慮してはならない要素を考慮に入れた不適切行為であり、正義に反するという害悪であって、平等固有の意味はないとされる[25]。新たな平等エンプティ論は、奥平の上記分析と変わらないものといえる[26]。

これに対し、憲法の大御所グリーナウォルトは、平等に独立の意味を見出そうとする。まず彼は規範的平等が自己矛盾に陥ることを回避するために、規範的平等の力が作用する領域を限定する。そして兄弟など実質的に関係している者の間では、不平等な取扱いを受ければ、公正でないという感情、憤り、妬み

---

23) 奥平康弘「法と人文科学⑾『人はすべて平等に創られ……』考[下]」法学セミナー544号（2000年）82頁。
24) 奥平・前掲注23) 83-85頁、安西文雄「論文紹介　平等エンプティ論の展開」アメリカ法（1998年）78頁。
25) 他事考慮において、ことがらの処理にイレレヴァントな要素の中でも、当該社会における従属集団の属性が要素となる場合には、単なる他事考慮と質的に区別すべきとの実体的価値判断はありうる。
26) Christopher J. Peters, Equality Revisited, 110 Harv. L. Rev. 1210 (1997).

が生じるとする。彼によれば、これこそが平等の力の源である。また彼によれば、規範的平等には、「補強」の力と「対抗」の力がある。前者は、正義など平等以外の理由によって決まっていることを、平等を付加的理由として求めるものである。後者は、正義に反するにもかかわらず、同じ状況にある者が不正な利益を得ているという事実をもとに、平等を理由にして自らも求めようとするものである。後者は正義に反するものを求めることから問題であるように思われるが、そもそも人の処遇は諸要因の総合考慮によって決まるのであり、規範的平等は考慮要素の一つにすぎないとされる[27]。

この擁護論を受けて奥平は平等につき、次のような一応の結論を見出す。

「どうも……権利があるとかいう規範問題は、分析的な理づめの議論だけで片づくのではなくて、『心に深く根ざした感情』、『直観』、その他さまざまな重複した説明やらを加味した『総合的な考察』、すなわち『合わせて一本』で決着づけられるほかないという結論へと導かれることになりそうである。この『合わせて一本』の一環を構成するものとして、『平等』コンセプトはある、ということのようである[28]」。

以上、法的平等懐疑論を主張しつづけた奥平の問題意識をより深く理解し、奥平の一応の結論を確認したところで、次に、Obergefell 判決を考察することにしたい。

この判決は結論から言えば、奥平が指摘するように、平等と自由との重複性を認め、それゆえ、奥平のように平等の固有の意味に疑念を示すのではなく、重複するからこそ、他方の概念が一方の概念の意味や範囲を明らかにし、それにより展開可能性が生じるとして、平等の少なくとも存在意義を重視するのである。

Ⅱ　Obergefell 判決は憲法理論としては失敗か？

1　同性愛者の権利獲得運動の記念碑

Obergefell 判決はアメリカ全土で同性婚を認めたもので、同性愛者の権利獲

---

27)　Kent Greenawalt, Prescriptive Equality: Two Steps Forward, 110 Harv. L. Rev. 1265 (1997).
28)　奥平・前掲注23) 86頁。

得運動 (Gay Rights Movement) の一つの頂点といえる。

　同性愛はキリスト教で禁止されていたことから、アメリカでは同性愛者の性行為であるソドミー行為[29]を禁止する州もあり、州法の合憲性が争われたが、1986年のBowers判決〔Bowers v. Hardwick, 478 U.S. 186 (1986)〕では合憲と判断された。しかし、2003年のLawrence判決〔Lawrence v. Texas, 539 U.S. 558 (2003)〕で、ようやく違憲と判断されるに至る。その後、運動の目標は同性婚の権利の獲得に向けられる[30]。

　そもそも結婚は、税の優遇、相続の地位、配偶者に影響を与える医療決定に参加する機会など、経済的その他のメリットが大きい。そこで、結婚と同じ法的利益を保障する、同性カップルが参入しうるシビルユニオンが容認される。しかし、後述のとおり、結婚はシビルユニオンとは決定的に異なる意義をもつことから、同性婚の権利の獲得が目指されたのである[31]。

　マサチューセッツ州を皮切りに、同性婚を認める州も出てきたが、逆に、結婚を異性間のものと定義する法改正を行う州や、州憲法により同性婚を禁止する州も出てきた。

　そんな中、連邦婚姻防衛法 (Defense of Marriage Act, 通称DOMA) が制定され、州で認められた同性婚も連邦法では婚姻として認めないとされたが、2013年のWindsor判決〔United v. Windsor, 570 U.S. (2013)〕で修正5条違反と判断された。もっとも、この判決は、連邦制を重視し、州の権限を尊重するもので、同性婚を認めた州の決定を尊重するものであった[32]。

　これに対し、2年後のObergefell判決は、同性婚を禁止する州においても同性婚を認めるとともに、他州で認められた同性婚を禁止州でも認め、同性婚を

---

29) ソドミー行為は異性間でも行われ、同性間に限られるものではない。
30) Obergefell判決までの同性愛者に関する訴訟について、上田宏和「Obergefell判決における同性婚と婚姻の権利」創価法学46巻1号 (2016年) 3頁以下等を参照。
31) 田代亜紀「現代『家族』の問題と憲法学」佐々木弘通＝宍戸常寿『現代社会と憲法学』(弘文堂、2015年) 77-82頁、大野正彦「同性婚と平等保護」鹿児島大学研究論文集 (2009年) 17頁。大野によれば、ジェンダー論により、結婚における性別役割の相補性は不適切となる。
32) 尾島明「同性婚の相手方を配偶者と認めない連邦法の規定と合衆国憲法」法律のひろば2014年2月号64頁以下、宍戸常寿「合衆国最高裁の同性婚判決について」法学教室396号 (2013年) 156頁、根本猛「同性婚をめぐる合衆国最高裁裁判所の2判決」法政研究18巻34号 (2014年) 171頁等参照。

アメリカ全土で容認するものとして、同性愛者はもちろん、リベラルにも歓迎されたのである。[33]

2 判決の概要[34]

Obergefell 判決は 5 対 4 の僅差の判決で、法廷意見はケネディ裁判官によって執筆され、ギンズバーグ、ブライアー、ソトマイヨール、ケイガン裁判官がこれに同調した。

法廷意見はまず、結婚の歴史的変遷を示すとともに、同性愛者に関わるこれまでの連邦最高裁判決を振り返り、社会的事実の変化を示す。そして、結婚の自由が、Loving 判決〔Loving v. Virginia, 388 U.S. 1 (1967)〕をはじめ、基本的権利として承認されてきたことを指摘し、結婚の自由の4つの原理と伝統を示す。すなわち、第1に、結婚に関する選択は、個人の自律に内在すること、第2に、結婚は親密な結合性を保護するものであること、第3に、結婚は子どもの養育と家族のための安定性を確保すること[35]、第4に、結婚は社会秩序の基礎であることである。そして、これらは、同性間にも妥当するとする。

それにもかかわらず、権利・利益などがリンクされている結婚制度から、同性カップルを排除することは、彼らを卑しめるとする。結婚を異性間に限定することは、長い間、自然で正しいことと考えられてきたが、今や同性婚を禁止することは、法廷意見によれば、結婚という基本的権利の中核的意義に反する。

注目すべきことは、法廷意見は従来の先例の中に、自由と平等との「相乗効果」を見出し[36]、それにより同性婚の禁止は平等保護条項にも違反するとしたこ

---

33) 判決について、岡田高嘉「婚姻の平等―― Obergefell v. Hodges (2015)」県立広島大学総合教育センター紀要1巻（2016年）15頁、中曽久雄「同性婚の権利と連邦憲法(1)(2)」愛媛法学雑誌42巻2号（2016年）、42巻3・4合併号（2016年）。根本猛「同性婚とアメリカ合衆国憲法」静岡法務雑誌8号（2016年）5-37頁、小竹聡「アメリカ合衆国憲法と同性婚―― Obergefell 判決をめぐって」拓殖大学論集18巻2号（2016年）56頁、白水隆「オバーゲフェル判決を振り返る」立教アメリカン・スタディーズ38号123頁以下。

34) 事実の概要については、尾島明「同性婚を認めない州法の規定と合衆国憲法――合衆国最高裁2015年6月26日判決」法律のひろば2016年3月号54頁以下等参照。

35) 結婚は子どもの養育のために必要な安定性を与えるものであるから、同性間には認められないという議論は正当化されない。というのも、同性カップルにも養子が認められているからである。

36) Yoshino, supra note 4, p.172. Obergefell, p.2623.

とである。

3　判決に対する批判

　Obergefell 判決は将来、Brown 判決――公職者であればもはや否定しえない、従属者のさらなる権利獲得を後押しする記念碑的な判決――と同等の地位を有すると高く評価する論者もいる。[37] しかし、Obergefell 判決は、反対意見をはじめ結論に反対する論者はもちろん、結論に賛成する論者からも、その憲法理論に対しては強い批判が提示されている。

　まず、先例との断絶である。平等にせよ実体的デュープロセスにせよ、Obergefell 判決は一見、先例と断絶しているように見える。すなわち、平等については、「疑わしき分類」を軸に審査基準論が展開されてきたが、この判決では、下級審のように性的志向（sexual orientation）が「疑わしき分類」に準じるかといった議論は展開されなかった。[38] また実体的デュープロセスについても、基本的権利は、「歴史と伝統に深く根づいた」「秩序づけられた自由」でなければならないとされ、基本的権利には厳格審査基準が適用されてきたが、この判決では、「歴史と伝統」は無視され、結婚の自由は基本的権利として承認されながら審査基準は示されなかった。[39][40]

　次に、伝統的な結婚観を讃えるその保守性に、強い批判が向けられている。法廷意見は、後にみるように結婚を讃えているが、その裏返しとして、意図せずとも、結婚しない者や結婚していない者を、孤独で劣った者、さらに非婚家族をも劣ったものとするメッセージを送ってしまっている。ハンティントンによれば、本件では実体的デュープロセスを用いず、平等保護条項だけに依拠すれば、連邦最高裁は結婚観を示さずに済んだとされる。[41]

---

37)　Erwin Chemerinsky, A Triumph for Liberty and Equality, 57 Orange County Lawyer 16 (2015).
38)　岡田・前掲注 33) 11 頁参照。なおカナダでは、性的志向は、平等の保障範囲とされるための憲法で明示された要件と類似の要件と解されている。白水隆「平等権侵害の審査における『権利・利益の重大性』についての覚書」帝京法学 29 巻 2 号（2015 年）55 頁以下、白水隆「憲法第 14 条 1 項後段に列挙されていない事由に基づく区別とその違憲審査に関する一考察」帝京法学 29 巻 1 号（2014 年）203 頁以下。
39)　実体的デュープロセス論は「過去向き」の議論とされた。
40)　上田・前掲注 30) 30-31 頁。

そして、裁判官による民主主義の否定という、おなじみの議論である。とりわけ基本的権利の承認に関する従来の定式の無視は、裁判官による権利のねつ造を抑制できないとして、ロバーツ長官が反対意見で述べたように、ロックナー〔Lochner v. New York, 198 U.S. 45 (1905)〕の再来と批判される。[42]

さらに、そもそも憲法として失敗であるとの批判がある。サイドマンは、先例との整合性や、民主主義との関係については、むしろ反対意見の方に問題があるが、そもそも憲法は異なる見解をもつ者たちの協働の枠組みであることからすれば、Obergefell 判決は Brown 判決と同様、同性婚をめぐる議論を凍結し、分裂を招くもので、時期尚早で失敗であったと批判する。[43]

また、信教の自由との関係でも懸念が示されている。[44]同性婚の反対論者は既述のとおり、宗教にもとづいて反対していることから、同性婚の公的な容認は、信教の自由と衝突するからである。

こうした批判に対し、Obergefell 判決の憲法理論をも高く評価する基底的擁護論を検証しつつ、そこで示された自由と平等との関係について考察することにしたい。

Ⅲ 自由と平等の相乗効果

1 Obergefell 判決の憲法理論の展開可能性

Obergefell 判決は既述のとおり、同性婚の容認という結論に賛成の論者からも、その憲法理論に関しては批判されているが、この判決の憲法理論としての展開可能性を高く評価し擁護する論者もいる。[45]ニューヨーク大学ロースクールの憲法学教授のヨシノは、その代表的論者の一人である。

---

41) Clare Huntington, Obergefell's Conservatism: Refying Familial Fronts, 84 Fordham L. Rev. 23 (2015) O'Rourke, Substantive Due Process for Noncitizens: Lessons from Obergefell, 114 Mich. L. Rev. 9 (2015). 駒村圭吾「同性婚と家族のこれから——アメリカ最高裁判決に接して」世界 2015 年 9 月号 23 頁。
42) Obergefell, pp.2616-18.
43) Louis Michael Seidman, The Triumph of Gay Marriage and The Failure of Constitutional Law, 2015 Sup. Ct. Rev. 115.
44) Stephen M. Feldman, (Same) Sex, Lies, and Democracy: Tradition, Religion, and Substantive Due Process (with an Emphasis on Obergefell v. Hodges), 24 Wm & Mary Bill of Rts. J. 341.

ヨシノによればObergefell判決の法廷意見は、同じ結論に至るために、ずっとより狭く、州のいかなる主張も敬譲審査さえ生き残れないと述べることもできたのに、異人種間の結婚の禁止を無効にした1967年のLoving判決と同様、デュープロセス条項と平等保護条項に依拠して、自由と平等に関する広範な議論を展開した。もっとも、Loving判決は自由よりも平等を強調し、自由と平等をパラレルに解したのに対し、Obergefell判決は自由を強調し平等を基礎にするとともに、自由と平等の相互に絡み合った（intertwined）性質をより強く強調している。それにより、Obergefell判決は、実体的デュープロセス法理に新たな地平を開いたとされる[46]。

　　平等保護とデュープロセス条項は、独立した原理を提起しているけれども、深く関係している。自由に内在する権利と平等保護条項によって保障される権利は、異なる規範に依拠し、必ずしも同一の広がりを持つわけではない。しかし、各々が他方の意味や範囲について教示しうる場合もある。いかなる特定の場合でも、一つの条項がより正確で包括的な方法でその権利の本質を捉えると思われうる。その２つの条項が権利の同定や定義で収斂しうるときでさえも、である。こうした２つの原理の相互関連性が、自由とは何であり何でなければならないか、についての我々の理解を促す[47]。

　要するに、自由と平等は相互に絡み合っているので、一方の概念の分析は他方の概念のより深い理解に至らせると考えるのであり、このアプローチは、ロバーツ長官によれば両者の「相乗効果」と評され、それ以外は、通常の分析枠組みと変わらないとされる。しかし、ヨシノによれば、Obergefell判決でケネディ裁判官が論じる相乗効果は、特に平等保護の分析が、通常の分析枠組みを・変・え・る・ような方法で、実体的デュープロセスに情報を与えうるものである[48]。

---

45)　後述のトライブのほか、Thomas A. Bird, Challenging the Levels of Generality Problem: How Obergefell v. Hodges Created a New Methodology for Defining Rights, 19 N.Y. J. Legis. & Pub. Pol'y 579.
46)　Yoshino, supra note 4, pp.147-48.
47)　Obergefell, pp.2602-03.
48)　Yoshino, supra note 4, pp.172-73. Obergefell, p.2623. なお、上田・前掲注30) 28頁、岡田・前掲注33) 11頁、根本・前掲注33) 31頁参照。

2　自由の分析による平等の促進――「墓場の平等」の回避

　ヨシノによれば、上記の相乗効果を逆方向で示していたのが、Obergefell 判決と同じくケネディ裁判官によって執筆された Lawrence 判決の法廷意見である。この判決でも自由と平等との相互関連性が語られているが、そこでは、自由の分析が自由と平等両方の利益を促進させると述べられていた[49]ことに注意すべきである。

　この見解の意味をよりわかりやすく示すのが、オコナー裁判官の同意補足意見によって提供された、より伝統的な平等分析である。それによれば、平等保護条項は、もっぱら同性間のソドミー行為を罰する州においてのみソドミー法を無効にするために使われうる。平等違反を解消する方法として州は、レベルアップしてソドミー行為に対するあらゆる禁止を消滅させるか、レベルダウンして参加者の性別にかかわらずソドミー行為を禁止しうる。州がレベルダウンを選択するならば、選挙民がその禁止を投票で否決するであろうが、州が執行されざる（unenforced）ソドミー法をもつことを選択するならば、法の高位の侮蔑は、主として同性間のソドミー行為に向けられるので、投票で否決されるかどうかは明らかでない、とされる[50]。

　これに対し、ケネディ裁判官は、自由の分析に従事することによって、州にレベルアップするよう要求した。平等の配慮は直観に反し、平等保護条項のもとでより、デュープロセス条項のもとでよりよくかなえられるのである。

　同様に、Obergefell 判決も、標準的な平等保護の判断だけであれば、州にレベルアップ（結婚許可状を同性間にも付与）か、レベルダウン（結婚許可状を異性間にも拒否）かの選択を許したであろうが、デュープロセス条項に基礎づけることによって、レベルアップを要求したのである。デュープロセスの判断の方が、平等保護の判断より、真の平等の利益を保護する、ということに留意すべきである。州はそもそも結婚制度から撤退することもできるが、その理由が、結婚制度に参入する同性カップルの脅威であることは許されないのである[51]。

　この問題は、実体的権利と区別される平等で先鋭化する、救済の問題である[52]。

---

49) Yoshino, supra note 4, p.172.
50) Yoshino, supra note 4, p.173.
51) Yoshino, supra note 4, pp.173-74.

レベルアップであれば「活動の場（vineyard）の平等」になるが、レベルダウンであれば「墓場（graveyard）の平等[53]」になる。このように、平等だけでは、平等違反の解消方法は定まらず、それゆえ、自由をはじめとする実体的権利、ここでは実体的デュープロセスの分析に訴える必要があるのである。

この問題は、平等エンプティ論の問題でもある。ここで、奥平が示した、男子学生への丸刈り強制事案が想起される。奥平によれば、丸刈り強制事案は、平等違反を解消する方法として、女子に対しても丸刈りを強制するという方法も考えられるが、この事案は、そもそも不正義の問題なのである[54]。

3 　平等の分析による自由の促進──反従属原理の役割の拡大
(1)　反従属原理による自由の拡張

ヨシノによれば、Obergefell 判決では逆に、平等の分析による自由の促進、換言すれば実体的デュープロセスの承認において平等が果たす役割について語られている[55]。その役割は、実体的デュープロセス論に新たな地平を開くとともに、平等の意味を探究することである。

ヨシノは Obergefell 判決における自由観を、「反従属自由（antisubordination liberty）[56]」と称する。彼によれば、実体的デュープロセス論は、科学より「職人技（art）[57]」としての全体論的なコモンロー分析に今や依拠しており、そのような分析での主要なデータの一つが、歴史的に従属してきた集団に対する自由の付与あるいは否定の「影響（impact）[59]」である。平等保護の権威ある判決で

---

52)　高橋和之『立憲主義と日本国憲法〔第 3 版〕』（有斐閣、2013 年）159 頁。
53)　南アフリカの憲法裁判所の判決で使われた言葉である。Yoshino, supra note 4, p.173.
54)　奥平・前掲注 2) 88-89 頁。しかし、この不正義を権利問題として構成することは難しい。
55)　Yoshino, supra note 4, p.174.
56)　反従属について、安西文雄ほか『憲法学読本〔第 2 版〕』（有斐閣、2015 年）98 頁。区別異は、権利・義務における異なる取扱いを考察の焦点とするのに対し、反従属は、権利・義務等の不当配分の背後にある、不平等処遇の犠牲者たるマイノリティの社会的地位の格下げという害悪を考察の焦点とするものである。
57)　Yoshino, supra note 4, p.179.
58)　Poe 判決〔Poe v. Ullman, 367 U.S. 497 (1961)〕のハーラン裁判官反対意見がとった手法である。Yoshino, supra note 4, p.169.
59)　佐々木弘通「平等原則」安西文雄ほか『憲法学の現代的論点〔第 2 版〕』（有斐閣、2009 年）334 頁。

述べられたように、「我々の憲法の歴史は、かつて無視されたり排除された人々に対する、憲法上の権利と保護の拡張の物語である[60]」。

ヨシノによれば、実体的デュープロセス論を定式化したGlucksberg判決〔Washington v. Glucksberg, 521 U.S. 702 (1997)〕もまた、こうした平等の配慮による実体的デュープロセス論に依拠している。この判決は、末期患者の医師のほう助による積極的安楽死の権利を否定したもので、実体的デュープロセス論の定式として、「歴史と伝統に深く根差した」「秩序づけられた自由」を示したものと解されているが、ヨシノによれば、この判決もまた、貧困者、老人、障害者など歴史的に従属してきた集団に本件自由を付与することの影響を考慮し、虐待防止などの観点から自由の付与を否定したものである[61]。重要なことは、上記影響の検討が注意深く適切に行われたかどうかは別として、Glucksberg判決もまた、平等の配慮によって変容させられた実体的デュープロセス論に依拠しているということである。

こうした分析における従属集団は議論に開かれているが、Obergefell判決の反対意見が指摘するような、宗教に依拠して同性婚の単なる存在に反対する者は、害悪のきわめて希薄な主張しかしておらず、従属集団にはあたらない。より個別化された権利侵害を主張する個人は、同性婚の容認それ自体ではなく、差別禁止法からの免除の問題として議論されるのである[62]。

(2) 反従属原理による自由の限定——ロックナーの再来防止とポリガミーの否定

ヨシノによれば、平等、換言すれば反従属原理により変容させられた実体的デュープロセス論であれば、ロバーツ長官の懸念するDred Scott判決〔Dred Scott v. Sandford, 19 How (60U.S.) 393 (1857)〕やLochner判決〔Lochner v. New York, 198 U.S. 45 (1905)〕の誤りは生じない。Dred Scott判決は、奴隷所有者の従属性を矯正するという正当化は無理であるし、Lochner判決は、傷つきやすい集団について誤った判断をしたものだからである。平等の配慮により変容させられ

---

60) Yoshino, supra note 4, p.174.
61) Yoshino, supra note 4, pp.174-75.
62) Yoshino, supra note 4, p.176.

た実体的デュープロセスの分析は、自由の範囲を拡張するとともに、限定するのである[63]。

ヨシノは、同じくロバーツ長官の反対意見で示された問題である、ポリガミー（polygamy）、すなわち複婚制についても、同様の議論を展開する。

ロバーツ長官によれば、同性婚の基本的権利としての承認は、ポリガミーの承認を阻止しえない。ケネディ裁判官は直接この問題に応えていないが、ヨシノによれば反従属原理は、ポリガミーの基本的権利としての承認に強い制約を課す。同性婚禁止は同性愛者が性的に惹かれる者と結婚するのを全面的に禁止するのに対し、ポリガミー禁止はポリガミー志向者に複数の者と結婚するのを禁止するのであり、多数意見の重視する「孤独」を避けることができる。性的志向の不変性を考慮すれば、同性婚が認められなければ同性愛者は必ず孤独な生に追いやられるのに対し、ポリガミーを望む者はこの必然的な孤独に服しておらず、反従属原理による支援はおそらくより弱いとされる[64]。

さらに、ヨシノによれば反従属原理は、州のポリガミー禁止の擁護に重要な支援を提供する。ポリガミーの多くは一妻多夫制より一夫多妻制で、夫が妻を従属させているという懸念を生じさせる。ポリガミーの禁止はおそらく、こうした従属を阻止するものなのである[65]。

以上のように、Obergefell判決では、自由は平等、換言すれば反従属原理によって拡張されるとともに限定されるが、平等もまたその役割を拡大させている。それゆえ、ヨシノによれば、「この新しい自由の誕生は、新しい平等の誕生でもある」とされる[66]。

Ⅳ 「平等な尊厳」と文化的資源の意味の開放性

1 平等な尊厳

Obergefell判決は批判に反し、憲法理論として失敗ではなく、自由と平等、

---

63) Yoshino, supra note 4, p.175.
64) Yoshino, supra note 4, p.177.
65) Yoshino, supra note 4, p.178.
66) Yoshino, supra note 4, p.179.

双方の展開可能性を示している。こうしたヨシノの議論を高く評価するのが、実体的デュープロセスと平等保護の相互関連性を、「二重らせん（double helix）」として論じてきたトライブである。トライブはそれを、判決も用いている「平等な尊厳（equal dignity）」の法理と称する。[67]

平等な尊厳とは、すべての個人が自律（autonomy）をなしうる、換言すれば、自分の人生の定義を自らなしうること、すなわち平等な自律を意味する。[68]この法理は、ドゥオーキンの政治哲学および法哲学における基底原理としての「平等な配慮と尊重（equal concern and respect）」の原理を想起させる。ドゥオーキンによれば、「平等な尊重」は、まさに平等な自律を意味する。注目すべきことは、ドゥオーキンは、自由と平等はコインの表裏であると主張していたということである。[69]

トライブと（ドゥオーキンが生きていれば）ドゥオーキンからすれば、ケネディ裁判官は、「平等な尊厳」の法理を、最後のところで自ら裏切ってしまっている。Obergefell判決を憲法理論としても高く評価するトライブであるが、既述の判決批判の一つには同意する。それは、判決の最後で展開された、下記の結婚讃美である。トライブは、アリトー裁判官が反対意見で正当にも指摘したように、それは新たな「正説（orthodoxy）」になりかねないと警鐘を鳴らす。[70]

> 結婚より、人と人との深い結びつきはない。というのも、結婚は、愛、誠実、自己犠牲、家族など、最も崇高な理想を体現するからである。結婚関係を結ぶことで、2人はかつての自分たちより偉大な存在になる。今回の申立人たちが実証するように、結婚は、死してもなお途絶えない愛を表現する……申立人が望むのは、文明国で最も古い制度の一つから排除され、孤独に生きるよう強いられないことである。彼らは法の下の平等な尊厳を求めている。連邦憲法は彼らにそれを認めるのである。[71]

こうした結婚讃美は、結婚しない者、結婚していない者は、孤独で、劣った

---

67) Laurence H. Tribe, Equal Dignity: Speaking Its Name, 129 Harv. L. Rev. F. 16 (2015). Elizabeth B. Cooper, The Power of Dignity, 84 Fordham L. Rev. 3. 蟻川恒正『身分と尊厳』（岩波書店、2016年）参照。
68) Tribe, supra note 67, p.22.
69) Ronald Dworkin, infra note 74, p.238.
70) Tribe, supra note 67, p.23, 30.
71) Obergefell., p.2608.

ものであるかのようなメッセージを送る。そしてそれはさらに、非婚の家族を、正統でないもの、劣ったものであるかのようなメッセージをも送るのである[72]。ここに、保守派のケネディ裁判官が執筆した、Obergefell 判決の保守性がみてとれる[73]。

しかし、法廷意見が依拠する「平等な尊厳」の法理は本来、結婚しない自由も、基本的権利として等しく認めるのであり、実際、Loving 判決をはじめ従来の判例も、非婚の自由を尊重してきたのである。したがって、法廷意見の結婚讃美は、先例さらに自らさえも裏切るもので、逸脱といえる。

トライブによれば、そもそも平等な尊厳は、結婚の意味(meaning)について、対話 (dialogue)、会話 (conversation) を促す。対話は、憲法内部の各条項間、連邦構造、さらに市民間にも見出される。ケネディ裁判官も連邦最高裁の役割として、公論の喚起を意識していたはずであり[74]、連邦最高裁の判決は、決して「最後の言葉 (last word)」ではなく、裁判官による民主主義の否定という批判は妥当しないとされる[75]。

2 文化的資源としての結婚の意味の開放性

トライブは、連邦最高裁の判決を契機とした公論の喚起による、結婚の意味の開放性について論じているが、ドゥオーキンは同じく「尊厳」を理由に、ミクロの議論も展開する。

ドゥオーキンは、フェミニズムのポルノグラフィー規制論に対する彼の反対論とパラレルに[76]、「尊厳」を理由に、結婚の意味については法の介入を禁止し、その意味の形成に、すべての人の参加、とりわけ当事者としての参加を認め、

---

72) Melissa Murray, Obergefell v. Hodges and Nonmarriage Inequality, 104 Calif. L. Rev. 1207.
73) Huntington, supra note 41.
74) Tribe, supra note 67, p.22. Ronald Dworkin, Freedom's Law: Moral Reading of American Constitutional Law (Harvard U.P., 1996) pp.30-31.
75) Tribe, supra note 67, p.22. 大林啓吾「同性婚問題にピリオド?――アメリカの同性婚禁止違憲判決をよむ」法学教室 423 号 (2015 年) 38 頁参照。憲法解釈について国家機関間での対話を重視する議論として、ディパートメントリズムがある。
　またエスクリッジによれば、Obergefell 判決は、同性愛者の政治参加を促すものとして、多元的民主政に資するもので、まさに司法審査の役割を果たしたものとされる。William N. Eskridge Jr., The Marriage Equality Case and Constitutional Theory, 2015 Cato Sup. Ct. Rev. 111, 137 (2015).

それゆえ、結婚制度を同性カップルにも開放しなければならないとする[77]。

　ドゥオーキンによれば、結婚制度は唯一無二のものである。すなわち、それは、歴史的・社会的・個人的意味の長い伝統をもつ、結合とコミットメントの独特の形態である[78]。結婚の意味は、カップルごとにわずかに異なるものを意味するが、これらの意味の各々は、何世紀もの経験によってその制度に結びつけられてきた結合に依拠する。結婚は当事者にとって、かけがえのない価値の「社会的資源（social resource）」なのである。結婚には、シビルユニオンにはない精神的次元（多くの人にとっては宗教的次元、他の者にとっては歴史的・文化的伝統への参加）がある。それゆえ、結婚と同等の権利を保障したシビルユニオンでは、差別を減少させるとしても、消滅させることはできないのである[79]。

　ドゥオーキンによれば、唯一の真正で強力な同性婚反対論は、結婚は非常に価値のある文化的資源であり、結婚は男女の結合であるという想定は、我々の共通了解に埋め込まれているので、その想定が変えられるならば、それは別の制度になってしまうので、その比類なく価値ある文化的資源を保持すべきというものである。しかし、誰が、どのような方法で、文化的・倫理的・審美的環

---

76) Dworkin, supra note 74, pp.237-38　ドゥオーキンによれば、「平等な尊重」、換言すれば個人の自律的判断の尊重は、道徳的環境の形成過程への個人の平等な参加を要請するから、ポルノグラフィーの法規制は許されない。小泉良幸『リベラルな共同体――ドゥオーキンの政治・道徳理論』（勁草書房、2002年）127-28頁。

77) Ronald Dworkin, Three Questions for America, The New York Review of Books, Sept. 21, 2006, www.nybooks.com.

78) Obergefell判決の法廷意見が長々と示すように、結婚制度は、比較法的にはもちろん、一国内においても歴史的変遷をたどる。歴史研究者のジョージ・チョーンシーによれば、キリスト教誕生前のローマ法においては、結婚は二人の合意によるものであった。その後、キリスト教は結婚をサクラメント（聖蹟）化して統制するが、アメリカでは植民地時代から、結婚は二人の合意として、人格的なものととらえられていたとされる。ジョージ・チョーンシー、上杉富之＝村上隆則訳『同性婚――ゲイの権利をめぐるアメリカ現代史』（明石書店、2006年）。

　少なくとも現代の西欧諸国では、結婚の社会的意味として、人格的なものが中心となっており、結婚制度の核心を構成しているといえる。

79) Dworkin, supra note 77. 田代・前掲注31) 80頁。歴史を振り返ればわかるように、黒人を典型とする従属集団は、自律に不可欠な基本的権利を否定されてきたのであり、基本的権利の否定は、従属性、「二級市民性」を示唆する。したがって、反従属原理からすれば、基本的権利としての結婚の自由は、従属集団たる同性愛者に開かれなければならない。このようにきわめて重要な基本的権利である結婚の自由が、歴史的に差別されてきた従属集団に開放されることは、象徴的な意味をもつことに留意しなければならない。

境——我々がみなそこで生きなければならず、我々の社会的・法的諸制度の意味を定義し、多くの他の方法で我々の生を形作る環境——に対するコントロールをもつべきなのか。[80]

　複雑な文化は多くの要因によって形成されるが、ドゥオーキンはこれらのうちの二つを取り上げる。個人の日々の個々の決定によって有機体的に形成される場合と、法、すなわち、どのように我々はみな行動しなければならないかに関する、選挙された立法者の集合的決定によって形成される場合がある。ドゥオーキンは問う。宗教的・精神的文化は、どちらの方法によって形成されると考えるのが、「人間の尊厳（dignity）」という我々の共有された理想と諸原理に最もふさわしいか。[81]

　ドゥオーキンによれば、人間の尊厳の諸原理は、倫理的価値を自分で評価し選択する責任を各人に割り当てる。我々の文化は我々の価値の選択に影響を与えるが、尊厳はこの不可避的な影響を禁ずるものではない。しかし、尊厳は「従属（subordination）」を禁ずる。尊厳は上記の倫理的責任を各人に割り当てるので、文化のいかなる操作——集合的かつ故意の操作——の受容も禁止するのである。私の尊厳は、私の価値観を変えるように意図された強制だけでなく、凍結するように意図された強制によっても侵害される。したがって、文化的資源の保全を理由とした同性婚反対論も正当化されえない。以上の議論において、結婚を宗教に置き換えると、文化的な同性婚反対論が人間の尊厳に反していることが劇的に明らかになる。[82]

　ドゥオーキン曰く、真に自由な社会では、思想と価値の世界は、誰のものでもなく、・す・べ・て・の・人に帰属しているのである。そして、こうした社会の確保こそが、サイドマンがいう協働の枠組みとしての憲法の役割なのである。[83]

　以上のように、平等は、文化的資源の意味の形成過程への平等な・参・加を要求する点で、人格との関係で象徴的・根底的な意味をもっている。

---

80) Dworkin, supra note 77.
81) Dworkin, supra note 77.
82) Dworkin, supra note 77.
83) Dworkin, supra note 77.

おわりに

奥平は自ら称したように「ドン・キホーテ」だったのか。

奥平は、法において平等と権利は重複することから、最後まで平等に固有の意味はないと考えていたように思われる。もっとも、平等は、権利侵害とは構成しがたいものを、憤りといった感情等と「合わせて一本」として考察しようとしたものと奥平は考えていた。実際、日本の最高裁の平等に関する判例は、まさに「合わせて一本」といいうるものである[84]。

Obergefell判決は、自由と平等は完全ではないが重複すると考え、それゆえ、一方が他方の意味と範囲を明らかにし、従来の理論を変容させて、憲法理論の新たなる地平を開きうることを示した。

この判決は、奥平が果敢にも挑んだ壮大な問いは、仮象問題ではなく、決して「ドン・キホーテ」ではなかったことを示唆している。

「世のなかには、一般に疑われざる前提として通用している『人権』、『平等』といった理念、とくに、そうした理論の構成のありように、ちょっとでも批判的な考察をおこうものなら、とたんにある種の人たちから反人権主義者のレッテルをはられ、差別主義者として非難攻撃を受けるおそれが出てくる。ぼくはそうした運命を甘受する用意があるが、それにしてもこいねがわくば、お手柔らかに、と言いたい[85]」。

もっとも、まわりを敵にまわしても、当然とされてきた前提に挑み、わからないことをわからないと公言することを躊躇せず[86]、「ぼく」という主語を好んで用い、言論主体の名義をはっきりさせて、自らの言論に責任を負う覚悟を示してきた、勇気ある奥平は、その意味で、誰よりも「ドン・キホーテ」的であったといえよう。

（まき・みさき　千葉大学教授）

---

[84] 安西文雄「『法の下の平等』に関わる判例理論——区別事由の意義をめぐって」戸松秀典＝野坂泰司『憲法訴訟の現状分析』（有斐閣、2012年）210-11頁。

[85] 奥平・前掲注20) 89頁。

[86] 奥平の告白によれば、「どうもぼくはまだ、『平等』周辺を堂々めぐりしていて、一向に会得できないである。恥ずかしいが、それが実情である。」奥平・前掲注20) 86頁。

Ⅲ　憲法と裁判

奥平憲法学とコモン・ロー立憲主義
―― 「生ける憲法」という思想と方法

愛 敬 浩 二

I 奥平憲法学における「生ける憲法」論――その一貫性

　奥平康弘が1981年に公刊した『憲法　学習と実践のために』は、彼の著作の中では珍しく、日本国憲法の教科書・概説書として執筆された作品である[1]。ただし、ここで注目したいのは、奥平が同書の特徴について、次のように論じていた点である。

　　日本国民たる者ひとりの例外もなく主権者として、国の政治にかかわらざるをえないのであって……、憲法学習は、主権者たる国民すべてにとって、不可欠の前提であると思われる。本書は、こうして主権者の実践のための入門書という性格を併せもつことが期待されている。他人ごととしての憲法ではなく、自分のことがらとしての憲法、そして自分がこれにはたらきかける対象としての憲法を、本書では提示しようと試みられている。（原文改行）生きている憲法、動いている憲法（a living Constitution）を描こうとする余り、まんべんなく体系的に叙述するという方面を多少犠牲にせざるをえなかった[2]。

---

1)　奥平康弘『憲法　学習と実践のために』（弘文堂、1981年）。同書の「はしがき」で奥平自身が、次のように述べている。「本書ももとより、入門書として書かれ、教科書としてももちいられることを期待しているものであるから、憲法にかんする体系的な理解がえられるようにという学習的な配慮がほどこされている」（i頁）。

奥平は 2007 年の著作『憲法を生きる』の中でも、「見果てぬ夢」として「生ける憲法」という観念に言及する。

　……憲法というのは常に未完である。「終わりのない仕事 Unfinished business」なんだ。憲法が未完だということは、それはもう宿命的なものであって、だからインチキだなんて誰も言えない。そして、世代を越えた「終わりのない仕事」をぼくたちはここまで進めてきた。後に続く君たちも、君たちのコンテクストの中で生かしてくれ、というふうに展開していくものだ。憲法というのは、それぞれが役者を変え、それぞれの局面を変え、間を変えたり場を変えたりしながら創っていくストーリーだと思う。大切なのは、continuity を持っているから一つのストーリーなのだということです。そして、そういうことが語られる程度には、日本国憲法も「生ける憲法」として成立してきたのではないかと思うわけです[3]。

一読した印象としては、『憲法』で語られた「生ける憲法」と比べて、『憲法を生きる』で語られる「生ける憲法」は、規範的な性格を強めているように思われる。奥平が晩年まで貪欲に吸収し続けた様々な法理論からの影響もその一因であろうが（ロナルド・ドゥオーキンの「連鎖小説」論や「法と文学」という学問分野への関心、そして、「制度論」への傾倒という経験も重要である）、注目したいのは、ニュアンスの差異があるとしても、「主権者＝私たち」の「働きかけの対象」としての「生ける憲法」という考え方へのコミットメントが、25 年の時を超えて、驚くほどの一貫性を示している点である。

ここで、本稿の題名「奥平憲法学とコモン・ロー立憲主義」について、若干の説明をしておきたい。「コモン・ロー立憲主義」という呼称は、ある国に固有の憲法議論に即して使われる場合がある[4]。ただし、本稿では、「コモン・ロー立憲主義」という呼称をもっと広く、裁判所による人権保障を核心とする立憲主義（＝法的立憲主義）の思想・制度・運用を、コモン・ローの観念（あるいは方法）に訴えて正当化する議論を指すものとして使うことにしたい。また、題名を「奥平憲法学とコモン・ロー立憲主義」とした理由は、奥平と同様、「生ける憲法」論を擁護する英米のコモン・ロー立憲主義者の議論と奥平の憲

2）　奥平・前掲注 1）ⅱ頁。
3）　奥平康弘『憲法を生きる』（日本評論社、2007 年）214-215 頁。

法論を比較し、その異同を明らかにすれば、奥平の「生ける憲法」論の特徴（あるいは個性）が明らかになるのではないかと考えたからである。

Ⅱ 「生ける憲法」とコモン・ロー立憲主義

奥平は、成文憲法（憲法典）が「憲法」のすべてであると考える立場を批判し、「『成文憲法』は『憲法』にきっかけを与える必要文書ではあるが、しょせん文書に過ぎない。これをどう生かすかは、人間の営為・実践の問題である」と論ずる。また、「どんな成文憲法も現実の社会関係に適用するために在るのであり、そして適用するためには現実のコンテクストと憲法上のテクストと睨み合わせながら解釈しなければならないのであって、成文憲法といえども、再構成される可能性、したがってまた鋳直される可能性それ自体を避けることはできない」（傍点は原文のもの）とも論じている。このような奥平の「生ける憲法」論と、「最高法規としての憲法＝違憲審査の基準としての憲法」の範囲を形式的意味の憲法に限定することで、「憲法制定者の意図に即して公権力を抑制する」という立場との間には、一定の緊張関係がある。では、この緊張関係を解消することは可能だろうか。アメリカの憲法学者、デヴィッド・ストラウスは「解消できる」と論ずるが、その際、彼が処方箋として示すのが、「コモン・ロー憲法 common law constitution」の観念である。

ストラウスによれば、「生ける憲法」とは、「正式の憲法改正の手続を経ずに、

---

4) たとえば、イギリスの公法学者、トマス・プールは、現代イギリス公法理論において有力な潮流を形成しているコモン・ロー立憲主義について、次のように説明している。細部に違いがあるにせよ、この見解においてコモン・ローは基本的な価値を反映する諸々の道徳原理のネットワークであり、政府活動の合法性を審査する一連の高次の価値を組み込んでいるものとされる。そのため、裁判所が重大な役割を引き受けることになる。Thomas Poole, "Dogmatic Liberalism?: T.R.S. Allan and the Common Law Constitution" *Modern Law Review*, vol. 65, pp. 463-464 (2002).

なお、イギリスの代表的なコモン・ロー立憲主義の理論家、T. R. S. アランの憲法理論を批判的に検討した論考として、愛敬浩二「立憲主義、法の支配、コモン・ロー」諸根貞夫ほか編『現代立憲主義の認識と実践』（浦田賢治先生古稀記念、日本評論社、2005年）9頁以下がある。

5) 「法的立憲主義の主流化（興隆）」という問題については、愛敬浩二『立憲主義の復権と憲法理論』（日本評論社、2012年）26-46頁を参照。

6) 奥平康弘『憲法の想像力』（日本評論社、2003年）27頁、76頁。

7) 樋口陽一『憲法Ⅰ』（青林書院、1998年）19-20頁。

進化し、時代を超えて変化し、新たな条件に適合する憲法」のことである。ストラウスは、合衆国憲法のように古くて改正が困難な憲法の下では、「生ける憲法」の観念なしにはやっていけないと論ずる。しかし、「生ける憲法」という考え方には深刻な問題点がある。「生ける憲法」は確かに、安定性を欠いた「操作可能な憲法 manipulable constitution」でもあるからだ。変化し適応する「生ける憲法」でありながら、同時に安定的で人為的操作を受けにくい憲法が必要であるが、どうすればこの対立する二つの要求を充足することができるのか。ストラウスはこう問いかけた上で、アメリカ国民は幸いにも、この難問をほぼ回避できるコモン・ロー憲法を既にもっていると論ずる[8]。ストラウスによると、コモン・ローとは、合衆国憲法のように権威があり、基本的で、聖典に準ずるような一つの文書に基づいたシステムではなく、時代を超えて蓄積された先例と伝統の上に構築されたものである。これらの先例は適応と変化を許容するが、あくまでも一定の範囲において、過去とのつながりを重視する方法によって適応と変化は実現する。そのため、コモン・ロー憲法は「生ける憲法」ではあるが、憲法の基本原理を一時的な世論から保護することを可能にする憲法でもある。そして、裁判官であれ、何人であっても、自分の思い通りに操作することが困難な憲法であるとストラウスは論じている[9]。

　アメリカの憲法政治・憲法理論にとっての問題は、「生ける憲法」論のアンチテーゼである「原意主義」に囚われて、私たちがコモン・ロー憲法の価値を理解していないことにあるとストラウスは考える[10]。そして、コモン・ロー・アプローチによる憲法の発展を率直に承認する立場のほうが、原意主義よりも優れていると主張する[11]。ストラウスによれば、コモン・ロー・アプローチの下で法解釈の主体（裁判官と法律家）は先例に基づく理由付けを基本としつつも、必要に応じて公正とよき政策の観点から判断することが許される。ただし、コモン・ロー・アプローチの基底には、(a)「個人の理性の力に対する謙虚さ」というエドマンド・バーク的な保守主義と、(b)「実務で機能するかどうか」を問う姿勢（法の適用場面を考慮しない抽象理論への不信感）がある。よって、先例変更

---

8) David A. Strauss, *The Living Constitution* (Oxford University Press, 2010) pp. 1-3.
9) *Ibid.*, p. 3.
10) *Ibid.*

が認められるとしても、個々の裁判官による公正とよき政策の観点からの判断は限定的なものなので、コモン・ローのシステムが際限なく操作可能であるとの批判は誤りである[12]。

以上のとおり、「生ける憲法」という動態的な憲法観と、「憲法制定者の意図に即して公権力を抑制する」という立憲主義のプロジェクトを「和解」させるものが、ストラウスによれば、コモン・ロー憲法である。ところで、私は旧稿において、奥平とストラウスの憲法観ないし憲法方法論の類似性を論じたことがある[13]。ここでの考察の便宜のため、旧稿での議論を簡単に振り返っておきたい。ある時期以降の奥平は「生ける憲法」を語る際、アメリカの憲法学者、ジェド・ルーベンフェルドの「プラクティスとしての憲法」という考え方への共感を述べることがあったが[14]、奥平自身の評価に反して、両者の憲法論の間には重大な差異があるというのが、旧稿での私の主張であった。本稿との関係で再論しておきたいのは、次の点である。

「ジェファーソンの懐疑」を真剣に受け止め、原意主義に対する理論的対抗を重視するルーベンフェルドは、だからこそ、憲法のテクストとその「原意」に拘泥し、独特な用語法による憲法解釈方法論を提示している[15]。他方、奥平に

---

11) *Ibid.*, pp. 43-45. コモン・ロー・アプローチのほうが原意主義よりも優れている点として、ストラウスは以下の4点を挙げている。①法実務で役に立つ。原意主義者の裁判官や法律家は歴史家にならなければならないが、コモン・ロー・アプローチが要求するのは、憲法の領域以外で彼らが長年親しんできた法解釈の方法だからである。②理論的正当化が容易である。「ジェファーソンの懐疑」(国民主権の下で、一つの世代が後の世代を拘束できるのかを問い、将来の世代を拘束する「永遠の憲法」を制定することはできないと断言したトマス・ジェファーソンの憲法観を便宜上、こう呼ぶことにする)を真面目に受け止める場合、原意主義は自らの方法論を正当化できないが、コモン・ロー・アプローチは先例に従うべき理由を説得的に提供できる。③実際の法実務の説明として優れている。原意主義はその方法論に手心を加えないかぎり、現在の憲法判例や法制度を正当化できない。④より率直な理論である。コモン・ロー・アプローチは、裁判官が自らの公正やよき政策の観念に影響を受けることを率直に認めるが、原意主義は自らの観念を原意の隠れ蓑の下に隠す。

なお、②の中で言及した「ジェファーソンの懐疑」という問題の詳細については、愛敬・前掲注5) 120-121頁を参照。

12) Strauss, *supra* note 8, pp. 38-43.
13) 愛敬浩二「世代を超えた共同作業としての憲法——奥平憲法学と『物語』論」長谷部恭男=中島徹編『憲法の理論を求めて——奥平憲法学の継承と展開』(日本評論社、2009年)。同論文は若干の修正を加えて、愛敬・前掲注5) 132-148頁に再録されている。ただし、本稿では、初出論文で引用する。
14) 奥平・前掲注6) 40-42頁、奥平・前掲注3) 213-214頁。

はそのような問題意識が希薄である。奥平は、「日本国憲法31条は、アメリカ流"due process"と縁もゆかりもないものとして成立した」という「原意」を率直に認める一方、憲法の権利体系が培ってきた市民の権利意識や憲法感覚を背景として、「日本市民が、行政に向けられた『適正手続』要件を法として、徐々にみずから作ってきたのだと思う」と論じている。ここで注目しておきたいのは、行政過程を含めて権力一般に「適正手続」を憲法上の要求と解釈する上で、どの条文を選ぶか（31条か13条か）という問題を、奥平は瑣末な問題と考えている節がある点である[16]。そして、旧稿で私は、「この奥平の考え方は、①実体的価値を定めた抽象的な規定（たとえば表現の自由を保障する第1修正）と、②手続等に関する具体的な規定（たとえば大統領就任の年齢制限等を定めた第2条1節5項）とを区別し、①をコモン・ローの『先例』と考えれば、時代と共にその規範的内容が変ることを容認できるので、『ジェファーソンの懐疑』は深刻な問題ではなくなると論ずるデヴィッド・ストラウスの議論により近いように思われる」と評価したのである[17]。

奥平は、「日本国憲法も『生ける憲法』として成立してきた」という持論を「英米法流の言い方」で表すとすれば、「文字によって書かれた憲法（憲法典）は、プラクティスを通じてコモンロー的に展開している、といえる。奇しくも、コモンロー的な法発展の中心には裁判所という制度がある」と論じている[18]。よって、奥平の「生ける憲法」論を「コモン・ロー憲法論＝コモン・ロー立憲主義」の一種として評価することは許されよう。とはいえ、ストラウスと奥平の憲法論の間には決定的な違いがある。次節では、この問題を考えてみたい。

Ⅲ 「成功の物語」としてのコモン・ロー立憲主義の問題点

前節では、奥平とストラウスの憲法論の類似性を論じた。他にも指摘できる

---

15) 愛敬・前掲注13) 195-198頁を参照。本文中にある「ジェファーソンの懐疑」については、前掲注11) を参照。
16) 奥平康弘『憲法裁判の可能性』（岩波書店、1995年）218-227頁。
17) 愛敬・前掲注13) 195頁の注52)。
18) 奥平・前掲注3) 215頁。

類似性がある。合衆国憲法を「時を超えたアメリカ人民」のコミットメントの対象として描くことで、「自己統治としての立憲主義」を正当化したルーベンフェルドの議論に対して、ストラウスは、「アメリカ人である」ということは憲法に関する先行世代の決定に従うことだと論ずる点で、ルーベンフェルドの議論はセクト主義であり、homogeneous な社会に適合的でないと批判している。ストラウスによれば、アメリカ立憲主義はアメリカ文化への帰属を拒否する人々に対しても正当化できるものでなければならない。[19] 奥平も日本国憲法の前文に触れた上で、「このように、全人類的なレベルで憲法上の価値づけを試みているのが、日本国憲法の重要な特徴の一つである」と述べたり、[20] 司馬遼太郎流の「この国のかたち」の再構築を謳った行政改革会議「最終報告」に対して、「あるべき『諸改革』は、『過去の伝統を踏まえ、将来の光輝ある展望をもつ日本』のためにあるのではなくて、『この宇宙に生きる私たち』のためのものでなければならない、と思う」（傍点は原文のもの）と批判している。[21] この点においても、奥平自身の評価に反して、奥平の憲法論は、ルーベンフェルドのそれよりも、ストラウスのものに近い。

ただし、ストラウスの憲法論には所々、安直な部分がある。たとえば、歴史的にコモン・ローが法源であった契約法・不法行為法・財産法・刑事法等の分野で、裁判所がコモン・ローに基づく決定をしても、立法府はそれを覆すことができるが、憲法の意味について裁判所によるコモン・ロー的決定を認めると、立法府はそれを覆せなくなるので問題であるとの批判に対して、ストラウスは、①コモン・ロー・アプローチ自体が非民主的なのではなく、違憲審査制を採用している憲法自体が非民主的なのである、②違憲審査制に対する持続的で強力な批判があるのは事実だが、ほとんどの者は我々のシステムの非民主的特徴（＝違憲審査制）を肯定的に受け入れている、と応答している。[22] ただし、この「安直な応答」は、ストラウスの自覚的な憲法方法論に基づくものであること

---

19) David A. Strauss, "Common Law, Common Ground, and Jefferson's Principle" *Yale Law Journal*, vol. 112, pp. 1723-1724 (2003).
20) 奥平・前掲注1) 31頁。
21) 奥平康弘『憲法の眼』（悠々社、1998年）25頁。
22) Straus, *supra* note 8, pp. 46-47.

を確認しておきたい。ストラウスによれば、憲法理論とは「正当化の実践」であり、その正当化は特定の法文化に帰属する人々に対して行われるものである。そのため、憲法理論はある法文化における合意（たとえば、ブラウン判決（Brown v. Board of Education, 347 U. S. 483 (1954)）を前提にして議論することが許される。法律家は、一般の人々が法制度等に対してもっている判断や直観に憲法理論を基礎付けることができるが、人々が憲法について無自覚に表明するすべての意見を受け入れる必要はない[23]。

　最後の点についてストラウスは、「これはエリート主義ではなく、分業である」と主張し、法的問題は一定の規模を有するサブ・コミュニティ（＝法律専門家）に委ねるのが合理的であると論じている[24]。よって、ストラウスが「安直な応答」に満足できるのは、彼の憲法理論の正当化の対象がアメリカの法文化に帰属する法律専門家であるからだと解される。一方、奥平は、裁判所の判決は単に「法律専門家にのみ向けられたメッセージ」ではなく、「国民向けメッセージ」でもあるべきと論じている[25]。しかし、これは「国民受けのする傍論」を書けばよいという話ではない[26]。専門用語（jargon）が通用する法律専門家の社会の外側でも通用する法的議論をせよとの主張である[27]。なぜなら、「憲法が保障する権利」を実現するのは、憲法を手掛かりにして、「解釈・行動をつうじて、制度にはたらきかける」ことで「たえず創造していく」私たち自身だからである[28]。

---

23) David A. Strauss, "What is Constitutional Theory?" *California Law Review*, vol. 87, pp. 582-583, 589-590 (1999).
24) *Ibid.*, p. 591.
25) 奥平・前掲注16）163頁。
26) 奥平は、最高裁判事が傍論で立法上の改善を求める勧告的意見を積極的に書くことと、ジャーナリズムが好んでそれを取り上げて大々的に報ずる傾向に対して、違和感を表明している。奥平・前掲注16）153頁。
27) 奥平は、「『リーガル・マインド』というとき、じつは専門や経験をおなじくしているサークルにかぎって通用するジャーゴン（仲間うちの言葉）を使用することへの慣れという、それ自体ではとうてい『理性』作用とは言えないものが、まことしやかに混在しているのである」と述べている。奥平・前掲注6）16頁。奥平はまた、「専門的、技術的な法曹エリートの知識と経験にまかせ、その英知に期待するというesoteric（密教的）な状況」を批判している。奥平・前掲注16）204頁。
28) 奥平康弘『憲法Ⅲ　憲法が保障する権利』（有斐閣、1993年）7頁。なお、本稿のⅠで引用した奥平の言明も参照。

ところで、ストラウスはなぜ、「生ける憲法」による人権保障の発展と、コモン・ロー・アプローチによる裁判官の恣意的判断の効果的抑制を語ることができるのか。その理由は結局のところ、彼の「生ける憲法」論が「成功の物語」だからではないだろうか。ストラウスは実際、表現の自由保障のための諸原理を発展させてきた第１修正は、「アメリカ憲法における途方もない成功の物語」であると述べている。その理由は、それらの諸原理が、合衆国憲法の条文やその「原意」から生じたものではなく、少数の裁判官の英知によって生み出されたものでもなく、原理と基準の適用についての多くの裁判官による長年の試行錯誤を経て、コモン・ロー的に進化してきたものだからである。[29]

ストラウスが「成功の物語」を語る際の思考方法が分かりやすく示されているのが、「明白かつ現在の危険」法理（以下、「危険法理」と略す）の発展過程に関する説明である。ホームズ＝ブランダイスの危険法理は、マッカーシズムの時代、デニス判決（Dennis v. United States, 341 U. S. 494 (1951)）において費用と便益の単純な比較衡量のテストにまで解体されたが、連邦最高裁はブランデンバーグ判決（Brandenburg v. Ohio, 395 U. S. 444 (1969)）において、危険法理に関する判例の流れと、価値の高い言論と価値の低い言論を区別する一連の判例（Chaplinsky v. New Hampshire, 315 U. S. 568 (1942), Yates v. United States, 354 U.S. 298 (1957) 等）を結合させて、表現の自由を手厚く保護する法理を確立した、というのがストラウスの説明である。その説明をする際に強調されるのは、ブランデンバーグ法理が、個々の事件において裁判官が適用を試みて、必要な修正を加えてきた先例に基づいて生み出された点である。[30]

少々辛辣な言い方になるかもしれないが、憲法判例の現状に（一応）満足しており、現状の急激な変化を望まない法律専門家からみて、「成功の物語」としてのコモン・ロー立憲主義は使い勝手がよく、魅力的でもあろう。しかし、危険法理に関するストラウス流の「成功の物語」は、マッカーシズムという時代経験の過酷さや、表現の自由の優越的地位の回復（あるいは確立）の過程における公民権運動という歴史的な社会変革の契機を過小評価する憾みがある。[31] もちろん、奥平も認めるとおり、「アメリカという国が『表現の自由』の価値

---

29) Strauss, *supra* note 8, pp. 52-55, 76.
30) *Ibid.*, pp. 70-73.

を最も雄弁に語り、その方面の制度化に目に見えた形で努力している政治社会であって、その点で世界諸国のいわば一種の準拠国と見なされる傾向にあるのは否めない事実である[32]」。よって、「第1修正の成功物語」を語ること自体に異論があるわけではない。しかし、ここで議論したいのは、ストラウスが「有用な過去 useable past」論を受け入れていることの問題性である。キャス・サンスティンによれば、憲法法律家と歴史家の憲法史研究の目的は異なるので、憲法法律家には「有用な過去」を利用する正当な理由がある。憲法解釈の一環としてなされる憲法法律家の歴史研究の目的は、憲法と関わる歴史的事件に関する最良の構築的意味を作り出すことであると彼は論じている[33]。ストラウスも同様に、法律専門家が「法律事務所の歴史学 law-office history」を利用するのは我々の法文化の持続的特徴であり、コモン・ロー・アプローチの下では、過去の英知の選択的利用が許されると主張している[34]。

「有用な過去」論の問題点の指摘として、私が心から共感するのが、スティーヴン・グリフィンによる次の批判である。グリフィンは、「有用な過去」の利用はアメリカ憲法史における非連続性の契機とアメリカ立憲主義の負の側面を軽視しがちなので、南北戦争や公民権運動などの歴史的な社会的転換の意義を正当に評価できないと批判する[35]。奥平も、「法の発展は、少数者の間の法的闘いの成果が一般化・普遍化されることで生ずる」という考え方を様々な表現

---

31) たとえば、ブラウン判決が、「分離すれども平等」法理の「平等」を実質的に要求することを通じて、鉄道の特別車両や法科大学院等の施設における人種分離を違憲としてきた一連の最高裁判決 (McCabe v. Atchison, Topeka & Santa Fe Railway, 235 U. S. 151 (1914); Missouri ex rel. Gaines v. Canada, 305 U. S. 337 (1938); Sweatt v. Painter, 339 U. S. 629 (1950); Mclaurin v. Oklahoma State Regents, 339 U. S. 637 (1950)) の帰結としてのコモン・ロー的発展の成果であることを強調するあまり、裁判所の外で起きた政治的・社会的変革の意義が相対化されている。Strauss, *supra* note 8, pp. 85-92.
32) 奥平康弘『「表現の自由」を求めて アメリカにおける権利獲得の軌跡』(岩波書店、1999年) viii頁。
33) Cass R. Sunstein "The Idea of Useable Past" *Columbia Law Review*, vol. 95, pp. 602-603 (1995).
34) Strauss, *supra* note 19, pp. 1748-1750.
35) Stephen M. Griffin, "Constitutional Theory Transformed" in *Constitutional Culture and Democratic Rule*, eds. by John Ferejohn *et al.* (Cambridge University Press, 2001) pp. 318-319. 「有用な過去」論に対するグリフィンの批判の意義について、愛敬・前掲注13) 198-200頁でもう少し詳しく論じておいた。前掲注31) と対応する本文も参照。

で度々表明しており、「有用な過去」論に対するグリフィンの批判に賛成するものと思われれる。旧稿でも別な観点から論証したが、奥平の「生ける憲法」は、「成功の物語」ではなく、「抵抗の物語」であり、だからこそその魅力と課題があるものと考える。しかし、この問題の検討は今後の課題とさせて頂き（本稿のVで若干の検討を行う）、次節では、イギリスの上級裁判所の裁判官を長年務めたジョン・ローズによるコモン・ロー憲法論を検討することにしたい。その際の問題関心は、①コモン・ロー立憲主義の議論が「裁判官の観点」を特権化した場合、その議論はどのような問題点を抱えることになるのか、②コモン・ロー・アプローチは本当に、裁判官の恣意的判断を効果的に抑制できるのか、という２点を考察することにある。

Ⅳ　裁判官が語るコモン・ロー立憲主義の問題点

ローズによれば、すべての憲法は以下の内容をもつ一連の法から構成されている。(a)治者を定義し、治者と被治者の関係を確立する法、(b)主権者の権限と義務の定義を含む法、および、(c)主権者の権限と義務の適切な行使に関する諸原則を含む法である。イギリスでは、これらの３点は、コモン・ローと国会制定法の融合体によって与えられている。しかし、国会制定法は所詮、紙に書かれた文字にすぎず、国会制定法に生命を与えるのは、コモン・ローの方法を体得した実務法曹（特に裁判官）による法解釈である。したがって、イギリス憲法を統一する原理はコモン・ローであるとローズは主張する。そして、コモン・ローは「生ける法」であり、古来の事柄に基づいてはいるが、持続的な刷新に開かれていると彼は論じている。ローズの憲法論において、コモン・ローが「生ける法」であるとすれば、彼の提唱する「コモン・ロー憲法」は、「生

---

36)　奥平・前掲注6) 2-14頁、奥平・前掲注32) iv頁、ix-x頁。
37)　愛敬・前掲注13) 190-191, 199-200頁。
38)　John Laws, *The Common Law Constitution* (Cambridge University Press, 2014) pp. 4-6, 18. なお、国会制定法の解釈に関するローズの説明と、Ⅱの冒頭で引用した憲法の解釈に関する奥平の説明の類似性に注目されたい。この類似性は、本稿が奥平憲法学の中にコモン・ロー立憲主義の要素を読み取る理由の一つである。
39)　Laws, *supra* note 38, .pp. 6-10.

ける憲法」ということになろう。

　しかし、人権保障の分野で、イギリスのコモン・ローは「成功の物語」を語ることができるのだろうか。キース・ユーイングによれば、コモン・ローは経済的自由を保障しても、政治的自由を保障しなかったし、それを保障する法原理を発展させなかった。この19世紀型のコモン・ローによる統治（＝ヴィクトリア憲法）を「リベラル憲法」へと転換させる画期となったのが、市民権と財産の関係を事実上切断する男子普通選挙制度の採用である（1918年）[40]。政治的自由の確立は国会制定法によるものだったし、時にはコモン・ローの制約に対抗して実現された。また、社会的平等に関するかぎり、コモン・ローの束縛から社会制度を解放したのも、国会制定法であったとユーイングは論じている[41]。

　とはいえ、この「古い話」を今さら、蒸し返す必要はあるのか。たとえば、コナー・ギアティは、ニュー・レイバーから社会主義の要素は洗い流され、平等主義的・進歩的政策を強力に推進する可能性はほとんどなくなったので、裁判所がその保守的な本性を現す機会も失われたとのシニカルな見方を示している[42]。私自身は、「蒸し返す」必要がないとしても、ある論者が「裁判機関による人権保障＝法的立憲主義」をコモン・ローの観念に訴えて正当化する場合、その議論が本当に現代の人権問題の解決や人権状況の改善に役立つのかを精査すべきであると考えている[43]。このような問題意識に立ってローズの憲法論を読

---

40) Keith Ewing, "The Politics of the British Constitution" [2000] *Public Law*, pp. 408-412.
41) Keith Ewing, "The Unbalanced Constitution" in *Sceptical Essays on Human Rights*, eds. by T. Campbell, *et al.* (Oxford University Press, 2001) pp. 105-107. エリック・バレントも、「コモン・ローはつい最近まで表現の自由を保護して来なかったし、性差別や人種差別に対する救済も不十分だった」と論じている。Eric Barendt, "Review: Constitutional Justice: a Liberal Theory of the Rule of Law by T.R.S. Allan" *Law Quarterly Review*, vol. 118, pp. 163-164 (2002).
42) Conor Gearty, "Beyond the Human Rights" in *The Legal Protection of Human Rights: Sceptical Essays*, eds. by T. Campbell *et al.* (Oxford University Press, 2011) p. 473. 一方、マーティン・ラフリンは、一般の読者を主なターゲットとして執筆されたイギリス憲法の入門書の末尾で、法的言説が憲法政治の領域を植民地化すると、連帯と共通の市民権という社会民主主義的価値を保護するために公的領域を再活性化させるという課題意識が消失することを問題視した上で、ビジネスの世界を中心にして実務の訓練をする法律家から構成される司法部に憲法問題の解決を委ねてもよいのか、と問いかけている。Martin Loughlin, *The British Constitution: A Very Short Introduction* (Oxford University Press, 2013) p. 118.
43) このような私の問題意識は、愛敬・前掲注5）の終章に示されている。

み直すと、裁判官が自らの観点を特権化して主張するコモン・ロー立憲主義の問題点が明らかになるものと思われる。「消極的権利」と「積極的権利」の区別に関するローズの議論をみてみよう。[44]

ローズによれば、消極的権利の理念は「最小限の国家介入」の原理であり、これはカントの定言命題が前提にする市民の主権的自律を尊重するものである。積極的権利とは、義務教育や社会保障のように、個人の自己充足を具体化するために必要な施策を要求する権利である。この区別をした上でローズは、積極的権利について国会は主権的であり、消極的権利と積極的権利のバランスをとるのも究極的には国会だが、消極的権利を政府権力の限界として認めない憲法は善い憲法ではない、という論理を展開する。[45] ただし、実際には二つの権利の境界は不明確な場合が多い。この点についてローズは、通常の事案においては、二つの権利の振り分けや最小限の規制が何かを決めるのは裁判官であるとしながらも、市民の間にコンセンサスがない場合、その役割を果たすのは国会であると主張する。[46]

私がローズの議論を巧妙だと思うのは、二つの権利の区別を通じて、アメリカ型違憲審査をも正当化する議論の筋道を付けておきながら、③政治的論争の種になる問題（→積極的権利）や④道徳的なハード・ケースの解決を国会に「丸投げ」するからである。たとえば、④に関してローズは、根強い偏見に基づいて意図的に制定された差別立法を廃止するのは国会の仕事だと論じている。[47] 近著での議論は一層巧妙なものになっている。ローズによれば、イギリスのコモン・ロー憲法は、⑤政治的意思（民主的決定）の即時性と⑥コモン・ローの漸進的発展の間の妥協であり、⑥では対処するのが難しい新しく重大な挑戦（テロリズムを含む宗教的極端主義）への対応は、⑤の問題であるとして、テロ対策等の分野における司法消極主義を正当化している。[48]

---

44) 現在のイギリス憲法の議論状況との関係での位置付けを含めて、ローズの議論の詳細については、愛敬浩二「イギリス憲法の『現代化』と憲法理論」倉持孝司ほか編著『憲法の「現代化」――ウェストミンスター型憲法の変動』（敬文堂、2016 年）41 頁以下を参照。
45) John Laws, "The Constitution: Morals and Rights" [1996] *Public Law*, pp. 627-629.
46) *Ibid.*, pp. 632-633.
47) *Ibid.*, p. 633, n. 11.
48) Laws, *supra* note 38, pp. 29-32, 54-56, 83-84.

ローズ裁判官はさらに、イギリスに固有のコモン・ロー憲法を擁護するという法的主張の外観の下で、テロ対策の分野における一層の司法消極主義を正当化するため、イギリスの国内裁判所はヨーロッパ人権裁判所（以下、「人権裁判所」と略す）の判例から自立すべきとの政治的主張を行っている。1998年人権法2条1項は、ヨーロッパ人権条約上の権利との関係で生じる問題を決定する際、イギリスの裁判所が人権裁判所の判決や決定を考慮に入れるべきことを定めている。そして、イギリスの裁判官は一般に、人権裁判所の判例に拘束されると考えているとの観察がある[49]。しかし、ローズは、イギリスの国内裁判所が人権裁判所の判例に従いすぎるため、政府がとりうる効果的なテロ対策の選択肢が制約されているとの認識を示した上で、人権法2条1項の解釈を変更して、国内裁判所は人権裁判所の判例に拘束されないこと明らかにすべきと主張している[50]。ただし、ここで注目したいのは、ローズの主張の結論よりも、その論証方法である。ローズによれば、人権裁判所の判例に拘束される人権法解釈の結果、人権問題の範囲が拡大して、裁判官は政治的問題に巻き込まれるようになった。このような事態は、コモン・ローの普遍（catholicity）と抑制の美徳を失わせるものである。それを回避するためにも、不法行為法や契約法等のその他の法分野と同様、人権法分野でも、イギリスの裁判官がコモン・ローの発展を担うべきであるとローズは主張している[51]。

　ローズの法的主張の政治的文脈を確認しておこう[52]。トニー・ブレア労働党政権の大法官であった大物法律家が近年、国内裁判所が人権裁判所の判例に拘束されると考える現在主流の立場は、国会主権の原理に反すると論じたところ[53]、

---

49) Jack Beatson et al., *Human Rights: Judicial Protection in the United Kingdom* (Sweet & Maxwell, 2008) pp. 41-42.
50) Laws, *supra* note 38, pp. 53-56, 79-80.
51) *Ibid.*, pp. 58, 63-64, 71-72. ローズはわざわざ、「ヨーロッパに関する政治的論争や憤慨について、私にはもちろん、発言権はないし、何らの主張もない」と付言している。*Ibid.*, p. 63.
52) キース・ユーイング（岩切大地訳）「イギリスにおける連立政権の下での市民的自由」倉持孝司＝小松浩編著『憲法のいま――日本・イギリス』（敬文堂、2015年）38頁以下は、「英国権利章典」論議を含めて、ローズの議論の政治的背景を概観する上で有益である。
53) Lord Irvine of Lairg, "A British Interpretation of Convention Rights" [2012] *Public Law*, pp. 244-245. 1998年人権法の導入の立役者の一人であった Lord Irvine によるこの議論を、ローズは頼もしげに援用している。Laws, *supra* note 38, p. 72.

ある現役裁判官がこの主張に対して、第2次世界大戦後ヨーロッパの人権プロジェクトの危機であると言わんばかりの反論をしているが、それを大袈裟だと笑っていられないのが現在の政治情勢である[54]。保守党は人権法2条1項を問題視し、イギリスの裁判所が人権条約の解釈において最終的決定権をもつべきと提案している（「英国権利章典 The British Bill of Rights」論[55]）。そして、デヴィッド・キャメロン首相（当時）はマグナカルタ800周年記念式典の演説を利用（悪用？）してこの方針を確認した（2015年6月15日）。EU離脱レファレンダムというずっと大きな問題が先行したため、「英国権利章典」論議は停滞気味ではあるが、問題自体が解消されたわけではない。

　もちろん、ローズの憲法論はコモン・ロー立憲主義の一つのヴァージョンにすぎず、「裁判官の観点」を特権化しつつ、よりリベラルな憲法論を構築することも可能ではあろう。しかし、ここで確認したいのは、ストラウスが期待するほど、コモン・ロー・アプローチというのは裁判官の恣意的判断を抑制できるとは限らないし、コモン・ロー・アプローチを採用する裁判官のほうが、現代の人権保障に対して積極的であるとも限らないということである。

V　希望としての「連戦連敗」論

　アメリカの憲法学者のストラウスやイギリスの裁判官のローズが語る「生ける憲法」はある意味で、「成功の物語」である。一方、奥平は、1993年公刊の『憲法Ⅲ』の冒頭、「日本国の場合、『憲法が保障する権利』に関して語るべき多くの経験をもっていない」ことを認めざるをえなかった[56]。よって、実際の法

---

54) Sir Philip Sales, "Strasbourg Jurisprudence and the Human Rights Act" [2012] *Public Law*, pp. 266-267. ちなみに、イギリスの高等法院は2016年11月3日、イギリス政府がリスボン条約50条に基づいてEUに対して離脱通知をする際には、国会の承認が必要であるとの判決を出したが（R (Miller) v Secretary of State for Exiting the EU [2016] EWHC 2768 (Admin)）、Salesは同判決を出した三名の裁判官うちの一人である。

55) Protecting Human Rights in the UK: The Conservatives' Proposals for Changing Britain's Human Rights Laws. 同文書は下記のホームページからダウンロードできる（最終アクセス日2017年1月22日）。https://www.conservatives.com/~/media/files/downloadable%20Files/human_rights.pdf

56) 奥平・前掲注28) 8頁。

実務の構築主義的解釈によって（一応）正当化可能なストラウスやローズの憲法論と比べて、奥平の「生ける憲法論」は日本国憲法とその背景にある政治哲学等に基づく規範論としての性格が強くなることは否めない。ただし、だからこそ、奥平の憲法論は、法律専門家（特に裁判官）の観点を特権化することのない——その意味では、コモン・ロー立憲主義が陥りがちな欠点から自由な——「生ける憲法」論に基づくコモン・ロー立憲主義の可能性を示してもいると評価できるのではないか。もちろん、規範論としての「生ける憲法」と法実務で実際に機能している「生ける憲法」との間の距離をどう縮めるのか、という難しい問題は残る。たとえば、「裁判官が憲法裁判をするのであるから、その裁判官が『市民化』することは、憲法裁判制度を活かしてゆくための不可欠の要素の一つだと思う」と奥平は述べているが、これは前述した「難しい問題」に対する「解答」ではなく、「問題提起」として評価すべきであろう[57]。

　ここで注目したいのは、奥平が他方で、違憲審査制を含めて「外来的なるもの」である日本国憲法の諸原理や制度について、「私たちはほぼ50年、これらと付き合い、これらを自分のものとするために努めてきた。楽観のそしりもあるだろうが、それはそれなりに相当に自分のものとすることができた」とも論じていた点である[58]。奥平がそのような「楽観」を語りえたのは、「歴史の節目節目で、私たちがたたかいをしたことの結果として現在がある」との強い思いに支えられていたからだろう[59]。私の個人的体験としても、晩年の奥平は、「ぼくは連戦連敗だった」と語ることを好んだ。奥平の「連戦連敗」論は、「連戦連敗」という事実を悔やんでいるのではなく、「連戦連敗」を覚悟の上で、その時々に一生懸命に議論をし、「負けながらも、撤退しながらも」、大勢の議論にブレーキをかけて、「生ける憲法」の発展に寄与してきたとの自負を語っているのである[60]。日本国憲法の「原点における汚れ＝押しつけ憲法」を理由として、憲法9条の「選び直し」を主張した加藤典洋「敗戦後論」について、この

---

57)　奥平・前掲注16）13頁。
58)　同上書6頁。奥平は別の機会にも、同様の期待を表明している。「最近の裁判所は、『未完のプロジェクト』に自らが関わっていることを前提にして、それに相応しい判決をぽろぽろと少しずつ出すようになってきた。観測が甘いと言われそうだけれども、ぼくはそのことに期待をもつ」。奥平・前掲注3）215頁。
59)　奥平・前掲注6）101頁。

議論の特徴は、「……日本国憲法を、『他者』として受け止め、これを他人事として語るところにある」として厳しく批判したのも、そのためであろう。

　奥平は晩年、沖縄「密約」情報公開請求訴訟の控訴人として「陳述書」を執筆した。法的論点の詳細は省くが、蟻川恒正は敬意を込めて、「現時点では無理筋の奥平の法解釈」と評している。「陳述書」の中で奥平はなぜ、本件開示請求および不開示処分取消訴訟という「いささか重荷たるを覚える負担をあえて自らに課することにしたのか」を説明している。奥平にとって、「密約」文書開示請求は、「日本の国家政治がわれわれ市民に対して負うべき政治道徳的な責任の追及というより高くより広い要請を内に秘めた行動のための形式に過ぎない」（傍点は原文のもの）ものであった。前述のとおり、奥平の法解釈を「無理筋」と評した蟻川は、その後でこう続けている。「後に続く者によって、あるいは解釈論として精緻化され、あるいは立法論として転用され、大きなうねりを作っていかないとは限らない。『連戦連敗』の奥平は、そのことを誰よりもよく知り、そのことに誰よりも希望を持っていた」。

　奥平先生の「陳述書」を読んで、「ぼくは今回も連戦連敗だったよ」と少しはにかんだ表情で、でも誇らしげに語る先生の姿が目に浮かんだ。もうあの表情がみられないのだと思うと、その喪失感に耐えることはひどく難しい。「不肖の弟子」を名乗る資格さえない私ではあるが、市民として、憲法学者として、「生ける憲法」の展開に関わっていくことが、先生の学恩に報いる道だと信じて、自分なりの歩みを進めていきたい。

（あいきょう・こうじ　名古屋大学教授）

---

60)　奥平・前掲注3) 208-210頁。奥平康弘『『憲法物語』を紡ぎ続けて』（かもがわ出版、2015年）205頁以下の「戦後の歩みを共有して──江藤文夫さんへ」も併せて参照。
61)　奥平・前掲注6) 42-43頁。Ⅰの冒頭で引用した奥平の発言も参照。
62)　蟻川恒正「『奥平陳述書』解題」法律時報87巻5号（2015年）25頁。
63)　奥平康弘「陳述書」法律時報87巻5号（2015年）17頁。
64)　蟻川・前掲注62) 25頁。

リベラル・デモクラシーと裁判所
——違憲審査の活性化に向けて

川　岸　令　和

I　不活発な違憲審査

　奥平康弘は、憲法裁判所の導入が唱えられ、一定の支持が広がっていたときに、制度変更が必ずしも望ましい憲法裁判状況を生み出す訳ではないのではないかと懐疑的な見解を呈していた。日本国憲法制定50周年を迎えていた頃、日本の最高裁判所は違憲審査に関して概して活発といえる状況ではなかった。法令違憲判決は、尊属殺重罰規定違憲判決[1]、薬事法薬局開設適正配置条項違憲判決[2]、二度の議員定数不均衡違憲判決[3]、森林法共有分割制限規定違憲判決[4]の5つに止まっていた。また、本来手厚く保護されるべきとされている精神的自由を擁護する法令違憲判決は、多くの疑わしい法実践にもかかわらず、存在しなかった[5]。最高裁判所裁判官を務めた伊藤正己が、自らの経験に基づき、日本における司法裁判所型の違憲審査制度は機能不全に陥っていると診断し、憲法判断がよりしやすい憲法審査に特化した裁判所の設置が望ましいと指摘したこと

---

1)　最大判1973（昭和48）年4月4日刑集27巻3号265頁。
2)　最大判1975（昭和50）年4月30日民集29巻4号572頁。
3)　最大判1976（昭和51）年4月14日民集30巻3号223頁、最大判1985（昭和60）年7月17日民集39巻5号1100頁。
4)　最大判1987（昭和62）年4月22日民集41巻3号408頁。
5)　法令違憲の判断ではないが、その意味では、愛媛県玉串料支出違憲判決（最大判1997（平成9）年4月2日民集51巻4号1673頁）は画期的であった。

が注目された。また 1994 年に読売新聞が憲法改正試案を公表し、その中で憲法裁判所の設置が提案されていた。実体的に何が期待されていたのかは別として、こうした議論においては、制度の転換こそが憲法裁判の活性化を導くであろうと期待されていた。

しかし奥平は、機能不全の原因のきちんとした分析を伴わない単なる制度のすげ替えがうまくいく保障はないと警鐘を鳴らしていた。ある制度が機能不全であるからといって、新制度を採用しても、機能不全の原因が明らかにされなければ、その新制度も同様に機能不全に陥るかもしれず、あるいはうまく機能してもそれは偶然の所産ということになり、「社会科学的ではない」のである。奥平は、「現状としての司法審査のありようを、それを成り立たしている土壌分析とともに、もっと真面目に、もっと個別具体的に点検する作業がなければならない」としている。

そして何よりも、「うまくはたらく」という判断が何に依拠しているのかを見極める必要性を奥平は指摘する。違憲判断の少なさそれ自体が真の問題ではないからである。というのも、尠少な役割しか果たしてこなかった司法審査を有しながら、「市民的自由、民主主義および平和的生存の確保」のための市民による努力がそれなりに 50 年間なされてきており、そうした法的政治的実践を通じて戦後の日本は「世界の諸国との交際において——尊敬とはとうていい

---

6) 伊藤正己『裁判官と学者の間』(有斐閣、1993 年) 133-137 頁。

7) 「読売新聞日本国憲法改正試案」(読売新聞 1994 年 11 月 3 日朝刊 17 面。その第八章は「司法」であり、司法権が最高裁判所および法律で定める下級裁判所とともに憲法裁判所に帰属することを明らかにした後 (85 条)、「憲法裁判所は、一切の条約、法律、命令、規則又は処分が憲法に適合するかしないかを決定する権限を有する唯一の裁判所である」とする (86 条)。

8) 奥平は、読売憲法改正試案の憲法裁判所導入論は日本国憲法体制下の最も重要な争点の一つであり、法的に未決着である自衛隊の地位について、その合憲性を明確化することにあると理解していた。なお読売試案は、その第三章を安全保障に当てており、「日本国は、自らの平和と独立を守り、その安全を保つため、自衛のための組織を持つことができる」としている (11 条)。

9) 「ある『制度』がうまくはたらかないのは、その『制度』が悪いからであって、別の新しい『制度』をもってくれば、こんどはうまくはたらくと考える傾向」は、「『制度』が土壌とするさまざまな要素——あいまいに『文化』と呼んできている社会的・歴史的な背景もここに入るのだが——を捨象」するものであり、「思想の怠惰性の現れ」であると批判する。奥平康弘『憲法裁判の可能性』(岩波書店、1995 年) 3-4 頁。奥平の憲法訴訟全体の分析は、「憲法訴訟の軌跡と理論」、「憲法訴訟の軌跡——その後」、「司法審査の日本的特殊性」同書所収、「最高裁判所の『解釈』のゆくえ」『憲法の眼』(悠々社、1998 年) 所収。

えないにしても——相応の承認と信頼をかちえてきている」と評価できるからである。[10]

　つまりうまく機能するとの判断は観点依存的なのである。アメリカ憲法史に通暁していた奥平としては、積極的な違憲審査権の行使が必ずしも自由で民主的な憲法体制を維持・発展させることにつながらない場合もあることを熟知していたと思われる。司法積極主義の代表例と考えられる Dred Scott 判決[11]は南北戦争の勃発を加速化させ、またニューディール政策への合衆国最高裁判所による種々の違憲判断[12]はローズベルト大統領による裁判所抱き込み策を誘発することになった。つまり司法積極主義が、現状改革的な帰結を導くのと少なくとも同程度に他の政治部門による現状改革的な努力を挫折させることもある。憲法という法規範は一般に解釈に広く開かれており、法的効果をはっきりと導くことが可能である準則の束というよりはむしろ法的議論の一方向づけを明らかにする原理の束であることが通例である。[13]憲法解釈には一定の幅があり、その幅の間で存在しうる。

　そして市民的自由、民主主義、平和的生存の確保の努力の過程で、市民の果たす役割を過小評価してはならない。奥平は市民が自ら立ち上がり憲法理念の実現のために憲法訴訟に従事することの重要性に鑑み、司法裁判所型の違憲審査制の長所を説く。つまり、「市民の憲法感覚・権利意識に根ざした個別具体的な係争事件からはじまるところの司法審査という制度は、市民参加という点で、より適合的」であるとする。[14]

　奥平が『憲法裁判の可能性』を著してから20年以上の歳月が流れた。日本の最高裁判所は今世紀に入ると徐々に積極的な傾向を示しているといえる。郵便法国賠免責・制限規定違憲判決[15]、在外選挙制度違憲判決[16]、国籍法出後認知子

---

10)　奥平『憲法裁判の可能性』6-7頁。
11)　Dred Scott v. Sandford, 60 U.S. 393 (1856).
12)　See, e.g., Schechter Poultry Corp. v. United States 295 U.S. 495 (1935) (NIRA of 1933); United States v. Butler, 297 U.S. 1 (1936) (AAA of 1933); Carter v. Carter Coal Company, 298 U.S. 238 (1936) (Bituminous Coal Conservation Act of 1935).
13)　See Roland Dworkin, *Taking Rights Seriously* (Harvard University Press, 1977) 22-28, 71-80. 長谷部恭男『憲法　第6版』（新世社、2014年）96頁。
14)　奥平『憲法裁判の可能性』7頁。
15)　最大判2002（平成14）年9月11日民集56巻7号1439頁。

準正要件規定違憲判決[17]、嫡出性に基づく法定相続分差別規定違憲決定[18]、再婚禁止期間一部違憲判決[19]と、この17年のうちに当初約50年間と数の上では同数の法令違憲の判断が示されている。最高裁判所の積極主義では平等が重要な道具となっており、自らの意思や努力によってはいかんともしがたい事由による差別的取り扱いには最高裁判所は警戒を示しより積極的に介入する姿勢を示すようになっており[20]、注目される。また最高裁判所の違憲判断の効果という観点からも、当該事件を超えて社会的に広く影響を及ぼすような事案にも介入を躊躇しないことがある。しかし精神的自由に関する領域では、相変わらず最高裁判所は消極的な姿勢を堅持しているように思われる[21]。

最高裁判所の態度の微妙な変化の一方で、衆議院議員選挙に小選挙区比例代表並列制の導入を中心とする選挙制度改革による政治の変容が展開してきている。多数党の巨大化とその持続という現象は最高裁判所の違憲審査権の積極的行使をますます困難にするのではないかと予測させる。この予測が必ずしも当て外れではないことを露わにしたのが、夫婦同氏制違憲訴訟の最高裁判所判決[22]であろう。法制審議会が選択的夫婦別氏制の導入を含む民法改正案要綱を公にしてから20年以上が経ち[23]、政治過程が有効に機能しないことが明らかになっているにもかかわらず、また女性差別撤廃委員会から懸念が表明されているにもかかわらず[24]、法廷意見は伝統的な立場に固執し、法創造の機会を逃した。もちろん困難な解釈的問題があることは疑いえないが、24条に示された憲法の理念を積極的に展開することがまったく不可能であったという訳でもないであろう。消極主義が基調であることは否定できないが、最高裁判所は、迅速な裁

---

16) 最大判2005（平成17）年9月14日民集59巻7号2087頁。
17) 最大判2008（平成20）年6月4日民集62巻6号1367頁。
18) 最大判2013（平成25）年9月4日民集67巻6号1320頁。
19) 最大判2015（平成27）年12月16日民集69巻8号2427頁。
20) 国籍法違憲判決、法定相続分差別規定違憲決定参照。
21) ただし政教分離原則を厳格に解した空知太神社訴訟判決（最大判2010（平成22）年1月20日民集64巻1号1頁）や国家公務員の政治活動を保護した堀越事件判決（最大判2012（平成24）年12月7日刑集66巻12号1337頁）などは注目される。なお戸松秀典「憲法訴訟の現状分析 序論」戸松秀典＝野坂泰司編『憲法訴訟の現状分析』（有斐閣、2012年）所収参照。
22) 最大判2015（平成27）年12月16日民集69巻8号2586頁。
23) 法制審議会答申「民法改正案要綱」（1996年2月26日）。
24) 濱本正太郎「裁判所は誰に語るのか」法時89巻2号（2017年）76頁参照。

判を受ける権利との関係で訴訟の打ち切りを実現した高田事件判決や公選法204条に規定されている選挙無効訴訟の無効原因に投票価値の平等違反を読み込んだ議員定数不均衡訴訟判決など、これまで解釈を通じた法創造とまったく無縁であったわけではない。にもかかわらず、寺田長官の補足意見が明らかにするように、法廷意見はこの争点に関する憲法価値の実現を一般に多数決主義に基づく政治過程に委ねる選択をしたのであった。ここに世界との落差を再び目の当たりにする。というのも、2015年は、婚姻の憲法的意義に関して、アイルランドでは国民投票による憲法改正で同性婚が承認され、アメリカでは婚姻の神聖さを強調して同性婚を認める合衆国最高裁判所判決が言い渡された年でもあったからである。

憲法の観点から政治過程を秩序づけようとする最高裁判所の意欲は、ときに政治勢力から激しいバックラッシュを引き起こす。最高裁判所がそれに耐えうる制度的人的強靱さを具えているかどうか。違憲審査権の行使は、当然のこととではあるが、政治的制度配置全体と関係している。違憲審査制の活性化はどのようにして実現可能であろうか。

以下では、まず政治の裁判化という世界的な現象を瞥見し、彼此の差を認識した上で（Ⅱ）、その要因を探る（Ⅲ）。そしてその評価を試みた上で、日本の状況に立ち戻り、違憲審査の穏健な活性化の途を検討することにする（Ⅳ）。

Ⅱ 政治の裁判化現象

ここで世界に目を転じてみよう。かつてトクヴィルは、アメリカ合衆国の法

---

25) 最大判1972（昭和47）年12月20日刑集26巻10号631頁。
26) 最大判1976（昭和51）年4月14日民集30巻3号223頁。
27) See Danny Hakim and Douglas Dalby, "Ireland Votes to Approve Gay Marriage, Putting Country in Vanguard," New York Times, May 23, 2015.
28) Obergefell v. Hodges, 576 U.S. ___, 135 S.Ct. 2584 (2015).
29) 人類史上初めて違憲審査権が行使されたマーベリー判決（Marbury v. Madison, 5 U.S. 137 (1803)）も、ジェファソン率いる共和派の激しい攻撃に晒された。違憲判決には多かれ少なかれ共通するが、特に社会において大いに論争的な事項にかかわる違憲判決は特にそうであろう。例えば、妊娠中絶禁止を違憲としたRoe v. Wade, 410 U.S. 113 (1973) は大論争の淵源であり続けている。
30) 見平典『違憲審査制をめぐるポリティクス』（成文堂、2012年）参照。

政治状況を観察して、「法律に違憲判決を下す力のあるアメリカの司法官は、絶えず政治問題に介入する」、「合衆国では、ほとんどどんな政治問題もいずれは司法問題に転化する」と述べたが、世界は政治の裁判化という共通の経験をしている。日本の最高裁判所の一定程度の積極化とほぼ時期を同じくする20世紀の終わりごろから今世紀にかけて世界各国で、また国家を超えるレベルで政治の裁判化という現象が顕著になっている。この政治の裁判化とは、一般に、公共的な政策の決定など政治的な紛争が民主的な政治過程から裁判所あるいは裁判的な機関へと移行されることを意味する。

この政治の裁判化はさまざまな位相で語られている。最広義には、それは法的ディスコースの拡大を意味する。多かれ少なかれ自由で民主的な政治運営を標榜する体制にあっては法の支配がその重要な構成要素となり、そこでは一般に社会の法化現象として現れる。また広義には、公共的な政策の帰結を決する裁判所の領域の拡大として理解される。憲法上の権利の保障が名目上のものでなく、裁判所によって実質化することはその一例である。アメリカ合衆国最高裁判所のMiranda判決が引き起こした刑事手続上の大変革は社会に大きな影響を与えており、長く論争の的になっていることは広く知られている。また現代国家は、多かれ少なかれその構成員の社会経済的な利益を保護することが求められるようになっているが、そうした福祉国家化に呼応した行政部門の拡大傾向に対して、裁判所が手続的な観点から法的統制を及ぼすことも広く見られることである。新しい権利としてプライバシーを保護することで、現代の積極主義的規制国家における私的領域の確保も裁判所の共通の課題である。さらに

---

31) トクヴィル／松本礼二訳『アメリカのデモクラシー 第一巻(下)』(岩波文庫、2005年) 180頁、181頁。

32) See C. Neal Tate and Torbjorn Vallinder, eds., *The Global Expansion of Judicial Power* (New York University Press, 1995). なおRan Hirschl, "The Judicialization of Politics," Gregory A. Caldeira et al. eds., *The Oxford Handbook of Law and Politics* (Oxford University Press, 2008), 119-141 も参照した。

33) See Rachel Sieder, Line Schjolden, and Alan Angell, eds., *Judicialization of Politics in Latin America* (Palgrave Macmillan, 2005), 5.

34) 法化現象については、田中成明『現代法理学』(有斐閣、2011年) 102-105頁参照。

35) Mirand v. Arizona, 384 U.S. 436 (1966).

36) See, e.g., Goldberg v. Kelly, 379 U.S. 254 (1970). See also, Charles A. Reich, "The New Property," 73 Yale L.J. 733 (1964).

国家を越える単位での裁判化も重要なテーマである。人権、貿易、金融など国家を越える諸問題を取り扱う裁判所や裁判類似の機関やパネルの拡大も顕著である。ヨーロッパ司法裁判所（European Court of Justice）、ヨーロッパ人権裁判所（European Court of Human Rights）、米州人権裁判所（Inter-American Court of Human Rights）などに加えて、世界貿易機関（World Trade Organization）、北米自由貿易協定（1994 North America Free Trade Agreement）、東南アジア諸国連合（Association of South-East Asian Nations）、さらに国際通貨基金（International Monetary Fund）などは世界の経済秩序を統制しており、政治の裁判化は新しい世界秩序を形成している。[38]

政治の裁判化のこれら二つの位相は、もちろん議論はあるものの、比較的受け入れやすいものである。自由で民主的な政治体制を標榜する限り、現代の複雑で多様化する権力作用に関して予見可能性や透明性の確保は重要な課題となる。その際、裁判所や裁判類似の機関の機能拡大が期待されるのは無理からぬところであろう。これに対して、特に論争の的となるのが、狭義の政治の裁判化である。それは、より政治的といえる事柄が民主的政治過程ではなく司法過程によって裁定されるところに特徴がある。裁判所による選挙過程の秩序づけはわかりやすい傾向である。2000年のアメリカ合衆国大統領選挙が合衆国最高裁判所によって決着がついたことは記憶に新しい。[39] 2004年ウクライナ大統領選挙の決選投票の無効・再投票の決定も最高裁判所による裁定の結果であり、それによって親ヨーロッパ派と親ロシア派とが激しく拮抗する政治状況のウクライナに親ヨーロッパとなるオレンジ革命をもたらすことになった。[40]

選挙過程の統制であれば、伝統的な司法機能の範囲にまだ何とか含めて考えることができるかもしれない。選挙に関わる法制は自由で民主的な政治体制の

---

37) See Ran Hirschl, *Toward Juristocracy: The Origins and Consequences of the New Constitutionalism* (Harvard University Press, 2004), 103-108.
38) See Anne-Marie Slaughter, *A New World Order* (Princeton University Press, 2004).
39) See Bush v. Gore, 531 U.S. 98 (2000).
40) See Andrew Wilson, *Ukraine's Orange Revolution* (Yale University Press, 2005), chap. 7. それに止まらず、2010年9月30日にはウクライナ憲法裁判所は2004年の政治改革法を違憲と判断し、それによる憲法改正を無効とし、1996年憲法が復活した。See Decision of the Constitutional Court of Ukraine No. 20-rp/2010 dated September 30, 2010 (http://www.ccu.gov.ua/en/docs/283).

基盤を成し、制度と権利の双方の側面も併せ持つことも多く、加えて民主的政治過程では既得権に囚われてしまいその評価が難しい場合もあるからである。しかしさらには進んで、経済政策や安全保障といった執行機関の判断が従来優先されてきた分野、体制変容を裁判所が正当化し補強すること、過去の構造的不正義を是正すること、集団的アイデンティティを形成すること、国家建設の過程を秩序づけること、国家の定義づけをめぐっての深刻な対立を調停することなど、裁判所によって一定の解決が図られる、そのような事態が世界各地で頻々と起こっている。

　例えば、アパルトヘイトの負の遺産を払拭し、新しい統合的な国家建設を進める必要のある南アフリカでは、憲法裁判所は1996年に手続を踏んで準備された憲法草案の条項に憲法原理と抵触するものがあるとの判断を示した[41]。裁判所が憲法制定に関して事前に内容にわたって違憲を宣言するという稀有な事例である。またカナダ最高裁判所は、ケベック州が一方的に連邦から離脱することは違法であり、その自立する権利の追求にはカナダ政府との交渉が必要とする勧告的意見を示した[42]。最高裁判所が、連邦離脱のあり方を秩序づけ、ケベックとカナダ連邦との政治的命運を決する過程づけを行ったのである。それは、民主的な国家が国家解体の法的条件を事前に吟味するという近代立憲主義の歴史において初めてのことであったという[43]。またイスラエルでは、社会に存する宗教と世俗との深遠な溝に関連するユダヤ人は誰かという問題に最高裁判所が自らの解釈を提示し深く関与していくことになる。ユダヤ人という個別的な価値と民主的という普遍的な価値との双方へのコミットメントの間の統合を、理念的に説得力があり政治的に実行可能な形で創り上げていくことが建国以来の国家的な根本的な課題となっているという。その課題を最高裁判所が積極的に引き受けているのである[44]。

　この狭義の政治の裁判化現象にあっては、伝統的な裁判において用いられる

---

41) Certification of the Constitution of the Republic of South Africa, 1996 (CCT 23/96) [1996] ZACC 26; 1996 (4) SA 744 (CC); 1996 (10) BCLR 1253 (CC) (6 September 1996).
42) Reference re Secession of Quebec, [1998] 2 S.C.R. 217. カナダの照会制度については、佐々木雅寿『現代における違憲審査権の性格』（有斐閣、1995年）69-78頁。
43) Hirschl, *Towards Juristocracy*, 172.
44) Hirschl, *Towards Juristocracy*, 173.

判断規準がはっきりと存在するわけでないので、裁判所はまさに政治の茂みに分け入ることになる。もちろん法と政治との区別は相対的であり截然としないことも多いのであるが、こうした国家のあり方に直接的に関わる事柄はまさにより純粋な政治に属する領域といえるであろう。政治の裁判化はその裏側に裁判の政治化を伴っているのであって、その消極的効果についても十分認識しておかなければならないであろう。

Ⅲ 政治の裁判化の要因

それでは司法機関がその権力を拡大するという傾向はどのようにして起こるのであろうか。

そもそも裁判所がその活動を積極化できるためには相応の制度的基盤が必要である。まず憲法上の権利という構想と違憲審査制とが憲法上はっきりとした利用可能なツールである。違憲審査制は裁判所が政治過程への介入の手段を提供する。憲法上の権利の保障がなければ、司法審査はせいぜい権限踰越原則に基づくものか手続的統制かに止まるであろう。しかし、それにより裁判所は高度に政治的な争点や根本的な道徳的紛争に介入する手掛かりが得られる。特に違憲審査制は多数決主義と潜在的に緊張関係にあるので、政治的共同体において民主的な意思決定過程だけが正統であるという捉え方が広く共有されていないことが肝要である。[45] 憲法上の権利の保障は、裁判所が民主的政治過程への介入ができるためのわかりやすい理由を与える。そしてそれら 2 つの要素が有意義であるためには、何よりも政治アクターも憲法という規範に拘束されること、そしてその憲法の意味を確定するのは裁判所であるということが、当の政治アクターを含めて共同体の一定数以上の人びとに受け入れられていなければならない。つまり司法の優位の承認である。違憲審査制誕生以来、司法の優位を否定しようとする政治的動機づけは広く見られてきたところである。[46] 憲法の究極的解釈者としての裁判所という構想をめぐっては深刻な批判があり、裁判所の優位性を減殺しようとする、憲法解釈者としての対等な政治アクターの存在を

---

45) 栗城壽夫「違憲審査制」樋口陽一＝栗城壽夫『憲法と裁判』（法律文化社、1988 年）158-161 頁参照。

強調する考え方も有力である[47]。違憲審査制の正統化が規範的な知的探求のフォーラムである憲法学の主要なテーマとなるのも無理からぬところである[48]。しかしどの程度の優位性かは別として、その否定が広く受け入れられていては、政治の裁判化現象が生ずることにはならない。そして現にそうした現象は世界的傾向として確認できているのであるから、ある種の司法の優位は、積極的に進んでではないにしても、少なくとも容認されているといえよう。

　政治の裁判化には違憲審査制の存在が必要であるとしても、その類型が政治の裁判化に異なる影響を及ぼしていることも考えられる。仮定は、司法裁判所型では程度が低く、憲法裁判所型では高程度の政治の裁判化が引き起こされるというものである。具体的な事件を前提とする司法裁判所型では政治的関連性がより薄いのではないかという想定に基づく。直観的にはそうであるように思われるが、司法権が事件を解決することを第一義におくとしても、法の一般原則に照らして同様の事件は同様に処理される限り、当該事案を超えた社会的紛争の裁定とならざるをえない側面があるので、具体的事件性による限定も必ずしも決定的ではない。また文面審査や宣言判決の手法が採られれば、その限定ももっと相対化されることはよく知られている。またスタンディングをどのように設定するかでも、大いに異なってくるであろう。イスラエル、インド、南アフリカなどで見られるスタンディングの緩やかな理解は、問題を広く裁判所で解決しようとする意欲の現れである[49]。

　司法裁判所型であれ憲法裁判所型であれ、そもそも憲法が権利を重要な構成

---

46) 例えば、最近では政治資金規制法制を違憲としたCitizens United v. FEC, 558 U.S. 310 (2010) に対するオバマ大統領の批判が記憶に新しい。See U.S. President Barack Obama, "The 2010 State of the Union Address," January 27, 2010.

47) いわゆるディパートメンタリズムはそうした主張の一環である。大林啓吾「ディパートメンタリズムと司法優越主義——憲法解釈の最終的権威をめぐって」帝京法学25巻2号（2008年）103頁。

48) See, e.g., John H. Ely, *Democracy and Distrust: A Theory of Judicial Review* (Harvard University Press, 1981).

49) See, e.g., Ressler v. Minister of Defence, H.C. 910/86, June 12, 1988, 42 (2) P.D. 441; S.P. Gupta v. Union of India, December 12, 1981, 1982 AIR 149, 1982 (2) SCR 365; 南アフリカ共和国憲法38条。イスラエル最高裁判所の首席裁判官を務めたバラクによると、そうした理解は、裁判官の役割とは、法と社会との間の切れ目を架橋することであり、民主主義を擁護することであるとの信念に支えられている。Aharon Barak, *The Judge in a Democracy* (Princeton University Press, 2006) 193. もちろんそれ自体は実体的にリベラルな解決を帰結するわけではないことに留意すべきであろう。

要素としており、憲法上の権利が民主的政治過程に一定の影響力を及ぼすものである以上[50]、違憲審査制度が導入される限りで、政治への影響は避けられない。近代立憲主義は本来的に政治の統制を試みようとする企てなのである[51]。もちろん憲法裁判所型を採用し、抽象的な規範統制を可能とすれば、提訴権者は一般に公選公職者が中心に設定されるであろうから、好むと好まざるとにかかわらず、政治化と無縁であるとは言い難い。そもそもケルゼンが違憲審査を一般の司法裁判所とは別の裁判所に委ねるべきだと考えたのも、違憲審査に伴う政治性を考慮してのことであった[52]。しかし憲法裁判所の一つの重要な範型であるドイツ連邦憲法裁判所が処理する事件数は圧倒的に憲法異議であり、抽象的規範統制はごくごく少数にすぎない[53]。むしろ憲法裁判所が裁判システムのなかで大きな影響力を発揮するのは、具体的規範統制や憲法異議を通じて、憲法価値を明らかにしていくことで、通常の裁判所に一定のガイダンスを与えることによってであろう。憲法裁判所裁判官と司法裁判所裁判官との間の遣り取りを通じて司法部に憲法価値が浸透していき、法秩序の憲法化が生み出される[54]。通常の裁判所も不可避的に憲法判断を行うことになる[55]。さらに立法と司法との区別を強調する大陸法的な思考も憲法価値の観点から相対化されることは重要である。特にヨーロッパでは国内憲法裁判所もヨーロッパ司法裁判所やヨーロッパ人権裁判所などとの共存で、憲法裁判の増殖が起こり、司法裁判所型の分散的な違憲審査がよりレレヴァントになってきている[56]。

---

50) See, e.g., Dworkin, *Taking Rights Seriously*.
51) 「熟慮と選択」が「偶然と暴力」に優位する。See *The Federalist* No. 1 (Hamilton).
52) 樋口陽一「ケルゼンと違憲審査制」『転換期の憲法?』(敬文堂、1996年) 所収、長尾龍一「ケルゼンと憲法裁判所」日本法学72巻2号 (2006年) 381頁。
53) 河島太朗「違憲審査制の論点〔改訂版〕」国立国会図書館・調査及び立法考査局 (2016年) 10-15頁。
54) See Alec Stone Sweet, "Constitutional Courts and Parliamentary Democracy," 25 West European Politics 77 (2002).
55) 毛利透「『法治国家』から『法の支配』へ」論叢156巻5・6号 (2005年) 340頁参照。
56) See Leonard F.M. Besselink, "The Proliferation of Constitutional Law and Constitutional Adjudication, or How American Judicial Review Came to Europe After All," 9 Utrecht Law Review 19 (2013). 法律の違憲審査が憲法上明文で否定されているオランダにおいてもヨーロッパ法秩序のなかで違憲審査が実際にはなされているという。また、中村民雄=山元一編『ヨーロッパ「憲法」の形成と各国憲法の変化』(信山社、2012年) も参照。

さらに制度の側だけでなく、それを利用する人的要素も関係する。まず裁判官がそれなりの役割を果たそうとする意欲がなければ、整えられた制度も効用を示さない。裁判所には財力も武力もないので、裁判所の活動の効果は結局のところ裁判所の、そして裁判官の評判に依存している[57]。そして裁判書に示された理由づけの説得力が評判の源泉となる。公開原則に基づく討議と熟慮という司法過程のイメージは利益集団間の必ずしも公開されない取引という政治過程のイメージよりは肯定的に受け取られることが多く、概して、経験的に裁判所は種々の国家機関の中で最も信頼に値する組織である[58]。司法過程のインテグリティへの評価を基礎にした信頼を背景に司法は活動範囲を拡大できる。また制度を利用しようとする市民の側にも要因は見出せる。憲法上の権利という構想は、裁判所自体が積極的に意思決定過程に介入する機会を得るだけでなく、市民のイニシアティヴによる憲法価値の実現に向けた営為をも引き出す。憲法テクストの教育的効果は市民の間に権利意識を醸成することにもある[59]。そもそも裁判所は受け身の機関であって、提訴をまってその活動を開始する。司法裁判所型ではまずもって事件の繋属が必要なので、市民による下からの裁判化の要求はごく一般的である。憲法裁判所型でも抽象的規範統制を求める権利オンブズマンの請願や一般市民の訴訟を認めている場合もあり[60]、下からの裁判化は促進される。さらに憲法訴訟を人的にまた財政的に支援するシステムも重要である[61]。

---

57) See, e.g., Nuno Garoupa and Tom Ginsburg, *Judicial Reputation: A Comparative Theory* (University of Chicago Press, 2015). 実際の裁判官の判断は、法の解釈なのか選好の表明なのか、選好の表明であるとしても、その素直な反映であるのか、戦略的な反映であるのか、様々な理解がありうる。
58) See, e.g., Tom R. Tyler and Gregory Michell, "Legitimacy and the Empowerment of Discretionary Legal Authority: The United States Supreme Court and Abortion Rights," 43 Duke Law Journal 703 (1994).
59) 憲法テクストの教育的効果については近代立憲主義の出発点から議論されていた。See, e.g., "Letter of Thomas Jefferson to James Madison, December 20, 1787," Julian P. Boyd, ed., *The Papers of Thomas Jefferson* (Princeton University Press, 1955), 12: 440; "Letter of Madison to Jefferson, October 20, 1788," 14 (1958): 20; "Letter of Jefferson to Madison, March 15, 1789," *id.* 659.
60) スペイン憲法161条、ハンガリー憲法裁判所法21条2項、コロンビア憲法241条など参照。
61) See, e.g., Charles R. Epp, *The Rights Revolution: Lawyers, Activists, and Supreme Court in Comparative Perspective* (University of Chicago Press, 1998).

しかしこれらだけでは必ずしも十分でないであろう。というのもすでに触れたように、違憲審査制は民主的政治過程と必ずしも調和的ではないので、民主的政治アクターが反撃にでることは十分に予想されることである[62]。そうであるとすれば、政治の裁判化の拡大は政治部門によって単に消極的に容認されているだけではなく、時に積極的に支持されているのではないかと思われる。論争的な争点の主体的解決が激しい批判を招きそうであったり、支配層を分裂に陥れそうであったりするので、政治アクターがあえて自ら政策形成にかかわりたくないと考える領域があり、その解決を裁判所に委ねるという場合がある。政治過程が実は政治の裁判化を必要としているともいえるのである[63]。

IV 政治の裁判化の帰結、そして日本

1 政治の裁判化は必ずしもリベラルな帰結をもたらすわけではない。政治の裁判化を比較研究したハーシェル（Ram Hirschl）によると、伝統的な自由権の分野ではそれなりの成績であるが、社会経済的な権利の保障は貧弱であり平等の実現にはほど遠い[64]。彼の仮説は政治・経済・司法エリートのヘゲモニー保存のために司法の強化が用いられているとするものである[65]。この仮説が正しいかは別に詳細な検討が必要であるが、ここでは政治の裁判化の深化は市民の権利の擁護の方向にもまた為政者の地位の保全のための方向にも進みうることを確認しておく。裁判官、特に国家の最高レベルに位置づけられる裁判所の裁判官が何らかの方式で政治部門によって任命される限りにおいて、政治部門と根

---

62) フランクリン・ローズベルト大統領の裁判所抱き込み案の提案とその挫折は著名である。See, e.g., William E. Leuchtenburg, *The Supreme Court Reborn* (Oxford University Press, 1995).
63) See, e.g., Mark A. Graber, "The Nonmajoritarian Difficulty: Legislative Deference to the Judiciary," 7 Studies in American Political Development 35 (1993); Alec Stone Sweet, "Judicialization and the Construction of Governance," 32 Comparative Political Studies 147 (1999); Tom Ginsburg, *Judicial Review in New Democracies: Constitutional Courts in Asian Cases* (Cambridge University Press, 2003); Hirschl, *Towards Juristocracy*; Keith E. Whittington, *Political Foundations of Judicial Supremacy: The Presidency, the Supreme Court, and Constitutional Leadership in U.S. History* (Princeton University Press, 2007).
64) Hirschl, *Towards Juristocracy*, 218.
65) Hirschl, *Towards Juristocracy*, 11-12.

本的に異なる選好を抱く者が裁判官になることはおよそ稀なことと考えるのが自然であろう。[66]

　実際、政治の裁判化は裁判の政治化をも意味するので、その評価は必ずしも簡単ではない。[67] 争われる概念であり解釈に開かれている権利、自由、平等そして人間の尊厳や公正といった基本的な原則が憲法化されていると、憲法はそうした概念を提示し解釈に供することで政治性を具えてはいるがしかし法的な紛争を解決するための手がかりを裁判官に付与する。裁判所は原理に基づく理性のフォーラムとして、はっきり区別され孤立した、あるいは拡散したまたは匿名の少数者に対する偏見、部分的利益の不当な影響、熟議の欠如など民主的過程の機能不全を補完することはできるであろうし、そのことはリベラル・デモクラシーの維持・発展には不可欠である。しかし、はっきりとした判断規準がない状態で本質的に純政治的な紛争に介入することは、原理と理性に基づくという制度の本質的特徴を失い、政治機関と実質的に同一化してしまい、責任ある政治という民主主義の特性を政治部門から奪い取ることになってしまうであろう。[68] 現代立憲主義は、憲法典、憲法上の権利の保障、国民主権、代表民主制、権力分立、法の支配、違憲審査制など複雑な構成要素で成り立っている。政治の裁判化の評価もそうした複雑な構成全体のなかで評価されなければならない。

　2　日本の状況に立ち戻ろう。日本国憲法には憲法上の権利の保障も違憲審査制度もそろっているので、裁判所による政治過程への介入の前提は制度的には整っている。そして奥平がその生涯をかけて積極的にコミットしてきた、憲法の条文に市民の側から意味づけを与えようとする下からの裁判化の動きも広く認められる。[69] 欠けているのは政治の側の必要であり、裁判所・裁判官の準備であろう。

---

66)　See, e.g., Robert A. Dahl, "Decision-Making in a Democracy: The Supreme Court as a National Policy-Maker," 6 Journal of Public Law 291 (1957).

67)　例えば、芦部信喜「憲法学における憲法裁判論」『宗教・人権・憲法学』（有斐閣、1999 年）所収、またマティアス・イェシュテットほか／鈴木秀美ほか監訳『越境する司法――ドイツ連邦憲法裁判所の光と影』（風行社、2014 年）参照。

68)　See Ran Hirschl, "The New Constitutionalism and the Judicialization of Pure Politics Worldwide," 75 Fordham Law Review 721 (2006).

まず、政治の側の事情はどうであろうか。政治アクターが司法の拡大を必要とする状況にはないように思われる。政治アクターが、民主化のさらなる進展に抗し、自らの政治的立場を維持するには、政策的意思決定を裁判所に転嫁した方が好都合であると考えるような政治的社会的状況は存在していない。困難な決定を裁判所に委ね、責任を押しつけ、その決定を非難しながら政策を転換させるといった複雑な政治的駆け引き[70]が行われるようなことが近々起こるとはあまり予想できない。1994年の選挙制度改革での衆議院への小選挙区比例代表並立制の導入以来、選挙の結果、得票率とはかけ離れた政党間の極端な議席配分が目立つようになっているし、また衆議院と参議院とで多数派が異なる状況を極力避けようとすることで、強力な政権党が形成されるようになっている。しかも新しい選挙制度では候補者の政党公認が従前にもまして意味を有するようになり、党中央の統制力が強化されている。このように強力で一枚岩的な政党が存在している場合、概して、司法の活動は消極的となる。[71] 司法の積極主義は政治部門のバックラッシュを誘発することになりかねない。とくに憲法上、議会の同意などが要件化されず、内閣が最高裁判所裁判官の人事権を一方的に行使できるようになっている場合には特にそうである。[72] 定期的な政権交代が実

---

69) もちろんアメリカ合衆国における訴訟を通じたアドボカシー集団の盛んな活動の比ではない。ただアドボカシー集団は憲法価値からすると両局面で活動しうる。リベラルな価値を実現しようとするNAAPCやACLUだけではなく、Center for Individual Rightsのように徹底した個人の権利擁護の観点からアファーマティヴ・アクションに反対する団体も、Federalist Societyのように保守的リバタリアンの団体もある。

70) アメリカ合衆国最高裁判所の違憲審査が政治部門と最も対立した例の1つであるニューディール期でも、ローズベルト政権は初期の粗雑な立法に対する最高裁判所の違憲判断を攻撃しつつ、政策をより適切に練り直していった。See, e.g., Bruce Ackerman, *We the People: Transformations* (Belknap Press, 1998), chap. 10.

71) See, e.g., Lee Epstein, Jack Knight and Olga Shvetsove, "The Role of Constitutional Courts in the Establishment and Maintenance of Democratic Systems of Government," 35 Law and Society Review 117 (2001); John Ferejohn, "Judicializing Politics, Politicizing Law," 61 Law and Contemporary Problems 41 (2002).

72) 日本の最高裁判所が最もリベラルであったとされる時代は、横田喜三郎および横田正俊が長官を務めた時代であり、最高裁判所は、積極的に違憲判断をしたわけではなく、憲法価値を活かすよう制定法の合憲解釈を行ったのであるが、そうした最高裁判所の態度は政権側の反発を招き、人事を通じての巻き返しに合ったといえる。全逓東京中郵事件判決・最大判1966（昭和41）・10・26刑集20巻8号901頁、都教組事件判決・最大判1969（昭和44）・4・2刑集23巻5号305頁。

現するようになれば、あるいは少なくとも両院制がその存在意義を示すような状況になれば、事情も変わってくるであろう。

　さて、裁判所・裁判官の側に話を転じよう。日本の違憲審査の不活発性は広く認識され議論されてきた。[73] 先の述べたように、最高裁判所裁判官の経験から憲法裁判所設置を提案した伊藤正己は、和の精神の尊重が政治部門への敬譲をもたらしていること、法律家の特性として法的安定性を志向する傾向にあること、既存の制度的配置に憲法感覚を鈍磨される要因が多いこと、大法廷回付に慎重なので憲法問題が小法廷で処理される傾向にあること、没個性的な裁判官が理想とされるので反対意見が生じにくいことなどを指摘した。[74] 特に最高裁判所の事件処理数が多く、複雑で時間がかかる憲法問題に取り組むことには大いなる困難に逢着する。[75] また日本の最高裁判所は、利益多元主義的な民主主義を保存しようとする傾向があるのかもしれない。[76]

　ただこうした活動の自由が効かず苦しい状況にもかかわらず、最高裁判所は違憲審査権を巧みに行使して政治部門と対峙しつつ、憲法価値を実現しようという意欲を見せることも時にある。議員定数不均衡訴訟をめぐる最高裁判所判例の展開はそうしたものの1つであろう。まず何よりも、投票価値の平等違反を公選法204条の選挙無効原因と認め、議員定数不均衡を選挙無効訴訟で争えるようにしたこと[77]が、一般に消極的と認識されている裁判所としては画期的なことであった。[78] さらに、違憲の判断を躊躇させる要因は事後対応の困難さであるが、事情判決の法理によって違憲の判断と効果としての無効とを切断し、違

---

[73] 世界で最も保守的な最高裁判所という評価もある。David S. Law, "The Anatomy of a Conservative Court: Judicial Review in Japan," 87 Texas Law Review 1545, 1546 (2009).

[74] 伊藤・前掲注6) 116-133頁。

[75] 事務量の多さは、伊藤だけではなく、裁判所外から最高裁判所裁判官になった人たちの共通の実感である。大野正男『弁護士から裁判官へ——最高裁判事の生活と意見』（岩波書店、2000年）、滝井繁男『最高裁判所は変わったか——一裁判官の自己検証』（岩波書店、2009年）、藤田宙靖『最高裁回想録——学者判事の七年半』（有斐閣、2012年）。

[76] See Yasuo Hasebe, "The Supreme Court of Japan: Its Adjudication on Electoral Systems and Economic Freedoms," 5 International Journal of Constitutional Law 296 (2007).

[77] 最大判1976（昭和51）年4月14日民集30巻3号223頁。

[78] 最高裁判所のリベラルな議論をリードした田中二郎が、定数不均衡訴訟は公選法が予定していないと評していることから見ても、その画期性の一端を知ることができる。田中二郎『日本の司法と行政——戦後改革の諸相』（有斐閣、1982年）139-140頁。

憲の宣言を生み出した。訴訟の入り口と出口とで解釈による法創造がなされた[79]。実体について最高裁判所は、投票価値の平等自体を厳格に求めず、立法裁量を広く認め、また、是正のための合理的期間論を採り国会への配慮を示し、それに対する国会の対応も鈍かったが、それでも2度違憲と判断したことを過小評価すべきではないであろう[80]。特に選挙制度改革で区画審設置法が制定され（1994年法律3号）、各選挙区の人口の均衡が明確化され、最大較差2倍以内が「基本」と法定化された（同法旧3条1項）ことは、最高裁判所が合憲のラインを3倍においているのではないかと推測されていたことからすれば、相当の前進である[81]。もちろん1人別枠方式が投票価値の平等を歪めていたが、2011年3月に最高裁判所は当初の緩やかな判断を転換し、1人別枠方式の区割基準およびそれに基づく区割が憲法の投票価値の平等の要求に反するに至っていると判示するに至った[82]。それでも国会の本格的対応はなかなか進捗せず、最高裁判所は是正のための合理的期間論を援用する同様の判断を続け、全体として国会の努力を否定的には理解していない[83]。ここでも積極的とは決していえないが、それでも、結果的に、区画審設置法の改正を誘発し（2016年法律49号）、最大較差を2倍以内とすることが法定化され（新3条1項）、選挙区割の基準としてアダムス方式の採用が明記された（同2項）。もちろんまだまだ改善の余地はあろうが、市民の問いかけに端を発し、40年に及ぶ最高裁判所と国会との「対話」の1つの帰結であることは、憲法価値の実現の過程としてはそれなりに評価されるべきであろう。

　また近時最高裁判所は、社会的に論争的な問題に介入する勇気を示すことがある。国籍法出後認知子準正要件規定違憲判決[84]では、「慎重に検討することが必要」と明言し、「自らの意思や努力によっては変えることのできない」事柄

---

79) 常本照樹「議員定数判決の構造」法教211号（1998年）81頁。また藤田・前掲注75) 109-111頁。
80) 違憲判断の対話誘発性については、佐々木雅寿『対話的違憲審査の理論』（三省堂、2013年）、同「最高裁判所と政治部門との対話」、座談会「対話的違憲審査」論ジュリ12号（2015年）206-236頁参照。
81) 土井真一「法の支配と違憲審査制」論ジュリ2号（2012年）160頁、167-168頁参照。
82) 最大判2011（平成23）年3月23日民集65巻2号755頁。
83) 最大判2013（平成25）年11月20日民集67巻8号1503頁。
84) 最大判2008（平成20）年6月4日民集62巻6号1367頁。

に基づく差別的取扱いであることを重視し違憲の結論を導くが、嫡出性に基づく差別的取扱いについて国籍付与規定全体を違憲とすることなく、部分的に違憲無効とし、さらに国籍付与の根拠となっている部分を「合憲拡張解釈」した[85]。司法と立法との関係を懸念する計5名の裁判官が参加する2つの反対意見があることに鑑みると、最高裁判所の判断が伝統的なラインに留まっていないことがよくわかる。さらに、嫡出性に基づく法定相続分の差別規定についても（民法旧900条4号但書前段）[86]、1995年大法廷決定への5名の裁判官による反対意見が約20年を経て全員一致の多数意見に転換したといえ[87]、違憲を導く判断についてはどの程度説得力があるのかは別として[88]、違憲判断の遡及効を制限すること[89]、また、民事再審を導くような特別な効力を認めないことで[90]、違憲判断と法的安定性とを両立させた。法定相続分の嫡出性に基づく差別の廃止は1996年2月に法制審議会が民法改正案要綱をまとめ法務大臣に答申したなかで既に示されていたが、民法改正はついぞ実現しておらず、立法過程が応答的に機能しない状況においての違憲判断であったことも特徴をなしている。また両違憲判断とも立法事実の変化という判断手法に訴えかけており、違憲を宣言しやすくしているが、どこまでが合憲でどこからが違憲なのか区別の明確な線引きという別の困難に逢着する[91]。さらに両者は社会的な反響が大きく、爾後の法律改正に当たって議論が従前に比して錯綜し、法律の違憲性を宣言することが反対勢

---

85) 宍戸常寿「違憲審査制」小山剛＝駒村圭吾編『論点探求憲法〔第2版〕』（弘文堂、2013年）357頁、同「日本における違憲審査制の発展」國分典子＝申平＝戸波江二編『日韓憲法学の対話Ⅰ』（尚学社、2012年）所収。

86) 最大決1995（平成7）年7月5日民集49巻7号1789頁。

87) 最大判2013（平成25）年9月4日民集67巻6号1320頁。なお、母との関係で嫡出性が問題となった1995年の事案の方が事実関係上は違憲と判断し易いと思われる。

88) 例えば、蟻川恒正「婚外子法定相続分最高裁違憲決定を読む」法教297号（2013年）102頁、山崎友也「批判」金沢法学56巻2号（2014年）165頁、中林暁生「婚外子法定相続分規定違憲決定」論ジュリ17号（2016年）93頁など参照。

89) 先例としての事実上の拘束力として最高裁判所は議論している。野坂泰司「民法900条4号ただし書前段と憲法14条1項」平成25年度重判15-16頁。また長谷部恭男「判例の遡及効の限定について」論ジュリ13号（2015年）109頁も参照。

90) 民事訴訟法338条1項8号を類推適用した郵便法違憲判決再審事件（大阪高決平成16年5月10日判例集未登載）。初宿正典ほか『憲法 Cases and Materials 憲法訴訟』（有斐閣、2007年）483-487頁に収録。

91) 藤田・前掲注75) 245頁注5)。

力からバックラッシュを招く可能性を顕在化させ、日本の違憲審査のあり方も新たな段階を迎えたといえる。

3 それでもはやり政治の裁判化という世界的な傾向に照らすと、日本の最高裁判所が存在感を発揮できているとはまだまだいえないであろう。最高裁判所がより違憲審査をしやすくするためにはいくつかの方策が提案されているが、ここでは笹田栄司の提案を取り上げる[92]。それは、最高裁判所が上告審としての負担から解放され、憲法裁判に専心できるようにするための事務処理量の軽減策を中心にした複合的な案となっている。民事訴訟に上告制限制度は導入されているが、必ずしも制度趣旨に沿った展開とはなっていないことが前提である[93]。骨格は、現行憲法の体制を維持しつつ、裁判所の組織改編で特別高裁を設置し、特別高裁には上告審の機能と憲法問題を最高裁判所に転轍する役割を担わせ、最高裁判所が憲法裁判に集中できるようにする提案であり、注目される。この案による新たな最高裁判所は 9 名の裁判官による 1 合議体で違憲審査および判例変更を検討し、違憲審査の活性化につなげようとする。またこの提案によれば、最高裁判所の上告審としての機能がなくなれば、キャリア裁判官の必要性も低減するので、弁護士や学者など在野の優れた人物を多く選ぶことが可能となり、閉鎖的かつ集権的な司法行政の変化も展望でき、下級審の違憲審査権行使を容易にすると期待されている。この展望は特に重要と思われる。東京中郵事件や都教組事件などで最高裁判所を理論的にリードし、最初の法令違憲判決に関与した田中二郎は、最高裁判所における憲法裁判は下級裁判所からの議論の積み重ねがあってこそできると強調している[94]。下級審での活発な議論や様々な工夫は停滞気味の違憲審査制に新たな息吹を吹き込むであろう。司法裁判所型の特徴はまさに市民のイニシアティヴで始まる憲法訴訟が下級審で論議され、その論議が審級とともに深化されていくところにある。その意味で従前の必ず

---

92) 笹田栄司「最高裁判所改革による違憲審査の活性化」『司法の変容と憲法』(有斐閣、2008 年) 所収。
93) 笹田・前掲注 92) 23-27 頁、藤田・前掲注 75) 217-220 頁。
94) 田中二郎『日本の司法と行政』144-145 頁、同「最高裁時代の思い出など」野村二郎『法曹あの頃 上』(日本評論社、1978 年) 233 頁。

しも分明とはいえない司法行政の軛から下級審の裁判官が解放されることは、日本における違憲審査の活性化と質の向上に繋がるのではないかと思われる。

　当該提案はさらに調査官制度の視野に入れている。現在の最高裁判所は上告審としての機能が大きいのでその裁判実務は調査官の存在なくして成り立たないし、そもそも法曹一元的任用制度がとられているので裁判実務の形態に通じていない者も裁判官も予定されていることから、調査官の必要性は元来高い。[95] しかし、上告審の機能を特別高裁に移行させるとすれば、これまでとは異なった調査官像が浮かび上がってくる。優秀な現役裁判官である最高裁調査官を訴訟の現場に戻すことができるという。笹田は若手法曹から登用し、3名程度を各裁判官付きとすることを想定している。[96] 新最高裁判所は憲法裁判が中心になるので、弁護士や学者からの任用も容易になろう。[97] 理論と実務の架橋が求められる時代にふさわしい調査官の給源が求められる。特に重要となるのが、調査官を各裁判官付にすることである。現行の裁判法 11 条は各裁判官が意見を表示することを義務としているように読めるし、実際、後になって弁解できない裁判官という職務柄、最高裁判所裁判官の説明責任を果たす観点から意見の発表は重要である。争われる概念を規定する憲法の解釈をめぐり 9 名ないし 15 名の合理的な人々の意見が全員一致となることの方がむしろ例外的なはずである。かつては判例中心主義的思考が強く個別意見が軽視されていたようであるが、それも徐々に変わってきている。[98] 論争がさらなる憲法の深化を促すものである以上、反対意見や意見だけでなく、妥協の産物である場合が多い多数意見の意味するところを明確にするためにも補足意見も表明されることが重要である。[99] より説得力のある判決のために様々な意見が展開されていることが望まし

---

95)　大野・前掲注 75) 55-60 頁、滝井・前掲注 75) 31-36 頁、藤田・前掲注 75) 66-68 頁。
96)　笹田・前掲注 92) 19 頁。
97)　現行の制度のままでも、調査官の給源の多様化は最高裁判所の活動の活性化をもたらすのではないかと考える。大野・前掲注 75) 60 頁、自由人権協会「司法制度改革審議会中間報告への意見書 3 ──最高裁判所裁判官の選任・司法における知的障害者の権利保護」(2001 年 3 月 31 日)「第 1 　最高裁判所判事の任命、及び最高裁判所調査官について」「3. 最高裁判所調査官の給源に関する問題の所在」。また見平・前掲注 30) 195-199 頁、市川正人ほか編著『日本の最高裁判所──判決と人・制度の考察』(日本評論社、2015 年) 第Ⅱ部第 3 章参照。
98)　大野・前掲注 75) 105-114 頁。
99)　藤田・前掲注 75) 157-161 頁。

い。このような個別意見の執筆はそれなりの負担であろうから、それを補佐する調査官が個別的に付くと意見の表明もよりし易くなるであろう。[100] 違憲審査の活性化のためには個別調査官制度は欠かせないように思われる。

この最高裁判所改革案が実現すれば、大きなインパクトをもつことになろう。ただそのためには議論の時間が必要となるであろう。短期的に実行可能なもの、例えば調査官制度の改革から着手することはできよう。司法制度改革審議会での議論の積み残しの実現も期待される。[101] また現在の長官プラス14名の裁判官という人員構成を前提として法曹一元的任用を続けるとしても、弁護士からの登用を元の5ポストに戻すことは可能であろう。キャリア裁判官や行政官の出身者には一般にない現行法制度を相対化する能力をもつ弁護士が最高裁判所の3分の1を構成するようになると、学者とともに、新しい法形成のきっかけが生まれるかもしれない。そのためには、弁護士からは訴訟活動、特に最高裁判所での弁論活動の経験や、「頑冥」と「怯懦」[102]をともに退けられるような広い視野とリーダーシップを具えた者を任用することも重要である。

司法裁判所型の違憲審査制をとる場合、憲法訴訟の帰結がどのようなものであれ、それが多くの人々に影響を及ぼすことから、当事者の提出する資料だけに留まらず憲法上の争点について広く社会の英知を最高裁判所に集めることができるような制度の導入も必要となる。[103] 市民の司法への参加の一形態であるだけでなく、裁判官の側からしても判断するための素材は少ないよりも多い方が自信をもって判断できるであろう。

これは時間がかかるが、法学教育も重要である。日本における近代法は外国法や国際法の影響を受けながら展開してきた。憲法もそうである。われわれは相互に影響し合うグローバル化した社会を生きているのであり、グローバルな

---

100) ただ個別意見を多く表明した大野は、裁判官個人付きの調査官制度に賛成しない。大野・前掲注75)59頁。
101) 佐藤幸治=竹下守夫=井上正仁『司法制度改革』(有斐閣、2002年)。また佐藤幸治「わが国の違憲審査制の特徴と課題」『日本国憲法と「法の支配」』(有斐閣、2002年)所収、大沢秀介『司法による憲法価値の実現』(有斐閣、2011年)、市川ほか・前掲注97)参照。
102) 大野・前掲注75)111頁。
103) 自由人権協会「司法制度改革審議会中間報告への意見書1——Amicus Curiae(裁判所の友)制度導入の提言」(2000年9月20日)。また佐々木・前掲注80)書230-231頁、見平・前掲注30)199-200頁。

視野を具えた裁判官の存在はごく普通のことでなければならない。ロースクールでの法学教育が当初想定されたような豊穣なものであり、司法試験をそれほど意識することなく、日本法を内的視点だけでなく外的視点からも学ぶことができるような環境は、幅広い知見を具えた法律家を養成し、延いては違憲審査制の活性化を促すであろう。

V　結びに代えて

　日本の最高裁判所が不活発な状況に陥っている原因に、最高裁判所が日本国憲法のもとにおける大陸法的な実定法と英米法的な司法制度との接ぎ木であること[104]や司法裁判所型と憲法裁判所型の狭間に落ち込んでしまっているという認識[105]が指摘されることが多い。実際、奥平も日本の憲法訴訟は「独自に消極主義的で独特に主観訴訟の伝統に固執することにより、アメリカ型とはなれているばかりではなくて大陸型と距離がありすぎるといえはしまいか」と総括していた[106]。しかし、そもそも司法裁判所型も憲法裁判所型も理念型であり、必ずしも現実に存在しているものの描写ではない。両者の間にはグラデーションをもって様々な形態の違憲審査が実際には存在している。例えば、ポルトガル憲法は憲法裁判所と通常裁判所とが並立する複雑な違憲審査制度を導入している[107]。特に憲法裁判所型も具体的規範統制や憲法異議を包摂していれば、憲法裁判所の違憲判断を通じて通常の司法裁判所との間の相互作用が起こり、実定法規範の憲法化が生じることになる。となると、伝統的な大陸法的な立法と司法との区別の強調はあまり意味をなさなくなる。こうした世界の趨勢からすれば、日本が独自の存在感ある型を展開することができたとして不思議ではない。

　非西洋に属する日本は近代化の当初から西洋法を積極的に受容し、普遍的価値と個別的価値の相剋を経験してきた[108]。憲法の歴史もまさにそうである。日本

---

104)　例えば、園部逸夫「異なる司法文化と最高裁判所」『最高裁判所十年——私の見たこと考えたこと』（有斐閣、2001年）所収。
105)　樋口陽一「比較憲法論から見た日本の裁判官制度像」前掲注52) 書所収。
106)　奥平『憲法裁判の可能性』56頁。
107)　L. ファヴォルー／山元一訳『憲法裁判所』（敬文堂、1999年）123頁。

の現代立憲主義も様々な国家の経験から学んだハイブリッドのものである。戦後日本が違憲審査制を初めて手にしたとき、モデルは主にアメリカ合衆国最高裁判所、特にウォーレン・コートであった。しかしアメリカ合衆国の長い違憲審査制の歴史の中でウォーレン・コートは原則というよりもむしろ例外であった。その後の合衆国最高裁判所の歴史は必ずしもリベラルな価値の実現に沿ってはいない。積極的な裁判所は諸刃の剣であることを認識しておくことは肝要である。奥平も、「憲法裁判の迅速化・積極化」が「市民不在の、体制適合的な憲法裁判を招来する可能性があることを知るべきである」と忠告していた[109]。一般に積極的な司法の拡大が政治の産物である以上、日本における違憲審査の活性化も政治の状況に拘束されざるを得ないことは覚悟しておかなければならない。特に積極化の兆しの中で特徴的な傾向として諸事情の総合考慮を説く判決が増えているが、理由づけが必ずしも分明でなく、結局、裁判官が違憲と考えたものが違憲となることになりかねず、裁判所は政治的バックラッシュに逢着するかもしれない。より説得力ある判決書が活性化の出発点である。

　奥平は、裁判所あるいは裁判官の「市民化」が憲法裁判の活性化に不可欠であると考えていた。「適応する法」として法と現実とを調整することの必要性を説き、「裁判官が法律のもう一つ先（あるいはもう一つ上）にある憲法規範までアクセスし、憲法的な観点から市民の現実の欲求を見直してみること」が憲法訴訟の活性化に繋がると考えていた[110]。確かに「プラクティスとしての憲法を生きた」奥平は市民による憲法価値実現の企図と共にあった。「自律的な法」が解体しだし、裁判所や職業裁判官がそうした企図に少しであれ応答を始めるであろうという展望は、近時の憲法裁判の一定の積極化に照らせば、必ずしも的外れではなかった。しかし裁判官の「市民化」は必ずしも奥平の期待通りの帰結をもたらすとは限らないであろう。奥平の憲法実践において規範的な「市民」と現実の「市民」は幸運にも一致していたのであるが、憲法価値の実現に

---

108)　ただし西洋と非西洋の対置が妥当かは必ずしもはっきりとしない。近代立憲主義の開始時、例えば、エドマンド・バークがコモン・ロー的価値からアメリカ革命を擁護するとともにフランス革命を非難したが、トマス・ペインはそれに対して人間の権利を措定したのであった。See Edmund Burke, *Reflections on the Revolution in France* (1790); Thomas Paine, *Rights of Man* (1791, 1792).
109)　奥平『憲法裁判の可能性』6頁。
110)　奥平『憲法裁判の可能性』7-13頁。奥平は適正手続をテコに裁判官の「市民化」を展望する。

まったく無縁でありながら憲法の形式をレトリックとして利用するディスコースが拡大してきているなかで、その幸運が確保される保障は失われているのではなかろうか。違憲審査のあり方が政治の関数であるとすれば、奥平も指摘するように「市民の教育（civic education）」が重視されなければならないであろう[111]。

　違憲判断の数自体も増え、様々な判断手法も生み出され、バックラッシュの可能性も予感させるようになった日本の違憲審査制は、憲法解釈という 70 年に亙る「世代を超えた『共同作業』」の成果として、漸くその特徴を論じることができるようになってきた。違憲審査の活性化は、政治の裁判化や裁判の政治化を招きうるという危険性を引き受けつつ、政治との緊張関係のなかで、追求され実現されることになるであろう。

　もし日本が違憲審査の魅力ある実践を展開することができれば、「平和を維持し、専制と隷従、圧迫と偏狭を地上から永遠に除去しようと努めてゐる国際社会において、名誉ある地位を占め」ることに繋がっていくであろう。共同作業はいよいよこれからが本番である。

＊本稿は JSPS 科研費 26380050 の助成を受けた。

（かわぎし・のりかず　早稲田大学教授）

---

111)　奥平康弘『憲法を生きる』（日本評論社、2007 年）、特に「第 5 章 3　見果てぬ夢」参照。

憲法訴訟における違憲・合法
―― 国賠訴訟における立法内容の合憲性と立法行為の合法性の区分

大　林　啓　吾

序

　かつて自衛隊の合憲性をめぐる議論が花盛りだった頃、小林直樹の違憲・合法論が耳目を集めたことがあった[1]。すなわち、自衛隊は違憲であるが法形式的には法律の統制がかけられた合法的存在である、との主張である。この議論は、小林自身「統一的な法秩序の下ではあり得べからざる矛盾」と述べているように[2]、法理論上大きなインパクトをもたらすものであった。最高法規たる憲法に反する存在がその下位法にあたる法律との関係で合法になることは奇妙に映り、そもそも憲法に反する存在が違憲であればそれを認める法律も違憲になるのではないかと考えられるからである。

　そのため、違憲・合法論に対しては憲法学から多くの批判が浴びせられたが[3]、それを擁護する議論もあり、その中に政治学者の福島新吾の顔があった。福島は尊属殺重罰規定や薬事法距離制限規定などのように違憲判決が下されるまで合法として存在してきた法令があるとし[4]、これらを違憲・合法の例であるとし

---
1)　小林直樹「防衛問題の新状況―― 70年代中期の『防衛』問題」ジュリスト586号（1975年）15頁。
2)　小林・前掲注1) 16頁。
3)　たとえば、橋本公宣「憲法第9条」ジュリスト812号（1984年）15頁。
4)　尊属殺重罰規定違憲判決（最大判昭和48・4・4刑集27巻3号265頁）、薬事法距離制限違憲判決（最大判昭和50・4・30民集29巻4号572頁）。

て違憲・合法論批判を「的外れ」と指弾したのである[5]。

　この「的外れ」という言葉に敏感に反応したのが、奥平康弘であった[6]。奥平は、「私がいちばん気になったのは、「「違憲であり、かつ合法」というのはありえない」という憲法理論を「的外れの非難」だと評価している部分である[7]」とし、「憲法学をメシのタネにしてなんとか生きている私としては、福島さんから「的外れ」といわれるのは、たいへん痛い。そこでなんとか、わが立場を保守して一個の安心立命をはかりたいと思う[8]」として反論を試みたのである。奥平の反論は、違憲・合法論の射程を拡大しながらその擁護を展開する福島の主張に対し、裁判所の違憲判決が出る前は合憲・合法として扱われてきたのであり、決して違憲・合法と扱われていたわけではないというものであった。

　そもそも違憲・合法論には、論理的に違憲・合法が成り立つという理論の次元と、裁判所による違憲判決が出るまでは合法的に存在するという認識の次元があり[9]、福島の主張は後者をもって前者が成り立つという混在型の議論であったといえるかもしれない。

　奥平はさらに、違憲判決が下されてもそれを是正する立法措置が行われなければ違憲・合法の状態が続くという問題（違憲判決の効力の問題）と定数不均衡訴訟における事情判決の問題に触れている[10]。奥平は前者については疑問の指摘だけにとどめ、後者については違憲だが選挙を無効とはしないとの判断であり、合法と判断したわけではないと指摘した。

　たしかに、違憲・合法論を自衛隊の存在を問うものとして考えるのであれば、それはあくまで理論的に成り立つかどうかが議論の主戦場となるはずである。そのため、違憲・合法論を擁護しようとするためにその射程を広げることは議論の筋を違えさせることになる。その意味で、福島の議論はミスリーディングな部分があったことは否めない。

---

5)　福島新吾「自衛隊『違憲・合法』に走る石橋社会党の真意」朝日ジャーナル26巻6号（1984年）15頁。
6)　奥平康弘「"的外れ"憲法理論のための弁明」書斎の窓333号（1984年）36頁。
7)　奥平・前掲注6) 38頁。
8)　奥平・前掲注6) 38頁。
9)　芦部信喜「『違憲・合法』論」ジュリスト806号（1984年）5頁。
10)　奥平康弘『日本人の憲法感覚』（筑摩書房、1985年）48-50頁。

しかし他方で、福島の議論は、違憲・合法の議論がそのいわんとする内容次第で全然異なる別の論点を浮き彫りにするという、予期せぬ潜在的効果をはらんでいた。すなわち、そこには自衛隊の存在を違憲・合法とする認識のレベルのみならず、違憲判決が下される前には違憲・合法の状態があったとみなすレベル、そして違憲判決後に立法措置が行われていない点を捉えて違憲・合法とするレベル、議員定数不均衡訴訟にみられるように違憲だが無効にはならないという点で違憲・合法とするレベルが存在している。これらは違憲・合法が成り立つかどうかという問題を個別に検討する余地がある。

ところが、その後憲法訴訟論が興隆し始めたこともあり、これらの議論は違憲判決の効力や事情判決の法理など憲法訴訟論に吸収されることとなった。その後、21世紀に入ると自衛隊の合憲性の議論も存在の問題から集団的自衛権の問題へと移り、違憲・合法論の姿を見ることは少なくなった。

そうした中、憲法訴訟の文脈において、違憲・合法の問題が問われ続けている論点がある。国家賠償請求訴訟において、立法内容は違憲であるが立法行為は合法であるとする判断である（以下、「内容・行為区分論」という）。勿論、この違憲・合法の区別は自衛隊の違憲・合法論とは内容もレベルも異なるものであり、同一線上で語られるものではない。だが、自衛隊の違憲・合法論という文脈からいったん離れて、広い意味で違憲・合法といった場合、この問題もその一断面といえる。そうだとすれば、それ自体興味深い論点であることは確かである。そこで本稿では、最高裁の内容・行為区分論はいかなるものなのかを考察することにしたい。

I　内容違憲・立法行為合法の法理

最高裁が法律の内容の違憲性と立法行為（不作為を含む）の違法性の区別を打ち出したのはいうまでもなく在宅投票制度廃止判決である[11]。最高裁は、「国会議員の立法過程における行動が個別の国民に対して負う職務上の法的義務に違背したかどうかの問題であって、当該立法の内容の違憲性の問題とは区別さ

11）　最一小判昭和60年11月21日民集39巻7号1512頁。

れるべきであ る」とし、立法内容の違憲性の問題と立法行為の違法性の問題を峻別したのである。内容・行為区分論を明確に打ち出している以上、最高裁は両者を切り離したと理解するのが素直な解釈であるが、しかし、最高裁は続けて立法について個別の国民に対する関係においていかなる法的義務を負うかどうかについての判断を行ったため、一筋縄ではいかないことになる。

最高裁は、「国会議員の立法行為は、本質的に政治的なものであつて、その性質上法的規制の対象になじまず、特定個人に対する損害賠償責任の有無という観点から、あるべき立法行為を措定して具体的立法行為の適否を法的に評価するということは、原則的には許されないものといわざるを得ない」とした上で、「以上のとおりであるから、国会議員は、立法に関しては、原則として、国民全体に対する関係で政治的責任を負うにとどまり、個別の国民の権利に対応した関係での法的義務を負うものではないというべきであつて、国会議員の立法行為は、立法の内容が憲法の一義的な文言に違反しているにもかかわらず国会があえて当該立法を行うというごとき、容易に想定し難いような例外的な場合でない限り、国家賠償法一条一項の規定の適用上、違法の評価を受けないものといわなければならない」とした。すなわち、原則として立法行為が違法になることはないが、立法の内容が憲法の一義的文言に違反するような場合は例外的に違法になるとしたわけであり、ここにおいて立法内容の違憲性の程度（一義的文言に違反するような内容）が立法行為の違法性に接合する可能性が出てきた。換言すれば、例外的に立法内容と立法行為が重なりうる部分があることが示されたのである。

その結果、内容・行為区分論の実践方法が不明瞭なものとなった。立法内容の違憲性の判断と立法行為の違法性の判断を完全に分離して判断するのか、それとも立法行為の違法性を判断するプロセスの中に立法内容の違憲性の判断も組み込まれるのかが判然としなくなったからである。前者であれば、立法内容

---

12) 在宅投票制度廃止判決・前掲注11) 1515頁。
13) 在宅投票制度廃止判決・前掲注11) 1516頁。
14) 在宅投票制度廃止判決・前掲注11) 1517頁。
15) 棟居快行「判批」判例時報1194号204頁。判例は「『例外的な場合』にのみ立法内容の憲法適合性が国賠法上の違法に結びつく」としたとされる。

の違憲性を判断する際に固有の審査基準を用い、その上で立法行為の違法性を判断する審査基準を用いる可能性がある。たとえば、違憲性についてはやむにやまれぬ利益があるかどうかを判断し、違法性については憲法の一義的文言に反するかどうかを判断するという二段階方式が考えられる。

　一方、後者であれば、立法行為の違法性を判断する段階で立法内容の違憲性も同時に判断することになる。そのため、憲法の一義的文言に反するかどうかを判断する際に、違憲性と違法性の両方を同時に判断することが考えられる。

　あるいは、内容・行為区分論は建前にすぎず、立法行為の違法性の判断しか行わないというルートもあり、最高裁はいくつかの選択肢を持つこととなったのである。

　このうち、在宅投票制度廃止判決は次のような判断方法を採用した。すなわち、「憲法には在宅投票制度の設置を積極的に命ずる明文の規定が存しないばかりでなく、かえつて、その47条は「選挙区、投票の方法その他両議院の議員の選挙に関する事項は、法律でこれを定める。」と規定しているのであつて、これが投票の方法その他選挙に関する事項の具体的決定を原則として立法府である国会の裁量的権限に任せる趣旨であることは、当裁判所の判例とするところである（昭和38年(オ)第422号同39年2月5日大法廷判決・民集18巻2号270頁、昭和49年(行ツ)第75号同51年4月14日大法廷判決・民集30巻3号223頁参照）。そうすると、在宅投票制度を廃止しその後前記8回の選挙までにこれを復活しなかつた本件立法行為につき、これが前示の例外的場合に当たると解すべき余地はなく、結局、本件立法行為は国家賠償法1条1項の適用上違法の評価を受けるものではないといわざるを得ない」としたのである。[16]

II　3類型4タイプ

　この判断方法は立法行為のみを判断する方法をとったようにみえるが、その後の判例は必ずしもこの判断方法に縛られず、別の方法を採用するケースも現れた。これまでの判例をみると、違憲性の判断については行わなかったタイプ

---

16)　在宅投票制度廃止判決・前掲注11) 1517頁。

（違法性特化型）、立法内容の違憲性の判断と立法行為の違法性の判断の両方を行ったタイプ（ダブル判断型）、立法行為の違法性の判断に違憲性の判断要素が加味されているタイプ（ハイブリッド型）の3パターンがみられる[17]。

　違法性特化型には、先述の在宅投票制度廃止判決や再婚禁止期間判決Ⅰ[18]などがある。このタイプは、立法行為の違法性の判断を行うのみで、違憲性の判断を行わないものである。再婚禁止期間判決Ⅰは、立法内容の違憲性と立法行為の違法性の区別についてすら触れず、「国会議員は、立法に関しては、原則として、国民全体に対する関係で政治的責任を負うにとどまり、個別の国民の権利に対応した関係での法的義務を負うものではなく、国会ないし国会議員の立法行為（立法の不作為を含む。）は、立法の内容が憲法の一義的な文言に違反しているにもかかわらず国会があえて当該立法を行うというように、容易に想定し難いような例外的な場合でない限り、国家賠償法1条1項の適用上、違法の評価を受けるものでないことは、当裁判所の判例とするところである（最高裁昭和53年(オ)第1240号同60年11月21日第一小法廷判決・民集39巻7号1512頁、最高裁昭和58年(オ)第1337号同62年6月26日第二小法廷判決・裁判集民事151号147頁）。これを本件についてみると、上告人らは、再婚禁止期間について男女間に差異を設ける民法733条が憲法14条1項の一義的な文言に違反すると主張するが、合理的な根拠に基づいて各人の法的取扱いに区別を設けることは憲法14条1項に違反するものではなく、民法733条の元来の立法趣旨が、父性の推定の重複を回避し、父子関係をめぐる紛争の発生を未然に防ぐことにあると解される以上、国会が民法733条を改廃しないことが直ちに前示の例外的な場合に当たると解する余地のないことが明らかである。したがって、同条についての国会議員の立法行為は、国家賠償法1条1項の適用上、違法の評価を受けるものではないというべきである[19]」として、立法行為の違法性のみを判断した。

　一方、立法内容の違憲性の判断と立法行為の違法性の判断の両方を判断したのが、ダブル判断型である。このタイプには在外邦人選挙権判決と再婚禁止期[20]

---

17) こうした区別を行うものとして、畑尻剛「国家賠償請求訴訟における立法行為の憲法適合性審査——判例の類型化とその帰結」中央ロー・ジャーナル4巻4号（2008年）3頁。
18) 最三小判平成7年12月5日判時1563号81頁。
19) 再婚禁止期間判決Ⅰ・前掲注18) 82-83頁。

間判決Ⅱがある。在外邦人選挙権判決において最高裁は、立法内容の違憲性の審査基準について「国民の選挙権又はその行使を制限することは原則として許されず、国民の選挙権又はその行使を制限するためには、そのような制限をすることがやむを得ないと認められる事由がなければならないというべきである[22]」とした上で、平成10年公選法改正前に在外邦人に選挙権を付与していなかったことおよび平成10年公選法改正後も比例選挙しか認めていなかったことは違憲であるとした。その上で、国賠法上の立法行為の違法性について、立法内容の違憲性と立法行為の違法性を区別した上で、「立法の内容又は立法不作為が国民に憲法上保障されている権利を違法に侵害するものであることが明白な場合や、国民に憲法上保障されている権利行使の機会を確保するために所要の立法措置を執ることが必要不可欠であり、それが明白であるにもかかわらず、国会が正当な理由なく長期にわたってこれを怠る場合などには、例外的に、国会議員の立法行為又は立法不作為は、国家賠償法1条1項の規定の適用上、違法の評価を受けるものというべきである[23]」とし、選挙制度を設けるなどの立法措置を執ることが必要不可欠であったにもかかわらず長きにわたって何らの立法措置も行わなかった著しい不作為はこの例外的な場合に当たるとして違法性も認めた。

再婚禁止期間判決Ⅱにおいて最高裁は、まず立法内容（民法733条1項）の違憲性について「本件においては、上記の考え方に基づき、本件規定が再婚をする際の要件に関し男女の区別をしていることにつき、そのような区別をすることの立法目的に合理的な根拠があり、かつ、その区別の具体的内容が上記の立法目的との関連において合理性を有するものであるかどうかという観点から憲法適合性の審査を行うのが相当である[24]」とした上で、「本件規定のうち100日超過部分は、遅くとも上告人が前婚を解消した日から100日を経過した時点までには、婚姻及び家族に関する事項について国会に認められる合理的な立法裁

---

20) 最大判平成17年9月14日民集59巻7号2087頁。
21) 最大判平成27年12月16日民集69巻8号2427頁。
22) 在外邦人選挙権判決・前掲注20) 2096頁。
23) 在外邦人選挙権判決・前掲注20) 2101頁。
24) 再婚禁止期間判決Ⅱ・前掲21) 2432頁。

量の範囲を超えるものとして、その立法目的との関連において合理性を欠くものになっていた」として違憲の判断を下した。そして、国賠法上の立法行為の違法性について、立法内容の違憲性と立法行為の違法性を区別した上で、「法律の規定が憲法上保障され又は保護されている権利利益を合理的な理由なく制約するものとして憲法の規定に違反するものであることが明白であるにもかかわらず、国会が正当な理由なく長期にわたってその改廃等の立法措置を怠る場合などにおいては、国会議員の立法過程における行動が上記職務上の法的義務に違反したものとして、例外的に、その立法不作為は、国家賠償法1条1項の規定の適用上違法の評価を受けることがあるというべきである（最高裁昭和53年(オ)第1240号同60年11月21日第一小法廷判決・民集39巻7号1512頁、最高裁平成13年(行ツ)第82号、第83号、同年(行ヒ)第76号、第77号同17年9月14日大法廷判決・民集59巻7号2087頁参照)」とし、本件については「上記当時においては本件規定のうち100日超過部分が憲法に違反するものとなってはいたものの、これを国家賠償法1条1項の適用の観点からみた場合には、憲法上保障され又は保護されている権利利益を合理的な理由なく制約するものとして憲法の規定に違反することが明白であるにもかかわらず国会が正当な理由なく長期にわたって改廃等の立法措置を怠っていたと評価することはできない。したがって、本件立法不作為は、国家賠償法1条1項の適用上違法の評価を受けるものではない」とした。

　最後に、立法行為の違法性の判断を行う際に、立法内容の違憲性の判断要素に言及しながらも、実際には立法行為の違法性の判断しか行わないハイブリッド型がある。ハイブリッド型には精神障害者投票制度判決[28]や西陣ネクタイ判決[29]がある。精神障害者投票制度判決において最高裁は、立法内容の違憲性と立法行為の違法性の区別を指摘した上で、立法行為の違法性の基準につき、「立法の内容又は立法不作為が国民に憲法上保障されている権利を違法に侵害するも

---

25)　再婚禁止期間判決Ⅱ・前掲注21）2438頁。
26)　再婚禁止期間判決Ⅱ・前掲注21）2439頁。
27)　再婚禁止期間判決Ⅱ・前掲注21）2440-2441頁。
28)　最一小判平成18年7月13日判時1946号41頁。
29)　最三小判平成2年2月6日訟月36巻12号2242頁。

のであることが明白な場合や、国民に憲法上保障されている権利行使の機会を確保するために所要の立法措置を執ることが必要不可欠であり、それが明白であるにもかかわらず、国会が正当な理由なく長期にわたってこれを怠る場合などには、例外的に、国会議員の立法行為又は立法不作為は、国家賠償法1条1項の規定の適用上、違法の評価を受けるものというべきであることは、当裁判所の判例とするところである（最高裁平成13年(行ツ)第82号、第83号、同年(行ヒ)第76号、第77号同17年9月14日大法廷判決・民集59巻7号2087頁[30]）」とし、それに続けて「憲法における選挙権保障の趣旨にかんがみれば、国民の選挙権の行使を制限することは原則として許されず、国には、国民が選挙権を行使することができない場合、そのような制限をすることなしには選挙の公正の確保に留意しつつ選挙権の行使を認めることが事実上不可能ないし著しく困難であると認められるときでない限り、国民の選挙権の行使を可能にするための所要の措置を執るべき責務があるというべきである（上記大法廷判決参照[31]）」と述べ、立法内容の違憲性の審査基準に言及した。ところが、あてはめの段階になると、立法内容の違憲性の審査基準は姿を消し、立法行為の違法性の審査基準のみを検討して判断した。

　また西陣ネクタイ判決において最高裁は、「国会議員の立法行為は、立法の内容が憲法の一義的な文言に違反しているにもかかわらずあえて当該立法を行うというように、容易に想定し難いような例外的な場合でない限り、国家賠償法1条1項の適用上、違法の評価を受けるものでないことは、当裁判所の判例とするところであり（昭和53年(オ)第1240号同60年11月21日第一小法廷判決・民集39巻7号1512頁）、また、積極的な社会経済政策の実施の一手段として、個人の経済活動に対し一定の合理的規制措置を講ずることは、憲法が予定し、かつ、許容するところであるから、裁判所は、立法府がその裁量権を逸脱し、当該規制措置が著しく不合理であることの明白な場合に限って、これを違憲としてその効力を否定することができるというのが、当裁判所の判例とするところである（昭和45年(あ)第23号同47年11月22日大法廷判決・刑集26巻9号586頁[32]）」

---

30)　精神障害者投票制度判決・前掲注28) 43頁。
31)　精神障害者投票制度判決・前掲注28) 43頁。
32)　西陣ネクタイ判決・前掲注29) 2245頁。

とし、立法行為の違法性の審査基準と立法内容の違憲性の審査基準を並列しながらも、あてはめの段階では、「営業の自由に対し制限を加えるものではあるが、以上の判例の趣旨に照らしてみれば、右各法条の立法行為が国家賠償法1条1項の適用上例外的に違法の評価を受けるものではないとした原審の判断は、正当として是認することができる」として、立法行為の違法性の判断しか行っていない。

もっとも、立法内容の違憲性の判断と立法行為の違法性の判断とを分けるのであれば、本来、4つのタイプがありうるはずである。すなわち、①合憲合法、②合憲違法、③違憲合法、④違憲違法の4種類である。このうち、③は再婚禁止期間判決Ⅱ、④は在外邦人選挙権判決に当たるが、違法性特化型やハイブリッド型は合憲判断を明示していないので、①と②が抜けた状態になっている。②は、立法行為を問う国賠訴訟においては違法性の前提要件とみなされてきた立法内容の違憲性が認められないため通常は想定し難いが、①は十分にありうることであり、むしろ最高裁の判断の多くは合憲性に触れないだけで実質的には①を採用していた可能性もある。

仮にそうだとしても、あえて立法内容が合憲であることに言及せずに立法行為が合法であるとだけ判断するのはなぜだろうか。立法行為が違法になるのは違憲であっても例外的場合に限られるとすれば、立法行為が合法であっても立法内容が違憲であることはありうる。つまり、再婚禁止期間判決Ⅱのように立法内容が違憲であっても立法行為が違法となる例外的場合には当たらないケースがあるのである。そのため、立法行為が合法であると判断するだけでは、立法内容が違憲か合憲かが判然としない。

Ⅲ 憲法判断回避との関係

それにもかかわらず、最高裁が①の手法をとらないのは、合憲判断を行うことが余計な憲法判断になると考えている可能性がある。かかる司法態度が憲法判断回避の線上にあるとすれば、それは合憲判断回避という消極主義を採用し

---

33) 西陣ネクタイ判決・前掲注29) 2245頁。

ていることになる。

　最高裁の法廷意見レベルでは憲法判断回避のルールの採否に言及したことはないが、個別意見レベルでは憲法判断回避のルールに言及したものがある。受刑者の選挙権をめぐって公職選挙法 9 条 1 項並びに 11 条 1 項 2 号及び 3 号の合憲性が争われた受刑者選挙無効訴訟において千葉勝美裁判官は、「そうすると、裁判所が、事件の結論を導くのに必要かつ十分な法律判断に加えて、当事者の主張に対する念のための応答として憲法判断を付加的に判示することは、このブランダイス・ルールの法理に抵触するおそれがある。もっとも、その憲法判断が当審の確定した先例として既に存在し、あるいは異論のない明白な判断であるといえる場合には、そのような処理もあり得るところであろう。しかし、受刑者の選挙権の問題に関しては、諸外国の法制度が区々に分かれ、特に英国など欧州において様々な議論が行われており、近年、諸外国における制度の見直しを含む法制上の対応や議論の動向は極めて流動的な状況にある。このことを踏まえると、本件制限規定の合憲性に係る判断を付加することは、上記の場合に当たるとはいえず、ブランダイス・ルールないしその精神に照らして疑問のあるところといわなければならない[35]」とした。

　ここでは、事件の結論を導くのに必要かつ十分な法律判断に加えて、当事者の主張に対する念のための応答として憲法判断を付加的に判示することを回避することが要請されるとしているわけであるが、その理は国賠訴訟における憲法判断にどのように当てはまるだろうか。もしこのルールを厳密に解すると、事件の結論に必要かつ十分でない判断を行わないことになるので、国賠訴訟では合法か違法の結論に必要かつ十分でない判断を行わないことになる。そうなると、立法内容の違憲性の判断が立法行為の違法性の判断に直結しない限り、必要な判断ではない可能性がある。

　問題は、ここでいうところの「結論を導くのに必要かつ十分な法律判断」の意味である。「結論を導く」ことを結論との整合的関係として理解すると、合憲合法と違憲違法は違憲性の判断と結論（違法性の判断）が整合的であるから余計な判断にはならないが、違憲合法と合憲違法は違憲性の判断が結論（違法

---

34)　最二小判平成 26 年 7 月 9 日判例タイムズ 1407 号 47 頁。
35)　受刑者選挙無効訴訟・前掲注 34) 51 頁。

性の判断）と異なる判断になっていることから、余計な判断となる可能性がある。そうなると、違憲合法とした再婚禁止期間判決Ⅱは憲法判断回避のルールに抵触することになる。だが、千葉裁判官は同判決において憲法判断回避のルールに抵触するとの個別意見を述べていない。そのため、別の理解が必要となる。

そこで次に、「結論を導く」ことの意味を結論との実質的関係と捉えてみる。このように考えると、立法行為が違法になるほどの違憲性があるか否かを判断するのに違憲性の判断が必要であれば、違憲合法の判断結果となる場合においても憲法判断回避のルールに抵触しないことになる。なぜなら、違憲であれば、続けて立法行為が違法といえるまでの違憲性であるかどうかを判断しなければならないからである。つまり、立法行為が合法か違法かの判断を行うのに憲法判断が必要であったということになる。このように理解すると、立法内容の違憲性について判断していない判決は、結論を導くのに必要ではなかったということになる。

そのため、合憲合法の判断がないのは立法内容が合憲であると考えていると推察できる。もし立法内容が違憲であるとすればそれが立法行為の違法性の判断につながりうるので、違憲と判示する必要がある。だが、立法内容が合憲であれば、あえてそれに言及しなくても、立法行為の合法性の判断だけで足りると解することも可能になってくるからである。

Ⅳ　判断順序と主権免責の名残り

しかしながら、立法行為の違法性をめぐる国賠訴訟において憲法（合憲）判断回避を用いることは適切なのだろうか。これについて、国賠訴訟の判断の順序の観点から考えてみる。

これまで、最高裁は憲法判断と法律判断の両方を行う場合（③と④）、憲法判断を先行させてきた。そのため、最高裁は憲法判断を先行しているように思われるが、しかし、立法行為の違法性の判断しか行わない場合につき、合法であるがゆえに憲法判断を行っていないと理解すると、法律判断先行になっている可能性もある。なぜなら、合法であればあえて憲法判断に踏み込まなくても結

論が出るため、法律判断を先行して判断していると理解することもできるからである。

ところが、そうなると、なぜ違憲と判断する場合のみ、憲法判断が先行しているのかを説明しなければならない。両者を整合的に説明するとすれば、合憲の場合は法律判断を先行させているのではなく、この場合も黙示的に憲法判断を行った上で、それが合憲であれば法律判断だけ行っていると解することになろう。

このように理解すると最高裁は憲法判断先行型を採用していることになるが、かかる判断順序は憲法訴訟の機序に関わるものであり、元を辿れば主権免責から派生する。

違法な国家行為の免責は、国王主権に由来するものである。かつてイギリスの国王の主権行使は法的に責任を問いうるものではなく、司法が法的に責任を問えるものではなかった。そこには立法権の行使も含められており、立法行為も主権免責の対象となっていたのである。その後、議会主権が確立すると、立法行為は議会の主権免責として捉えられるようになり、後にアメリカの憲法訴訟に影響をもたらすこととなった。アメリカには直接日本の国賠法に当たる法制度がないものの、それに近い存在として市民権法1983条がある[36]。これは、憲法的不法行為訴訟（constitutional tort）と呼ばれるもので、憲法訴訟において幅広く用いられる訴訟手続である。

憲法的不法行為訴訟は州の行為を中心とするものの、違憲な行為を広く司法統制に服せしめるものとして機能している。だが、同訴訟では主権免責（sovereign immunity）の法理がしばしば用いられている[37]。たとえ違憲であるとしても、損害を賠償しなければならない責任は認められないとする法理である。違憲合法の結果となる場合、憲法判断を行わずに結果だけ判断する方法もありうるが、連邦最高裁は憲法判断を行った上で、賠償責任を負うかどうかの判断を行う傾向にある。

ただし、この免責はいかなる場合でも認められるわけではない。連邦最高裁

---

[36]　42 U.S.C. § 1983.
[37]　*See, e.g.*, Jeremy Travis, *Rethinking Sovereign Immunity After Bivens*, 57 N.Y.U.L. REV. 597 (1982).

は制限的免責（qualified immunity）の法理を採用しており、政府が憲法上の権利を侵害する場合であっても、それが合理的な方法で行われ、憲法上の権利侵害になると予期しえなかった場合には免責されるものとなっている。主権免責が特に問題となるのは、明らかな憲法上の権利が侵害される場合ではなく、憲法上の権利と推定される権利の侵害の場合である。そのため、連邦最高裁は、憲法上の権利侵害が推定される場合であっても、それが明らかに確立された法律上または憲法上の権利である場合でなければ免責されるとしている。

このように、立憲民主主義が成立した後も主権免責の名残りが続いたゆえに、憲法判断と法律判断が個々に判断されることになった。ここで刮目すべきは判断の順序である。主権免責は、たとえ違憲であっても責任を負わないとする法理であることから、当然ながら憲法判断が先行する。

かかる図式は国賠訴訟にも当てはまる。在宅投票制度廃止判決は、原則として立法行為は法的責任を負わないとしつつ明らかに憲法に反する立法行為が行われるような場合には例外的に違法となる（責任を負う）とした。そのため、立法内容が合憲であれば立法行為の違法性の問題は生じず、国会は責任を負うこともない。とすれば、立法内容が合憲であることを明らかにすれば、立法行為が合法であることにつながるので、合憲の判断を行わない理由はない。

したがって、合憲の判断を行わずに立法行為の違法性の判断だけして合法の結論を下す最高裁の方法は責任を問う順序として異例のようにも思える。この順序の問題を回避する説明となりうるのが、ハイブリッド型である。この方法は、立法行為の違法性の判断の中に立法内容の違憲性を入れ込むことで、判断順序をなし崩し的に解体するからである。しかし、それは判例が前提とする内容・行為区分論を曖昧にするものでもあることに注意すべきである。

V　国賠訴訟における憲法判断の是非

国賠訴訟において立法行為の違法性を問う場合に憲法判断先行型を採用すべきだとしても、黙示の憲法判断でよいのか、それとも合憲判断をすべきなのか

---

38) *See, e.g.,* Harlow v. Fitzgerald, 457 U.S. 800 (1982).
39) *Id.* at 818.

といった問題は残る。これについては、そもそも国賠訴訟を憲法訴訟の一類型として活用すべきかどうかという問題[40]につながる。

　この点につき、在外邦人選挙権判決における泉徳治裁判官の反対意見は、「一般論としては、憲法で保障された基本的権利の行使が立法作用によって妨げられている場合に、国家賠償請求訴訟によって、間接的に立法作用の適憲的な是正を図るという途も、より適切な権利回復のための方法が他にない場合に備えて残しておくべきであると考える[41]」としつつ、「しかしながら、本件で問題とされている選挙権の行使に関していえば、選挙権が基本的人権の一つである参政権の行使という意味において個人的権利であることは疑いないものの、両議院の議員という国家の機関を選定する公務に集団的に参加するという公務的性格も有しており、純粋な個人的権利とは異なった側面を持っている。しかも、立法の不備により本件選挙で投票をすることができなかった上告人らの精神的苦痛は、数十万人に及ぶ在外国民に共通のものであり、個別性の薄いものである。したがって、上告人らの精神的苦痛は、金銭で評価することが困難であり、金銭賠償になじまないものといわざるを得ない。英米には、憲法で保障された権利が侵害された場合に、実際の損害がなくても名目的損害（nominal damages）の賠償を認める制度があるが、我が国の国家賠償法は名目的損害賠償の制度を採用していないから、上告人らに生じた実際の損害を認定する必要があるところ、それが困難なのである[42]」と述べている。

　つまり、憲法訴訟の一環として国賠訴訟を活用する途もあるものの、選挙権のようにそれになじまない問題もあり、名目的損害賠償制度が認められていない以上、国賠訴訟を憲法訴訟の一般的形態として用いることには問題があるとしているのである。

　これに対して福田博裁判官の補足意見は、賠償金さえ支払えば選挙権を制限

---

40)　青井未帆「立法行為の国家賠償請求訴訟対象性・再論――権限規範と行為規範の区別をふまえて――」信州大学法学論集12号（2009年）25頁。この点につき、「……独立に憲法判断はしうるのであり、訴訟形式の限定性と、現実に裁判官が『違憲であるが国賠法上違法ではない』という判断をなしうることを踏まえれば、憲法訴訟の形式として立法行為を争う国賠訴訟を政策的に活用する途を探るべき……」との指摘がある。

41)　在外邦人選挙権判決・前掲注20) 2109頁。

42)　在外邦人選挙権判決・前掲注20) 2109-2110頁。

できるという誤解が生じないようにするためにも選挙権の問題には本来国賠がなじまないとしつつ、選挙後に帰国した者は国賠しか救済手段がないことや賠償金に税金が使われることにより国民にその問題が広く知れ渡ることからすると、国賠を用いることも許容されるとしている。[43]

両者は、国賠訴訟が憲法訴訟として常に有用といえるわけではなく事案ごとに検討すべきであるという点では軌を一にしつつ、当該事案において国賠が適切かどうかという点で対立しているといえる。とりわけ、泉裁判官は名目的損害賠償制度があるか否かによって、国賠の活用可能性が異なることに言及しているが、このことは国賠訴訟における憲法判断のあり方にも影響するだろうか。

この点、憲法的不法行為訴訟において名目的損害賠償を認めることがあるアメリカでも、立法行為の違法性が問題となる場面ではないが、合憲判断を行うべきかどうかをめぐり対立が生じることがある。

ウェルズは、憲法的不法行為訴訟において憲法判断と主権免責の両方が問題となる場合、憲法判断が先か免責判断が先かという問題が生じるとする。[44] これについて Saucier v. Katz 連邦最高裁判決[45]は憲法上の権利が侵害されているかどうかを最初に検討すべきであるとしたが、ケースによっては裁判官の間で意見が分かれることがある。

たとえば、2007 年の Morse v. Frederick 連邦最高裁判決[46]では、合憲判断を行った上で処分の合法性を認めたロバーツ長官の法廷意見と、処分が合法であることだけを判断すればよいとするブライヤー裁判官の一部結論同意・一部反対意見[47]が対立している。この事件は、オリンピックの聖火リレーが高校の前の沿道を通ることになっていたことから、沿道に出て応援することを許可された生徒の一部が「BONG HiTS 4 JESUS」という垂れ幕を出し、それをやめるように命令されたにもかかわらず、やめなかった生徒が停学処分を受けたため、憲法的不法行為訴訟を提起したというものである。法廷意見は、学校のイベン

---

43) 在外邦人選挙権判決・前掲注 20) 2102-2104 頁。
44) Michael L. Wells, *The "Order of Battle" in Constitutional Litigation*, 60 SMU L. REV. 1539 (2007).
45) Saucier v. Katz, 533 U.S. 194 (2001).
46) Morse v. Frederick, 551 U.S. 393 (2007).
47) *Id.* at 425 (Breyer, J., concurring in the judgment in part and dissenting in part).

トの際に違法薬物を唱導する表現を規制しても表現の自由を侵害することにはならないとしたが、ブライヤー裁判官は停学処分が違法な行為であっても免責されるかどうかを検討すればよいのであって、表現の自由に踏み込む必要はないとした。

プラグマティックな判断をすることで有名なブライヤー裁判官だからこそ、合法性だけで解決できる問題についてはあえて憲法判断を行う必要はないと考えていた可能性があるが、学校内における表現の自由を認めた Tinker v. Des Moines Independent Community School District 連邦最高裁判決を維持するため、それを破棄すべきか否かという論点を避けるために憲法判断に踏み込む必要がないと考えていた可能性もある。つまり、ケースによっては憲法判断、とりわけ合憲判断を行わない場合には先例を残しておくという利点がありうるのである。

逆にいえば、先例を維持するか否かについて明言する場合は憲法判断を行ってもよいことになる。在外邦人選挙権事件は、先例を踏襲することを明言しつつ、違憲の結論ではあるが憲法判断に踏み込んでいるのはそうした考慮が働いていた可能性もある。また、先述したように、堀越事件の千葉裁判官の補足意見も、確固たる先例がある場合には憲法判断を行ってもよいとしていた。それは、先例が確立していなければ、憲法問題に触れるべきではないということであり、立法内容の憲法判断には先例を維持するか否かを決断している場合や先例が確立している場合などが考慮されている可能性があるといえる。

VI 内容・行為区分論の是非

もっとも、以上の憲法判断をめぐる問題は内容・行為区分論を前提とする議論である。そのため、この前提が成立せず、立法内容の違憲性が立法行為の違法性に直結しうるかどうかを含めた検討も必要である。

判例が採用する内容・行為区分論に対して、行政法学の中には職務行為基準説に基づいて内容・行為区分論を展開することを問題視し、立法内容の違憲性

---

48) Tinker v. Des Moines Independent Community School District, 393 U.S. 503 (1969).

を立法行為の違法性と結びつける見解がある[49]。

　西埜章は判例が職務行為基準説に基づいて内容・行為区分論を提示していると指摘した上で、「しかし、国会議員は、立法行為（立法不作為）に際しては、憲法規範によって拘束されるのであるから、憲法規範に違反する立法行為（立法不作為）は、国賠法上も違法と評価されるべきである[50]」とする。この見解は、立法行為も憲法に拘束されるとみなすものであり、立法行為そのものを憲法的統制に服せしめるものである。ここでいう立法行為には立法内容が含まれているものと推察されるが、その点は必ずしも明らかではない。

　この点について、同じように職務行為基準説に立つことを批判する宇賀克也は公権力発動要件説の観点からアプローチし、立法者には違憲の法律を制定してはならないという行為規範の遵守義務があるとする。宇賀によれば、「国会議員は、憲法を尊重し擁護する義務を負うから（憲99条）、違憲の法律を制定してはならないという行為規範の遵守義務を課されているし、法律を制定しない状態が違憲であれば、合憲状態を創出するために法律を制定すべきという行為規範の遵守義務も課されている[51]」とした上で、「違憲の法律を制定するということは、国会の立法裁量の範囲を逸脱しており、立法という公権力の発動権力が欠如していることになる。また、不作為状態が違憲であれば、国会にとって、立法という公権力の不発動要件が欠如していることになる[52]」という。

　ここでは、立法内容の違憲性についても行為規範の観点から法的責任の網をかぶせているといえる。こうしたアプローチは、違憲・合法という事象が生じることを解消し、さらに立法内容を違憲と判断するだけの場合と比べて、より直接的に立法府に対して違憲の状態の是正を要請することになるという現実的効果も有する。

　しかし、これに対しては、厳密な意味における立法義務が存在せず、法律が一般性・抽象性という性質を持つ限り、行為規範として立法行為を捉えること

---

49)　西埜章『国家賠償法コンメンタール〔第2版〕』（勁草書房、2104年）302頁。行政法学の中には「学説の大勢は違憲即違法説である」との指摘もある。
50)　西埜章『国家補償法概説』（勁草書房、2008年）70頁。
51)　宇賀克也『国家補償法』（有斐閣、1997年）104頁。
52)　宇賀・前掲注51）104頁。

は難しいのではないとの批判も強い[53]。

　また、このように考えると、判例が形成してきた法理と整合しない部分が生じうる。最高裁は、立法内容の違憲性と立法行為の違法性において、それぞれ別の違憲審査基準を用いてきた。ところが、違憲の法律を制定することが違法な立法行為に直結すると考える場合、それぞれの審査基準を分けて考えることにはならない。そのため、違法性特化型やハイブリッド型とは親和的であるが、ダブル判断型とはなじまないことになろう。仮に審査基準を分けなくてもいいとしても、いずれの審査基準を用いることになるかが判然としない。もし立法行為の審査基準を用いることになれば、よほどのことがなければ違憲判断が出なくなってしまう。そうなると、近時、最高裁が国賠訴訟における憲法判断に積極的な兆しを見せている状況に冷や水をかけてしまう可能性もある[54]。

　さらに、よりよい憲法秩序の形成という観点からみた場合、立法内容の違憲性と立法行為の違法性をつなげることは、立法府に対して違憲状態の解消を促す効果が期待できるものの、実務的には立法内容のみを違憲とした場合でも違憲状態の解消はなされることもある。たとえば、再婚禁止期間判決Ⅱが2015年12月に民法733条1項について違憲・合法の判断を下した後、国会は2016年6月に判決にそった改正を行っている。

　以上の点は、立法義務の問題を除き、行為規範と捉えるアプローチに内在する理論的問題ではなく外在的な課題にすぎない。だが、立法行為以外の分野においても公権力行使の内容の違法性と公権力行使の国賠法上の違法性を区別する判例があったことを踏まえると[55]、行為規範的アプローチはその理論的妥当性のみならず判例法理を乗り越えていく道筋を提示する必要があるといえるだろう。

---

53)　新正幸『憲法訴訟論〔第2版〕』（信山社、2010年）306-307頁。
54)　近時の状況については、大林啓吾「憲法訴訟の転機と司法積極主義の兆し——契機としての再婚禁止期間違憲訴訟と夫婦別姓訴訟」法律時報88巻7号（2016年）66頁。
55)　泉徳治「在宅投票制度廃止違憲訴訟最高裁判決」ジュリスト855号（1986年）91頁。

後序

　自衛隊問題にまつわる違憲・合法の問題を端緒に、本稿では憲法訴訟における違憲・合法の問題、とりわけ国賠訴訟における立法内容の違憲性と立法行為の違法性の区別の問題を考察した。判例は内容・行為区分論を前提としながらも、それぞれを分けて判断することもあればしないこともあり、とりわけ合憲合法の判断については区別を行っていない。だが、最高裁が憲法判断先行型を採用し、歴史的にコモンロー上の主権免責の法理においても憲法判断先行型が採用されてきたことを踏まえると、合憲合法の場合にも合憲判断を独立して行うべきであると思われる。

　ただし、本稿は違憲・合法の是非それ自体を検討したわけではなく、憲法訴訟におけるその問題状況を描写したにすぎない。自衛隊の違憲・合法の問題が時と文脈を超えて憲法訴訟の分野においても生じていることにつき、ことのほか憲法訴訟に大きな関心をもって挑んだ奥平であればどのような研究を行っただろうか。そのことに想いを馳せながら、筆をおくことにしたい。[56]

（おおばやし・けいご　千葉大学准教授）

---

56) 奥平康弘『憲法裁判の可能性』（岩波書店、1995 年）24 頁。「わが憲法訴訟およびそれにかんする理論がどんな歴史的展開の産物であるのかを詳細に検討する作業は、ぜひ必要なことである」。

裁判所による適用から統治機構による実現
――多層的人権保障システムの視点から

江 島 晶 子

I はじめに

　日本を知らない人から「日本では表現の自由が保障されているか」と質問されたら、どのように答えることができるだろうか。手がかりとして、何かと比較して、より保障されている（またはされていない）というのは一つの答え方である。第一に、過去と比較することが考えられる。治安維持法や検閲が存在した明治憲法下と比べれば、現代の日本では、表現の自由は格段に保障されているといえるだろう（だが、質問者が知りたいのは、今はどうかということだろうから、ストレートな答にはなっていない）。第二に、他国と比較することが考えられる。この場合は、表現の自由が保障されているとされる欧米諸国を想定することが多いだろう（その是非は別として）。しかし、仮に欧米諸国に限定しても、各国の在り方は多様である。後で取り上げる差別的表現をめぐってもこれまでアメリカとヨーロッパの違いが指摘されている。差別的表現を規制する法律があるから表現の自由がより保障されていないとは一概にいえない。第三に、国際基準（国際人権法）と比較することが考えられる。この場合には、どの国という問題はなくなる。だが、比較法以上に、国際基準が日本においてなぜrelevantなのかがいまだ問われているのが現状である。たとえば、本稿でとりあげるヘ

＊　本稿で閲覧したホームページは2017年1月10日現在である。

イト・スピーチの問題との関連でいえば、日本は1995年に人種差別撤廃条約を批准しながら、そして、人種差別撤廃委員会から再三勧告を受けながら、その効果が表れない状況が継続してきた。

20世紀後半、日本国憲法が一定の人権カタログを憲法上の権利として保障する一方、国際人権条約は、自由権規約および社会権規約という一般的包括的人権条約に始まり、課題または対象をさらに個別化させて、人種的差別、難民、女性、子ども、移住労働者、障害者、強制失踪、拷問など多様な人権条約を成立させてきた（その多くを日本は批准している）。憲法の権利規定と国際人権条約の権利規定を接合させれば、憲法の権利の内容を充実させるポテンシャルを有している。日本国憲法は1946年以来、改正されていないことを想起するとその意義は大きい。よって、憲法と国際人権法の架橋の重要性はすでに指摘されてきたところである[1]。しかしながら、架橋はなかなか進まないどころか、相手を知らなかったがゆえに架橋されていなかったという段階から、相手を知ってみたところどうも勝手が違うという認識が強まりつつある。当初、議論は国内裁判所における国際人権条約の直接適用（それがだめでもせめて間接適用）に力点がおかれ、これを主張することによって国際人権条約を国内法体制に取り込もうと国際人権法学者および実務家が奮闘してきた。だが、これまでのところ成功しているとはいいがたく、条約は国内的効力があり、法律よりも上位であるという通説・判例にもかかわらず、国際人権条約が法律を無効にした例はない。

筆者は、別稿で、「国際基準を提示し、国際基準なのだからそれに合致すべきである」という設定ではなぜ不毛な議論に陥るのかを検討し、問題点として、①裁判指向（裁判による実現）の限界・弊害および②国際基準と国内基準の比較不能性について指摘した[2]。そして、権利の内容の類似性からアプローチするのではなく、権利を実現する国内・国際プロセスの相互連関関係を高めることの意義を説いた。すなわち、統治機構（近代立憲主義モデル）を国際人権条約のシ

---

1) 国際人権法学会は、系統的・学際的交流、および、研究者と実務家の架橋を意図して、1988年12月10日（世界人権宣言採択日）に設立された。
2) 江島晶子「憲法を『人権法』にする触媒としての国際人権法──憲法解釈を行う国家機関の設計・作法における『国際標準化』」国際人権（国際人権法学会学会誌）22号（2011年）69頁以下。

ステムと接合させて、統治機構全体において人権実現が強く意識されるように再構築されたものとして、多層的人権保障システムを提示した。

筆者の構想では、循環するシステムの保障によって、ある一時点で「よりベターに見える答」を提示し、それを検証し続ける状態を作り出すことをもって、近代立憲主義モデルのオータナティヴの提供またはバージョンアップが可能であるというものである[3]。そこでの主眼は、権利規定の擦り合わせによって内容を確定してから、裁判所において実現できる権利が決まるのではなく、憲法の権利実現プロセスと国際人権条約の権利実現プロセスが接合されているシステム（多層的人権保障システム）の中で人権が生成されることになるので、システムにおける循環性を重視する。国際人権条約と憲法の階層関係に基づき、いずれかの法的権威づけによって最終的解決が示されるものではないし、それを目指すことは生産的ではないというスタンスに立つ[4]。これは「動態的な国内法プロセスにおいて、どの機関がいかなる手続で、国際的な人権動向をウォッチし、対応していくのが適切なのかという、機関適性と権力分立をめぐる問い」であるというのに近い[5]。

本稿では、多層的人権保障システムの可能性・実効性を検証する一環として、憲法学と国際人権法学・実務家の意見が分かれてきたヘイト・スピーチの問題を取り上げ、憲法学の理論および理論構築の仕方にどのような特徴があり、それゆえ、国際人権条約の摂取においてどのような問題点が生じるのかを探っていきたい。

II　問題点

憲法と国際人権法の架橋がうまくいかない原因の一つは、憲法学がこれまで人権の実現（とりわけ救済）を考える際に、主として裁判所にウェイトをおいてきたことと関係する[6]。しかも解釈学として憲法学を洗練させていく傾向は、

---

3) 基本的着眼点については、江島晶子「権利の多元的・多層的実現プロセス——憲法と国際人権条約の関係からグローバル人権法の可能性を模索する」公法研究78号（2016年）47頁以下参照。
4) 江島・前掲注3) 65頁。
5) 宍戸常寿「イントロダクション」法律時報87巻8号（2015年）72頁以下、74頁。

法科大学院設立後、さらに高まっている。憲法学の教科書の構成をみると、権利の概念や意義の説明の後に、主要な判例が列記される。その後に、現代的問題として判例がまだ存在しない問題が紹介される場合もある（たとえばヘイト・スピーチ）。その場合には、外国の判例や法律が紹介されることが多い。他方、国際人権条約の扱いはオプショナルである。日本が批准した国際人権条約は国内的効力があるはずだが、国際人権条約は憲法学においてはいまだ異邦人である。

権利の実現の担い手を裁判所と考えてきたことの背景には、第二次世界大戦後、多くの憲法が違憲審査制を人権保障の担い手として導入したことがある。日本もその中に位置づけることができる。しかしながら、裁判所を担い手とすることには、様々な限界がある。そもそも、すべての人権問題が裁判所に登場する訳ではない。裁判所は受け身の機関であり、当事者が問題を裁判所に提起しなければならないが、裁判を起こす条件（資力、時間、知識）が揃う人は多数ではない。仮に提起できたとしても、実は、裁判という形態がその問題を解決するのに適当ではない場合は多い。

しかも、人権問題の多くは、現代社会においては、国家からの自由の侵害を阻止するという古典的な人権問題だけでなく、むしろ、国家による人権の実現を要請するものが多くなっている。前者の場合には、国家からの自由を最大化することを眼目と考えれば、それぞれの機関が付与された権限を超えるないし濫用する場合にそれを押しとどめて、元の状態に戻せばよく、その役割は裁判所に付与されておりそれは裁判所に向いていると考えられてきた。しかし、現代社会においては、国家の役割は拡大しており、人権を実現するために国家が積極的に行動することが求められる場面が増えている。そして、当然、想定されることだが、国家は必ずしも積極的に行動するとは限らず、その場合にどうすれば国家を動かすことができるかという難題がある。ところが、近代立憲主義を出発点に据える憲法学は、国家の権力を縛ることを重視してきたので、権力を新たに与えて実効的に行使させるという局面には謙抑的である。そもそも、

---

6) 川岸令和「人権擁護法案をめぐる諸問題」齋藤純一（編）『人権の実現』（法律文化社、2011年）50頁以下。「今日の憲法学の人権概念についての別の特徴は、裁判所によって実現される権利の保障という構想にある」（同54頁）。

憲法典には、後者の意味における人権実現の義務が明記されているとはいえず、仮に一般的義務までは引き出せるとしても、具体的にどのような義務があるのかということを引き出すことは相当困難である（だからこそ立法による具体化が必要ということになる）。実は、この点で、国際人権条約が寄与できる。なぜならば、国際人権条約は国家に対する義務として一連の義務を条約によって課しているからである[7]。

人種差別撤廃条約を例にとる。同条約は、1965年に採択され、1969年に発効しているが、日本が加入したのは1995年になってからである。また、条約の加入に際して、実務的には、対処方針や国内実施の方法が検討され、新規立法で手当てできない内容の条約にしないことや条約の履行が日本の憲法秩序に抵触する義務を負わないかどうかチェックされることになっている[8]。人種差別撤廃条約に関する日本政府の対応は、「人種差別撤廃条約4条(a)および(b)の規定の適用に当たり、同条に『世界人権宣言に具現された原則及び次条に明示的に定める権利に十分な考慮を払って』と規定してあることに留意して、日本国憲法の下における集会、結社及び表現の自由その他の権利の保障と抵触しない限度において、これらの規定に基づく義務を履行する」という留保を付す一方、同条約を国内実施するために立法は不要というものであった[9]。よって、本稿でとりあげる差別的表現ないしヘイト・スピーチの問題の対応については、出発点から消極的姿勢を示していたわけである。

だがこのような状況はそのまま看過されるわけではない。人種差別撤廃条約の条約機関である人種差別撤廃委員会は、国内実施に関する勧告を2001年、2010年と二度に渡って行い、2014年の第3回の政府報告書審査においては、救済を実現できる包括的人種差別禁止法の制定を勧告すると同時に、日本で起きているヘイト・スピーチの問題について懸念を表明した[10]。換言すれば、仮に

---

[7] 棟居快行「人種差別と国家の差別撤廃義務」法律時報84巻5号（2012年）71頁以下。
[8] 松田誠「実務としての条約締結手続」新世代法政策学研究10号（2011年）301頁以下、323頁および326頁。
[9] 戦争宣伝および憎悪唱道の禁止を規定する自由権規約20条2項について、日本は留保を付していない。
[10] 委員は、NGOによって提供された警察によるデモ警備の映像に対して、警察がヘイト・スピーチを行う人々を守っているように見えると評している。

日本国内の議論としては、差別的表現の規制法は不要または違憲であるというのが大勢を占めていたとしても、少なくとも 2001 年に条約機関から日本において規制法が必要であるという意見を示されおり、遅くとも 2001 年には日本政府は問題の存在を認識したことになる。もちろん条約機関の総括所見は法的拘束力を持つものではないので、それ自体が日本政府に対して具体的作為を義務付けることはできない。しかし、包括的差別禁止法または差別的表現規制法の欠如という問題が委員会に認識され、これ以降、報告書審査のたびに同じことを勧告されるというルーティンが確立するのである。もしも、日本政府が「国際的な人権規範の発展・促進をはじめ、世界の人権状況の改善に貢献していきます」といいたいのであれば、委員会との対話において誠実な態度を示すことが求められよう[11]。

　大事な点は、委員会が提起するのは「差別的表現を法律で規制すべきである」と一般的に言っているのではなく、日本の具体的状況を前提として、すなわち、「人種差別の行為および事件が締約国において発生し続けて」いることを前提として、「人種差別の被害者が適切な法的救済を追求することを可能にする、直接的および間接的人種差別を禁止する特別かつ包括的な法を採択することを促」していることである[12]。とりわけ、ヘイト・スピーチおよびヘイト・クライムの問題に対しては、以下の4つの懸念を表明する。①締約国内において、外国人やマイノリティ、とりわけ韓国・朝鮮人に対し、人種差別的デモ・集会を行う右翼運動や団体により、差し迫った暴力の煽動を含むヘイトスピーチが広がっている。②個人や政治家による発言がヘイト・スピーチや憎悪の煽動になっている。③ヘイト・スピーチの広がりや、デモ・集会やインターネットを含むメディアにおける人種差別的暴力と憎悪の煽動の広がっている。④これらの行動が必ずしも適切に捜査および起訴されていない。そして、以上の懸念に基づき以下の5つの措置をとることを勧告している。(a)憎悪および人種差別の表明、デモ・集会における人種差別的暴力および憎悪の煽動にしっかりと対処すること、(b)インターネットを含むメディアにおいて、ヘイト・スピーチに対処する適切な措置をとること、(c)行動について責任ある個人および団体を

---

11)　外務省ホームページ「人権外交」参照。〈www.mofa.go.jp/mofaj.gaiko/jinken/html〉
12)　CERD/C/JPN/CO/7-9.

捜査し、必要な場合には起訴すること、(d)ヘイト・スピーチを広めたり、憎悪を煽動した公人や政治家に対して適切な制裁措置をとることを追求すること、(e)人種差別につながる偏見に対処し、また国家間および人種的あるいは民族的団体間の理解、寛容、友情を促進するため、人種差別的ヘイト・スピーチの原因に対処し、教育方法、教育、文化および情報に関する措置を強化することである。これに対する応答は、差別的表現を法律で規制すべきかどうかを一般的に議論することではなく、日本の現状を前提として何を措置としてとるべきか、かつそれが可能かを議論することが求められていることになる。

　他方、国際人権法学（および国際人権法を裁判で活用する実務家）も裁判指向に陥っていたという点では憲法学と同じである。「はたして、国際法学は、国内裁判におけるハードな適用可能性に固執せず、条約の解釈論として各関係機関の法的責務を特定し、法実務や運動の現場にソフトな実現を促しながら生きた規範を供給できなかったのだろうか。これまで理論的に突き詰められなかった条約の「国内法的効力」は、この文脈でこそ究明されてしかるべき」という指摘は重要である[13]。もっとも、筆者は国内裁判における国際人権条約の直接適用の可能性を否定するものではない。だが、国内の統治機構全体の中にある裁判所の特性と限界を前提とすると、それはすぐに実現しうるものではないだろう。憲法と国際人権条約の違いの認識を前提として、架橋が実現していく中で視野に入れていくべき課題である。

III　多層的人権保障システムの検証

1　差別的言動解消法

　これまで、差別的表現の規制に対して多くの憲法学者が慎重な姿勢を取ってきたのに対して、規制を支持する側は、慎重論を批判すると同時に、国際人権法に依拠しながら、差別禁止法制定を主張してきた[14]。

---

13) 齋藤民徒「ヘイトスピーチ対策をめぐる国内法の動向と国際法——人権条約の効果的実現への課題と示唆」論究ジュリスト 2016 年秋号（2016 年）91 頁以下、98 頁。
14) 憲法学説への批判として、たとえば、前田朗『ヘイト・スピーチ法研究序説』（三一書房、2015 年）。

2016年5月24日、「本邦外出身者に対する不当な差別的言動の解消に向けた取組の推進に関する法律」（以下、「差別的言動解消法」）が成立した。差別の対象は本邦外出身者に限定されているうえ、同法は罰則もなければ、救済機関も有していないので、世界に存在する差別禁止法の中でも最も緩やかな規制法といえよう。よって、そもそも憲法が議論してきた差別的表現に対する法規制（とりわけ刑事処罰）の問題ではないかもしれない。一方、罰則のない同法に対しては批判や不満が聞かれた[15]。だが、同法は一定の変化を生じさせている。この状況を多層的人権保障システムの視点からまず分析する。
　①地方自治体：川崎市は、2016年5月31日、在日コリアンに対してヘイト・スピーチを繰り返してきた団体に対して、市が管理している公園の使用を許可しないと通告した。同市の市長コメントでは、「今般、「本邦外出身者に対する不当な差別的言動の解消に向けた取組の推進に関する法律」の成立により、国の意思が明確に示されたことを受け、本市としても、地域の実情に応じた施策を講じるべく様々な御意見を伺いながら、慎重に検討を重ねた結果、当該申請者が、過去に置いて、成立した法で定める言動等を行ってきた事実に鑑み、今回も同様の言動等が行われる蓋然性が極めて高いものと判断し、不当な差別的言動から市民の安全と尊厳を守るという観点から（傍点筆者）」判断した[16]。市長コメントから、不許可が差別的言動解消法に依拠していることは明らかである。
　②裁判所：同年6月2日、横浜地裁川崎支部は、在日コリアンの集住地域に事務所を設置して共生社会生活の実現を目的として、民族差別の解消に取り組む社会福祉法人の申立により、在日コリアンの排斥を主張するデモを過去に2回行った団体に対して、同団体が前2回と同様に違法性の顕著なヘイトデモを行う蓋然性が高いとして、人格権に基づく妨害予防請求権に基づき、事務所の周囲の半径500メートルの円内において上記のヘイトデモを事前に差し止める

---

15)　包括的な人種差別禁止法の制定など、条約実施機関からの要請を満たすものではないと強く批判するものとして、齋藤・前掲注13) 94頁。法律本文では、適法に在住する本邦外出身者に限定された点にも強い批判があり、両院の付帯決議として、それに限定する趣旨ではないことが付されている。

16)　「公園内行為許可申請の不許可処分に関する市長コメント」http://www.city.kawasaki.jp/templates/press/cmsfiles/contents/0000077/77502/houdouhappyousiryou.pdf

仮処分命令を発した。裁判所は、当該団体が行うとみられる差別的言動により、社会福祉法人の社会福祉事業の基盤である事業所において平穏に事業を行う人格権が侵害されることによって著しい損害が生じる現実的危険があると認められ、また、当該団体が行うとみられる差別的言動の内容の看過することのできない悪質性に鑑みれば、差別的言動を事前に差し止める必要性は極めて高いとする。また、差別的言動による人格権の侵害に対する事後的な権利の回復は極めて困難であると認められ、これを事前に差し止める緊急性は顕著であるとする。本判決は、冒頭で差別的言動解消法の条文を掲げた上、判決文の随所で同法に言及する。

③行政：6月3日、警察庁は、各都道府県警察の長に対して、差別的言動解消法の施行に関する通達を発し、「法を踏まえた警察の対応」として、「各位にあっては、法の趣旨を踏まえ、警察職員に対する教養を推進するとともに、法を所管する法務省から各種広報啓発活動等への協力依頼があった場合にはこれに積極的に対応するほか、いわゆるヘイト・スピーチといわれる言動やこれに伴う活動について違法行為を認知した際には厳正に対処するなどにより、不当な差別的言動の解消に向けた取組に寄与されたい」と要請している。

さらに、差別的言動解消法制定前から、以下のような徴候が存在する。

④裁判所：民族学校に対して行った街宣活動およびヘイト・スピーチに対して、損害賠償と学校周辺のデモの差止めを命じた2013年10月7日の京都地裁判決や2016年4月25日の高松高裁判決がある。

⑤地方自治体：差別的言動解消法に先駆けて、2016年1月15日、ヘイト・スピーチの抑止を目的とした条例として「大阪市ヘイトスピーチへの対処に関する条例」が大阪市で成立している。同条例では、啓発にとどまらず、ヘイトスピーチに該当することが認められた表現活動の拡散防止のために、市長が必

---

17) 横浜地川崎支決2016（平28）・6・2判時2296号14頁。
18) 「本邦外出身者に対する不当な差別的言動の解消に向けた取組の推進に関する法律の施行について（通達）」〈https://www.npa.go.jp/pdc/notification/keibi/biki/keibikikaku20160603.pdf〉
19) 京都地判2013（平25）・10・7判時2208号74頁。同判決の結論は、高裁（大阪高判2014（平26）・7・8判時2232号34頁）を経て、最高裁（最判2014（平26）・12・9）で確定した。ただし判断枠組が異なる点について、齋藤・前掲注13) 95-95頁参照。
20) 高松高判2016（平28）・4・25（判例集未登載）。

要な措置をとることや当該表現活動を行ったものの氏名または名称を公表することができる。ヘイト・スピーチ該当性や措置・公表内容については学識経験者で構成する審査会に諮問することになっている[22]。さらに、本条例の制定過程において、「大阪市ヘイトスピーチの対処に関する条例案要綱（案）」の意見募集を行い、意見の要旨および意見に対する大阪市の考え方を付して公表している。現在、各地で条例制定を検討する動きがある。

⑥行政：政府が初めてヘイト・スピーチに関する実態調査を行った（2016年3月発表）[23]。この調査によって、ヘイト・デモの件数は、2012年4月から12月は237件、2013年は347件、2014年は378件、2015年1月から9月は190件、合計1,152件のヘイト・スピーチの発生を確認し、また、インターネットに投稿されたヘイト・デモの動画の分析なども行い、減少傾向にはあるが、沈静化したとは言えないという結果が出た。これを受けて、自民、公明両党は他党案の対案となる法案づくりを促したという指摘もある[24]。対立する問題において、事実を明らかにする実態調査が大前提である。なお、法務省は、2016年度に外国人住民の人権状況を明らかにするため外国人住民意識調査を行うことも公表している。

上記の①地方自治体、②裁判所および③行政（警察）によるアクションは、いずれも、差別的言動解消法に言及しており、同法があればこそ踏み切ったといえる。よって、たとえ理念法に過ぎなくても、法ができたことによって各統治機関の行動は変化しており、一定の効果がある。また、同法の存在によって憲法が前提とする原理（法による行政、法による裁判、法律と条例の関係など）との

---

21) なお、大阪府興信所条例（1985年10月施行）および岡山市電子掲示板に係る有害情報の記録行為禁止に関する条例（2002年5月施行、ただし岡山市電子掲示板は廃止）は、差別的表現の一部について規制するものである。これらについて、小倉一志「インターネット上の差別的表現・ヘイトスピーチ」松井茂記ほか『インターネット法』（有斐閣、2015年）145頁以下、162-163頁参照。

22) 〈www.city.osaka.lg.jp/shimin/page/0003394043.html〉. 現在、大学教授3名（国際法、憲法、行政法）および弁護士2名で構成されている。毎月1回審査会が開催され、議事要旨がホームページ上に掲載されている。第1回議事要旨によると新規申出案件13件が出ていることが記録されており、継続的に毎回数件新規案件が出ている。

23) 公益財団法人人権教育啓発推進センター「ヘイトスピーチに関する実態調査報告書（平成27年度法務省委託調査研究事業）」（2016年）。〈http://www.moj.go.jp/content/001201158.pdf〉

24) 朝日新聞2016年3月29日〈http://www.asahi.com/articles/ASJ3X7WYZJ3XUUPI004.html〉

抵触についても抗弁できる。

　④〜⑥の契機としては、民族学校襲撃事件およびヘイト・デモという現実の事件の存在が大きいのだろうが、こうした事件の存在を広く周知させる上で重要なのはメディアとNGOの役割である。実際、大手メディアによって取り上げられるようになったのは2013年以降で、それ以降、取り上げる件数が急増した（これはヘイト・スピーチが2013年末に流行語大賞に選ばれるのと呼応する）。そして、ヘイト・スピーチに対する世論の動向やNGOの働きかけを受けて、裁判所、政府、地方自治体が動いたと考えられる。多層的人権保障システムにおける円環において、各機関を動かす原動力になるのはNGOやメディアであることの一つの証である。

　ここで改めて問うておくべき疑問は、差別的言動解消法が制定される前に依拠できる法は民法や刑法以外に存在しなかったのかである。国際人権条約は国内的効力を有するとすれば、上記の機関がそれぞれアクションを取る際に人種差別撤廃条約に依拠できたはずである（換言すると、たとえ、差別的言動解消法が制定されなくても、①〜③のアクションは人種差別撤廃条約に基づいてできたのではなかったかということである）。いずれの機関も条約の実施義務を負う国家機関として、義務の履行が求められていたはずである。そうではなかったことについて、検討を深める必要性がある。

　他方、条約の実施義務を強く意識したのが下級裁判所であったことは興味深い。前述④はその代表例である。そこには、人種差別撤廃委員会をはじめとして、人権条約機関による勧告が蓄積していることが一定の力をもっていると言えよう。裁判官が能動的に自ら勧告を参照しているとまでは言わないが、少なくとも訴訟において原告が勧告を取り上げることによって裁判官がこれを目にし、説得されうるところまできている。それが、京都地裁においては、①国内裁判所の条約上の義務を認めたこと、②①に基づき民法の解釈適用に人種差別撤廃条約の影響を及ぼしたこと、そして③加害者の活動の不法行為性の判断において「人種差別撤廃条約上の人種差別に該当する」という認定を行っていることに表れている上、同地裁は政府報告書審査における政府発言や総括所見を

---

25) 実態調査報告書・前掲注23)。

参照している。

そして、2014年に、自由権規約委員会および差別撤廃委員会がそれぞれ政府報告書に対して総括所見を出す機会がめぐってきて、いずれにおいてもこの問題が指摘されたことは、裁判所のみならず、他の統治機関にも一定の影響を及ぼしているといえよう。以上のように、国際人権条約の政府報告書制度の下で、条約機関と政府の対話、そして総括所見は、一定の役割を持ち始めている。

以上より、裁判所における人権条約の適用にのみ集中するのではなく、統治機構全体において人権条約を波及させる手段を考えることが有効である。そして、政治部門が人権条約に関心を持つようになれば、裁判所はより人権条約の活用に積極的になるのが常であることが他国の経験から明らかである。さらに、多くの国では、一連のプロセスをより緊密かつ実効性のあるものにするために国内人権機関と個人申立・個人通報制度がある。

2　規制消極論

憲法学では、日本国憲法における表現の自由の保障の重要性を前提とした上で「きわめて限定的なヘイトスピーチ処罰法ならば、規定の文言が明確であるかぎり、日本国憲法の下でも許容される可能性がある」というのが通説であるが、実際上、その必要性はないという認識が大方のところ共通されてきたといえよう。日本政府は人種差別撤廃条約に留保を付し、かつ、2013年1月に出された政府報告書の中で「留保を撤回し、人種差別思想の流布等に対し、正当な言論までも不当に萎縮させる危険を冒してまで処罰立法措置をとることを検討しなければならないほど、現在の日本が人種差別思想の流布や人種差別の煽動が行われている状況にあるとは考えていない」と回答している（報告書を提出した時点ですでに民族学校襲撃事件やヘイトデモは存在する）。憲法学の通説はこれを間接的にせよ支えてきたことにならないだろうか。憲法学では、諸外国の

---

26)　齋藤・前掲注13) 94頁。しかし、①〜③は高裁段階で除去されている。
27)　ヨーロッパ人権条約とイギリス、自由権規約と韓国を例として挙げておく。
28)　その意義について、江島・前掲注2) 参照。
29)　市川正人「表現の自由とヘイトスピーチ」立命館法学360号（2015年）122 (516) 頁以下、130 (524) 頁。
30)　ヘイトデモが2009年頃から始まっているだけでなく、民族学校襲撃事件も2009年に起きている。

立法を参考にしながら（そこではアメリカ憲法判例の影響が強かった）、差別的言論を罰することは表現の自由に反するのではないかという問題を論じることの方がヘイト・スピーチによる被害者の人権という観点から論じることよりも多かった[31]。

そこで、従来主張されてきた規制消極論の根拠を検証しておく。前述したように、従来主張されてきた規制消極論は、どちらかといえば具体的法律に対するものではなく、差別的表現を法律で規制できるか（とりわけ刑法によって処罰できるか）という一般的問いに対してであった。よって、当然のことながら、消極論（違憲論）も積極論（合憲論）も一般的に議論される。だが、そもそも差別的表現も多様である。国際人権法および比較法から明らかになってきたのは、対応は刑事規制だけでなく、むしろ差別的表現の悪質度に即して、刑事規制、民事規制および法的規制以外の手段による抑制が考えられる（それぞれについて違憲性が個別に検討されるべきである）。

規制消極論として、①差別的表現の定義は曖昧であること、②差別的表現はある社会集団の集団的名誉を損なうにとどまり、個人の名誉権を侵害する名誉棄損表現とは同列に扱えないこと、③差別的表現に対しては対抗言論で対応すべきあること、④平等の実現は、就職差別や入居差別などの不利益な取扱いそれ自体を禁止することによって達成されるべきであり、人々の差別感情が発露される表現（差別的表現）の段階での規制は、平等の実現という目的に照らして不必要過大な規制であること、⑤重大な政治問題に関する闊達な議論を萎縮させることなどが挙げられる[32]。

①については、差別的表現を憲法や国際人権条約の文言を活用しながら一定の明確化をはかる方法が考えられる。たとえば、憲法14条1項後段列挙事由の「人種、信条、性別、社会的身分、門地」に関するマイノリティ集団または個人への誹謗であるとか[33]、広義では、人種、民族、国籍、性などの属性を有す

---

31) ヘイト・スピーチを行っているのは国家ではないので、それは憲法学の射程範囲に入っていないということなのかもしれないが、前述したように、人権を実現する国家の義務という視点から考えれば、射程範囲の中に入ってくる。
32) 棟居快行「差別的表現」高橋和之＝大石眞編『憲法の争点〔第三版〕』（有斐閣、1999年）104頁以下、104-105頁、木下智史「差別的表現」大石眞＝石川健治編『憲法の争点』（有斐閣、2008年）126頁、127頁の整理に基づく。

るマイノリティの集団もしくは個人に対し、その属性を理由とする差別的表現であり、その中核にある本質的な部分は、マイノリティに対する「差別、敵意又は暴力の煽動」(自由権規約20条)、「差別のあらゆる煽動」(人種差別撤廃条約4条本文)であり、表現による暴力、攻撃、迫害であると考えられる[34]。また、明確化を要求するのは法的規制(刑事規制、民事規制)を念頭においているからということを念頭に置く必要がある。

②については、差別的表現は、集団とともに、集団に属する個人にも「損害」をもたらしており、かつ、現時点ではそれが実例をもって明らかになってきている[35]。

③については、対抗言論の限界が指摘できる。自由意志による選択とはいえない属性に基づく差別的関係を前提として「差別的に」機能することからすれば、差別的表現を行う者と差別的表現の対象にあった者の間は対等ではありえず対抗言論に解決する余地はないからである。

④については、差別的表現規制を平等の実現の手段ととらえるのではなく、差別的表現が被害者の人権(たとえば人格権)を侵害していると構成すれば、一概に不必要過大な規制とはいえなくなる。

⑤については、規制の仕方次第であると反論できる。そして、ヘイト・スピーチの存在が、マイノリティによる思想の自由市場への参入を妨げており、かつ、ヘイト・スピーチに加担していないマジョリティがヘイト・スピーチに抗議をするかというと、けっしてそうではなくて、「めんどうくさい」「やっかいなもの」と考え関わらないようにするという態度をとる(無視・黙認)状態を作り出しており、かえって闊達な議論を妨げていることが指摘できる。

他方、上記の規制消極論の根拠に加えて、表現の自由の法理から表現内容の規制にとくに慎重であるべきとする以下のような論拠が考えられる[36]。憲法学に

---

33) 棟居・前掲注32) 104頁。
34) 師岡康子『ヘイト・スピーチとは何か』(岩波書店、2013年)48頁。
35) 「〇〇人は××(××は侮蔑的表現)」という表現は、〇〇人である個人Aには、「Aは××だ」という表現として聞こえると同時に、Aが属する〇〇人に対する侮蔑であるがゆえに、より強い侮蔑となる。
36) ここでは、小谷順子「言論規制消極論の意義と課題」金尚均『ヘイト・スピーチの法的研究』(法律文化社、2014年)90頁以下、94-95頁の整理に基づく。

おいては、政府批判の自由の重要性から政府による言論統制を許すべきではないというのが基本原理である。憲法学が権力に対する懐疑から始まり、権力をいかに縛るかということを出発点としているからである。

⑥政府または議会多数派にとって不都合または不愉快な題材や視点の表現を禁止する立法が行われるおそれ（恣意的な立法のおそれ）

⑦適切な意図で設けられた立法であっても実際の運用において政府または法執行部門が嫌う表現のみに適用されてしまうおそれ（恣意的な運用のおそれ）

⑧新たな表現内容規制立法がひとつ成立することによって表現内容規制の立法化のハードルが下がって表現内容規制立法が乱発するおそれ（規制乱発のおそれ）

これらの問題については、各統治機関に対するコントロールいう観点からアプローチできるのではないだろうか。まず、⑥についてであるが、当初の意図からの逸脱を防止するには、現状の把握が何よりも重要である。そのためには、差別的表現の実態を調査することが出発点となる（ここに国内人権機関の重要な役割がある）。たとえば、前述した「ヘイトスピーチに関する実態調査報告書」はその一例となる。そして、これに基づき国会において有効な議論ができるかどうかが鍵となる。恣意的な立法のおそれがあるので、はなから立法を諦めるというのは、表現の自由は守っても、マイノリティの人権は守らないというアンバランスな対応となる。

次に、⑦についてであるが、これは恣意的な運用を防止するシステムの問題として対応できるのではないだろうか。もしも恣意的運用が阻止できないとすれば、それは差別規制法の問題ではなく、統治機構全体の問題である。

⑧についても、立法化のハードルが下がるのは統治機構に問題があると考えられる。なぜ、規制乱発を許してしまうのかという観点から統治機構を検証すべきである。

そして、⑥～⑧のいずれにせよ、そのようなことが起きたときのために違憲審査制があるのであり、選挙があるのであり、かつ、国際人権条約のチェック・メカニズム（日本の場合には現時点では政府報告書に限定されるが）があるのである。もちろん、上記のおそれは、表現の自由の民主主義社会における重要性からするとけっして軽視してはならないが、それをマイノリティの人権の犠牲

の下に絶対視するようなことになれば、結果として社会自体が壊されるというリスクもある。[37]統治機関の問題行動を予防・除去する仕組みがあるかどうかという視点も考慮に入れて規制の是非を考えるべきである。

　この点で、日本における表現の自由の保障が脆弱ではないかという懸念も無視できないことにも留意する必要がある。

Ⅳ　おわりに

　差別的言動解消法の実現には、表現の自由が不可欠であったことからも、表現の自由の重要性は強調しすぎることはない。ヘイト・デモの現状がメディアを通じて人々の知るところとなったとたんに、誰もがこれを批判したからこそ、法律が実現した。他方、表現の自由が傷つけられやすいということにも議論の余地はない。2016年4月、国連人権理事会からの委嘱を受けた表現の自由国連特別報告者が日本を訪問し、1週間の滞在期間中、政府関係機関、報道機関、NGO等と面会した後、日本のメディアの独立性について懸念を表明し、政府に対してメディアの独立を守り、国民の情報アクセス権を促進するべく措置を緊急で講じるようにとの意見を表明している（2017年に報告書が人権理事会に提出される予定）。多くの憲法学者が表現の自由の規制にことに警戒するのは、過去に表現の自由が大幅に規制されていたからというという歴史に基づく警戒だけではなく、現在の問題である。

　他方、言論は人を傷つけることがあることも事実である。言論が言論にとどまるかぎり被害はない、個人に向けられたものではないので被害はないとはいえないことがますます認知されてきている。差別の実情を実際に見た結果、本当に問われるべきだったのは、「もし差別的表現が全く用いられない状態になったとして、差別感情はなくなるだろうか」という問いではなく、「差別感情に基づく差別的表現によって、被害者はどのような苦しみを受けるのだろう

---

37)　国際人権法においては、差別的表現の自由の横行はジェノサイドの危険を招来するものであることを、歴史的経験から考慮に入れている。
38)　遠藤比呂通「表現の自由とは何か──或いはヘイト・スピーチについて」金尚均『ヘイト・スピーチの法的研究』（法律文化社、2014年）55頁以下、69頁。

か」という問いであったという述懐は重要である[38]。この問いは憲法学者が差別的表現の処罰の問題を論じる際に、言論の傷つきやすさと同時に浮かべるべき問いではないだろうか。

そして、新たに成立した差別的言動解消法によって問題が解決したわけではない。たとえば、都知事選においては、立候補者によるヘイト・スピーチの問題が浮上した。他方、同法を受けて各自治体が様々な取り組みを始め、規制に対して積極的姿勢に転換する中で、デモの不許可や警察の警備の在り方等に関して新たな問題が生じる可能性がないとはいえない。差別的言動解消法自体は、いかなる場合にいかなる表現を不許可とできるか（そしてすべきか）について明確な基準を示すものではないので、今後の課題である（明確な基準がないがゆえに恣意的運用も起こりうる）。

以上の課題を解決するためにも、既存の統治機構の再構築は不可欠である。きわめて緩やかな差別的言動解消法を実現するのにさえこれほどまでに時間を要したこと、また、同法がなくても各統治機関ができたことはあったことを想起すると、人権を実現するシステムの方に問題があったといえる。国際人権法の活用によってシステムの多層性を実現することを処方箋として提示したい[39]。

（えじま・あきこ　明治大学教授）

---

[39] 本稿で表現の自由を取り上げたのは、奥平康弘教授の以下に紹介するようなスタンスは、国際人権法と実は親和性があると考えたからである。奥平教授は、「表現の自由」は自明のものではないという疑問から出発して、「表現の自由ってなんだ」という問いについて次のように向き合う。「ややもすれば、憲法とか法律とかが保障規定を設けることによって「表現の自由」が出発する、と考えがちであるが、決してそうではない。法文上の保障規定はむしろ、市民の闘い・運動の成果を事後的に表現させたものに過ぎない。……要するに、「表現の自由」は、市民の闘い・運動の軌跡のなかから浮き出てきた諸成果によって織りなされた構成物みたいなものである。…あらゆる個別の「表現の自由」事件＝論争の背後には、かならずその背景をなす歴史があるのであり、それぞれが個別特殊な叙述に馴染む「物語」を持っているのであって、それらおのおのが「表現の自由」コンセプトの織りなしにかかわっているのだ、とさえ言える。ただし私たちは、きわめてしばしば大胆にも多くの人間的な営為をバッサリ切りおとし、実の部分だけを吸い上げ、この上澄み部分を抽象化し原理化しあるいは神話化してしまいがちである」（奥平康弘『表現の自由を求めて―アメリカにおける権利獲得の軌跡』（岩波書店、1999年）iv頁）。これは国際人権法も同様である。そして、いまや市民の闘い・運動は各国別に行われその成果が比較法を通じて後に共有されるという段階から、グローバルに行われリアルタイムで共有される段階に到達している。それに対応した人権実現システムの構築が望まれる。

最高裁に舞い降りた「国際民主主義」者
――横田喜三郎の法思考の形成と展開

山 元 一

I はじめに

　私は、奥平康弘先生を囲む読書会『読もう会』に長年にわたって参加していたが、先生は雑談の際に、〈アメリカの最高裁裁判官に焦点を当てた研究をしてみたい、そのうちの何人かについてはすでに資料を収集しはじめている〉、としばしば口にされていた。その言葉を聞いた当時の筆者は、「裁判官は法を語る口」であるべきであって個性を持つべきではない、と厳しく戒められてきた国フランスの憲法を主要な研究分野としていたせいもあり、裁判官個人に的を絞った研究の意義や面白さを具体的にイメージすることができなかった。しかし、「最高裁判所裁判官研究会」に参加したことをきっかけとして、裁判官個人の軌跡をテーマとする研究を初めて手がけることになった。研究をしていく中で、奥平先生が目を輝かせて語っていた裁判官研究の面白さがようやく理解できるようになった。そんな瞬間に、奥平先生とはもう二度と会えないのだ、という紛らわしようのない寂しさが胸にこみ上げてくる。

＊

　安保闘争の余韻未だ冷めやらぬ1960年10月25日、その当時の日本を代表する国際法学者横田は、池田勇人内閣の指名により、東京（帝国）大学法学部での先輩同僚であった「不撓の自然法学者」田中耕太郎からバトンを渡され、第三代長官として司法権の頂点たる最高裁判所に舞い降りた。そして1966年

8月5日、横田は約6年間の長官在任中手堅い手腕を発揮して最高裁から去っていった。バトンを渡す側の田中にとっての思想的バックボーンが「カトリック的自然法思想」であったとすれば、バトンを渡された横田にとってのそれは、そのような思想と全面対決するHans Kelsenの創唱にかかる「純粋法学」であり、前者の思想を抱く者の目から見れば、後者の思想は、単に「世界観なき学究達」の崇める虚無の思想に過ぎなかった。現在とは全く異なり、横田は、知性に対して生の暴力が振るわれる危険に満ち溢れ、知的に誠実に生きることが困難な激動の時代を生きた。にもかかわらず、学者時代・裁判官時代を通じて自らの法学方法論だと信じるものを終生貫きえた横田の人生の軌跡は、見事というほかはない。横田もやはり、田中とは別様の仕方において、ある種の「世界法」に帰依していた。田中と横田がそれぞれの仕方で世界を包括的に説明する法的教説に依拠しながら、世界を包括的に説明する共産主義思想とその運動との緊張関係の中で、二代続けて長官として司法中枢部に身を置いたことは、その時代がまさに神々たちが正邪の所在をめぐって死闘を繰り広げるイデオロギーの時代であったことを、鮮やかに示している。

1）　自由主義的知識人としての横田喜三郎を分析した極めて詳細で優れた研究として、竹中佳彦『日本政治史の中の知識人——自由主義と社会主義の交錯[上][下]』（木鐸社、1995年）、がある。本稿は、多くをこの研究に負っている。
2）　尾形健「不撓の自然法論者——田中耕太郎」『法律時報』88巻9号（2016年）100頁以下。
3）　1943年当時国際法担当助教授であった安井郁の教授昇任人事をめぐる東大法学部の内紛で、昇任人事に強硬に反対した横田と田中が、昇任決定に抗議してそろって辞表を提出し、その後丸山眞男をはじめとする周囲の説得に応じて撤回するという、両者の間の個人的な強い精神的紐帯の存在も、後日横田長官人事が実現したことの背景にあろう。横田喜三郎『私の一生』（東京新聞出版局、1976年）345-350頁、横田喜三郎（聞き手　寺沢一＝波多野里望）「横田喜三郎先生に聞く〔第2回〕」『法学教室』29号（1983年）40頁以下。竹中・前掲注1）『日本政治史の中の知識人——自由主義と社会主義の交錯[上]』281頁以下。また、田中耕太郎は文部大臣在任中（1946-1947年）、中央教職員適格審査会のメンバーとなり、軍国主義者・超国家主義者の教職員の公職追放を精力的に行ったが、その際横田は中央教職適格審査委員会委員に登用された。ちなみに、横田は法学部教員適格審査委員会で安井の審査に参加し否定的評価を下していたが、その主張は受け入れられず、再審に当たる中央教職適格審査委員会での審査にも参加した（ただし、採決は棄権した）。同委員会での安井の審査結果は不適格であり、彼は東大にとどまることができなかった。参照、山本礼子『米国対日占領下における「教職追放」と教職適格審査』（学術出版会、2007年）81頁以下、238頁以下。
4）　田中耕太郎「現代の思想的アナーキーと其の原因の検討」〔初出1932年〕同『現代知性全集　30　田中耕太郎集』（日本書房、1959年）79頁。参照、三谷太一郎『二つの戦後』（筑摩書房、1988年）184頁。

本稿は最高裁判所第三代長官を務めた横田喜三郎の法思考の形成と展開を検討するものであり、その対象は、彼が長官に就任するまでの時期に限定される[5]。

II　略歴と時代

1　略歴[6]

　横田喜三郎は、1896年8月6日、名古屋市の近郊の呉服類の行商を生業とする質素な家庭に、三男として生を受けた。高等小学校卒業後1年間は農業や行商の手伝いをしていたが、勉強好きであったため兄の援助で私立中学校に編入することができた。海軍兵学校に体格検査で不合格となるが、優秀な成績であったため第八高等学校第一部甲類（英法）に推薦入学し、そこでも優秀な成績を収めた。横田は1919年に東京帝国大学法学部政治学科に入学するが、当初は外交官志望であり、その後弁護士志望となった（弁護士への志望変更に伴って、法律学科に転科した）。ところが偶然、当時後継者を探していた国際法担当の立作太郎に見込まれて卒業後法学部助手となり（1922年）、その後助教授（1924年）、教授（1930年）へと順調に昇任し、やがて法学部長も務める（1948-1951年）。1926年から1928年まで仏独米三国で留学生として在外研究に従事する。1957年に東大を定年退官して国際連合国際法委員会委員として活動していたところ、田中耕太郎からの強い要請で1960年に最高裁長官に就任した。1966年に退任した後、国際労働機関（ILO）条約勧告適用専門家委員会委員に選任された。1981年には文化勲章を受賞した。1993年2月17日に逝去した横田は、96歳という長寿を全うした。

2　時代

　横田が学者・裁判官として活躍した時代は、大正デモクラシー期から日中戦

---

5)　横田が最高裁判所長官に就任してからの法思考の展開については、本稿の続編をなす山元一「最高裁に舞い降りた『国際民主主義』者——横田喜三郎」『法律時報』89巻2号（2017年）106頁以下、を参照されたい。
6)　横田の人生の軌跡については、自叙伝たる横田・前掲注3）『私の一生』および『余生の余生』（有斐閣、1987年）が網羅的で詳しい。

争・太平洋戦争の時代、占領下から日本独立、独立後の高度経済成長期までの展開という、日本現代史における文字通りの激動の時代であった。1930年のロンドン海軍軍縮会議に日本代表随員として参加した横田は、満州事変（1931年）では国際法の立場から軍部を批判したため、右翼勢力から目の敵とされた。その後も戦争批判・軍国主義批判を続行し、帝国議会でもその著作が攻撃の対象とされたが、それに屈することなく終戦まで非転向を貫いた。そのために横田は、この時期に意見表明の機会が完全に奪われてしまう。

　このような状況は、無条件降伏後に一変する。占領下日本の法的位置づけをはじめとする管理法制の研究会を立ち上げるとともに、国連体制や日本国憲法の理念や意義を広く伝える啓蒙書を数多く執筆した。また、第二次世界大戦後の「国際社会」そのものの「変化」を「本源」として、「戦争犯罪」および「戦争そのもの」の「観念の根本的な変化」を通じて「国際法の全体系の根本的な変動」すなわち「国際法の革命」が生じたとし、戦争犯罪の処罰を罪刑法定主義違反とする批判論に対して東京裁判擁護の論陣を張った。日本の独立に際しては、片面講和を推進する保守政府の立場を支持し、革新勢力とは安全保障政策において袂を分かった。この点において、横田の「『変節』問題」がしばしば批判の対象となった。横田喜三郎コート時代は、数多くの重大な問題について憲法判断をはじめて下さなければならなかった田中コート時代とは異なり比較的平穏な時代であったが、憲法学から見れば、第三者所有物没収事件判決（最大判1962年11月28日刑集16巻11号1593頁）、東大ポポロ事件判決（最大

---

7) 竹中・前掲注1)『日本政治史の中の知識人――自由主義と社会主義の交錯[上]』55頁。
8) この時代の横田が、「天皇制を維持する理由はないといわなくてはならない」とするラディカルな天皇制廃止論を提出していたことは、よく知られているとおりである。横田喜三郎『新版　天皇制』（ミュージアム図書編集部、1997年）（原本1949年）275頁。また、その前年には、天皇の戦争責任を問う「天皇退位論」を新聞紙上に発表している。読売新聞1948年8月26日付朝刊1面。これに対して、51年後の1989年に出版された横田喜三郎「平和祈る陛下のお心」『昭和を読む――知識人26氏の人生と考察』（読売新聞社、1989年）256頁以下のエッセーでは、昭和天皇に対する敬愛の念しか見出すことができない。
9) 横田喜三郎『戦争犯罪論』（有斐閣、1947年）3-4頁、125頁以下。参照、竹中・前掲注1)『日本政治史の中の知識人――自由主義と社会主義の交錯[下]』511頁以下。
10) 山本祐司『最高裁物語　上　秘密主義と謀略の時代』（講談社、1997年）270頁。同書によれば、岸信介が外務大臣在職時、外交政策の理論的支柱の役割を果たしていた、という。参照、同書269-270頁。

判1963年5月22日刑集17巻4号370頁)、全逓東京中郵事件判決(最大判1966年10月26日刑集20巻8号901頁)等、屈指の重要事件に関して憲法判断を下した時期であった。とりわけ、全逓東京中郵事件判決は、1960年代の最高裁のリベラル化を象徴する判決の一つであり、そこで展開された思考こそが当時の保守派裁判官にとっての最も重要な攻撃の標的となっただけに、横田喜三郎コートの戦後憲法裁判史上の重要性が見過ごされてはならないであろう。また、長官時代の裁判実務に対する取組みとしては、訴訟の促進と法廷秩序の維持があり、最高裁における訴訟の促進として、大法廷事件における合議の促進、小法廷事件における迅速な処理、調査官の交代と補強などを行った結果、横田自身の評価によれば、「最高裁判所に関するかぎり、もう訴訟の遅延はないといってよい状態に達した」、という。

III 横田喜三郎の法思考

横田喜三郎の法思考を貫いていたのが、戦間期に日本のみならず世界の法学界に大きなインパクトを与え、強い影響力を持った「法律の科学的認識の理論」を標榜するHans Kelsenの「純粋法学」であった。横田は学者としての業績が最初期のものを除けば、「純粋法学」にその理論的基礎を置くものであり(横田自身の分類によれば、①国際法の基礎理論的なもの、②純粋法学の解説的なもの、③法の本質的考察、の分野で研究が進められた。ちなみに、③に属する論文で美濃部達吉との論争がある)、日本におけるKelsenの「純粋法学」への関心を高める上で、大きな貢献を行った。

本稿の関心との関係で、横田が「純粋法学」の主張から受け止めた法理解についての基本的視座を簡単にまとめると、以下のようになろう。

---

11) 長官退官時の横田の記者会見では、東大ポポロ事件判決と利息制限法に関する判例変更(最大判1964年11月18日民集18巻9号1868頁)の二つのケースを印象に残った事件として言及した。朝日新聞1966年8月5日付朝刊12版14面。
12) 横田・前掲注3)『私の一生』409頁。
13) 横田喜三郎『純粋法学論集I』(有斐閣、1976年) 308頁。
14) 横田・前掲注3)『私の一生』138頁以下。
15) 横田喜三郎の訳業として、ハンス・ケルゼン『純粋法学』(岩波書店、1934年) がある。

第一は、実定法認識の作業をする際に、自然法論を排斥した上で、そのような作業を心理学・社会学・倫理学的考察と峻別し、実定法を純粋に認識することの重要性である。法の妥当性は、その内容からではなく、もっぱら実定法規によって定立されたという事実に依拠している（ただし、慣習法の実定法的性質は否定されない）。しかもその際、実定法が全体として統一体をなしていることが当然の前提とされる。したがって、「実定法そのものが相互に関係し、連絡あるものとして与えられているから、当然に、これを総合的に統一的に把捉することになる。むしろ、総合的に統一的に把捉すべきことになる」、とされるのである。そこから、横田なりの法解釈観・裁判観、そして横田が裁判官として行う法解釈の実践のあり方が生み出されてくるが、戦前期と最高裁判所裁判官を経た後では、大きな変化がみられる。戦前期における法解釈観において法解釈は、「法律の意味を明瞭にし、内容を確定することである。それはいかなる法律要件にいかなる法律効果が付与されているかを確定するにある。もし法律に不明確な点があり、欠陥があれば、そのことをそのままに確定する」ものであるとされ、「この不明確を明確にし、欠陥を補充」する行為は、もはや「科学としての法律学ではなくて、単純な政策にすぎない」、とされた。これに対して、「実践」としての性質を有する裁判においては、「それが実践であるが故に必ずしも科学としての法律学に拘束されない自由」を有し、「自由に実質的な価値判断によって、十分に法律生活の実践的な要求に応じることができる」、とされていた。「裁判は必ずしも常に法律によることができないばかりでなく、よるべきものでもない」のである。ところがこの点、晩年期の回顧においては、「裁判官としても、わたくしの立場は、やはり純粋法学のそれであった。わたくしは、大学をやめてしばらくして、最高裁判所に入り、6年近く裁判に当った。そのときにも、基本的には、純粋法学の立場に立って、法律を理解し、解釈し、適用した。すなわち、わたくし自身の主観的な倫理観や政治観

16）「純粋法学」に関する横田の主要業績は、横田・前掲注13）および同『純粋法学論集Ⅱ』（有斐閣、1977年）の二冊にまとめられている。なお参照、大野達司ほか『近代法思想史入門』（法律文化社、2016年）171頁以下。

17）横田・前掲注13）251頁。

18）横田・前掲注16）『純粋法学論集Ⅱ』117頁。

をまじえることなく、純粋に法律そのものの意味を、法文の言葉そのものにしたがって、理解し、適用するように努めたのである」、と述懐している[19]。戦前期においては、実際に行われている裁判における法解釈が「科学としての法律学」の次元とは峻別される政策に属する問題であるとされていた。ところが、晩年期の回顧では、全く対照的に「純粋法学」に支えられた解釈（《「純粋法学」的法解釈観》）の実例が示された[20]（横田によれば、その実践例が、利息制限法の解釈における同法超過部分の元本への組み入れの可否に関する最大判1962年6月13日判決民集16巻7号1340頁における横田反対意見、そして同判決を変更した最大判1964年11月18日判決民集18巻9号1868頁における横田の加わった法廷意見である、とされた[21]）。おそらくは裁判官時代に自己の行った判決行動の正当化への誘惑が戦前の自らの理論的前提を無効化させてしまったものと考えられる。

　第二は、「法律の科学的認識」という方法に立脚して現にある国際社会における法現象を認識した場合、戦間期国際社会において、ロシアとソ連の間の革命の前後を通じて「国家の同一性の規則」が妥当しており、国内法との関係における「国際法上位理論」が法認識の作業の結果として導き出されてくる、と横田は捉えた[22]。横田の思考の特徴は、現実の国際社会に存在する「法的関係」

---

19)　横田・前掲注3)『私の一生』141頁。
20)　ちなみに法解釈観において、横田と同様に「純粋法学」の影響を大きく受けた宮沢においても、戦前期においては、法解釈論は、「つねに論者の政治的・倫理的な主張」であり、「それは論者の抱懐する政治的・倫理的理想に応じて異なる。もしそうした理想がその内容において十人十色であるとすれば、それに応じて解釈論的な『学説』の内容も十人十色でありうるはずである」とされ、純然たる政策的選択の問題として捉えられていた（宮沢俊義「法律学における『学説』」〔初出1936年〕同『法律学における学説』（有斐閣、1968年）74頁）が、戦後には、「主観的な性格」を免れないとはいえ、「ある種の客観性を有する理論でなくてはならない」ものとして示されたことはよく知られている（同「学説というもの」〔初出1964年〕同書98頁）。このような軌跡を描いた宮沢の法解釈観については、参照、樋口陽一「宮沢憲法学における憲法解釈の方法」およびそれに引き続く討論、杉原泰雄ほか「シンポジウム　憲法学の方法」『法律時報』40巻11号（1968年）41頁以下、芦部信喜『憲法制定権力』（東京大学出版会、1983年）174頁以下。
21)　横田・前掲注16)『純粋法学論集Ⅱ』122頁。
22)　日本の国際法学史上における横田学説の地位については、参照、筒井若水＝広部和也「学説100年史　国際法」『ジュリスト』400号（1968年）221頁以下、伊藤不二男「国際法」野田良之＝碧海純一編『近代日本法思想史』（有斐閣、1979年）489頁以下、横田学説そのものの分析としては、寺沢一「横田喜三郎論——その国際法学　その1——戦前の研究活動を中心に」『法律時報』33巻1号（1961年）10頁以下、高野雄一「横田喜三郎論——その国際法学　その2——戦後の研究活動を中心に」同14頁以下、がある。

の考察であることと、一定の静態的秩序観が志向されているところにある。この点、Kelsen自身は、「国内法優位の構成と国際法優位の構成がともに科学的仮説であるとしながら、その選択は、主観の世界観にかかり、客観的に科学的に決定しえないとする」が、横田によればこのような理解では不十分であり、「論理的関係であると同時に、法的関係であり、純粋に論理的関係ではなくて、法論理的関係である。与えられた一定の国際法と国内法との関係として、それらの法的性質によって、必然的に制約されなくてはならない」、とされる。この点における横田は静態的認識を志向する。すなわち、「国際法が最高にして世界的な法秩序となる」のであって、そこから描き出される国際社会の法律像は、「すべての国内法が国際法に従立し、その部分的秩序として包括される。したがって、すべての国内法の上位に立つものとして、国際法は最高の法秩序であり、すべての国内法を部分的秩序として包括するものとして、世界的な法秩序である」、とされる。現に国際社会で成立している「法的関係」を観察すると、「国際法と国内法において、多くの国内法がそれぞれ国際法上で限定された一定の地的と人的の範囲に妥当して」おり、また、「多くの国内法の同位的関係が与えられた国際法の基本的公理であること」が、国際法に対する国内法の「従立」のあり方は「同等の地位」「同位的」であるという「国際法上位理論」の構成と合致している。

　国際法と国内法特に憲法との関係についての横田の説明は、一見するほど明快ではない。横田にとって、「国際法上位理論」の帰結として、「諸国の国内法の効力をそれぞれの国で認める規則が国内法の上に立つ」だけであり、「そのほかの国際法の規則は、直接に国内法の上に立つわけではない」。しかし、横田の説明は国内法相互間の管轄権の交通整理の次元にとどまってはいない。「国際法上位理論」を前提に実定法認識を「批判的実証主義」の立場から行うKelsenにとっては、国際社会の次元で観念される仮設的な「根本規範」が実

---

23) 横田喜三郎『国際法の基礎理論』(有斐閣、1949年) 86頁。
24) 横田・前掲注23) 101頁。
25) 横田・前掲注23) 117頁以下。
26) 参照、田畑茂二郎『国際法Ⅰ』(有斐閣、1957年) 123頁以下。
27) 参照、上村忠男「ケルゼンとフェアドロス」『東京外国語大学論集』33号 (1983年) 240頁以下。

体的に無内容な無色透明な授権規範にとどまる（「各国（即ち各国政府）は、その相互関係において、国家間慣習に適合するように行動すべきである」[28]）のとは対照的に、横田の観念する「根本規範」は実体的内容を随伴しており、「実定法規の性質に適応して、すくなくとも内容的には実定法規そのものから帰納的に抽出された規範である」と考えられていた[29]。かかる理解を前提にそもそも国際法と国内法は手を携えて、「一つの統一的な法秩序を形成し、そのうちで、国際法が上位を、国内法が下位を占める」のであるから、「国際法と国内法がていしょくする場合に、両者をていしょくしないように、とくに国内法を国際法にていしょくしないように解釈すべきだ」という法的要請が導き出されてくる。こうして、「諸国の国内法の効力をそれぞれの国で認める規則」に関しても、国際法を頂点とする法のピラミッドが下位法たる国内法の解釈・適用に影響を与えるべきことが当然視される。といっても、「国際法がただちに国内法上でも効力があるというのではない。両者の間には、相対的な区別があって、国際法が国内法上でも効力を有するためには、やはり、明示的または黙示的に、そのことが国内法で認められることが必要である」、とされるのである。横田は、日本国憲法98条の解釈としていわゆる条約優位説を支持し、「日本が外部に対する関係では、条約と国際法を守らなくてはなら」ず、「もし条約や国際法と憲法がていしょくする場合には、条約や国際法が優先し、これらを守らなくてはならない」、と考えるべきだとする（さらに、個人も条約や国際法に対する遵守義務が課される、とされる[30]）。

　横田は、現に存在する「世界的な法秩序」は全体として「統一的な法秩序を形成」しているという揺るぎなき確信の下で、諸法はその整合性を担保するように努力すべきである、という、そこから、法は本質的に国際的なものであると捉える〈国際主義的法律観〉がもたらされる。

　第三は、横田によれば、「国際法上位理論が平和主義と実際において密接な

---

28) ハンス・ケルゼン（長尾龍一訳）『純粋法学〔第2版〕』（岩波書店、2014年）208頁。参照、長尾龍一『ケルゼン研究Ⅰ』（信山社、1999年）323頁。
29) 横田・前掲注13) 35頁。
30) 以上、横田・前掲注23) 125頁、144頁以下、146頁。小林友彦「国際法と国内法の関係を論じる意義」『社会科学研究』54巻5号（2003年）89頁の指摘によれば、この横田の「相対的な区別」論は、戦前学説からの戦後の説の「変更」であるとされる。

関連のあること」を認識することが重要である。「国際法上位理論」と「平和主義」の関係は「論理的に必然的の関係があるのではなく、たんに実際的に結合する傾向を有するにすぎない」が、そうであったとしても、実際に結合しているのは、現にある国際社会において「大国」と「小国」が共存しており、「国際法団体における強者の弱者に対する圧迫が、法を通しておこなわれるよりも、はるかに容易に強く兵力を通して行われるのであり、法はむしろ常に弱者を保護するように作用する」からである。これが横田の現代国際社会の実定法構造についての基本認識であり、そのような実定国際法が健全に機能している限りにおいて、「弱者」の平和と安全が確保されるのである。そして、戦間期における人類初の包括的な国際団体たる国際連盟の成立（1920 年）、18 世紀に有力化してくる無差別戦争観を克服する不戦条約（1928 年）に基づく戦争の違法化の進展は、「弱者」の生存を可能とするこのような現代国際社会の法構造の具体的展開過程として、客観的に認識しうることになる。そしてそれをさらに発展させたものが、横田によって「人類のホープ」と表現される「国際連合」にほかならない。このような国際社会のあり方から引き出されるのが、〈民主主義的法律観〉である。横田にとって民主主義とは、相互に対等平等であると認識する者同士が、多数決原理に基づいて物事を決定することであり、全会一致制は、「無政府主義的状態」をもたらしてしまうので、強く退けられなければならないのである。

　横田が、方法論的に「純粋法学」を標榜しつつ、このように実定法認識の次元で行われた〈法の国際性〉と〈法の民主主義性〉を媒介として法認識を行うとき、実は存在から当為への架橋が軽やかに行われ、現にある国際法秩序は、統一的体系性を備えた現実的かつ理想的な法秩序として現出する。そして、それをモノサシとして実際に行われている法実践について規範的に評価を下す横田は、明確な当為によって現実を裁く規範主義者たる「国際民主主義」者とし

---

31)　横田・前掲注 13) 85 頁以下。
32)　横田喜三郎『国際連合の研究』（銀座出版社、1947 年）はしがき 1 頁。
33)　横田喜三郎『民主主義の広い理解のために』（河出書房、1951 年）、同「民主主義と国際法」尾高朝雄ほか『民主主義の法律原理』（有斐閣、1949 年）。
34)　例えば、横田喜三郎「国際主義と民主主義」堀真琴他編『民主主義の理論』（愛育社、1946 年）27 頁以下。

て立ち現れる（この点において、横田においては、Kelsen流の価値相対主義は前景化せず、むしろ自然法論者と見紛うばかりとなる[35]。しかるに、ヴェルサイユ体制をワイマール・ドイツから批判したCarl Schmittからみれば、このような国際法論は、実際には当時の英帝国の利益に奉仕する主張に過ぎなかった[36]）。若き日の丸山眞男は、横田を、「凡そ一切の政治的対立を冷ややかに傍観すべき筈のこの純粋法学者は熱烈な国際連盟主義者、ひいては熱烈な平和主義者・民主主義者として立ち現れるのである[37]」、とプロファイルした。このような秩序の存在を確信する「国際民主主義」者は、自国を含めた諸国家の対外的諸活動の法的評価を明快に行うことができるし、行わなければならない。当時の国際法学界にあって唯一の批判として横田によって投ぜられた満州事変以降の自衛権の名の下に行われた日本の軍事行動についてのトータルに否定的な法的評価[38]や第二次世界大戦の法的処理の過程で登場してきた戦争犯罪観念の情熱的な弁証[39]は、まさしくその例であった。同時代の宮沢は、同じくKelsenから示唆を受け崩壊への道を辿る議会制民主主義を独裁制から擁護する作業に没頭したが[40]、国際法学者の横田にとっては現にある国際法秩序の擁護がそのような作業に対応していた。そして、このような思考は、明治の自由民権運動以来の国際社会＝弱肉強食の世界という広

---

35) 山下威士の指摘によれば、日本への「純粋法学」の受容の過程において、「ケルゼンの法の純粋理論のもった主観的意図と客観的機能のズレ」が生み出され、その現れとして、「法の純粋理論は、法実証主義に近く、与えられた秩序を不動・自然のものとみる『自然的秩序観』に向かう傾向をもち、したがって、この自然的秩序観のもとでは、与えられた秩序・現存秩序の正当化を行うという〔ケルゼンの主観的意図においては〕予想せざる機能を生じやすい」、とされる。山下威士『憲法学と憲法』（南窓社、1987年）296頁。

36) 参照、松井芳郎「日本軍国主義の国際法論」東京大学社会科学研究所編『ファシズム期の国家と社会4　戦時日本の法体制』（東京大学出版会、1979年）370頁。

37) 丸山眞男「法学部三教授批評」〔初出1937年〕『丸山眞男集』（岩波書店、1996年）40頁。

38) 参照、横田・前掲注3)『私の一生』118頁以下、147頁以下、157頁以下、同『自衛権』（有斐閣、1951年）130頁以下。

39) 参照、横田・前掲注9)。横田は、実定法として現出している「戦争犯罪の真理」という「実質」を解明することが国際法学の課題とされるのである。まさに横田の立脚する思考法そのものが、大沼保昭が横田を例に指摘するように、「国際法の政治からの峻別を謳う方法は、その一見非政治的性格にもかかわらず、政治的要素を意識的・自覚的に研究対象に包摂する方法に比して、より一層研究主体の主観的価値観に左右される結果をもたらす危険性を孕んでいるのである」とされる、その典型例に属している。大沼保昭『戦争責任論序説』（東京大学出版会、1975年）5頁、27頁。

40) 参照、宮沢俊義『民主制の本質的性格』（勁草書房、1948年）に所収された1930年代の諸論稿。

範に共有されていた日本の伝統的国際関係観の呪縛を逃れえた、まさしく知的に孤立したものであった。横田は、日本の国際法学者として誰よりも早く戦争の違法化に伴って、古典的な中立制度が限界を迎えたこと、また全く新しい戦争犯罪の観念の変化が、戦争そのものの観念ひいては国際法の本質を根本的に変化させる「国際法の革命」「国際社会の革命」であったことを力説した。現代国際社会において中立という立場がもはや倫理的にも現実的にも選択するべきでない、と考える点において横田の思想は、戦前戦後を通じて一貫するものであり、基本的に Kelsen の思想を貫く国際主義と民主主義を継承するものであった。国際法の構造転換をクリアに認識できたことと引き換えに横田は、横田流の「純粋法学」的方法論の帰結として、現実の国際社会の問題性に踏み込む「国際法の歴史的構造分析の欠如」〔祖川武夫〕が生み出された、といえよう。

IV 法思考の展開

Ⅲで見た横田は、その法思考、すなわち①〈「純粋法学」的法解釈観〉、②〈国際主義的法律観〉、③〈民主主義的法律観〉をもって、帝国崩壊後の戦後日本の法的現実に対して、まずは指導的国際法学者として、そしてのちに最高裁判所長官として向き合うことになる。

1 最高裁判所長官就任以前における展開
(1) 占領期日本の法律像から新憲法制定まで

1945 年 8 月 15 日、『大東亜戦争終結ノ詔書』の「玉音放送」を聞いて「ホッとし」、「『バンザイ』とさけびたいくらい」の気持ちとなった横田は、1946 年 3 月 6 日講演先の富士宮市で「憲法改正草案要綱」に接することになる。

　「改正草案を見たときは、本当に驚いた。夢ではないかと疑った。しかし、この驚きは、愉快な驚きであった。戦争に負けてよかったと思った。これによっ

---

41) 酒井哲哉『近代日本の国際秩序論』(岩波書店、2007 年) 254 頁。
42) 横田喜三郎『世界国家の問題』(同友社、1948 年) 81 頁以下。
43) 祖川武夫『国際法と戦争の違法化』(信山社、2004 年) 345 頁。
44) 横田・前掲注 3)『私の一生』183 頁。

て、平和的な、自由な、民主的な日本が生まれる。新聞を前において、輝かしい朝日が富士山の峰に輝くように思った。東京へ帰る汽車の中でも、気がはればれとしていた。」

　このように敗戦の報に歓喜の念を抑えられなかった横田は、公法学者として1945年8月の帝国日本によるポツダム宣言受諾が画期となる、国内の統治構造を外国勢力が上からラディカルに民主化させるという、かつてほとんど類例を見なかった国際法と国内法の交錯する占領下日本の法的地位の解明において重要な役割を果たした。日本は、ボスニア・ヘルツェゴビナ紛争やイラク戦争等の戦後処理をめぐって今日では一般化した主題であるpost-war democratizationの重要な事例を提供することとなった。なによりもまず、日本国憲法体制の法学的弁証の役割を担った宮沢俊義の「8月革命説」の着想の源泉の一つを提供したのが横田にほかならなかった。横田は、戦後再刊された『国際法外交雑誌』において「無条件降伏と国体」をテーマに取り上げ、ポツダム宣言とByrnes回答（by the freely expressed will of the Japanese people）を合わせ読んだ場合の解釈として、Byrnes回答を重視すれば「日本の将来の統治形態に関しては、人民の自由意志に基いて決定さるべきことは疑いを入れない。それは人民主権の意味をもち、日本の国体と抵触するおそれがある」ことを論じていたのである。そして実際、日本国憲法制定後の時点において横田は、二つの憲法の間で「国家の組織が根本的に変化することは、実質的な意味で、革命にほかならない」、との断定を下していたのであった。次に、田中二郎や鈴木竹雄など東大法学部の同僚と「日本管理法令研究会」を立ち上げ、日本占領法制の基本原則と法制の実際について研究成果を継続的に公表した。戦前期に

---

45)　横田喜三郎『世界と共に歩む』（読売新聞社、1991年）133-134頁。
46)　参照、小畑郁「日本の占領管理と『革命』に対する官僚法学的対応——第二次世界大戦直後における国際法上位一元論の機能」『思想』1020号（2009年）76頁以下、同「占領初期日本における憲法秩序の転換についての国際法的再検討」『法政論集』230号（2009年）65頁以下、同「降伏と占領管理の中の秩序思想」酒井哲哉編『日本の外交第3巻　外交思想』（岩波書店、2013年）203頁以下。
47)　宮沢俊義『憲法の原理』（岩波書店、1967年）97頁以下。
48)　高見勝利『宮沢俊義の憲法学史的研究』（有斐閣、2000年）332頁。
49)　横田喜三郎「無条件降伏と国体」『国際法外交雑誌』45巻1・2号（1946年）17頁。
50)　横田喜三郎『戦争の放棄』（国立書院、1947年）2頁。

形成された横田の「国際法上位理論」は、憲法原理の転換と実際に行われている日本管理という歴史的状況の下で、「占領管理体制がもたらした日本の地位を見事に法理論化」〔小畑郁〕[52]し、そのことを通じて当時の日本政府の統治活動に法的基盤を提供することに成功した。[53]そしてそのような体制を法理念的に支えるものとして観念されていたのが、「国際民主主義」[54]にほかならなかった。[55]かかる理念のもとに日本において樹ち立てられた体制は、検閲を通じて厳しい言論統制を行うことによってそのような理念やそれがもたらす統治のあり方に疑問を差し挟むことを許さない、文字通りの押しつけられた〈闘う民主制〉であったが、横田にとって、そのような「言語空間」[56]は、むしろ澄み切った空気

---

51) その経緯について、参照、横田喜三郎編著『連合国の日本管理——その機構と政策』（大雅堂、1947年）はしがき。
52) 小畑・前掲注46)「降伏と占領管理の中の秩序思想」213頁。
53) 横田の協力者として、行政法の側面から日本の占領法制の分析を担った田中二郎も、のちに述べるように横田と同様に条約優位説の立場から日本の当時の国法秩序について理解していた。田中二郎「新憲法における条約と国内法の関係—国内法的考察」『日本管理法令研究』24号（1948年）17頁以下。
54) 小畑によれば、「国内での民主化の要請を、国連等の国際的枠組への参加に、後者を『国際民主主義』と性格付けることにより結びつけるという、両者に共通する論理は、横田の非凡な着想というべき」だ、とする。小畑・注46)「日本の占領管理と『革命』に対する官僚法学的対応——第二次世界大戦直後における国際法上位一元論の機能」84頁。小畑は、横田は、そのような思考が連合国の日本管理に一定の法的制約を課すことを可能にし、外交権が完全に停止されるに至った日本政府の対外対内の統治活動を法的に正当化する外務省の方針をサポートするものであったことを鋭く指摘する。同論文81頁以下。他方、小畑によれば、「横田流の国際法上位一元論は、すぐれて観念的な『国際法秩序』や『国際法団体』の具体的内容を操作するだけで、どのような政治構想や権力行使も正当化されうる、という脆弱性を抱え込んでいた」、とするが、そのような論理的抽象性にもかかわらず、横田自身にとっては、認識の対象としての「国際法秩序」や「国際法団体」は、20世紀の現実の歴史において歩みを進めてきた、自由主義・民主主義・平和主義を希求する〈具体的実在〉であって、少なくともこの意味においては決して自由自在に「操作」しうる対象ではなかった、といえよう。
55) 小畑は、横田の議論と宮沢「八月革命説」を対比させ、宮沢の所説について、「国民主権原理への転換を、単なる総司令部の押しつけ（あるいは上位国際秩序の要請）として受動的に受け止めるのではなく、国内統治の原理を扱う公法学の内部から主体的に捉え直そうする試みであったというべきであろう」、とする（小畑・前掲注46)「占領初期日本における憲法秩序の転換についての国際法的再検討」88頁）。もしそうだとすれば、横田の議論も、当時の日本政府と日本国民に「国際民主主義」に主体的にコミットしていくことを求める、この意味で能動的な試みであったとはいえないであろうか。
56) 参照、江藤淳『閉された言説空間—占領軍の検閲と戦後日本』（文藝春秋、1994年）。

のように感じられたであろう。横田に戦時下の自らの行動を悔いる「悔恨共同体」〔丸山眞男[57]〕に属する理由は、全く存在しなかった。しかしそのように羽根を伸ばしたその当時の横田は、法学部同僚の別の視線からは、「狭量醜悪の淫売婦的根性が横田を中心として二三の連中に巣食っている。自ら抗争を刺戟して国家を亡ぼさんとする」〔昭和研究会で一定の役割を果たした矢部貞治の評[58]〕ように映っていたのであった。

(2) 戦争放棄と国連の集団的安全保障体制

戦後日本を代表する知識人の一人南原繁は、憲法草案を審議する帝国議会において憲法9条と国連の想定する集団保障体制との齟齬を指摘し、Immanuel Kantの平和論を基盤に今後の国連を中心とする世界においては、日本は自衛権を認め一定の武装をすることを憲法で定めることが求められるのではないか、と主張した。これと対照的にこの時期の横田は、憲法9条が求める非武装日本というあり方と国際社会における安全保障は必ずしも矛盾するものではない、と考えていた。横田は、日本の安全保障は、当時未加入であった国連の集団安全保障の枠組を通じて実現されると主張していた。すなわち、制定された憲法9条の国民への普及のために奔走し（憲法のひらがな口語体化のアイディアを出したのも横田であった、という[59]）、憲法9条はいかなる再軍備をも認めないという憲法解釈（いわゆる2項完全放棄説）を主張し、そのことを前提に、日本は国連の庇護のもとにおかれることによって、日本は安全を確保できるとしていたのである。その背景には、もともと戦間期の国際連盟を高く評価する立場にあった横田が、戦後に成立した国際連合に対してその高い評価をそのままシフトさせたことにある。横田によれば、国際連合において、「全世界の圧倒的に多数の国家」が加入しており、「非常に高度な国際主義」が「実現」され、全会一致原則を退け、安全保障理事会において常任理事国の保持する拒否権等の重要な

---

[57] 丸山眞男「近代日本の知識人」http://www.gakushikai.or.jp/magazine/archives/archives_maruyama.html
[58] 矢部貞治『矢部貞治日記　銀杏の巻』（読売新聞社、1979年）857頁。参照、伊藤隆『昭和十年代断章』（東京大学出版会、1981年）296頁。
[59] 横田・前掲注3)『私の一生』190頁以下。

例外を除いて、「全般的に多数決の原則が採用」されているのであるから、「民主主義の原理に従って行動すべきことを承認し、合意した」といえる、とした。横田のこのような考え方からは、国際連合体制の下で大きく発展し国連軍の名の下に行われる加盟国の侵略国家に対する制裁措置を想定する集団安全保障に大きな期待が寄せられるとともに、憲章で新たに認められた「集団的自衛」についても、大国の拒否権が認められた以上、「非常に重要な意味をもち、非常に重要な機能を営む」とした。憲章上の「自衛」について、「自衛という言葉そのものにとらわれることなく、不法な侵害に対する権利の正当な防衛という実質から見れば、他国が攻撃された場合に、その攻撃を排除し、他国の権利を防衛するために、他国を援助することは、正当な防衛として、適法である」、として正当化する。ただ、その際問題となるのは、「集団的自衛」の「客観的統制」である。安全保障理事会が統制の役割を果たすが、ここでも拒否権の存在により、決定が行われないおそれがあり、だからこそ、「拒否権を制限するか廃止して、このおそれをなくすることが、将来に残されたもっとも重要な問題である」、とされるのである。憲法の定める戦争の放棄と集団的安全保障体制の間の矛盾については、制裁措置に対する非軍事的協力を行うことによって代替されうると考えていた。さらにこの時代の横田は、核戦争の時代に突入したという認識から、拒否権を別にして多数決原理に基づいて集団的な軍事的措置を可能にした国連の延長線上に「世界国家」すなわち世界連邦政府（そこでは、国家主権観念は「清算」され、「世界主権」が確立されるとされる）を展望し、それを憲法9条によって非武装化された日本と調和的にとらえていた。

---

60) 横田によれば、拒否権の存在ゆえに、「国際民主政治は重大な制限を受け、困難な問題を生じる。これは連合の重大な欠点である。かような欠点が残されたことには、現在の国際社会の状態として、全く理由のないことではないが、それにしても、重大な欠点であることはかわりがない」。横田喜三郎『民主主義講座第2巻　国際的民主主義』（革新社、1947年）130頁。

61) それについて横田は、例えば「集団保障」という用語を用いて説明している。参照、横田喜三郎『日本の講和問題』（勁草書房、1950年）101頁以下。

62) 横田喜三郎「集団的自衛の法理」『国際法外交雑誌』48巻4号（1949年）485頁以下。

63) 横田・前掲注50) 74頁以下。

64) 横田喜三郎『世界国家の問題』（同友社、1948年）5頁。

65) 参照、林尚之「戦後日本の主権国家と世界連邦的国連中心主義」『立命館文学』637号（2014年）1418頁。

(3) 片面講和論支持者としての横田

　横田は、終戦から日本国憲法制定後しばらくは、大量の啓蒙的著作を世上に提供することを通じて知識人層における進歩陣営の旗手であったといっても過言ではなかった。また、政治的には、日本社会党に大きな期待を寄せ、労農派社会主義者・山川均の提唱にかかる民主人民戦線の世話人としても名を連ねた。これが、この当時の横田にとって、自らが強くコミットした「国際民主主義」の理念を国内政治に接続した際に帰結する具体的な政治路線であった。ところが、冷戦の深刻化の状況下で生じた講和問題を契機として、戦後革新勢力と袂を分かち「転向者」とすらいわれるようになる（いうまでもなく、横田は、強力な抑圧体制による圧力に屈して自らの思想的立場を転換したのではないから、「転向者」にはあたらない）。

　その当時のリベラル派の全面講和論を代表した丸山眞男の主張は、(a)原子爆弾の出現により戦争の形態が根本的に変化したこと、(b)イデオロギーに違いにかかわらず米ソはともに「権力国家」として捉えられるべきであること、(c)日本が戦争に巻き込まれつつある中で、世界の二極対立化を抑制し平和共存を実現させるためには、両陣営に対して憲法の理念に忠実に一切の軍事基地を持たない非武装の中立政策をとることが日本および世界の利益であること、を骨子とするものであった。そして、そのような選択は、国内における社会主義（社会党左派）・共産主義勢力との政治的共闘を可能とし、保守政治に対抗し国内政治の反動化を食い止め、民主主義を国内に根付かせるものとしても機能する、という認識と強く関連していた。そして、その担い手として、戦前の軍国主義の復活を危惧し強い反戦意識を持った市民・労働者を求めていた。酒井哲哉の指摘によれば、この時代に提出された全面講和論は、「普遍主義批判と市民社

---

66) 横田喜三郎「日本社会党論」『改造』1946 年 7 月号 42 頁以下。
67) 横田喜三郎「民主人民戦線と天皇制」『評論』6 号（1946 年）3 頁。
68) 平和問題談話会研究報告「三たび平和について『第一章　平和問題に対するわれわれの基本的な考え方』『第二章　いわゆる『二つの世界』の対立とその調整』」〔初出 1950 年 9 月〕『世界臨時増刊 世界平和論の源流』（岩波書店、1985 年）121 頁以下。参照、緑川亨＝安江良介「平和問題談話会とその後」『世界臨時増刊　世界平和論の源流』59 頁、五十嵐武士『対日講和と冷戦』（東京大学出版会、1986 年）230 頁以下、竹中・前掲注 1)『日本政治史の中の知識人──自由主義と社会主義の交錯[下]』596 頁以下。
69) 酒井・前掲注 41) 66 頁。

会論と反帝国主義論の三者を、下からのナショナリズムによって支えられた主権概念によって統合する」ことを目指すことを内実とする、「『理想主義』的平和論」であった。

これに対して、彼らの対抗者であった片面講和・再軍備の路線を推進していく有力保守政治家は、戦前社会におけるオールドリベラリスト（鳩山一郎・芦田均・石橋湛山等）であったが、反共主義的傾向の中で自らの政策の支持基盤を伝統的権威秩序の維持・強化を志向する勢力に求めることを厭わず、自らの政治勢力の拡大を追求して行ったのであった。大嶽秀夫によれば、このような文脈において、伝統的権威秩序の復活・維持や軍国主義的傾向に対する対抗が切実な課題だと位置づけたリベラル系政治指導層を対抗陣営に押しやる結果となった。「政治的自律性の欠如のゆえに、再軍備をめぐって伝統的価値を基礎とした勢力と、社会主義的価値を基礎とした勢力が対決していく中で、日本のリベラリストたちは、論争を主導しながらも政治勢力としては自ら分裂し、後退することを余儀なくされていくという皮肉な運命をたどった」のであった[72]。このような状況の中での横田の立ち位置は、吉田茂のブレーンの一員としてオールドリベラリストの主流派に位置しつつも、鳩山や芦田には欠如している軍国主義復活に対する危惧に基づいた日本の非武装状態の継続と日米安保体制の確立との両立路線を推し進めようとする、極めて微妙なものであった[73]。

具体的には、この問題に関する横田の1950年頃の主張は、以下のようなものであった。「1949年の終りから50年にかけて、新聞に雑誌に盛んに評論を書いた。早い時期から、多数講和を支持した。もとより、できるならば、全面講和が望ましい。しかし、現実の国際情勢について、すこしでも知識のあるものならば、それが不可能なことは、火を見るよりも明らかである。全面講和でなければならないというなら、半永久的に講和はできない。いつまでも、連合国占領軍の占領状態が続く。それにくらべれば、多数講和によって、大多数の

---

70) ここにおいて「普遍主義」とは、「国際社会の現実を無視した抽象的規範の設定」を志向する立場を指す。酒井・前掲注41) 62頁。
71) 大嶽秀夫『再軍備とナショナリズム』(中央公論社、1988年) 174頁以下。
72) 大嶽・前掲注71) 195頁以下、181頁。
73) 参照、楠綾子『吉田茂と安全保障政策の形成』(ミネルヴァ書房、2009年) 192-193頁、203-204頁、277頁。

国との間に講和が成立するのがはるかに望ましい。それによって、国内的には、占領状態が解消すると同時に、国際的には、大多数の国との外交関係が回復し、国際社会に復帰する。その意味で、強く多数講和を支持した」。このように、横田の考え方は、この問題をもっぱら国益上の利害得失という問題に還元し、理想的な解決である全面講和が目下の国際情勢において不可能である以上、片面講和が次善の選択として講和条約が結ばれていない現状よりはるかに国益に適う、というものであった。同様の発想法に立って、講和後の日本の安全保障についても、憲法9条が日本の非武装を規定していることを前提として、①「永久中立」、②「国際連合の集団保障」、③「地域的の集団保障」（国連憲章52条、53条の想定するもの）、④「特定の国の保障」、を順次検討した上で、革新陣営が目指す①が時代遅れの選択であると同時に有効性に大きな疑問があるとされて退けられる、②こそ目指すべきであるが、②も③も実現可能性がないのであれば、アメリカの安全保障体制に組み込まれることによって、しかも軍隊・軍事基地が日本に置かれることが最良の保障となる、と論ずる。ただし、この時点の横田は、日本の領土に米軍が駐留し基地が存在するとなると、ソ連や中国と「対立的な関係」を生み出し「真の独立国」性を喪失するという「弊害」も大きいばかりでなく、憲法との関係では、その「精神に反する」と主張した。というのも、「軍隊も戦力も、いっさいを廃止した精神は、あきらかに、戦争の手段となるものをまったく存在させないということにある。たとえ外国の軍隊や戦力であっても、戦争の手段となるものを存在させることは、右の精神に反する」からである。

この時期の横田の特徴は、国連の集団的安全保障体制の理念に強くコミットし、憲法9条との関係で軍事力の保持や行使が禁止されているという限定され

---

74) 横田・前掲注3)『私の一生』238頁。
75) この時点での宮沢俊義の考え方は、「武力をもった国々がにらみ合って『つめたい戦争』や、『熱い戦争』の小手しらべをやっているあいだは、われわれが声をからして『永世中立』をさけんでもそれだけでは、日本が戦争にまきこまれる可能性は絶対になくならないのであり」、「これが現実なのである」、と述べ、片面講和論支持を主張していた。講和問題における横田と宮沢との間に径庭はなかった。宮沢俊義「戦争放棄・義勇軍・警察予備隊」〔初出1950年〕同『平和と人権』（東京大学出版会、1969年）7頁。
76) 横田・前掲注61) 70頁以下。

た範囲内において国連の「国際警察活動」に積極的に協力することこそが憲法の掲げる平和主義の理念に適うとした。このように戦後世界の「国際民主主義」の理念がひときわ高く掲げられる「理想主義」に立脚する一方で、冷戦化の東アジアにおかれた日本の安全保障のあり方については、極めて「現実主義」的な思考が展開されている。このようなある種の形式主義的思考の下で展開される「現実主義」アプローチにおいては、戦後日本の政治的ディスコースのあり方や経済社会構造の分析は捨象されてしまっていたが、「純粋法学」の影響下で実定法の客観的認識からそれに適合的な当為規範を引き出すことが主観的希望から距離を取ることがあるべき法学と考える横田にとって、自らの国際法学上の立論のためには、そのようなスタンスをとることで必要かつ十分であった（Kelsen 自身にとっては当為規範の認識そのものが課題であると同時に、法の社会的機能に関する動態的考察は開かれた課題であったはずである）。そこでは、戦後世界という新しい状況のもとでの健全なナショナリズムの育成、すなわち国際社会においてその名に値する国民国家主権主体の形成のための諸条件や課題、そのための日本国民の民主主義精神の血肉化のための方法、日米安保体制下における主権国家日本の実質的自律性如何さらには安保理における拒否権に象徴される大国優位の集団安全保障体制（「国際警察活動」を大国に差し向けることは想定されえない）についての評価など、その時代のいわゆる戦後啓蒙的近代主義者そしてその流れを引く憲法学者が立ち向かわざるをえなかった課題についての問題意識は窺われない。このような課題意識は、国際社会に目を向ければ、社会主義諸国やアジア・アフリカの新興諸国の強烈な国家主権ないし民族自決権主張に対してどのように向き合うべきか、という設問を生み出すが、横田には重大な問題とは考えられていなかった。むしろ逆説的に、戦間期に強いうねりとなって立ち現れた「国際民主主義」の本質的狙いが、古典的国際法を克服する歴史的使命を担って国家主権観念を強く相対化しようとする思考であった

---

77) 横田・前掲注61) 148-149 頁。1950 年 6 月に勃発した朝鮮戦争の際に、国連軍が有効に機能したという判断から、横田は②に大きな期待をかけるようになり、それに応じて、日本の軍事力行使以外での国連のへの積極的貢献を憲法前文の「国際社会において、名誉ある地位を占めたいと思ふ」、とする決意から導き出している。横田喜三郎『朝鮮問題と日本の将来』（勁草書房、1950 年）164 頁以下、181 頁以下。

78) 藤田久一「国際法学の歩みと展望」『法の科学』5 号（1977 年）77 頁。

めに、そのような問題意識そのものがかき消されてしまった。すなわち、横田流のいわば〈上から目線〉の一定の国際法を起点とする民主主義観においては、日本の占領期から独立にかけての時期であれ、植民地独立をめぐる民族自決権をめぐる問題であれ、一国単位の統一的政治的意思形成をめぐる政治思想的・憲法理論的課題を析出する視角そのものを欠いていた（別のいい方をすれば横田国際法学における憲法制定権力論で表出される Schmitt 的契機の不在であり、それを引き受けたのが宮沢俊義「八月革命説」であった[79]）。そしてそのような思考そのものが、まさに「官僚法学」[80]と親和的なポテンシャルを有する横田流「国際民主主義」的法学の特徴にほかならなかった、といえよう。そして実は、このことは、戦後ナショナリズムの発露の一端である憲法改正運動に対する横田の消極的態度と表裏をなしていた。日本国憲法の内容そのものは横田の支持する政治的価値と一致するものであったし、なによりも横田流の国際法優位思考は国法秩序における憲法の地位を低く見積もるものであったから、横田の中に「自主憲法制定」を目標とする憲法改正運動へのパトスそのものが存在していなかった。

(4) 日米安保条約の憲法的評価

横田が最高裁長官に就任する約 10 ヶ月前に下されたのが、日米安保条約 3 条に基づく行政協定に伴う刑事特別法に関する砂川事件・最高裁判決であった（最大判 1959 年 12 月 16 日刑集 13 巻 13 号 3225 頁。長官に就任したのは、1960 年 10 月 25 日であった）。横田は、長官に就任する直前の時期にこの判決についてそれなりの分量を持つ二つの論文を矢継ぎ早に発表している[81]。一つは憲法 9 条解釈に、もう一つは条約の違憲審査権に関する論文であるが、本判決に対して差し向けられた反対陣営からの強い批判に対して、いずれも第一審の伊達判決を強く非

---

79) 横田と同時代にあって、そのような問題意識を担っていた田畑茂二郎は、純粋法学に強い影響を受けるに至った国際法学について、「与えられた現象を単にあたえられたものとしてその論理構造の分析だけでとどまることになると、いったいそれが歴史的にどういう位置づけを与えられるのか、またそれが現実にどういう機能をもつのかという点がまったく捨象されていくわけですね」、とコメントした。田畑茂二郎『国際社会の新しい流れの中で』（東進堂、1988 年）27 頁。

80) 参照、小畑・前掲注 46)「日本の占領管理と『革命』に対する官僚法学的対応——第二次世界大戦直後における国際法上位一元論の機能」。

81) 横田喜三郎「憲法の戦争放棄の限界」『国際法外交雑誌』59 巻 1・2 号（1960 年）182 頁以下、同「条約の違憲審査権(1)(2)」『国家学会雑誌』73 巻 7 号（1960 年）1 頁以下、8 号（1960 年）1 頁以下。

難し、最高裁の多数意見において示された判決の趣旨を強く擁護しようとする見地から書かれたものであった。日米安保条約を違憲とした東京地裁の伊達判決（東京地判1959年3月30日判時180号2頁）を受けて飛躍上告を受けた本件の帰趨は、アメリカ政府に取っても重大関心事であり、田中耕太郎が「評議の秘密」（裁判所法75条）を投げ捨てて、その進行状況をアメリカ側にリークしていたことが最近明らかにされたことが記憶に新しい。その頃の横田は、1950年代後半から精力的に日本の安全保障の論陣を張って全国各地を回り、日米安保体制のメリットを説いていた。横田が初めて田中耕太郎から長官人事の打診を受けたが1960年2月であったというから、おそらくその話を聞きつつ両論文を執筆していったものと推測される。この二つの論文が、横田の側からの最高裁に対するラブコールであったとまではいえないが、少なくとも横田人事を実現するにあたって、田中長官や政府関係者に対して大きな安心材料を提供したとはいえるであろう。

　前者の論文は、同事件最高裁判決（最大判1959年12月16日刑集13巻13号3225頁）が憲法9条解釈について、自衛権を肯定し自衛の措置をとることを是認したことを高く評価し、「憲法が保持を禁止しているのは、侵略戦争を引き起こすことのあるような戦力であって、自衛のための戦力ではない」ことを明確に述べたわけではないが、ほのめかしていると捉え、横田はそれを好意的に受け止めた。横田は憲法制定直後には、憲法9条2項の存在により、自衛戦争も放棄し、日本の安全は国連による保障にあげて委ねられるべきことが主張されていたのであるから、解釈論を大きく転換させたといえる。この点、「国家の存立といい、国民の生存といい、そのための安全保障といい、国際情勢の実情と密接に関係し、決定的に左右されることがらである。国際情勢の実情を離れて、安全保障を考え、その方式を論ずることは、全く机上の空論にほかならない。どこまでも国際情勢の実情に即し、それに応じて、適当と認められる安

---

82)　布川玲子＝新原昭治編著『砂川事件と田中最高裁長官』（日本評論社、2013年）。
83)　横田・前掲注3)『私の一生』336頁以下。
84)　横田・前掲注3)『私の一生』345頁。最終的に就任の意向を示したのは、同年9月のことだった、という。また、横田の長官人事には、吉田茂、岸信介等の首相を務めた有力政治家も賛成したという。同書351頁以下。
85)　例えば、横田喜三郎『戦争の放棄』（国立書院、1947年）68頁以下、205頁。

全保障の方式を選び、手段を講じなければならない。そうでなければ、実際に国家の存立を保ち、国民の生存を維持することは不可能であり、憲法の根本の目的と精神がくつがえされることになる[86]」、と考える横田にとっては、冷戦状況の深刻化という新しい状況のもとでは、9条解釈の転換は当然認められるべきものであった。

　後者の論文は、憲法と条約のどちらが優位するか、仮に憲法が条約に優位するとして、条約について違憲審査を行うことができるか、について論じたものである。横田は、憲法学説の推移状況に逆らい、戦後直後は支配的な考え方であったがその当時はもはや通説的地位を失っていた条約優位説の立場をあくまでも堅持し、支持者を増やしてきた憲法優位説（政府見解も、少なくとも二国間条約の場合には憲法が優位するとしていた）を退け、憲法81条解釈からしても、条約は違憲審査の対象から排除される、と論じた[87]。横田の議論で注目に値するのは、違憲審査肯定説による憲法改正手続との比較からいって、条約による憲法の実質的変更が可能になってしまう、とする理由には「十分な理由」があるが、逆に否定説において、条約が国家間合意であり、また高度な政治性を有する条約について違憲審査権を退けることにも、実質的な根拠があるとする。そこで、横田が、実質的にはどちらの説が正当であるかについて決着をつけることができないとし、そこで持ち出すのが、「実定法上の根拠」である。日本法が「実定法主義」を採用しているのであるから、法律論で決着がつかない場合には、「実定法上の根拠」により決着をつけるべきだとされるのである。憲法81条は、条約を違憲審査の対象として明示していないのであるから、違憲審査の対象からは除外すべきである、とされる。このような論理は、本論文で明言してはいないが、先に見た横田流の〈「純粋法学」的法解釈観〉を本件に適

---

86) 横田・前掲注81)「憲法の戦争放棄の限界」197頁。日本がそのような安全保障政策をとることは、国連憲章によって体現された「国際民主主義」の思想の枠内における選択であると横田は考えていた。田中耕太郎の砂川判決の補足意見がこのような思考に基づくものであることに、改めて注意を促した論説として、篠田英朗「国際法と国内法の連動性から見た砂川事件最高裁判決」『法律時報』87巻5号（2015年）32頁以下。

87) 参照、浦田賢治「戦後理論史における憲法と条約」『憲法問題』2号（1991年）7頁以下、齊藤正彰『国法体系における憲法と条約』（信山社、2002年）27頁以下、柳山茂樹「条約に対する憲法の優位性：合衆国と日本」『熊本学園大学経済論集』21巻1-4号（2015年）136頁以下。

用したものとして、位置づけられよう。そして、このような横田の考え方からすれば、いわゆる変形型統治行為論を採用した本判決は、そもそも条約を原則として違憲審査の対象としている点において批判を免れない。すなわち、「高度の政治性」を持たない条約であれば違憲審査の対象に含めていることについては「不当」にほかならず、これに対して、「高度の政治性」を有する条約については、「一見極めて明白に違憲無効」であるケースは、「内閣が月日をかけて慎重に交渉した上で署名し、国会が反対党を加えて審議した上で承認した条約に、一目ですぐわかるような憲法違反があるとは、とうてい考えられない」、とし、この点において本判決は論理的には「不当」であるが、「実際上では、違憲審査権がないのと同じで、現実に不当な結果が生じることがさけられる」、と一定の擁護を行う（ただし、本判決は、実際には、「一見極めて明白に違憲無効」か否かを判断するために実体的審査に踏み込んだ点において、そうしない場合より強く日米安保条約を正当化する結果となった）。横田の与する条約を違憲審査の対象から解放させる考え方に対しては、「国の重大事項と憲法との関係において、憲法を軽視するものであって、それはやがて力（権力）を重しとし法（憲法）を軽しとする思想に通ずる」」（同判決・小谷勝重意見）との批判が寄せられようが、横田からすれば、国の「力」を規律するのは決して憲法のみではなく、国際社会共同体から生成される国際法によっても行われるものであるから、およそ国家によるむき出しの「力」の行使がなされることは全くありえない想定にすぎなかった。

戦後直後から1950年代までは条約優位説が通説的地位にあったが、本判決の時点において自らの最高法規性を謳う憲法の最上位の有権解釈を担当する最高裁においては、そのような立場に与する裁判官はいなかった。西側へのコミットメントを押し進める政権を担当していた保守陣営を基本的に支持する憲法論においても、そのような保守政権の安全保障政策に強く反発し中立的な日本を展望する革新陣営の憲法論においても、憲法と条約の関係について、この時にはもはや「国際民主主義」の支持者を見出すことが困難となった。二つの法体系論という視角から日米安保体制に厳しい批判を行ったマルクス主義憲法学

---

88) 参照、長谷部恭男「砂川事件判決における『統治行為』論」『法律時報』87巻5号47頁。

者・長谷川正安は、条約優位説について、「条約の内容の批判をぬきにして、日本の現状をもっともよく説明する理論」であって、「日本の法律学者に特有の現状肯定主義、憲法学者に特徴的な権力追随主義があらわれている」と痛烈に批判したが[89]、砂川判決は、まさに「現状」を「肯定」したり「権力」に「追随」するために、わざわざ条約優位説を採用する必要がないことを鮮明にしたのであった。こうして、戦後社会に一世を風靡したラディカルな「国際民主主義」論は、1960年代の日本の外交・安全保障政策を二分していた、日米安保体制の法的弁証を追求する立場からも、戦後世界の帝国主義的支配を告発し非同盟中立を追求する立場からも、ともに背を向けられ、その歴史的役割を終えるに至ったのである。戦後憲法学の主流をなす後者は、憲法優位説への支持を明らかにすることを通じて、「国際的民主主義なるものを国内秩序形成の基調にするでなく、国民主権主義を基調とする新憲法の基本価値によって国内法秩序の形成を成し遂げようという、将来にむけての主体的な選択をおこなった」〔浦田賢治〕ということができよう。さらにここで確認しておくべきことは、横田の立場は、岸外相の下で外務省法律顧問に就任し[90]実際にも当時の岸外交を憲法解釈のレベルで後押しするものであったが[91]、「国際民主主義」に立脚するが故に、決して、岸外交の「アメリカ以上に反共＝親米的な国際右翼の性格」〔坂本義和〕を共有するものではなかったことである。横田においては、実証的観察なしに現実の社会主義諸国を侵略的と決めつけたりあるいは全く逆に平和勢力として礼賛しようとする、戦後日本の国際政治観に保守勢力においても革新勢力においても共通に見られる、「意識の次元では国際政治を高度にイデオロギー化して捉えるという傾向」からは、無縁であった[92]。そのようなイデオロギー化傾向から自由でなければ、長官就任後にかりそめにも「リベラル派の総

---

89) 長谷川正安『日本の憲法』（岩波書店、1957 年）109 頁。長谷川は、条約優位説の原型は、占領中の「管理法体系と憲法体系の二元論」であり、この二元論が、「講和後は、条約と憲法の二元論によそおいを新たにし、占領中には管理法の方に事実上傾斜していた傾向を、講和後は条約の方へ傾斜させることで一貫した態度をとったのである」、と位置づけている（同書 108 頁）。国際法優位説の立場から占領時の管理法制を説明していた横田は、まさにそのような路線を歩んでいった。

90) 浦田・前掲注87) 15 頁。

91) 久世有三「最高裁長官になった横田喜三郎」『エコノミスト』1960 年 11 月 8 日号 29 頁。

92) 坂本義和『坂本義和集 3　戦後外交の原点』（岩波書店、2004 年）75、88 頁。引用文中の強調圏点は、省略した。

帥」と呼ばれることはありえなかったであろう。

いずれにしても、横田は、戦後日本の国家体制を強く刻印し、この国の国際社会への復帰を可能にした「国際民主主義」論がその基本的な役割を終えたまさにその時点で、最高裁に長官として舞い降りることになった。その基本的役割を終えた思想を奉ずる者がリーダーシップをとることによって、むしろ逆説的に、最高裁自身が、戦後日本社会の中で安定的に、すなわち保守勢力からも革新勢力からも時に賞賛され時に批判されるような仕方で機能することが可能となったのである。

横田の最高裁長官就任時の見立てとして、彼のそれまでの業績を法哲学の立場から分析した恒藤武二は、最高裁長官としての横田の将来を占って、「復古的な反動に対しては、明瞭な態度を取られるであろう。換言すれば市民的法秩序を擁護する側に立たれるであろう。ただし、将来問題となって現われる具体的な状況を果たして前近代的な方向への逆行として把握されるか否かは、博士の状況判断にかかっており、我国の現状は、この点で複雑な要素を含んでいることはいうまでもない」、と指摘していた。この見立てに従えば、東大ポポロ事件判決で横田は、〈近代的自由主義的大学像〉を前提としつつ、大学キャンパス内における警察スパイ活動の横行は、「市民的法秩序」に対する重大な挑戦とは考えなかった。また、朝日訴訟において生存権理解に関していわゆる抽象的権利説を支持して法廷意見に加わり、政治部門への司法権の能動的介入を嫌う横田の抱く「市民的法秩序」の見地に立ったことの当然の帰結であった。これに対して、東京中郵事件における横田は、公務員の労働基本権行使を基本的に「市民法秩序」の延長線上に捉えていくことになるのであり、恒藤のいうところの「市民法秩序」の内容充填において、戦後主流派の憲法学と前二者の事件では鋭い対立関係に立ち、後者の事件ではむしろ強く共振することとなる。

---

93) 山元・前掲注5) 111頁。
94) 横田コートの司法社会学的分析として、大沢秀介「横田喜三郎コートにおける最高裁判所裁判官の司法行動」『法学研究』51巻1号(1978年) 40頁以下、がある。
95) 恒藤武二「横田喜三郎論——その法イデオロギー」『法律時報』33巻1号(1961年) 8頁。

V　むすびにかえて

　憲法学の視点から横田喜三郎の軌跡を見ていくと極めて興味深いのが、同時代を生き同様に Hans Kelsen「純粋法学」から決定的な影響を受けた宮沢俊義や清宮四郎の軌跡との対比である。宮沢は横田の3年下（1899-1976年）、清宮は2年下（1898-1989年）であるが、ブリリアントな若き知性で将来を嘱望された三者は、ともに東大法学部研究室で学者修行時代を送っている（ともに内部昇格人事で助教授となる二人の学部卒そして助手就任時期は、横田が宮沢より1年先であった。また法学部を首席で卒業した清宮も宮沢と同年の卒業だが、宮沢に1年遅れて

96）　ポポロ事件で逮捕された当事者の一人千田謙蔵（秋田県横手市議を経て同市市長（1971-1991年））のポポロ事件回想録（千田謙蔵『ポポロ事件全史』（日本評論社、2008年）384頁）によると、ポポロ事件発生当時、横田が法学部選出の評議員であり、矢内原総長を理論的にサポートするために法学部内に設けられたポポロ事件対策のための研究会の「最有力メンバー」であった、とある。ところが、横田は自伝では1951年1月に肋膜炎を患い1952年5月まで自宅療養していた、と書いている。横田・前掲注3）『私の一生』237頁。そこで、筆者が東大法学部事務室に問い合わせたところ、ポポロ事件発生当時、法学部長宮沢俊義（在任1951年3月-1953年4月。参照、東京大学百年史編集委員会編『東京大學百年史　部局史1』（東京大学出版会、1986年）268-273頁）の下で法学部から選出されていた評議員は、鈴木竹雄（在任1951年11月11日～1954年11月10日）および江川英文（在任1951年12月13日～1954年12月12日）であったのであり、千田の記述は事実に反している。そうだとすれば、同書中以下の記述（385頁）は、横田の名誉のために削除されるべきものであろう。
　「学問の自由・大学の自治のために国会や裁判所で毅然として闘った矢内原さんは、大間違いをした大バカ者ということになる訳じゃないですか。またそれならなぜあの時、横田教授は評議員として矢内原さんに堂々と反対意見をいわなかったのか。当然、評議員を辞職しても論陣をはるべきではなかったのか。私達はそんな事を全く聞いたことはありませんでした。（改行）だから、矢内原さんが存命ならば、決してこんなひどい、お粗末な判決をする事はできなかったでしょう。死ぬのを待って、大法廷で判決する、始めからのシナリオだったのですね。誠に卑劣きわまりない。そう私は気がつきました。（改行）だから雑誌『ジュリスト』か何かに所感を求められた時、私は『横田喜三郎は面従腹背（めんじゅうふくはい）の徒だ』と書いた記憶があります。恐らく矢内原先生も草葉の陰からその通りだと怒っていることと思います。」
　ここで「雑誌『ジュリスト』か何か」というのは、千田謙蔵「裁判と常識」『法律時報』37巻4号（1965年）87頁、のことであると思われる。確かに、そこには以下のような記述がある。「それにつけても、不思議に思うのは横田長官の事である。あの時の法学部長は宮沢さんだったし、横田さんは評議員だったようだ。矢内原さんの方針は全学の方針であり、勿論それは教授会・学部長会の賛同にもとづくものであった筈である。したがって横田長官は面従腹背の徒であるといったら極言かもしれぬが、気持ちの上では矢内原さんを裏切っていた事だけは確かである。この点も、世の常識だけで分る事である。」

京城帝国大学嘱託として美濃部達吉の下で研究に従事することになる）。横田と宮沢は東大法学部の同僚・同志として終生温かい友情で結ばれ、清宮はその宮沢の盟友として戦後東北大を拠点に「悔恨共同体」の所属者にふさわしい護憲活動をしていくことになる（ただし、京城帝大から東北帝大への転任は1941年[97]）。そして、彼らはともに、Kelsenの方法論に圧倒的な影響力を受けた俊敏な公法学者として学界にデビューし、その後それぞれ個性ある仕方で学問的業績を積み重ねていった。三者は同じ公法学者ではあったが、国際法を専攻する横田と憲法を専攻する宮沢・清宮とでは、〈国家なるもの〉への向き合い方、〈特定の国家へのコミットメント〉のあり方が大きく異なった。軍国主義による言論抑圧が進んでいく中で右翼から目をつけられた横田であったが、戦時下においても全く思考に揺らぎを見せなかった[98]。戦時下の国際法学においては大東亜共栄圏論の国際法的正当化が問題となったが、横田はそのような時流迎合的作業に全くコミットしなかった[99]。

これに対して、宮沢はやがて当初の時流への抵抗の姿勢を捨て去り、大政翼賛会を法的に正当化し（1941年）、日米開戦に関して「アングロ・サクソン国家のたそがれ」を語るに至った（1942年[100]）。また、もともとKelsenの根本規範

---

97) 宮沢は、横田の八十歳の祝賀会が企画されたときの発起人の一人であった。横田によれば、宮沢は「法学部の同僚としてもっとも親しくしていた一人」であったが、「祝賀会の数日前に亡くなられた」。横田喜三郎『余生の余生』（有斐閣、1987年）5頁。ちなみに、二・二六事件（1936年）の当日、横田は、法学部事務室から宮沢俊義とともに身の危険を知らされ、二人で鎌倉由比ヶ浜の海浜ホテルに身を隠したというエピソードがある。横田・前掲注3)『私の一生』156頁。他方、横田と清宮は、「純粋法学」を日本の公法学界に忠実に紹介する著作『ケルゼンの純粋法学』（大畑書店、1932年）に参加し、それぞれ「一般法律理論」（横田）と「公法理論」（清宮）を分担執筆した。また、上記祝賀会に友人の一人として出席している。参照、横田『余生の余生』7頁。

98) 横田の戦時下における学問的活動については、竹中・前掲注1)『日本政治史の中の知識人──自由主義と社会主義の交錯(上)』284頁以下。当時の国際法学の動向については、参照、祖川・前掲注43) 352頁以下。

99) 学術的評価の分かれる書物であるが、国際法学会が「大東亜共栄圏建設の大業の進展」に呼応して立ち上げた「大東亜国際法叢書」（山田三良「大東亜国際法叢書の発刊に際して」）の第1巻として刊行された安井郁『欧州広域国際法の基礎理念』（有斐閣、1942年）を、横田は時流迎合的著作に過ぎないと断定していた。安井自身による戦時中の活動についての弁明として、「道」刊行委員会編『道　安井郁生の軌跡』（法政大学出版局、1983年）44頁以下、がある。

100) 参照、山元一「戦後憲法思想の影、光、そして限界（？）」三浦信孝編『戦後思想の光と影』（風行社、2016年）86頁以下。

論を実体化するための理論的改鋳を加える作業に従事していた清宮は、戦時下の 1943 年に発表した論文「憲法の時間的通用範域[102]」において、「帝国憲法はその核心において、単に人為によって製作せられたものでないことはいうまでもなく、さればとてただ自然に出来上ったものでもない。その発祥において天祖の御神勅に淵源し、既に人為を超えた『神為の法』であり、皇崇列聖承けもって『統治の洪範』とせられたものをさらに『紹述』・『昭示』せられた『神法』である。その根拠の鞏固なること既にこの一事において比類なく、しかも、君民一体に堅く結ばれた固有の国情はその実現を確保し、大東亜を指導する国運の隆盛はその洋々たる前途を壽いでいる。その通用の始期を遡れば年紀を超越する悠遠の太古に連結し、その通用の根拠を究めれば深遠な精神にもとづく神聖のみわざに淵源し、しかも、固有の国情と隆々たる国運とを基盤としてその実現が確保せられるわが憲法は、その通用の将来を望めば帝国とともに無窮の長寿が祝福せられる。真に万邦無比の憲法である」、と述べ、戦時下において「大東亜を指導する国運」とリンケージした「根本規範」としての大日本帝国憲法を壽いだが、戦後論文集にこの部分を「旧稿には、明治憲法にふれた記述がもう少しあるが、それらは書き改めなければここに再録するに適しないと思われる」と、メンションした上で削除して収録した。[103]

　戦時体制が進む中で、外在的な視点を保持し、帝国日本のありように終始醒めた視線を注ぎ続けることができた横田と、戦時体制化する帝国日本と自らの知的営為を終局的に一体化させてしまった宮沢・清宮の対照性は目を覆いたくなるほどである。この二人の指導的憲法学者たちが、集団的催眠状態から覚醒して横田に追いつくには、ポツダム宣言を受諾し無条件降伏した日本政府が主導した憲法改正作業（彼ら二人がともに参加していた「憲法問題調査委員会」の活

---

101) 清宮の憲法思想については、参照、石川健治「コスモス——京城学派公法学の光芒」酒井哲哉編『「帝国」日本の学知第 1 巻 「帝国」編成の系譜』（岩波書店、2006 年）172 頁以下、同「『京城』の清宮四郎——「外地法序説」への道」酒井哲哉＝松田利彦編『帝国日本と植民地大学』（ゆまに書房、2014 年）305 頁以下、同「究極の旅」同編『学問／政治／憲法　連環と緊張』（岩波書店、2014 年）1 頁以下。
102) 清宮四郎「憲法の時間的通用範域」『国家学会雑誌』57 巻 4 号（1943 年）1 頁以下。該当部分は、39 頁。
103) 清宮四郎『憲法の理論』（有斐閣、1969 年）127 頁。

動）が決定的な仕方で挫折し、GHQ 主導の新憲法制定の方針が明らかになるその日（内閣「憲法改正草案要綱」の発表される 1946 年 3 月 6 日）まで待たなければならなかったのである。このような違いは、私たちの現在直面する全く新しい状況の下で、憲法学が、学問内在的に、果たして現に妥当している基本法に対して醒めた距離を取ることができるかどうか、という深刻な問題を私たちに突きつけている。

（やまもと・はじめ　慶應義塾大学大学院法務研究科教授）

最高裁判所判事としての団藤重光
―― 「リベラルなタカ」の挫折と価値

渡 辺 康 行

I　はじめに

　合衆国最高裁の裁判官については多くの研究があるのに対して、日本の裁判官研究はきわめて貧困だ、としばしば嘆いていたのが奥平康弘だった[1]。この貴重な問題関心を受け継ぎ、本稿は、憲法学という観点から、最高裁判所判事としての団藤重光について考察しようとするものである。

　団藤は、1913 年山口に生まれ、岡山で育つ。小・中学校を飛び級で修了したため、1935 年に東京帝国大学法学部を 21 歳で卒業し、同助手となる。1937 年には早くも助教授に昇進し、刑事訴訟法を担当した。戦後の 1945 年には司法省の嘱託となり刑事訴訟法の全面改正に携わる。1947 年に教授となったころから、次第に研究の重点を刑法学に移行する。東京大学を 1974 年に定年退官後、一時慶應義塾大学に勤務したが、同年 10 月 4 日から 1983 年 11 月 7 日までの間、最高裁判所判事（第一小法廷）。最高裁退官後は、死刑廃止論を熱心に主張する。2012 年逝去[2]。

　戦後刑事法学の巨人だった団藤が、大隅健一郎判事の後任として最高裁に入

---

1)　奥平康弘『日本人の憲法感覚』（筑摩書房、1985 年）202 頁以下、同『憲法にこだわる』（日本評論社、1988 年）251 頁以下など。そこで奥平は、日本の最高裁判事の多くが「顔のない裁判官」だという。しかし、必ずしもそうではなかったのではないか。少なくとも「顔のある裁判官」は存在しており、本稿で扱う団藤はその一人である。

った 1974 年は、横田正俊長官時代の憲法上の権利に配慮する柔軟姿勢から石田和外長官主導の下での社会秩序重視へという、最高裁の路線転換が確立した時期だった。1973 年 5 月 19 日に石田長官が退官する直前に、全農林警職法判決があり、同年 3 月 31 日には柔軟路線の旗頭とみられてきた田中二郎判事が依願退職していた。団藤が判事就任直後の 1974 年 11 月 6 日には、猿払事件判決が言い渡されている。そのような状況下で最高裁判事に就任した団藤は、「最初から反骨の気持ちを持って入った」と回想する。団藤は、実際にも、憲法にかかわる事件に関しては少数意見に立つことが多かった。退官後の団藤の言葉を、もう一つ引用しよう。「わたくしのことをハト派だと言う人がいますが、わたくしはむきになって、自分はハトじゃないと言うんです。(笑)ハトは弱虫ですが、わたくしはそんな弱虫ではありません。強いて言うなら、リベラルなタカです。議論はタカでないといけません。強くないといけません。……しかも、議論はいくら強くても、トレラントでないといけません」。

以下では、まず団藤法学の基本的立場をごく簡単に確認したあと（Ⅱ）、「リベラルなタカ」としての裁判官団藤の本領を発揮した二つの代表的反対意見を見る（Ⅲ）。また学者としての学説と裁判官としての意見の違いについて検討し（Ⅳ）、さらに、最高裁判事としての前期と後期における団藤の姿勢の違いについて言及したい（Ⅴ）。最後に、団藤が多数意見を主導したとみられる判

---

2) 団藤に関する近年の研究として、出口雄一「団藤重光——刑事訴訟法の『戦時』と『戦後』」小野博司ほか編『戦時体制と法学者—— 1931 〜 1952』（国際書院、2016 年）339 頁以下を挙げておく。本稿は、そこで言及されている「団藤文庫」を利用して新資料を発掘するような本格的な研究ではなく、団藤のある側面について、しかもその表面をなぞった程度のものにすぎない。なお団藤については、旧字と新字が使われることがあるが、本稿は団藤という表記で統一する。
3) 最大判昭和 48・4・25 刑集 27 巻 4 号 547 頁。
4) 最大判昭和 49・11・6 刑集 28 巻 9 号 393 頁。この判決には、団藤ではなく前任者の大隅が関与し、四裁判官の反対意見の一角を形成していた。
5) 団藤重光（伊藤乾編）『反骨のコツ』（朝日新書、2007 年）240 頁。そこでは、「私が最高裁に行ったのはね、前任者の大隅健一郎判事、京都大名誉教授の商法学者ですが、大変温厚な方で、僕の人間を見込んでくださってね、自分はもう何年で辞めるけど、ぜひ後を継いでほしいと、大学にいる間に内々に約束させられたのです。それから、やはり最高裁判事だった行政法の田中二郎さん、五年先輩で僕のことをかわいがってくださったけど、退官されたあとで『君はぜひ入ってくれ』って言われて、僕もそのつもりになってね。」、と語っている。
6) 団藤重光「最高裁判所と日本の裁判」（1984 年）、現在、同『実践の法理と法理の実践』（創文社、1986 年）230 頁。

決を取り上げる（Ⅵ）。

Ⅱ　実践の法理

1　主体性の理論

「実践の法理」とは、団藤法学の基礎である「主体性の理論」、すなわち「主体的人間像を根本に置くところの法理論」の謂いである[7]。「主体性の理論」は、団藤の刑法学では「責任刑法」、刑事訴訟法学では当事者主義という形で現れた。さらに東大を退官するころには、法形成・法実現一般における主体性が語られるようになっていた[8]。団藤によれば、この「『実践の法理』の延長線上において、なかば必然的に——しかももちろん主体性をもって——最高裁判所判事の道を歩むことになった[9]」。

2　裁判官の良心

法の実現のなかでは、裁判における法の実現が主となるが、そこでの主体性の問題として、裁判官の良心が論じられる。

戦後初期の団藤は、次のように述べていた。「憲法第76条第3項の『良心』というのは、裁判官としての——あるいは裁判官としてもつべき——良心の意味に解するべきである。それは個人の自由として保障される『良心』とはちがうとおもう。『公平な裁判所』（憲法第37条）の理念も、かようにしてはじめて理解される。こうした解釈は、裁判官からその個人としての『良心』の自由を

---

7)　団藤重光「はしがき」、同・前掲注6) 1頁。
8)　団藤重光「法における主体性」（1974年）、現在、同『この一筋につながる』（岩波書店、1986年）123頁以下など。
9)　団藤・前掲注7) 2頁。団藤重光『わが心の旅路』（有斐閣、1986年）251頁は、「主体性の理論というものはどうしても実践と結びつく理論ですから、自分でも法律の実践の世界にはいるということは、いわば自分の学問の必然的な要求であったわけです。ですから、最高裁入りの話を持ち込まれたときは、一面では躊躇を感じないわけではなかったのですが、やはり自分の学問の上からいってもお引き受けしてみたいという気持になったんでした。また、最高裁に私が一枚加わることが、世の中のために多少はお役に立つのではないかという気持もありました」。団藤の主体性理論については、大橋健二『新生の気学』（勉誠出版、2012年）のような書物もあるが、本稿の関心とは異なる。

うばうことを意味するものではない。もし客観的な裁判官としての立場が自己の主観的な良心に矛盾するときは、かれのとりうる手段はただ一つ——裁判官をやめることである」[10]。この考え方は「客観的良心」説と位置づけられた[11]。

しかし東大退官前ごろの団藤は、かつての見解を変更している。「近来は、『裁判官としてもつべき良心』とはいわないことにしている。そうして、『客観的良心』の表現は、『裁判官としてもつべき良心』にはあてはまっても、『裁判官としての良心』にはあてはまらない。その意味で、現在のわたくしは、『客観的良心』論者ではない。しかし、また、憲法第76条第3項の『良心』を端的に個人の自由として保障され〔た？——引用者〕主観的良心(憲法19条)そのものとみようとする『主観的良心』論者」でもない[12]。「裁判官の良心を客観的良心と考えることによって、かような創造性、人格性の契機は弱いものになってしまう。われわれは憲法の解釈として、個々の裁判官の主体性をもっと前面に押し出して考えなければならない」。「法は客観的であるべきであり、したがって司法も客観的であるべきである。しかし、客観的であるべきだということは、客観的内容を『あたえられた (gegeben)』ものとしてみとめるべきことにはならない。むしろ、それは『課せられた (aufgegeben)』ものと考えられなければならない。法は単なる所与ではなく、つねに課題である。そこにこそ、裁判官による主体的な法創造のみとめられるべき根本の理由がある」[13]。「要するに、私見によれば裁判官の良心は職業的良心の一種であり、本来の純粋に個人的な良心が職業的な義務ないし任務との関係で屈折して現われるものにほかならない」[14]。

このようにして、団藤は「客観的良心」説でも「主観的良心」説でもない立場を採っているようである。しかし、そもそも両説の違いは、しばしば指摘されるように、相対的なものでしかなく、団藤の新説も従来の見解と全く異なる[15]

---

10) 匿名「裁判官と良心」ジュリスト8号 (1953年) 11頁。この文章が団藤のものであることについては、団藤重光「裁判官の良心」(1972年)、現在、同・前掲注6) 15頁。
11) 萩谷昌志「『裁判官の良心』についての一考察(1)」龍谷法学40巻4号 (2008年) 219〜220頁など。
12) 団藤・前掲注10) 16頁。
13) 団藤・前掲注10) 20〜21頁。
14) 団藤・前掲注10) 24頁。

というものでもない。

3 「裁判官としての良心」と「学者としての良心」

団藤は、最高裁に入る以前から、「裁判官としての良心」と「学者としての良心」には違いがあることを述べていた。そして、「学者としての良心から何かある解釈論をする場合と、裁判官としての良心からある解釈をするという場合とではニュアンスの違いがありうる」、としていた[16]。ちなみに別の著作では、「裁判官の良心は、客観的法の実現という要請との関係で基本的人権として保障される個人の良心を中核としながらも多少の変容を受けるのに対して……、法学者が法解釈をするばあいの学者的良心は、より純粋に本来の個人的良心に近いもの」であるが、「このばあいにおいても、法じたいが個人を超えるものであり、本来客観的なもの……である以上、自己の解釈論が法としての客観的妥当性をもちうるものとの信念のもとにその主張をするのであるから、法解釈における良心は、良心とはいっても純然たる個人の良心とは多少のニュアンスをもつことになるであろう。そのような意味においては裁判官的良心と法学者的良心との間には本質的な違いはない」[17]、とやや重点を移動した説明を行っている。団藤において、学者と裁判官としての法解釈が異なった具体的な例については、後にⅣで扱う。

Ⅲ 二つの代表的反対意見

1 全逓名古屋中郵事件判決
(1) 岩教組学テ事件判決

団藤が公務員の労働基本権に関する判決に最初に関与したのは、地方公務員

---

[15] 萩谷昌志「『裁判官の良心』についての一考察(2)」龍谷法学 42 巻 3 号（2010 年）246 頁以下は、「裁判官の良心」をめぐる論者の主張内容の違いは、「むしろ、裁判の内容についてどの程度の多様性を認めるかという点にあ」るとして、「裁判の統一性・等質性を強調する考え方」と「裁判の多様性を強調する考え方」を対置した上で、二つの要請の調整の仕方を模索しようとしている。

[16] 伊藤正己ほか「《座談会》裁判官の政治的中立性」ジュリスト 453 号（1970 年）30 頁（団藤発言）。

[17] 団藤重光『法学の基礎〔第 2 版〕』（有斐閣、2007 年）359 頁。

の争議権に関する岩教組学テ事件判決だった[18]。この判決は、全農林警職法事件判決を受け継ぎ、地公法37条1項が定める争議行為等の禁止を合憲とし、地公法61条4号の罰則についても、都教組判決の「二重のしぼり」論を変更して、全面的に合憲とし、さらに当該事案における行為の構成要件該当性も認めたものである。この判決は、一名の「意見」があったものの全員一致だった[20]。団藤もこの法廷意見に参与しており、岸盛一・天野武一両裁判官の補足意見に同調して、「公務員も本来は労働争議権を有するはずのものであることを考えると、その制限・禁止が違憲とされないためには、かような制限・禁止に見合うだけの適切な代償措置が設けられ、しかも、それが本来の機能を果たしていることが要求される」、と述べるにとどまっていた[21]。

この判決は、学力テスト立会人らを道路上で阻止した行為について、道交法120条1項9号、76条4項2号の成立を認めた。この点については、団藤は単独で反対意見を書いている。被告人らが行った、立会人に対する説得行為が形式的には道交法違反の構成要件に該当するとしても、「平和的説得行為」として違法性が阻却される、という見解である[22]。

(2) 全逓名古屋中郵事件判決

その翌年に出た全逓名古屋中郵事件判決[23]は、旧公労法(現在は、「特定独立行政法人の労働関係に関する法律」)17条1項による争議行為禁止を合憲とし、また全逓東京中郵事件判決[24]を変更して、同法違反の争議行為に労組法1条2項の適用はない、と判断した。他方で、旧公労法17条1項違反の争議行為が郵便法

---

18) 最大判昭和51・5・21刑集30巻5号1178頁。
19) 最大判昭和44・4・2刑集23巻5号305頁。
20) 坂本吉勝裁判官だけが、罰則規定を限定解釈する立場をとりつつ、当該行為は政治的なものであるため、争議権保障の範囲に含まれないとして処罰を認める見解を示していた。
21) 刑集30巻5号1178頁(1200頁)。
22) 刑集30巻5号1178頁(1200～1202頁)。この団藤反対意見は、公務執行妨害罪のかわりに道交法が持ち出されることは、道交法の本来の運用として是認されるべきではなく、とりわけ表現の自由を道交法によって制限する結果となるような事態を生じさせることは、極力慎まなければならない、と指摘するものである。ここには団藤らしさが現われている。
23) 最大判昭和52・5・4刑集31巻3号182頁。同判決の担当調査官は、香城敏麿だった。
24) 最大判昭和41・10・26刑集20巻8号901頁。

79条1項などの罰則の構成要件を満たす場合でも、不作為を内容とする争議行為への単純参加者については処罰を阻却する、としたものである。

この判決には、環昌一裁判官と団藤による異なった反対意見があった。団藤の反対意見は、「東京中郵の基本的見解を維持しながらけじめをもう少しはっきりさせよう[25]」、という趣旨だった。つまり、争議行為に労組法1条2項の適用があることは明白であるとしつつ、東京中郵判決による、争議行為が労組法1条2項の適用上、正当性の限界をこえる場合に関する3基準のうちの第3である、「社会通念に照らして不当に長期に及ぶときのように国民生活に重大な障害をもたらす場合」という基準の不明確性を認めるものだった。団藤が代替基準とするのは、公労委による仲裁手続が開始したのち、なお争議行為をおこなうことは争議権の濫用であるから、不可罰とは考えられない、という見解である[26]。

(3) 検討

争議禁止を実効的にするために民事法上の手段で足りるならば、それ以上に刑事的制裁を用いるべきではない、というこの反対意見の立場は、刑法学的に言えば、団藤による刑罰抑制主義を典型的に示すものである。また、公務員の争議権を立法上制限するためには、それぞれの公務員の地位や職務権限の内容等にしたがって実質的な考慮が必要であり、ことに郵政職員のような現業公務員は、業務の大部分において、公益的事業を営む私企業の労働者と異なるところはない、という団藤反対意見による指摘は、公務員の労働基本権という観点でも学界で広く支持された[27]。他方で、旧公労法17条1項を合憲としていることには、「期待はずれ」という評価もあったが[28]、当時の判例状況のなかでは

---

25) 団藤・前掲注6) 235頁。
26) 刑集31巻3号182頁（226〜241頁）。
27) 中島徹「公務の民間化と労働基本権」論究ジュリスト1号（2012年）26頁など。松尾浩也ほか「〈座談会〉団藤重光先生を偲んで」論究ジュリスト4号（2013年）18頁では、「郵政公社は2007年10月以降、日本郵政株式会社となりました。その意味で、団藤先生の反対意見は時代の動きを先見していたといえるでしょう」（内藤謙発言）、と評される。
28) 蓼沼謙一「名古屋中郵判決における公労法17条合憲論の検討」ジュリスト643号（1977年）44頁。

「期待」する方が過剰だったのではないか。東京中郵判決に対する「内在的批判」として、「仲裁の開始時期」を基準とする考え方にも、肯定的な評価があった[29]。

ここで重要な問いは、岩教組判決において法廷意見に与した団藤が名古屋中郵判決では東京中郵判決の変更に反対したことに、矛盾はないか、である。両事案には非現業公務員と現業公務員ないし公社職員という違いがあるため、矛盾ではないということであろうか[30]。

なお最高裁退官後の団藤は、「主体性の理論」の視点から名古屋中郵判決について語っている。一つは、東京中郵判決も名古屋中郵判決もどちらも解釈論としては成り立つのであり、「根本は労働基本権の本質をどのように受け止めるかという立場の問題」、「裁判官の主体性の問題」だ、というものである。第二は、裁判官の顔ぶれの変化による判例変更は、「内閣の側の主体的なものが司法に働きかけている」のであり、「三権相互の抑制均衡から来るのですから、それで構わない」が、それに対して国民各自が主体的に何かしなければならないのではないか、という「国民の各自の主体性」の問題が指摘される。またこの文脈で、最高裁判所の裁判官に対する国民審査の意義が語られている[31]。団藤にしては、かなり抑制的な回顧である。

2 大阪空港公害訴訟判決

(1) 大阪空港公害訴訟判決における対立点

大阪空港公害訴訟判決は、①午後9時から翌日午前7時までの空港使用差し止めに関する訴えを却下し、②国賠法2条1項に基づく過去の損害賠償請求を基本的に認容し、③将来の損害賠償請求を棄却した[32]。

団藤は、①③については反対意見、②に関しては基本的には多数意見の側に立った。①の論点について、大法廷は9対4に分かれていた。団藤の反対意見は、「新しい酒は新しい革袋に盛らなければならない」という見地から、「裁判

---

29) 阿部照哉「名古屋中郵最高裁判決」ジュリスト643号（1977年）19頁。
30) 深山喜一郎「東京中郵判決から名古屋中郵判決まで」法律時報49巻9号（1977年）36頁。
31) 団藤重光「裁判における主体性と客観性」（1985年）、現在、同・前掲注6）175〜176頁。
32) 最大判昭和56・12・16民集35巻10号1369頁。

所が司法の本来の任務の範囲内において、法の解釈適用に創意工夫を凝らしてあたらしい事態に対処していくこと」を目指している。具体的には、「差止請求について、およそ裁判所の救済を求める途をふさいでしまうことに対しては、国民に裁判所の裁判を受ける権利を保障している憲法32条の精神からいつても疑問」であり、「被上告人らが民事訴訟の途を選んで訴求して来ている以上、その適法性をなるべく肯定する方向にむかつて、解釈上、できるだけの考慮をするのが本来」だ、とするものである[33]。③の論点について唯一の反対意見となった団藤は、「請求権発生の基礎となるべき事実関係が継続的な態様においてすでに存在し、しかも将来にわたつて確実に継続することが認定されるようなばあいには」、将来の損害賠償請求も認めるべきだ、と述べていた[34]。

(2) 検討

　上告から判決まで6年、小法廷で1度、大法廷で2度口頭弁論が開かれたという異例の展開になった大阪空港公害訴訟に、団藤は小法廷係属時から判決まで終始かかわった。第一小法廷では、「差し止めも、過去の損害賠償も認め、将来の損害賠償請求だけを認めない」という方向で評議がまとまったところ、当時の岡原昌男長官が大法廷回付について、第一小法廷に声をかけた、といわれる[35]。また第一小法廷で回付に最後まで反対し続けたのは団藤だった、ともされる[36]。

　焦点だった夜間の空港使用差し止めを認める団藤の反対意見は、「単なるこの事件の解決の域をこえた、最高裁の在り方を問う」もので、「強い共感を覚える[37]」などとして、学説では広く支持された[38]。また大法廷では単独の反対意見にとどまった将来の損害賠償認容についても、「本判決のような考え方では、

---

33) 民集35巻10号1369頁 (1406～1414頁)。
34) 民集35巻10号1369頁 (1475～1477頁)。
35) 毎日新聞社会部『検証・最高裁判所』(毎日新聞社、1991年) 61～64頁など。判決に調査官としてかかわった園部逸夫も、第一小法廷で解決しようと思っていたことは、「我々もよく分かっていました」、という。御厨貴編『園部逸夫オーラル・ヒストリー』(法律文化社、2013年) 178頁。
36) 山本祐司『最高裁物語 下巻』(日本評論社、1994年) 235頁。
37) 今村成和「空港管理権と差止請求」ジュリスト761号 (1982年) 34頁。
38) 小林直樹「大阪空港判決の基本思想」ジュリスト761号 (1982年) 20頁、原田尚彦「夜間飛行差止却下判決の論理と問題点」ジュリスト761号 (1982年) 41頁など。

被害者は不法行為が継続しているにもかかわらず、過去分になった損害をくり返し請求する……ことによってしかその賠償を受けられない」ことになってしまうため、「団藤裁判官の反対意見は基本的に正しい」、といった評価がなされた。

最高裁退官後の団藤は、この判決について、主体性の理論の観点から、「何が正しい社会的な要請かということを判断するのは、結局は、各裁判官の主体的な立場による」のであり、「最高裁の裁判官には、高い立場に立って物事を判断するところのステイツマンシップともいうべきものが要求され期待される」、と語る。また判例の任務という観点から、この判決が国の損害賠償を認めたことは「判例によって法を社会に適応させていった」もので、「最高裁が判例の任務を見事に果たした」が、差止請求を認めなかったことではその任務を果たさなかった、と語っている。判例の任務に関する団藤の考え方が最も典型的に示されたのが、この反対意見だった。この見解は、司法と立法の役割分担を強く意識している現在の判例法理に対しても、示唆を与えるものである。

Ⅳ 学者と裁判官

1 学者としての学説と裁判官としての意見

先にも触れたように、最高裁に入る以前から、団藤は学者としての学説と裁判官としての意見が異なり得ることを述べていた。最高裁退官後にも、同旨の発言をしている。学者としては、「自分の理論体系をもとにして、個々の問題についても、自分の理論体系の中にそれを収めて、いかにそれと整合させ、さらにその体系を発展させて行くかというところに重点を置いて考え」るのに対

---

39) 淡路剛久「大阪空港公害事件における被害の認定と違法性の判断」ジュリスト761号（1982年）56頁。
40) 団藤・前掲注31) 173頁。
41) 団藤重光「現代社会における判例の任務」(1983年)、現在、同・前掲注6) 200～206頁。本文で紹介したのは、民事・行政事件における判例の役割についてである。これに対して刑事事件については、「判例でもって、もともと刑法が考えていなかったようなことまで処罰範囲に取り込んで行くことは、……わたしはどうしても賛成できない」、という。例としては、公文書偽造罪の客体に電子コピーは当たらない、という見方が示されている（194～200頁）。

して、裁判官として意見を述べる場合は、「大きな判例の体系の中に自分の意見を組み込んで、それが実務として動いていくものでなければならない」、というのである[42]。このような姿勢は、学者出身の最高裁判事として当然のことであろう。団藤の特色は、こう言いながらも実際には、良くも悪くも理論が重視されていたことにある。団藤の学説と裁判官としての意見が違った例を、二つ取り上げる。

2 迅速な裁判
(1) 高田事件判決と団藤の免訴説

高田事件判決は、地裁で審理が15年余りも中断し、判決まで18年を要したという事案に関して、「審理の著しい遅延の結果、迅速な裁判をうける被告人の権利が害せられたと認められる異常な事態が生じた」として、憲法37条1項に反し免訴を相当とした。また「異常な事態」が生じているか否かは、「遅延の期間のみによって一律に判断されるべきではなく、遅延の原因と理由などを勘案して、その遅延がやむをえないものと認められないかどうか、これにより右の保障条項がまもろうとしている諸利益がどの程度実際に害されているかなど諸般の情況を総合的に判断して決せられなければならない」、としていた[43]。

また東大時代の団藤も、不当な訴訟の遅延によって迅速な裁判を受ける被告人の基本的権利が害されるにいたったときは、当の手続において訴訟の追行が許されなくなるだけでなく、およそその事件に関するかぎり再訴が許されなくなり、実体的訴訟条件が欠けるものとして免訴の判決で手続が打ち切られるべきだ、という立場だった[44]。

---

42) 団藤・前掲注6) 217頁。
43) 最大判昭和47・12・20刑集26巻10号631頁。この判決による免訴は、超訴訟法的に、憲法37条1項から直接導き出した「憲法的」免訴だとされている。さしあたり、田中開「迅速な裁判」井上正仁ほか編『刑事訴訟法判例百選〔第9版〕』(有斐閣、2011年) 131頁、大日方信春「迅速な裁判の保障」長谷部恭男ほか編『憲法判例百選Ⅱ〔第6版〕』(有斐閣、2013年) 263頁など。なお高田事件の一審であり、免訴の判断をしていた名古屋地判昭和44・9・18刑集26巻10号683頁参照には、後に最高裁長官となる島田仁郎裁判官が参与していた。また最高裁判決の担当調査官は時国康夫だった。
44) 団藤重光『新刑事訴訟法綱要〔七訂版〕』(創文社、1967年) 159頁、300頁。なお、後述する峯山事件に関する団藤反対意見 (刑集34巻2号15頁〔24頁〕) 参照。

(2) 高砂市水道損壊事件判決と団藤反対意見

高田事件判決後、憲法37条1項適合性が争われた事件が続出する。団藤は最高裁判事としてそれらにかかわることとなった。その一つに高砂市水道損壊事件判決がある。この事案は、起訴から第二次控訴審判決まで約16年を要し、第一次控訴審では4年、第二次控訴審では3年7カ月審理が放置されていたというものである。しかし多数意見は、被告人側としても裁判所に「迅速な処理を促すこともできる」などとして、憲法に反しないと判断した。

これに対して団藤反対意見は、「裁判所の人員や予算の不足は、裁判所の力だけで解決のできることがらではないが、そのしわよせが被告人」に及んではならず、また「無罪判決が確実に予測されるような事案でもないかぎり、被告人側に積極的な審理促進を期待することは無理」であり、本件では「公訴の提起が後発的に無効となつたものとして、刑訴法338条4号によって公訴棄却の判決」をすべき、としていた。

(3) 峯山事件判決と団藤反対意見

峯山事件は、さほど複雑でもないのに、起訴から第一審判決まで15年、第二審判決まで10年もかかったという事案だった。しかし多数意見は、「とくに第一審における訴訟の進め方にはなお批判を免れない点が少なくないとはいえ……前記大法廷判決において示されたほど異常な事態を生じているとまではいえない」、と判断した。

団藤反対意見は、「一・二審の全審理期間が、高田事件においてさえ約18年であつたのに対し、本件では約25年におよぶのであつて、まず、このことじたいが異常である」などとした上で、「被告人本人の迅速裁判を受ける権利を保障するためだけでなく、裁判実務一般に対する警告の意味においても、手続の打切りはやむをえない措置」だ、と述べる。さらに高砂市水道損壊事件判決との関係についても言及する。「高田事件大法廷判決の判例を変更してその妥当範囲をさらに拡張することは、さしあたり無理である」から、「高田事件と

---

45) 最判昭和50・8・6刑集29巻7号393頁。岸盛一裁判官の補足意見と、下田武三裁判官の反対意見、団藤裁判官の反対意見があった。団藤はこの事件で主任裁判官だった。
46) 刑集29巻7号393頁（402〜403頁）。

同じ範疇に属する事案についてはもちろん免訴説を採るとともに、右大法廷のいう『異常な事態』にまではいたらなくても、いちじるしく不当な訴訟遅延があったばあいには、……公訴棄却の判決を言い渡すべき」だ、というのが前記事件における私の反対意見の立場である。したがって、本件において、かりに「高田事件大法廷判決における程度の『異常な事態』に達していないとしても、……すくなくとも公訴棄却の判決」をすべき、というのである。[48]

(4) 検討

団藤は、迅速な裁判の事件を、学者としての学説と裁判官としての意見が違った例としてしばしば挙げている。高田事件の大法廷は、公訴時効期間よりも長い期間ずっと審理をしないままで徒過したという場合に免訴の判決で手続を打ち切るべきだという判決だった。これに対し高砂市水道損壊事件は、7年という公訴時効期間をずっと引き続いて何もしなかったのではなく、4年と3年半というふうに間が中断しているため、高田事件の判例では免訴にならない。そこで、私の学説は免訴説だが、この事件では免訴ではなく、公訴棄却の判決によって手続を打ち切るべきだ、そうすれば高田事件の判例とは矛盾しない、という意見を主張した、そうした場合にも免訴説をとる学説そのものを変えたわけではない、というのである。[49]

---

47) 最判昭和55・2・7刑集34巻2号15頁。この判決には団藤反対意見のほか、戸田弘裁判官の反対意見が付されている。戸田裁判官は、かつて八王子職安事件の第一審（東京地八王子支判昭和37・5・16下刑集4巻5-6号444頁）で公訴棄却判決を出した裁判官である。峯山事件の担当調査官だった木谷明の回想が興味深い。「本件については、第一小法廷では当然大法廷回付の方針が採られるであろうと予測され、私も初めて経験するはずの大法廷審議に胸膨らませていた。（改行）小法廷審議の結果は、予想したとおり大法廷回付相当となった。ところが、当時の最高裁には、簡単には小法廷から大法廷回付ができない特殊な事情があった。それは、有名な『大阪空港訴訟（最大判昭和56年12月26日民集35巻10号1369頁）』の大法廷審議が最終段階を迎えて難航しており、他の事件の審議が割り込むのは、日程的にきわめて厳しいことであった。そのため、本件については、直ちに大法廷回付の決定はされず、ともかく大法廷と同一のメンバーによる事実上の審議をしてもらうことになった」。そこで団藤・戸田裁判官は破棄意見を述べ、「他に何人か同調される裁判官がおられたが、結局上告棄却説が多数を占めたため、正式の大法廷回付決定は見送られた」。木谷明「最高裁判事としての団藤重光先生」刑事法ジャーナル34号（2012年）65〜66頁。第一小法廷でも、中村治朗裁判官が意見を変えて合憲判決となったとのことである。木谷明『「無罪」を見抜く』（岩波書店、2013年）238頁。
48) 刑集34巻2号15頁（20〜24頁）。

これらの事件における団藤反対意見は、学説上も評価されているものと思われる。なお団藤は、この問題を「学者的良心」と「裁判官的良心」の違いという表題の下で説明することがある。これに対しては、「それが、"良心の相違"とまでいえるものなのか」という疑問も出されている。本節1で引用したように、学者としての学説と裁判官としての意見の違い、という定式化の方がふさわしいように思われる。もっとも免訴と公訴棄却は実際には効果にほとんど違いはなく、そこまでこだわりをもつことには、学者的姿勢が濃厚に現れている。

3　名誉棄損罪における事実の証明

(1)　団藤旧説

刑法230条の2第1項は、名誉毀損が免責される場合を規定している。この規定の法的性質について、団藤旧説は構成要件該当性阻却事由と解していた。これは表現の自由をとくに強調する見地から、単なる違法性阻却原由だとすれば、少なくとも理論的には、具体的事情によって再び違法性したがって可罰性を帯びる場合があるから、むしろ、「定形的に違法性がないもの、すなわち構成要件該当性そのものが阻却される」、と考えるものだった。

(2)　月刊ペン事件判決

団藤が改説するきっかけとなったのは、主任裁判官としてかかわった月刊ペン事件だった。一・二審は、私人の私的行動は、そもそも刑法230条の2第1項にいう「公共の利害に関する事実」に当たらないから真実性の証明の対象にならないとして、弁護人による証人請求を却下したまま、懲役10カ月、執行猶予1年の有罪判決を下していた。これに対して最高裁は、「私人の私生活上

---

49)　団藤・前掲注6) 217～220頁。
50)　椎橋隆幸「団藤重光博士と迅速な裁判を受ける権利」刑事法ジャーナル34号(2012年)73頁以下など。
51)　団藤・前掲注9) 251頁以下など。
52)　大野正男「書評：団藤重光著『実践の法理と法理の実践』」自由と正義37巻10号(1986年)85頁。
53)　椎橋・前掲注50) 77～78頁は、免訴と公訴棄却は、当該事件で再訴が許されないという点で違いはないことを述べる。
54)　団藤重光『刑法綱要　各論』(創文社、1964年) 421頁。

の行状であつても、そのたずさわる社会的活動の性質及びこれを通じて社会に及ぼす影響力の程度などのいかんによつては、その社会的活動に対する批判ないし評価の一資料として、刑法230条の2第1項にいう『公共の利害に関する事実』にあたる場合がある」とした上で、当該事実を「公共の利害に関する事実」に当たると解した。またこの事実に当たるか否かは、「摘示された事実自体の内容・性質に照らして客観的に判断されるべきもの」と判示したことも、表現方法や事実調査の程度などを総合的に考慮して判断してきたそれまでの判例の大勢や一・二審とは異なる。このようにして、この判決は事件を一審に差戻した。[55]

(3) 団藤の改説

　団藤は、最高裁判事退官後、『刑法綱要　各論』改訂版のはしがきで、次のように述べる。「表現の自由についていえば、在職中、諸種の事件に接して、ますますその重要性を認識したと同時に、とくに『月刊ペン』事件……の審理にあたっては、いかにそれが微妙なものであるかをも痛感しないわけには行かなかった」。「わたくしは裁判長として尨大な記録をくりかえし熟読した結果、この事案では、被告人の摘示した事実は『公共の利害に関する事実』として、それが真実であることの証明を被告人に許すことが、表現の自由の本旨からいって、絶対に必要であるという確信に達した。しかし、それと同時に、差戻審においてその証明があったとしても、それだけで当然に無罪となるべきものであるかどうかについて、慎重な反省をせられた。表現の自由は双刃の剣とも

---

55) 最判昭和56・4・16刑集35巻3号84頁。担当調査官だった木谷の回想が、ここでも興味深い。「私は直感的に『それはおかしい』と感じた。そこで、種々調査を遂げた結果、『1・2審判決破棄相当』の報告書を提出した。そして、名誉毀損罪について深い研究をされている人権派の団藤先生のお立場からすれば、当然私の意見が採用されるはずであると考えていた。（改行）ただ、本件は、いかにも政治的な影響の大きい事件である」。「報告書提出後、いつもは敏速に決断される団藤先生から、なかなかお呼びがかからない。さすがに慎重を期しておられたのであろう。ところが、そうこうしているうちに、公明党の関係者から国会で最高裁への質疑が出されるというような情報も入って来た。そして、結果的にはその後間もなく小法廷の審議日程が決まった。審議ではすんなりと報告書の線が了承され」た。木谷・前掲注47)「最高裁判事」66頁。木谷は、「実際は『木谷判決』ですよ」、とまでいう。木谷・前掲注47)「無罪」198頁。なお、差戻後の第一審判決（東京地判昭和58・6・10判時1084号37頁）および第二審判決（東京高判昭和59・7・18高刑集37巻2号360頁）は、いずれも真実性の証明がないなどとして、罰金20万円の有罪判決を下している。

いうべきものであって、その一面的な強調は、かえってこれを守り立てて行く上に有害ではないかということを考えさせられたのである」。「具体的事件に直面してみると、構成要件該当性阻却説は、あまりにも柔軟性に欠けるきらいがある。わたくしは、判決にあたって、ついに構成要件該当性阻却説を放棄して、改めて違法性阻却説を採った。これは相当の決断を要することであったが、事案の重みがわたくしにその改説を促したのであった」[56]。

これは、団藤の学説と裁判官としての見解が違った例ではない。事件をきっかけに、学説自体を変えたという例である。「私人の私生活上の行状であっても」「公共の利害に関する事実」に当たる場合がある、という同判決の見解とその判断手法は、学説上も広く受け入れられている[57]。

V 最高裁判事としての前期と後期

1 多数意見へのかかわり方

最高裁の裁判官が、自分の見解と同じではない判決に関与する場合、典型的には意見ないし反対意見を書く。これがこれまで見た団藤の在り方であったが、最高裁へ入った初期には異なる努力をすることも多かったようである。その一つは、「少数意見はなるべく書かないで収めたいので、そのかわり表現をこういうふうにしたらどうでしょうか」、と言う方法である。もう一つは、「多数意見はこう言っているけれども、これはこういう趣旨に理解されるべきだということを補足意見に書」くことである[58]。

---

56) 団藤重光『刑法綱要　各論〔第3版〕』（創文社、1990年）2〜3頁（改訂版のはしがき）。なお改訂版は1985年発行。

57) 高佐智美「名誉毀損と『公共ノ利害ニ関スル事実』」長谷部恭男ほか編『憲法判例百選Ⅰ〔第6版〕』（有斐閣、2013年）146頁以下、白木豊「公共の利害に関する事実の意義」山口厚＝佐伯仁志編『刑法判例百選　Ⅱ各論〔第7版〕』（有斐閣、2014年）42頁以下など。なお現在の刑法学の関心は、真実性について錯誤があった場合に関する理論構成にあるようである。参照、専田泰孝「真実性の錯誤」西田典之ほか編『刑法の争点』（有斐閣、2007年）15頁以下など。

58) 団藤・前掲注6) 225〜226頁。

2　徳島市公安条例事件判決

　前者の例は、評議の秘密があるため、公にはされていない。後者の例として挙げられるのが、徳島市公安条例事件判決である。この判決における一つの論点は、条例3条3号の「交通秩序を維持すること」という規定が犯罪構成要件として明確か否か、であった。判決は、「道路における集団行進等が一般的に秩序正しく平穏に行われる場合にこれに随伴する交通秩序阻害の程度を超えた、殊更な交通秩序の阻害をもたらすような行為を避止すべきことを命じているもの」、と（合憲）限定解釈した。[59]

　この判決に、団藤は補足意見を書いている。団藤は「構成要件の明確性の問題を検討するにあたつては、それが表現の自由との関連において国民一般に対して有するかも知れないところの萎縮的・抑止的作用をもとくに考慮に入れたつもり」だが、「多数意見もまた、同じ見地に立つものと理解している。第一に、多数意見がとくに、『記録上あらわれた本条例の運用の実態をみても、本条例3条3号の規定が、国民の憲法上の権利の正当な行使を阻害したとか、国又は地方公共団体の機関の恣意的な運用を許したとかいう弊害を生じた形跡は、全く認められない』ことを付言しているのは、実際にこうした萎縮的・抑止的作用が認定されえなかったことをあきらかにしているものであるとおもう」、等々という。[60]

　団藤は、退官後、この補足意見について、「実は多数意見はそうはっきり萎縮的効果ということを頭に置いているかどうかわかりません。しかし、わたくしがこういうことを書いておいて、しかも多数意見の中からの反論が別の補足意見か何かの形で現わされていないとなると、なるほど多数意見はそういうふうに読める、多数意見は萎縮的効果を持つような不明確性を持った構成要件は違憲だという判断をたぶんするだろうというふうに多数意見を読んでもらえることになるわけです。そういうふうに読んでもらうためにこういう補足意見を書いた」、と振り返る。[61]　この判決の担当調査官も、「表現の自由を規制する刑罰

---

59)　最大判昭和 50・9・10 刑集 29 巻 8 号 489 頁。この判決の手法が合憲限定解釈か単なる限定解釈かは、理解が分かれうる。本文で後述する団藤のような捉え方をすれば、合憲限定解釈の例となるだろう。
60)　刑集 29 巻 8 号 489 頁（514 ～ 517 頁）。

法規の明確性の判断につき、理論上及びその法規の運用の実際の両面から、チリングエフェクト及び国家機関の権限濫用の可能性の有無を検討し、これによってその刑罰法規の明確性の有無を判断した本判決の多数意見の手法は注目されて良い」、と解説している。ここには団藤補足意見からの影響がある。

しかし学説では、多数意見において「何が許された態様の集団行動であるのかが不明確で、結局集団行動それ自体に対する萎縮的効果が働くことになるのではないか」、という評価が多い。またその後の判例においても、「萎縮的効果を持つような不明確性を持った構成要件は違憲だ」と、実際に判断した例は登場していない。補足意見の効果はあまりなかったように思われる。

団藤自身も次のようにいう。「初めのうちは一生懸命そういうことをやっておりましたが、わたくしもだんだん面倒になって来ました。（笑）一生懸命それを書いても、正直なところ、どの程度効果があるのか十分には分からないという気がだんだんして来ました」。「それよりはもう少し手っ取り早く少数意見を書いたほうが効果的です」。「そこで、途中からなるべく書かないことの努力はあまりしないで、やや書くほうの気持ちになりました。そのころから少数意見が増えて来ているわけです」。

3　長沼ナイキ基地訴訟判決

長沼ナイキ基地訴訟は、一審（札幌地判昭和 48 年 9 月 7 日）で自衛隊違憲判決が出たことによって、社会的にも大きな注目を浴びた。二審（札幌高判昭和 51 年 8 月 5 日）は、一定の住民に農林水産大臣による保安林指定解除処分の取消に関する原告適格を認めたものの、代替施設の整備により訴えの利益が消滅したとし、自衛隊の合憲性については基本的には統治行為として裁判所が判断すべきではない、と述べた。最高裁上告の段階では自衛隊の憲法適合性は意識的

61）　団藤・前掲注 6）226 ～ 227 頁。
62）　小田健司「判解」最判解刑事篇昭和 50 年度（1979 年）198 頁。
63）　野坂泰司『憲法基本判例を読み直す』（有斐閣、2011 年）206 頁。
64）　団藤・前掲注 6）228 頁。昭和 54 年 4 月に岡原長官から服部長官に交替するときに、団藤が、という見方も一部にあったが、内部ではまったくなかった。「団藤の反対意見が鋭くなってきたのは、こうした後とみる人はかなりいる」、という叙述もある。野村二郎『最高裁全裁判官』（三省堂、1986 年）198 頁。しかし、その信憑性には疑問の余地がある。

に争われず、原告適格や訴えの利益が中心的な争点となっていた。最高裁は、一定の住民に原告適格を認めつつ、代替施設の設置によって洪水、渇水の危険が解消された後は、その者の訴えの利益は失われる、と判断した。

この事件の主任裁判官だった団藤は、次のような反対意見を書いている。「多数意見中、わずかに一点だけ、原判決の理解についてわたくしとしては同調に躊躇を感じる部分があり、そのわずかな理解の相違が多数意見とは反対の結論に導く」。その一点とは、「多数意見や私見においては、端的に本件代替施設の設置によつて洪水や渇水の危険が解消されたと認められるにいたつたかどうかを問題としているのに対して、原審は、単に右施設の理水機能が伐採前の本件保安林のそれを同程度のものになつたかどうかを問うているにすぎない。なるほど、両見解の相違は、実際問題としては、特段の事情でもないかぎり、ほとんど無視されうる程度のものであろう」。しかし、「わたくしは、やはり、原審をして正しい理論的前提のもとに改めて訴えの利益の消滅の有無について審理を尽さしめるのが本筋だとおもう」。こうして団藤は、上告側の主張に沿う形で、差戻しを主張した。

この判決の担当調査官だった園部逸夫は、後年、団藤による「代替施設が同じ機能だからといって、果たして大雨が降ったときに、本当に洪水を防ぐことができるかどうかまでは分からん」という見解を、「団藤さんの裁判官としての、理論派裁判官としての特徴」と、やや否定的な調子で語っている。これに対して学説では、団藤反対意見は評価されているようである。憲法学では、「地域住民の生命、身体、財産、生活等基本的人権に重要なかかわりのある洪水等の予防について、厳しい保護の姿勢を明示した団藤意見は、『人権の砦』としての裁判所に対する国民の信頼にこたえるものであろう」、とする見解がある。行政法学でも、「本件で原告が保護を求めている利益は、単に代替施設の設置によって簡単に解消するとはいいがたい、いわば包括的な地域安全利益

---

65) 最判昭和57・9・9民集36巻9号1679頁。
66) 民集36巻9号1679頁（1693〜1694頁）。
67) 御厨編・前掲注35) 174〜176頁。これに対し園部逸夫「判解」最判解民事篇昭和57年度 (1987年) 687頁以下では、団藤反対意見に対するそのようなコメントはさすがにない。野村・前掲注64) 198頁が、「団藤の反対意見が鋭くなってきた」例として真先に挙げるのが、この反対意見である。

というべきもので」あり、「破棄差戻しが妥当とした団藤少数意見の方にこそ聴くべきものがある」、という見解がある。[69]

4　「一票の較差」訴訟

団藤は、衆議院議員選挙に関する定数配分規定を初めて違憲と判断した、昭和 51 年判決の多数意見に加わっていた。[70]しかし、この判決に団藤がいかなる寄与をしたのかは、不明である。

次に団藤がこの訴訟に関与したのは、7 年後となる。昭和 52 年に実施された参議院議員選挙において、最大 1 対 5.26 の較差があった定数配分規定を合憲とした昭和 58 年判決である。[71]この判決には 2 つの反対意見があり、その 1 人が団藤だった。団藤は、「立法府が積極的に参議院議員選挙制度の改正をするにあたつては、きわめて広汎な裁量権をみとめられるべきであるが、しかし、本件では、前記のような異常な較差を生じている事態を立法府は単に看過放置して来たのであ」り、「このようなことを立法府の裁量権の行使として理解すること」はできないという立場から、配分規定を違憲と判断した。[72]この団藤反対意見は、平成 13 年に施行された参議院議員選挙に関する平成 16 年判決の補足意見 2 で明示的に受け継がれ、[73]昭和 58 年判決を実質的に修正している現在の判例の立場へ、間接的に影響を与えることとなった。

衆議院議員選挙については、団藤が退官する日に出された昭和 58 年判決が、

---

68)　深瀬忠一「長沼ナイキ基地訴訟上告審判決」『昭和 57 年度重要判例解説』（有斐閣、1983 年）9 頁。近年でも、この団藤反対意見について、「『具象的』法律論の具体的実践として再評価の光を当てることが可能である」、との見方を示すものがある。蟻川恒正「裁判所と九条」（2014 年）、現在、同『尊厳と身分』（岩波書店、2016 年）132 頁（注 16）。また、蟻川恒正「九条訴訟という錯綜体」法律時報 88 巻 9 号（2016 年）59 頁も参照。

69)　磯部力「保安林指定解除と訴えの利益」塩野宏ほか編『行政判例百選 II〔第四版〕』（有斐閣、1999 年）437 頁、三辺夏雄「長沼ナイキ基地訴訟上告審判決」前掲昭和 57 年度重要判解 57 頁。その他、田中館照橘「判批」民商法雑誌 90 巻 2 号（1984 年）266 頁など。これに対して、多数意見を肯定的に評価するものとしては、藤田宙靖『最高裁回想録』（有斐閣、2012 年）90 頁など。

70)　最大判昭和 51・4・14 民集 30 巻 3 号 223 頁。

71)　最大判昭和 58・4・27 民集 37 巻 3 号 345 頁。

72)　民集 37 巻 3 号 345 頁（370 〜 374 頁）。

73)　最大判平成 16・1・14 民集 58 巻 1 号 56 頁（70 頁）。さしあたり、渡辺康行「『適正な紛争解決』の探求と憲法裁判——藤田宙靖」法律時報 87 巻 4 号（2015 年）68 頁以下を参照。

最大較差1対3.94に達していた定数配分規定を違憲状態にあると判断した[74]。この判決には7つの反対意見がついていた。多数意見は、昭和51年判決によって違憲と判断された公選法改正前の投票価値の不平等状態は、昭和50年の同法改正によって「一応解消された」とするため、審査対象となった昭和55年選挙当時は是正のために必要とされる合理的期間をすぎていない、と判断した。これに対して団藤反対意見は、上記改正により最大較差1対2.92に縮小しただけではそう評価できず、是正のために必要な合理的期間はすぎているため違憲とすべき、というものである。また本件においては事情判決をするのが相当だが、将来においては選挙無効の判決を行う可能性があることを指摘している[75]。衆議院議員の選挙制度が変更されているため、直接的な比較はできないが、現在の判例・学説では常識化している見解であろう。

5 国家公務員の政治的行為に対する刑事罰

郵政事務官が参議院議員選挙の際、勤務時間外に、職務上の施設以外の場所で、公務員としての身分を明らかにすることなく、専ら一書家として、日本共産党の候補者の個人演説会における応援演説をしたことが国公法102条1項、人事院規則14-7により有罪となるかが争われた大坪事件に関して、第一小法廷は、猿払判決などを援用して簡単に被告人による上告を棄却している[76]。しかし、この判断は3対2のきわどいものであり、団藤は谷口裁判官とともに反対の側に立った。団藤反対意見は、猿払判決の反対意見が指摘するように、「罰則の関係においては、国公法102条1項の人事院規則への委任を違憲とすることには相当の理由」があり、「これを合憲とみるためには、罰則に関するかぎり、特定委任といえる程度に、この規定をしぼつて解釈する以外にない」、という。つまり、「公務員の政治的行為であつて、公務員の政治的中立性ないしこれに対する国民の信頼を現実に害するもの、すくなくとも、これを害するよ

---

74) 最大判昭和58・11・7民集37巻9号1243頁。
75) 民集37巻9号1243頁（1268〜1273頁）。団藤は、後年、選挙無効判決に踏み切るためには、高度の政策的考慮を必要とすることを、裁判官の主体性の観点から論じている。団藤・前掲（注31）167〜168頁。
76) 最判昭和56・10・22刑集35巻7号696頁。

うな具体的な危険性があるものにかぎつて、その内容の規定を人事院規則に委任したものと解することによつて、かろうじて、この規定の合憲性を肯定することができる」とし、被告人の行為がこれに当るかにつき審理を尽くさせるため、原審に差し戻す、というものだった。これは堀越事件判決を先取りする見解として、改めて見直すべきものである。

Ⅵ 多数意見の主導

1 白鳥決定

とりわけ憲法にかかわる事件においては異論者という印象が強い団藤だが、多数意見を主導する場合も当然ある。その代表が白鳥決定である。最高裁において、刑事事件の再審開始決定がなされることは、長らくなかった。その姿勢を転換するきっかけとなったのが、昭和50年の白鳥決定である。この決定は、刑訴法435条6号にいう「無罪を言い渡すべき明らかな証拠」とは、「確定判決における事実認定につき合理的な疑いをいだかせ、その認定を覆すに足りる蓋然性のある証拠をいうものと解すべきであるが、右の明らかな証拠であるかどうかは、もし当の証拠が確定判決を下した裁判所の審理中に提出されていたとするならば、はたしてその確定判決においてなされたような事実認定に到達したであろうかどうかという観点から、当の証拠と他の全証拠と総合的に評価して判断すべきであり、この判断に際しても、再審開始のためには確定判決における事実認定につき合理的な疑いを生ぜしめれば足りるという意味において、『疑わしいときは被告人の利益に』という刑事裁判における鉄則が適用されるものと解すべきである」、とした。

この決定は、当該事件では上記の要件に該当する証拠はないとしたものであるが、その後、最高裁による再審決定が実際になされるようになる。団藤が関

---

77) 刑集35巻7号696頁（709～712頁）。なおこの判決には、反対意見に一定の理解を示す中村治朗裁判官の補足意見も付されており、ぎりぎりの評議が行われたことを推測できる。
78) 最判平成24・12・7刑集66巻12号1337頁。
79) 宍戸常寿「国家公務員の政治的行為に対する刑事罰」『平成25年度重要判例解説』（有斐閣、2014年）24頁も同旨。
80) 最決昭和50・5・20刑集29巻5号177頁。

与した決定としては、財田川事件決定がある。この決定では、白鳥決定の原則を適用するにあたっては、「確定判決が認定した犯罪事実の不存在が確実であるとの心証を得ることを必要とするものではなく、確定判決における事実認定の正当性についての疑いが合理的な理由に基づくものであることを必要とし、かつ、これをもって足りると解すべきであるから、犯罪の証明が十分でないことがあきらかになつた場合にも右の原則があてはまる」と敷衍され、再審請求を棄却した下級審決定が違法とされた[81]。

団藤自身も、後年、「わたくしは少数意見ばかり書いていたのではなくて、自分の意見が十分通って、全幅的にわたくしの思ったとおりの判決になった例」の一つとして、白鳥決定を挙げている[82]。岸盛一裁判官と団藤がいた第一小法廷に係属していなかったら白鳥決定はなかったかもしれない、ともいわれる[83]。

また団藤は、判例による法形成の意義という観点からも白鳥決定に触れている。刑訴法435条6号の規定に立法的な改正を加えて再審事由を拡げるとなると、広くなりすぎるか、不充分か、どちらかになる。「そこで判例でもって、現行法の解釈ギリギリのところまでゆるめようではないか」ということでこの決定を出した。財田川事件決定を含めて、非常にきめ細かい判断をしており、そういうことは刑訴法の改正という形ではできない[84]。これは、団藤がかつて立法作業に関わった経験が裁判官としての判断に活かされた例であると共に、団藤による司法と立法の関係に関する考え方の一端を示すものでもある。

2 流山中央高校事件決定

団藤の見解が必ずしも全面的に法廷意見となったわけではないが、少なからぬ影響を与えたであろう事件に、流山中央高校事件決定がある。この事件に関して、団藤は主任裁判官だった。少年による放火未遂事件について、原原審である千葉家裁松戸支部は目撃証人を審判廷外の参考人として取り調べた。少年側は、反対尋問の機会が与えられなかったことを理由として抗告・再抗告した

---

81) 最決昭和51・10・12刑集30巻9号1673頁。
82) 団藤・前掲注6) 230頁。
83) 参照、毎日新聞社会部・前掲注35) 25～29頁。
84) 団藤重光「法的安定性と判例の役割」(1985年)、現在、同・前掲注6) 247～250頁。

が、最高裁でも抗告棄却された。しかし最高裁は、職権で、「少年保護事件における非行事実の認定にあたつては、少年の人権に対する手続上の配慮を欠かせないのであつて、非行事実の認定に関する証拠調べの範囲、限度、方法の決定も、家庭裁判所の完全な自由裁量に属するものではな」い旨を判示した。[85] この判示は一般論にとどまるため、原原審の手続を違法とは考えなかったのか、違法に傾いているが、基本的方向性のみを示して実務に警鐘を鳴らすに止めたのかは、確実には読み取れない。[86]

この決定に際して、団藤は詳細な補足意見を書いている。それによると、本件では目撃者の供述こそが最も重要な証拠であるため、原原審が立会い・反対尋問の機会を与えなかったことは、裁判所の裁量の範囲を逸脱するものだった、と明言する。このような要請は、適正手続条項からだけではなく、少年法1条の宣明する基本理念から発するものでもある。「少年に対してその人権の保障を考え納得の行くような手続をふんでやることによつて、はじめて保護処分が少年に対して所期の改善効果を挙げることができる」、というのである。[87]

団藤は、後年、「小法廷の裁判だから、憲法判断はできないので、憲法を援用してはいないが、憲法31条の『適正手続条項』を念頭に置いたものであることはいうまでもない」、と回想している。[88] この補足意見は、団藤の「"デュープロセスの教育主義的理解"とも言うべき思考のストレートな応用編であった」、と評されているものである。[89] パレンス・パトリエとデュープロセスを相互補完的にみる団藤による思考は、おそらく現在の学界でも基本的には受け継がれているものと思われる。[90] また、この事件について、原原審の手続が違法だったという理解は広く共有され、[91] 実務の運用もそれに従っている。[92] 決定を文字どおり補足する、影響力の大きな意見だった。

---

85) 最決昭和58・10・26刑集37巻8号1260頁。
86) 調査官は、二つの読み方を示した上、第二の見方が正しい、という見解を示している。木谷明「判解」最判解刑事篇昭和58年度（1987年）368〜370頁。なお、抗告棄却という結論は、「余罪のほうだけでも保護観察は当たり前」とした谷口裁判官の影響力によるとのことである。木谷・前掲注47)「無罪」211〜212頁。
87) 刑集37巻8号1260頁（1262〜1271頁）。本件での結論は、前注で紹介した谷口裁判官の見解に同意している。
88) 団藤重光「少年法の基本理念と少年審判の今後のあり方」（1984年）、現在、同・前掲注6) 118頁。また、団藤重光・森田宗一『新版少年法〔第二版〕』（1984年）512〜515頁も参照。

3 「政経タイムス」事件判決

　公選法148条1項は、新聞紙・雑誌の選挙に関する報道・評論の自由につき確認し、同条3項はその保障対象を、「新聞紙にあつては毎月3回以上」の有償頒布という要件を満たすものとしていた。この規定の合憲性が争われた「政経タイムス」事件判決でも、団藤が裁判長を務めていた。この判決は、①公選法148条3項に関する罰則規定である同法235条の2第2号のいう「報道又は評論」とは、「特定の候補者の得票について有利又は不利に働くおそれがある報道・評論」を指し、②「右規定の構成要件に形式的に該当する場合であつても、もしその新聞紙・雑誌が真に公正な報道・評論を掲載したものであれば、その行為の違法性が阻却される」、と解釈した上で、当該規定を合憲とした[93]。つまり、①で構成要件を限定し、②で違法性阻却の可能性を示すことによって、二重に絞りをかけたものである。

　この判決にはいかにも団藤の影響力があるように思われるのであるが、裏付けをもってそう言うことはできない。確認できるのは、団藤の刑法の体系書のなかで同判決が肯定的に引かれていることだけである[94]。なお憲法学の有力な見解では、「このような限定解釈が法文上可能かどうか疑問もあるので、この種

---

89) 森田明「団藤先生と少年法の軌跡」論究ジュリスト4号（2013年）47頁。団藤刑法では「人格形成」「人格形成責任」を中心として考えられたのに対して、少年は人格形成の途上にあることを見なければならないため、少年に対しては刑罰ではなく教育的な処分を加えて健全育成を図るという基本的考え方がある。そのため少年の場合は行為を考慮しながら人格形成をメインに考えていく、という方向だった。この点については、西田典之ほか「《座談会》団藤重光先生の業績と思い出」刑事法ジャーナル34号（2012年）27〜28頁（平川宗信発言）。

90) 田宮裕「少年保護事件と適正手続き」同編『少年法判例百選』（有斐閣、1998年）7頁、武内謙治『少年法講義』（日本評論社、2015年）97〜98頁、270頁など。

91) 朝倉京一「判批」判時1108号（判評303号）（1984年）218頁、田宮・前掲注90）7頁など。

92) 浜井一夫「証拠調べをめぐる諸問題」判例タイムズ996号（1999年）356頁、川出敏裕『少年法』（有斐閣、2015年）161頁など。

93) 最判昭和54・12・20刑集33巻7号1074頁。

94) 団藤重光『刑法綱要　総論〔第3版〕』（創文社、1990年）61〜62頁、231頁、同・前掲注56）529頁（注48）。刑法学では、「少なくとも限定解釈がもたらすメリットとしては、選挙犯罪を形式犯にとどめることなく、これを実質的な危険犯としてその内容を具体化し明確化する方向を促進することによって、そこに憲法論を投入する現実的可能性を生ぜしめるという点があげられよう」、という評価があった。中山研一「判批」判時975号（判評261号）（1980年）198頁。ただし、この判決が団藤の本意か、あるいは小法廷で判決を形成するために妥協したのかは、不明である。

の規制を残すとすれば（強い正当化理由を論証することが可能で、必要最小限度の範囲を超えない合理的なものは、是認されよう）、少なくとも判旨の趣旨を法文上明記することが必要であろう」、と説かれている。

Ⅶ　結びに代えて

　団藤は、最高裁判事としても、学者としての姿勢を維持していた。それはまず、本稿でそのいくつかを見たような、格調高い個別意見に顕著である。また自分の書いた文献を引用するという個別意見の書き方においても、そうだった。団藤が評価する同僚も学究肌の裁判官であり、学究肌の裁判官が団藤を評価する、という関係にも現れる。団藤自らも、最高裁を「支配するのはキャリア裁判官的な空気」であり、自分は「やや異分子だったろう」、と自認する。

　最高裁の時代状況もそれに輪をかけた。団藤が在任した 1974 年から 1983 年は、憲法訴訟という観点から見ると、総体として言えば最高裁の沈滞期だった。最晩年の団藤は、こう回想する。「僕ははじめから、ずいぶんと乱暴な議論ば

---

95)　芦部信喜『憲法学Ⅲ人権各論(1)〔増補版〕』（有斐閣、2000 年）473 頁。判決を評価するものとして、高橋和之『立憲主義と日本国憲法〔第 4 版〕』（有斐閣、2017 年）351 頁。学説状況について、渡辺康行ほか『憲法Ⅰ　基本権』（日本評論社、2016 年）430 〜 431 頁（渡辺）。
96)　このような評価は多数示されている。例えば、村井敏邦「反骨の法学者　団藤重光」法学セミナー 710 号（2014 年）1 頁は、「団藤博士は最高裁判所に入っても学者の良心を失ってはいなかった。少なくとも自らの役割を明確に認識して、物言わぬ裁判官ではなく、積極的に意見を表明する裁判官として終始振舞った」、という。
97)　団藤・前掲注 31) 149 頁は、個別意見のなかで文献を引用したことの意味について、「一つには、短い文章の中に書き尽くせない含みを持たせるためという趣旨もありましたが、もう一つには、いくら判決文の中でも、あまり何でもかでも窮屈に四角四面に考えないで、少しゆとりのあるような感覚をみんなに持ってほしいという気持ちがあった」、という。これに対して野村・前掲注 64) 198 頁には、「意見の中に自分の著書を引用したりして不評をかい」、とある。
98)　「第一小法廷の裁判官たち」として、好意的に回想するのは、岸盛一、戸田弘、中村治朗、谷口正孝各裁判官で、「学問的」だったと評価する。団藤・前掲注 9) 247 〜 250 頁。他方、自ら「叩き大工である」といっていた服部高顕長官のような人には、厳しい言い方をしていた、とのことである。御厨編・前掲注 35) 190 〜 191 頁（前田雅英、園部逸夫発言）。
99)　「去って往く人より残された者の方が空しいということを、一回や二回経験するのが人生である。団藤さんの御退官は、後に残された者にとって大きな風穴があいた思いである」。谷口正孝「裁判官としての団藤さん」判例タイムズ 506 号（1983 年）13 頁。
100)　団藤・前掲注 31) 149 頁。

かり、わざとしたんですよ。波乱を起こしてやろうと思って。……今の日本も沈滞しているけど、その象徴みたいなのが当時の最高裁でね。僕は片っ端から少数意見、わざわざ書かないでいいようなものまで片端から書きました」。「そういうのが最高裁にいること自体が大事なんですよ。存在自体が大切だと思ったんです。判例は動いていくものですから。ファクターになるのは裁判官ですよね。裁判官が判例通りの判決を出すことで頭がいっぱいではだめです」[101]。団藤にとって、このような態度をとることが「裁判官の良心」の現れだったということであろう。「裁判官の良心」について、主観的良心説と客観的良心説の対立という枠組みにこだわる必要はないが、この発言からすると、団藤の「裁判官の良心」は個人の良心を基底としたものであり、基本的には主観的良心説の一種であると位置づけられるだろう[102]。

　団藤は、「リベラルなタカ」として、在任時にはおそらく学者時代には経験したこともないような挫折を感じたこともあったに違いない[103]。しかし「異分子」であり続けたからこそ、団藤は現在でも読み返すに値する沢山の個別意見を書き残すことができた。本稿でみたように、そのいくつかは現在の最高裁の立場ともなっている。少数意見が長い時間を経て、多数意見へと転化しうることを示すものである[104]。司法と立法の関係に関する団藤の見方なども、再評価されてしかるべきものである。最高裁にとって、深い学識により裏付けられた数人の「異分子」は、邪魔かもしれないが必要だと思われる[105]。

---

101)　団藤・前掲注5）264頁。
102)　結論として同旨、萩谷・前掲注11）239〜244頁。なお、かつての団藤はより慎重に、次のように述べていた。「裁判官が個人的見解としては従来の判例と異なる見解をもっているばあいに、判例の安定性という司法のあり方についての要請と、自分の見解とを、いかに較量し、また、両方のあいだにある矛盾をどういう形で処理するのが正しいかということです。……そのような総合的・実際的な考慮をすることが、裁判官の良心であり良識であろうとおもうのです」。団藤・前掲注84）269頁。
103)　団藤は、「任期の後半ごろからは、最高裁に失望しておられて、辞められたあとはどんどん批判的になっておられましたよね。誰もやる気がなくて、事なかれ主義だというようなことを、いつも言っておられました」、という証言もある。西田ほか・前掲注89）33頁（平川宗信発言）。
104)　団藤は、「少数意見も含めて判例なのだ」ということをよく言っていたとのことである。松尾ほか・前掲注27）19頁（平川宗信発言）

〔追記〕 本稿は、2016年2月11日に開催された「憲法学からみた最高裁判所裁判官」研究会における報告原稿に加筆したものである。本稿を半分以下に圧縮した「『リベラルなタカ』——団藤重光」が、法律時報88巻7号（2016年）84頁以下に掲載されている。

(わたなべ・やすゆき　一橋大学教授)

---

105) 元最高裁判事の泉徳治は、調査官として接した団藤についてこう回顧している。「団藤先生は、ご定年が間近ということもあってか、物静かで孤高を保っておられるような感じを受けました」。「団藤先生は、刑事法の権威ではありますが、刑事法以外の分野でも優れた個別意見を書いておられます」。「ああいう方が三人ぐらい最高裁に必要です。物事の本質を見ようとする人、官僚的な発想にとらわれない人が、必要なんじゃないですかね」。泉徳治＝渡辺康行＝山元一＝新村とわ『一歩前へ出る司法——泉徳治元最高裁判事に聞く』（日本評論社、2017年）97～98頁。

奥平康弘先生略歴

1929 年 5 月 19 日　北海道函館市生まれ
1950 年　旧制弘前高校卒業
　　　　　東京大学法学部法律学科入学
1953 年　同卒業
　　　　　東京大学社会科学研究所助手（～ 1957 年）
1957 年　専修大学法学部講師（～ 1959 年）
1959 年　アメリカ合衆国ペンシルバニア大学ロー・スクール比較法修士課程入学
1960 年　ペンシルバニア大学ロー・スクール比較法修士号取得
1961 年　名古屋大学法学部助教授（～ 1966 年）
1966 年　東京大学社会科学研究所助教授
1970 年　オーストラリア国立大学太平洋研究所研究員（～ 1971 年）
1973 年　東京大学社会科学研究所教授（1990 年定年退官）
1980 年　アメリカ合衆国コロンビア大学ロー・スクール客員研究員（～ 1982 年、
　　　　　フルブライト研究奨学金支給）
1986 年　東京大学社会科学研究所所長（～ 1988 年）
1988 年　西ドイツ・ベルリン自由大学日本セミナー客員教授（～ 1989 年）
1990 年　国際基督教大学教養学部教授（～ 1997 年）
　　　　　東京大学名誉教授
1994 年　在外研究期間（1 年間、英オックスフォード大学、米コロンビア大学）
1999 年　神奈川大学短期大学部特任教授（～ 2002 年）
2006 年　立命館大学客員教授（～ 2007 年）
2015 年 1 月 26 日　85 歳で逝去

参考：社会科学研究 41 巻 6 号、1990
　　　『憲法を生きる』日本評論社、2007

奥平康弘先生主要著作目録

I　著書・編著書

1　単著書

《　》は「II　論文」で使用する略号。

- 1970　『表現の自由とはなにか』中央公論社
- 1977　『治安維持法小史』筑摩書房
  - ──文庫版　2006　岩波書店
- 1979　『知る権利』岩波書店
  - 『同時代への発言── 一憲法学徒として　上　1959-1970』東京大学出版会　《発言》
  - 『同時代への発言── 一憲法学徒として　下　1971-1978』東京大学出版会　《発言》
- 1981　『憲法──学習と実践のために』弘文堂
- 1982　『現代の視点──反・大勢からの発想』日本評論社　《視点》
- 1983　『コンメンタール改憲論者の主張』岩波書店
  - 『表現の自由 I ──理論と歴史』有斐閣　《表現 I》　＝現在はオンデマンド版
- 1984　『表現の自由 II ──現代における展開』有斐閣　《表現 II》　同上
  - 『表現の自由 III ──政治的自由』有斐閣　《表現 III》　同上
  - 『日本国憲法──理解と実践のために（高校生のための現代社会 7）』東研出版
  - ──［新装版］1989
- 1985　『日本人の憲法感覚』筑摩書房　《感覚》
- 1986　『ヒラヒラ文化批判』有斐閣　《批判》
- 1988　『なぜ「表現の自由」か』東京大学出版会　《なぜ》
  - 『憲法にこだわる』日本評論社　《こだ》
- 1993　『憲法 III ──憲法が保障する権利』有斐閣　＝現在はオンデマンド版
- 1994　『いかそう日本国憲法──第九条を中心に』岩波書店
- 1995　『法ってなんだ』大蔵省印刷局
  - 『憲法裁判の可能性』岩波書店　《裁判》
- 1996　『これが破防法』花伝社
- 1997　『ジャーナリズムと法』新世社
- 1998　『憲法の眼』悠々社　《眼》
- 1999　『「表現の自由」を求めて──アメリカにおける権利獲得の軌跡』岩波書店
- 2001　『憲法のいま・憲法とわたし』川崎市生涯学習振興事業団かわさき市民アカデミー出版部
- 2003　『憲法の想像力』日本評論社　《想像》
- 2005　『「萬世一系」の研究──「皇室典範的なるもの」への視座』岩波書店　《萬世》
  - ──文庫版　上・下（全 2 冊）　2017　岩波書店
- 2007　『憲法を生きる』日本評論社
- 2015　『「憲法物語」を紡ぎ続けて』かもがわ出版　《物語》

2　共著書
＋は共著者

1959　『総合判例研究叢書　憲法(2)』有斐閣　＋宮田豊、川上勝己、大野直盛
1973　『思想・信条の自由』民衆社　＋浅井清信、有倉遼吉、磯田進、今村成和、松岡三郎
1976　『未来社会と法──現代法の諸問題』筑摩書房　＋山本草二、塩野宏、下山俊次
　　　『現代社会と法──法学1・NHK 大学講座テキスト』NHK サービスセンター　＋片岡昇、正田彬、潮見俊隆、佐藤功、川添利幸、高梨公之
　　　『現代社会と法──法学2・NHK 大学講座テキスト』NHK サービスセンター　＋片岡昇、正田彬、潮見俊隆、佐藤功、川添利幸、高梨公之
1986　『性表現の自由』有斐閣　＋環昌一、吉行淳之介
1987　『憲法演習教室』有斐閣　＋杉原泰雄
1987　『横浜事件──言論弾圧の構図』岩波書店　＋海老原光義、畑中茂雄
2002　『憲法対論──転換期を生きぬく力』平凡社　＋宮台真司
2004　『憲法九条、今こそ旬』岩波書店　＋井上ひさし、梅原猛、大江健三郎、加藤周一、小田実、澤地久枝、鶴見俊輔、三木睦子
2005　『憲法九条、未来をひらく』岩波書店　＋井上ひさし、梅原猛、大江健三郎、加藤周一、小田実、澤地久枝、鶴見俊輔、三木睦子
2008　『憲法九条、あしたを変える──小田実の志を受けついで』岩波書店　＋井上ひさし、梅原猛、大江健三郎、加藤周一、澤地久枝、鶴見俊輔、三木睦子、玄順恵
2009　『加藤周一のこころを継ぐために』岩波書店　＋井上ひさし、梅原猛、大江健三郎、澤地久枝、鶴見俊輔、成田龍一、矢島翠
2010　『ジャーナリズム・権力・世論を問う──シリーズ時代を考える』新泉社　＋加藤紘一、斉藤貴男、若宮啓文、枝野幸男
　　　『井上ひさしの言葉を継ぐために』岩波書店　＋井上ひさし、井上ユリ、梅原猛、大江健三郎、澤地久枝、鶴見俊輔
2011　『原発への非服従──私たちが決意したこと』岩波書店　＋鶴見俊輔、澤地久枝、大江健三郎
2013　『いま、憲法の魂を選びとる』岩波書店　＋大江健三郎、澤地久枝、三木睦子、小森陽一
　　　『安倍改憲の野望──この国はどこへ行くのか』かもがわ出版　＋樋口陽一、小森陽一
　　　　　──［増補版］2014
2014　『未完の憲法』潮出版社　＋木村草太
2015　『憲法九条は私たちの安全保障です。』岩波書店　＋梅原猛、大江健三郎、澤地久枝、鶴見俊輔、池田香代子、金泳鎬、阪田雅裕

1977～2004 に「政治・経済」（共著者は長洲一二、高畠通敏、岸本重陳、他）、1982～1991 に「現代社会」（共著者は高畠通敏、岸本重陳、見田宗介、他）の「文部（科学）省検定済教科書・高等学校社会科／公民科用」を一橋出版より出版

3　単編著書

1973　『治安維持法　現代史資料45』みすず書房　＝現在はオンデマンド版
1977　『文献選集日本国憲法6　自由権──思想・表現の自由』三省堂
1980～81　『昭和思想統制史資料　第1巻〜第23巻』(全25冊) 生活社　＝編集・解題代表　第1巻〜第3巻＝共産主義・無政府主義篇①〜③、の編集・解題を担当
1981　『青少年保護条例・公安条例』学陽書房
1991～92　『言論統制文献資料集成　第1巻〜第20巻、別巻』(全21冊) 日本図書センター　＝監修
1992　『現代憲法の諸相──高柳信一先生古稀記念論文集』専修大学出版局
1996　『破防法でなにが悪い!?──自由を守るための多角的視点』日本評論社

4 共編著書

＋は共編著者

- 1959 『憲法』高文社　＋鵜飼信成
  ——［改訂版］1961
- 1974 『憲法を学ぶ——現代憲法学の理解のために』有斐閣　＋杉原泰雄
  ——［第2版］1985、［第3版］1996、［第4版］2001
  第2版以降のサブタイトルは、——いまなぜ憲法を学ぶか
- 1974 『知る権利——マスコミと法』有斐閣　＋石村善治
- 1976～77 『憲法学』有斐閣　＋杉原泰雄
  (1)人権の基本問題Ⅰ、(2)人権の基本問題Ⅱ、(3)人権の基本問題Ⅲ、(4)統治機構の基本問題Ⅰ、(5)統治機構の基本問題Ⅱ、(6)統治機構の基本問題Ⅲ
- 1977 『テキストブック憲法』有斐閣　＋川添利幸、丸山健
  ——［第2版］1989
- 1978 『アメリカ憲法の現代的展開1　人権——鵜飼信成教授古稀記念』／制作：東京大学出版会（非売品）　＋芦部信喜、和田英夫（『アメリカ憲法の現代的展開1　人権』東京大学出版会＋同）
- 1984 『講義法学』青林書院　＋福田平、水本浩
- 2001 『盗聴法の総合的研究——「通信傍受法」と市民的自由』日本評論社　＝小田中聰樹と共監修（右崎正博、川崎英明、田島泰彦編）
- 2013 『危機の憲法学』弘文堂　＋樋口陽一
- 2013 『改憲の何が問題か』岩波書店　＋愛敬浩二、青井未帆
- 2014 『集団的自衛権の何が問題か——解釈改憲批判』岩波書店　＋山口二郎

5 翻訳書

＋は共訳者（共訳の場合）

- 1960 ウィリアム・O・ダグラス著『基本的人権』有信堂
- 1975 W・フリードマン編『公社制度の比較研究』公企業研究調査会　＋井出嘉憲、田口富久治、寺戸恭平
- 1980 リチャード・H・ミッチェル著『戦前日本の思想統制』日本評論社　＋江橋崇
- 1983 W・M・リースマン著『贈収賄の構造』岩波書店
- 1985 ウィリアム・O・ダグラス著『基本的人権』学陽書房
- 1992 カール・バーンスタイン著『マッカーシー時代を生きた人たち——忠誠審査・父と母・ユダヤ人』日本評論社

Ⅱ　論文（書評、新聞寄稿、座談会、インタビューも含む）

『単著書』にその後収録されたものについては、題名の後に「→《略号》」の形で記載した。略号については、「Ⅰ　単著書」を参照。→《発言》については、1970年までに公表されたものは上に、1971年以降に公表されたものは下に、それぞれ収録されている。
題名の後の＋は座談会、シンポジウム等の他の参加者。

1951
民主的権利の崩壊——労基法改正をめぐる諸問題　東京大学学生新聞11月15日号

1954
戦後教育政策の素描——「国体擁護」から「MSA受諾体制」まで　法律時報4月号

1955
広津和郎著『松川裁判』——可能性・真実・証拠　東京大学学生新聞 6 月 20 日号
非米委員會をめぐる若干の點描　社会科学研究 6 巻 3 号
1958
行政法の新しい課題——公法と私法の矛盾をどうするか　東京大学新聞 2 月 26 日号
集団行進・集団示威運動等の規制　自治研究 34 巻 8 号
"Separate but equal" Rule の推移過程　公法研究 18 号
アメリカにおける均等条項の州行為概念　専修大学論集 17 号
アメリカにおける映画検閲と憲法問題　世界映画資料 11 月号
警察の理念と現実　思想 12 号（414 号）
警察官職務執行法改正案の検討　＝渡辺洋三と共同執筆　『治安立法——その過去と現在』法律時報臨時増刊
1959
「公共の安全と秩序」論　中央公論 1 月号　→《発言》
アメリカにおける映画検閲制(1)（2・完）　社会科学研究 10 巻 5 号、6 号　→《表現Ⅰ》
集会・結社の自由　『総合判例研究叢書　憲法(2)』有斐閣　→《表現Ⅲ》
国会と国民の意思　経済評論 8 月号臨時増刊
1961
税関検閲の違憲性　ジュリスト 12 月 15 日号　→《発言》
1962
「明白にして現在の危険」理論について　法学教室 4 号　→《表現Ⅰ》
わいせつ文書頒布罪（刑法 175 条）について——憲法・刑法学者の教えを乞う　名古屋大学法政論集 20 号　→《表現Ⅱ》
基本的人権と司法——憲法調査会報告書の批判的検討　法律時報 4 月号　→《発言》
表現の自由とわいせつ文書　法学セミナー 8 月号　→《発言》
戒能通孝、伊藤正己編『プライヴァシー研究』　新聞研究 11 月号
1963
大学管理問題の新局面　法律時報 3 月号　→《発言》
最近の合衆国最高裁判所をめぐる議論について——現代における基本的人権保障制度の一考察のために　東京大学社会科学研究所編『社会科学の基本問題——創立十五周年記念論文集　下』→高橋勇治、高柳信一編『政治と公法の諸問題』東京大学出版会、1963
Wechsler, Principles, Politics & Fundamental Law (1961) 〈紹介（アメリカ）〉　比較法研究 No.24
わいせつ文書の頒布禁止と表現の自由（最高裁昭和 32 年 3 月 13 日大法廷判決）『憲法判例百選』ジュリスト臨時増刊 276　→《表現Ⅱ》
公共の福祉に関する立法及び判例の傾向　清宮四郎、佐藤功編『憲法講座　第 2 巻——国民の権利及び義務』有斐閣
基本的人権　『改憲問題の焦点』法律時報 11 月臨時増刊
1964
山田晟著『ドイツ近代憲法史』　史学雑誌 73 編 1 号
朝日訴訟第二審判決をめぐって　法学セミナー 1 月号
社会保障法体系における問題点〈論評〉　週刊社会保障 4 月 13 日号
憲法裁判のあり方について——その若干の考察　思想 5 号（479 号）　→《発言》
映画と言論の自由（Times Film Corporation v. Chicago, 365 U.S.43 (1961)）『英米判例百選』ジュリスト臨時増刊 295　→《表現Ⅰ》
言論の自由——わいせつ文書の取締り（Kingsley Books, Inc. v. Brown, 354 U.S.436 (1957)）　同上

→《表現Ⅱ》
集会の自由——事前の抑制（Poulos v. New Hampshire, 345 U.S.395 (1953)）　同上　→《表現Ⅲ》
表現の自由の事前抑制（特集　学説展望）　ジュリスト6月15日号　→《表現Ⅰ》
表現の自由と名誉毀損——アメリカ合衆国最高裁の判決　判例時報6月21日号　→《表現Ⅱ》
免許申請拒否決定と公正手続要件——2つの判決を機縁として　名古屋大学法政論集29号
行政法——1964年学界回顧　法律時報12月号
「宴のあと」事件判決について　判例時報12月1日号

1965

表現の自由　『日本国憲法体系——宮澤俊義先生還暦記念　第7巻　基本的人権Ⅰ』有斐閣　→《表現Ⅰ》
現代法理論の展望・行政法　法律時報3月号
行政法（特集　戦後法学）　法律時報4月号
行政事件訴訟の類型　『昭和39年度特別研修叢書』日本弁護士連合会
行政代執行の意義と範囲　『続学説展望——法律学の争点』別冊ジュリスト
コールマン『瑕疵なき裁量行使をもとめる公権』　名古屋大学法政論集33号
最近の合衆国最高裁判決(1)　判例時報8月21日号
立法過程からみた勤評体制　法律時報9月号
最近の合衆国最高裁判決(2)——メリーランド州映画検閲法の違憲判決　判例時報10月11日号
公けの補助金をうけた私立病院の差別行為と平等保護条項適用の可否〈最近の判例〉　アメリカ法創刊号
州立病院に収容された精神病院の入院費用等を、患者の血縁者に負担せしめる法規の適憲性〈最近の判例〉　同上

1966

憲法第九条をめぐる諸問題〈討論〉　＋和田英夫、深瀬忠一、星野安三郎、長谷川正安、小林直樹、内藤功、今村成和、上野裕久、池田政章、吉川経夫、高柳信一、芦部信喜、渡辺洋三他　全国憲法研究会編『憲法第九条の総合的研究』法律時報1月号臨時増刊
行政権と経済　『講座現代法　第7巻——現代法と経済』岩波書店
民主憲法に関する国民世論——中部地区（特集　憲法世論の分析）　法律時報5月号
憲法学の未来像(1)(2)（連載・法律学の未来像——昭和生れの学者による座談会　第6回）　＋阿部照哉、杉原泰雄、樋口陽一　書斎の窓5月号、6月号
警察権の限界　田中二郎他編『行政法講座　第6巻——行政作用』有斐閣
わいせつ出版物規制に関するアメリカ最高裁の三つの判決——ファニー・ヒル、ミシュキン、ギンバーグ事件判決　ジュリスト8月15日号　→《表現Ⅱ》
教科書検定をめぐる法律問題——その若干の考察　教育11月号　→《表現Ⅰ》
教科書検定の法学的検討〈シンポジウム〉　＋芦部信喜、阿部照哉、イケ崎暁生、園部逸夫、高柳信一、針生誠吉、星野安三郎、松島栄一、森川金寿、横川博　同上
表現の自由と犯罪の煽動——言論の自由の制約の一事例（最高裁昭和24年5月18日大法廷判決）『憲法の基本判例』ジュリスト増刊・基本判例シリーズ1
フィルム検閲制を布く州法の第1修正の下での合憲性について—— Freedon v. Maryland, 380 U.S.51 (1965)〈最近の判例〉　アメリカ法1966-2号　→《表現Ⅰ》

1967

小選挙区制と議会制民主主義（特集　小選挙区制の比較制度的研究（全国憲法研究会））　＋長谷川正安、小林直樹、樋口陽一、清水睦、深瀬忠一、高柳信一、渡辺洋三、和田英夫、星野安三郎、芦部信喜他　ジュリスト3月15日号
日本出版警察法制の歴史的研究序説(1)～(7)　法律時報4月号～10月号

説得力ない憲法判断回避――憲法学者の意見　『恵庭裁判』法律時報臨時増刊
戦前日本憲法学における「基本権」の観念（「基本的人権」研究報告集）　社会科学研究 18 巻 6 号
検閲制度（全期）　鵜飼信成他編『講座・日本近代法発達史 11』勁草書房　→《表現Ⅰ》
注目される朝日判決の行方　東京大学新聞 5 月 22 日号
朝日判決の持つ意義　東京大学新聞 6 月 12 日号　→《発言》
恵庭判決を廻る諸問題――共同討議（憲法特集　恵庭判決の総合的研究）　＋吉川経夫、清水睦、有倉遼吉、和田英夫、渡辺洋三、橋本公亘、高柳信一、潮見俊隆、小林孝輔、星野安三郎、利谷信義、大谷正義、浦田賢治、吉田善明、大須賀明、丸山健、清水誠、池田政章、永井憲一、隅野隆徳、杉原泰雄、芦部信喜、針生誠吉　現代の眼 6 月号
朝日訴訟判決の実体論について　判例時報 8 月 1 日号
公安条例とデモ規制（特集　公安条例）　＋小林直樹、高柳信一、松尾浩也　ジュリスト 8 月 15 日号
戦前の出版・言論統制（特集　税関検閲・自主規制）　ジュリスト 9 月 1 日号　→《表現Ⅰ》
アメリカにおける集団行動の自由　『公安条例』法律時報 10 月号臨時増刊　→《表現Ⅲ》
行政法――学会展望　公法研究 29 号
表現の自由に対する一つの問題点――国内出版物と外国出版物との関係について　人権通信――全国人権擁護委員連合会機関誌 10 月号
Walte Gellhorn, When Americans Complain〈紹介〉　国家学会雑誌 80 巻 11・12 号
1968
行政法（外国書入門）　中川善之助、清水英夫編『読書案内法学』社会思想社
七〇年治安体制と市民的自由　世界 3 月号　→《発言》
Race Relations Act, 1965　紹介（イギリス）　比較法研究 No.29
佐世保事件"告発"の意義　平和と民主々義 238 号
表現の自由の一考察――わいせつ出版物規制に関する合衆国判例の素描　東京大学新聞研究所紀要 17 号　→《表現Ⅱ》
中部地区　小林直樹編『日本人の憲法意識』東京大学出版会
警察権の濫用と個人の自由（特集　警察権の理論と実態）　＋吉川経夫、大野正男　法律時報 4 月号
表現の自由と公安条例　自由と正義 5 月号　→《表現Ⅲ》
朝鮮大学校設置認可に関する答申書の行政法的分析　＝有倉遼吉、和田英夫、高柳信一、兼子仁と共同執筆　法律時報 5 月号
「表現の自由」をはばむもの――報道・言論統制の実態分析　エコノミスト 5 月 14 日号　→《発言》
室井力著『特別権力関係論』　東京大学新聞 5 月 27 日号
放送における政治と行政（特集　マスコミと言論統制）　法律時報 6 月号　→《表現Ⅱ》
予防拘束―― 70 年「公安」の意味するもの（特集　安保 70 期危機下の日本国憲法）　現代の眼 6 月号
明治憲法における自由権法制――その若干の考察　東京大学社会科学研究所編『基本的人権　第 2 巻――歴史Ⅰ』東京大学出版会
ドイツの「基本権」観念――その成立にかんする若干の考察　東京大学社会科学研究所編『基本的人権　第 3 巻――歴史Ⅱ』東京大学出版会
表現の自由と司法審査――戸別訪問禁止規定をめぐって　東京大学社会科学研究所編『基本的人権　第 4 巻――各論Ⅰ』東京大学出版会　→《表現Ⅲ》
戸別訪問と言論の自由　朝日新聞 8 月 2 日夕刊
憲法学の方法（シンポジウム）　＋杉原泰雄、樋口陽一、影山日出弥、阿部照哉　法律時報 10 月号
美濃部憲法学の方法と視点（報告）　同上
投書欄をめぐる責任所在の一考察（特集　新聞投書欄）　新聞研究 10 月号
行政法――学会展望　公法研究 30 号

通常裁判所による違憲立法審査制度——アメリカ型　田上譲治編『体系憲法辞典』青林書院
裁判所法令審査権　同上
国家権力は騒乱罪を選んだ（特集　新宿10. 21の激突）　現代の眼12月号
1969
公害行政はなぜ不在か——その思想的転換を　経営法学ジャーナル1月号　→戒能通孝編『公害法の研究』日本評論社、1969　→《発言》
検閲　『社会科学大事典6』鹿島研究所出版会
表現の自由と捜査・押収——国学院大学映画研究会フィルム押収事件をめぐって　＋小田中聰樹、後藤孝典、松尾浩也　法学セミナー2月号
地方自治の危機——憲法学における地方自治論の再構成のために（全国憲法研究会シンポジウム）　＋和田英夫、星野安三郎、渡辺洋三、高柳信一、長谷川正安他　ジュリスト2月1日号
教科書訴訟——検定制度（特集　戦後教育の諸問題——初等・中等教育を中心に）　ジュリスト3月1日号　→《表現Ⅰ》
文部省と大学教官人事——危険な文相の拒否権　エコノミスト4月15日号　→《発言》
公安条例と憲法　『昭和43年度特別研修叢書』日本弁護士連合会　→《表現Ⅲ》
占領と憲法（特集　論争憲法学）　法律時報5月号
憲法空どう化と沖縄問題——本土国民に問われるもの　信濃毎日新聞5月3日、高知新聞5月3日　→《発言》
野村平爾、戒能通孝、沼田稲次郎、渡辺洋三編『現代法の学び方』——広く意識ある市民へ　東京新聞5月26日朝刊
宮沢俊義著『憲法二十年　上・中・下』——戦後憲法史研究に必須　エコノミスト6月3日号
「大学運営臨時措置法案」批判——法案の逐條解説と批判　＝渡辺洋三と共同執筆　日本民主法律家協会編『大学立法を批判する——大学の自治と学問の自由を守るために』　→法学セミナー1969年10月号
大学と警察（特集　大学をめぐる法律問題）　ジュリスト6月15日号　→《発言》
井上正治著『対決の中の学問』——国家権力の本質に迫る　東京大学新聞7月21日号
松浦総三著『占領下の言論弾圧』——占領法体制化の空白を埋める体験記　法学セミナー8月号
言論報道機関の公器性——福岡事件の示唆するもの　放送倫理情報8月号　→《発言》
現代的言論統制と教科書　『教科書裁判』法律時報8月号臨時増刊　→《表現Ⅱ》
教科書裁判と憲法　＋永井憲一、高柳信一、平原春好、兼子仁、大須賀明他　同上
黙秘権の復権——官憲に非協力も権利のはず　朝日新聞9月8日夕刊
証拠提出をめぐる報道の自由——博多駅事件の本質を探る　＋稲葉三千男、山田年栄　朝日ジャーナル9月28日号
歴史の中の法　＋井上茂、福田平、矢崎光圀、渡辺洋三　『法とはなにか』ジュリスト増刊・基本法学シリーズⅠ
最近における「報道の自由」の問題——四社のフィルム提出拒否は結果的に国民の利益に　国学院大学新聞10月10日号
福島新吾著『非武装の追求』——現代政治と軍事力とのかかわり合い　週刊読書人10月27日号
市民警察への転換——その意味するもの　人権新聞11月1日号
治安政策の危険な増殖（特集　70年闘争の現段階）　現代の眼12月号
サド判決とわいせつ概念のゆくえ——「比較衡量」理論をめぐって　ジュリスト12月15日号　→《表現Ⅱ》
消費者が王様となるためには　家庭科教育12月号　→《発言》
言論の自由について　新聞研究12月号
明治20年新聞紙条例・出版条例についての若干の考察——明治憲法における表現の自由の考察の前

提として(1)〜(3)　社会科学研究 21 巻 1 号、4 号、22 巻 2 号
1970
比較衡量判決への疑問——福岡四社特別抗告に対する最高裁決定　TBS 調査情報 1 月号
田岡嶺雲と新聞——告発者の認識　図書新聞 1 月 1 日号
70 年と憲法——全通憲法研究会シンポジウム　＋潮見俊隆、小林孝輔、高柳信一、渡辺洋三、深瀬忠一、星野安三郎、小林直樹、長谷川正安、樋口陽一、山下健夫他　法律時報 1 月号
基本的人権としての思想・信条の自由の法的性格と意義——三菱樹脂事件・上告審にむけて（特集　思想・信条の自由と労使関係）　労働法律旬報 1 月上旬号
報導機関に対するテレビフィルム提出命令の適憲性　判例時報 2 月 1 日号
国境を越えた人権意識　朝日ジャーナル 2 月 22 日号　→《発言》
現代における言論の自由——最近の事例を中心に　新聞研究 3 月号
最高裁と報道の自由——昭和 44. 11. 26 最高裁大法廷決定に関して　法学セミナー 3 月号　→《表現Ⅱ》
民主主義の動態的把握を——基本的人権は民主主義の培養基　東京大学新聞 4 月 27 日号
「知る権利」の法的構成（特集　マスコミと表現の自由）　ジュリスト 5 月 1 日号　→《表現Ⅱ》
出版妨害事件と表現の自由——出版抑圧の体制を分析する（特集　表現の自由をめぐって）　法律時報 5 月号　→《発言》
民主的警察制度の在り方——市町村自治体警察との関連で　都市問題 6 月号
放送法制定二十年——政府の統制強化を心配、「報道の自由」を守ろう〈放送時評〉　中国新聞 6 月 1 日朝刊　→《発言》
『戦後資料・マスコミ』（日本評論社）を読む　出版ニュース 6 月上旬号
問題はらむ TV 録画の証拠使用　民間放送 6 月 13 日号　→《発言》
市民警察の仮面をはぐ——警備重点から転換したというが　エコノミスト 9 月 1 日号　→《発言》
FCC の「公平原則」の合憲性（Red Lion Broadcasting Co. v. Federal Communications Comm'n, United States v. Radio Television News Directors Ass'n (395U.S.367, 1969)）〈最近の判例〉　アメリカ法 1970-2 号　→《表現Ⅱ》
公害対策基本法立法過程の批判的検討　『特集　公害——実態・対策・法的課題』ジュリスト臨時増刊
杉本判決の検討（特集　教科書判決）　＋家永三郎、兼子仁、大須賀明　法律時報 9 月号
情報化社会と個人の自由（特集　家庭科教育夏期講習会）　家庭科教育 10 月増刊号
家永勝訴の意義と今後の課題　現代と思想 1 号
1971
写真表現の自由と規制の歴史　日本写真協会編『日本写真史 1840〜1945』平凡社　→《表現Ⅰ》
オーストラリアの放送制度　TBS 調査情報 10 月号
続・オーストラリアの放送制度　TBS 調査情報 11 月号
1972
番組批判への抵抗——オーストラリアでの体験から　朝日新聞 2 月 24 日夕刊
表現そして政治的自由の権利　全通時報 3 月号　→《表現Ⅲ》
The Japanese Supreme Court : Its Organization and Function, Law Asia Vol.3 No.1 April
国民の「知る権利」——国政事項全て対象　読売新聞 4 月 8 日夕刊　→《発言》
許されぬ記者逮捕——国公法一一一条（沖縄密約と知る権利—私はいいたい）　毎日新聞 4 月 10 日朝刊
「知る権利」の再点検を——公電漏えい事件を契機として　民間放送 4 月 23 日号　→《発言》
「国家機密」への挑戦（特集　「知る権利」は逮捕できるか）　朝日ジャーナル 4 月 21 日号
知る権利——表現の自由と行政活動　都政人 5 月号

労使関係と市民的自由　＋横井芳弘、松岡三郎、東城守一　労働法律旬報5月上旬号
憲法と言論の自由　＋古賀正義、佐藤忠男　朝日新聞5月3日朝刊
オーストラリアで〈随想〉　新聞研究6月号
「知る権利」の法的構造（特集　国民の「知る権利」）　＋佐藤幸治、清水英夫、堀部政男　法律時報6月号
アメリカの「情報の自由に関する法律」（特集　国民の「知る権利」）　同上
国民の権利と反憲法の状況（特集　国民の権利と憲法二十五年）　＋小林直樹、高柳信一　世界6月号
ポルノ罪は必要か　＋吉川経夫、中山研一　現代法ジャーナル6月号
知る権利と国家の秘密——外務省密約漏洩事件で問われている真の国民の利益とは何か　＋古賀正義、高木四郎　法学セミナー6月号
知る権利と報道の自由——外務省機密漏洩事件をめぐって　＋小林直樹、中谷不二男、野村正男、平野龍一　ジュリスト6月15日号
「知る権利」とは何か　教育7月号　→《発言》
オーストラリアのテレビ〈東西南北〉　青淵7月号（渋沢青淵記念財団竜門社）
佐藤引退暴言と新聞・TVの本質　現代法ジャーナル8月号
現われた言論支配への意欲〈巻頭言〉　マスコミ市民8月号
現代における政治的自由（特集　憲法と民主主義）　現代と思想9号　→《表現Ⅲ》
「表現の自由」組織的・構造的侵害に対する反撃（特集　「表現の自由」を語る位相、語らない位相）　放送批評9月号　→《発言》
「知る権利」の享有主体としての住民（特集　住民と「知る権利」）　調査季報9月号（横浜市企画調整室都市科学研究室）
「知る権利」のもつ意味　マスコミ市民10月号　→《表現Ⅱ》
意見広告に"市民権"を——要は運用の心がまえ　朝日新聞10月6日夕刊
新聞編集関係法制研究会編『法と新聞』——「報道の自由」学ぶ参考書　読売新聞10月13日朝刊
憲法体系から事件を考えよ（外務省公電事件裁判に期待するもの）　朝日新聞10月14日夕刊
大学の運営に関する臨時措置法第7条〜第14条　有倉遼吉編『基本法コンメンタール　教育法』別冊法学セミナー12
入り易い政治判断（メーデー事件控訴審判決）　朝日新聞11月21日夕刊
良心的兵役拒否者と認められた事例（Welsh v. United States, 398U.S.333 (1970)）〈最近の判例〉　アメリカ法1972-2号
特定の戦争に参加することに反対の者は、良心的兵役免除は認められず、かく解しても兵役法は合憲である（Gillette v. United States, 401U.S.437 (1971)）〈最近の判例〉　同上

1973
営業の自由の規制　『続判例展望——判例理論の再検討』別冊ジュリスト39
「治安維持法」研究の弁　UP3月号
紺碧の空の下で（オーストラリア）　朝日ジャーナル3月30日号
長すぎる裁判は裁判ではない　地上4月号　→《発言》
わいせつ文書の規制——サド事件　長谷川正安編『憲法Ⅰ——基本的人権　セミナー法学全集1』法学セミナー増刊　→《表現Ⅱ》
「統治行為」理論の批判的考察　『自衛隊裁判』法律時報臨時増刊
室井力著『現代行政法の原理』——国民の権利保障とのかかわり　赤旗5月26日
公務員の政治活動〈判例解析〉　法学教室第2期1号　→《表現Ⅲ》
T・Ｉ・エマースン著（小林直樹、横田耕一訳）『表現の自由』　法学セミナー6月号
労働三事件判決と法の安定性（最高裁4.25判決特集）　国公労調査時報6月号　→《発言》

筑波大学はなぜ危険なのか（第二特集　筑波大学に問われるもの）　季刊教育法夏季号（8号）　→《発言》
筑波大学法案の検討　法学教室第2期2号
浅田光輝著『破防法裁判傍聴記』　現代の眼7月号　→破防法研究No.20
「天皇」が登場する政治的基盤——戦後二八年再生の意味　エコノミスト7月17日号　→《発言》
アメリカにおける法と政治とのかかわりあい——ウォーターゲイト事件をきっかけにして何が民主主義を危くするのかが明らかになってきている　法学セミナー8月号
オートラリア放送委員会の成立と発展　放送学研究25号
邦訳にあたって（特集　国家の安全と市民的諸自由）　法律時報9月号
深刻な国民的論議なしに成長してしまった自衛隊——みなで問い直す必要（長沼判決その意味するもの）　毎日新聞9月10日夕刊
公文書の著作権問題——公開の原則を前提として考える　出版ニュース9月中旬号　→《発言》
長沼判決が投げかけた意味——ついに自衛隊をとらえた？　エコノミスト9月25日号　→《発言》
ニクソン・監視体制・国民の権利——ウォーターゲート事件のその後の展開をめぐって　法学セミナー10月号
樋口陽一氏と憲法学——最近の二著『近代立憲主義と現代国家』と『議会制の構造と動態』　週間読書人10月1日号
刑法改正の思想と治安維持法の思想（上・下）　読売新聞10月15、16日夕刊　→《発言》
教科書裁判の問いかけるもの——第一次訴訟最終書面準備を素材に（特集　教育裁判の今日的課題）　季刊教育法冬季号（10号）
長沼判決と統治行為論（特集　自衛隊違憲判決）　法律時報11月号
企業の中からの表現の自由（特集　企業と人間・その2）　朝日ジャーナル11月16日号
国民総背番号制と人権侵害　『特集　医療と人権』ジュリスト臨時増刊11月25日号　→《発言》
"思想の自由"の位置——"企業の自由""労働権"との関係で　東京大学新聞12月3日号　→《発言》
長沼判決の憲法学的検討〈シンポジウム〉　＋新井章、杉原泰雄、高柳信一、渡辺洋三　『憲法と自衛隊』法学セミナー臨時増刊
視点（全10回）　毎日新聞夕刊
　事実の解明　10月4日
　「情報化」の真の姿　10月15日
　専門バカ　10月25日　→《発言》
　元号と西暦　11月1日　→《発言》
　「超」保守的　11月8日　→《発言》
　法律の改正　11月15日　→《発言》
　物不足と統制　11月22日　→《発言》
　スタンピート　11月29日　→《発言》
　あぁ研究費　12月8日　→《発言》
　別世界の人たち　12月17日　→《発言》

1974

憲法の解釈（現代法と法の解釈）　法律時報1月号
再び暗い時代を許さぬために——刑法改正と教育マスコミ統制への警告　＋中野好夫　マスコミ市民1月号
刑法改正案と西山事件——「表現の自由」と「知る権利」に後退迫る政府の動き　民間放送1月3日号　→《発言》
私人間における思想・信条の自由（特集　三菱樹脂最高裁判決）　ジュリスト2月1日号

大衆運動と表現の自由　内川芳美他編『講座現代の社会とコミュニケーション3 ──言論の自由』東京大学出版会　→《表現Ⅲ》
憲法必修と教員免許状〈教育情報〉　教育2月号
思想・信条の自由と最高裁の論理──三菱樹脂・高野事件判決の批判的考察　労働法律旬報2月下旬号　→《発言》
ジャーナリズムと法律　城戸又一編集代表『講座現代ジャーナリズムⅥ』時事通信社　→《表現Ⅱ》
外務省公電漏洩事件判決と国民の知る権利──国家機密とは国民にとっていかなるものか　法学セミナー3月号　→《表現Ⅱ》
Some Preparatory Notes on the Peace Preservation Law in Postwar Japan, Annals of the Institute of Social Science No.14（東京大学社会科学研究所）
長沼訴訟と統治行為論（特集　長沼訴訟の展望）　法と民主主義4月号
知る権利──つねに問題提起　表現の自由と表裏一体（憲法と現代の人権〈4〉）　中日新聞5月4日夕刊　→《発言》
長沼判決座談会　＋林修三、大平善梧、田口精一、山田康夫　新防衛論集第2巻1号──長沼判決特集
管理社会と人間の自由　家庭科教育5月増刊号──現代の社会と国家生活
北野弘久編『質問検査権の法理』──"徴税権力"を再検討　読売新聞5月20日朝刊
刑法改「正」の実体──治安優先の官憲的発想、治安の「インフレ」化をめざす　東京大学新聞5月20日号
国民の知る権利と国家機密　時事教養3号（通巻478号）
刑法改正を貫く権力の意志　＋内田剛弘、針生一郎、小中陽太郎　朝日ジャーナル6月7日号
刑法改正の論理と「国家権力」　世界7月号　→《発言》
刑法改悪のねらい①　学習の友7月号
美濃部達吉　潮見俊隆、利谷信義編『日本の法学者』法学セミナー増刊　→潮見俊隆、利谷信義編『日本の法学者』日本評論社、1975
情報化社会とプライバシー──国民に知らされない個人情報の収集は危険　読売新聞7月13日夕刊　→《発言》
権力と民主主義──ウォーターゲート事件の意味　中日新聞8月15日夕刊　→《発言》
言論の自由、知る権利──「サンケイ」裁判をめぐって(1)〜(10)　＋清水英夫、髙木教典　赤旗8月21〜24日、27〜30日、9月2、3日
高津判決の法的判断と教育理解──第一次教科書訴訟判決の問題点をさぐる　＋大江志乃夫、永井憲一、山住正己　季刊教育法秋季号（13号）
日本国憲法にみる表現の自由（特集　自由豊かな表現力を育てる）　児童心理9月号　→《表現Ⅰ》
検閲　『体系憲法判例研究Ⅱ──有倉遼吉先生還暦記念』日本評論社　→《表現Ⅰ》
外交に対する民主的統制──外務省秘密文書事件　佐藤功編『憲法Ⅱ──政治機構　セミナー法学全集10』法学セミナー増刊
放送と意見広告　民間放送10月3日号　→《発言》
"分裂"の恒久化はゆるされぬ──「朝鮮問題」調査団に参加して　毎日新聞10月1日夕刊
人権軽視の最高裁──公務員の政治活動判決におもう　東京大学新聞11月18日号　→《発言》
放送法制の再編成──その準備過程　東京大学社会科学研究所編『戦後改革3──政治過程』東京大学出版会
"田中金脈"と知る権利──究明へ新しい姿勢見えぬ新内閣〈論壇〉　朝日新聞12月21日朝刊
税関による検閲（United Statesv. Thirty-seven Photographs, 402U.S.376 (1971)）〈最近の判例〉　アメリカ法1974-2号　→《表現Ⅰ》
Louis Henkin; the Right to Know and the Duty to Withhold, 120 U. Pa. L. Rev. 271 (1971)〈論文紹

介〉 同上

1975
公務員の政治活動の自由と11・6最高裁判決　教育1月号
猿払事件等最高裁判決と表現の自由（最高裁判所と市民的自由）　労働法律旬報1月上旬号　→《発言》→《表現Ⅲ》
労働基本権の展開と改正「草案」の問題性（シリーズ刑法改正第2回）　労働判例2月15日号
国民総背番号制――情報化社会とプライバシーを考えるために　朝日新聞4月7日朝刊　→《発言》
言論の自由を生かす反論権――言論に見合った救済制度の探求（特集　意見広告とは何か）　世界政経5月号　→《表現Ⅱ》
公選法「改正」案の諸問題　赤旗6月8日　→《発言》
美濃部達吉　『ブリタニカ国際大百科事典　19』TBSブリタニカ
公職選挙法改正批判　報告　法律時報7月号　→《表現Ⅲ》
公職選挙法改正批判　討論　＋杉原泰雄、隅野隆徳、野上修市、鷲野忠雄、浦田賢治、堀部政男　同上
行政における適正手続要件の形成――一般自動車運送事業の免許にかんする判例を中心として　判例時報（判例評論）11月1日号
犯罪情報システム化の問題点（特集　情報管理社会と私権の侵害）　世界政経11月号

1976
治安維持法の思想　小林直樹、水本浩編『現代日本の法思想――近代法一〇〇年の歩みに学ぶ』有斐閣
憲法上のプライバシーの権利についての一考察――合衆国憲法修正第4条を中心として　『公法の理論――田中二郎先生古稀記念　上』有斐閣
治安維持体制と戦後　世界4月号
治安維持法と日本国憲法（憲法施行二九周年「憲法記念日のつどい」での講演）　月刊憲法運動5月号
治安維持法改正の歴史　季刊現代史7号
マスコミと名誉・プライバシー　『現代のマスコミ』ジュリスト増刊総合特集5　→《表現Ⅱ》
治安維持法と学問・思想の自由（特集　現代史の断面(2)――一九三〇年代の日本）　歴史文学夏季号
情報化社会　奥平他著『未来社会と法』
リモートセンシングとプライバシー（特集　リモートセンシング）　計測と制御7月号　→《発言》
衰弱する日本の三権分立　時事教養4号（通巻501号）　→《発言》
ポルノ規制と表現の自由――明確性欠く取り締まり目的　民間放送7月3日号
朝日訴訟判決の実体論について　判例時報8月1日号
国民判断に任された「自衛隊」　＋杉原泰雄、林修三、渡辺恒雄　読売新聞8月5日夕刊
沖縄"密約"漏えい事件控訴審判決と取材の自由――「そそのかし」の意義をめぐって　月刊民放9月号　→《表現Ⅱ》
国家秘密と取材活動（特集　西山事件控訴審判決）　＋筑紫哲也、内藤国夫、林伸郎、堀部政男　ジュリスト9月15日号
長沼控訴審判決と統治行為論（特集　長沼訴訟控訴審判決）　法律時報10月号
親父とカメラ（あの日あのころ）　幼児開発10月号
国政調査権　自由と正義10月号　→《発言》
生かそう国民審査――限られた主権行使おろそかにするな　信濃毎日新聞11月14日朝刊　→《発言》
天皇制国家の人民支配――治安維持法体制論　原秀三郎他編『大系日本国家史5 ――近代Ⅱ』東京大学出版会

Legal Reform in Occupied Japan : A Participant Looks Back by Alfred C. Oppler (Book Section), Japan Quaretrly Vol.23 No.4（朝日新聞社）
証言（第十一回公判―― 1975年11月20日東京地裁刑事第二〇部）　丸谷才一編『四畳半襖の下張裁判全記録　下』朝日新聞社
言論の自由の今日と明日（特集　言論の自由）　＋松浦佐美太郎、森恭三、飛田良文　言語生活12月号

1977

佐々木・和辻両博士の国体論争（論争研究1）　『現代天皇制』法学セミナー増刊・総合特集シリーズ1
"自衛戦争"増長する百里基地判決――あいまいな「分離上」の解釈　公明新聞3月29日　→《発言》
第一二条［自由・権利の保持の責任とその濫用の禁止］　有倉遼吉編『基本法コンメンタール　憲法［新版］』別冊法学セミナー30
第二一条［集会・結社・表現の自由、通信の秘密］　同上
ロッキード事件と国政調査権　『昭和五十二年度　憲法施行記念市民講演会講演録』名古屋弁護士会
井上茂著『人権叙説』　読売新聞4月18日朝刊
統治機構・総論　『憲法30年の理論と展望』法律時報臨時増刊
人権体系及び内容の変容　『日本国憲法――30年の軌跡と展望』ジュリスト臨時増刊5月3日号
国政調査権の「本質」（論争研究2）　『現代議会政治』法学セミナー増刊・総合特集シリーズ2
危険なイメージ選挙　参院の独自性考え正しい選択を　読売新聞6月25日朝刊
就職差別と基本的人権――高野事件を中心に　時事教養4号（通巻512号）　→《発言》
東京都公安条例改正の問題点――立法的解決の必要性・合理性　都政人7月号
公安条例・寺尾判決の提示したもの――東京高裁六・七判決について　労働法律旬報7月下旬号
堀尾輝久、兼子仁著『教育と人権』――権利概念整理の必要を示唆　季刊教育法秋季号（25号）
私人間における思想・信条の自由――「直接適用」説と「間接適用」説（論争研究3）『思想・信仰と現代』法学セミナー増刊・総合特集シリーズ3
伊藤正己　朝日新聞社編『現代人物事典』朝日新聞社
鵜飼信成　同上
憲法改正問題をめぐって――天皇・防衛・基本的人権〈百科の目〉『国民百科事典10』平凡社
中日評論（全6回）　中日新聞朝刊
　個人の意思に実効性を――当選させない選挙運動の自由化を　1月3日　→《発言》
　便利ばかりとはいえぬ――私の元号制度論　2月7日　→《発言》
　人権保障で主張が逆転――保革伯仲時代の護憲論　3月21日　→《発言》
　"本性"は隠しきれない――中曽根証言に思う　4月18日
　秩序は国民が作るもの――選挙運動の自由化を　5月23日　→《発言》
　国民の意思反映させる――国歌のきめ方　6月20日

1978

最近の憲法事件と憲法裁判所（全国憲法研究会シンポジウム）　＋芦部信喜、長谷川正安、杉原泰雄、和田英夫、小林直樹、高柳信一他　ジュリスト2月1日号
「弁護人抜き」の暴挙に警鐘――刑事訴訟法"改正"の動きに寄せて㊤㊦　公明新聞2月4日、7日　→《発言》
国歌、国旗、元号　小嶋和司編『憲法の争点』ジュリスト増刊・法律学の争点シリーズ2
健康や安全を犠牲にした秘密では……（特集　情報は誰のもの？――知る権利と私たちのくらし）　かしこい消費者No.127（東京都消費者相談センター相談課）
わいせつと言論の自由（Miller v. California, 413 U.S.15 (1973)）『英米判例百選Ⅰ公法』別冊ジュリ

スト59
表現の自由の今日的意義　『言論とマスコミ』法学セミナー増刊・総合特集シリーズ5　→《表現Ⅰ》
国政調査権　『昭和52年度特別研修叢書』日本弁護士連合会
国民の憲法意識　伊藤正己編『日本国憲法の考え方　上』有斐閣
「弁護人ぬき裁判」と基本的人権　時事教養2号（通巻521号）
知る権利とプライバシーの権利——情報の自由化に関連して　『アメリカ憲法の現代的展開1——鵜飼信成先生古稀記念』、『アメリカ憲法の現代的展開1』東京大学出版会
多目的アメリカ旅行記　法律時報7月号
知る権利——アメリカ「情報の自由に関する法律」の理念と現実(1)〜(3)（生活講座）　月刊国民生活7月、8月、11月号　→《表現Ⅱ》
放送法制の現状と課題（特集　放送法の現状と課題）　法律時報10月号　→《表現Ⅱ》
情報公開法とは何か——行政をガラスばりにしよう　『情報公開法——ひらかれた社会をめざして』日本消費者連盟
言論の自由はどうなるか——国民の貴重な財産は、いま重大な危機にさらされている　文化評論11月号
治安維持法を論ずる——清水幾太郎「戦後を疑う」を疑う　世界11月号　→《発言》
論壇時評　北海道新聞、東京新聞、中日新聞、西日本新聞夕刊＝タイトル、日付は中日新聞のものを掲載　→《視点》
　興味深い『戦後』論、現代及び未来の生き方探る——鶴見俊輔・吉田満の対談　7月24日
　企画自体がその産物——中央公論『遊戯的思考の時代へ』、共感おぼえる記者の論文——世界『新聞へ』　7月25日
　波紋広げる防衛論争、底浅い"大国意識"が気がかり　8月30日
　官僚論に基本的視覚——『現代の眼』湯浅赳男、民主主義ふまえ"革命"を説く——『現代と思想』沼田稲次郎　8月31日
　大胆な"憲法批判論"、法制化には強制化の願望——『元号論の底流——』〈対決討論〉で石田和外　9月27日
　手放しの楽観できぬ、"全方位外交"堅持は一面的味方——日中平和友好条約の締結　9月28日
　状況を無視した立論、対象は保守陣営に至るはず——江藤淳の『日本無条件降伏論』批判　10月27日
　支配する日本資本の姿、両国の"醜いゆ着"を指摘——『日本の対朝鮮政策の転換を』　10月28日
　正面から江藤淳批判、日本人の封建体質に着目——大江健三郎『文学は戦後的批判を越えているか』　11月29日
　あげ足とりに終始、"ファシズム"ときめつける——羽仁五郎 - ガルブレイス『不確実性の時代』　11月30日
　『防衛』に鋭い説得力、途上国へ真の"援助"を——坂本義和『日本の生き方』　12月27日
　"管理社会化"を招来か、憲法九条『戦力不保持』が空文に——岸田純之助『先進社会の総合安全保障とは何か』　12月28日
1979
戦前日本の非常事態法（特別企画「有事立法」とは何か——私たちのための解説）　世界1月号
行政過程の統制　山田幸男、他編『演習行政法　下』青林書院
尾崎治著『公安条例制定秘史』　法学セミナー2月号
知る権利と情報公開　消費者運動資料26号（東京都都民生活局消費生活部消費者課）
情報公開と国政調査権　『内閣と官僚』法学セミナー増刊・総合特集シリーズ9　→《視点》
紛糾する元号法制化　時事教養1号（通巻533号）

元号の法制化をめぐって　＋宇野精一、佐藤功、林修三　ジュリスト4月15日号
事実と法・雑感　社会科学の方法 5 月号
保守化・右傾化の足音高く——憲法記念日に寄せて　毎日新聞 5 月 2 日夕刊
治安維持法における予防拘禁——その成立についての準備的考察　東京大学社会科学研究所編『ファシズム期の国家と社会 4　戦時日本の法体制』東京大学出版会
「四畳半襖の下張」判決と表現の自由——昭和五四年三月二〇日東京高裁判決をめぐって　法律時報 7 月号
教科書裁判と教育権理論（特集　教育権論の今日的課題）　＋兼子仁　法律時報 8 月号
「見直し論」と婦人　月刊婦人展望 10 月号
憲法訴訟と行政訴訟（日本公法学会創立 30 周年記念講演）　公法研究 41 号
"反・大勢" の発想〈潮〉　週刊東洋経済 10 月 20 日号　→《視点》
連呼運動〈潮〉　週刊東洋経済 11 月 24 日号　→《視点》
「知る権利」と新聞の立場（70 年代の検証／80 年代への視座）　新聞研究 12 月号　→《視点》
わいせつと「社会通念」——「愛のコリーダ」東京地判昭 54. 10. 19 を契機に（特集　「愛のコリーダ」裁判）　法学セミナー 12 月号　→《表現Ⅱ》
現代日本の憲法状況——東京税経新人会第 23 回定期総会記念講演　税経新報 12 月 15 日号
知る権利と情報公開（特集　情報公開への展望）　自治体学研究冬号（第 3 号）（神奈川県公務研修所研究部）
元号と西暦〈潮〉　週刊東洋経済 12 月 29 日・1 月 5 日合併号（新春特大号）　→《視点》
論壇時評　北海道新聞、東京新聞、中日新聞、西日本新聞夕刊　＝タイトル、日付は中日新聞のものを掲載　→《視点》
　予想外れは当然、公共性を欠く派閥選挙——自民党総裁選の大平氏逆転勝ち　1 月 26 日
　正面からの扱い回避——『米中国交正常化の衝撃』、軍事的観点からの好論文『日米軍事同盟…』 1 月 27 日
　"主張なき論壇" 突く——『世界』400 号記念座談会、いずこも同じ "黒幕" カーン追跡——ダグラス・グラマン事件　2 月 23 日
　現実無視の思いつき——こどもの自殺問題、真相つかみにくい "国際情報"——カンボジア問題 2 月 24 日
　外人の人権保護を問う——『出入国管理行政を論じ合う』、なぜ "条件をつける" のか——『大学は国際化の扉を…』 3 月 29 日
　沖縄占領で重要事実、米の公開資料もとに紹介——進藤栄一『分割された領土』　3 月 30 日
　遺制で説明つかぬ改元、憲法導入は自らの立場否定——上山春平の『元号と天皇』　4 月 26 日
　政治家の遅れを指摘、生活者としての市民守る責任——各誌が『地方の時代』への問いかけ企画　4 月 27 日
　保守化を周到に分析、反動への引き金要素に警告？——小宮隆太郎の『憂うべき右旋回』　5 月 30 日
　中高年の病理を分析——『"過剰反応症" 時代』、精神の自衛必要性を強調——『僕って何？』の中間管理職　5 月 31 日
　『抑止力』に広い視点、森嶋提言に論争的意義——森嶋道夫・関嘉彦の防衛論　6 月 27 日
　激動の世界経済追う、自由市場の見直し問う提言も——石油・エネルギー・鉄鋼・自動車・繊維・情報　6 月 28 日
　過剰警備の次は何か、怖い "昭和最後" の思想操作　7 月 26 日
　直截な見直しが必要、避けて通れぬ "現代資本主義"　7 月 27 日
　無関心と日本人主義、単一民族の "さが" なのか——インドシナ難民問題　8 月 29 日
　価値観どう転換さす、経済主義が生んだ "滅公奉私"——好論文目立つ敗戦・戦後特集　8 月 30

日
無責任な日本礼賛——ボーゲル『ジャパン・アズ・ナンバーワン』、改憲→軍事化の推進説く——福田恒存『防衛論の進め方についての疑問』 9月28日
名目的にせぬ工夫を、広報を手に戸惑う国民——『法と民主主義』最高裁裁判官の国民審査特集 9月29日
物足りぬ選挙報道、限界に挑む勇気ほしい 10月26日
論争再燃に一石——高橋正雄『安楽死法制化…』、冷徹に生きざま見すえる——柳田邦男『ガン50人の勇気』 10月27日
手術必要な政党制、80年代の基軸 "新中間層" 11月28日
情報機密化の弊、行き過ぎれば国民に損失 11月29日
さすがに読みごたえ——『激動の韓国』（世界）、報道統制どうあるべきか問う——『国家と情報』（諸君） 12月27日
宗教と政治のからみ、整理検討が欲しい『大正時代』——各種の特集イラン革命から元号法制定まで 12月28日

1980

日本における情報公開の立法上の視点（特集　情報化時代の法律問題）　ジュリスト1月1日号　→《表現Ⅱ》
『情報公開』の意味するもの——守秘義務、"役所本位"の脱却こそ　信濃毎日新聞1月16日朝刊 →《視点》
清沢洌『暗黒日記』、正木ひろし『近きより』——"戦前"を自らのものにするために　朝日ジャーナル2月1日号　→《視点》
大平式「情報公開法」を排す——情報は誰のものか　朝日ジャーナル2月8日号　→《視点》
歴史から学ぶもの〈潮〉　週刊東洋経済2月9日号　→《視点》
裁判官ダグラスの生涯〈思想の言葉〉　思想3号（669号）　→《視点》　→岩波書店編集部編『思想の言葉——『思想』1962～1989　Ⅲ』岩波書店、2001
公共放送とは何か（討論のひろば）　＋田原総一朗、加藤寛　朝日新聞3月26日朝刊
今日の日本と治安維持法（法経学会秋季講演会）　法経論集16号（静岡大学法経学会ゼミナール連絡協議会）　→《視点》
清水英夫著『言論法研究』、『精神的自由権』　週刊読書人4月7日号
M・フィッツジェラルド著（長谷川健三郎訳）『囚人組合の出現』——囚人たちの「人権宣言」　図書新聞4月26日号
連合の時代と憲法九条——重大な岐路、野党「現実化」　信濃毎日新聞5月3日朝刊　→《視点》
現代民主主義の課題と憲法　＋美濃部ân吉、石橋政嗣、島崎譲　月刊社会党5月号
最高裁決定の問題点と今後（北海道新聞記者取材源秘匿裁判）　＋大野正男、町野朔、藤村早苗、野村二郎　新聞研究5月号
知る権利の保障と社会教育（特集　現代の人権と社会教育）　月刊社会教育5月号
大きな潮流の中の違憲判決（特集　税関ポルノ違憲訴訟を語る——札幌地裁違憲判決をめぐって）　人権新聞5月17日号
"国家秘密"と情報公開　＋篠原一、原寿雄、堀部政男　世界6月号
選挙運動に対する規制と表現の自由（特集　公職選挙法をめぐる諸問題）　自由と正義7月号　→《表現Ⅲ》
ツリ銭授受——引き算と足し算〈TEA TIME〉　数学セミナー7月号
情報公開法制定にむけて　月刊社会党7月号
「正義」のバロメーター〈巻頭言〉　不動産法律セミナー8月号
情報公開とジャーナリズム　＋篠原一、原寿雄、堀部政男　世界8月号

平和憲法――組織的に右旋回、歯止めなく戦争体験風化（変容する政治状況――戦後35年の軌跡〈中〉）　信濃毎日新聞8月14日朝刊　→《視点》
戦後民主主義と現代思想　＋家永三郎　現代と思想40号
改憲論議をただす――いまこそ価値再認識　朝日新聞9月18日夕刊　→《視点》
情報公開法――その意味と法制化の展望　経済10月号
現代日本と警察　『現代の警察――日本警察の実態と理論』法学セミナー増刊・総合特集シリーズ13　→《視点》
国政調査権の法的・制度的問題点（報告）　立法と調査10月号　→《視点》
国会の国政調査機能をめぐる諸問題（シンポジウム）　＋松沢浩一、松下圭一、佐藤功、清水睦他　同上
情報公開法（条例）について　自治研究56巻11号　→《表現Ⅱ》
論壇時評　北海道新聞、東京新聞、中日新聞、西日本新聞夕刊　＝タイトル、日付は中日新聞のものを掲載　→《視点》
　裁判所内幕えぐる、ニュージャーナリズム日本でも議論を期待――米書『ザ・ブレザレン』を読んで　1月30日
　対ソ関心を分析――『諸君！』の特集、一方で情報公開法の動き――『世界』の二論文　1月31日
　冷戦再来論戒める――ソ連のアフガン侵攻で関・高坂論文、小説ながら不気味な現実感――フォーサイスの『悪魔の選択』　2月28日
　"ソ連憎し"あおる、見落とせぬ"背後の政治"――自衛隊スパイ事件にみる迎合と批判　2月29日
　死刑は必要か否か、今こそ真剣に議論を　3月27日
　楽観的すぎる日本、ユンク原発の怖さ説く――石油危機→代替エネルギー問題　3月28日
　"国家とは何か"問う、威勢よい軍事力のタカ派論　4月25日
　目立つ権力的な発想、話題のNHK『公共放送』論　4月26日
　『防衛』に財界高姿勢、沖縄処分といえる現実路線　5月29日
　世界平和脅かす恐れ、日本『心理国家』化に歯止めを　5月30日
　"角影内閣"いざ拝見、興味深いライシャワー観察　6月25日
　読む側に迫ってこぬ――『中央公論』の松原正、憲法体系そのものに総攻撃――『諸君』の清水幾太郎　6月26日
　歴史に耐える認識を、軍備増強論争の基礎に　7月30日
　歴史の風化進む、戦無派へ心地よい響き――江藤淳や清水幾太郎の論調　7月31日
　いまという時が大事、韓国情勢への日本の対応　8月27日
　理念と現実にゆれる、活発な防衛力と憲法議議　8月28日
　保守派の内ゲバ？、福田が全面的な清水批判　9月29日
　黙視はできない、金大中氏への死刑判決　9月30日
　映画は格好の素材――ポーランド『大理石の男』、"弱い者いじめ法"の疑問――保安処分制度　10月29日
　領土争いは外観だけ、内実は高度の"政治戦争"――わかりにくいイラン・イラク戦争　10月30日
　"新中間大衆"を設定――村上が保守化現象を分析　11月26日
　高まった防衛論議、清水の"極端論"が受ける　11月27日

1981

どう守るプライバシー――法的な仕組みをきちんと〈視角〉　信濃毎日新聞1月1日朝刊
真の民主主義へ――重要な個人秘密保護（迫る情報公開）　徳島新聞1月3日朝刊

"青少年条例"をめぐって　＋沢登俊雄、清水英夫、中村泰次　『青少年条例』法律時報増刊
Australian and Japanese Constitutions, in Peter Drysdale, Hironobu Kitaoji (ed.), Japan & Australia : Two Sections and their Interaction, Australian National University Press
プライバシーと情報公開　＋篠原一、原寿雄、堀部政男　世界2月号
基調講演（開かれた行政をめざして──情報公開シンポジウム）　神奈川県情報公開準備室編『情報公開──制度化をめざして』ぎょうせい
経験と憲法状況　＋中野孝次　『日本の防衛と憲法』法学セミナー臨時増刊・総合特集シリーズ15
教育を受ける権利　芦部信喜編『憲法Ⅲ　人権(2)』有斐閣
行政情報の開示と企業秘密の保護──合衆国「情報の自由にかんする法律」の一研究　社会科学研究33巻3号──高柳信一教授還暦記念号
内申書裁判と教育裁量──内申書裁判への意見書　法律時報7月号
情報公開法をめぐる問題（特集　資源としての情報）　FINEPID32号（情報処理教育研修助成財団）
女性最高裁判事の誕生・米──レーガン氏の最高の持ち駒、厳しい環境でどう腕振るう　朝日新聞10月2日夕刊
教科書裁判と国民の思想統制　＋家永三郎、稲葉三千男　『教科書と教育』法学セミナー増刊・総合特集シリーズ17
新アメリカ事情──M君への便り　第1～8回　法学セミナー
　　長期滞在のレール敷き　5月号
　　春、学問のこと、日本論のこと　6月号
　　スーパースター教授、ニュー・スクール、ニューヨークの魅力　7月号
　　ニューヨークの日本人、銃器統制のことなど　8月号
　　フランクファーター裁判官の謎──H・N・ハーシュの近刊書の紹介　9月号
　　"女と男"、"子と親"のあいだの憲法問題　10月号　→《こだ》
　　「偏狭な信念」からの解放・ニューヨークの Labor Day　11月号
　　秋の訪れ、選挙の差止めなど　12月号

1982

"相手方次第主義"を排す──転換迫られる日本及び日本人　東京新聞1月7日夕刊、北海道新聞1月7日夕刊
日本とオーストラリアの公法　北大路弘信、P・ドライスディル編『オーストラリアと日本──類似と相違』東京大学出版会
情報公開の世界的潮流　『情報公開と現代』法学セミナー増刊・総合特集シリーズ19
アメリカにおける情報公開の現状──米国の現状から日本の今後を見通す　同上　→《表現Ⅱ》
ヘルマン嬢の生涯（読んでます）　秋田魁新報8月29日
企業情報の秘密保護と情報公開──合衆国の問題状況（1～7・完）　ジュリスト9月1日号～12月1日号
マッカーシィズム下の思想の自由──リリアン・ヘルマン著『眠れない時代』（特集　小説に学ぶ）　法学セミナー10月号　→《物語》
合衆国最高裁判官の政治活動──ブルース・アレン・マーフィー著『ブランダイスとフランクファーターの間柄』　法律時報11月号
地方で"実績"つみ上げを（実施期迎える情報公開〈5〉今後の展望）　信濃毎日新聞12月4日朝刊
新アメリカ事情──M君への便り　第9～12回　法学セミナー
　　実感的連邦制、アメリカ"エスタブリッシュト"　1月号
　　女性最高裁判所判事の任命をめぐる政治環境　2月号
　　"カナダの憲法事情"　3月号
　　寒い話、ポール・ロブソンのこと、人種差別学校の取りあつかい　4月号

"法と社会"時評／法学セミナー連載
　"日本論"へのひとつの試み──日常的な「国民統合」装置考　11月号　→《感覚》
　"新構成"の最高裁判所──日本式組織原理考　12月号　→《感覚》
1983
Toward Freedom of Information : The Japanese Case, Government Publications Review Vol.10 No.1
欠ける国民的観点──知る権利より行政重視　朝日新聞1月9日朝刊
名誉毀損と報道の自由（現代の視点）　＋五十嵐清、柏木千秋　法学セミナー1月号
基本的人権と報道の自由　新聞研究3月号
サッコ・ヴァンゼッティ事件とフランクファーター教授──『大岡昇平集』第六巻「解説」余滴　図書4月号
戦争をどう防ぐか〈共同討議〉（特集　三たび現代文学の基本を問う）　＋田中直毅、小中陽太郎、伊藤成彦、暉峻淑子、山内敏弘、小田切秀雄、西田勝　季刊文学的立場春号（第3次8号─終刊号）
山の騒音街の騒音　リクルートキャリアガイダンス7月号
教育の自由　法学教室8月号　→芦部信喜編『憲法の基本問題』別冊法学教室　基本問題シリーズ1、1988
「自主憲法」論の実体　『80年代の日本国憲法──私はこう考える』岩波書店
解説　家永三郎他編『正木ひろし著作集Ⅴ──弁護士さん、評論・随想』三省堂
『事件』と『サッコとヴァンゼッティ』〈解説〉『大岡昇平集　第六巻──事件』岩波書店　→『大岡昇平の世界』岩波書店、1989　→『眼』
わいせつをめぐる法規制について（性と法律入門講座2）　現代性教育研究6月号──性と法律
冤罪と人間、そして社会　＋大岡昇平　『日本の冤罪』法学セミナー増刊・シリーズ［新・権利のための闘争］
米最高裁の憲法判決──日本との差浮き彫り　朝日新聞7月25日夕刊
日本の"情報化"──そのひとこま〈法と現代〉　判例タイムス9月15日号
今こそ政治改革を　毎日新聞10月13日朝刊
憲法訴訟の軌跡と理論　『憲法訴訟』法学セミナー増刊　→《裁判》
憲法の理念と政治の現実　＋江橋崇、杉原泰雄（特集　力の論理と中曽根政権）　世界11月号
人権状況と改憲論（報告）　同上
デイビッド・ハルバースタム著（筑紫哲也、東郷茂彦訳）『メディアの権力　1・2・3』──生きた人間が登場するジャーナリズム現代史　朝日ジャーナル12月16日号
"法と社会"時評　法学セミナー
　「悪口いわれたら、いいかえす」制度──名誉毀損法制考　1月号　→《感覚》
　日本版"ヘア"物語──最近の税関検閲事例をめぐって　2月号　→《感覚》
　「ユダヤ人の椅子」──合衆国最高裁の周辺散歩　3月号　→《こだ》
　サッコ・ヴァンゼッティ事件──尽きぬ「冤罪」をめぐる論議　4月号　→《こだ》
　選挙権は「基本的人権」か──選挙権論をめぐって（その1）　5月号
　選挙権の法的性質──選挙権論をめぐって（その2）　6月号
　ニューヨーク再訪──本の街を歩く　7月号
　政治のなかの司法審査──ある最近の合衆国最高裁判決を素材にして　8月号　→《こだ》
　思想犯に対する保安処分──日本と韓国の場合　9月号　→《感覚》
　法と音楽──ある本の紹介　10月号　→《批判》
　女と男の関係と国家権力──姦通罪考　11月号　→《感覚》
　「午前七時か八時か」の争い──「選挙に関する事項」立法裁量論・考　12月号　→《感覚》
1984
未決在監者の新聞閲読の自由──最高裁昭和五八年六月二二日大法廷判決をめぐって（上・下）　判

例時報4月1日号・5月1日号　→《なぜ》
「解釈」あれこれ〈随筆〉　郵政5月号
教科書検定（特集　憲法感覚と憲法解釈）　ジュリスト5月1日号　→《感覚》
立法府裁量論について（第二テーマ報告）　法と民主主義6月増刊号（特集　選挙運動の自由──選挙法はこれでよいのか）
第一・第二テーマ討論　＋鶴見雄策、中原精一、杣正夫、川口是他　同上
『犯罪報道の犯罪』をめぐって　＋浅野健一、本田靖春　浅野健一著『犯罪報道の犯罪』付録、学陽書房
なぜ、新聞は自由なのか（新聞に望むこと）　新聞研究11月号──創刊400号記念号　→《批判》
マスメディアの現状とその問題状況　＋本多勝一　法と民主主義11月号
犯罪報道に異議あり──いまこそ匿名原則の確立を（特集　新聞批判）　＋浅野健一、本田靖春　世界11月号
"法と社会"時評　法学セミナー
　　法と政治の"はざま"──雑観・議員定数配分合憲判決　1月号　→《感覚》
　　新聞・人間・権力──報道の自由・考　2月号　→《感覚》
　　歪められた裁判──「ローゼンバーグ・ファイル」管見　3月号
　　自主独立のユニークな裁判官──ウィリアム・O・ダグラス（1～3完）　4～6月号
　　"たくましい文化"と"びー・ファッショナブル"──青少年の有害図書規制をめぐって　7月号　→《感覚》
　　"窮鼠、猫を噛む"の試み──「違憲・合法」論への疑問　8月号　→《感覚》
　　日本にいて"外国人"とは──外国人規制法規管見　9月号　→《感覚》
　　制度・人間・裁判官──ある近刊書を読んで　10月号　→《感覚》
　　「コード」と「コンテクスト」──刑の時効を考える　11月号
　　"言論"犯罪・考──あおり・そそのかしの罪にむけて　12月号　→《感覚》
散歩道からの眺め　第1～8回　書斎の窓
　　"的外れ"憲法理論のための弁明　4月号
　　"いうならば"のモーツァルト　5月号　→《批判》→《物語》
　　"昭和75年"雑感　6月号　→《感覚》
　　"ペイパーバック・オジン"と自衛隊員　7・8月号　→《批判》
　　真と贋および自分を化かすこと　9月号　→《批判》
　　公共心と日本的なるもの──わからない話二，三　10月号　→《批判》
　　"日本"への執着　11月号　→《感覚》
　　ある「チャタレイ夫人の恋人」物語　12月号　→《批判》

1985
アメリカの「知る権利」──報道陣の力で定着（検証知る権利と報道）　日刊新愛媛1月21日
評伝ウィリアム・O・ダグラス（奥平訳）　ダグラス著『基本的人権』
税関検査の「検閲」性と「表現の自由」（特集　ポルノ税関検閲大法廷判決）　ジュリスト2月15日号　→《なぜ》
何を論ずべきか──「政治」と「裁判」（いま「ロッキード裁判」とは何か　討議Ⅰ）　＋神谷紀一郎、国正武重　世界2月号
弁護士倫理と政治的立場（いま「ロッキード裁判」とは何か　討議Ⅱ）　＋倉田哲治　同上
二つの討議をおえて　同上
訳のわからないメッセージ〈法と現代〉　判例タイムス3月1日号　→《感覚》
戒能通孝著『市民の自由』（私の読書案内）　『新法学案内'85』月刊法学教室増刊
行政活動に対する議会統制──合衆国議会の拒否権の場合　『公法の課題──田中二郎先生追悼論文

集』有斐閣
選挙運動の自由と憲法——アメリカ合衆国のばあい　社会科学研究37巻5号——藤田勇教授還暦記念号　→《なぜ》
憲法と言語生活（特集　憲法）　言語生活5月号　→《感覚》
懸念されるスパイ防止法案——現状変革図る仕掛け　朝日新聞7月16日夕刊
参政権論——最近の学会の動向から　『選挙——理論・制度・実態のすべて』ジュリスト増刊総合特集38
改憲への突破口を開く靖国公式参拝——三百代言の言辞を弄し続ける中曽根内閣　公明8月号
"危機に無関心"——常に自戒を（時代の節目に立って——8・15に思う）　公明新聞8月3日
藤田晴子著『議会制度の諸問題』——国会への情報提供となった理論　図書新聞10月19日号
「日本人の憲法感覚」を著した奥平康弘社研教授に聞く　東京大学新聞10月22日号
国家秘密法案と市民の人権——市民の自由と人権は大丈夫か（シンポジウム要旨）　＋清水英夫他　人権新聞12月21日号
税関検査と検閲（ポルノ税関検閲訴訟）——最高裁昭和59年12月12日大法廷判決　樋口陽一編『憲法の基本判例——基本判例シリーズ1』別冊法学教室
権力行使の自覚を（私の教師論　下）　朝日新聞12月27日朝刊
"法と社会"時評　法学セミナー
　続・"言論"犯罪・考——あおり・そそのかしの罪にむけて　1月号
　「総理大臣は『収賄罪』になじまない」？——井上正治「元首の犯罪」論を衝く　2月号　→《感覚》
　最高裁・藤崎萬里裁判官・イン・ザ・サンシャイン——独特な税関検査合憲論　3月号　→《批判》
　取材の自由か取材拒否の自由か——愛媛でのできごとを素材に　4月号
　取材の自由か取材拒否の自由か・続——いくつかの事例研究　5月号
　三流新聞と、ある合衆国最高裁判決　6月号　→《こだ》
　新聞・裁判・嘘——海外便り　7月号
　「現代情報法」のためのアポロギア　8月号
　試論・憲法研究者のけじめ——とくに教育法学者に教えをこう　9月号
　靖国神社「公式参拝」の考察——憲法を軽視する「戦後政治の総決算」　10月号　→《批判》
　裁判の威信と法廷内の礼節　11月号
　「公の秩序をみだすおそれ」の拡張解釈　12月号　→《こだ》
散歩道からの眺め　第9〜18回　書斎の窓　→《批判》
　思わせぶり情報　1・2月号
　マリファナと"国民代表"　3月号
　国家の陰謀　4月号
　おとむらい雑感　5月号
　ある郷愁——青函連絡船のこと　6月号
　海のむこうから——あれこれ　7・8月号
　もう一つ、旅のはなし　9月号
　「機会の均等化」と「均等の機械化」　10月号
　"靖国"の"公式化"を考える　11月号
　戦前日本のほうが遥か「自由な社会」であっかたか？　12月号

1986

「国家秘密法」必要論を駁す　世界1月号
靖国問題と憲法——靖国塋をめぐって　＋芦部信喜　法律時報1月号

憲法学――過去・現在・未来（特別企画　法学30年のあゆみと課題）　＋芦部信喜、高見勝利、戸波江二　法学セミナー1月号
憲法の学習と解釈――奥平康弘教授に聞く　受験新報1月号
「戦後政治の総決算」を総決算する――憲法研究者の立場から（特集　中曽根〈新国家主義〉の陥穽）＋江橋崇、杉原泰雄　世界2月号
「総決算」のイデオロギー状況　同上
法廷に出席し傍聴メモをとる権利――憲法体系からの一考察（特集　裁判の公開――傍聴人のメモ）　自由と正義2月号　→《なぜ》
裁判の公開を考える――傍聴人のメモ禁止をめぐって　＋ローレンス・レペタ、佐野洋、野村二郎、寺尾正二　同上
天皇制思想と学校教育――押し付けには抵抗の心をもって　『天皇制と教育』季刊教育法4月臨時増刊号
映画と検閲　今村昌平他編『講座・日本映画2　無声映画の完成』岩波書店
映画の国家統制　今村昌平他編『講座・日本映画4　戦争と日本映画』岩波書店
回想映画法　＋不破祐俊、佐藤忠男　同上
憲法のアプローチ（特集　名誉プライバシーと表現の自由）　法学セミナー10月号
これからの課題――犯罪報道を中心に（特集　名誉プライバシーと表現の自由）　＋平川宗信、山田卓生　同上
表現の自由の基本原理〈法学講演〉　法学教室11月号
「基本的人権」における「差別」と「基本的人権」の「制限」――「法の下の平等」を考える　名古屋大学法政論集109号――転機にたつ憲法と憲法学・長谷川正安教授退官記念論文集
政府保有情報の開示請求権をめぐる理論――アメリカ合衆国の場合　『日本国憲法の理論　佐藤功先生古稀記念』有斐閣　→《なぜ》
"法と社会"時評　法学セミナー
　熊本地裁「丸刈り」判決を読んで　2月号　→《こだ》
　読書雑感――ローレンス・H・トライブの最高裁判所裁判官論を中心に　3月号　→《こだ》
　「国家」が「忠誠心」を要求するとき　4月号　→《こだ》
　性差別と天皇制とを問題にする視点　6月号
　いい加減にあしらわれた言論の自由――政見放送カット高裁判決（上・下）　7月号・9月号　→《こだ》
　「北方ジャーナル」上告審判決――情報大衆化の中で問われるメッセージのあり方　8月号　→《こだ》
　書は捨てず――夏の間の読書余滴　10月号　→《こだ》
　"修正"国家秘密法案を眺める視点――「有害無用」が「有用無害」になりえたか　11月号　→《こだ》
　政府、"神々"をつくる――厚生省の靖国神社合祀事務協力　12月号　→《こだ》
散歩道からの眺め　第19～20回　書斎の窓
　「ヒラヒラ文化」　1・2月号　→《批判》
　わが内なるパターナリズムとその受け皿　3月号　→《批判》

1987
今、好評の小説は…〈あのときあの言葉〉　日本経済新聞2月18日夕刊　→日本経済新聞社編『続あのときあの言葉』日本経済新聞社、1987
再び国家秘密法について――報道人免罰規定の意味　世界2月号
国家秘密法と民主主義――国家秘密法案の提出背景と法案の構造　＋進藤栄一　法律時報4月号
ベルトルト・ブレヒト著『ガリレイの生涯』、宮沢俊義編『世界憲法集』、J・S・ミル『自由論』

図書臨時増刊──岩波文庫創刊 60 年記念　私の三冊　→《物語》
50 年たって見えてきた市民のための憲法的地平　朝日新聞道内地域版 5 月 3 日朝刊
揺れる憲法の位置(上)──三権分立への重大な挑戦、(下)──今こそ守り、育てる時（特集　40 年目の平和憲法）　＋山崎朋子、渡辺一郎　公明 5 月号、6 月号
どこへいく、わが司法──岩手「靖国」判決の場合（どこへいく、わが憲法①）　法律時報 6 月号
国際化とは利害の異なる他人との共存の意識を持つこと（特集　"孤立"への指摘③──拡大再生産される「粗雑な行動様式」）　あらはん 6 月号（日本少林寺拳法連盟）
国家秘密法について愚問・難問にお答えします　思想の科学（第 7 次）6 月号──国家秘密法研究
今なぜ国家秘密法か──その背景と危険性　筑波学生新聞 6 月 10 日号（第 57 号）
鵜飼信成先生のご逝去を悼んで〈追悼文〉　法律時報 7 月号
警察の現在──多様化する警察活動と市民　＋澤登俊雄、金子仁洋、小池康雄、伊波新之助　『警察の現在』法学セミナー増刊・総合特集シリーズ 36
国家秘密法と図書館の自由〈講演〉　国立国会図書館職員組合他編集『記録集　講演・集会　国家秘密法と図書館』
日本政治・国際関係・防衛（大項目「日本」）　『日本大百科全書　第 18 巻』小学館
Some Consideration on the Constitution of Japan, University of Tokyo Istitute of Social Science Occasional Papers in Law and Society No.3（東京大学社会科学研究所）→ Annals of the Institute of Social Science No.29（東京大学社会科学研究所）
"法と社会"時評　法学セミナー
　　集会の自由をめぐる問題状況──その一端　1 月号
　　「アクセス権」そのほか──ことばとの戯れ　3 月号　→《こだ》
　　「葬法」管見──「土葬禁止」の神話をめぐって　4 月号　→《こだ》
1988
警職法改正問題　『法律事件百選』ジュリスト 1 月 1・15 日合併号
報道の自由と人権（特集　問い直される客観報道）　＋堂本暁子、前沢猛、江川清　言語生活 1 月号
権力と民衆から挟撃されるマスメディア──脱出の道はあるか　＋原寿雄　『人権と報道を考える』法学セミナー増刊・総合特集シリーズ 39
映画と戦後国家権力　＋佐藤忠男　今村昌平他編『講座・日本映画 7　日本映画の現在』岩波書店
福祉国家における表現の不自由──富山県立近代美術館の場合（どこへいく、わが憲法②）　法律時報 2 月号　→『富山県立近代美術館問題・全記録』桂書房、2001
ある「騒音」考──政府機関「棄権防止」キャンペインについて　書斎の窓 3 月号
裁判の公開──メモ禁止訴訟東京高裁判決を契機に　＋田中輝和、樋口陽一、藤森勝年　ジュリスト 3 月 15 日号
自由と共生のために（平和と基本的人権の再考）　会報司法の窓 70 号
「奥野発言」の底流を撃つ（戦争への視点）　公明 8 月号
権力・メディア・市民──ジャーナリズムはどこへ行くのか（特集　人権と報道）　＋原寿雄、北山六郎、梓澤和幸、他　自由と正義 9 月号
現代の法学の展開と課題──第 1 部　各法領域から概観する（特集　法律時報六〇年と法学の課題）　＋室井力、中山研一、椡井常吉、倉沢康一郎、澤木敬郎、椿寿夫　法律時報 10 月号
なにをなすべきか──第 2 部　これからの法学の展望と希望（特集　法律時報六〇年と法学の課題）　同上
"ヒューマン・ライツ"考　『戦後憲法学の展開──和田英夫教授古稀記念論集』日本評論社
一点集中情報──ジャーナリズムの不在を嘆く　法律時報 12 月号
1989
日本国憲法と「内なる天皇制」　世界 1 月号

ひと、裁判官、憲法理論——書物の紹介に託して　上・下（どこへいく、わが憲法③④）　法律時報
　　1月号・2月号
世界史のなかの日本国憲法　＋井上ひさし　『読本憲法の100年3　憲法の再生』作品社
「ハーバー事件」今昔——函館と〝毒ガス博士〟の奇縁　北海道新聞3月25日夕刊
「政治」を「法」に優先させるな　毎日新聞4月22日朝刊
毅然とした言論貫け（朝日新聞阪神支局襲撃から2年）　朝日新聞5月3日朝刊
日本の神々と日本の憲法——愛媛県靖国神社玉串料支出事件に関連して（どこへいく、わが憲法⑤）
　　法律時報7月号
日本における人権保障——制度とその問題點　公法研究第17輯（韓國公法學會）
日本人の憲法感覚（人権を考える）　公明9月号
国旗焼却と表現の自由——合衆国最高裁判決によせて（どこへいく、わが憲法⑥）　法律時報10月号
憲法政治の復権はいかにあるべきか——リクルート事件以降の現代議会政治論　法律時報11月号
法のまわりにある風景　全24回中12回　不動産法律セミナー
　　己を知るということ　1月号
　　「見る自分」と「見られる自分」　2月号
　　外から見た日本・日本人　3月号
　　ジャーナリズムの貧困　4月号
　　国境を越えて　5月号
　　"年を祝うこと"の効用　6月号
　　「死刑」という名の「殺人」についての短い考察　7月号
　　未成年者の喫煙は禁じられています　8月号
　　良性の区別と悪性の区別　9月号
　　葦の髄から　10月号
　　センチメンタル・ジャーニー　11月号
　　ある判決を考える　12月号

1990

銀杏の「落葉」は…——東大を出る、ことについて（退官にあたって '90）　東京大学新聞2月27日
　　号
Forty Years of the Constitutionalism and its Various Influences : Japanese American and European,
　　Law and Contemporary Problems Vol.53 No.1
Comment, Law and Contemporary Problems Vol.53 No.2
天皇制そのものを問う議論を（緊急特集　銃弾と言論、そして天皇制）　季刊窓16号
アジア憲法シンポジウムを終えるにあたって　ジュリスト3月1日号
日本の民主主義と情報公開法　消費者ネットワーク15号（日本生活協同組合連合会）
『明治大正史　第一巻　言論編』〈蔵書の中から〉　日本近代文学館114号
言論・表現の自由　部落4月号　→成澤榮壽編『表現の自由と部落問題』部落問題研究所、1993
　　→《眼》
象徴天皇制——国際的構想とナショナル・アイデンティティー　＋山極晃、中村政則　日本学16号
平等を考える——19世紀ドイツにおけるユダヤ人「解放」の過程　法務省人権擁護局内人権実務研
　　究会編『人権保障の生成と展開——人権宣言40周年』民事法情報センター
マイナス地点からの出発（私の判例研究・公法）　『判例回顧と展望1989』法律時報臨時増刊
憲法を生かし得ているか——長期政権化で続く変則に気づけ〈論壇〉　朝日新聞5月3日朝刊
いま、天皇制を問いつづける意味　横田耕一、江橋崇編『象徴天皇制の構造——憲法学者による解
　　読』日本評論社　→《眼》
人の風景——ある身辺雑記（どこへいく、わが憲法⑦）　法律時報7月号

天皇退位論のためのひとつの覚書（どこへいく、わが憲法⑧）　法律時報 9 月号
TBS 事件最高裁決定と報道の自由　＋五十嵐二葉、河野慎二、松本正　法律時報 9 月号
亡命・挑戦・転機〈巻頭言〉　受験新報 9 月号
千葉雄次郎先生と「知る権利」　新聞研究 10 月号
天皇が神になる大嘗祭――国費（税金）の支出は明白な憲法違反　新生 10 月 11 日号（立志社）
平和的独自性失う、自衛隊派遣は違憲――どうみる平和協力法案〈対論〉　北海道新聞 10 月 21 日朝刊
平和主義で貢献を（特集　中東危機への対応と教訓）　公明 11 月号
大嘗祭は完全に宗教的な行事「天皇家の私事」でやればよい　社会新報 11 月 2 日
即位の礼・皇室と国民　＋猪口邦子、有坂隆道　毎日新聞 11 月 12 日朝刊
憲法の転機としての「平和協力法」（特集　派兵――踏みにじられた憲法、脱冷戦はアジアに及ぶか）　世界 12 月号
伊藤正己　朝日新聞社編『現代日本朝日人物事典』朝日新聞社
鵜飼信成　同上
美濃部達吉　同上
山田卓生　同上
法のまわりにある風景（全 24 回中 12 回）　不動産法律セミナー
　役立たずの憲法研究者　1 月号
　「変わり者であること」の権利　2 月号
　物のはずみか、ラディカル行動　3 月号
　チャウシェスク前大統領の処刑に想う　4 月号
　「管理人」から「コンシェルジュ」へ　5 月号
　生きる権利と死ぬ権利　6 月号
　ひとりにしておいてもらう権利　7 月号
　「不幸な過去」雑感　8 月号
　「不幸な過去」への感想、ひとつふたつ　9 月号
　二者択一の遊び・取って置かれた読書　10 月号
　マスコミの限界効用性月号　11 月号
　レナード・バーンスタインの『自由の歌』その他昨今のことども　12 月号
しごとの周辺（全 8 回）　朝日新聞夕刊
　廃案　11 月 12 日
　儀式をみつめる　11 月 13 日
　即位儀礼　11 月 14 日
　宮廷費の支出　11 月 15 日
　対抗"儀礼"　11 月 19 日
　"言外"の解釈　11 月 20 日
　シンボル考　11 月 21 日
　"周辺"を遊ぶ　11 月 22 日　→《物語》＝抜粋

1991
「真の日本人」とは――右寄りの人々に疑問（潮流 91）　信濃毎日新聞 1 月 25 日朝刊
「政教分離」の憲法原理――「岩手靖国訴訟」高裁判決によせて　聖教新聞 2 月 2 日
「政令」派遣は奇弁〈シリーズ評論　どうする湾岸支援 2〉　北海道新聞 2 月 14 日朝刊
自衛隊機派遣「政令」黙認するな〈論壇〉　朝日新聞 2 月 19 日朝刊
テレビにたりない憲法論争――国連平和協力法案と放送（特集　放送と憲法九条）　放送批評 3 月号
　→『放送批評の 50 年』学文社、2013

アメリカの国旗をめぐる最近の憲法問題について（特集　日の丸・君が代）　本の窓3・4月合併号
憲法以前の憲法問題（特集　戦争の代償）　世界4月号
憲法九条ゆさぶる「特例政令」の下克上（特集　憲法9条と国連）　月刊Asahi5月号
自衛隊法一〇〇条の五に関するインチキ解釈を発案して国会の討論も審議もなしに政令でやったことの問題性は大きい。が、国民は…。（憲法の現在を問う）　図書新聞5月4日号
「摘発の構図」は少しも変わらない——そもそも刑法一七五条とは？そして「表現の自由」との関係は？　朝日ジャーナル6月7日号
真価の発揮　『空っ風のすぴりっと——永井憲一教授の遊々学々』エイデル研究所（非売品）
日本国憲法と国際平和貢献（特集　戦争と平和をめぐって）〈例会報告〉　国際労働運動8月号
トーマス・Ｉ・エマソンへのレクィエム〈追悼〉　ジュリスト8月1・15日合併号
「無名の権利」の保障——Ｃ・Ｌ・ブラックの合衆国憲法修正九条論によせて　『憲法学の展望——小林直樹先生古稀祝賀』有斐閣　→《裁判》
司法審査の日本的特殊性　東京大学社会科学研究所編『現代日本社会Ⅴ　構造』東京大学出版会　→《裁判》
教祖の名誉毀損で教団や信者が出版社を訴えた法的問題——憲法学の権威が検証する「幸福の科学」訴訟　月刊住職12月号
私の紙面批評（全5回）　朝日新聞朝刊
　もどかしさ残る斜真館　4月6日
　犯罪報道の反省を評価　5月4日
　事件報道と「呼称」の難しさ　6月1日
　情報環境の作り方　6月29日
　国家の公共的振る舞い　7月27日
法と政治　第1～6回　時の法令　→『法ってなんだ』
　「法と政治」への序章——最近の事象に関連しながら　4月30日号
　「法」と「テクストと解釈」　5月30日号
　「法から自由」・「統治行為」論を考える（1・2）　6月30日号、7月30日号
　政府の法解釈の支配　9月30日号
　司法審査——あれこれ　11月30日号
1992
教祖の誹謗記事で宗教的人格権が侵されたと叫ぶ法的是非——憲法学の権威が検証する「幸福の科学」訴訟2　月刊住職1月号
われわれ世代の責任を肝に（特集　憲法施行45周年に思う）　平和と民主々義1月号
性表現の規制めぐる疑問——「有害」の論証欠く公権力側、文化領域は市民的な解決を　朝日新聞2月10日夕刊
破防法とその周辺——国家支配と民衆の選択　＋桑原重夫、森恒夫　破防法研究73号——終刊号
日本における憲法の過小な役割配分について　奥平編『現代憲法の諸相——高柳古稀』　→《裁判》
爆発物が「有害」だというのと、出版物が「有害」だというのとは、似て非なるもの。——ポルノ、コミック規制は本当に合憲といえるのか。（特集　「表現の自由」を守るために）　図書新聞5月9日号
特集にあたって（特集　検証「有害」図書規制）　法と民主主義6月号
派遣で軍隊認知が狙い　党の抵抗が逸脱けん制（瀕死の民主主義①——PKOが投げかけたもの）　社会新報6月19日
派兵法は絶対に発動させない強い決意を固めるとき〈今、言わなければ〉　赤旗6月25日
性文化の現況と性表現（編集長対談）　＋村瀬幸浩　Human Sexuality3巻3号（別冊健康教室）
日本と大国——経済以外伴わなぬ中身（潮流92）　信濃毎日新聞9月16日朝刊

「天皇」のなし得る行為について——憲法からみた「訪中」問題　世界10月号
解釈ということ——憲法解釈を考える前提として〈特別寄稿〉　宮崎産業経営大学法学論集4巻1・2号
政府保有情報の開示制度と憲法（特集　「防衛」情報と知る権利）　法律時報11月号
あらためて憲法論を——自衛隊海外派遣を契機として（特集　アジアに向かう自衛隊）　軍縮問題資料12月号
「人権」と「憲法が保障する権利」のはざま（特集　憲法と人権）　月報司法書士12月号
「大国」のゆとり（人権の泉）　人権新聞283号
「夢」と民主主義〈巻頭言〉　地方自治職員研修12月号
政治家の感覚——見えぬ佐川事件の「悪」（潮流92）　信濃毎日新聞12月31日朝刊
法と政治　第7～11回　時の法令　→『法ってなんだ』
　憲法訴訟と代議士の原告適格——アメリカのばあい　1月30日号
　「負けるが勝ち」　2月29日号
　ニューヨークひとりある記　5月30日号
　"JFK"に関する情報開示特別立法について　6月30日号
　選挙によせて　8月30日号
1993
日本国憲法と民主主義（特集　民主主義）　本の窓2月号
空虚で危険な「生活大国」イデオロギー（特集　日本への直言）　文化評論3月号——終刊号
気の重くなる憲法「見直し」論議〈論壇〉　朝日新聞3月2日朝刊
普通の国をこえるものこそ、わが憲法　憲法ひょうご創刊号
二一世紀のための「財産」としての平和憲法（特集　憲法論議・誌上フォーラム）　平和と民主々義4月号
憲法論議に思う（憲法を語る）　新聞研究5月号
手続的デュー・プロセス保障のもつ意味——ある、法の発展の軌跡（特集　行政手続法の立法課題）　法律時報5月号
活かすことが護ること（特集　憲法——私たちの論じ方）　世界6月号
"扇動罪"解体を試みる序説　『現代立憲主義の展開——芦部信喜先生古稀祝賀　上』有斐閣　→《裁判》
なぜ、いま「憲法」を問うのか——冷戦後の世界で真に名誉ある地位を占めるために、あるべき姿は（特集　いま「憲法」を読む）＋中西輝政、田原総一朗　プレジデント8月号
行政情報の開示請求は「知る権利」か（行政情報を考える基本的視点）『情報公開読本　教職研修総合特集副読本シリーズNo.106』教育開発研究所
世界の中の日本国憲法（特集　日本国憲法）＋井出孫六　本の窓9・10月合併号
秩序原理としての憲法（特集　憲法過程の法社会学）　法律時報10月号
拡声機「暴騒音」規制条例をめぐる論議——その問題の仕方を問題にする（上・下）　ジュリスト10月1日号、10月15日号
Forty Years of the Constitutionalism and its Various Influences : Japanese American and European, in Percy R. Luney, Jr., Kazuyuki Takahashi (ed.), Japanese Constitutional Law, University of Tokyo Press（東京大学出版会）
戸別訪問と市民の権利（散策思索）　朝日新聞10月15日夕刊
揺れる言論の基軸——「集団的凡庸」を排せ　新聞労連10月15日号
Mots interdits/Philippe Pons　Le Monde, Vendrei 22 Octobre 1993
憲法からみた議会制民主主義〈基調講演〉　高知市立自由民権記念館紀要No.3 ——選挙大干渉百年全国集会報告集

法と政治　第 12〜16 回　時の法令　→『法ってなんだ』
　「法治主義」と「法の支配」をめぐって　1 月 30 日号
　公文書の開示請求について——東京高裁判決を機縁に　4 月 15 日号
　芸術活動・作品鑑賞の自由を考える——R．メイプルソープのばあい　8 月 15 日号
　政府機関の保有する情報にあずかる市民の権利——大阪「コピー裁判」をめぐって（上・下）　11 月 15 日号、12 月 15 日号

1994
政治・国際関係・防衛（大項目「日本」）『日本大百科全書　第 18 巻［改訂版］』小学館
なぜ "放送における公正" か——「特別な憲法保障」との関連性において　月刊民放 2 月号
制度に憑かれたピエロ　社会科学ジャーナル 32 号（国際基督教大学）　→《眼》
「いい物語」をつむいでいこう（著者からのメッセージ）　図書 5 月号、岩波書店出版案内 5 月号　→《物語》
「国籍を離脱する自由」雑感　書斎の窓 5 月号　→《眼》
地方自治根幹の問題——県は自己の責任、厳しく認識を（［言わせて聞かせて］五輪招致委の帳簿紛失事件）　毎日新聞 5 月 10 日朝刊・地方版長野
対論　＋樋口陽一　樋口陽一編『講座憲法学 3　権利の保障［1］』日本評論社
国家は芸術に何をなし得るか（富山県立近代美術館問題を考えるシンポジウム第 1 回・富山編）　富山県立近代美術館問題を考える会編『公立美術館と天皇表現』桂書房
内からの "国際化" を考える〈随筆〉　経済往来 7 月号
いま「表現の自由」について　軍縮問題資料 8 月号
宗教団体の報道と宗教団体の権利侵害（特集　報道と人権）　自由と正義 8 月号
憲法二一条の規範——揺れる言葉の機軸　新聞労連編『新聞記者を考える』晩聲社
日本出国を前に——現実主義のゆく末は（潮流 94）　信濃毎日新聞 9 月 3 日朝刊
ボスニアと日本——真の救済役割分担を（潮流 94）　信濃毎日新聞 10 月 20 日朝刊

1995
憲法「改正試案」——普遍理念の追求欠く（潮流 95）　信濃毎日新聞 1 月 15 日朝刊
治安維持法と横浜事件　『治安維持法と横浜事件』横浜事件・再審裁判を支援する会
憲法研究者からの、ひとつの鑑賞（特集　大江健三郎）　季刊文学春号　→《眼》→《物語》＝前半のみ
好奇心をもつ——一年を通じて文化を楽しむ〈私のリフシッシュ〉　毎日新聞 10 月 3 日朝刊
現行法廃止こそ立法府の権利（特集　破壊活動防止法）　朝日新聞 10 月 10 日朝刊
「法律温存」勢力に屈伏（「首相の決断」私はこう見る　オウムに破防法適用で）　朝日新聞 12 月 15 日朝刊
葦の髄から（全 10 回）　書斎の窓
　イギリスを覗く　1・2 月号　→《想像》
　個人の存在・個人の果たした役割とその評価をめぐって　3 月号　→《想像》
　映画 "Natural Born Killers" と小説『悪魔の詩』をめぐって　4 月号
　オペラ『ムツェンスク郡のマクベス夫人』など　5 月号　→《想像》→《物語》
　「七三一部隊」報道とその周辺　6 月号
　"聖パトリック・パレード" 憲法物語、その他　7・8 月号
　ホモフォビアからホモファイルへ——ホモセクシュアルについて　9 月号　→《想像》
　映画『パリのジェファソン』周縁の記　10 月号
　カナダの一角を覗く　11 月号　→《想像》
　大したことでないのに馬鹿騒ぎ？　12 月号　→《想像》

1996
破防法は信仰・表現の自由奪う恐れ　朝日新聞山梨版 1 月 19 日朝刊
破防法の適用は解決の途にはならない（特別企画　なぜ、いま破防法か）　法学セミナー 3 月号　→
　　奥平編『破防法でなにが悪い!?』
破防法とテレクラ（気になるこの人）　朝日新聞 3 月 5 日夕刊
「破防法問題」をめぐって　ジュリスト 4 月 1 日号　→《眼》
国家、市民、自分の問題　憲法と同時代に生きる〈テーブルトーク〉　朝日新聞 4 月 8 日夕刊
Current Controversies on the Control of Religious Organizations in Japan, Columbia Journal of
　　Asian Law Vol.10 No.1
「改憲」アングルから見た「憲法五〇年」（特集　日本国憲法 50 年と 21 世紀への展望）　法律時報 5
　　月号　→《想像》
半世紀をへた憲法をどう生かすか　赤旗 5 月 3 日
権利のための闘い——憲法を敵視と軽視する傾向の社会体制支配層（憲法特集）　図書新聞 5 月 4 日
　　号
「破防法と 2 度出合った」憲法学者（上・下）　毎日新聞 5 月 7 日、8 日夕刊
教団ペースに終始、慎重さ欠く公安庁——麻原被告弁明　北海道新聞 5 月 16 日夕刊
清水義範著『騙し絵日本国憲法』——「憲法」を小説にする試み　すばる 6 月号
中間報告を読んで——ある憲法研究者の感想（特集　情報公開法制定への課題）　ジュリスト 7 月 1
　　日号
言葉の生理と原理——『騙し絵日本国憲法』をめぐって（特集　憲法と文学）　＋清水義範　すばる
　　8 月号
国民の「知る権利」と情報公開法　潮 8 月号
「どっこい生きている」理念（対論「憲法九条」）　朝日新聞 8 月 9 日朝刊
人権と差別　歴史学研究会編『講座世界史 12 ——わたくし達の時代』東京大学出版会　→《眼》
制度媒介的な思考（特集　教養の領分）　季刊文学秋号　→《眼》
破防法問題を考える　オウムへの適用疑問（潮流 96）　信濃毎日新聞 11 月 16 日夕刊
国家は自制すべきだ　『年報・死刑廃止 96』インパクト出版会
宗教の自由の系譜　第 1～6 回　時の法令　＝ 5 月 30 日号、6 月 30 日号、7 月 30 日号以外は斉藤小
　　百合と共同執筆
　　「信教の自由」をめぐるある判例を出発点として　5 月 30 日号
　　宗教を考える——良心的兵役免除法制をめぐって　6 月 30 日号
　　「宗教の自由」の復権か？——アメリカ憲法の最近の動向　7 月 30 日号
　　戦時下日本におけるキリスト教——その、ある側面　9 月 30 日号
　　明治初期の国家と宗教との関係　10 月 30 日号
　　宗教団体法制定への動き㊤　12 月 30 日号
1997
情報公開法制定に向けて（特集　情報公開法制定の論点）　＋塩野宏　法律時報 1 月号
元所長座談会　＋戸原四郎、加藤榮一、広渡清吾、平石直昭　社会科学研究 48 巻 4 号——創立 50 周
　　年記念特集号
市民のための改革を——公開法が官僚社会変える（行革　異見・卓見　5）　中国新聞 3 月 9 日朝刊
基本的人権の原点と日本国憲法（特集　日本国憲法の全体像）　法学教室 4 月号
50 年たって見えてきた市民のための憲法的地平　朝日新聞 5 月 3 日道内地域版
憲法五〇年これまでとこれから　法と民主主義 5 月号
ある憲法追憶——ケイディス大佐とのめぐり合い　杉原泰雄、樋口陽一編『日本国憲法 50 年と私』
　　岩波書店　→《眼》

戦後の憲法状況で初めて——明文「改正」の動き（このままでいいのか日本の政治）　しんぶん赤旗5月29日
憲法学から見た買春処罰条例の疑問（定例総会記念講演「子供の性的権利・子ども買春をめぐって」（要旨））　人権新聞7月25日号
東京都「青少年育成条例」改正をめぐるパターナリズム——「買春処罰規定」は大局的見地を欠いた対処療法（特集「援助交際」と性教育）　性と生の教育No.11　→《眼》
放送の自由をめぐるパラダイム転換——個人の表現の自由と制度的な表現の自由の関係について　日本民間放送連盟研究所編『「放送の自由」のために——多チャンネル時代のあり方を探る』日本評論社
「人権総論」について〈総会報告〉（日本国憲法50年——回顧と展望）　公法研究59号
憲法って、なんだ　部落解放ひろしま10月号
『ジャーナリズムと法』の著者奥平康弘さん——「表現の自由」は市民全体の問題（著者の素顔——この人に聞く）　創価新報10月15日号
宗教の自由の系譜　第7〜16回　時の法令　＝4月30日号、6月30日号以外は斉藤小百合と共同執筆
　宗教団体法制定への動き［下］　1月30日号
　「政教分離」原則とレモン・テストの成行き　2月28日号
　議会が最高裁判決を覆す——合衆国信教の自由回復法をめぐって　3月30日号
　愛媛玉串料訴訟大法廷判決について——その紹介と若干のコメント（上・下）　4月30日号、6月30日号
　戦後日本における宗教法制の展開　その初期　7月30日号
　宗教法人法の成立（上・下）　9月30日・10月30日号
　公教育と宗教の自由——合衆国最高裁ヨーダ判決再訪（上・下）　11月30日号、12月30日号

1998

最高裁判所の現在と行方——憲法事件判決の近況と最高裁判所（上・下）　法律時報1月号、2月号　→《眼》
憲法を生かす政治とは　しんぶん赤旗1月7日
「地方分権化」の意味——地方自治の本旨を活かすために（21世紀に憲法のめざすもの）　図書新聞5月9日号
犯罪報道とプライバシー・名誉・その他の人格的利益をめぐって（特集　犯罪報道のあり方と報道の自由）　＋鈴木みどり、浜田純一、平川宗信　ジュリスト6月15日号
分限裁判のあり方と裁判官の市民化の必要性（緊急特集　緊迫する寺西懲戒申立事件——裁判官の人権を護るために）　法と民主主義7月号
国立国会図書館資料利用制限措置の一問題——わいせつ文書利用禁止をめぐって（特集　資料の提供と図書館の自由をめぐって）　図書館雑誌10月号
奥平康弘さんに聞く——〈上〉9条の危機を強く危ぐ、〈下〉原理原則を論じる必要（生きている時代の声を）　信濃毎日新聞11月5日、6日朝刊
規制以外で頑張れないか（テレクラ規制——県条例論議　問題点は　下）　信濃毎日新聞12月18日朝刊
宗教の自由の系譜　第17〜23回　時の法令　＝7月30日号、8月30日号以外は斉藤小百合と共同執筆
　いわゆる「社会的儀礼」と政教分離　1月30日号
　植民地時代のアメリカの経験を垣間見る　4月30日号
　建国期アメリカ——政教分離社会への途　6月30日号
　モルモン・一夫多妻制・公権力——アメリカ的「宗教の自由」の一側面（上・下）　7月30日号、

8月30日号
　　合衆国連邦憲法修正条項と十九世紀なかばに至るアメリカにおける宗教の自由　9月30日号
　　イギリスにおけるコモンロー上の"blasphemy"(神聖冒瀆)について　12月30日号
1999
IOC委員の接待にプライバシーはない(長野五輪・買収疑惑解明のカギ)　週刊読売2月14日号
寺西判事補分限裁判決定をめぐって　法律時報2月号
米国で見る日本の姿——小さくても輝き放つ国へ(潮流99)　信濃毎日新聞3月31日朝刊
事実上の「第二次改憲」〈ガイドライン法案　是非を問う4〉　北海道新聞5月2日朝刊
52年目の誕生日をむかえた日本国憲法——日々闘われ活かされるべき(憲法特集)　図書新聞5月8日号
日の丸・君が代の法制化(潮流99)　信濃毎日新聞6月19日朝刊
憲法調査会は戦後政治の総決算か明文改憲の意図をひた隠す自民党　週刊金曜日7月16日号
憲法を生かす道か破滅させる道か　前衛8月号
「表現の自由」をめぐる2つの最高裁判決——最高裁判決平成11.2.23、最高裁判決平成11.2.26　ジュリスト9月1日号
PKOってなあに?(今月のトピック)　子どものしあわせ9月号
マス・メディア(20世紀をふりかえる7)　書斎の窓9月号
「市民」の自立と体制批判の視点を標榜した雑誌(推せんの言葉)『[復刻版]サラリーマン　一九二八～一九三六年』内容見本、不二出版
いま市民的自由を語る意味——通信傍受(盗聴)法を考える(特集盗聴法と市民的自由——盗聴法の法的批判)　法律時報11月号　→奥平他監修『盗聴法の総合的研究』
英米法・憲法の伊藤正己さん——新憲法の定着に貢献(文化勲章の人々　下)　中国新聞11月3日、沖縄タイムス11月6日
こんにちの改憲論議をどうみるか(シンポジウム「憲法改悪の新たな動きに反対し、二十一世紀の日本に憲法の輝きを」)　月刊憲法運動12月号
芦部信喜先生の人と学問(特集　芦部憲法学の軌跡と課題)　+塩野宏、園部逸夫、戸波江二、樋口陽一　ジュリスト12月15日号
「西暦一本化」の提案——元号、市民に「不使用の自由」(潮流99)　信濃毎日新聞12月26日朝刊
法と人文科学(ザ・ヒューマニティーズ)　第1～8回　法学セミナー
　法文化を支えるものとしての人文科学　5月号
　栄光とその陰——エリア・カザンを考える　6月号
　「見れば、わかる」という言い方をめぐって——法における直観・考(1・2)　7月号、8月号　→《想像》
　カードーゾ「法と文学」(文章論)への誘い　9月号
　来栖三郎『法とフィクション』を読む　10月号
　やっぱり気になる「フィクション」論　11月号　→《想像》
　嘘を考える12月号
書評　信濃毎日新聞朝刊
　『エリア・カザン自伝』——赤狩り協力…心の傷と弁明と　5月2日
　小森陽一著『世紀末の予言者・夏目漱石』——文物流行への抵抗　6月6日
　大江健三郎著『宙返り』——「魂」の在り方、広く問い掛け　7月18日
　トニ・モリスン著(大社淑子訳)『パラダイス』——解放後の黒人の運命、冷徹に　9月5日
　出口裕弘著『辰野隆　日仏の円形広場』——名物教授軸に両国関係、考察　10月17日
　石川真澄著『堕ちていく政治』——戦後の総決算に対処の道筋　12月12日

2000
大学に問われるもの 『学問への誘い——大学で何を学ぶか 2000年度版』神奈川大学広報委員会
性表現のゆくえ 岩波書店編集部編『これからどうなる21——予測・主張・夢』岩波書店
解説 『憲法を考える1——第147国会衆議院憲法調査会議録』現代史料出版
解説 『憲法を考える2——第147国会参議院憲法調査会議録』現代史料出版
世代を超えた「共同作業」としての憲法（特集 2000年法的鳥瞰図）法学セミナー2月号 →《想像》
生かす努力から成果（シリーズ評論 今なぜ憲法論議か3）北海道新聞3月3日朝刊
憲法から見た日本の司法（特集 司法改革）世界3月号
二一世紀こそ日本国憲法の時代（2000年2・11集会より〈報告1〉）国民文化471号
憲法とデモクラシー——ある小さな序説 神奈川大学評論35号 →《想像》
「表現の自由」とメディアの責任。——日米では「自由」の受け取り方がなぜこれほど違うのか。＋渡辺武達 潮4月号
「表現の自由」からみた大衆文化の病理（週刊誌広告の表現規制問題）総合ジャーナリズム研究春号
憲法は活かしてこそ護れる 週刊金曜日4月28日号
不合理な言説熟慮の必要——危険な改憲ムード（潮流2000）信濃毎日新聞4月30日朝刊
自立した個人が生かす憲法（施行53周年を迎えて）朝日新聞5月2日夕刊 →《想像》
憲法が十分に生かされていない——実践する市民があってはじめて（憲法特集）図書新聞5月13日号
憲法調査会の動向と憲法改正問題〈講演〉龍谷法学33巻2号
ひさしぶりだねー ＋木下順一 街7月号
「法の支配」の精神どこへ——やりきれない「そごう問題」（潮流2000）信濃毎日新聞7月28日朝刊
憲法と社会保障——いま大切にしたいこと（特集 憲法と平和を福祉から）福祉のひろば8月号（福祉社会総合研究所）
憲法とプライバシーの権利 民医連医療8月号
二〇世紀末の日本社会について思うこと 法律時報12月号
法と人文科学（ザ・ヒューマニティーズ）第9～18回 法学セミナー
　「人はすべて平等に創られ……」考（上・中・下）1・3・4月号
　目下？充電中？の記 5月号
　"自由"と不連続関係の文化と"自由"と折合いをつけることが求められる文化——最近の美術館運営問題を素材にして（上・中・下）7・8・9月号 →『富山県立近代美術館問題・全記録』桂書房、2001 →《想像》
　小説「ビリーバット」と映画（台本）「雨あがる」について感あり（上・中・下）10・11・12月号
書評 信濃毎日新聞朝刊
　グレゴリー・カザン著（岡田良之助訳）『大衆動員社会』——戦時下の諸団体を国際比較 1月16日
　リチャード・パワーズ著（柴田元幸訳）『舞踏会へ向かう三人の農夫』——写真から広がる世界 6月4日
　栗原彬、小森陽一、佐藤学、吉見俊哉著『内破する知』——近代の「知」の編制突き崩す 8月6日
　石田雄著『記憶と忘却の政治学』——自由主義史観を批判的検討 9月17日
　ダグラス・C・スミス著『憲法と戦争』——日本人に「これでいいのか」 10月22日
　東秀紀著『ヒトラーの建築家』——独裁者の寵愛得た男の生涯 12月10日

2001

日本国憲法の軌跡とその総合評価（特集　世紀の転換点に憲法を考える）　ジュリスト1月1・15日合併号

憲法は大樹　我々が枝葉を補充せねば　朝日新聞1月30日朝刊

「人権」ということばを問う（特集　人権救済設置機関設置をめぐって）　法律時報2月号

自己責任をともなう自律の選択を——メディア規制を問う　民間放送3月3日号　→《想像》

二一世紀の日本国憲法の意味——憲法「改正」を問う　＋中北龍太郎　中北龍太郎著『憲法を活かす——市民の人権を守る裁判から』日本評論社

事態改善の努力惜しむな——公権力によるメディア規制〈潮流2001〉　信濃毎日新聞3月17日朝刊

9条改憲への危険な動き——憲法は国民の誇り（ナショナル・プライド）を築いてきた　しんぶん赤旗4月30日

アメリカから見た日本の憲法改正論議（憲法特集）　図書新聞5月19日号

戦前と戦後つなぐ靖国派（発言2001夏——靖国・教科書・憲法）　しんぶん赤旗8月7日

「首相靖国参拝」に疑義あり　潮9月号

独自の平和主義無にする恐れ——軍事色強い米支援は正しいか（どうみる米中枢テロ）　信濃毎日新聞9月22日朝刊

支援、既存法の枠内に（テロ、戦争、日本は）　朝日新聞9月25日朝刊

プラクシスとしての憲法——改憲の是非を論ずる前に（特集　日本国憲法の現在）　理戦64号

報復戦争への加担は憲法改悪に直結する（特集　テロと日本の危機Ⅰ）　あごら10月号

戦後培ってきた基盤を自ら失うな（特集　テロと日本の危機Ⅱ）　あごら11月号

若い諸君の「特権」としての読書　岩波書店編集部編『読書を楽しもう』岩波書店

法と人文科学（ザ・ヒューマニティーズ）　第19～24・最終回　法学セミナー

　ワーグナー騒動——差別・憎悪・演奏（鑑賞）の自由の葛藤　1月号　→《想像》

　偶感ふたつ、みっつ　3月号

　ふたたび"充電"中　6月号

　確信・熱狂・表現の自由　7月号　→《想像》

　死刑におけるポピュリズム——マクヴェイ処刑にちなんで　8月号

　「女帝」論の周辺散策　9月号

書評　信濃毎日新聞朝刊

　大江健三郎著『取り替え子』——自死の友との絶えない交流　2月11日

　ピーター・ゲイ著（鈴木利章訳）『歴史の文体』——ギボンやランケの叙述分析　3月4日

　長尾真著『「わかる」とは何か』——"わからせる"工夫の大切さ　4月22日

2002

なぜ「表現の自由」か——「体制内化」の懸念払拭のために再考を（表現の自由——今日の議論状況）　新聞研究1月号　→《想像》

垣間見える新たな権力支配のありよう（緊急企画　「青少年有害社会環境対策基本法案」の問題点）　月刊民放2月号

天皇制の現在と将来（特集　日本国憲法と新世紀の航路）　ジュリスト5月1・15日合併号

軍事優先、市民本位の後退——有事立法の本当の狙い〈潮流2002〉　信濃毎日新聞5月3日朝刊

9・11以後、米の報復戦争に全面呼応する構え（特集　今、憲法が現在を問う）　図書新聞5月18日号

道・新世紀に　上——憲法、中——改憲論議、下——人権の保障　朝日新聞奈良版5月23日～25日朝刊　→《想像》

「やさしい顔」の言論統制　放送レポート7・8月号　→《想像》

戦後日本が培った憲法的な力（発言2002夏）　しんぶん赤旗8月8日

反動化する「大状況」の現れ——愛媛の「つくる会」教科書採択上〈潮流 2002〉　信濃毎日新聞 8 月 29 日朝刊

「自賛史観」は百害…一利なし——愛媛の「つくる会」教科書採択下〈潮流 2002〉　信濃毎日新聞 8 月 30 日朝刊

市民の権利・自由から見た有事法制　全国憲法研究会編『憲法と有事法制』法律時報増刊

物語るということと守秘義務と（解説）　八塩弘二著『緘黙の少女——親権代行者の記録』雅粒社

奥平康弘証言——昭和 59 年 5 月 21 日東京高等裁判所第五民事部第 62 回口頭弁論　教科書検定訴訟記録刊行委員会編『家永・教科書裁判　高裁編　第 10 巻　立証篇 5』龍書房

コモンロー的発展に欠けた「不幸な出発」（特集「ネット社会の発展は個人情報の味方か敵か」）　法律文化 11 月号

精彩欠く道　9 条改正危惧——憲法調査会の中間報告　信濃毎日新聞 11 月 8 日朝刊

「庶出ノ天皇」・「女帝否認」——明治皇室典範の（あるいは、日本の"近代化"に関する）小さな研究　神奈川法学 36 巻 1 号　→《萬世》

「反メディア規制」のパラダイムを超えて——9・11 と個人・国家・社会、そしてメディア（上・下）　＋吉岡忍　法学セミナー 11 月号・12 月号

2003

「形成者」たろうとしてきた実践がある（憲法が教育基本法に期待したものは何だと思いますか——私の意見）　季刊 FORUM 教育と文化 30 号

米紙「味方」の論理を紹介——戦争と報道の中立性（潮流——イラク・北朝鮮有事を考える）　信濃毎日新聞 5 月 7 日朝刊、熊本日日新聞 6 月 8 日朝刊

図書館を利用する権利の法的位置づけ——図書館所蔵資料の閲覧請求を中心に（日本図書館協会図書館の自由委員会主催セミナー講演録）　現代の図書館 6 月号

宮田光雄著『同時代史を生きる——戦後民主主義とキリスト教』——〈いま〉の総括を迫る戦後の出発からの論考　東京新聞 7 月 13 日朝刊、中日新聞 7 月 13 日朝刊

森暢平著『天皇家の財布』——問われる民主主義の質　中日新聞 7 月 27 日朝刊、沖縄タイムス 8 月 2 日、神奈川新聞 8 月 3 日　→共同通信文化部編『書評大全』三省堂、2015

憲法的原則を問う（巻頭エッセイ）　経（Kei）9 月号

平和憲法空洞化に抗して（巻頭エッセイ）　経（Kei）10 月号

「権利のための闘い」必要——改憲とマニフェスト〈潮流〉　信濃毎日新聞 10 月 30 日朝刊、熊本日日新聞 12 月 17 日朝刊

明治皇室典範に関する一研究——「天皇の退位」をめぐって　神奈川法学 36 巻 2 号　→《萬世》

奥平康弘『治安維持法小史』　黒田日出夫他編『日本史文献事典』弘文堂

2004

ぼくの「今こそ言おう」（私は言う　イラク派兵はノー！）　あごら 1・2 月合併号

残ったのは挫折と苦悩——イギリス帝国のアラブ対策と類比（潮流——「イラク」は問いかける）　信濃毎日新聞 5 月 13 日朝刊、熊本日日新聞 10 月 13 日朝刊

第九条における憲法学説の位置（特集　国際社会と憲法九条の役割）　法律時報 6 月号

「天皇の世継ぎ」問題がはらむもの——「萬世一系」と「女帝」論をめぐって　世界 8 月号

加憲しなければ「権利」は認められないのか　憲法プロジェクト 2004 編『日本の憲法——国民主権の論点』講談社

「憲法物語」を紡ぎつづけるために　『もしも憲法 9 条が変えられてしまったら』世界別冊　→《物語》

合衆国憲法　小田裕康他編『事典　現代のアメリカ』大修館書店

「萬世一系」のイデオロギーを離れて天皇制の存立は可能か（特集　どこへ行く象徴天皇制）　論座 10 月号

最近の憲法をめぐる諸問題について（連続講演「憲法の現在」第1回）『奥平康弘教授講演録』社団法人自由人権協会（JCLU）　→自由人権協会編『憲法の現在（いま）』信山社、2005
応答的法への転換（特別企画　小田急線高架訴訟・上告の論点）　法律時報12月号
平和憲法を守る――九条改正は戦前回帰（「九条の会」講演要旨）　琉球新報12月6日朝刊
沖縄でこそ輝く9条（憲法対論）　＋伊波洋一、諸見里道浩　沖縄タイムス12月9日朝刊
戦後皇室典範制定過程についての一研究――明治皇室典範とのつながりと「天皇の退位」・「女帝」・「庶出の天皇」をめぐって　神奈川法学36巻3号　→《萬世》
憲法とともに――奥平康弘さんロングインタビュー　しんぶん赤旗
　1　未完のプロジェクト――これからの可能性秘めている、憲法は「玄関の絵」ではない　2月29日
　2　「改正は時流」か――政治的なもくろみ見抜く目を　3月1日
　3　歴史的な経験――既成事実に屈服していいのか　3月2日
　4　国際貢献――憲法文化に基づくもう一つの道　3月3日
　5　憲法守る「力」――統一戦線つくる政治の知恵を　3月4日
　6　近代の魂の上に――孤を恐れず、連帯を忘れず　3月5日

2005
「市民社会の闘い」と自覚を――改憲へ傾きつつある時代〈潮流――戦後60年に考える〉　信濃毎日新聞1月13日朝刊、熊本日日新聞6月28日朝刊
日本国憲法の平和思想とその原理――イラク戦争を憲法9条の視点から見る（特集　いま憲法9条を考える）　人権と部落問題1月号
「大義」なければ国益なし――今こそ憲法9条を選びなおそう　軍縮問題資料2月号
「女帝」論争に異議あり――「天皇制」そのものに国民的議論を　週刊金曜日2月18日号
「憲法にもとづく民主主義」の過程（「戦後60年」のジャーナリズムⅡ／表現の自由）　総合ジャーナリズム研究春号　→《物語》
9条問題は文化をめぐる闘い――"いまこそ平和を"憲法学習会講演録（特集　憲法記念日にあたって）　海員5月号
二項あっての九条　『憲法九条・平和を守るたたかいと、田中正造・勝海舟（下町人間総研ブックレット）』下町人間総合研究所
なぜ今「憲法改正」に反対するのか〈講演〉（特集　いま憲法を考える）　あごら8月号
現在の憲法状況についての見解（定期総会記念講演会）　北海道自治研究7月号
対談　＋結城洋一郎　同上
憲法9条と日本の未来（自治研長野県集会基調講演）　信州自治研8月号
平和憲法の行方（信州・平和へのメッセージ4）　毎日新聞・地方版長野8月17日
民主主義のための好機に――「9・11総選挙」の意義〈潮流〉　信濃毎日新聞8月19日朝刊、熊本日日新聞9月15日朝刊
憲法調査会報告書の意味（特集　憲法問題調査会報告書を検証する）　法律時報9月号
西川伸一著『日本司法の逆説――最高裁事務総局の「裁判しない裁判官」たち』――現実の司法が抱える致命的な病理の一部にメス　図書新聞9月10日号
「トゲのある言説を唱える自由」に挑戦する「秩序」とは〈コラム〉　内田雅敏著『これが犯罪？――「ビラ張りで逮捕」を考える』岩波書店
第九条問題　佐々木毅他編『戦後史大事典［増補新版］1945―2004』三省堂
「自衛軍」の活動に制限なくす「9条の2」――集団的自衛権の行使も可能に（憲法改正を考える）　世界週報12月13日号

2006
彼は殴られるたびに、キチンとその数を書きとめていた（特集　江藤文夫を語る）

GRAPHICATION No.143（通巻 332 号）
「新憲法草案」から見えてくるもの　『改憲論が描く日本の未来像——自民党「新憲法草案」批判』九条の会
表現の自由・国公法と「社会保険庁職員事件」（特別企画　いま再び脅かされる表現の自由——「社会保険庁職員事件」訴訟）　法学セミナー 3 月号
「住居侵入罪」と「表現の自由」に関する若干の考察——立川ビラ配布事件・高裁判決をめぐって　世界 4 月号
意見書（最高裁提出）　小田急高架訴訟弁護団編『住民には法を創る権利がある——小田急高架訴訟大法廷の記録』日本評論社
国との一体感は多様なもの——教基法「愛国心」明記の機運〈潮流〉　信濃毎日新聞 6 月 13 日朝刊
戦後の歩みを共有して——奥平康弘氏にきく　『江藤文夫の仕事 4　1983—2004』影書房　→《物語》
長崎で問う日本社会の平和と自由　平和文化研究 28 号（長崎総合科学大学）
「安全・安心」国家と表現の自由の現段階　『新たな監視社会と市民的自由の現在——国公法・社会保険事務所職員事件を考える』法律時報増刊
「小市民」育成と軍事強化——「国家」中心の「美しい国」〈潮流〉　信濃毎日新聞 12 月 16 日朝刊

2007
憲法 60 年、今こそ活かそう〈新春 3 人冗語〉　＋加藤周一、一海知義　福祉のひろば 1 月号　→『憲法・古典・言葉——加藤周一対話集 6』かもがわ出版、2008　→《物語》＝前半のみ
田島泰彦、山野目章夫、右崎正博編著『表現の自由とプライバシー——憲法・民法・訴訟実務の総合的研究』——野心的な試みを結実させた有意義な研究書　図書新聞 2 月 10 日号
明治憲法における「信教ノ自由」——十五年戦争期のキリスト者の問題状況を理解するために　富坂キリスト教センター編『十五年戦争期の天皇制とキリスト教——近現代天皇制を考える 3』新教出版社
9 条改変は世界秩序への反乱（シリーズ・語る：テーマ・憲法 1）　毎日新聞・大阪版 4 月 26 日夕刊
「熟慮民主主義」の重視を——国民投票法案の議論すべき点〈潮流〉　信濃毎日新聞 4 月 29 日朝刊、熊本日日新聞 6 月 29 日朝刊
「発言続けることに意味」——表現の自由重み訴え　沖縄タイムス 5 月 22 日、中国新聞 7 月 14 日
ひとりの時間楽しみたい——長野県信濃町塩尻〈田舎で暮らす〉　朝日新聞 5 月 27 日朝刊
憲法改正と「知る権利」〈講演録〉　知る権利関西ネットワーク編『「知る権利」と憲法改正』花伝社
戦後憲法学を語る——日本国憲法 60 年記念　＋髙見勝利、石川健治　法学教室 5 月号
日本国憲法と憲法学の 60 年（特集　日本国憲法の 60 年——憲法学に求められる課題）　＋森英樹、石埼学、木下智史　法律時報 7 月号
蹴られてきたボールは蹴り返そう　『戦争をする国にさせない——憲法セミナー④』9 条の会
「エキプ・ド・シネマ」における「生きている言論」　友—— Iwanami Hall 秋号　→《物語》
9 条の可能性探る——新しい平和生み出す力に（憲法論争どう見る）　神戸新聞 12 月 1 日朝刊
私の中の歴史——憲法 60 年を生きて　北海道新聞夕刊
　①少数派として——「負けても発言」貫いた　11 月 19 日
　②函館——実家の薬局大火で全焼　11 月 20 日
　③敗戦まで——読書に没頭知的世界へ　11 月 21 日
　④旧制弘前高——勤労奉仕で捕虜と交流　11 月 22 日
　⑤東大生に——宮沢先生の名講義が刺激　11 月 24 日
　⑥チャタレイ事件——「表現の自由」研究の芽　11 月 26 日
　⑦東大・社研へ——論文認められ助手採用　11 月 27 日
　⑧助手論文——米の判例研究から突破口　11 月 28 日
　⑨伴侶——講師の職得て函館で挙式　11 月 29 日

⑩留学──「日本の検閲」英語論文に　11月30日
⑪アメリカ生活──文化満喫車で大陸横断も　12月1日
⑫名古屋大へ──行政法講義猛勉強の日々　12月3日
⑬社研に復帰──選挙運動の自由を主張　12月4日
⑭知る権利──「取材の自由」で積極論　12月5日
⑮情報公開──各地回り市民講座で講演　12月6日
⑯研究生活──治安維持法制の歴史研究　12月7日
⑰東大退官後──大学の枠超えて研究会　12月8日
⑱九条の会──講演行脚各会場に熱気　12月11日
⑲表現の自由──公権力への対抗でこそ　12月12日
⑳見果てぬ夢──未完の「仕事」次代に託す　12月13日

2008
ビラ配布罪　国家が「平穏」守る危うさ〈私の視点〉　朝日新聞4月15日朝刊
政治の動き見逃せない──61回目の憲法記念日へ〈潮流08〉　信濃毎日新聞5月2日朝刊
二つの憲法と天皇──近代天皇制の過去・現在・未来　歴史科学協議会編『天皇・天皇制をよむ』東京大学出版会
皇室典範──男系主義・男子主義の桎梏　同上
不敬罪──思想信条の自由に対する弾圧法規　同上
"違憲"判決の意義──名古屋高裁の「自衛隊イラク派兵差止請求控訴事件」判決について㊤　世界7月号
「平和的生存権」をめぐって──名古屋高裁の「自衛隊イラク派兵差止請求控訴事件」判決について㊦　世界8月号
忠志と康弘の間柄　奥平忠志著『マイ・ウェイ──道南を愛し、自分を信じて疾走したひげの名伯楽』発行人：奥平洋子（非売品）
評論家・加藤周一氏をしのぶ──護憲支えた深遠な知識　北海道新聞12月9日夕刊

2009
市民社会を侵食する言論統制──平和主義うたう9条が表現の自由の防波堤〈今、平和を語る〉　毎日新聞大阪版3月16日夕刊　→広岩近広編『わたしの〈平和と戦争〉──永遠平和のためのメッセージ』集英社、2016
メディアの危機を憂う──倫理、改善に努める責務〈潮流09〉　信濃毎日新聞5月22日朝刊
田母神論文問題を考える〈前半〉〈承前〉〈後半〉（連続特集　海賊問題と自衛隊派遣）　軍縮問題資料5月号～7月号
纐纈厚著『私たちの戦争責任』　東京新聞7月12日朝刊、北海道新聞7月19日朝刊
滞米中にみたオバマ政権──中国重視の気配色濃く〈潮流09〉　信濃毎日新聞12月29日朝刊

2010
大江健三郎、鶴見俊輔他著『冥誕　加藤周一追悼』、白沙会編『私にとっての加藤周一』──加藤周一の偉大さがもたらしたもの　週刊読書人3月19日号
敗戦直後の函館～青森──連絡船待ち寝場所探し、一人前気取って煙草も　北海道新聞3月31日夕刊
フィラデルフィア（米）──「古きよきアメリカ」の陰で〈追憶の風景〉　朝日新聞4月27日夕刊
The Right to Be Different　全国憲法研究会編『憲法問題21』三省堂
「堀越事件」東京高裁無罪判決の意味──「適用違憲」をめぐって　世界6月号
憲法研究者の見た"経済"あれこれ　季刊企業と法創造第6巻4号（通巻21号）──特集　憲法と経済秩序
奥平康弘報告をめぐる質疑応答　＋水島朝穂、高橋利安、山元一、上村達男、戸波江二　同上

マイケル・サンデル「これから『正義』の話をしよう」を読む——共生する人間とらえ直す　北海道新聞8月11日夕刊
「言論の自由」とメディアの今日的状況——月刊「マスコミ市民」500号記念企画〈特集　言論の自由とメディア〉＋岡本厚　マスコミ市民9月号
土屋君ありがとう　土屋清著『憲法学の新たなパラダイムを求めて』成文堂
最高裁のNHK裁判を批判する　「戦争と女性への暴力」日本ネットワーク編『暴かれた真実NHK番組改ざん事件——女性国際戦犯法廷と政治介入』現代書館
生きる自由と権利——「死刑文化」脱却、想像力を〈論〉　信濃毎日新聞12月19日朝刊

2011

「ファシズムと民主主義」インタビュー②（各共同研究の座談型インタビュー記録）『全所的共同研究の40年Ⅰ——インタビュー記録編（社会科学研究所全所的プロジェクト研究No.25)』東京大学社会科学研究所（非売品）
理論家の表現実践　駒村圭吾、鈴木秀美編『表現の自由Ⅱ——状況から』尚学社
行政の後始末への悲鳴——君が代訴訟　判決に補足意見花盛り　朝日新聞6月28日夕刊
日本社会の現在と最高裁判所　『国公法事件上告審と最高裁判所』法律時報増刊
憲法裁判の課題と可能性　水島朝穂、金澤孝編『憲法裁判の現場から考える』成文堂
「元号法」論議避けていいか〈論——ニュースを読み解く〉　信濃毎日新聞12月28日朝刊

2012

名誉毀損と表現の自由　岩波書店編『記録　沖縄「集団自決」裁判』岩波書店
おそるおそるの長谷川正安先生　杉原泰雄、樋口陽一、森英樹編『長谷川正安先生追悼論集　戦後法学と憲法——歴史・現状・展望』日本評論社
あるライブラリアンの軌跡　図書9月号　→《物語》

2013

憲法第9条・考　奥平他編『危機の憲法学』
「自主憲法制定＝全面改正」論批判（特集　安倍「改憲政権」を問う）　世界3月号　→《物語》
憲法を生かそう！——私たちは今どこにいるのか　三宅義子、纐纈厚編『憲法の力』日本評論社
自民党改憲草案の意味するもの①②（続いのちを軽んずる政治に対して）　福音と世界4月号、6月号
怪しくなる憲法の存立——条文ごとに個性的な歴史（各自核論）　北海道新聞5月3日朝刊
憲法の魂——歴史的認識を欠きすぎている日本（憲法特集）　図書新聞5月4日号
教育における自由と自律（特集　オートノミー——自律・自治・自立　第2部人権とオートノミー）　全国憲法研究会編『憲法問題24』三省堂
奥平報告について（秋季研究総会シンポジウムのまとめ）　＋松田浩、中富公一、北川善英、中川律　同上
自民党「日本国憲法改正草案」と天皇　奥平他編『改憲の何が問題か』
憲法改正（'13参院選）　毎日新聞6月13日朝刊・地方版長野
「未完のプロジェクト」として憲法を活かそう　岩波書店編集部編『これからどうする——未来の作り方』岩波書店
憲法は国民が国家権力を管理するためにある。（特別企画　岐路に立つ平和　戦後日本のゆくえ）　潮9月号
法規制はできるだけ慎重に　むしろ市民の「文化力」で対抗すべきだろう（特集　「ヘイトスピーチ」を考える）　Journalism11月号
実質的な憲法9条改正——秘密保護法と集団的自衛権　信濃毎日新聞12月4日朝刊
反対の声が歯止めになる（どうする秘密法）　朝日新聞12月11日朝刊

2014

憲法と特定秘密保護法と「知る権利」」——「人権と報道・連絡会」のシンポジウム基調報告より（特集　懐憲の危機になにをなすべきか）　社会評論春号

最重要の9条固持を（改憲、解釈変更の是非　専門家に聞く）　北海道新聞5月3日朝刊

子どもたち、子孫に申し訳ないことになる　戦争をさせない1000人委員会編『すぐにわかる集団的自衛権ってなに？』七つ森書館

集団的自衛権とは憲法とは　北海道新聞社編『集団的自衛権行使に反対する声明・決議・意見書』北海道新聞社

平和文化今もあるはず（山ろく清談）　信濃毎日新聞8月14日朝刊　→《物語》＝抜粋

歴史の岐路で問う国のかたち、人のかたち　＋堀尾輝久　季論21秋号　→『堀尾輝久対談集　自由な人間主体を求めて』本の泉社、2014

2015

憲法と私——憲法破壊に立ち向かう　＋堀尾輝久、池辺晋一郎　調布九条の会「憲法ひろば」編『二〇一五年一月二五日　調布九条の会「憲法ひろば」創立一〇周年記念「コーラスとトークのつどい」第一部』　＝2015年4月3日調布市グリーンホール「奥平康弘さんの志を受けつぐ会」にて配布　→《物語》＝奥平教授の発言部分のみを再録

私のひとこと　同上

陳述書（特集　裁判所によって創られる統治行為［第1部沖縄「密約」訴訟］）　法律時報5月号　→沖縄密約情報公開訴訟原告団編『沖縄密約をあばく——記録沖縄密約情報公開訴訟』日本評論社、2016　＝2010年12月26日、東京高等裁判所提出

＊　奥平先生の略歴と著作目録については、「奥平康弘・樋口陽一両教授　著作目録サイト」http://www.sak75.sakura.ne.jp/の「奥平康弘教授　略歴・著作リスト」を元に作成しました。当サイトの管理人である酒井康隆氏には、その使用のご許可をいただいたほか、本欄の作成でも有益なアドバイスをいただきました。大変感謝いたします。

　なお、奥平先生の著作はあまりにも膨大なため「『著書・編著書」に書き下ろしたもの」「学生向けの解説」「判例評釈」「事典における項目解説」「翻訳」については、ごく一部のみを掲載し大多数は割愛しました。割愛されたものは上記サイトに掲載されているので、関心のある方はそちらをご覧ください。

　またこのサイトでは今後も、新たに判明した奥平先生の著作は追加して載せていきます。掲載されていない著作についての情報、またご感想やご要望などありましたらサイトの管理人宛、メールにてご連絡ください（サイト内のメールフォームからお送りいただけます）。

あとがき

　本書は、2015年1月26日の深夜、私たちの前から去られた奥平康弘先生を心の師と仰ぐ者たちが集まって作り上げたものである。

　前日（実質的には当日）までお元気で講演をされていた先生の訃報に接して、私たちの誰もが言葉を失った。しかし、日本国憲法を取り巻く政治状況は、悲しみに暮れていることを許すものではなかったし、先生ご自身の生き方にも反する。そこで、先生の学問を私たちがどのように受け止め、今後に生かしていくかを考えるきっかけとするために、2016年5月21日に早稲田大学において、本書の執筆陣とも重なる長谷部、石川、蟻川の3名による講演会を開催した。日本評論社の中野芳明さんが、この講演会の趣旨を発展させて、先生の憲法学を受け継ぎ発展させる書物を出版したらどうかと提案してくださり、ここに出版の運びとなったものである。

　先生は、生前、自分には弟子がいないと公言されていた。それは、東京大学社会科学研究所という研究中心の機関に長い間所属されていたことを踏まえてのご発言であろう。しかし、実際には勝手連も含めて、先生を慕う"弟子"は数多くいる。おそらく執筆希望を募ったら、本書は何巻かに分けて出版せざるを得なかったであろう。そこで執筆者は、先生が本書の編者である樋口陽一先生と共に主宰されていた憲法問題研究会に集っていた者を中心に呼びかけることにした。憲法問題研究会は、原則として2か月に1回、改憲論を念頭におきつつも、さまざまな憲法問題について研究者が研究報告を行い、意見交換することを目的とする会であった。奥平先生と樋口先生のお二人が揃う私的な研究会は極めてまれであったと思う。その成果の一端は、お二人を編者とする『危機の憲法学』（弘文堂、2013年）や、長谷部・中島編の『憲法の理論を求めて

——奥平憲法学の継承と展開』(日本評論社、2009年)にも示されている。

　残念ながら、会自体は昨年末に新たな道を模索すべくいったん解散したが、本書は研究会の雰囲気の一端を伝えてくれていると思う。私たち執筆者一同は、研究会を最後まで支えてくださった奥平先生と樋口先生、そしてそれを形にしてくださった日本評論社の中野さんに心よりお礼を申し上げつつ、本書を捧げます。

　　2017年5月19日（奥平先生の88回目の誕生日）

　　　　　　　　　　　　　　　　　　　　　文　責
　　　　　　　　　　　　　　　　　　　　　中 島　　徹
　　　　　　　　　　　　　　　　　　　　　長 谷 部 恭 男

編者
樋口　陽一（ひぐち・よういち）東北大学名誉教授・東京大学名誉教授
中島　徹（なかじま・とおる）早稲田大学教授
長谷部恭男（はせべ・やすお）早稲田大学教授

憲法の尊厳
──奥平憲法学の継承と展開

2017年5月19日　第1版第1刷発行

編　者──樋口陽一・中島　徹・長谷部恭男
発行者──串崎　浩
発行所──株式会社日本評論社
　　　　〒170-8474　東京都豊島区南大塚3-12-4
　　　　電話　03-3987-8621
　　　　FAX　03-3987-8590
　　　　振替　00100-3-16
印　刷──株式会社平文社
製　本──牧製本印刷株式会社

Printed in Japan　© HIGUCHI Yoichi , NAKAJIMA Toru, HASEBE Yasuo 2017
装幀／レフ・デザイン工房
ISBN 978-4-535-52269-5

[JCOPY]〈(社)出版者著作権管理機構　委託出版物〉
本書の無断複写は著作権法上での例外を除き禁じられています。複写される場合は、そのつど事前に、(社)出版者著作権管理機構（電話 03-3513-6969、FAX 03-3513-6979、e-mail: info@jcopy.or.jp）の許諾を得てください。また、本書を代行業者等の第三者に依頼してスキャニング等の行為によりデジタル化することは、個人の家庭内の利用であっても、一切認められておりません。